Pécser Studien zur Germanistik | 5

**Pécser Studien zur Germanistik
Band 5**

Katharina Wild & Zoltán Szendi
(Herausgeber der Reihe)

Wechselwirkungen I

Deutschsprachige Literatur und Kultur im
regionalen und internationalen Kontext

Beiträge der internationalen Konferenz des
Germanistischen Instituts der Universität Pécs vom 9. bis
11. September 2010

Herausgegeben von
Zoltán Szendi

Bibliografische Information der Deutschen Nationalbibliothek
Die Deutsche Nationalbibliothek verzeichnet diese Publikation in der
Deutschen Nationalbibliografie; detaillierte bibliografische Daten sind
im Internet über http://dnb.d-nb.de abrufbar.

ISBN 978-3-7069-0679-1

Umschlagfoto: Judit Hetyei

© Praesens Verlag
http://www.praesens.at
Wien 2012
Alle Rechte vorbehalten. Rechtsinhaber, die nicht ermittelt werden
konnten, werden gebeten, sich an den Verlag zu wenden.

Inhalt

Vorwort 9

I. Wirkungen der Tradition

András Vizkelety (Budapest)
„Der Wächter ruft". War das Tagelied im ungarischen
Mittelalter bekannt? 13
Anton Schwob (Salzburg)
Antichrist oder Friedenskaiser. Kontrastive
Zukunftsvorstellungen in der mittelalterlichen
Geschichtsschreibung und der mittelhochdeutschen
Literatur 23
Angelika Pfiszterer (Budapest)
Das geistliche Spiel des Mittelalters und das Fortleben
seiner Tradition in unserer Zeit 37
Robert Seidel (Frankfurt am Main)
Disputationsdrucke in der Medienkonkurrenz.
Beobachtungen zur Pragmatik des akademischen
Gelegenheitsschrifttums am Beispiel der
frühneuzeitlichen Kulturvergleichsdebatte 45
Barbara Kinga Hajdú (Budapest)
Zwei frühneuzeitliche Reiseberichte über die Türkei.
Die Gesandtenbriefe des Ogier Ghislain de Busbecq
und der Gesandtschaftsbericht des Jesuiten Taferner
zwischen Fiktion und Wirklichkeit 67
Bernd Zegowitz (Frankfurt am Main)
Dialog der Kulturen. David Fassmanns *Gespräch in dem
Reiche derer Todten* (1739) zwischen „dem Ungarischen
Grafen Emerico Toeckoely" und „Sultan Eschref" 79
Markus Bernauer (Berlin)
Clemens August Werthes' habsburgisches Theater 95
Kálmán Kovács (Debrecen)
Interkulturelle Genese einer nationalen Symbolfigur 105
Liisa Steinby (Turku)
Herder und die „andere" ästhetische Tradition. Dargestellt
am Beispiel der finnischen Institution der Literatur 119
Hans-Günther Schwarz (Halifax)
„wenn die Camera obscura Ritzen hat". Das Problem
des Sehens von J.M.R. Lenz bis zu Hermann Broch 133

Klaus-Detlef Müller (Tübingen)
    Aufgeklärte Klassik   145
Rainer Hillenbrand (Pécs)
    Weltbewohner und Weimaraner. Weltliteratur,
    Patriotismus und regionale Verwurzelung bei Goethe   157
Fritz Heuer (Heidelberg)
    Ästhetischer Schein. Zu Schiller und Platon und zur
    Orientierung in philologischer Arbeit   175
Gabriella Rácz (Veszprém)
    Das Musikalische als ästhetisches Paradigma und
    erzählerische Praxis in der Romantik   193
Magdolna Orosz (Budapest)
    Text und Bild in der deutschen Romantik. Ludwig Tiecks
    (inter)mediales Erzählen   205
Dietmar Goltschnigg (Graz)
    „Nennt man die schäbigsten Namen, / Der meine wird nicht
    genannt!" Lyrische Texte und politische Kontexte der
    deutsch/österreichisch-jüdischen Rezeption Heinrich Heines von
    seinem fünfzigsten bis zu seinem hundertsten Todesgedenkjahr   221

II. Beziehungen der Moderne

Paul Irving Anderson (Aalen)
    K. u. k. Camouflage: Theodor Fontanes *Graf Petöfy*   245
Iraida Krotenko (Kutaissi)
    Zur Rezeption Dostojewskis in Deutschland   267
Alice Bolterauer (Graz)
    Blaubart oder die Krise des männlichen Ich. Zu drei
    Blaubart-Texten um 1900   277
Szilvia Ritz (Budapest)
    „Sir, wenn Ihr zu Uns nach Akkra kämet als
    Ausstellungsobjekte…". Aschanti-Schau im Prater   291
Maja Tscholadse (Kutaissi)
    Impressionistische Prosaskizzen im Vergleich.
    Peter Altenberg (Wien) und Niko Lortkipanidse (Tiflis)   303
Harald D. Gröller (Wien)
    Die Lueger-Theaterstücke als Spiegel der
    österreichischen (Kultur-)Politik   319
Károly Csúri (Szeged)
    Zum Aufbau und Vergleich lyrischer Textwelten.
    Überlegungen zu einer strukturellen Komparatistik von
    Georg Heyms und Georg Trakls Dichtung   329

Fernando Magallanes (Sevilla)
Christian Wagner und Robert Walser. Deutsche Lyrik
und schweizerische Erzählung im Vergleich 349
Nino Pirtskhalava (Tbilisi)
Kafkas Version des Prometheus-Mythologems im
Kontext der Mythisierung der Rezeptionsgeschichte 359
Csilla Mihály (Szeged)
Franz Kafka: *In der Strafkolonie*. Quellentexte und
Erzählung 371
James N. Bade (Auckland)
Die Spuren des Rathenau-Attentates in Thomas Manns
Zauberberg 389
Johann Georg Lughofer (Ljubljana)
Wechselnde Perspektiven auf den Film bei Joseph Roth 403
Lenka Matušková (Pardubice)
Feste im Gewitter. Literarische Szenarien des
Untergangs 413
Jürgen Joachimsthaler (Heidelberg)
Interkulturelle Literatur im „Dritten Reich?" Der Fall
August Scholtis 429
Neva Šlibar (Ljubljana)
Mittendrin und zugleich am Rande. Zwei
Reiseschriftstellerinnen: Alma M. Karlin aus Slowenien
und Annemarie Schwarzenbach aus der Schweiz 445
Pavel Knápek (Pardubice)
Hugo von Hofmannsthals und Thomas Manns
Beziehung zu Henrik Ibsen bzw. Norwegen 461
Nanuli Kakauridse (Kutaissi)
Thomas Mann-Rezeption in der georgischen
Germanistik 473
Yelena Etaryan (Jerewan)
Literarische Wechselbeziehungen zwischen *Ein weites Feld* von
Günter Grass und *Doktor Faustus* von Thomas Mann 489
Mariana-Virginia Lăzărescu (Bukarest)
Die Tätigkeit von Immanuel Weissglas als Mittler
zwischen der deutschen und rumänischen Literatur 499
Andrei Corbea-Hoisie (Iasi)
Celan, Weissglas und Margul-Sperber im Jahre 1947 509
Árpád Bernáth (Szeged)
Versetzte Landschaften. Über Heinrich Bölls
Fragmente *Die Verwundung* und *Am Rande* aus dem
Jahr 1948 529

Lehel Sata (Pécs)
Glaubensbekenntnisse als Ich- und Weltkonstruktionen.
Der Einfluss von Jakob Böhmes mystischem Blick auf
Martin Walsers Novelle *Mein Jenseits* 537

III. Kultur, Politik, Geschichte und die Literatur

Tereza Pavlíčková (Ústí nad Labem)
Deutsches Erbe und die deutsch-tschechische
„Konfliktgemeinschaft". Belletristik und die liberale
deutsche Presse Südmährens 1897 -1914 551

Zsuzsa Bognár (Piliscsaba)
Kriegsvorahnung im Feuilletonteil des *Pester Lloyd* in den
1910er Jahren 561

Csilla Dömők (Pécs)
Das altösterreichische Nationalitätenrecht und die
deutschen Volksgruppen 577

Sigurd Paul Scheichl (Innsbruck)
Das Zusammenleben vieler Völker in Mitteleuropa.
Spannungen und Bereicherung im Spiegel
deutschsprachiger Literatur seit dem 19. Jahrhundert 591

Géza Horváth (Szeged)
Visionen eines einheitlichen Europas aus der Sicht
österreichischer und ungarischer Autoren in der ersten
Hälfte des 20. Jahrhunderts 605

Peter Klimczak (Passau)
„Alle Polen tragen Schnurrbärte". Zum Umgang mit
Abweichungen in Kultur und Literatur und der
besonderen semantischen Funktion der Metatilgung in
Lotmans Grenzüberschreitungstheorie 623

Anna Rebecca Hoffmann (Gießen)
Typen literarischer Museen als kulturelle Gedächtnisorte 639

Teruaki Takahashi (Tokio)
Kontrastive Kulturkomparatistik und interkulturelle
Bildung 655

Elisso Koridse: (Kutaissi)
Zur strukturell-typologischen Forschung der oralen
Texte. Aufgrund der deutschen und georgischen Märchen 663

Vorwort

In der Eröffnungsrede unserer Tagung im September 2010 habe ich – in der unvergesslichen Freude des Wiedersehens und der neuen Bekanntschaft mit den Vertretern der Germanistik aus so vielen Ländern – die humane Seite als inspirierende Kraft unserer wissenschaftlichen Tätigkeit hervorgehoben. Nun liegt das nicht nur wertvolle, sondern auch umfangreiche Dokument unserer Konferenz vor uns als nachhaltiges Ergebnis dieser anregenden geistigen Begegnung, deren Logo und Titel auch für die Konferenzbände beibehalten wurden. So können sie auch auf diese „Wechselwirkungen" zurückverweisen. Sie beziehen sich aber natürlich vor allem auf das Tagungsthema, auf jene Erscheinungen und Prozesse, welche die Anwesenheit und Entwicklung der deutschsprachigen Kultur nicht nur in Mitteleuropa, sondern auch in fernen Ländern bestimmt haben und umgekehrt: jene Transfererscheinungen, die von der Wirkung der deutschen Kultur zeugen. Die breite Skala der Vorträge zeigt, wie vielfältig diese Beziehungen sind, die immer wieder mit neuen Forschungen ergänzt und durch neue Methoden oft in eine ganz andere Beleuchtung gestellt werden.

Gerade dieser Reichtum an Themen und Deutungsaspekten hat uns aber erschwert, eine streng wissenschaftliche Homogenität den einzelnen Buchkapiteln zu sichern. So haben wir bei der Anordnung der Artikel neben dem inhaltlichen vor allem den chronologischen Aspekt zu Geltung gebracht. Dass diese Mannigfaltigkeit jedem willkürlichen Systemzwang widerstrebt, entmutigt uns keineswegs, denn wir sehen in der Germanistik deshalb noch nicht wie Max Frisch „das warenhäusliche Durcheinander", sondern die naturgemäß unüberschaubare Komplexität, der sich gerade deshalb mit wissenschaftlichen Methoden nur aus einzelnen Aspekten und stufenweise anzunähern ist. Der Ertrag des Pécser Symposiums ist folglich nicht zuletzt in seinem reichhaltigen Angebot zu schätzen, wo die einzelnen Forschungsthemen und -ergebnisse einen weiteren Anschluss wohl auch außerhalb des Rahmens unserer Tagung finden werden.

Es ist unmöglich, die 86 Referate, die in diesen zwei Tagungsbänden veröffentlicht werden, hier auch nur in kürzester Form gebührend zu würdigen. Das Panorama, das sie uns nun auch gedruckt gewähren, gilt schon auch als eine neue Vernetzung, in der sich vor allem Literaturhistoriker zu Wort gemeldet haben. Wir wissen aber, dass die literaturgeschichtlichen Forschungen heute kaum mehr in ihrer „positivistischen Sterilität" stattfinden, sondern auch selbst häufig in interdisziplinärer Wechselbeziehung mit den verwandten Fachgebieten stehen. Es ist gewiss kein Zufall, dass die relativ wenigen sprachwissenschaftlichen Studien sich auch auf Grenzgebieten bewegen. Eine wahre Bereicherung stellen ferner jene Beiträge dar, die uns durch ihre interkulturellen Untersuchungen aus fernen Ländern einen Einblick in vollkommen unbekannte Gebiete ermöglichen. Nicht weniger erfreulich ist es für uns selbstverständlich, dass im Zentrum der ungarndeutschen Kultur auch die diesbezüglichen Erörterungen gut repräsentiert sind.

Allen Kolleginnen und Kollegen, die an unserer Konferenz teilgenommen und ihre Beiträge uns zugeschickt haben, möchte ich herzlichen Dank sagen. Sowohl die Organisation unserer Tagung als auch die Anfertigung der Konferenzbände haben mehr als einjährige Arbeit in Anspruch genommen. Mein Dank gilt allen, die uns während dieser zwei Jahre behilflich waren. Zu einem besonderen Dank verpflichtet bin ich Frau Krisztina Juhász für die Tagungsorganisation sowie Frau Zsuzsanna Kiss für die Vorbereitungsarbeit der Tagungsbände, vor allem aber meinem Kollegen Rainer Hillenbrand, der mit unermüdlicher Selbstlosigkeit und fachlicher Sorgfalt all diese Arbeiten fortwährend unterstützt hat.

Trotz unseres Bemühens hätten wir ohne finanzielle Unterstützung weder die Tagung noch die Konferenzbände zustande bringen können. Alle Namen der Institutionen und Personen, denen wir zum Dank verpflichtet sind, führen wir auch am Ende der Tagungsbände auf. Hier hervorheben möchte ich jedoch die Thyssen-Stiftung und das Institut für Deutsche Kultur und Geschichte Südosteuropas an der Ludwig-Maximilians-Universität München, die auch das Erscheinen der Tagungsbeiträge gefördert haben. Es ist wahrscheinlich nicht nur meine seltsame Erfahrung, nach so langer Arbeit anstatt der Erleichterung eher die Enttäuschung zu fühlen. Nicht die tägliche Belastung fehlt natürlich, sondern das einmalige Erlebnis, so viele Kolleginnen und Kollegen auf einmal zu einer gemeinsamen wissenschaftlichen Arbeit zusammengeführt zu haben. Dieses Erlebnis ist – hoffentlich nicht nur für mich – wiederholenswert.

Zoltán Szendi

Pécs, Februar 2012

I.

Wirkungen der Tradition

ANDRÁS VIZKELETY

„Der Wächter ruft"

War das Tagelied im ungarischen Mittelalter bekannt?

Eine immer wieder gestellte Frage der ungarischen Literaturgeschichte ist: Warum fehlen jegliche Textzeugen einer – zumindest unter den Anjou-Königen im 14. Jh. und später unter Matthias Corvinus zweifelsohne existierenden – höfisch-ritterlichen Kultur in Ungarn?[1] Das Fehlen von Textzeugen einer höfisch-ritterlichen Literatur in Ungarn ist deshalb schwer zu erklären, (ist sozusagen ein allergischer Punkt der ungarischen Literaturgeschichte), weil am königlichen Hof und an einigen fürstlichen, besonders kirchenfürstlichen Höfen nicht nur Interesse und Mittel zur höfischen Prachtentfaltung, Repräsentation vorhanden waren, sondern diese Höfe auf dem Gebiet der bildenden Künste und der materiellen Kultur auch bedeutende Produkte hervorbrachten, welche mit Erzeugnissen der westeuropäischen Länder oder Böhmens qualitäts- und zahlenmäßig zwar nicht immer vergleichbar sind, jedoch von der Wirkung der höfischen Mentalität und Geschmacksrichtung zeugen. Unter den ungarischen Anjou-Königen (Karl I. 1310-1342, Ludwig I. 1342-1382) entstand auch die soziale Schicht der ‚servientes', die in der ungarischen Geschichte eine ähnliche Rolle wie die Ministerialen in Deutschland spielten. Diese ‚milites', wie sie in den Urkunden und erzählenden Quellen zumeist bezeichnet wurden, waren zwar standesrechtlich gesehen heterogen (d. h. sie waren z. T. Adlige, z. T. Unfreie), die königliche Kanzlei war jedoch bemüht, diese Schicht – was die Leistungsbezogen-

---

[1] Vizkelety, András: Literatur zur Zeit der höfisch-ritterlichen Kultur in Ungarn. In: Die Ritter: Burgenländische Landesausstellung. Hg. v. Harald Prickler. Eisenstadt 1990, S. 84-92. [Burgenländische Forschungen, Sonderbd. 8]. S. 84-92. Vizkelety. A: Entstehung und Entfaltung des mittelalterlichen Schrifttum in Ungarn. In: Der pannonische Raum um die Jahrtausendwende (vom 9. bis zum 12. Jahrhundert): Tagungsband der Schlaininger Gespräche 1996. Hg. v. Margarete Wagner und Rudolf Kropf. Eisenstadt 1910. [Wissenschaftliche Arbeiten aus dem Burgenland 1931].

heit und die Aufwertung des ‚servitiums' betrifft – einheitlich zu betrachten, bzw. sie an gleichen Werten, ‚Tugenden', interessiert zu machen.

Besonders im Arenga- und Narratio-Teil der Urkunden wurden die ritterlich-kämpferischen Taten und die moralischen Qualifikationen der Urkundenempfänger im Vergleich zu westlichen Urkunden sehr ausführlich thematisiert.[2] Nie wurden jedoch diese Heldentaten im Sinne einer ritterlichen Aventiure stilisiert, und zum Thematisieren des Minnedienstes gab diese Textsorte überhaupt keinen Anlass. Die erzieherische Funktion, oder eher die Vorbildlichkeit der kriegerischen Bewährungstaten, wird aber häufig betont. Die Waffentaten, und die Fähigkeiten (‚virtutes') der Urkundenempfänger bekommen einen stark betonten militärischen, kriegerischen Charakter, sind aber zumeist mit religiöser Motivation verbunden. Die Häufung der religiös motivierten Tugenden, die begleitenden Superlative erinnern oft an Laudationen in Heiligenviten oder Hymnen. Agnes Kurz wies darauf hin, dass der erzählende und begründende Teil der lateinischen Urkunden gewissermaßen die ritterliche Literatur in Ungarn ersetzen konnte. Wie sollten wir uns aber die Rezeption und Wirksamkeit solchen lateinischen Heldenlobs in einer Gesellschaft vorstellen, wo die vorgesehenen Rezipienten dieser Textsorte in der Regel nicht nur des Schreibens und des Lesens, sondern auch der Sprache selbst (d. h. des Lateins) unkundig waren?

Diese Frage hängt letztendlich mit der Pflege und der Verschriftlichung volkssprachlicher Texte im alten Königreich Ungarn zusammen. Es gibt zwar sekundäre Zeugen in Chroniken und Urkunden über die Existenz von Heldenliedern, den Weg zum Pergament haben jedoch bis um 1500 allein Texte religiösen Inhalts gefunden.[3] Auch sie, im Vergleich mit dem deutschen Sprachgebiet, sehr spät. Der Prozess der christlichen Bekehrung der ungarischen Stämme war um die Mitte des 11. Jahrhunderts so gut wie abgeschlossen. In der bereits 996 von Fürst Géza gegründeten Benediktinerabtei Sankt Martinsberg (heute: Pannonhalma) war schon während des 11. Jahrhunderts ein Skriptorium tätig, trotzdem wurde der erste, noch eng in die Liturgie eingebundene ungarische Text, eine Leichenpredigt, erst kurz

---

[2] Kurz, Ágnes: Lovagi kultúra Magyarországon a 13-14. században (Die ungarische ritterliche Kultur im 13.-14. Jahrhundert). Budapest 1988.
[3] Vizkelety, András: Irodalmak útban a pergamen felé (Literaturen unterwegs zum Pergament). In: *Látjátok feleim... Magyar nyelvemlékek akezdetektől a 16. század végéig*: Deutsche Zusammenfassung: Literaturen im Entstehungsprozess. Az Országos Széchényi Könyvtár kiállítása 2009. október 29-2010. február 28. Austellungskatalog. Hg. v. Edit Madas. Budapest 2009, S. 79-96.

nach 1200 niedergeschrieben. Der Text des ungarischen Vaterunsers, ohne dessen Kenntnis und Vermittlung das Werk der Bekehrung unvorstellbar ist, wurde erst im 15. Jahrhundert schriftlich festgehalten, auch dann nicht als Gebrauchstext, sondern als Teil der ersten Evangelien Übersetzungen. Was die Texte profanen Inhalts betrifft, so stammen eine Zeile aus einem ungarischen Vagantenlied (?) und zwei Zeilen aus einem volksliedhaften Liebeslied (Liebeslied, oder nur ein Spruch?), beide Fragmente als Schriftproben aufgezeichnet, kurz vor und nach 1500, obwohl der Wortschatz, der Stil und die Reimtechnik der im letzten Viertel des 13. Jahrhunderts niedergeschriebenen sog. *Altungarische Marienklage* von einer Liedtradition hohen Niveaus zeugen.

Die in den letzten ca. 30 Jahren einsetzende Untersuchung literarischer und historischer Quellen des ungarischen Mittelalters vertrat die Ansicht, dass die volkssprachliche Tradierung der Texte während des ganzen Mittelalters hauptsächlich mündlich verlief.[4] Weder am königlichen Hof, noch an kirchlichen und weltlichen Fürstenhöfen bestand das Interesse an der schriftlichen Fixierung ungarischer Texte. Die Frage hängt natürlich mit der mangelhaften Herausbildung einer laikalen Literatenschicht in Ungarn zusammen. Die soziale Fluktuation zwischen dem Laien- und geistlichen Stand war gering. In Frankenreich war diese Fluktuation bereits unter den Karolingern bedeutend. Eigenkirchen und Eigenklöster wurden vielfach für erblos gebliebene Adelssöhne gestiftet. Die zweisprachig literarisch tätigen Sankt Gallener Äbte und Magister (wie die Eckehards I-IV und die Notkers I-III) stammten aus vornehmen thurgauischen Sippen. Unverheirateten, verwitweten und verstoßenen Damen sicherten die sog. Adelsstifte ein standesgemäßes Unterkommen. Vielen von ihnen konnte bedeutendes literarisches Interesse oder auch eine literarische Tätigkeit nachgewiesen werden. Eigenkirchen und Eigenklöster entstanden auch im Königreich Ungarn, wie aber E. Fügedi 1991 feststellte, betrachteten die adligen Stifter diese kirchlichen Institutionen nicht als gleichberechtigte Partner, folglich wurden sie nicht mit Mitgliedern der gesellschaftlichen Elite besetzt, wie das im westli-

---

[4] Fügedi, Erik: Verba volant… Középkori nemességünk szóbelisége és az írás (Die Mündlichkeit des ungarischen Adels im Mittelalter und die Schrift). In: ders.: Kolduló barátok, polgárok, nemesek: Tanulmányok a magyar középkorról (Bettelmönche, Bürger, Adlige: Beiträge zum ungarischen Mittelalter). Budapest 1973, S. 437-462. Tarnai, Andor: „A magyar nyelvet írni kezdik": Irodalmi gondolkodás a középkori Magyarországon („Das Ungarische wird nun geschrieben": Literarische Denkprozesse im ungarischen Mittelalter). Budapest 1984.

chen Europa selbstverständlich war.[5] All diese sozialen und mentalitätsbildenden Unterschiede führten in Ungarn dazu, dass der Brückenschlag zwischen der laikalen mündlichen und der klerikalen schriftlichen Literatur sehr spät erfolgte.

Als Elemente des von den Anjou-Königen und später von Sigismund geförderten christlichen Heldenideals tauchen in lateinischen Chroniken und in Produkten der bildenden Künste solche Motive und Strukturelemente auf, die von der Kenntnis der höfisch-ritterlichen Kunst und Literatur zeugen. Der Kult Ladislaus' I., des Heiligen, der gegen die heidnischen Kumanen gegen Ende des 11. Jahrhunderts das Land verteidigte und 1192 heiliggesprochen wurde, diente unter den o. genannten Königen zur Verbreitung des Ideals eines christlichen Ritters.

Die kurz nach dem Kanonisierungsprozess, vielleicht schon im ersten Jahrzehnt des 13. Jahrhunderts entstandene lateinische Ladislauslegende hebt seine Verteidigungskämpfe gegen die Heiden hervor und vermittelt einen litaneiartigen Tugendkatalog, in welchem aber der Heilige auch durch ritterliche Eigenschaften wie ‚manu fortis, visu delectabilis, secundum phisionomiam leonis, ceteris humanis ab humero praeeminens' (von starker Hand, schönen Ansehens, einem Löwen ähnlich, um eine Schulterhöhe größer als alle andere Leute) charakterisiert wird. Auf die Existenz eines früheren chronikalischen Lebensberichtes können wir nur schließen. Die spätere Chronikredaktion (erhalten in der sog. „Ungarischen Bilderchronik" des 14. Jahrhunderts) erzählt eine Episode aus seinem Leben, die ich in deutscher Übersetzung widergebe: In der Schlacht bei Cserhalom gegen die Kumanen

> bemerkt der heilige Prinz, dass ein Heide ein schönes ungarisches Mädchen auf seinem Pferd hinter sich mitführt. Der heilige Prinz meinte, dass es die Tochter des Bischofs von Großwardein sei, und — obwohl schwer verwundet — nimmt er auf seinem Pferd ‚Szög' die Verfolgung auf. Er kam ihm so nahe, dass er ihn fast mit der Speerspitze erreichen konnte, doch gelang es ihm nicht, da sein Pferd den Lauf nicht mehr beschleunigen konnte, und auch das Pferd des Heiden keineswegs sein Tempo verlangsamte. Sein Speer war eine Armlänge vom Rücken des Kumanen entfernt. Da rief der heilige Prinz Ladislaus dem Mädchen zu: ‚Schöne Schwester, fass' den Kumanen beim Gürtel und

---

[5] Függedi, Erik: „Sepelierunt corpus eius in proprio monasterio: A nemzetségi monostor" [Das adlige Eigenkloster]. In: Századok 161 (1991), S. 42-68.

„DER WÄCHTER RUFT"

reiß ihn mit dir zu Boden!' Das geschah. Als aber der selige Prinz den liegenden Kumanen mit dem Speer töten wollte, bat ihn das Mädchen sehr, er möge es nicht tun, sondern ihn frei entlassen. Man sieht daraus, dass es bei den Frauen keine Treue gibt, weil sie ihn aus unkeuscher Liebe befreien wollte. Der heilige Prinz kämpfte aber noch lange mit dem Kumanen und erst als der Prinz dem Kumanen die Sehne durchschnitt, tötete er ihn. Die Frau war jedoch nicht die Tochter des Bischofs.[6]

Dass es auch eine andere Variante dieser Episode der Sage gab, zeigt die Ungarnchronik Heinrichs von Mügeln (um 1360):[7]

Do fuhr der haiden auf und ringet lang mit sant Lasla; als lang die Junckfrauwe dem heiden ein painn abslug mit einer streitaxten, das er viel. Da hielt sant Lasla yn bey dem hore; do slug ym die mayt den hals ab. Also erlost der kunig und der herczog die junckfrauwen von dem gevengnusz und czugen heim mit frewden.

Die Besiegung des Heiden erfolgt also hier mit der Waffenhilfe der entführten Jungfrau, und auch der Todesstreich wird von ihr erteilt. In dieser Variante bittet das Mädchen natürlich nicht um das Leben des Entführers.

Aufgrund der Miniaturen des Anjou-Legendars (datiert in die 30er Jahre des 14. Jahrhunderts) lässt sich auf eine ähnliche Variante der Legende schließen.[8] Die Miniaruren halten folgende Ereignisse fest:
1. Ladislaus wird im Kampf mit einem Kumanen verletzt.
2. Er nimmt die Verfolgung eines Kumanen auf, der ein Mädchen hinter sich im Sattel entführte.
3. Ladislaus packt den gestürzten (vom Mädchen mitgerissenen) Kumanen an den Haaren, und das Mädchen schlägt dem Heiden mit

---

[6] Kritische Edition des lateinischen Textes von Alexander Domanovszky. In: Scriptores Rerum Hungaricarum. Bd. 1. Hg. v. Emericus Szentpétery. Budapest 1937, S. 219-505, übersetzte Stelle S. 368-369.
[7] Kritische Edition von Eugenius Travnik. In: Scriptores... a. a. O., Bd. 1, Budapest 1938, S. 87-223, zitierte Stelle S. 177. Die dem Text entsprechende Darstellung vom Ringkampf Ladislaus' mit dem Kumanen auf Bl. 36v der Bilderchronik (Clmae 404 der Széchényi-Nationalbibliothek). Faksimileausgabe: Bilderchronik. Chronicon Pictum. Bd. 1. Budapest 1968, S. 72.
[8] Magyar Anjou Legendarium (Das ungarische Anjou-Legendar). Hg. v. Ferenc Lévárdi. Budapest 1973, Tafel XLIV/1-6. – Das Legendar besteht nur aus Miniaturen mit Unterschrift.

der Streitaxt (ein ikonographisches Requisit des Heiligen Ladislaus) den Kopf ab.
4. Der kampfmüde und verletzte Ladislaus legt seinen blutenden Kopf in den Schoß des Mädchens.
5. Ladislaus erkennt im Mädchen die Muttergottes, die seine Wunden heilt und verschwindet.
6. Ladislaus dankt Maria für seine Heilung.

Über dreißig, z. T., stark beschädigte Freskenzyklen, zumeist in kleinen Dorfkirchen auf dem Gebiet des ehemaligen Königreichs Ungarn ‚erzählen' diese Episode aus dem Leben des Heiligen im Bild. Die frühesten Wandmalereien stammen aus der Zeit um 1300, die Mehrzahl fällt ins 14. Jh., einige stammen aus dem 15. Jh.[9] Als Bestandteile dieser Zyklen kommen folgende Einzelszenen vor, jedoch nicht alle in jedem Zyklus.
1. Ausritt aus dem Hof, oder Aufmarsch der christlichen Ritterschaft.
2. Kampf Ladislaus' und des Kumanen zu Pferde, oft als allgemeines Schlachtbild zwischen gepanzerter Ritterschaft und leicht bewaffneten Nomaden.
3. Kampf Ladislaus' und des Kumanen zu Fuß, mit oder ohne Waffenhilfe des Mädchens.
4. Enthauptung des Kumanen.
5. Ruheszene unter einem Baum, einmal in einer Kemenate auf Ruhebank; ein anderes Mal ist der Partner des Mädchens der Kumane.

Der Baum ist zumeist eine Linde (Liebesbaum), die Ruheszene ist oft mit dem Motiv des Läusesuchens (ein Liebesdienst) verbunden.

Diese Szenenfolge, insbesondere aber die Inkonsequenzen in der Anordnung der einzelnen Bilder, lassen den Schluss zu, wie ich zum ersten Mal 1979 in Köln, anlässlich der Parler-Ausstellung nachgewiesen habe, dass es sich hier um eine Verschmelzung des im deutschen Mittelalter episch vielfach angewendeten Brautwerbungsschemas mit einem Legendenstoff handelt, wie es etwa in der deutschsprachigen Sankt Oswald-Verslegende vorkommt.[10] Parallele Motive zu dieser Szenenfolge lassen sich ‚in Wort' oder ‚in Bild' z. T. in der höfisch-ritterlichen Epik und ihren mittelalterlichen

---

[9] László, Gyula: A Szent László-legenda középkori falképei (Die Legende des Heiligen Ladislaus in der mittelalterlichen Wandmalerei). Budapest 1993. [Tájak-Korok-Múzeumok Könyvtára 4).
[10] Vizkelety, András: Höfische Legende und Motive der Brautentführung. In: Die Parler und der schöne Stil 1350-1400. Das internationale Kolloquium vom 5. bis zum 12. März 1979. Bd. 4. Köln 1980, S. 144-148.

Illustrationen, z. T. in Bereich der christlichen Ikonographie entdecken.[11] Auf Einzelheiten möchte ich hier nicht eingehen, da der Vortrag sowohl auf Deutsch, als auch in einer erweiterten Form auf Ungarisch, zusammen mit dem ausgewählten Bildmaterial, erschienen ist. Hier soll uns nur die erste Szene auf einigen dieser Freskenzyklen beschäftigen, da mein damals mit einem Fragezeichen versehener Interpretationsvorschlag von der Forschung kaum beachtet wurde.

Die erste Szene, der Auszug der ungarischen Ritterschaft aus der Burg (der Sage nach aus Großwardein) fehlt auf vielen Freskenzyklen. Die Fresken sind nämlich heute z. T. zerstört, da die kleinen Dorfkirchen im Zuge der Reformation oft in den Besitz reformierter Kirchengemeinden gelangten, die die Bilder im besten Falle mit einer Kalkschicht überzogen. Die Fresken, vor allem das Eröffnungsbild, fielen manchmal den später vorgenommenen Umbauten der Kirchen zum Opfer.

In der Kirche von Tereske, etwa 50 km nördlich von Budapest, zeigt die erste Szene eine Burg. Von dem zum Kampf ausziehenden ungarischen Heer ist auf dem unten beschädigten Bild wenig zu sehen, die obere Hälfte des Bildes (s. Bild 1) blieb aber intakt: Auf der Burgzinne bläst ein Wächter das Horn, unter ihm, im gotischen Fester, steht ein einander umarmendes Paar, eine Dame und ein Ritter.[12]

---

[11] Vizkelety, András: Nomádkori hagyományok vagy lovagi-udvari toposzok? (Erbe der Nomadenzeit oder höfisch-ritterliche Topoi?). In: Irodalomtörténeti Közlemények 85 (1981), S. 253-275.
[12] Foto Alexandra Burkus. Ich bedanke mich auch an dieser Stelle Frau Burkus, dass sie mir das Foto zur Verfügung stellte.

Die gleiche Szene (s. Bild 2) kommt auch auf dem ersten, stark zerstörten Bild der Fresken in Karaszkó vor (Kraszko, Kraskovo, bis 1920 im Komitat Gömör in Oberungarn, heute in der Slowakei).[13]

Beeinflusst vielleicht durch das Eröffnungsbild auf den Fresken in Rimabánya (Rimavska Bana, ebenfalls in Komitat Gömör), wo auch ein hornblasender Wächter auf dem Turm steht, und mehrere Personen (alle Frauen) im Burgtor stehen und der ausziehenden Ritterschaft nachblicken, war die gängige Interpretation auch der beiden erst genannten Bildern (Tereske und Karaszkó), dass auch dort die beiden Gestalten im Fenster Abschied von den Ausziehenden nehmen.[14] Auch in Bögöz (Mugeni) im Komitat Udvarhely in Siebenbürgen stehen zwei Wächter mit dem Horn auf der Burg, während vor dem geöffneten Tor eine ganze Schar von Geistlichen, an der Spitze ein Segen erteilender Bischof, die Truppe verabschiedet.[15] Das Paar in Tereske

---

[13] Bild nach Prokopp, Mária: Középkori freskók Gömörben (Mittelalterliche Fresken in Gömör). Somorja / Šamorin 2002, S.62. Bild 55. Vgl. László, Gy.: A Szent László-legenda... a. a. O., S. 146, Bild 174.
[14] Ebd., S. 151. Bild 187.
[15] Ebd., S. 58-59. Bild 22-26.

und Karaszkó, kümmert sich aber nicht um das ausziehende Heer, Mann und Frau sind einander zugewandt, sie umarmen einander. Die Eröffnungsszenen der Fresken in Tereske und Karaszkó wurden meines Erachtens in Kenntnis und mit Anwendung der in der deutschen und französischen höfisch-ritterlichen Lyrik des Mittelalters vielfach gestalteten Tageliedsituation nachgebildet, nach welcher die Liebenden nach einer Liebesnacht entweder durch die aufgehende Sonne (daher die Benennung *alba* in der Romania), oder durch ein anderes Signal (Vogelsang, Ruf des Wächters) auf den herannahenden Tag erinnert werden und sich nach einem letzten Abschied (Umarmung) trennen.[16] Wie die von dem englischen Germanisten Arthur T. Hatto zusammengestellte Sammlung bezeugt, ist diese Sondergattung der Liebeslyrik in sämtlichen Registern (in der Folklore, in der weltlichen und kirchlichen Kunstlyrik), von der Antike bis in die Neuzeit, in der ganzen Weltliteratur bekannt.[17] Aus Ungarn konnte die Gattung jedoch nur mit Volksliedern unsicherer Datierung belegt werden.[18] Die bildlichen Zitatenfetzen auf den Fresken in beiden ungarischen mittelalterlichen Kirchen zeugen jedoch dafür, dass die ausführenden Künstler damit rechneten, dass die Tageliedsituation in der verwendeten höfischen Stilisierung den Bildbetrachtern bekannt war. Die Szene erweckte ein Assoziationsbündel, gerichtet auf das Tagelied. In der Dichtung erfolgt der Warnruf des Wächters freilich zumeist mündlich, was aber bildlich schwierig darzustellen war, daher das Hornsignal. Von den ausführenden Künstlern und von den Auftraggebern der ungarischen Wandbemalungen ist uns leider nichts bekannt. Beide Freskenzyklen mit der Tageliedszene stammen aus dem 14. Jh., die erste Szene in Tereske wird jedoch von den Kunsthistorikern ins 15. Jh., also in eine Zeit datiert, in welcher man von einer „Inflation der Gattung" sprechen kann.[19] Es sollte uns auch nicht irritieren, dass diese bildlichen Zitaten-

---

[16] Neueste Textsammlung: Tagelieder des deutschen Mittelalters. Ausgewählt, übersetzt und kommentiert v. Martina Backes. Einletung v. Alois Wolf. Stuttgart 1992 [Reclams Universal-Bibliothek Nr. 8831] mit der wichtigsten Sekundärliteratur und dem Nachweis früherer Textsammlungen.
[17] EOS: An Enquiry into the Theme of Lovers' Meeting and Partings at Dawn in Poetry. Edited by Arthur T. Hatto. London / the Hague / Paris 1965.
[18] Cushing, G. F.: Hungarian. In: EOS, a. a. O., S. 704-220. Dazu ergänzend Zoltán Mózer: Jelek és ünnepek (Zeichen und Feste). Kecskemét 1994, S. 156-185.
[19] Beer, Hans-Joachim: Die Inflation der Gattung: Das Tagelied nach Wolfram. In: Lied im deutschen Mittelalter: Überlieferung, Typen, Gebrauch. Chiemsee-Colloquium 1991. Hg. v. Cyrill Edwards, Ernst Hellgart und Norbert. H. Ott. Tübingen 1996, S. 195-302. Dazu im allgemeinen Wolf, Alois: Variation und Integration: Beobachtungen zu hochmittelalterlichen Tageliedern. Darmstadt 1979.

fetzen des Tageliedes in Kirchen auf solchen Bildern erscheinen, die eigentlich die Episode einer Heiligenvita darstellen. Ein Registerwechsel zwischen weltlichem und geistlichem Tagelied kann auch textlich, etwa bei Hugo von Montfort oder Oswald von Wolkenstein belegt werden.[20] In der Dichtung erklingt das Tageliedmotiv stellenweise zusammen mit einem Aufruf zur Kreuzfahrt. Bei dem Burggrafen von Lienz werden Tagelied und Kreuzlied miteinander kombiniert.[21] Der Sänger betrachtete „die traditionelle profane und auch die geistliche Alba gleichsam als Rohmaterial, an dem er seine Kunst erweisen wollte".[22] Die Kämpfe Ladislaus' gegen die heidnischen Kumanen wurden in der lateinischen Legende und in den Chronikredaktionen als Keuzzüge aufgefasst. Es soll uns also nicht überraschen, dass solche Vermengung der Motive auch in bildlichem Bereich stattfindet.

Vielleich gehen die ungarischen Darstellungen der Tageliedszene auf ein westliches Vorbild zurück. Andere Darstellungen der Tageliedsituation in der Malerei sind mir jedoch außer den vorgestellten Bildern in Tereske und Karaszkó nicht bekannt geworden.[23] Ob sie alleinstehend auf diesem Gebiet sind, sei vorerst dahingestellt, sie bereichern aber gewiss unsere Kenntnisse über die Wechselwirkung von Wort und Bild innerhalb der höfisch-ritterlichen Kultur.

---

[20] Ruberg, Uwe: Gattungsgeschichtliche Probleme des „geistlichen Tageliedes": Dominanz der Wächter- und Weckmotivik bis zu Hans Sachs. In: Traditionen der Lyrik: Festschrift für Hans-Henrik Krummacher. Hg. v, Wolfgang Düring in Verbindung mit Hans-Jürgen Schings, Stefan Trappen und Gottfried Willems. Tübingen 1997, S. 22, 24.
[21] Beer: Die Inflation der Gattung, a. a. O., S. 201.
[22] Wolf, Alois: Literarhistorische Aspekte der mittelalterlichen Tagelieddichtung. In: Tagelieder, a. a. O., S. 53.
[23] Auch Herr Prof. Norbert. H, Ott (München / Bayreuth) versicherte mir brieflich, dass ihm nichts Vergleichbares bekannt sei.

ANTON SCHWOB

Antichrist oder Friedenskaiser

Kontrastive Zukunftsvorstellungen in der mittelalterlichen Geschichtsschreibung und der mittelhochdeutschen Literatur[1]

Antichrist

Der für das mittelalterliche Denken bedeutsame Begriff ‚Antichrist'[2] ist eine sprachliche Neuschöpfung aus den Johannes-Briefen (1 Joh 2,18, 22; 4,3; 2 Joh 7). In diesen gegen Ende des 1. Jhs an christliche Gemeinden gerichteten Schreiben, die den wahren Glauben einmahnen sollen, schreibt der Johannes genannte Lehrer unter anderem: *„Meine Kinder, es ist die letzte Stunde. Ihr habt gehört, dass der Antichrist kommt und jetzt sind viele Antichriste gekommen."* (1 Joh 2,18) Anschließend warnt er eindringlich vor dem Lügner, der leugnet, dass Jesus der Christus, das heißt der von Gott Gesalbte und menschgewordene Sohn Gottes ist. Mit seinen aus der alttestamentlichen Apokalyptik geschöpften Vorstellungen vom Endkampf Gottes mit den Weltmächten (etwa Jes 27; Dan 7,11ff) und der personalen Zuspitzung auf einen ‚Antichrist' oder mehrere solche, die ‚gegen Christus' arbeiten oder ‚an die Stelle von Christus' treten wollen, stellt der Briefschreiber ein Schlagwort bereit, das dazu anreizt, mythisches Material und endzeitbezogene Stoffe aus frühjüdischer und urchristlicher Überlieferung in den apokalyptischen Erwartungshorizont der frühen Christen und in deren Nachfolge

---

[1] Die im folgenden vorgetragenen Beobachtungen beruhen auf eigenen Vorarbeiten im Rahmen von Lehrveranstaltungen an den Universitäten Innsbruck, Graz und Salzburg sowie für Publikationen, von denen ich hier nur eine nenne: Schwob, Anton: Grundzüge des mittelalterlichen Weltbildes: Geschichte, Religion, Gesellschaft. In: Ältere Deutsche Literatur. Eine Einführung. Hg. von Alfred Ebenbauer und Peter Krämer. Wien 1985, S. 25-42.
[2] Manselli, Raoul: Antichrist. Art. In: Lexikon des Mittelalters. Bd. 1. München / Zürich 1980, Sp. 703-705. – Müller, Karlheinz und Martin Häusler: Antichrist. Art. In: Lexikon für Theologie und Kirche. Bd. 1. 3. Aufl. Freiburg 1983, Sp. 744-746.

auch in den der mittelalterlichen Gläubigen einzubringen. Der Antichrist verkörpert die äußerste Zuspitzung der Bosheit vor dem Weltuntergang. Die Vorstellungen vom Ende der Welt, basierend auf der jüdischen Apokalyptik, insbesondere auf dem Buch Daniel, wurden im Neuen Testament vor allem in der ‚Offenbarung des Johannes' oder der ‚Apokalypse' aufbereitet, wo der Terminus ‚Antichristos' allerdings fehlt. Am ehesten lässt sich das ‚erste Tier' der Offenbarung mit der Figur des ‚Antichrist' in Deckung bringen: Es bezieht seine Vollmacht vom Teufel, wie Christus sie von Gott bezieht, es wird neu belebt, seine Signatur entspricht dem Christusnamen, es legt sich göttliche Titel zu.

Die patristischen Theologen und ihre mittelalterlichen Nachfolger begriffen den Antichrist als zukünftige individuelle Gestalt, die mit der Kraft des Teufels die Menschen der Endzeit verführt und bedrückt. Um eine solche Vorstellung möglich und wirksam zu machen, bedurfte es vor allem zweier Grundpfeiler: erstens der Verbreitung des christlichen Glaubens und zweitens der Durchsetzung einer linearen teleologischen Geschichtsauffassung.

Mittelalterliche Durchschnittsmenschen erlebten Zeit vor allem als rhythmische Wiederholungen von Tag und Nacht, Vollmond und Neumond, Sommer und Winter, Säen und Ernten. Vergangenes wiederholte sich in der Gegenwart und wurde für die Zukunft erwartet. Selbst das persönliche Lebensende war in den genealogischen Kreislauf eingebettet: der Vater wiederholte den Großvater und sah sich im Sohn und im Enkel wiederholt.[3] Dieses archaische Verhältnis zum Ablauf der Zeit ließ sich für die Kirche gut für einen liturgischen Jahreskalender gebrauchen, aber nicht für ihre Blickrichtung auf den Jüngsten Tag und das große Weltgericht. Deshalb benötigte sie dringend Modelle von universalen Zeitaltern, die Weltgeschichte zur Heilsgeschichte machen konnten. Eines knüpfte an das Alte Testament und den Traum des Propheten Daniel von den vier Tieren an (Dan 7, 17, 23, 26): Demzufolge vollzog sich die Weltgeschichte als Abfolge von vier Weltreichen, dem babylonischen, persischen, griechischen und schließ-

---

[3] Zum Begriff 'Zeit': Art. Zeit in: Philosophisches Wörterbuch. Begr. von Heinrich Schmidt. 21. Aufl. neu bearb. von Georgi Schischkoff. Stuttgart 1982, S. 767-768. (Kröners Taschenausgabe 13.) Als umfassendere Heranführung an die Zeit-Problematik nenne ich: Whitrow, Gerald James: Die Erfindung der Zeit. [Aus dem Englischen von Doris Gerstner.] Hamburg 1991. – Elias, Norbert: Über die Zeit. Arbeiten zur Wissenssoziologie II. Hg. von Michael Schröter. 3.Aufl. Frankfurt/M 1990. Vgl. bes. S. 1-23. – Gurjewitsch, Aaron J.: Das Weltbild des mittelalterlichen Menschen. München 1980. [Übersetzung der russischen Ausgabe, Moskau 1972.]

lich römischen Reich, in dem man im Mittelalter mittels der gedanklichen Konstruktion einer ‚Translatio Imperii' noch zu leben meinte. Das zweite Periodisierungsschema stützte sich auf den biblischen Schöpfungsbericht (Gen 1, 1-31), demzufolge die Welt in sechs Tagen erschaffen wurde. Dem entsprechend erwartete man den Ablauf der Weltgeschichte in sechs ‚aetates', in denen der Kampf zwischen Gottesstaat und Erdenstaat immer heftiger ausgetragen werde, um am Ende der sechsten, apokalyptischen Ära durch den Sieg Christi und das Endgericht zugunsten des Guten entschieden zu werden. Das sechste und letzte Zeitalter dieses vor allem auf Augustinus zurückgeführten Modells begann mit Christi Geburt. Sein Ende wurde ständig als nah angesehen. In urchristlicher Zeit noch freudig erwartet, wegen der Ungewissheit über den Zeitpunkt aber zunehmend als quälend empfunden, wandelte sich die Vorstellung über den Weltuntergang zu einer bedrückenden, immer mehr gefürchteten Aussicht.[4] Genau in der Epoche kurz vor dem Ende der Welt hatte die Figur des Antichrist ihren Platz.

Diese zeitliche Situierung des Antichrist hatte verständlicherweise zur Folge, dass in der jeweils als eschatologisch aufgefassten Periode bestimmte Personen ausfindig gemacht wurden, die als Konkretisierung verstanden werden konnten. Besonders früh wurde Kaiser Nero, der schon in der heidnisch-antiken Welt der ‚damnatio memoriae' verfallen war, als Antichrist identifiziert. Im Hochmittelalter neigte man dazu, den Zustand des gesamten ‚Imperium Romanum' als typische Endzeit zu deuten, was dazu führte, dass Herrscher leicht in den Geruch gerieten, der gesuchte Antichrist zu sein.

Adso von Montier-en-Der hatte mit seiner *Epistula de ortu et tempore Antichristi* aus der ihm bekannten Tradition – vor allem den Schriften Gregors d.Gr., der Methodius-Apokalypse und den Prophezeiungen der Sibylla Tiburtina – aber auch aus umlaufenden Motiven ein relativ klares Bild vom Antichrist entworfen.[5] Es sollte auf die theologische Auseinandersetzung mit der Apokalypse ebenso einwirken wie auf das politische Denken und die Historiographie des Mittelalters; sogar in der Kunst fand es seine Widerspiegelung – etwa in den Fresken im Dom von Orvieto oder in Bibelillustrationen, wo der Antichrist mit den Attributen und Gebärden des thronenden Christus dargestellt wird. – Adso zufolge wird der Antichrist gegen Ende des römischen Reichs in Babylon aus dem Stamm Dan, gezeugt vom Teufel,

---

[4] Dazu Schwob (Anm. 1).
[5] Häusler, Martin: Art. Antichrist: II. Historisch-theologisch, wie Anm. 2, hier Sp. 745-746.

geboren, von falschen Propheten erzogen und von Dämonen umschwärmt. Dreißigjährig zeigt er in Jerusalem seine magischen Kunststücke und wird von Juden sowie von abgefallenen Christen als Pseudo-Messias verehrt. Mit Terror, Bestechung und Wundertaten errichtet er seine Weltherrschaft. Gegen ihn predigen Elias und Hennoch, die ermordet werden und wieder auferstehen. Nach dreieinhalb Jahren des Triumphs, der Christenverfolgung und der teuflischen Gewaltherrschaft wird der Antichrist auf dem Ölberg von Christus oder dem Erzengel Michael getötet.

Dieses legendenhafte Bild hatte gute Aussichten, in der lateinischen und volkssprachlichen Literatur des Mittelalters Aufnahme zu finden und von Geschichtsschreibern jederzeit aktualisiert zu werden. Neben der Person wird auch das antichristliche Denken einer Geschichtsperiode ins Auge gefasst. Verbreiteter Abfall vom christlichen Glauben, Streit unter Verwandten, allgemeine Geldgier, Rechtsunsicherheit, politische Unordnung, Fehden, Seuchen und Naturkatastrophen wurden zu Kennzeichen der Endzeit und der Herrschaftsperiode des Antichrist erklärt. Mit der zunehmend gebräuchlich werdenden Eschatologisierung von Krisensituationen – Krise kann bekanntlich immer und überall konstatiert werden – ergaben sich im Verlauf des Mittelalters mehrfach Perioden eines gesteigerten allgemeinen Interesses am Antichrist, etwa während des Investiturstreits oder in Folge der Aufregungen um joachitische Ideen und deren Annahme durch Franziskaner-Spiritualen. In solchen Zeiten waren viele geneigt, politische Gegner oder spirituell Andersdenkende als Antichrist zu diffamieren. Die Übernahme des von Joachim de Fiore entwickelten Geschichtsmodells durch Reformprediger und Häretiker wie John Wyclif und die Hussiten führte zur Verurteilung der Kirche als antichristlich und zur Polemik gegen ihre Päpste als angebliche Inkarnationen des Antichrist. Das Stichwort ‚Antichrist' wurde auch von Reformatoren der frühen Neuzeit als literarische Waffe missbraucht, ein Verfahren, das freilich nicht neu und von der Gegenseite längst benutzt worden war.

Friedenskaiser

Dem Antichrist als Repräsentanten der verkehrten Welt, der gewaltsam verursachten Unordnung, des Unfriedens und der Ungerechtigkeit, ja des Bösen schlechthin stand als Kontrastfigur – wenn auch weniger beachtet, weil nicht gefürchtet – der ‚Friedenskaiser' gegenüber.[6] Auch er sollte am Ende aller Zeiten auftreten, im allgemeinen direkt vor dem Erscheinen des Antichrist, in einigen Prophezeiungen auch nach dessen Schreckensherrschaft. Er sollte umfassend Ordnung schaffen, Gerechtigkeit und Frieden herbeiführen, wie es eigentlich die Pflicht jedes Herrschenden war. Die Vorstellung von diesem nach mittelalterlicher Auffassung guten End- und Friedenskaiser basiert auf der jüdisch-hellenistischen Erwartung eines gottgesandten Retters, in der Bibel ‚Messias' genannt. Auch die heidnisch-antike Weissagung von der Wiederkehr einer ‚aetas aurea', eines goldenen Zeitalters, trug das ihre dazu bei, diese Hoffnung auf eine dem Weltende vorausgehende Friedensperiode, in der die Menschen einträchtig die Segnungen der gottgegebenen Natur genießen dürfen, zu bestärken. Der Friedenskaiser kommt freilich wie der reale mittelalterliche Herrscher nicht ganz ohne Gewalt aus, denn zuerst muss er seine Herrschaft bis an die Grenzen der Welt ausdehnen und alle Heiden bekehren. Wenn das erreicht sei, glaubte man, werde er die Insignien seiner Herrschaft in Jerusalem niederlegen und der Herrschaft entsagen, womit er freilich der kommenden Schreckensherrschaft des Antichrist und dem gefürchteten Weltgericht den Weg bereite. Diese eschatologisch-apokalyptische Kaiservorstellung fand bereits in den für den Antichrist benannten Schriften (Methodius, Tiburtinische Sibylle, Adso) Berücksichtigung und die Figur des Friedenskaisers verlockte ebenso wie die des Antichrist dazu, ihr einen Platz in der Weltgeschichte, am liebsten in der nahen Zukunft zu geben, das heißt einen historisch realen Herrscher zum Friedenskaiser zu ernennen.

Im frühen und hohen Mittelalter wurden solche Kaiserprophetien mit Vorliebe für politisch-dynastische Interessen genutzt, das war in Frankreich die Karlstradition, während in Deutschland die staufische Reichsideologie gepflegt wurde.[7] Da der erhoffte Friedenskaiser schließlich in Jerusalem abdanken sollte, stärkte diese Vorstellung in erheblichem Maße die Kreuzzugsidee. Man erwartete ein Zusammenströmen aller Völker in Jerusalem als weiteres Zeichen der Endzeit. Natürlich bestimmte der politische Standort des Geschichtsschreibers, Dichters oder seines Gönners und Auftraggebers,

---

[6] Struve, Tilman: Friedenskaiser. Art. In: Lexikon des Mittelalters. Bd. IV. München / Zürich 1989, Sp. 921-923.
[7] Schreiner, Klaus: Die Staufer in Sage, Legende und Prophetie. In: Die Zeit der Staufer. Geschichte – Kunst – Kultur. Katalog der Ausstellung Stuttgart. Bd. III: Aufsätze. Hg. v. Württembergischen Landesmuseum. Stuttgart 1977, S. 249-262.

ob ein Herrscher als gottgesandter Friedensfürst oder als tyrannischer Verfolger der Kirche abgestempelt wurde. Auf jeden Fall wurde vom Friedenskaiser eine neue Ordnung, ein entschiedenes Aufräumen der als verbesserungsbedürftig beurteilten Gegenwart im Sinne einer Re-formatio, einer Wiederherstellung der von Gott gewollten Ordnung erwartet.

Antichrist oder Friedenskaiser? – die staufischen Herrscher Konrad III., Friedrich I. und Friedrich II.

Das Mittelalter war keine Epoche, in der ‚wohlerworbene Rechte' entspannt genossen werden konnten, auch nicht von Privilegierten und schon gar nicht vom einfachen Volk. Jeder neue Tag bedeutete für fast jeden Kampf um das pure Überleben, politisch, rechtlich und materiell. Wen wundert es, dass angesichts solcher Unsicherheit alle, auch Hochgebildete, Ausschau nach untrüglichen Zeichen für das Ende der Welt hielten und dass Herrscher vor allem nach ihrer Position im Rahmen der Endzeiterwartung beurteilt wurden! Waren sie nun heimtückische Antichristen oder tatsächlich auf Ordnung bedachte, das Recht wahrende Friedensfürsten? Die staufischen Könige mit ihrem provokanten Anspruch auf ‚Weltherrschaft' standen ganz besonders im Blickpunkt dieser kritischen Fragen, erst recht, wenn sie ‚Friedrich' hießen und bereits mit ihrem Namen das Programm einer machtvollen Friedensherrschaft anzukündigen schienen. Die staufische Herrschafts- und Reichsideologie griff auf Karl d.Gr. und die antike Kaisertradition zurück. Sie sollte die Ehre und Würde des Reichs wiederherstellen und der Machtentfaltung des Reichsoberhaupts durch Wahrung von Frieden und Recht neuen Glanz verleihen.[8] Schon Konrad III. (1138–1152) hatte in der Reichskanzlei ein effizientes Instrument für die Propagierung der passenden Signalwörter wie *‚sacrum imperium', ‚honor imperii', ‚auctoritas', ‚pax et iustitia'* (heiliges Reich, Ehre des Reichs, Ansehen, Frieden und Recht) gesehen, war aber nicht erfolgreich genug gewesen, um verstanden zu werden. Er galt im Gegenteil als glückloser Herrscher und seine Regierungszeit wurde als Niedergang bewertet. Seine Zeitgenossen im Reich wurden dem-

---

[8] Schwob, Anton: „fride unde reht sint sêre wunt" – Historiographen und Dichter der Stauferzeit über die Wahrung von Frieden und Recht. In: Sprache und Recht. Beiträge zur Kulturgeschichte des Mittelalters. Fs. für Ruth Schmidt-Wiegand. Hg. v. Karl Hauck. Berlin / New York 1986, S. 846-869.

entsprechend von eschatologischen Ängsten und Antichrist-Erwartungen gequält.

Selbst sein Halbbruder Bischof Otto von Freising, an französischen Hochschulen ausgebildet und als Zisterzienser den neuesten spirituellen Idealen dieser Zeit verbunden, war überzeugt, am Ende der Zeiten zu stehen. Vor einem ganz und gar düsteren Gegenwartsbild entwickelte er zwischen 1143 und 1146 seine *Chronica sive historia de duabus civitatibus*,[9] eine Welt- und Heilsgeschichte in Anlehnung an die dualistische Augustinische Geschichtsphilosophie, derzufolge er und seine Zeitgenossen kurz vor einer Periode der Katastrophen standen. In der richtungslosen Unbeständigkeit des weltlichen Treibens –‚*mutatio rerum*' genannt – werde bald ein Krisenpunkt erreicht, an dem der Antichrist auftreten und einen Machthaber, wohl den Kaiser, in seine Dienste stellen werde. Der Antichrist werde die Klugen durch scheinbar vernünftige Argumente, die Dummen durch irdische Genüsse verführen und eine tyrannische Schreckensherrschaft errichten. Nach dessen Absturz und Tod komme der von vielen gefürchtete, von anderen ersehnte Jüngste Tag. Die Gegenwart – so urteilte Otto von Freising – trage die Zeichen der eschatologischen Unordnung vor dem Erscheinen des Antichrist: Das Reich sei schwach und hinfällig, seine Herrscher seien moralisch verderbt, herrschgierig, egozentrisch und unfähig, die Würde des Reichs zu wahren.

Wie Otto von Freising dachten auch andere zeitgenössische Geschichtsschreiber, etwa der Verfasser der kurz nach 1147 abgeschlossenen ‚Kaiserchronik' oder der Schreiber der ‚Kölner Königschronik', der diese Epoche als ‚ausnehmend traurig' charakterisierte. Aber mit der Übernahme der Reichsregierung durch Konrads III. Neffen Friedrich I. (Barbarossa) 1152 trat eine überraschende Wende ein: Hoffnung auf einen Neuanfang regte sich.[10] Von der Propaganda der Reichskanzlei wirkungsvoll unterstützt, entwickelte Friedrich seine persönliche, von der Devise ‚*honor imperii*' geprägte Kaiseridee. Sein Elan, sein politisches und diplomatisches Geschick sowie seine anfänglich raschen Erfolge in der Rechtsordnung und Friedenswahrung überzeugten vor allem lateinisch schreibende Legisten,

---

[9] Otto Bischof von Freising: Chronik oder Die Geschichte der zwei Staaten. [Chronica sive Historia de duabus Civitatibus.] Übers. v. Adolf Schmidt. Hg. v. Walther Lammers. Darmstadt 1980. (Ausgewählte Quellen zur deutschen Geschichte des Mittelalters. Bd. XVI.)

[10] Engels, Odilo: Friedrich I. (F. Barbarossa). Art. In: Lexikon des Mittelalters. Bd. IV. München / Zürich 1989, Sp. 931-933.

Historiker und Dichter, auch seinen Onkel Otto von Freising. Der korrigierte sein bisheriges Geschichtsbild zwar nicht grundsätzlich, war aber geneigt, seinem vom Glück begünstigten Neffen zuliebe das Ende der Welt und das Erscheinen des Antichrist in eine unbestimmte Zukunft zu verschieben. ‚Freudigen Herzens sei er bereit, die ruhmvollen Taten des jungen Herrschers für die Nachwelt aufzuzeichnen', schrieb er 1157 an Friedrich und bat um Unterlagen aus der Reichskanzlei. ‚Ihr aber, erlauchtester Fürst, der Ihr – Wirklichkeit und Ehrentitel zugleich – mit Recht Friedensfürst heißt, weil Ihr [...] der Welt den köstlichen Frieden wiedergeschenkt habt', schmeichelte Otto dem neuen Kaiser, dessen Name ‚fride-rîch' ihm bereits als Omen für den erwarteten Friedensherrscher galt. Dass dieser Friedenskaiser einen grausamen Feldzug gegen Mailand angeordnet hatte, empfand sein Onkel zwar als reichlich rigoros, konnte es aber entschuldigen, weil es der Ehre des Reichs und der Erhöhung des Kaisers diente.

Die von der Reichskanzlei erbetenen Unterlagen hat Otto von Freising als Datengerüst zu seinen *Gesta Frederici* genutzt, die im Sommer 1158, kurz vor dem Tod des Verfassers abgeschlossen waren.[11] Sie wurden später von seinem Notar und Kaplan, dem Freisinger Domherrn Rahewin, in sachlichem, aber dennoch Lob spendendem Stil fortgesetzt. Otto von Freising selbst war wohl erleichtert, zeitlich nicht über den Erfolgsbericht aus der Reichskanzlei hinausgehen zu müssen und somit sein Konzept vom glückhaften Friedenskaiser durchziehen zu können. Er durfte bei seiner erwartungsvollen Zukunftsperspektive bleiben und ohne Skrupel behaupten, dass aus der Zeit des Weinens eine neue Zeit des Lachens, aus der Zeit des Krieges eine Zeit des Friedens erwachse.

Ottos Werk erreichte allerdings zunächst nur einen relativ kleinen Kreis von Gebildeten, vor allem von Mönchen. Dennoch entwickelte sich eine offiziöse staufische Geschichtsschreibung in lateinischer Sprache, die in offenkundiger Anlehnung an die *Gesta Frederici* entstanden, aber nicht unbedingt vom Hof in Auftrag gegeben sein muss: Ein Bergamese verfasste ein ‚*Carmen*' über die lombardischen Kämpfe bis 1160. Der Zisterzienser Gunther von Pairis schilderte im umfassenden panegyrischen Versepos ‚*Ligurinus*' um 1186/87 Friedrichs heroische Taten in der Lombardei. Der

---

[11] Otto Bischof von Freising und Rahewin: Die Taten Friedrichs oder richtiger Cronica. [Ottonis Episcopi Frisingensis et Rahewini: Gesta Frederici seu rectius Cronica.] Übers. v. Adolf Schmidt. Hg. v. Franz-Josef Schmale. Darmstadt 1974. (Ausgewählte Quellen zur deutschen Geschichte des Mittelalters. Bd. XVII.)

kaiserliche Notar Gottfried von Viterbo behandelte in seinen Werken rühmend die Regierungszeit des von ihm bewunderten Herrschers. Burchard von Ursberg hielt sich in seinem ‚*Chronicon*' streckenweise an den Text der *Gesta Frederici* und auch in die ‚*Marbacher Annalen*' wurden Anfang des 13. Jh.s wörtliche Zitate aus einer Gesta-Abschrift übernommen. Die rhetorischen Überhöhungen und Verzierungen, mit denen kaisertreue zeitgenössische Chronisten und Poeten das Barbarossa-Bild ausstatteten, sind vielleicht bewusst übertrieben gewesen, beweisen aber trotzdem, dass es damals eine positive Aufbruchsstimmung gegeben hat. Die persönlichen Hoffnungen der Lobredner entsprachen durchaus verbreiteten Erwartungen, vor allem im Reich. Viele mögen geglaubt haben, den ersehnten Friedenskaiser vor sich zu haben.

Friedrich Barbarossa hat als erster deutscher Kaiser bewusst Propaganda für sich und das Reich gefördert, zum Teil sogar in Auftrag gegeben;[12] unter anderem wünschte er sich vom Archipoeta ein Epos über seine kühnen Kriegstaten. Er ließ diesen Wunsch über seinen ersten Berater, Rainald von Dassel, an den hochbegabten Vagantendichter herantragen. So entstand der wuchtige ‚*Kaiserhymnus*', auf den ersten Blick besehen ein wahres Feuerwerk für den staufischen Reichsgedanken: „*Salve mundi domine, Cesar noster, ave*".[13] Mit Bibelzitaten wird Friedrich I. als Messias, mit antikisierenden Phrasen als Imperator des römischen Reichs gefeiert und das 34 Strophen lang. Vor diesem Kaiser neige jeder sein Haupt, Tiger wie Ameise. Auf Gottes Wink sei er als König über andere Könige gesetzt. Wie ein wilder Löwe habe er seine Feinde mit Schrecken erfüllt und die Stadt der widerspenstigen Mailänder zerstört. Er habe die Straßenräuber gerichtet, jetzt ziehe Friede ein, und: Erzkanzler Rainald von Dassel habe zu alledem den Weg bereitet.

Das waren, auf den zweiten Blick besehen, genau die Vorwürfe, die das westliche Ausland dem staufischen Friedrich machte: Rainald von Dassel, in der Kurie als ‚*praecursor Antichristi*' verrufen, mit dem Spottnamen ‚*ruina mundi*' bedacht, galt dort als Inbegriff eines fatalen Ratgebers. Der

---

[12] Schreiner, Klaus: Friedrich Barbarossa – Herr der Welt, Zeuge der Wahrheit, die Verkörperung nationaler Macht und Herrlichkeit. In: Die Zeit der Staufer. Geschichte – Kunst – Kultur. Katalog der Ausstellung Stuttgart. Bd. V. Supplement: Vorträge und Forschungen. Hg. v. Reiner Hausherr und Christian Väterlein. Stuttgart 1979, S. 521-579.
[13] Mittelalter 2. Texte und Zeugnisse. Hg. v. Helmut de Boor. München 1965. (Die deutsche Literatur. Texte und Zeugnisse. Bd. I/2.) Kap. ‚Politische Dichtung': Preislied auf Friedrich Barbarossa, S. 996-1002.

wütende Löwe der Tierfabel, der die Ameise unterwirft, war auch kein vorbildlicher Friedensfürst, was bedeutet, dass Friedrichs gnadenloser Umgang mit den lombardischen Städten, insbesondere Mailand, ihm in romanischen Ländern den Ruf eintrug, seinen überhöhten Autoritätsanspruch so rigoros umzusetzen, dass kein Stein auf dem anderen blieb. Aus der Sicht italienischer Beobachter musste Friedrich I. als machthungriger, grausamer und Gesetze missachtender Tyrann erscheinen, dessen unzeitiger Tod im Fluss Saleph als gerechtes und verdientes Gottesurteil verstanden werden konnte, wie es der Rhetor Boncompagno von Siena ausdrückte. In England und Frankreich sowie an der Kurie hatten sich längst berühmte Autoritäten mit dem *rex-iustus*-Anspruch der prostaufischen Propaganda kritisch auseinandergesetzt. Die miteinander befreundeten Gelehrten Walther von Châtillon, Arnulf von Lisieux und Johannes von Salisbury hielten Friedrich einmütig für einen maßlosen, hochmütigen, machtgierigen und grausamen Tyrannen, einen Schismatiker und Feind der Christenheit. Der letztere scheute sich nicht, auf die These vom gerechtfertigten Tyrannenmord hinzuweisen, und Walther von Châtillon nannte Friedrich unumwunden einen Schismatiker und Vorläufer des Antichrist:

> Federicum cesarem / optime novisti,
> illu, per quem scismatis / semina sevisti;
> idcirco scismatice / genti prefecisti:
> quis precursor melius / fiet Antichristi?[14]

Auch in der deutschen Dichtung entstand damals – das ist jedenfalls meine chronologische Einordnung – eine Absage an die mittellateinische prostaufische Propaganda, wie sie radikaler nicht ausfallen konnte. Ich denke an das mittelhochdeutsche Tierepos vom ‚*Reinhart Fuchs*'. Der ‚Heinrich' genannte elsässische Dichter, wohl im Dienst des regionalen Hochadels, stellte seinen Hörern und Lesern den aus der Tierfabel bekannten schlauen, aber amoralischen Fuchs vor, der als Rechtsverächter und notorischer Rechtsbrecher zum Ratgeber des Löwen-Königs aufsteigt. Mit zunehmender Kontrolle über die Handlung wird die füchsische Zerstörungsarbeit immer wirkungsvoller. Er führt die Treueverpflichtung unter Verwandten *ad absurdum* und stört den genossenschaftlichen Frieden unter Adeligen ebenso wie den unter

---

[14] Müller, Ulrich: Untersuchungen zur politischen Lyrik des deutschen Mittelalters. Göppingen 1974. (Göppinger Arbeiten zur Germanistik 55/56.) Kap. ‚Endzeit und Prophezeiungen', S. 488-501, Zitat S. 492.

Mönchsbrüdern, dies alles in einem gebotenen Landfrieden – ein Seitenhieb auf Friedrich Barbarossas intensive Landfriedensgesetzgebung. – Schließlich schmeichelt sich der Fuchs beim König ein, dessen despotische Neigungen und labile Lenkbarkeit, dem bösen Ratgeber die besten Chancen geben, das Reich ins Chaos zu stürzen. Die Fabel endet mit der Ermordung des Königs und dem Zerfall seines Reichs.[15]

Hier wird der von der prostaufischen Geschichtsschreibung als ‚Herr der Welt', ‚Wahrer von Frieden und Recht' und ‚Hüter der Ehre des Reichs' gepriesene Friedenskaiser mit einer Herrscherfigur identifiziert, die den bösen Einflüsterungen eines schlauen Aufsteigers erliegt, gerade so, wie es die Kurie über das Verhältnis zwischen Friedrich Barbarossa und seinem Erzkanzler Rainald von Dassel zu kolportieren pflegte. In der Warnfabel vom ‚Fuchs Reinhart' begegnen auf Schritt und Tritt Gegenbilder zu den Vorstellungen der *Gesta Frederici*: Dem Friedensfürsten *friderîch* steht der vermessene König ‚*Vrevel'* gegenüber, dem angepriesenen Zustand von ‚*pax et iustitia'* wird eine heillose Rechts- und Friedlosigkeit entgegengesetzt, dem glorreichen Sieg über Rebellen ein roher Willkürakt des Löwen gegenüber den fleißigen Ameisen, der königlichen Großherzigkeit die kleinliche Egozentrik des Löwen, der angepriesenen Gerechtigkeit die bedenkenlose Zustimmung zu Unrecht jeder Art, der ‚*renovatio imperii'* die Zerstörung und der Zerfall des Reichs. Das Herrscherlob in der hofnahen lateinischen Geschichtsschreibung und Literatur wird durch die Herrscherschelte im elsässischen Tierepos krass widerlegt. Der von Otto von Freising erdachte Aufschub des Weltuntergangs wird zurückgenommen.

Ähnlich wie Friedrich I. wurde sein Enkel Friedrich II. von seinen Zeitgenossen je nach politischem Standort als Antichrist verrufen oder als Heilsbringer gepriesen.[16] Dieser mit vielseitiger Begabung, hohem Intellekt und Unerbittlichkeit im Handeln ausgestattete, als ‚*mutator saeculi'* oder ‚*stupor mundi'* bezeichnete Kaiser hat einerseits Bewunderung und andererseits Angst ausgelöst. Im Endkampf zwischen ihm und Papst Gregor IX., der die Umklammerung des Kirchenstaates durch Friedrichs Herrschaft in Deutschland und Oberitalien auf der einen, in Süditalien und Sizilien auf der

---

[15] Schwob, Anton: Die Kriminalisierung des Aufsteigers im mittelhochdeutschen Tierepos vom ‚Fuchs Reinhart' und im Märe vom ‚Helmbrecht'. In: Zur gesellschaftlichen Funktionalität mittelalterlicher deutscher Literatur. Greifswald 1984. (Wissenschaftliche Beiträge der Ernst-Moritz-Arndt-Universität Greifswald. Deutsche Literartur des Mittelalters 1.) S. 42-67.
[16] Koch, Walter und Hans Martin Schaller: Friedrich II., Art. In: Lexikon des Mittelalters. Bd. IV. München / Zürich 1989, Sp. 933-939.

anderen Seite fürchtete, setzten beide Seiten in großem Stil propagandistische Mittel ein. Dabei nahm Friedrich II. für seine Anhänger messianische Züge an, während er in der päpstlichen Propaganda als apokalyptisches Untier und Vorläufer des Antichrist verteufelt wurde: *„Ascendit de mari bestia"* (Rundschreiben Gregors IX. vom 1. Juli 1239). Volksläufige Kaisersagen und Kaiserprophetien bestätigen diese zwiespältige eschatologische Rolle. Wer Friedrich II. zu seinen Lebzeiten als ‚zweiten David', ‚Gesalbten des Herrn' und Vollstrecker der göttlichen Vorsehung gefeiert hatte, gab sich nach seinem Tod der gläubigen Erwartung hin, er werde als messianische Rettergestalt, als Heils- und Friedensbringer wiederkehren und der Welt das Glück der Endzeit bescheren. Wer sich auf die Seite der Päpste und ihrer Anhänger geschlagen hatte, fürchtete sich vor seiner Rückkehr als Antichrist und siebtes Haupt des apokalyptischen Drachen.

Sein geheimnisumwitterter Tod im Dezember 1250 – noch bevor jene Taten, die Freunde und Feinde von ihm erwartet hatten, vollbracht worden waren – ein Spruch der erythräischen Sibylle vom weiterlebenden Kaiser und eben jene längst ausgebildete antithetische Propaganda lösten am Hof von Palermo eine Verleumdungspropaganda gegen seine rechtmäßige Geburt aus. Staufergegner behaupteten, er sei der Sohn eines Metzgers von Jesi gewesen, den man seiner längst gebärunfähigen Mutter Konstanze untergeschoben habe. Man verbreitete, dass der kalabrische Zisterzienserabt Joachim von Fiore, dem prophetische Kräfte zugeschrieben wurden, schon vor der Geburt Friedrichs geweissagt habe, dass Konstanze mit einem Dämon schwanger gehe, woraus joachitische Kreise den Schluss zogen, Konstanze habe ein schreckliches Monstrum, einen unversöhnlichen Feind der Kirche geboren. Für sie war Friedrich II. der angstvoll erwartete wiederkehrende Kirchenverfolger aus dem Geschlecht der Staufer.

Auf deutscher Seite bildete sich eine gegenteilige Legende heraus: Man glaubte, Kaiser Friedrich II. werde am Ende der Zeiten wiederkommen, um Reich und Kirche zu erneuern. Dann werde er zum letzten Kreuzzug rüsten, übers Meer fahren, das Heilige Land erobern und die Zeichen seiner Kaiserherrschaft an einen dürren Baum hängen, um so für alle sichtbar dem Kaisertum zu entsagen, weil das anbrechende Reich des Friedens seiner Herrschaft nicht mehr bedürfe. Das waren eindeutige Rückgriffe auf die Beschreibungen des Friedenskaisers bei Methodius und Adso von Montieren-Der. Auch die Tatsache, dass Friedrich II. Jerusalem für die Christen erworben und seit 1225 den Titel eines Königs von Jerusalem geführt hatte, sowie bis zu seinem Tod Bereitschaft gezeigt hatte, ins Heilige Land zu ziehen, dürfte zu dieser Legende beigetragen haben.

Einen derartigen positiven Ausblick auf das Ende der Zeiten dürfte Reinmar von Zweter im Auge gehabt haben, als er den ‚Endecrist' regelrecht herbeirief, um endlich Schluss mit der ungeordneten Welt zu machen.[17] Der Dichter, der 1235 bis 1237 in Diensten Friedrichs II. gestanden und in Sprüchen für, aber auch gegen diesen eingetreten war, hatte in seiner Umgebung überdeutlich die Zeichen des Weltendes wahrgenommen: Fürsten, Grafen, Freie und Dienstmannen seien käuflich, für Silber und Gold bereit, sich dem ‚Endecrist' zu ergeben. Sie kümmerten sich wenig um den wahren Glauben, hätten ihren Schöpfer längst vergessen. Sie seien hartherzig, nicht rechtgläubig, ungerecht:

> Wes sûmestû dich, Endecrist,
> daz dû niht kumst? dun darft niht mêre beiten keine vrist.
> dû vindest vürsten veile, veile grâven, vrîen, dienestman.
> Kumst âne houbet, daz lâ sîn!
> hâst in ze gebenne silber, golt, si werdent alle dîn;
> an den si glouben solden, dâ kêrent si sich leider lützel an.
> Der si geschuof, des hânt si gar vergezzen.
> der meisten menege herze hât besezzen
> des übelen künc Pharônes herte.
> rehtes gelouben sint si vrî,
> in wont unrehtiu witze bî.
> si'n volgent niht dem, der si gerne nerte.

Dem fügt Reinmar noch eine weitere Strophe hinzu, die wieder auf die allgemeine Geldgier als Zeichen des nahen Weltuntergangs abzielt und insbesondere auch die Käuflichkeit der Geistlichen und des ganzen römischen Reichs einbezieht:

> Wes sûmestû dich, Endecrist,
> daz dû niht kumst, sît al diu werlt sô gar schazgîtec ist?
> nû hâstû doch ze gebenne, des si dâ gert. Gip ir, si gît sich dir!
> ...

---

[17] Mittelalter 1. Texte und Zeugnisse. Hg. v. Helmut de Boor. München 1965. (Die deutsche Literatur. Texte und Zeugnisse. Bd. I/1.) Kap. ‚Heilsgeschichte', S. 3-202. Textbeispiel Reinmar von Zweter, S. 113.

kum, Endecrist, dû rehter gouch!
den phaffen zuo der kirchen ouch,
diu vindestû nû veile, unt Roemisch rîche.

Diese merkwürdige direkte Anrede an den Antichristen und die für den heutigen Beobachter schwer verständliche Aufforderung, dieser solle seine Rolle in der Heilsgeschichte endlich wahrnehmen und ein schnelles Ende der Welt herbeiführen, erinnert an das ebenfalls unverständlich wirkende Urteil des Elsässers Heinrich, der den zerstörerischen Fuchs im Tierepos als ‚guten Reinhart' bezeichnet. In beiden Fällen scheinen die Dichter der Meinung gewesen zu sein, der Antichrist solle seine von Gott vorgegebene Rolle in der Heilsgeschichte möglichst bald erfüllen, damit für das Ende der Welt, das Jüngste Gericht, die Scheidung zwischen Guten und Bösen und danach den endgültgen, ewigen Frieden der Weg frei werde.

Mit dem Ende der Welt sowie den dazu gehörigen Zeichen und Vorgängen haben sich die mittelhochdeutsche Literatur und vor allem die Publizistik immer wieder beschäftigt: Angefangen mit dem ‚Muspilli' über Traktate, Streitschriften, Legenden, Prophetien, geistliche Spiele (*Ludus de Antichristo*) und Fastnachtspiele, Gedichte und Lieder, ist dieses Thema bis zum Beginn der Neuzeit stets aktuell gewesen. Die Vorstellungen schöpften aus dem Alten und Neuen Testament, insbesondere der Apokalypse, aber auch aus hellenistischen und römischen Quellen. Von Krisensituationen angereizt, haben mittelalterliche Philosophen, Publizisten, Geschichtsschreiber und Dichter die jeweilige Gegenwart als ‚Endzeit' zu entlarven gemeint und nach Personen gesucht, die als Hauptdarsteller in Frage kamen. Während in romanischen Schriften nicht selten ein Kaiser oder Papst wortwörtlich als Antichrist diffamiert oder als Friedensfürst angepriesen wurde, hielten sich die deutschen diesbezüglich auffällig zurück. Es blieb dem Hörer und Leser überlassen, konkrete Schlüsse zu ziehen, obwohl auch die Geschichtsschreibung im Reich wie die mittelhochdeutsche Dichtung parteiisch agiert und am Auslegungs- und Weissagungskrieg teilgenommen haben. – Hier wurde versucht, aus diesem Blickwinkel die Stauferkaiser Konrad III., Friedrich I. Barbarossa und Friedrich II. kurz anzuleuchten, ein Ausleuchten bedürfte umfänglicherer Anstrengungen.

ANGELIKA PFISZTERER

Das geistliche Spiel des Mittelalters und das Fortleben seiner Tradition in unserer Zeit

Die Gattung Drama und das Theater verloren nach dem Zerfall des Römischen Reiches an Bedeutung. Die erstarkte katholische Kirche bekämpfte Jahrhunderte lang die Überbleibsel der römischen Theaterkultur, die von wandernden Spielmachern am Leben gehalten wurde. Die neue Blütezeit für das Drama kam erst mit dem geistlichen Spiel des Mittelalters.
Nach Rolf Bergmanns Definition werden als geistliches Spiel lateinische und volkssprachige religiöse Dramen des Mittelalters bezeichnet. [1]

Im Folgenden möchte ich kurz die Entwicklung der geistlichen Spiele im Mittelalter mit Blick auf die Passionsspiele im deutschen Sprachraum skizzieren.

Schon im Hochmittelalter entwickelte sich aus dem Gottesdienst die neue dramatische Dichtung, das liturgische Spiel. Einige wichtige Momente des Gottesdienstes, die bis dahin nur symbolisch angedeutet wurden, wurden durch mimische Darstellung ergänzt und in dramatischer Form vorgeführt. Diese Versinnlichung der Heilsgeschichte kam den Bedürfnissen des lateinunkundigen Volkes entgegen. [2]

Offenbar gefiel dem Volk diese Dramatisierung der Liturgie, deswegen wurden die dramatischen Teile ausgebaut. Die sogenannte liturgische Osterfeier wurde in lateinischer Sprache und im Inneren der Kirche aufgeführt. Zu ihrem rein liturgischen Charakter stimmte auch die Beschränkung der Kostümierung auf die kirchlichen Gewänder, denen nur selten etwas

---

[1] Bergmann, Rolf und Stephanie Stricker: Zur Terminologie und Wortgeschichte des Geistlichen Spiels. In: Mittelalterliches Schauspiel. Festschrift für Hansjürgen Linke zum 65. Geburtstag. Hg. v. Ulrich Mehler u. Anton H. Touber. Amsterdam / Atlanta 1994, S. 49-77.
[2] Borcherdt, Hans Heinrich: Das europäische Theater im Mittelalter und in der Renaissance. Reinbek bei Hamburg 1969, S. 14.

hinzugefügt wurde, wie Palmzweige für die weißgekleideten Engel am Grab und ähnliches.[3]

Später erweiterten die Geistlichen die in den Osterfeiern oft nur angedeuteten Momente und nahmen neue, auch weltliche, auf. Die Gegenspieler (Pilatus, Judas, Juden, Soldaten) wurden eingeführt und erweiterten so die Osterfeier zum Osterspiel. Damit wurde der liturgische Rahmen gesprengt. Bald wurde auch der Spielplatz des Osterspiels vor die Kirche verlegt, das Latein wurde von Szenen in der Nationalsprache zunächst nur unterbrochen, schließlich verdrängt. Das gesprochene Wort tritt in den Vordergrund, das gesungene beschränkt sich auf feierliche Stellen der Solopartien und auf die Chöre. Daneben dient die Musik als Untermalung für stumme Handlungen, wie das Abendmahl und die Geißelung.[4]

Als die Aufführung der liturgischen Festtagsspiele schon vor der Kirche stattfand, wurden nicht nur Stoffe aus dem Neuen Testament, sondern auch Motive aus dem Alten Testament genommen.

Die thematische Ausweitung und das Wechseln des Aufführungsortes gingen mit der Säkularisierung des liturgischen Spiels einher. Das bedeutet nicht, dass weltliche Themen aufgegriffen wurden, sondern immer mehr stereotypische Figuren aus dem volkstümlichen Bereich wurden aufgenommen. Zu der Verweltlichung dieser Stücke trug auch der Umstand bei, dass statt den Priestern nichtklerikale Menschen die Rollen spielten. Nach einiger Zeit wurde das Recht auf die Aufführung von verschiedenen Zünften übernommen. Zur dieser Zeit wurde nicht mehr auf Latein, sondern in den nationalen Sprachen gespielt.[5]

An das Osterspiel reihte sich fast selbstverständlich das Passionsspiel, das zunächst in Verbindung mit jenem aufgeführt wurde. Später wurde das Passionsspiel selbständig gespielt, da es einen ganzen Tag in Anspruch nahm. Das Passionsspiel ist fast das Einzige, das auch in unserer Zeit noch aufgeführt wird.

Die Osterspiele behandelten den Höhepunkt der biblischen Geschehnisse, aber bald begnügte man sich nicht mehr mit der dramatischen Darstellung dieses wichtigsten Ereignisses im Leben Christi. Man will das ganze, vor allem die Leidensgeschichte, veranschaulicht sehen. So entstanden eine

---

[3] Salzer, Anselm und Eduard von Tunk, Claus Heinrich, Jutta Münster-Holzlar: Illustrierte Geschichte der deutschen Literatur, Band I. Frechen 1999, S. 84.
[4] Borcherdt (Anm. 2), S. 39.
[5] Bécsy, Tamás: A drámamodellek és a mai dráma. Budapest / Pécs 2001, S. 194.

Reihe von Dramen, die wegen des Hauptteils, den die Passion Christi bildet, Passionsspiele genannt werden. Laut Bergmann meint der Terminus Passionsspiel nicht „ein Spiel über die Passion Jesu, sondern ein Spiel über die durch die Passion Jesu verwirklichte Erlösung."[6] Diese Spiele enthalten nicht nur die Darstellung der Passion, sondern auch Szenen aus dem öffentlichen Leben Jesu. Zwei kleine Dramen wurden in die Passionsspiele aufgenommen, die Marienklage (Marias Klage am Kreuz) und das Maria-Magdalena-Spiel (handelt von Maria Magdalenas Sünde und Bekehrung).[7]

Im 15. Jahrhundert waren die Passionsspiele zu eigentlichen geistlichen Volksspielen geworden und gaben durch ihre eigentümliche Mischung von religiösen, künstlerischen und volkstümlichen Elementen ein getreues Spiegelbild des Bürgertums der Städte.

Im Spätmittelalter waren die Passionsspiele sehr beliebt und verbreitet. Die Darstellung der Leiden Christi war dabei sehr naturalistisch und detailliert.

Mit der Zeit entwickelte sich eine eigene Aufführungsweise der geistlichen Spiele.

Einige geistliche Spiele des Mittelalters haben eher einen epischen, erzählenden als einen dramatischen Charakter. Die Szenen wurden nur äußerliche aneinander geknüpft, so dass die Szenen jederzeit erweitert oder gekürzt werden konnten. Eine Einheit von Ort, Zeit und Handlung war nicht vorhanden. Dieses Fehlen der dramatischen Einheit hatte zufolge, dass wichtiges von unwichtigem nicht unterschieden wurde, kein Schwerpunkt auf einzelne wichtige Szenen gelegt wurde und deshalb die Spiele sehr lang waren.[8]

Ab dem 14. Jahrhundert entwickelten sich die sog. Zyklen, die von der Vertreibung Luzifers aus dem Himmel bis zur Auferstehung Christi reichten. Nach einiger Zeit wurden für die verschiedenen Zyklusteile am Aufführungsort eigene Bühnen errichtet oder ein eigener Wagen wurde gebaut.

Bei den Freilichtaufführungen gab es drei Arten von Bühnen: die simultane, die kreisförmige und die bewegliche Bühne. Die kreisförmige Bühne war dem a8ntiken Theater ähnlich. Bei der beweglichen Bühne, wie

---

[6] Bergmann und Stricker (Anm. 1), S. 53.
[7] Salzer und Tunk, Heinrich, Münster-Holzlar (Anm. 3), Band I. S. 85.
[8] Hont, Ferenc und Géza Staud und György Székely (Hg.): A színház világtörténete. Bd. I., zweite, erweiterte Auflage, Budapest 1986, S. 117.

zum Beispiel die Wagenbühne, wurden die Bühnenbilder der wichtigsten Szenen auf eigenen Wagen aufgebaut.

Hier möchte ich nur auf die Simultanbühne näher eingehen, da diese für die geistlichen Spiele im deutschen Sprachraum charakteristisch war. Auf die Simultanbühne wurden vorher angefertigte Bühnenbilder gestellt, in denen dann die wichtigsten Szenen gespielt wurden. Das Bühnenbild sollte keine Illusion erzeugen, sondern der im Geschehen enthaltenen geistigen Beziehungen veranschaulichen. Die Anordnung der Schauplätze auf der Bühne ist Ausdruck dieser Beziehungen: auf der linken Seite sind Hölle, die Gegner Jesu; auf der rechten Seite sind Himmel und die Anhänger Jesu. Die Bühne war meistens ein weites, hölzernes Gerüst, fast genauso breit wie lang, nicht viel über dem Boden gelegen und nach allen Seiten hin offen. Den Hintergrund bildeten die Bühnenbilder oder ein Haus mit einem Balkon, der den Himmel darstellte. Die Bühne war durch Tore oder Mauer in drei Abteilungen geteilt. An den beiden Längsseiten der Bühne standen die Bühnenbilder, die für das Spiel benötigt wurden. Auf dem freien mittleren Platz der Bühne fand die Handlung statt. Die Spieler waren vom Anfang bis zum Ende des Stückes auf der Bühne; sie saßen an den Seiten jener Abteilungen, in denen sie zu spielen hatten, und durften ihren ‚Stand' nur verlassen, wenn sie ihren ‚Spruch' zu sagen hatten. Als ihr Stichwort fiel, traten sie einige Schritte in die Mitte, sagten ihre Rolle auf und kehrten dann auf ihren Platz zurück.

In den geistlichen Spielen kamen einige stereotypische Rollen vor, solche waren zum Beispiel die Teufel, die zu den Hauptfiguren gehörten. Sie verkörperten nicht nur die Widersacher Gottes, die Intriganten, sondern waren auch Spaßmacher und Narren. Auf die Zuschauer im Mittelalter hatten diese Figuren eine ganz andere Wirkung, wie auf den modernen Menschen: die Teufel bewegten sich auf dem schmalen Grat zwischen Humor und Furcht, und alles was mit Schmutz und Derbheit zu tun hatte, gehörte in ihre Sphäre.

Es kamen aber auch andere ständige Figuren vor: König Herodes, der grimmige Tyrann; Josef, der mit dem kleinen Jesus auf dem Arm Brei für ihn kocht; Maria Magdalena, deren früheres ‚weltliches' Leben oft detailliert dargestellt wurde.[9]

---

[9] Hont und Staud, Székely (Anm. 8), Bd. I. S. 116.

DAS GEISTLICHE SPIEL DES MITTELALTERS

Neben den Rollen waren auch die Kostüme und Gestik stereotypisch, da auf den großen Freilichtbühnen nur durch grelle Farben und heftige Bewegungen eine Wirkung erzielt werden konnte, deswegen wurde auf ausdrucksvolle Mimik verzichtet. Die Figuren wurden auch durch ihre Gesten charakterisiert: Jesus tritt immer in feierlicher Ruhe auf, Judas dagegen als unruhiger Geist in ständiger Hast. Die Geste dient auch zum Ausdruck einer bestimmten seelischen Haltung. Die Gestik für Trauer, Freude oder Gebet war zum Beispiel vorgeschrieben. Bei den Kostümen wurden im Laufe der Zeit die geistlichen Gewänder durch weltliche Kleidung ersetzt. Erhalten blieb aber die kirchliche Tradition z.b. bei den Farben der hemdartigen Talare der Jünger, so erscheint Petrus in einem blauen Unterrock und weißem Mantel, Johannes in weißem Unterkleid und rotem Mantel.[10] Die Kostüme dienten zur Charakterisierung der Personen und zur Versinnbildlichung ihrer Stellung im Spiel.

Bei den Aufführungen spielte die Musik eine wichtige Rolle. Bei den liturgischen Spielen wurde der ganze Text gesungen, später wechselten sich Gesang und Rede ab.

Auf den großen Freilichtbühnen war der Anblick wirkungsvoller als das gesprochene Wort. Der Erfolg der Aufführung hing von der regen Handlung, den bunten Bildern und der Musik ab.

Anfangs wurden die Rollen ausschließlich von Klerikern gespielt. Auch die Frauenrollen wurden von Männern dargestellt, da Frauen erst ab der ersten Hälfte des 16. Jahrhunderts mitspielen durften.

Im Spätmittelalter wurden die Spiele von reichen Stadtbürgern, religiösen Laiengruppen oder Zünften vorgetragen mit der Unterstützung der katholischen Kirche und der Priesterschaft. Diese Aufführungen waren durch den Aufschwung der Städte und des Aufstiegs des Bürgertums sehr prachtvoll. Der Aussagewille der Gesellschaft sprengte aber den Rahmen der Religion, da auch Stadtbürger in den Stücken mitspielten und deshalb auch ihre Probleme, Ansichten und Anliegen nach einiger Zeit berücksichtigt wurden.

Die Zuschauer sollen durch die Darbietung erbaut, belehrt, erschüttert und getröstet werden.

Von den geistlichen Spielen des Mittelalters wurde vor allem die Tradition des Passionsspiels bis in unserer Zeit weitergetragen. Im Folgen-

---

[10] Borcherdt (Anm. 2), S. 38.

den möchte ich die Budaörser Passion vorstellen und die Parallelen in der Aufführungsweise mit den Passionsspielen des Mittelalters aufzeigen. Ich habe dieses Passionsspiel gewählt, da es als einziges in Ungarn auch in deutscher Sprache gespielt wird.

Bei der Budaörser Passion kann man von zwei Zeitabschnitten sprechen: der erste von 1933-1939 und der zweite ab 2003, auf die ich ausführlicher eingehen werde.

Die Geschichte von der Passion Jesu hat für die gläubigen Menschen aller Epochen eine gleichbleibende Aussage: Jesus hat sich wegen den Sünden der Menschen geopfert und sie so erlöst. Diese Leidensgeschichte wollten die gläubigen Katholiken des schwäbischen Dorfes Budaörs in der Nähe von Budapest in den 30er Jahren des 20. Jahrhunderts das erste Mal in Ungarn auf einer Freilichtbühne zeigen. Die Führungs- und Organisationsarbeit übernahm Géza Bató, der nicht nur der Lehrer des Dorfes, sondern auch Leiter des Lyra-Chors war. Der Chor hatte schon mehrere weltliche und geistliche Stücke vorgestellt, als Anfang der 30er Jahre die Idee aufkam, ein Passionsspiel nach dem Muster der Oberammergauer Passion aufzuführen. Als Aufführungsort wählten sie den Steinberg, einen kahlen und steilen Berg, auf dem eine kleine Kapelle der Unbefleckten Empfängnis stand. Der Ort schien ideal, da die Kapelle als Wallfahrtort bekannt war. Neben der Kapelle wurden die Kulissen aufgebaut: hier entstanden unter anderem das Tor von Jericho, das Haus von Kaiphas, das Haus von Nikodemus, das Haus des letzten Abendmahles, das Palast von Pilatus usw. Im Gegensatz zu den Bühnenbildern im Mittelalter waren diese aus Stein, wurden nicht abgebaut und wurden jedes Jahr benutzt. Auf der östlichen Seite wurden etwa 2000 Zuschauerplätze errichtet.[11]

Die Budaörser Passion wurde von 1933 bis 1939 jeden Sonntag in den Sommermonaten auf der Freilichtbühne auf dem Steinberg gespielt. Das Textbuch wurde von Géza Bató in ungarischer Sprache geschrieben, das 1934 vom Pfarrer des Dorfes, Miklós Aubermann in die deutsche Sprache übersetzt wurde. Die meisten Vorstellungen fanden in ungarischer Sprache statt, nur wenige auf Deutsch. An den Aufführungen nahmen fast 250 Laienspieler teil, über die nicht nur die ungarische, sondern auch internationale Presse berichtete, wobei Budaörs als „ungarisches Oberammergau" bezeichnet wurde. Der Erfolg war sehr groß und die Zuschauer zeigten sich von den

---

[11] Ballai, Rita: A Budaörsi Passió (Diplomarbeit). Pázmány Péter Katolikus Egyetem Hittudományi Kar. Budapest 2002.

Vorstellungen bewegt und beeindruckt. Die meisten Darsteller waren Laien aus Budaörs und Umgebung, nur die Jesus Figur von Jesus wurde von einem Schauspieler, László Bató, der jüngere Sohn von Géza Bató, gespielt. Von den Aufführungen existieren leider nur einige Bilder und wenige Minuten auf Film.

Die wegen dem Weltkrieg und der Vertreibung der Ungarndeutschen unterbrochene Tradition wurde im Jahre 1996 mit Unterstützung des Verbandes Europassion wieder zum Leben erweckt. Anlässlich des Millenniums wurde – wegen des Fehlens des Originaltexts – die Csíksomlyóer Passion auf dem Steinberg aufgeführt. Erst später wurde der Originaltext von Géza Bató wiedergefunden und ab 2003 finden die Aufführungen alle drei Jahre in ungarischer und deutscher Sprache nach diesem Originaltext statt.[12]

Die Vorstellungsreihe beginnt traditionell am Pfingstwochenende und wird nur im Juni in den Abendstunden, wenn es dunkel ist, gespielt. Die Aufführungen sind jedes Mal gut besucht, aber sie stellen nicht mehr das Massenspektakel wie im Mittelalter dar. Die Zuschauer haben feste Sitzplätze und gehen nicht mehr herum.

Die traditionelle Simultanbühne der Passionsspiele blieb erhalten, nur ein wenig abgewandelt. Die alten Kulissen aus Stein auf dem Budaörser Steinberg wurden nach dem 2. Weltkrieg abgetragen und auch nach 2003 nicht wieder neu errichtet. Die neue Version der Passion wird in einer Naturkulisse gespielt. Die verschiedenen Schauplätze werden nur angedeutet z. B. durch Holzsäulen, Felsen usw. Die einzelnen Stellen, wo die Szene gerade gespielt wird, werden mit Scheinwerfern ausgeleuchtet. So müssen die Darsteller nicht wie im Mittelalter die ganze Zeit auf der Bühne sein, sondern sie erscheinen nur, wenn ihr Part kommt. Die moderne Technik wird auch dafür eingesetzt, Bilder von Gemälden mit biblischem Thema auf die Felsen zu projizieren. So entsteht eine noch besinnlichere Atmosphäre.

Die Spieler spielen ihre Rollen nicht dramatisch-narrativ, sondern versuchen sie bildhaft darzustellen. Einige der Rollen haben andere Funktionen als im Mittelalter, z. B. sind die Teufel Verführer, die böse Absichten haben. Sie sind nicht mehr die Narren und Spaßmacher wie im Mittelalter, auch die derb-komischen Szenen fehlen in der Budaörser Passion völlig.

Die Kostüme und die Gesten der Darsteller erinnern an die im Mittelalter, wobei die größeren Rollen nicht von Laien, sondern von Schauspielern

---

[12] Kovács, Josef Ladislaus: Es war einmal eine Passion. In: Budaörser Passion. Budaörs 2003, S. 7-9.

gespielt werden. Die anderen, etwa 200 Spieler und Statisten stammen aus Budaörs und Umgebung.

Die Musik dient zur Untermalung der dramatischen Szenen und – wie auch im Mittelalter – wird am Ende eine kirchliche Hymne von mehreren Chören gesungen.

Für die Darsteller und die Verantwortlichen der Budaörser Passion ist es wichtig, traditionell zu bleiben, aber dabei muss die Vorstellung auch dem heutigen Menschen etwas sagen. Im Text werden deshalb immer wieder kleine Änderungen vorgenommen, z.b. wurde 2006 wurde die Rolle eines Evangelisten eingeführt, der die einzelnen Szenen kommentierte. Auch Aktualitäten werden hervorgehoben, so wurden 2009 Parallelen zu den Aufführungen in den 30er Jahren hergestellt, indem die Figur des Géza Bató und damit verbunden eine Rahmenhandlung, der die Proben von damals zeigt, eingeführt wurde, und damit auf die Wirtschaftskrise von damals und heute verwiesen wurde.

Aus dem bislang Ausgeführten wird ersichtlich, dass die Aufführungsweise in großen Zügen gleich geblieben ist. Verschiedenheiten gibt es natürlich auch wegen der 400 Jahre Zeitunterschied: die moderne Technik hielt in den traditionellen Aufführungsrahmen Einzug. Es ist bemerkenswert, dass, obwohl es heutzutage in unserer globalisierten, schnelllebigen Welt zahlreiche Arten von Unterhaltung gibt, eine so alte Form der Unterhaltung immer noch so viele Zuschauer begeistert und nachdenklich stimmen kann. Theater lebt – damals, wie heute – vom Dialog zwischen Bühne und Publikum. Denn bei jeder Aufführung sehen und hören wir etwas anderes heraus, weil – wie es Heinz Kindermann formuliert – „seit der letzten Begegnung mit dem gleichen Werk wir Zuschauer uns verändert haben".[13]

Durch das Passionsspiel werden zeitlose Werte vermittelt und seine bleibende Aussage ist, dass man mit Sanftmut, Bestimmtheit und Demut die eigenen Ziele erreichen kann.

---

[13] Kindermann, Heinz: Die Funktion des Publikums im Theater. Wien 1971, S. 9.

ROBERT SEIDEL

Disputationsdrucke in der Medienkonkurrenz

Beobachtungen zur Pragmatik des akademischen Gelegenheitsschrifttums am Beispiel der frühneuzeitlichen Kulturvergleichsdebatte

Im folgenden Beitrag wird es um Ansätze eines europäischen Kulturvergleichs in der Zeit der Frühaufklärung gehen, und da seien mit Blick auf den Ort, an dem diese Ausführungen zuerst vorgetragen wurden,[1] eine entschuldigende Erklärung sowie eine hommage an den genius loci vorangestellt. Zunächst die Entschuldigung: Wenn in der akademischen Literatur des frühen 18. Jahrhunderts die Kulturnationen Europas behandelt werden, fehlt Ungarn in vielen Fällen.[2] Das hat sprachhistorische, territorialgeschichtliche und geopolitische Gründe, die hier nicht im Einzelnen aufgeführt werden müssen. Allerdings war den Autoren jener Zeit bewusst, dass es sehr wohl über den Stand der Kultur, Literatur und Wissenschaft in Ungarn etwas zu sagen gäbe, und man rechtfertigte sich für die Unterlassung teilweise mit

---

[1] Der Beitrag geht zurück auf Überlegungen, die auf einer internationalen Germanistenkonferenz in Pécs (Ungarn) im Herbst 2010 vorgestellt wurden. Ich habe mich überdies in einigen Fallstudien mit dem frühneuzeitlichen Disputationswesen beschäftigt: Zwischen rhetorischer Poetik und philosophischer Ästhetik. Johann Georg Bocks Königsberger Dissertatio de pulchritudine carminum (1733) im Kontext zeitgenössischer Diskurse. In: Die Universität Königsberg in der Frühen Neuzeit. Hg. von Hanspeter Marti und Manfred Komorowski unter Mitarbeit von Karin Marti-Weissenbach. Köln u.a. 2008, S. 139-171; Lateinische Theaterapologetik am Vorabend des Sturm und Drang. Die Vindiciae scenicae von Philipp Ernst Rauffseysen (1767). In: Das lateinische Drama der Frühen Neuzeit. Exemplarische Einsichten in Praxis und Theorie. Hg. von Reinhold F. Glei und Robert Seidel. Tübingen 2008 (= Frühe Neuzeit 129), S. 287-312; Disputationen über die Höflichkeit. Frühneuzeitliche Verhaltenslehren im Spiegel des akademischen Kasualschrifttums. In: Konjunkturen der Höflichkeit in der Frühen Neuzeit. Hg. von Gisela Engel u.a. Frankfurt 2009 (= Zeitsprünge 13, 3-4), S. 440-460.
[2] Es gibt freilich Ausnahmen in den eigentlichen Litterärgeschichten (s.u.), z.B. findet Ungarn Berücksichtigung in dem monumentalen Kompendium von Nicolaus Hieronymus Gundling: Vollständige Historie der Gelahrheit [...]. 4 Bde. Frankfurt am Main / Leipzig 1734-1736, hier Bd. 1, S. 172 f., und Bd. 4, S. 5860 f.

Raum- und Zeitgründen und Versprechungen, das Versäumte nachzuholen,[3] oder man verwies pauschal auf den Doyen der ungarischen Wissenschaftsgeschichtsschreibung selbst: „De Pannonia commentatus est Zwittingerus." [Über Ungarn hat sich Czvittinger geäußert.][4] Tatsächlich war Dávid Czvittingers 1711 erschienenes *Specimen Hungariae literatae [Proben aus dem gelehrten Ungarn]* ein international anerkanntes Kompendium der ungarischen Kultur und Wissenschaft, und allein der Name des Kompilators reichte offenbar als Referenz aus. Gábor Tüskés hat in einem vor kurzen erschienenen Artikel auf die Leistung Czvittingers hingewiesen.[5] Was nun die Rolle der Universität Pécs bei der Aufarbeitung der Nationalkulturendebatte betrifft, sei auf eine frühe Studie von Gyula Alpár hingewiesen, der hier im Jahre 1939 eine Dissertation mit dem Titel *Streit der Alten und Modernen in der deutschen Literatur bis um 1750* verfasste.[6] Diese Studie zur Querelle des Anciens et des Modernes, die am Rande auch auf Ansätze eines synchronen Kulturvergleichs eingeht, wird in der neueren Forschung wegen einiger methodischer Schwächen kritisch, aber doch anerkennend referiert, vor allem findet die großzügige Materialdarbietung Alpárs positive Resonanz.[7]

---

[3] Commentationem historicam de statu rei literariae praesenti in Europa publico sistent examini praeses Andreas Westphal, Prof. Phil. Ordin., et Hans Carl von Kirchbach, Nobil. Pomeran. Anno MDCCXXIV. die [handschriftlich ergänzt: 22.] Martii. Greifswald 1724, S. 139: „Essent adhuc quaedam subjicienda de statu literarum in *Helvetia, Scotia, Hungaria* ac *Turcia*: Ceterum cum praesens Commentatio fines Dissertationis Academ. longius excesserit, injungitur mihi necessitas, considerationis illius in aliud tempus rejiciendae [...]."

[4] Johann Christoph Coler: De praesenti rei litterariae statu dissertatio, [angehängt an:] ders.: Analecta ad V. C. Burc. Gotth. Struvii Introductionem ad notitiam rei literariae [...]. Jena 1723, S. 182-208, hier S. 198. – Auf Czvittinger verweist auch Johann Friedrich Jugler: Bibliotheca historiae litterariae selecta olim [vom Begründer Burkhard Gotthelf Struve, zuerst 1704] titulo introductionis in notitiam rei literariae et usum bibliothecarum insignita [...]. 3 Bde. Jena 1754, Bd. 1, S. 678 f.; hier werden allerdings immerhin einige wenige Autoritäten und Werktitel angeführt.

[5] Tüskés, Gábor: Deutsch-ungarische Kontakte auf dem Gebiet der Historia litteraria in der ersten Hälfte des 18. Jahrhunderts. In: Das achtzehnte Jahrhundert 34 (2010), S. 65-80, speziell S. 70-72, 76. Vgl. Knapp, Éva und Gábor Tüskés: Forerunners of Neo-Latin Philology and National History of Literature. The 18th Century. In: Companion to the History of the Neo-Latin Studies in Hungary. Edited by István Bartók. Budapest 2005, S. 37-54, hier S. 44 f.

[6] Gyula Alpár: Streit der Alten und Modernen in der deutschen Literatur bis um 1750. Pécs 1939 (= Specimina dissertationum facultatis philosophicae Regiae Hungaricae Universitatis Elisabethanae Quinqueecclesiensis 152).

[7] Kapitza, Peter K.: Ein bürgerlicher Krieg in der gelehrten Welt. Zur Geschichte der Querelle des Anciens et des Modernes in Deutschland. München 1981, S. 14, 19 f. Pago, Thomas: Gottsched und die Rezeption der Querelle des Anciens et des Modernes in Deutschland. Untersuchungen zur Bedeutung des Vorzugsstreits für die Dichtungstheorie der Aufklärung. Frankfurt am Main u.a. 1989 (= Europäische Hochschulschriften I/1142), S. 11.

DISPUTATIONSDRUCKE IN DER MEDIENKONKURRENZ

Nun aber zur Sache selbst: In den letzten Jahren ist eine typisch frühneuzeitliche Form des akademischen Gebrauchsschrifttums in den Fokus der Forschung gerückt, die sogenannte ‚dissertatio', die nicht mit der seit dem 19. Jahrhundert üblichen Inauguraldissertation moderner Prägung zu verwechseln ist.[8] Unter ‚dissertatio' ist eine lateinischsprachige Programmschrift meist geringeren Umfangs zu verstehen, mit der ein Professor und sein Schüler gemeinsam zu einem universitären Disputationsakt einluden, weshalb neben ‚dissertatio' auch die Bezeichnung ‚disputatio' vorkommt, was man beides als ‚Thesendruck' bezeichnen kann – alle drei Termini können mithin synonym verwendet werden. Tatsächlich enthielten die Programmschriften in den meisten Fällen allerdings nicht bloße ‚Thesen', über

---

[8] Die jüngere Forschung zum Disputationswesen in der Frühen Neuzeit wurde seit den frühen 1980er Jahren maßgeblich durch Hanspeter Marti vorangetrieben, dem neben bibliographischen Erschließungsarbeiten vor allem auch grundlegende, für das textsorten- und medienspezifische Verständnis der ‚dissertationes' relevante exemplarische Studien zu verdanken sind. Vgl. u.a. Philosophische Dissertationen deutscher Universitäten 1660-1750. Eine Auswahlbibliographie, unter Mitarbeit von Karin Marti. München u.a. 1982; Artikel „Disputation". In: Historisches Wörterbuch der Rhetorik. Hg. v. Gert Ueding. Bd. 2. Tübingen 1994, Sp. 866-880; Artikel „Dissertation". In: Ebd., Sp. 880-884; Lateinsprachigkeit – ein Gattungsmerkmal der Dissertationen und seine historische Konsistenz. In: Jahrbuch für Internationale Germanistik 30/1 (1998), S. 50-63; Philosophieunterricht und philosophische Dissertationen im 17. und 18. Jahrhundert. In: Artisten und Philosophen. Wissenschafts- und Wirkungsgeschichte einer Fakultät vom 13. bis zum 19. Jahrhundert. Hg. v. Rainer Christoph Schwinges. Basel 1999 (= Veröffentlichungen der Gesellschaft für Universitäts- und Wissenschaftsgeschichte 1), S. 207-232; Dissertation und Promotion an frühneuzeitlichen Universitäten des deutschen Sprachraums. Versuch eines skizzenhaften Überblicks. In: Promotionen und Promotionswesen an deutschen Hochschulen der Frühmoderne. Hg. v. Rainer A. Müller. Köln 2001 (= Abhandlungen zum Studenten- und Hochschulwesen 10), S. 1-20; Grenzen der Denkfreiheit in Dissertationen des frühen 18. Jahrhunderts. Theodor Ludwig Laus Scheitern an der juristischen Fakultät der Universität Königsberg. In: Die Praktiken der Gelehrsamkeit in der Frühen Neuzeit. Hg. v. Helmut Zedelmaier und Martin Mulsow. Tübingen 2001 (= Frühe Neuzeit 64), S. 295-306; Das Bild des Gelehrten in Leipziger philosophischen Dissertationen im Übergang vom 17. zum 18. Jahrhundert. In: Die Universität Leipzig und ihr gelehrtes Umfeld 1680-1780. Hg. v. Hanspeter Marti und Detlef Döring. Basel 2004 (= Texte und Studien der Arbeitsstelle für kulturwissenschaftliche Forschungen 6), S. 55-109; Kommunikationsnormen der Disputation. Die Universität Halle und Christian Thomasius als Paradigmen des Wandels. In: Kultur der Kommunikation. Die europäische Gelehrtenrepublik im Zeitalter von Leibniz und Lessing. Hg. von Ulrich Johannes Schneider. Wiesbaden 2005 (= Wolfenbütteler Forschungen 109), S. 317-344; Von der Präses- zur Respondentendissertation. Die Autorschaftsfrage am Beispiel einer frühneuzeitlichen Literaturgattung. In: Examen, Titel, Promotionen. Akademisches und staatliches Qualifikationswesen vom 13. bis zum 21. Jahrhundert. Hg. v. Rainer Christoph Schwinges. Basel 2007 (= Veröffentlichungen der Gesellschaft für Universitäts- und Wissenschaftsgeschichte 7), S. 251-274; Disputation und Dissertation. Kontinuität und Wandel im 18. Jahrhundert. In: Disputatio 1200-1800. Form, Funktion und Wirkung eines Leitmediums universitärer Wissenskultur. Hg. v. Marion Gindhart und Ursula Kundert. Berlin / New York 2010 (= Trends in Medieval Philology 20), S. 63-85.

die dann in einem öffentlichen Akt disputiert wurde, vielmehr handelte es sich in der Regel um kleinere, sehr spezielle Abhandlungen zu Gegenständen aus allen Fakultäten, die dem modernen Wissenschaftshistoriker Aufschluss darüber geben, welche Themen im akademischen Unterricht einer Zeit – oder auch einer speziellen Universität – gerade en vogue waren, mit welchen Argumenten man operierte und auf welche Autoritäten man sich stützte. Letzteres ist besonders gut dokumentiert, da die ‚dissertationes' des 16. bis 18. Jahrhunderts, darin modernen Qualifikationsschriften durchaus vergleichbar, oft eine unglaubliche Menge von Literaturnachweisen enthielten, mit denen der Hochschullehrer und sein Schüler, ‚Präses' und ‚Respondent', ihre Fachkompetenz dokumentierten. Die Schriften enthalten neben Hinweisen auf den frühneuzeitlichen Wissenschaftsbetrieb mit seinen fachspezifischen Diskursstrategien und thematischen Konjunkturen meist auch eine Fülle von Sachinformationen, die als solche oder in der entsprechenden Zusammenstellung sonst nicht greifbar sind. In manchen Fällen entwickelten sich sogar Hybridformen des Genres, umfangreiche Schriften von hundert und mehr Seiten, die dann – ich werde noch darauf zurückkommen – den Zeitgenossen als veritable Wissensspeicher dienten und uns Heutigen Aufschluss über eine spezifische, lange Zeit kaum beachtete Form der Akkumulation und Ordnung von Informationen und Argumenten in der Frühen Neuzeit geben.

In einem an der Universität Frankfurt angesiedelten, von der DFG geförderten Forschungsprojekt „Wissenschaftshistorische Erschließung frühneuzeitlicher Dissertationen zur Rhetorik, Poetik und Ästhetik aus den Universitäten des Alten Reiches (Repertorium)" werden derzeit rund 200 solcher Thesendrucke unter wissenschaftsgeschichtlichen Gesichtspunkten ausgewertet. Es geht darum, die Vorgeschichte der als solche ja erst im 19. Jahrhundert etablierten Germanistik zu erhellen, weshalb man sich bei der Quellenauswahl auf die ‚literaturwissenschaftlichen' Disziplinen Rhetorik, Poetik und Ästhetik konzentriert hat. De facto werden allerdings auch zahlreiche Schriften aufgenommen, die sich mit ‚literarischen' Fragen jenseits der frühneuzeitlichen Fachgrenzen beschäftigen, so etwa Dissertationen zum Theaterwesen oder zur Kritik der antiken Autoren. Die Grenze zu anderen Disziplinen wird gelegentlich gestreift, beispielsweise zur Theologie, wenn es um den Stil der biblischen Offenbarung geht, oder zur politischen Wissenschaft, wenn über die Funktion des beredten Schweigens disputiert wird. Und natürlich sind kulturvergleichende Dissertationen insofern relevant, als es hier zuweilen auch um den Wettstreit der Nationen in spezifisch ‚literarischen' Fragen geht. Am Beispiel des letzten Themenbereiches soll im Folgenden gezeigt werden, wie die unlängst ins Blickfeld der Forschung gerückten Thesendrucke sich in das Spektrum frühneuzeitlicher Wissensliteratur einfügen, worin ihr spezifisches Potenzial besteht und welche Berührungen mit anderen Textsorten zu beobachten sind. Bei der Auswahl thematisch einschlägiger Texte orientiere ich mich an der wichtigen Studie von Peter K. Kapitza zur deutschen Rezeption der Querelle des Anciens et des Modernes,[9] wo in vorbildlicher Weise die Debatten aufgearbeitet sind, die vom Ende des 17. bis zur Mitte des 18. Jahrhunderts um den Vorzug der antiken vor den modernen Kulturen bzw. der modernen Kulturen untereinander geführt wurden. Kapitza ging bei seiner Auswertung, die angesichts der Materialfülle oft recht summarisch ausfiel, auf die textspezifischen Besonderheiten seiner Quellen nicht ein, behandelte also Disputationsdrucke nicht anders als andere Textsorten bzw. Medien. Die folgenden Bemerkungen stellen hingegen genau diesen funktionalen Aspekt ins Zentrum.

In Kapitzas Buch werden drei ‚dissertationes' kurz behandelt, die sich mit dem ‚Vorzugsstreit', also mit der Positionierung der deutschen Gelehrtenkultur im europäischen Vergleich, beschäftigen. Es handelt sich dabei um folgende Drucke:

1. Bernhard Peter Karl (pr.) / Christian Friedrich Teichmann (resp.): Meditationes crudiores de Germania artibus literisque nulli secunda […]. Rostock 1698. 58 S. [Vorläufige Überlegungen darüber, dass Deutschland in den Künsten und Wissenschaften keinem Land nachsteht]

2. Cornelius Dietrich Koch (pr.) / Johann Heinrich Beuthner (resp.): Parergon criticum de praestantia quadam poeseos Germanicae prae Gallica et Italica […]. Helmstedt 1715. 32 S. [Kritisches Nebenstück betreffend einen gewissen Vorrang der deutschen Dichtung vor der französischen und der italienischen]

3. Andreas Westphal (pr.) / Hans Carl von Kirchbach (resp.): De statu rei literariae praesenti in Europa […]. Greifswald 1724. 140 S. [Über den gegenwärtigen Zustand der Wissenschaften in Europa]

---

[9] Wie Anm. 7.

Zwei der drei Disputationsdrucke gehen im Umfang deutlich über das Standardmaß hinaus, was darauf hindeutet, dass nur ein Bruchteil der jeweils aufbereiteten Fakten tatsächlich einer ‚Disputation', also einer kritischen Infragestellung vor der akademischen Öffentlichkeit, unterzogen wurde. Im Falle einer anderen, berühmt gewordenen und vor einigen Jahrzehnten sogar neu edierten Disputation von Erdmann Neumeister, *De poetis Germanicis* (1695) [*Über die deutschen Dichter*], wird sogar auf dem Titelblatt vermerkt, dass nur über Einzelfälle disputiert werden solle,[10] womit klar wird, dass der Disputationsdruck noch andere Aufgaben zu erfüllen hatte als nur die, das Material zu einer Diskussion bereit zu stellen.

Ich greife hier die zeitlich späteste und umfangreichste Dissertation (Nr. 3) heraus, da sie einerseits die Debatte um den Vorzug der Nationen zu einem Zeitpunkt protokolliert, als sich die im deutschen Kulturbereich führenden Literaten und Dichtungstheoretiker der Frühaufklärung zu positionieren begannen. Für Literaturwissenschaftler eröffnet sich also die Möglichkeit, einen ungetrübten Blick auf die akademischen Wissenschaftsstandards zu werfen, die fern der kulturellen Zentren Mitteleuropas – hier konkret im pommerschen Greifswald – und jenseits der sich zuspitzenden Diskurse etwa des Streits zwischen Gottsched und den ‚Schweizern' Bodmer und Breitinger im ersten Drittel des 18. Jahrhunderts galten. Außerdem ist der internationale Kulturvergleich bei Westphal am gründlichsten und systematischsten durchgeführt. Vor allem jedoch kann dieser Druck als anschauliches Beispiel für die Verwertung über den bloßen Disputationsakt hinaus gelten, da er (1.) durch seinen kompendienhaften Charakter am deutlichsten die Funktion eines ‚Programms' überschreitet, da (2.) parallele Publikationen mit gleicher Thematik, aber aus unterschiedlichen Genres vorliegen und da sich (3.) in einem der drei bekannten Exemplare der Dissertation eingelegte Blätter und handschriftliche Randbemerkungen finden, wodurch die praktische Rezeption seitens der Zeitgenossen greifbar wird. Schließlich ist bei dieser Greifswalder Dissertation aus dem Jahre 1724 auch noch der regionale Aspekt bedenkenswert, da aufgrund der damaligen Zugehörigkeit Pommerns zur schwedischen Krone eine besondere Berücksichtigung der nordeuropäischen Königreiche im Kulturvergleich zu erwarten ist. Schon die Widmung der

---

[10] Neumeister, Erdmann (pr.) und Friedrich Grohmann (resp.): De poetis Germanis hujus seculi praecipuis dissertatio compendiaria [...]. De singulis [!] vero [...] exponent publice M. Erdmann Neumeister et Friedrich Grohmann. o.O. 1695. [Ndr.] Hg. v. Franz Heiduk in Zusammenarbeit mit Günter Merwald. Bern / München 1978.

Schrift an den schwedischen König Friedrich I., der als „stator pacis" [Bewahrer des Friedens] und „instaurator literarum" [Erneuerer der Wissenschaften] nach dem Nordischen Krieg (1700-1721) gefeiert wird, zeigt die – gewiss pragmatisch motivierte – Verbundenheit der Gelehrten mit ihrem Herrscherhaus.[11]

Als Parallelquellen werden bereits von Kapitza das der Vorzugsfrage gewidmete Kapitel aus Burkhard Gotthelf Struves *Introductio ad notitiam rei litterariae et usum bibliothecarum [Einführung in die Kenntnis der Wissenschaften und den Gebrauch von Bibliotheken]* (zuerst 1704) sowie eine fast zeitgleich mit unserer Dissertation erschienene Abhandlung von Johann Christoph Coler mit dem Titel *De praesenti rei litterariae statu [Über den gegenwärtigen Zustand der Wissenschaften]* (1723) genannt. Coler übrigens verweist in der Einleitung zu seinem Text auf die noch ungedruckte Schrift Westphals,[12] tatsächlich aber findet sich schon zehn Jahre zuvor, im Jahrgang 1714 des *Neuen Bücher-Saals der Gelehrten Welt*, die Notiz: „Gedachter Herr M[agister] Westphal hat auch zum Drucke fertig liegen: Schediasma litterarium de statu praesenti rei litterariae in Europa."[13] Aus dem geplanten „Schediasma", der Stegreifskizze also, war zum Zeitpunkt der Publikation ein Konvolut von 140 Seiten geworden, das – ironischerweise – gemäß seiner offiziellen Gebrauchsfunktion als Disputationsgrundlage tatsächlich etwas Ephemeres an sich haben sollte.

Im sachlichen Gesamturteil unterscheiden sich die drei zu vergleichenden Schriften kaum, allenthalben wird aus differenzierend-kritischer Perspektive einseitigen Zuschreibungen etwa in der Tradition der Klimatheorie eine mehr oder minder deutliche Absage erteilt. Die Einschätzungen der einzelnen Nationen sind freilich nicht unabhängig von den gedanklichen Prämissen einer protestantisch geprägten, die absoluten Herrscher als Mäzene in die Pflicht nehmenden Gelehrtenschicht, aus der sich die Verfasser

---

[11] Die Widmung findet sich bei Westphal (Anm. 3), S. 2, und ist vom Respondenten Hans Carl von Kirchbach unterzeichnet.

[12] Coler (Anm. 4), S. 182: „Ac nos quidem, quod minime diffitemur, facile hac poteramus opella supersedere, vellemusque, illa tandem exiisset in lucem Andreae Vestphali dissertatio de praesenti rei litterariae statu in Europa, quae nouis literariis ex Academia Gryphica fuit praenuntiata."

[13] Neuer Bücher-Saal der Gelehrten Welt oder Ausführliche Nachrichten von allerhand Neuen Büchern und Andern Sachen so zur neuesten Historie der Gelehrsamkeit gehören. Bd. 4, Teil XLI. Leipzig 1714/15, S. 380. Die gedruckte Dissertation enthält neben dem Disputationsdatum auf dem Titel ([22.] März 1724) auch Literaturangaben zu jüngst, also nach 1715 erschienenen Schriften, u.a. werden auch die Titel von Struve und Coler selbst erwähnt (Westphal, Anm. 3, S. 14).

rekrutieren. Somit werden die südeuropäischen Nationen, vor allem das von der Inquisition niedergedrückte Spanien, als degeneriert eingestuft, gelten die mittel- und westeuropäischen Staaten Frankreich, England und die Niederlande als vorbildlich und erfahren die Länder Nord- und Osteuropas, vor allem das unter Peter dem Großen kulturell aufstrebende Russland, eine respektvolle Wertschätzung. Der deutsche Kulturbereich, über dessen präzise geographische oder territoriale Abgrenzung man sich übrigens keine Gedanken macht, wird als im Grunde gleichwertig mit den westlichen Nachbarn eingestuft, wenngleich in einzelnen Disziplinen durchaus eine noch zu behebende Rückständigkeit konstatiert wird.[14]

In welcher Form wird nun das argumentative Material präsentiert? Bei Struve finden sich die knappen, nur elf Seiten beanspruchenden Ausführungen im Rahmen eines Kriterienkataloges zum Zwecke des raschen Auffindens geeigneter Lektüre in Bibliotheken. Tatsächlich gehört Burkhard Gotthelf Struve (1671-1738) ja zu den führenden deutschen ‚Litterärhistorikern', jenen Gelehrten also, die in narrativer und zugleich systematisierender Form einen kritischen Überblick über die in der abendländischen Welt bis zur jeweiligen Gegenwart erbrachten Leistungen in allen Wissenschaften (‚litterae') einschließlich der ‚Literatur' im modernen Sinne vermittelten bzw. nähere Anleitung zum Auffinden eben dieses Wissens zu geben versuchten.[15] In diesem Rahmen waren Hinweise zur optimalen Nutzung von Bibliotheken zu erteilen (Kapitel 5: „De usu bibliothecarum et delectu scriptorum]" [Über den Gebrauch von Bibliotheken und die Auswahl von Schriften]), und da stellte Struve nun eine Liste von zwölf Kriterien zusammen, nach denen Bücher auszuwählen seien. Das fünfte dieser Kriterien betraf die „scriptoris patria", denn

---

[14] Vgl. Kapitza (Anm. 7), S. 402-406.
[15] Eine Einordnung der Litterärgeschichte in das Disziplinensystem des 18. Jahrhunderts versucht Klaus Weimar: Geschichte der deutschen Literaturwissenschaft bis zum Ende des 19. Jahrhunderts. München 1989, S. 107 ff. Zum aktuellen Forschungsstand vgl. Historia literaria. Neuordnungen des Wissens im 17. und 18. Jahrhundert. Hg. v. Frank Grunert und Friedrich Vollhardt. Berlin 2007. Hier findet sich S. 38 eine Reihe zeitgenössischer Definitionen von ‚historia lit(t)eraria' (‚Litterärgeschichte'), darunter von Struve: „Historia literaria vera est perspicua eorum narratio, quae literarum studiosis de fatis eruditionis atque eruditorum cognitu et necessaria sunt et utilia." Die Auflistung bibliographischer Angaben zu Quellentexten und – vor allem – fachspezifischen Referenzwerken gehörte zu den Kernaufgaben der Litterärhistoriker. Zu Struve vgl. Allgemeine Deutsche Biographie 36 (1893), S. 671-676.

Non omnia ingenia omnis fert tellus. [...] Cuiusque auctoris genium, si in vniversum spectemus, seculum et patria prodit.[16]

[Nicht jedes Land verfügt über jede Art von Begabungen. ... Eines jeden Autors Talent bringen, wenn wir es im Allgemeinen betrachten, Zeit und Heimat hervor.]

Nach einem dieses Diktum erläuternden Zitat aus Thomas Bartholins *Dissertationes de libris legendis [Abhandlungen über die Lektüre von Büchern]* (Den Haag 1711) folgt sogleich ein Durchgang durch die europäischen Nationen von Spanien bis Deutschland, wobei deren Leistungen meist stichpunktartig nach Disziplinen differenziert bewertet werden. Die Nüchternheit der Darstellung, die weitgehend auf moralisierende Urteile und rhetorische Durchgestaltung verzichtet, lässt die Absicht einer praktischen Orientierung deutlich werden: Der Leser soll rasch erfahren, welche Nationen in welchen Fachgebieten brauchbare Leistungen hervorgebracht haben.[17] So heißt es etwa im Kapitel über die Engländer:

[...] In Theologia moralem prae reliquis excolunt. In Iurisprudentia eadem cum Gallis amant. In Medica arte egregii, et satis notum, quantum debeamus societati regiae, cuius membra variis iam experimentis interiora naturae indagarunt. In Philosophia sunt acuti et novatores, eandem plerumque experimentis Mathematicis declarantes. [...][18]

[In der Theologie pflegen sie vor allem die Morallehre. In der Jurisprudenz bevorzugen sie dasselbe wie die Franzosen. In der Medizin ragen sie heraus, und es ist hinreichend bekannt, wieviel wir der Royal Society verdanken, deren Mitglieder schon in mannigfaltigen Untersuchungen die Geheimnissse der Natur erkundet haben. In der Philosophie sind sie scharfsinnige Neuerer, und sie erläutern sie meistens mit mathematischen Untersuchungen.]

---

[16] Struve, Burkhard Gotthelf: Introductio in notitiam rei litterariae et usum bibliothecarum. Jena ⁴1715, S. 208 f.; der zweite Teil des Zitats ist bereits aus Bartholin übernommen. Der gesamte Abschnitt über das Heimatkriterium reicht von S. 208 bis S. 219.
[17] Vgl. zur Konzeption von Struves Schrift allgemein Anette Syndikus: Die Anfänge der Historia literaria im 17. Jahrhundert. Programmatik und gelehrte Praxis. In: Historia literaria (Anm. 15), S. 3-36, hier S. 34, Anm. 126: „[...] er ist allerdings mehr an bibliothekarischen als an literärgeschichtlichen Zielsetzungen interessiert."
[18] Struve (Anm. 16), S. 211 f.

Im Abschnitt über Deutschland wird die lakonische Präsentationsweise freilich durch allerlei kritische Bemerkungen – etwa über die mangelnde mäzenatische Förderung der Gelehrten oder über die Zensur – und anekdotische Einschübe durchbrochen, zuweilen erhält die Darstellung einen paränetischen Zug:

> Euehuntur nunc ad elegantiora Germani, ita vt sperandum facile sit, pessundatum iri priorem barbariem, quae tantopere adflixit Germaniam nostram.[19]

> [Heute erheben sich die Deutschen zu größerer Eleganz, so dass leicht zu hoffen ist, dass die alte Barbarei verschwinden wird, die unser Deutschland so sehr beeinträchtigt hat.]

Gleichwohl bleibt auch diese Passage mit vier Seiten recht knapp. Die Kürze, mit der das ‚patria'-Thema behandelt wird, reflektiert Struve am Ende selbst:

> Generalia haec sunt, quae non quidem ita comparata, ut nihil excipi possit, ducunt tamen nos ad aliqualem criteriorum rationem.[20]

> [Dies sind allgemeine Feststellungen, die gewiss nicht so beschaffen sind, dass nichts ausgenommen werden kann, aber sie veranlassen uns zu einer gewissen Rechenschaft über die Kriterien.]

Befriedigen kann diese Erklärung freilich kaum, da Struves Lakonismus nicht mit dem Vorzug der Übersichtlichkeit oder der vergleichenden Gegenüberstellung von Urteilen verbunden ist. Gerade das abschließende Deutschlandkapitel führt allerlei Reflexionen zusammen, die zu dem Charakter eines gebrauchsorientierten Vademecum nicht recht zu passen scheinen.

Einem ganz anderen Genre gehört der Traktat *De praesenti rei litterariae statu* des Lehrers, Pfarrers und späteren Weimarer Hofpredigers Johann Christoph Coler (1691-1736) an:[21] Es handelt sich um eine in sich geschlossene, pointierte Abhandlung, die auf zeitgenössische Schriften ähnlichen Inhalts Bezug nimmt, mit theoretisch-methodischen Reflexionen aufwartet und rhetorisch durchstrukturiert ist. Dem Duktus nach könnte es sich um eine – für den Druck möglicherweise leicht abgeänderte – Rede

---

[19] Ebd., S. 218.
[20] Ebd., S. 219.
[21] Vgl. Allgemeine Deutsche Biographie 4 (1876), S. 403.

handeln, allerdings gibt es keine äußeren Hinweise darauf, dass der 27 Oktavseiten umfassende Text *nicht* ausschließlich für die Publikation bestimmt gewesen wäre.

Anders als Struve benötigt Coler vier Seiten, bevor er sich den einzelnen europäischen Kulturnationen zuwendet. Zuvor rekapituliert er die vielfältigen Anregungen, die er aufgenommen hat[22] und unter denen Johann Wilhelm Bergers kulturkritische Abhandlung *De repetendis eloquentiae fontibus [Über die Rückkehr zu den Quellen der Beredsamkeit]* (Leipzig 1720) seine Zustimmung findet, während Johann Franz Buddes Rede *De bonarum litterarum decremento nostra aetate non temere metuendo [dass in unserer Zeit der Niedergang der guten Wissenschaften nicht überstürzt zu befürchten sei]* (Jena 1714) und Christoph August Heumanns *Programma de priscis Germanis litterarum secreta ignorantibus [über die Unkenntnis der alten Germanen in den Geheimnissen der Wissenschaften]* (Göttingen 1719) wegen ihrer positiven Einschätzung der eigenen Zeit eher abgelehnt werden. Aus Heumanns Diktum, die Gegenwart sei ein ‚goldenes Zeitalter' der Wissenschaften,[23] wird bei Coler ein Leitmotiv, indem er die einzelnen Nationen darauf hin untersucht, ob bei ihnen gegenwärtig ein ‚aureum saeculum' herrsche. Nach seiner Einschätzung kommen die Schweizer diesem Ideal sehr nahe, mit Einschränkungen auch die Engländer, nicht hingegen die Deutschen, und überhaupt lautet das Gesamturteil für Europa: „aurea literis felicitas deneganda videtur." [Es scheint, dass man den Wissenschaften ein goldenes Zeitalter absprechen muss][24]

Indessen weicht das Bild bei Coler genau genommen nicht sehr von den Einschätzungen Struves ab, nur wird die Kritik an einzelnen Missständen – der Unterdrückung des freien Geistes in Spanien, der Schreibwut der Deutschen usw. – pointierter geäußert. Auffällig sind aber vor allem die Rahmenpartien des Textes, die in Anlehnung an die methodischen Paradigmen der frühen Aufklärung eine zeitgemäße, also exakte und nachprüfbare Untersuchung der Vorzugsfrage fordern: Auf den ersten Seiten artikuliert der Verfasser, statt sogleich medias in res zu gehen, das wissenschaftliche Credo der Zeit. Man müsse „interiore ... cognitione" [mit genauer Kenntnis-

---

[22] Dazu gehört auch Struves Schrift, zu der Coler Analecta verfasst hat, an deren Druck wiederum sich seine Vorausweis in Coler (Anm. 4), S. 103.
[23] Ebd., S. 183 f.: „Heumannus [...] ait, *a tempore Lutheri ad nostram vsque aetatem argenteum fluxit literarum saeculum, nostro autem aeuo plane aureum decurrere coepit.*"
[24] Ebd., S. 204.

nahme] alles in Augenschein nehmen, in einer „aequa et diligenti sententiarum contentione" [gerechten und sorgfältigen Abwägung der Ansichten] die Positionen prüfen, bis das Ergebnis „liquido constet" [klar fest stehe].[25] Über Heumanns Urteil sollten wir „paullo curatius dispiciamus" [eine etwas genauere Untersuchung anstellen],[26] und die angebliche Gunst des gegenwärtigen Zeitalters müssten wir „ex causis haud unis" [nach mehr als einer Ursache] prüfen, bis wir „quid de felici an infelici literarum sorte iudicandum sit, cognoscamus." [herausfinden, wie über das günstige oder ungünstige Schicksal der Wissenschaften zu urteilen sei][27] Am Schluss der Untersuchung findet Coler zu einem konziliatorischen Ton, indem er etwa die optimistische Haltung Buddes nicht gänzlich – aber eben doch zu weiten Teilen – verwirft; es werden präzise Forderungen aufgestellt, wie das ‚aureum saeculum' tatsächlich zu erreichen sei, und in einer conclusio wird der Zustand der eigenen Zeit mit einem voll beladenen Schiff verglichen, das neben guten auch wertlose Waren enthalte. Alles in allem haben wir es mit einem nach Struktur und Stilaufwand rhetorisch ambitionierten Text zu tun, der durch kunstvolle Perioden, Fragen, fingierte Einwürfe und andere Formen des ornatus geprägt ist und immer wieder zu pointierten Formulierungen gelangt, die Colers Programm einer konstruktiven Kulturkritik mit Augenmaß stützen. Gegen Ende findet sich beispielsweise eine Mahnung, die auf die Denkfigur von der Dialektik der Aufklärung vorausverweist:

> In his [literis] eminet proterua, et effrenis docendi, sentiendique licentia, qua fit, vt omnia intelligendo, nihil intelligant polyhistores nostri, et bene, atque salutariter a maioribus statuta leuiter euertant.* [Fußnote dazu:] * Le sort de l'homme est dans une si mauvaise situation, que les lumieres, qui le delivrent d'un mal, precipitent dans un autre [...] Bayle, Diction. T. III. p. 2830. ed. II.[28]

[In den Wissenschaften zeigt sich eine freche und zügellose Freiheit im Lehren und Denken, wodurch es geschieht, dass unsere Vielwisser, indem sie alles zu verstehen meinen, nichts verstehen und das, was von unseren Vorfahren gut und nutzbringend festgeschrieben wurde, leichtfertig umstürzen. <Fußnote, Zitat aus Pierre Bayles *Dictionnaire histo-*

---

[25] Ebd., S. 183.
[26] Ebd., S. 184.
[27] Ebd., S. 186.
[28] Ebd., S. 207.

rique et critique. Rotterdam ²1702> Die Lage des Menschen ist in einer so schlechten Verfassung, dass die Aufklärung, die ihn von einem Übel erlöst, ihn in ein anderes stürzt.]

Coler hat bei aller rhetorischen Zuspitzung freilich mit Struve den weitgehenden Verzicht auf detailgestützte Argumentation gemeinsam, zumindest was den Hauptteil des Kulturvergleichs, den Aufweis der Leistungen der Nationen in den einzelnen Disziplinen, betrifft: Auf konkrete Werke wird beispielsweise von beiden Autoren nicht eingegangen, gelegentliche Auflistungen einschlägiger Gelehrter können bestenfalls an vorhandenes Leserwissen appellieren, haben jedoch keinen eigenen Informationswert. Dies ist der Punkt, an dem Westphals Dissertation sich von den *beiden* Autoren, die er selbst als Gewährsleute anführt,[29] unterscheidet.

Die von dem Greifswalder Geschichts- und Philosophieprofessor Andreas Westphal (1685-1747) ausgearbeitete und von dem jungen pommerschen Adligen Hans Carl von Kirchbach am 22. März 1724 verteidigte *Commentatio historica de statu rei literariae praesenti in Europa [Historische Erörterung über den gegenwärtigen Zustand der Wissenschaften in Europa]* hat im Gegensatz zu Struve und Coler – und eben auch im Gegensatz zu dem, was man von einem Disputationsdruck im frühen 18. Jahrhundert erwartet – einen monographischen Anspruch.[30] Selbstverständlich beruft sich Westphal, der während seines Studiums übrigens u.a. in Jena bei Struve und in Halle bei dem Litterärhistoriker Gundling gehört hatte, grosso modo auf dieselben Autoritäten wie die anderen Verfasser, außerdem sind die zahlreich versammelten Informationen aus Litterärgeschichten und anderen Quellen kompiliert. Anders als die geläufigen Handbücher der historia literaria verfolgt er indessen konsequent das von Struve und Coler her be-

---

[29] Vgl. Westphal (Anm. 3), S. 14: „Conferas [...] J. C. Coleri Dissertationem *de Praesenti rei literariae statu*, adjunctam ejusdem *Analectis* ad Struvii *Introductionem ad notitiam rei literariae*, quae tamen cum nostra tractatione quaedam saltem habet communia."

[30] Zu Westphal vgl. Allgemeine Deutsche Biographie 42 (1897), S. 196-197 (mit Angaben zu älterer Literatur); Paul Hadler: Zur Geschichte des Lehrfaches Philosophie an der Universität Greifswald. In: Festschrift zur 500-Jahrfeier der Universität Greifswald 17.10.1956. Greifswald 1956, Bd. 2, S. 77-83; Hans-Joachim Herrmann: Andreas Westphal und die Methode des Geschichtsstudiums in der ersten Hälfte des 18. Jahrhunderts. In: Wissenschaftliche Zeitschrift der Ernst-Moritz-Arndt-Universität, Gesellschaftswissenschaftliche Reihe 34 (1985), Heft 3-4, S. 30-34; Die Matrikel der Universität Greifswald und der Dekanatsbücher der theologischen, der juristischen und der philosophischen Fakultät 1700-1821. Hg. v. Roderich Schmidt und Karl-Heinz Spieß, bearbeitet von Reinhard Pohl. Bd. 1: Text der Matrikel November 1700 bis Mai 1821. Stuttgart 2004 (= Beiträge zur Geschichte der Universität Greifswald 6.1), passim.

kannte Prinzip der systematischen Rekapitulation wissenschaftlicher Leistungen nach Nationen und Disziplinen, so dass in der Kombination aus systematischem Kulturvergleich und kompendiöser Litterärhistorie die spezifische Eigenart dieser Schrift begründet liegt.

Das umfangreiche erste Kapitel (S. 3-16) setzt sich einleitend mit Fragen nationaler Kulturdifferenzen und ihrer möglichen Ursachen auseinander, wobei auf traditionelle Erklärungsmodelle wie die Vorstellung von der natürlichen Vielfalt der Ingenien, die (kombinierte) Temperamenten- und Klimatheorie, die Zyklentheorie oder das Konzept des ‚genius saeculi', aber auch auf sozial- und bildungspolitische Ursachen des wissenschaftlichen Aufschwungs bzw. Niedergangs eingegangen wird. Gegenüber eindimensionalen und statischen Vorstellungen präferiert Westphal Begründungen, die die Wechselwirkung der Komponenten berücksichtigen. Ein Gedanke zielt etwa dahin, dass die Temperamente der einzelnen Nationen vom Klima und der Ernährungsweise beeinflusst werden und ihrerseits die Neigung zu bestimmten Stilarten und Textsorten hervorbringen. Auf diese Weise ist zu erklären, warum jede Nation ein unterschiedliches ‚Disziplinenprofil' ausbildet.[31] Im zweiten Teil seiner Einleitung diskutiert Westphal die geläufigen Positionen zur Querelle des Anciens et des Modernes wie auch zur Debatte über Aufstieg oder Verfall der gegenwärtigen Gelehrtenkultur, wobei er jeweils zu einem ausgewogenen, differenzierten und durch Belege abgesicherten Urteil kommt. Alle diese Vorüberlegungen begreift er methodisch als Grundlage, die den Weg zu einer systematischen Bestandsaufnahme des gegenwärtigen Zustands der Kultur und Wissenschaft in Europa ebnet[32] und in der es ihm darum geht zu untersuchen, „quae praesertim studia in potioribus Europae Gentibus vigeant, quaque ratione, quibusve mediis excolantur" [welche Studien vor allem bei den bedeutenderen Nationen Europas in Blüte stehen und nach welchem Grundsatz und auf welche Weise sie gepflegt werden] (S. 16).

In den folgenden Kapiteln wird sodann über den ‚status rei litterariae praesens' in Spanien und Portugal (S. 17-30), Frankreich (S. 30-55), Italien

---

[31] Vgl. Westphal (Anm. 3), S. 5 f.: „Temperamentorum horum varietas non saltem diversas voluntatis propensiones, verum intellectus etiam virtutes et imbecillitates, quae in singulis ejus facultatibus conspiciuntur, progignit [...]. Patet ex his satis superque ratio diversorum in singulis Gentibus Studiorum. [...] Eadem Temperamentorum varietas diversum scribendi genus inducit." – Im Folgenden werden Seitenangaben aus dieser Schrift direkt im Text notiert.

[32] Vgl. die Formulierung ebd., S. 16: „Hactenus deducta [...] poterunt nobis viam munire ad repraesentandum Statum Rei Literariae in Europa praesentem [...]."

(S. 55-70), England (S. 70-84), den Niederlanden (S. 84-95), Deutschland (S. 95-123), Dänemark (S. 123-129), Schweden (S. 129-135), Polen (S. 136-137) und Russland (S. 138-139) referiert. Die einzelnen Kapitel beginnen in der Regel mit einem einleitenden Abschnitt, in dem die allgemeine Situation der Kultur und Wissenschaft des jeweiligen Landes vorgestellt wird, also die bildungsgeschichtliche Entwicklung, die Situation der Bildungseinrichtungen, das Ausmaß der fürstlichen Unterstützung usw. erläutert werden. Es folgen kritische Bestandsaufnahmen der einzelnen Disziplinen nach Fakultäten, angefangen von der Theologie über die Jurisprudenz und die Medizin bis hin zu den Fächern der Artistenfakultät, jeweils in der gleichen Reihenfolge. Ein disziplinenspezifischer Nationenvergleich ist also unter der Prämisse, dass man den Argumenten des Verfassers Glauben schenkt bzw. seine Gewährsleute akzeptiert, gut möglich. Analysiert man etwa die Abschnitte zur Profan- und Kirchengeschichte, dem zentralen Arbeitsfeld Westphals, wird deutlich, dass es dem Autor um eine vergleichende Orientierung geht, in der prägnante Schwerpunktsetzungen, disziplinengeschichtliche Erläuterungen, Informationen über einzelne Personen und Werke sowie Hinweise auf fachbezogene Projekte oder Methoden in gefälliger Weise kombiniert und durch einige (nicht viele) weiterführende Lektürehinweise oder einschlägige Zitate ergänzt werden. Bei Spanien dominiert die Kritik an der unseriös fabulierenden Geschichtsschreibung (S. 28 f.), während im Falle Frankreichs die nationalen, von der Krone geförderten Akademieprojekte aufgelistet werden (S. 50), bei den Holländern vor allem ihr Engagement für die Geschichte des Altertums betont (S. 94) und für Deutschland die Diversifikation der geschichtswissenschaftlichen Ansätze herausgestellt wird (S. 119). Als Hintergrundinformation wird zu England angeführt, dass die historiographische Situation des Landes durch frühzeitige Beauftragung der Klöster mit der Landesgeschichtsschreibung ausnehmend gut sei (S. 82 f.). Zu wichtigen Themen wie der französischen politischen Geschichtsschreibung des 17. Jahrhunderts (Jacques-Auguste de Thou und seine Nachfolger) gibt Westphal besonders ausführliche Literaturhinweise (S. 51). Der Zugehörigkeit Greifswalds zum Königreich Schweden geschuldet ist wohl der pathetische Ton, mit dem der Verfasser den historiographischen Eifer dieser Nation schildert:

> Denique nec verbis potest exornari satis studium illud plane singulare, quo Svedi accensi, omnibus curis, vigiliis, cogitationibusque laborant

in Historia patria evolvenda, ac vetustis gentis suae monumentis indagandis, atque exquirendis (S. 134).

[Schließlich kann man nicht genug mit Worten jenen geradezu einzigartigen Eifer hervorheben, von dem die Schweden entflammt sind, die mit allen erdenklichen Mühen und Überlegungen in durchwachten Nächten daran arbeiten, die vaterländische Geschichte zu ergründen und die alten Denkmäler ihrer Nation aufzuspüren und zu erforschen.]

Wie sieht es aber mit dem litterärhistorischen Anspruch aus, den Westphal ja in seinem Einleitungskapitel indirekt ausdrückt, wenn er apologetisch formuliert:

At enim vero primas saltem lineas hic a me delineatas exspectabis. Quae desunt, (est enim Historia literaria mare inexhaustum) suo tempore in peculiari commentatione uberius exponam (S. 16).

[Doch du wirst von mir hier nur eine erste Skizzierung der großen Linien erwarten. Was fehlt (die Litterärgeschichte ist nämlich ein unausschöpfliches Meer) werde ich zu gegebener Zeit in einer eigenen Abhandlung ausführlicher darlegen.]

Gewiss kann die Informationsdichte der Schrift bei weitem nicht mit den umfangreichen litterärhistorischen Kompendien eines Daniel Georg Morhof, Gottlieb Stolle, Jakob Friedrich Reimmann oder gar eines Nicolaus Hieronymus Gundling, dessen *Vollständige Historie der Gelahrheit* es auf den stolzen Umfang von 6098 Seiten brachte,[33] konkurrieren – ebenso wenig übrigens wie mit der Jahrzehnte später zur veritablen Litterärgeschichte angewachsenen Struveschen *Introductio*.[34] Gleichwohl lässt sich nicht generell ein qualitatives und quantitatives Gefälle zwischen den Standardwerken der historia literaria und unserer Dissertation ausmachen, zumal erstere nach

---

[33] Vgl. Anm. 2. In diesem Werk gibt es übrigens auch zwei kulturvergleichende Exkurse. Bd. 1, S. 138-173, findet sich der Wiederabdruck eines schon 1703 erschienenen Traktats „De varietate ingeniorum pro diversitate nationum", und Bd. 4, S. 5801-5860, wird ausführlich die „itzige Beschaffenheit der Erudition" in den verschiedenen europäischen Nationen skizziert. Vgl. ders.: Academischer Discours über des Freiherrn Samuel von Pufendorffs Einleitung zu der Historie der vornehmsten Reiche und Staaten, so jetziger Zeit in Europa sich befinden […]. Frankfurt am Main 1737.

[34] Das oben behandelte Kapitel aus Struves „Introductio" findet sich in Juglers monumentaler Neubearbeitung des Werkes (Anm. 4), Bd. 1, S. 649-703, stark erweitert, außerdem ist das gesamte dreibändige Kompendium mit zahlreichen wissenschaftshistorischen und bibliographischen, eben litterärhistorischen Angaben gefüllt.

Anspruch und Anlage untereinander stark differieren. Aus genuin literaturwissenschaftlicher Perspektive muss man nur die Notizen Westphals zur dramatischen Dichtung in Spanien, Frankreich, Italien, Holland und Deutschland mit den auf das Drama bezogenen Passagen in Gottlieb Stolles *Anleitung zur Historie der Gelahrheit* vergleichen. Stolle widmet in der zeitnahen dritten Auflage von 1727 zwölf eng bedruckte Seiten der Dramenliteratur,[35] und dabei sind Schäferspiel und Oper nicht mitgerechnet. Allerdings sind vor allem die antiken Autoren und deren Rezeption bei Stolle sehr ausführlich repräsentiert, und mit Blick auf die neueren Zeiten werden fast ausschließlich Franzosen und Deutsche behandelt. England ist einzig mit Addison, Holland mit Vondel vertreten. Demgegenüber erweist Westphal sich im Hinblick auf das englische Theater als recht gut informiert (S. 82), indem er kritische Debatten reflektiert und, für diese Zeit nicht selbstverständlich, den Namen Shakespeares zumindest erwähnt. Auch bei den Niederländern werden immerhin einige Namen genannt (S. 94). In der Regel übertreffen natürlich die Litterärgeschichten mit der Fülle ihrer Hinweise Westphals Schrift um ein Mehrfaches, freilich wird durch das reduktionistische Verfahren des letzteren mancher Umstand auch klarer herausgehoben, so etwa im Bereich der deutschen Lyrik die für das 17. Jahrhundert entscheidende Stildifferenz zwischen der Ersten und der Zweiten Schlesischen Schule:

> Ad *Poësin Germanicam* [...] accedentes, observamus, quod eadem sub seculi XVII. auspiciis suo nitori reddita, novam, eamque ornatissimam faciem assumserit, postquam *Mart. Opitius* omnium primus viam ad tentanda amoeniora monstraverat. Secutus fuit eandem *P. Flemmingius, Tscherningius*, et *And. Gryphius*. At enim vero *Hofmannswaldavius* longe alii viae insistebat: Multum enim Italis indulgens, amoenam illam ac fluidam scribendi rationem, quae nunc viget in Silesia, invehebat, suo hinc merito *Ovidius Germanicus* salutatus (S. 117).

> [Wenn wir zur *deutschen Poesie* kommen, stellen wir fest, dass sie am Anfang des 17. Jahrhunderts ihren Glanz wieder erlangt und ein neues, sehr kunstvolles Aussehen angenommen hat, nachdem *Martin Opitz* als erster von allen den Weg, etwas Reizvolleres zu versuchen, gewiesen

---

[35] Stolle, Gottlieb: Anleitung zur Historie der Gelahrheit, denen zum besten, so den Freyen Künsten und der Philosophie obliegen, in dreyen Theilen [...]. Jena ³1727, Teil 1, S. 180-192.

hatte. Auf diesem Weg folgten *Paul Fleming, Tscherning* und *Andreas Gryphius.* Doch *Hoffmannswaldau* beschritt einen ganz anderen Weg: Indem er in vielem den Italienern nacheiferte, führte er jene liebliche und fließende Schreibart ein, die heute in Schlesien in Blüte steht, und wird seither zu Recht *der deutsche Ovid* genannt.][36]

Ganz auf der Höhe der Zeit befindet sich Westphal, wenn er den Romanen, die er „fabulae romanenses" nennt, einen vergleichsweise breiten Raum gewährt und sie damit gegenüber Stolle aufwertet (S. 117 f.), wo etwa die gleiche Menge Informationen in allerdings ganz anderen Proportionen präsentiert wird.[37]

Für die übrigen Disziplinen ließen sich vergleichbare Befunde erheben, recht anschaulich ist etwa das Referat über die Schicksale des Aristotelismus an deutschen Universitäten (S. 107 f.).[38] Die für die historia literaria konstitutive Verzeichnung von weiterführenden Schriften – also der eigentlichen ‚Sekundärliteratur' – tritt bei Westphal gegenüber Stolle, Gundling und anderen deutlich zurück. Man findet zwar durchaus eine Reihe von Titeln, gerade in den Einführungspassagen und größeren Kapiteln bleibt die Ausbeute jedoch oft überraschend dürftig, wie sich beispielhaft an dem wichtigen Komplex der Philosophie in Frankreich (S. 40-43) und Deutschland (S. 107-110) zeigen lässt. Dass die Quellenangaben, wenn sie denn gemacht werden, im Vergleich zu modernen Standards extrem verkürzt und oft kaum verifizierbar sind, entspricht hingegen den Gepflogenheiten der Zeit, auch die gründlichsten litterärgeschichtlichen Kompendien verfahren hier kaum anders.

Worin besteht nun jedoch die besondere Qualität von Westphals Schrift, abgesehen von dem schon genannten Umstand, dass hier eine Kombination von Kulturvergleich und historia literaria vorliegt, während die eigentlichen Litterärgeschichten ihr Material zwar vielfach nach Nationen gesondert aufbereiten, aber doch den synchronen Vergleich nicht ins Zentrum ihres Interesses stellen? Hanspeter Marti hat in einem neueren Aufsatz

---

[36] Etwas problematisch erscheint freilich die Verwendung des Wortes ‚amoenus' zur Charakterisierung *beider* Richtungen. – Auf die zitierte Passage folgt eine kurze Skizze der lyrischen Entwicklung bis zu den galanten Dichtern aus Westphals eigener Zeit.
[37] Stolle (Anm. 35), S. 244-247.
[38] Der Aristotelismus und die zu ihm komplementären bzw. oppositionellen Bewegungen wie z.B. der Ramismus sind bei Westphal natürlich durchgehend präsent. Zum heutigen Forschungsstand vgl. jetzt: Der Aristotelismus an den europäischen Universitäten der frühen Neuzeit. Hg. v. Rolf Darge u.a. Stuttgart 2010.

gezeigt, dass die frühneuzeitlichen Disputationsschriften zuweilen als veritable ‚Wissensspeicher' fungieren, also eine den Litterärgeschichten und anderen Kompendien vergleichbare Funktion einnehmen konnten:

> Dissertationen waren [...] als Speicher von Sekundärwissen geschätzt. Einerseits bereiteten sie riesige Stoffmengen in zusammenfassenden Überblicken judiziös auf, andererseits gingen sie auf eine Vielzahl von Einzelthemen viel genauer als die Kompendien ein, auf deren Fundamenten sie ein bis in das kleinste Detail ausgearbeitetes Gebäude des Wissens errichteten. [...] Die Flexibilität des Genres zeigt sich zum Beispiel mit Blick auf die Lehrbücher darin, daß in Dissertationen das grundlegende Wissen der Kompendien nicht nur erweitert und vertieft wurde, sondern daß Kompendien sowohl aus Dissertationsreihen hervorgehen als auch die Stoffgrundlage von Disputationen bilden konnten.[39]

Im Blick auf das Zusammenwirken zeittypischer Formen der Wissenskommunikation entwickelt Marti die anschauliche Metapher einer „in der damaligen wissenschaftlichen Praxis selbstverständliche[n] Osmose der Gattungen der Gelehrtenliteratur".[40] Diese Durchdringung konnte freilich ganz unterschiedlich geartet sein. Im konkreten Falle Westphals lassen sich beide von Marti herausgestellten Nutzenaspekte nachweisen: Der Greifswalder Gelehrte erzeugt durch die stoffliche Entlastung seines Gegenstandes in sachlicher wie in bibliographischer Hinsicht und die gleichzeitige – gerade auch durch den symmetrischen Aufbau der Kapitel bedingte – Systematisierung und Parallelisierung der Urteile eine gewisse Prägnanz. Dadurch rückt der Text nun allerdings nicht in die Nähe von akademischen Kurzformen wie dem vorgestellten Traktat von Johann Cristoph Coler, eher entsteht der Eindruck einer Mischkonzeption, die auf schnelle Sachorientierung, zuverlässige Argumentationshilfe und pointierte Zuspitzung in einzelnen thematischen Fragen setzt, auf eine gewisse Leserlenkung nicht verzichtet und insofern das ‚iudicium' des Rezipienten in typisch frühaufklärerischer Weise

---

[39] Marti, Hanspeter: Die Disputationsschriften – Speicher logifizierten Wissens [im Druck].
[40] Ebd., vgl. an anderer Stelle: „In dem Maße, wie Dissertationen nach den Regeln logisch-rhetorischer Amplifikation abgefaßt und zu veritablen Abhandlungen ausgeweitet wurden, übernahmen sie zunehmend die Aufgabe von Speichern abrufbarer Argumente und thesaurierten Wissens. Damit geriet der Anlaß, für den sie einst geschrieben wurden, ganz aus dem Blick, und umgekehrt löste sich der Dissertationstext von der Redesituation, in die er als Disputierschrift eingebettet gewesen war."

herausfordert. Westphal selbst gibt ja, wie bereits referiert, einen expliziten Hinweis auf den ‚vorläufigen' Charakter seiner Skizze im Hinblick auf ein geplantes litterärhistorisches Kompendium. In eines der drei in Greifswald aufbewahrten Exemplare der Dissertation sind handschriftliche Eintragungen vorgenommen und eine Reihe von Zetteln eingeklebt.[41] Die Notizen enthalten Ergänzungen vom einfachen bibliographischen Nachweis bis zur ausführlichen litterärhistorischen Stellungnahme. Zur Situation der Medizin in Frankreich (S. 40) wird – Jahre nach Drucklegung der Schrift – beispielsweise vermerkt:

> Die Parisischen Chirurgi haben seit dem 18 Dec. 1731. e. wöchentl. Zusammenkunfft, u. e. vom Könige privilegirte Academie angefangen, die zum Aufnehmen der hier in Franckreich schon sehr weit gebrachten Chirurgie sehr vieles beytragen wird. Mr. Marechal, Premier Chirurgien du Roi praesidiret, Mr. Le Pran führet d. Correspondence u. 70 Persohnen machen d. Academie aus. Eine weitläufttige Nachricht davon stehet in den Amsterdammer Frantzösischen Zeitungen. Vid. H[amburgische] B[erichte] v[on] g[elehrten] S[achen] 1732 n.CIII, pag. 871.[42]

Hier wurde also von den späteren Besitzern[43] der Versuch unternommen, das gegebene wissenschaftshistorische Gerüst mittels eigener Recherchen aufzu-

---

[41] Es handelt sich um das Exemplar mit der Signatur Disp. phil. 60,10. – Für die Ermittlung und Beschaffung des Druckes danke ich ganz herzlich Herrn PD Dr. Reimund B. Sdzuj (Greifswald).

[42] Zwei weitere Beispiele: Zu S. 26 (Spanien) wird angesichts der von Westphal referierten Gründung der „Academia Hispanica" durch König Philipp V. vermerkt: „Philippus V. Rex Hispaniae haud unis palam fecit speciminibus. Erecta enim est Academica Regia Hispanica ad normam Academiae Gallicae, cui Director datus est Escalonae Dux, Secretarius Vincentius de Squazzafigo. Regiis enim sumtibus splendidissima pariter et numerosissima A 1715 instructa fuit Bibliotheca, cui Praefectus constitutus erat D. Gabriel Alvarez dé Toledo. Quid quod ab ipsius Philippi ingenio profecta versio vernacula Germaniae Taciti A. 1714 typis excusa, ab utriusque linguae gnaris praestantissima censetur. Sentiendi quoque libertatem maiora indies incrementa facturam, spem nobis faciebat permissio Actorum Sanctorum Papebrochii et Sociorum, quorum Lectio ob Sanctos quam plurimos ex Fastis eiectos ab Inquisitione Generali seuere fuerat prohibita, ipsis Actis tantum non in expurgandorum Librorum Indicem relatis cf. Act. Erud. 1716 p. 238 sqq." – Zu S. 80 (England) gibt es eine bibliographische Ergänzung: „add. N. Bailey qui edidit an Vniversal Etymological English Dictionary Voll. II. Londini 1726 et 1727 8. maj. In praefa[ti]one 1. Vol. Historiam Linguae Anglicanae facile perfectissimae exponit conf. Act. Erud. 1728 p. 446 sqq."

[43] Wenn nicht alles täuscht, variieren die Handschriften.

füllen.[44] Dass Westphal selbst sein anvisiertes Kompendium trotz offenkundigen Benutzerinteresses nicht realisierte,[45] mag unterschiedliche Gründe haben. Es wäre jedoch zu spekulieren, ob er nicht im prägnanten, problematisierenden Aufriss, wie man das Titelstichwort „commentatio" vielleicht übersetzen könnte, sein Ziel, eine kritische Bestandsaufnahme der Kultur und Wissenschaft im gegenwärtigen Europa zu geben, bereits hinreichend verfolgt zu haben glaubte.

---

[44] Wenige Jahre vor Westphals Druck war übrigens ein Vademecum zum effizienten Sammeln und Auswerten von Dissertationen erschienen, das vermutlich auf einen gewissen Orientierungsbedarf im Publikum reagierte: Sigmund Jacob Apin: Unvorgreiffliche Gedancken, wie man so wohl Alte als Neue Dissertationes Academicas mit Nutzen sammlen und eine guten Indicem darüber halten soll. Nürnberg / Altdorf 1719.

[45] Er trat viele Jahre später erneut als Präses in einer Disputation zum gleichen Thema auf, zu dem er in einem sehr viel knapperen, nur 16 Seiten umfassenden Programm einlud: Andreas Westphal (pr.) und Ubbo Gust (resp.): Positiones graduales eaedemque historico-politicae statum Europae recentiorem illustrantes. Greifswald 1736. Für sein zentrales Fachgebiet, die Geschichtswissenschaft, schrieb er eine knappe Einführung: Kurtze Anleitung zur Erlernung der Historie. Greifswald 1729. In dieser Schrift werden Überlegungen zur Theorie der Geschichte bzw. der Geschichtswissenschaft angestellt, Parallelen zur Argumentation in unserer Schrift sind durchaus zu erkennen. Vgl. das ausführliche Referat der „Kurtzen Anleitung" bei Herrmann (Anm. 30).

BARBARA KINGA HAJDÚ

Zwei frühneuzeitliche Reiseberichte über die Türkei

Die Gesandtenbriefe des Ogier Ghislain de Busbecq und der Gesandtschaftsbericht des Jesuiten Taferner zwischen Fiktion und Wirklichkeit

Zahlreiche Faktoren ließen sich aufzählen, wollte man die Unterschiede zwischen den Briefen des Ogier Ghislain de Busbecq und dem Gesandtschaftsbericht Paul Taferners herausarbeiten. Insgesamt 110 Jahre liegen zwischen der jeweils ersten Edition der Werke, die Briefe sind an ein anderes Publikum gerichtet als der Bericht. Die biographischen Hintergründe der Verfasser könnten unterschiedlicher nicht sein, und doch erscheinen ihre Drucke in deutscher Sprache erstmals mit einem geringen zeitlichen Unterschied von acht Jahren, im ausgehenden 17. Jahrhundert. In diesem Aufsatz soll der Versuch unternommen werden zu zeigen, dass sich aus den erschlossenen Texten trotz ihrer außerliterarischen Unterschiede gemeinsame, ja vermutlich universelle Schemen herausarbeiten lassen, die für den Reisebericht gattungskonstitutiv sind. Im Rahmen dieser Arbeit soll auf die Konstruktion des Fremdbildes bei den Autoren sowie auf Fiktionalität als literarisches Phänomen eingegangen werden, derer sich beide Autoren bedienen. Zunächst folgt jedoch eine kurze Vorstellung der Autoren und ihrer Reiseberichte.

Ogier Ghislain de Busbecq wird im Jahr 1522 in Comines bei Lille als unehelicher Sohn des Ritters Georges Ghiselin II, Seigneur de Bousbecque geboren. Er studiert in Löwen, Paris, Venedig, Bologna und Padua und wird nach seinem Studium auf eine Gelehrtenreise nach England geschickt. Dieses humanistische Umfeld wirkt sich langfristig auf die geistige Entwicklung und das Weltbild des jungen Busbecq aus. Neben seinen exzellenten Lateinkenntnissen und seinem enormen Wissen über die Antike zeugen die Briefe aus Konstantinopel von einer außerordentlichen Weltoffenheit und –

wenn das an dieser Stelle gesagt werden darf – von einer aufgeklärten Denkweise.

Busbecq tritt 1552 in den Dienst Kaiser Ferdinands und wird von diesem im Herbst 1554 als Botschafter zu Süleyman I. nach Konstantinopel geschickt, um einen Friedensvertrag mit dem türkischen Kaiser auszuhandeln. Da er in der kaiserlichen Audienz statt eines solchen lediglich mit einem sechsmonatigen Waffenstillstand abgefertigt wird, tritt er nach kaum zwei Monaten die Heimreise an. Noch im Winter 1555 bricht Busbecq jedoch erneut nach Konstantinopel auf, um den Auftrag seines Kaisers zu erfüllen, und ist dort insgesamt sechs Jahre lang als Botschafter tätig. Obgleich seine Arbeit vom türkischen Verwaltungsapparat erschwert wird und sein Kontakt zum Kaiser zeitweise abbricht, erzielt Busbecq erste Erfolge und behauptet sich als sehr geschickter Diplomat, der sich durch die außerordentliche Übersicht über die innenpolitische Situation das Vertrauen beider Kaiser sichert, und seinen Erfahrungshorizont mitunter auch durch das Kennenlernen des Reiches und seiner Bewohner und der dadurch gewonnenen interkulturellen Kompetenz erweitert. Fern von einem Europa, das sich als Herrscher der Welt, als Vertreter Gottes auf Erden empfindet und andererseits versucht, „…die Vielfalt der Kulturen und Religionen in die traditionelle Weltsicht vom *ordo* zu inkorporieren"[1], nimmt Busbecq Kulturprozesse bewusst und offen wahr, zeigt und äußert sich im höchsten Maße aufgeschlossen gegenüber einer Kultur, mit der sich Europa zwar recht rasch politisch und wirtschaftlich arrangiert, von der man sich aber noch Jahrzehnte lang bedroht und im eurozentrischen Weltbild erschüttert fühlt. Die Frucht dieser diplomatischen Geschicklichkeit und Offenheit Busbecqs ist ein achtjähriger Waffenstillstand, der nach dem Tod Kaiser Ferdinands I. jedoch nicht lange erhalten bleibt.

Es sind insgesamt vier *fiktive Briefe* aus Konstantinopel bekannt, die aus Busbecqs Feder stammen und an einen Freund, den Diplomaten Nicolas Michault gerichtet sind. Den ersten verfasst er unmittelbar nach seiner Rückkehr von der ersten Reise, am 1. September 1555. Der zweite Brief ist auf den 14. Juli 1556, der dritte auf den 1. Juni 1560 datiert, beide verfasst Busbecq in Konstantinopel. Den letzten Brief aus Konstantinopel schreibt er bereits nach seiner endgültigen Rückkehr aus der Türkei in Wien. Bereits 1581 wird eine erste Edition in Antwerpen mit dem Titel *Itinera* publiziert.

---

[1] Europäische Mentalitätsgeschichte. Hauptthemen in Einzeldarstellungen. Hg. v. Peter Dinzelbacher. Stuttgart 1993, S. 438.

Im Jahr 1596 wird das lateinische Werk ins Deutsche übersetzt, in den nächsten Jahren folgen die Übersetzungen ins Holländische, Französische und später ins Englische. Das einmalige Zeitdokument aus der Blütezeit des Osmanischen Reiches verliert erst im 19. Jahrhundert an Bedeutung, als es von neueren Erkenntnissen und Erfahrungsberichten der Moderne abgelöst wird, und verdient heute in erster Linie aufgrund seines erzählerischen Gehaltes, seiner literarischen Qualität große Aufmerksamkeit.[2]

Eine eher traurige, in die Thematik des Konfessionsstreits hineingreifende Verknüpfung lässt sich zum Reisebericht des Jesuitenmönchs Paul Taferner herstellen. Während die gewichtige Rolle des Diplomaten und Humanisten Busbecq längst im Bewusstsein der Historiker ist und allmählich auch ins Blickfeld der Literaturwissenschaft gerät, ist das Leben und Wirken des Paul Taferner bislang weitgehend unerforscht.[3] Bekannt ist, dass er Ordensmitglied des Klagenfurter Jesuitenkollegs war, einem im Streit mit der Lutherischen Lehre dort zunächst wenig beliebten Orden, dem es aber allmählich gelang, die städtische Bevölkerung mit der Ausbildung der Jugendlichen, mit einem Schultheater und barocker Oper für den katholischen Glauben zurückzugewinnen.

Ganz in diesem Zeichen steht auch der Reisebericht Taferners – wie im späteren dargestellt – diese kaiserliche Botschaft, die zunächst in lateinischer Sprache verfasst, später aber „Dem Teutschliebenden Leser zum besten verteutschet" und im Jahr 1672 gedruckt wird. Taferner reist mit zwei Ordensgenossen auf Befehl des Kaisers Leopold I. in der Gesandtschaft des Botschafters Walter Leslie als Reisekaplan nach Konstantinopel, um das *„ueber die Jahrzehnte sich gehaltene / durch die neuerlichen Kriegsempoerungen aber / ziemlich zerruettete Buendnis / ... zu verneuern ... und die einheimisch habende Macht / mit aeuserlichem Prechte vorstellig und ansehlich zu machen."*[4] Die Reiseroute entspricht im Wesentlichen der der Busbecqschen Gesandtschaft, von Wien über Comorren, Gran, Ofen, Griechisch Weissenburg, Sophia, Philippopolis und Adrianopel bis nach Konstantinopel, um hier nur die wichtigsten Stationen zu nennen. Dem Lauf der

---

[2] Eine Ausnahme bildet eine im 19. Jh. erschienene Monographie: Forster, C. T.; Daniell, F. H. B.: The Life and Letters of Ogier Ghiselin de Busbecq. London 1881.
[3] Dieser wird kurz in einem 1830 erschienenen Band Joseph von Hammers über die Geschichte des Osmanischen Reiches erwähnt. Hammer, Joseph von: Geschichte des Osmanischen Reiches. Grossentheils aus bisher unbenützten Handschriften und Archiven. Bd. 6. Pest 1830, S. 166.
[4] Taferner, Paul: Keiserliche Botschafft an die Ottomanische Pforte […] Dem Teutschliebenden Leser zum besten verteutschet durch B. Z. v. W. 1672, S. 1.

Donau folgend beschreibt Taferner zunächst detailliert die Begebenheiten und die für ihn erwähnenswerten Ereignisse der Reise bis zur ersehnten Ankunft in Konstantinopel, die Audienz beim türkischen Sultan und schließlich die Heimreise. Es ist unklar, wann genau und wo dieser Reisebericht verfasst wurde, doch der inhaltliche wie formale Aufbau lassen vermuten, dass es sich wie bei dem Busbecqschen Text auch hier um eine nachträgliche Ausarbeitung von Notizen handeln muss, die sich der Jesuit auf seiner Reise gemacht hatte.

Ein maßgeblicher Unterschied zwischen den Texten Busbecqs und Taferners liegt in ihrer Art und Weise, in der sie dem Fremden, dem sie im Laufe ihrer Reise begegnen, entgegentreten, wobei festgehalten werden muss, dass diese Problematik von beiden bewusst thematisiert wird. Nach dem Fall des byzantinischen Reiches muss sich der europäische Gebildete – sei er adlig oder Kleriker – mit der Bedrohung durch die Türken auseinandersetzen, ganz gleich, welcher Konfession er angehören mag. Die eurozentrische Haltung ist mit dem Einfall der Türken weitgehend unmöglich geworden, die Konfrontation mit dem Fremden dringend notwendig. Während der Busbecqsche Bericht eine Projektion unerfüllter Wünsche und Sehnsüchte nach dem Fremden ist, dominiert im Werk Taferners immer noch das Bild des grausamen, gefährlichen Türken, und doch tragen beide Texte auf ihre Weise dazu bei, ein gemeineuropäisches Identitätsgefühl zu entwickeln, das sich erst verstehen lässt, wenn man beide Werke – mag der zeitliche Unterschied der Entstehung auch 110 Jahre betragen – nebeneinander liest und synchron auslegt.

Obgleich Busbecq in seinem ersten Brief noch von der wilden Art der Türken schreibt und im Abschluss seines letzten Briefes die in Konstantinopel verbrachten Jahre als ein *„bey de Tuercken langwuerig ausgestandenes Elend"* bezeichnet, das er *„gaenzlich aus (seinem) Gemuet austilgen moege"*,[5] lässt sich dennoch eine Tendenz von der anfänglich vorurteilsbesetzten Wertung des Botschafters bis hin zu objektiv darstellenden Tatsachen und letztlich positiv geladenen Meinungsäußerungen feststellen. Während er seine erste Reise als persönliche Niederlage verbuchen muss, sieht er sich beim zweiten Aufenthalt in Konstantinopel einer gänzlich anderen Situation gegenübergestellt. Busbecq fühlt sich geradezu verpflichtet, sich wäh-

---

[5] Busbecq, Ogier Ghislain de: Augerii Gislenii von Busbeck Vier Sendschreiben der Türkischen Bottschaft [...] Alles aus dem Lateinischen geteutschet / mit [...] nothwendigen Anmerkungen / und Register gezieret / und verbessert. Nürnberg 1664, 4. Brief, S. 691.

rend seines Zwangsaufenthaltes die Kultur, die ihn umgibt, anzueignen oder aber zumindest sich ihr gegenüber zu öffnen, er beschreibt das religiöse Leben der Türken, ihre Sitten und Gebräuche, ja – dieses gesamte fremde Umfeld, in dem er Jahre verbringt, bis ins kleinste Detail. So hat die Passage, in der er die Einrichtung seines privaten Tiergartens mit wilden, exotischen Tieren in seinem Haus in Konstantinopel darstellt, geradezu Symbolcharakter. Busbecq sieht sowohl das Feind- als auch das Vorbild im Bilde des osmanischen Angreifers, mit dem es gilt, zumindest für eine gewisse Zeit Frieden zu schließen, „Sintemalen hierinnen die Tuercken den grossen Fluessen nicht ungleich sind / welche wann sie angelaufen / und den Damm / mit welchem sie eingefangen / an einem Ort durchbrechen koennen / alles weit und breit ueberschwemmen / und sehr grossen Schaden thun."[6] Und in einer weiteren Textstelle äußert sich Busbecq wie folgt:

> …wann ich eine Vergleichung mit dieser unserer und ihrer Lebensart anstelle / so kan es anderst nicht seyn / als daß der eine theil ob=der andere aber=unterligen muesse: Auf jener Seiten befindet sich ein unsaeglicher Schatz und Reichtum / unzertrennliche Macht / Ubung und Geschicklichkeit die Waffen zu fuehren / … / Unverdrossenheit / Einigkeit / gute Ordnung / scharfe Kriegs=zucht / Maessigkeit und Wachsamkeit: Hingegen bey uns anders nichts / als allgemeiner Mangel und Duerftigkeit fuer sich und insonderheit aber allerley Uebermaß / abgemattete Kraeften / verzagte Gemueter / … / widerspenstige Soldaten / … / Verwegenheit / Trunkenheit / stetiges Fressen und Saufen; und das am alleraergsten ist / so sind sie gewoehnet zu ueberwinden / wir aber unten zu liegen…[7]

In diesem komprimierten Satz formuliert Busbecq offensiv seine kritische Haltung zur von ihm als zu übermütig wahrgenommenen eurozentrischen Sichtweise. Mit seinem Brief importiert er das Fremde, um mit dessen Hilfe auf das Eigene zu reflektieren. Die Funktion des Fremden und deren Darstellung dient ihm somit als Projektionsebene[8] von Wunschphantasien, die seine eigene Ausgangskultur betreffen.

---

[6] Busbecq, 1. Brief, S. 37.
[7] Busbecq, 3. Brief, S. 290-291.
[8] Vgl. hierzu Europäische Mentalitätsgeschichte. Hauptthemen in Einzeldarstellungen. Hg. v. Peter Dinzelbacher. Stuttgart 1993, S. 446.

Eine gänzlich andere Sicht erscheint im Text Paul Taferners. Dieser sieht sich im Gegensatz zu dem protestantischen Busbecq gleich zwei feindlichen Lagern gegenüber gestellt: der türkischen Kultur und dem erstarkenden Protestantismus. Taferner ist sich bewusst, welch rhetorisches Mittel er mit der Feder in seinen Händen hält, und so richtet er seinen Text gezielt an den katholischen oder noch zu bekehrenden Leser, rückt das Fremde an den Rand seiner Geschichte und lässt den glorreichen, einzig erlösenden katholischen Glauben als grundlegendes Motiv des Berichtes aufleuchten. Sein wichtigstes stilistisches Mittel ist die Bibel, seine bedeutendsten Quellen die Briefe des Apostels Paulus. Nur spärlich sind seine Beschreibungen der fremden Sitten und Bräuche, über den „Aberglauben" und die Geschichte der Türken verliert er einige Worte. Wo das Fremde detaillierter dargestellt wird, hat es lediglich die Funktion, das Eigene hervorzuheben. Zur Magie und Kunst der Türken etwa äußert sich Taferner folgendermaßen:

> Allein solche Kuenste lernen die jenigen / welche aus Scham einiger Unwißenheit / sich auf uebernatuerliche Sachen legen mueßen. ... Im Gegenteile trug der Caimikan beliebtlich Verlangen / die Europaeische Lustmusik zu hoeren / und ein klein Orgelwerk / ... / und das Kunstgeteohne der darinnen begeisterten Pfeifen zu besehen.[9]

Im Wesentlichen aber ist Taferner damit beschäftigt, Zeugnis abzulegen von den Wohltaten der katholischen Gesandtschaft, den Gottesdiensten, Taufen und Bekehrungen, dem christlich-frommen Leben, dem sie auf der Gesandtschaftsreise treu geblieben sind. Dabei lässt er den Gesandten geradezu als Heldenfigur der Geschichte erscheinen und ihn an einer Stelle selbst zu Wort kommen:

> Ich freue mich von ganzem Herzen / und werde Goettlicher Allmacht nimmermehr gnugsamen Dank / fuer so vielfaeltige mir unwuerdigen erwiesene hohe Wohltahten / erstatten koennen; Absonderlich / daß er mich unter einem Christlichen / und von dieser Barbarey abgesondertem Volke hat laßen gebohren werden / mich auch auf wunderbare Weise / zu der Catholischen Religion / darinn ich / Kraft meines zuversichtlichen Glaubens / gedenke seelig zu sterben / gefuehret hat.[10]

---

[9] Taferner, Paul: Keiserliche Botschafft an die Ottomanische Pforte. S. 154-155.
[10] Ebd., S. 35-36.

Auch bei Taferner gilt das Fremde als Projektionsebene, auf der das Eigene definiert werden kann. Es dient jedoch nicht dazu, eigene kulturelle Normen zu durchdenken, gar zu sprengen oder von Grund auf zu reformieren. Vielmehr geht es diesem Verfasser um die Konservation eines katholischen, europäischen Selbstverständnisses, das gefährdet ist durch eben dieses Fremde und einen Teil seiner Selbst.

Scheinbar unabhängig voneinander, bei näherer Analyse jedoch so ineinander verflochten halten die nahezu gleichzeitig erschienenen Drucke der Texte Busbecqs und Taferners die christliche Identität Europas im ausgehenden 17. Jahrhundert in einer gleichgewichtigen Schwebe, und die fiktionalen Züge der Werke, von denen im Folgenden die Rede sein wird, besiegen den Lastcharakter des Daseins.

Die Glaubwürdigkeit eines Textes hängt nicht gezwungenermaßen davon ab, wie mimetisch genau oder realistisch der Verfasser das Abgebildete darstellt, sondern davon, ob im Publikum ein Konsens darüber herrscht, was als realistisch wahrgenommen werden kann und was nicht.[11] Sowohl Autor als auch der Verständnishorizont der Leserschaft tragen dazu bei. Bernd Wirkus' Gedanke, dass die Ordnung, in der sich Denken vollzieht, eine andere ist als die Lebensordnung, lässt gerade das Verständnis frühneuzeitlicher Texte und ihrer Leser über Reales und Fiktives besser erfassen.[12] Für ihn ist das Fiktionale somit ein Akt der Befreiung des Denkens. Er räumt ein:

> Die Fiktion öffnet und dynamisiert die erstarrende Faktizität, muss aber im Gegensatz zur mehr resultathaften Utopie selbst kein ausgeformter Gegenentwurf zur Wirklichkeit sein, sondern dient als Orientierungsleitlinie zur Schaffung menschlicher Wirklichkeit.[13]

Dass die Texte Busbecqs und Taferners eben dieses Ziel verfolgen, das Phänomen der Fiktionalität aber aus verschiedenen Gründen als literarisches Mittel nutzen, soll im Weiteren gezeigt werden. Außer Frage steht aber, dass beide Autoren denselben Anspruch auf die Glaubwürdigkeit ihrer

---

[11] Vgl. Ueding, Gert: „Komm, liebe Mieze, tun wir doch so, als ob!" Zur Rhetorik des Phantastischen. In: Fiktion und Imaginäres in Kultur und Gesellschaft. Hg. v. Bernd Wirkus. Konstanz 2003, S. 171-187.
[12] Vgl. Wirkus, Bernd: Fiktion und Subjektivität: Philosophische Überlegungen zum Problem der Wirklichkeitserfassung. In: Fiktion und Imaginäres in Kultur und Gesellschaft. Hg. v. Bernd Wirkus. Konstanz 2003, S. 237-249.
[13] Ebd., S. 246.

Texte erheben, und das nicht nur, weil sie angeben, als Stütze ihrer Arbeit mehr oder minder zuverlässige Quellen – unter ihnen Plinius und Herodot als die wichtigsten – hinzugezogen zu haben. So äußert sich etwa Busbecq zum Nutzen seiner Reise folgendermaßen:

> … so trage ich fuer meine Person auch diesen Nutzen davon; daß ich durch solche Gelegenheit viel Ding / so ich vor diesem bey den Scribenten gelesen / und als Fabeln keinen Glauben zugestellet / anjetzo in der That erfahren kan / daß deme also seye / und sich in Wahrheit so verhalte.[14]

Zweifellos dient die Fiktionalität im Text Busbecqs in erster Linie der Unterhaltung des Lesers, wobei der Verfasser gewiss auch belehren und aufklären will über eine fremde Welt, oder besser gesagt, das fiktionale Konstrukt derselben, die er selbst erfahren hat. Dieser Unterhaltungswert steht in einem feinen Gleichgewicht zu informativen Passagen des Textes; Handlung und Beschreibung, Empirie und als glaubwürdig verkleidetes Fiktives ergänzen sich und stehen in einem ausgeglichenen Verhältnis zueinander. Das aufrechte Zeugnis eines anderen als ein rhetorisch äußerst wirkungsvolles Mittel setzt Busbecq häufig ein. Dabei ist es im Grunde belanglos, ob dieser eine Tatsache oder eine Beobachtung mitteilt, oder ob er sich an etwas Gesehenes oder Gehörtes zu erinnern meint, die Wirkung wird zweifelsohne erreicht. So heißt es an einer Stelle des Busbecqschen Textes, an der er den Tanz eines Elefanten bis ins kleinste Detail beschreibt:

> … hier vermeine ich / werdet ihr euch des Lachens kaum enthalten koennen / und sagen / was? Einen Elephanten mit dem Ballen spielen / und danzen? Diß ist weniger zu glauben / als von jenem / welcher / nach dem Zeugnis Senecae, auf dem Seil danzen; deßgleichen von einem andern / der / wie Plinius bezeuget / Griechisch verstunde. … so moeget ihr euch einen andern suchen / der euchs deutlicher und geschicklicher vorbringe.[15]

Die zahlreichen Beispiele, die diese These an dem Reisebericht Busbecqs näher untermauern – wie etwa die Liebe der Tiere zu den Menschen, die Ausgrabung des Cameleoparden oder die in den thermischen Quellen

---

[14] Busbecq, Ogier Ghislain de: Augerii Gislenii von Busbeck Vier Sendschreiben der Türkischen Bottschaft, 3. Brief, S. 257.
[15] Busbecq, 1. Brief, S. 103-104.

lebenden Fische zu Ofen, denen im übrigen auch Taferner einen Absatz widmet –,[16] würden den Rahmen dieser Arbeit sprengen. Festgehalten werden soll aber, dass es sich bei diesem bewusst eingesetzten Mittel um ein Werkzeug zur Konstruktion einer gedachten Welt Busbecqs handelt, mithilfe derer er das Fremde, Exotische und vielleicht auch Mystische dem Leser möglichst unterhaltsam näher bringt, ohne sich dabei den von der Zeit gesetzten empirischen und wissenschaftlichen Ansprüchen zu entziehen.

Ganz andere Ziele verfolgt Taferner mit der Konstruktion seines christlich-fiktionalen, teilweise sogar bis ins Transzendentale reichenden Weltbildes. Literarisch-fiktionaler Raum wird hier bereits zu Anfang des Berichtes genutzt, um den Leser in ein katholisch-frommes Szenario einzuführen, das als Basis des gesamten Textes dienen soll. Nicht das Fremde, das Exotische wird bei Taferner in den Mittelpunkt gerückt, sondern der eigene Kulturkreis selbst steht im Fokus, dem gegenüber jedes neue Ereignis lediglich im Schatten des Unbekannten schlummert. Dass in diesem fiktiven christlichen System auch das Böse und Verderben seinen Platz erhalten, ist nicht verwundernswert, hat doch der gesamte Text erzieherisch-moralischen Charakter, wie die Textstelle zeigt, in der es um einen protestantischen Reisenden geht, der sich partout nicht bekehren lässt, und gar den Versuch macht, Mitreisende von seinem Glauben zu überzeugen, dafür aber hart bestraft wird:

> Ein Uncatholischer unserer Reisgefaerte / hatte nicht genug vor sich ins Verderben zu gerathen / sondern verfuehrete in Glaubenssachen auch andere / darinnen er sich als einen Leiter vorstellete / der doch selbst weder Weg noch Steg wuste. Wie konte die Christliche Liebe unterlassen / ihn so wohl oeffent= als heimlich mit Glimpfe zu ermahnen? Ja der Grosbotschafter selbst muste ihm seiner Halsstarrigkeit wegen feind werden: Dahero er auch durch ein Urteil / seinem Verdienste gemaeß / von der Gesellschaft ausgetrieben ... mit toedlicher Krankheit ueberfallen / und nach verfließung weniger Tage / des Lebens beraubet wurde.[17]

Das wohl markanteste Beispiel transzendentaler Merkmale des Textes kann einer Wasserszene vor Konstantinopel entnommen werden. Die Gesandtschaft möchte einen Ausflug auf dem Bosporus unternehmen, des-

---

[16] Vgl. Taferner, Paul: Keiserliche Botschafft an die Ottomanische Pforte. S. 344.
[17] Taferner, Paul: Keiserliche Botschafft an die Ottomanische Pforte. S. 59-60.

sen Wellen sich an diesem Tag besonders hoch zu erheben scheinen, da
Taferner fälschlicherweise sogar von „Seenot" vor dem Hafen spricht. Das
an dieser Textstelle Konstruierte ist zweifellos ein Verweis auf die Boots-
fahrt Jesus mit seinen Jüngern im Matthäusevangelium[18], der Gesandte
selbst wird auf die Ebene des Heilands gehoben und somit zum absoluten
Helden des Berichtes deklariert. Taferner berichtet, die Schiffe ließen sich
nur schwer festmachen, und dieses an sich für erfahrene Seefahrer und Reisende gewöhnliche Szenario lässt die,

> die zur See unerfahren / in aergster Zaghaftigkeit. Jeder war bemuehet
> sich in die Sicherheit zu sezen / und sein Heil zu versuchen. Allein der
> GroßBotschafter ... stunde ganz unbeweglich / und war vermoege sei-
> ner Großmuetigkeit / der Verzagten Leitstern und einzige Hofnung.[19]

Wo mit der Umbruchphase der Frühen Neuzeit die bewusst wahrnehmende Zuwendung des Subjekts zu dem ihn umgebenden Raum einhergeht, dort wird dieser nicht mehr durch den religiösen Kosmos vermittelt[20].
Die visuelle Wahrnehmung des real erlebten Raumes – wie dies auch die
sich entfaltende Naturwahrnehmung der Frühen Neuzeit erahnen lässt – verdrängt den transzendentalen Raum, der auf seine Weise wiederum in der
Literatur – wie bei Taferner gezeigt wurde – als fiktionaler Raum rekonstruiert werden kann.

Die Absicht dieser Arbeit ist zu zeigen, dass sich gattungskonstituie-
rende Merkmale des Reiseberichtes wie das der Image-Strukturen oder Fiktionalität nicht diachronisch festmachen lassen. Obgleich ein immens großer
Zeitraum zwischen den Entstehungsdaten der verglichenen Berichte zu vermerken ist, können diese wie auch zahlreiche andere Merkmale in beiden
Werken nachgewiesen werden. Leider konnten im Rahmen dieses Kolloqu-
ums lediglich zwei dieser Wesenszüge eines Reiseberichtes erläutert werden,
doch sollen die Naturwahrnehmung und die Raumkonstruktion als literarische Mittel hier zumindest Erwähnung finden. Ich behaupte, dass es diese
literarischen Merkmale schon immer gegeben hat, lediglich in ihrem Inhalt
kann sich im Laufe der Jahrhunderte eine Veränderung vollzogen haben.

---

[18] Vgl. Matth 14,28-33. In: Die Bibel. Einheitsübersetzung der Heiligen Schrift. Lizenzausgabe der Katholischen Bibelanstalt, Stuttgart, anlässlich der Weltausstellung EXPO 2000 in Hannover. Stuttgart 1980.
[19] Taferner, Paul: Keiserliche Botschafft an die Ottomanische Pforte. S152.
[20] Vgl. Der Raum. In: Europäische Mentalitätsgeschichte. Hauptthemen in Einzeldarstellungen. Hg. v. Peter Dinzelbacher. Stuttgart 1993, S. 604-633.

Und so lässt sich die Behauptung, frühneuzeitliche Reiseberichte seien nur als Vorformen des aufgeklärten Reiseberichtes des 18. Jahrhunderts zu betrachten, nicht mehr tragen. Wenn man sich von dieser kritisch wertenden Haltung distanziert, so wird klar, dass frühneuzeitliche Reiseberichte nicht nur zur Bildung eines neuen, komplexen europäischen Selbstverständnisses beigetragen haben und Zeitzeugen ihrer Epoche sind, sondern als universelle, literarisch vollwertige Gattung in die Literaturgeschichte eingehen können.

BERND ZEGOWITZ

Dialog der Kulturen

David Fassmanns *Gespräch in dem Reiche derer Todten* (1739) zwischen „dem Ungarischen Grafen Emerico Toeckoely" und „Sultan Eschref"

I

Im 44. Band von Zedlers *Universal-Lexicon* findet sich der folgende, wenig schmeichelhafte Eintrag:

> Toden, (Gespräche in dem Reiche der) ist eine bekannte Monats-Schrifft, welche 1719 zu Leipzig ihren Anfang genommen, und mit der 240 Entrevüe geschlossen worden, nachdem sie 23 Jahre lang von einem Verfasser und Verleger fortgesetzet worden, so daß sie 15 Quart-Bände ausmachen, zu welchem noch der XVI Band gekommen ist [...]. Die Absicht dieser Schrifft ist, daß in einem Gespräche zwey verstorbene Potentaten oder Staats-Männer, aus den alten und neuern Zeiten, aufgeführet werden, die einander in einem Gespräche ihre Leben erzehlen. [...] Sie fanden bey ihren Anfange sehr viele Liebhaber; jedoch wurden sie mehr von den Ungelehrten als Gelehrten gekauffet, weil sie wohl zu einer Gemüths-Ergötzung dienen, nicht aber als bewährte Quellen der Historie angesehen werden können. Es wird ein Geschicht-Schreiber sich ziemlich lächerlich machen, wenn er in seinen Schriften sich auf diese Gespräche beruffen wolte.[1]

Dass die „bekannte Monats-Schrifft" nur „bey ihren Anfange sehr viele Liebhaber" gefunden habe, ist stark untertrieben. Kaum eine zweite historisch-politische Zeitschrift der Frühaufklärung war so erfolgreich wie

---

[1] Zedler, Johann Heinrich: Großes vollständiges Universal-Lexicon Aller Wissenschaften und Künste, Bd. 44. Halle / Leipzig 1745, Sp. 663-664, hier Sp. 663f.

David Fassmanns *Gespräche in dem Reiche derer Todten*.[2] Das lässt sich anhand von Zahlen belegen: Während 30 % der Zeitschriften das erste Erscheinungsjahr nicht überlebten, publizierte Fassmann (1683-1744) seine meist monatlich erscheinenden 240 Totengespräche in den Jahren von 1718-1740, also gut 22 Jahre lang, und während von anderen Zeitschriften selten mehr als 300 Exemplare gedruckt wurden – Ausnahmen wie Schlözers *Stats-Anzeigen* oder der *Europäische Staats-Secretarius* kamen auf 4400 bzw. 3000 – verkaufte Fassmann sein 1719 publiziertes *Gespräch* von der „Plötzliche[n] Ankunft Karls XII. von Schweden in dem Reiche derer Todten" bis zum Jahr 1737 über 15000 Mal.[3] Die ersten drei seiner *Gespräche* wurden bereits 1718, also im selben Jahr, in dem das *Journal* zum ersten Mal herausgegeben wurde, ins Englische übersetzt. Übertragungen ins Niederländische und Schwedische folgten.

In den einzelnen Totendialogen lässt Fassmann berühmte Persönlichkeiten unterschiedlichster Provenienz in der elysischen Unterwelt aufeinander treffen.[4] Die auftretenden Gesprächspartner erzählen sich dort gegenseitig ihre Lebensgeschichten, diskutieren ihre Positionen zu verschiedenen moralischen, historischen oder religiösen Fragen und stellen Reflexionen über zeitgenössische Entwicklungen in der ‚Oberwelt' an. Es diskutieren europäische Monarchen, orientalische Frauen, katholische und protestantische Würdenträger usw. Von den paratextuellen, nicht dialogisch strukturierten Elementen des Journals wie den Titelblättern, den zahlreichen Vorreden, Widmungen und unterschiedlichen Registertypen abgesehen, sind die 240

---

[2] Neben zwei Monographien aus der ersten Hälfte des 20. Jahrhunderts gibt es eine geringe Anzahl von Einzelstudien zu Fassmanns Journal, die sich mit ganz bestimmten Aspekten der *Gespräche* befassen: Kaschmieder, Käthe: David Fassmanns „Gespräche in dem Reiche derer Toten". Diss. Breslau 1911; Lindenberg, Ludwig: Leben und Schriften David Fassmanns, mit besonderer Berücksichtigung seiner Totengespräche. Berlin 1937; Krauze, Justyna: David Fassmanns „Gespräche im Reiche derer Todten". Kultur- und literaturgeschichtliche Form und Wirkung. In: Studia Niemcoznawcze 22 (2001), S. 259-275; Franke, Patrick: Zwischen Pietismus und Orientalismus. Eine Begegnung im „Reiche derer Todten" zwischen Ernst dem Frommen und Mulay Ismail. In: Interdisziplinäre Pietismusforschungen. Beiträge zum Ersten Internationalen Kongress für Pietismusforschung 2001. Hg. v. Udo Sträter u.a. Tübingen 2005, S. 769-779. Die überzeugendste Studie zu Fassmann ist die Dissertation von Stephanie Dreyfürst: „Man lernet daraus die Welt kennen..." David Fassmanns Journal Gespräche in dem Reiche derer Todten (1718-1740). Form- und funktionsgeschichtliche Analyse unter besonderer Berücksichtigung der ‚orientalischen' Dialoge [Druck in Vorbereitung].
[3] Vgl. Blanke, Horst Walter: Historische Zeitschriften. In: Von Almanach bis Zeitung. Ein Handbuch der Medien in Deutschland von 1700-1800. Hg. v. Ernst Fischer u.a. München 1999, S. 71-88, hier S. 74.
[4] Zum Folgenden vgl. Dreyfürst: Man lernet daraus die Welt kennen. S. 6.

als *Entrevuen* bezeichneten Gespräche durchgängig dialogisiert und dreigeteilt. Nach einer Einführung, die in der Art eines exponierenden Vorspiels beide Figuren im Kontext des Totenreichs vorstellt, vermittelt ein ‚Gespräch' im Hauptteil vor allem die Biographie einer oder beider Figuren. Die Verbreitung der neuesten Nachrichten erfolgt im dritten Teil durch einen regelmäßig am Ende eines *Gesprächs* auftretenden „Secretarius", der den Toten neben mündlichen Informationen auch Briefe, Bücher o.ä. übermittelt.

II

Im letzten Gespräch treffen der ungarische Rebell Imre Thököly und der paschtunische Sultan Eschref aufeinander. Thököly (1657-1705) war ein ungarischer Freiheitskämpfer, der sich in Fortführung der politischen Ziele seines Vaters im Jahr 1677 an die Spitze der gegen die habsburgische Herrschaft kämpfenden Kuruzen stellte und mit französischer und osmanischer Hilfe bis 1682 die heutige Slowakei eroberte. Vom Sultan zum Fürsten von Oberungarn und Siebenbürgen ernannt, konnte er sich angesichts der militärischen und diplomatischen Erfolge des Wiener Hofes jedoch nur kurzzeitig behaupten. Von der habsburgischen Amnestie im Frieden von Karlowitz (1699) ausgenommen, lebte er bis zu seinem Tod im türkischen Exil.[5] Der 1729 ermordete Eschref bzw. Aschraf Khan stammte aus der paschtunischen Hotaki-Dynastie. Während seiner Herrschaft zerfiel deren Reich unter dem Druck der Osmanen, des Russischen Reiches und des persischen Widerstands. Nach mehreren Schlachten wurde Eschref aus Persien vertrieben und während des Rückzugs in den Osten von einem Verwandten umgebracht.[6]

Die Begegnung der beiden scheint mir nicht nur deshalb von besonderem Interesse zu sein, weil der eine Gesprächspartner ein Ungar, der andere ein Orientale ist und zwischen den beiden ein kultureller Dialog inszeniert wird, sondern auch, weil Fassmann in der 239. *Entrevue* die drei Teile, also Introduktion, Hauptteil und abschließenden Nachrichtenteil, anders als bei vielen Gesprächen überaus eng miteinander vernetzt, und zwar durch das

---

[5] Zur Geschichte Ungarns und zur Biographie Thökölys vgl. Köpeczi, Béla: Staatsräson und christliche Solidarität. Die ungarischen Aufstände und Europa in der zweiten Hälfte des 17. Jahrhunderts. Wien u.a. 1983.
[6] Zur Biographie Eschrefs vgl. den Artikel in der Encyclopaedia Britannica: http://www.britannica.com/ EBchecked/topic/7798/Afghanistan (abgerufen am 24.2.2011).

Thema der ‚Türkengefahr', das nicht nur Fassmann als eines der zentralen Probleme des christlichen Europa bis weit in das 18. Jahrhundert beschäftigt. Zur literarischen Figur wird Thököly spätestens mit dem Angriff der Türken auf Wien.[7] Obwohl er selbst nicht an den Kämpfen teilnahm und Zusammenstöße mit österreichischen Truppen vermied, wurde er in der zeitgenössischen deutschsprachigen Literatur als Feind der Christenheit bzw. als Rebell apostrophiert. Bereits Ende 1682 war das *Leben-Spiegelnde Originalstück dasz an die Ottomanischen Pforten über Ungarn Neugehuldigten Türckischen Fürsten Emerich Töckly durch den Pensel der Wahrheit schatiert, und in Reim Gebäude auszgeführt* erschienen, in dem dieser als „Ungarische[r] Ertz-Rebell" bezeichnet wird, der „vom Türcken den Kaftan / Zum Verlust der Christenheit" angenommen habe.[8] In anderen lyrischen Texten werden Thököly und der französische König Ludwig XIV. gemeinsam angegriffen. So heißt es etwa im vermutlich 1683 entstandenen *Der Türk ist krank*:

Ludwig und Tekly seyd verflucht,
Wollt, ihr wärt längst gestorben!
Wer bei euch Rath und suchet Gnad,
Ist hie und dort verdorben.

Nur leere Werk, nur falsche Wort,
Kann man bei euch verhoffen;
Mit euch die ottomanisch Port
Hat's übel g'nug getroffen.
[...]
Sag's noch einmal: es thut kein gut.
Hab's mit mein Spott erfahren.
So viel Türken als Christenblut
Kann man im Fried ersparen.[9]

---

[7] Dass ich im Folgenden ausschließlich auf die Rezeption der Figur Thökölys in der deutschen und französischen Literatur bzw. Geschichtsschreibung eingehe, liegt daran, dass mir keine vergleichbaren Texte zu Eschref bekannt sind und Fassmanns Quellen nicht zu ermitteln waren. Allerdings konnte Fassmann auf eine eigene Publikation zurückgreifen: Im Jahr 1738 veröffentlichte er nämlich unter einem Pseudonym seine *Herkunfft, Leben und Thaten des Persianischen Monarchens, Schach Nadyr vormals Kuli-Chan genannt, Samt vielen historischen Erzehlungen [...]*. An einem Aufstand gegen diesen Herrscher war auch Eschref beteiligt.
[8] Zitiert nach Köpeczi: Staatsräson. S. 328.
[9] Zitiert nach ebd., S. 328f.

DIALOG DER KULTUREN

Auch wenn Thökölys Haltung nicht in allen zeitgenössischen deutschsprachigen Liedtexten negativ beurteilt wird, übernehmen die meisten Autoren „zur ungarischen Frage die Propagandabehauptungen der Habsburger" und lassen „die Ungarn als Rebellen und Feinde der Christenheit auftreten".[10]

In den deutschen Prosaroman der 1680er Jahre fand Thököly als eine Art Appendix Eingang. Daniel Speer fügte nämlich seinem Roman *Ungarischer Oder Dacianischer Simplicissimus* aus dem Jahr 1683 eine Thököly-Biographie an, die er einem vierseitigen Flugblatt aus demselben Jahr entnommen hatte. Obwohl sich der Anhang nicht in den Handlungszusammenhang eingliedert, bildet er „eine gewisse Einheit mit dem Werk Speers", denn durch ihn wird „einerseits seine Aktualität hervorgehoben, andererseits erscheinen die Schauplätze und Geschehnisse des Romans im neuen Licht".[11] Und obwohl die Habsburgische Propaganda bereits zu diesem Zeitpunkt Thököly dafür verantwortlich machte, dass die Türken überhaupt bis an die Tore Wiens vordringen konnten, zeichnet Speer ein positives Bild des ungarischen Fürsten.

Eberhard Werner Happels fünfteiliger *Ungarischer Kriegs-Roman* (1685-89) spielt in der Zeit der Türkenkriege. Thököly tritt als Nebenfigur sogar auf, doch werden seine Rebellion und sein Bündnis mit den Türken aus der Sicht der Habsburger verurteilt. Mit seiner „kompilatorischen Arbeitsweise", die „Erzähl- und Handlungsmodelle des höfischen Romans mit Informationsmaterial aus zeitgeschichtlichen ‚Relationen' und Meldungen aus aktuellen Zeitungen, aus der topographischen Länderkunde und aus Reiseberichten, aus der Staatskunde, aus Kuriosa-Anthologien, aus der Ethnographie sowie aus der Memorabilienliteratur" verbindet, ist er eine Art Vorläufer Fassmanns.[12] Auch in Bezug auf Prosatexte ist allerdings anzumer-

---

[10] Ebd., S. 332. Dass in der französischen Dichtung ein anderes Bild sowohl von Thököly als auch der Ungarn gezeichnet wird, versteht sich. Schließlich unterstützte Ludwig XIV. Thököly diplomatisch und finanziell.

[11] Etényi, Nóra G.: Ungarnberichte im Spiegel des Ungarischen Simplicissimus. In: Das Ungarnbild in der deutschen Literatur der frühen Neuzeit. Hg. v. Dieter Breuer u. Gábor Tüskés. Bern u.a. 2005, S. 215-252, hier S. 218.

[12] Heßelmann, Peter: Schelmenroman und Journalismus. Johann Georg Schielens Deß Frantzösischen Kriegs-Simplicissimi Hoch-verwunderlicher Lebens-Lauff (1682/83) im mediengeschichtlichen Kontext des 17. Jahrhunderts. In: Das Ungarnbild in der deutschen Literatur der frühen Neuzeit. Hg. v. Dieter Breuer u. Gábor Tüskés. Bern u.a. 2005, S. 161-181, hier S. 170. Zum Inhalt des Romans von Happel vgl. Köpeczi, Béla: Der Rebell und der galante Ritter. Die Gestalt Imre Thökölys in der europäischen Literatur am Ende des 17. Jahrhunderts. In: Laurus Austriaco-Hungarica. Literarische Gattungen und Politik in der zweiten Hälfte des 17. Jahrhunderts. Hg. v. dems. U. Andor Tarnai. Wien 1988, S. 209-224.

ken, dass am Ende des 17. Jahrhunderts die französischen Autoren meinungsbildend waren und damit die Rezeption der Figur Thökölys bestimmten. Als Quellentexte für seine 239. Entrevue gibt Fassmann demnach auch keine deutschsprachigen Romane oder Zeitschriften an,[13] sondern verweist auf zwei französische Arbeiten: die zweibändige *Histoire des troubles de Hongrie* von Jean de Vanel und die *Histoire d'Emeric comte de Tekeli, ou Mémoires pour servir à sa vie* des Jean Le Clerc.[14] Jene ist eine der Hauptquellen für die Geschichte Ungarns, wurde 1685 erstmals publiziert und erschien mit Ergänzungen bis ins Jahr 1720.[15] Mehr als die Türkenkriege interessieren de Vanel die Streitigkeiten zwischen den ungarischen Protestanten und dem habsburgischen Kaiser. Dass es beim Ödenburger Landtag 1681 nicht zum Ausgleich kam, lastet er den Ungarn an. Thököly bezichtigt er übertriebener machtpolitischer Ambitionen. Doch gesteht er ihm zu, dass es ihm immer auch darum gegangen sei, die Besitzstände der ungarischen Protestanten zu wahren. Insgesamt zeichnet de Vanel aber ein ambivalentes Bild des Aufständischen. Dies hängt wiederum damit zusammen, dass er „über die Kämpfe gegen die Türken im Geiste der christlichen Solidarität" schreibt, darüber jedoch nicht vergisst, dass er „ein Untertan Ludwigs XIX. ist".[16] Das Argument, dass die Religion den ungarischen Protestanten nur als Vorwand gedient habe, um gegen die Habsburgische Fremdherrschaft zu rebellieren, findet sich später bei Fassmann ebenso wieder wie de Vanels Verweis auf eine Lehre, die aus Thökölys Fehlverhalten abzuleiten sei: „Thökölys Unglück ist eine Lehre all denen, die gegen ihren gesetzlichen Fürsten die Waffen erheben und, um ihre Rebellion zu unterstützen, um die Hilfe einer Nation bitten, die selbst an die Mysterien der wahren Religion nicht glaubend, auch an Menschen nicht glaubt."[17]

Die zweite zu identifizierende Quelle Fassmanns ist die *Histoire* Thökölys aus der Feder des Hugenotten Jean Le Clerc, die zuerst 1693 und in einer erweiterten Fassung im folgenden Jahr publiziert wurde. Auch wenn

---

[13] Auch in Bezug auf letztere hätte Happel als Vorbild dienen können, war er doch Redakteur des Türckis. Estats- und Krieges-Berichts, einer Zeitschrift, die über den Türkenkrieg berichtete und in der Kombination von Anekdotischem, Kuriosem, Historischem, Politischem, Geographischem etc. mit aktuellen Kriegsberichtserstattungen Fassmanns Verfahrensweise nahe steht.
[14] Fassmann merkt zwar noch an, dass die „Historie des Toekoely" zusätzlich „aus dem Leben des glorwürdigsten Kaysers Leopoldi zusammen getragen" worden sei, doch nennt er diesbezüglich keinen konkreten Quellentext.
[15] Zum Folgenden vgl. Köpeczi: Staatsräson. S. 282ff.
[16] Ebd., S. 284.
[17] Zitiert nach ebd., vgl. dazu auch die subscriptio auf dem Titelkupfer der 239. Entrevue.

der hugenottische Autor ein positiveres Bild Thökölys zeichnet als der Katholik de Vanel – so wird das Bündnis zwischen Ungarn und Türken als eine Art Notlösung bezeichnet –,[18] lässt auch er keinen Zweifel daran, dass es sowohl den protestantischen als auch den katholischen Ungarn bzw. dem Kaiser um Fragen der Macht gegangen sei. Thököly allerdings habe weder etwas an der Vernichtung des Hauses Habsburg noch der katholischen Religion gelegen. Aus diesem Grund kann ihm Le Clerc auch einen friedlichen Lebensabend im Zeichen des Halbmondes wünschen:

> In seinen Nöten hatte er doch das Glück, daß er bis 1692 so unter diesen barbarischen Völkern lebte, daß er von den Generalen geachtet und der Pforte geliebt war, die doch viele ausgezeichnete Offiziere hinrichten ließ, unter dem Vorwand, daß sie sich schlecht betragen hätten, wegen der Verluste, die sie im Krieg trafen. Er wird sich glücklich preisen, wenn er nicht aus demselben Grunde eines Tages vernichtet wird, oder wenn er den Frieden zwischen den zwei Reichen sehen und irgendwo in der Welt leben kann, wo er die Rache des Hauses Österreich nicht zu fürchten hat.[19]

Dass das Thököly-Bild Fassmanns zumindest ambivalent ist, der „Haupt-Rebell" durchaus auch mit positiven Zügen versehen wurde, ist in hohem Maße auch auf seine französischen Quellen zurückzuführen.[20]

---

[18] Vgl. ebd., S. 307.
[19] Zitiert nach ebd., S. 308.
[20] Spätestens im 19. Jahrhundert, in einer Zeit der Nationsbildung und nationalen Einigung, wird die Figur des Thököly vornehmlich positiv besetzt. Ein Autor wie Ernst Moritz Arndt verurteilte die Politik Kaiser Leopolds I. scharf und rechtfertigte die Reaktionen der Ungarn: „Die Versuche, die Ungarn zu unterdrücken und die lutherschen und reformirten Kirchen dort auszurotten, waren unselig; [...] endlich steht Emmerich Tökely auf, und durch Muth, welchen Freiheit, Religion, und Verzweiflung geben, ist er und seine Parthei nicht so leicht besieglich, als man sich eingebildet hatte. [...] Im Jahr 1683 auf dem Reichstage zu Oedenburg mußten die Jesuiten ihr Unrecht widerrufen, die Freiheiten des Volkes anerkennen, die Reichsstellen wieder besetzen, die Religionsfreiheit der Protestanten ehren, ja ihnen die meisten der weggenommenen Kirchen wiedergeben." Arndt, Ernst Moritz: Ansichten und Aussichten der teutschen Geschichte, Bd.1, Leipzig 1814, S. 408. In den 1830er Jahren stellte der Freiburger Historiker Karl von Rotteck die ungarischen Aufstände von Thököly und Rakóczi als Kämpfe für die staatliche Souveränität dar. Zu Arndt und Rotteck vgl. Fata, Márta: „Mein geliebtes Kalmuckenvolk". Ungarns Geschichte in deutschen historischen Darstellungen zwischen Nationalismus, Konservatismus und Liberalismus im ersten Drittel des 19. Jahrhunderts. In: Das Ungarnbild der deutschen Historiographie. Hg. v. ders. Stuttgart 2004 (= Schriftenreihe des Instituts für donauschwäbische Geschichte und Landeskunde, 13), S. 49-83.

III

In der Einleitung der Fassmannschen Dialoge wurden häufig Diskussionen geführt, die als unabhängiges ‚Gespräch im Gespräch' wenig bis gar nichts mit den Biographien der Dialogpartner zu tun haben mussten, aber das Interesse der Leser in besonderem Maße wecken sollten.[21] So thematisiert etwa die Introduktion der 6. *Entrevue*, ob „eine Schwartze Schönheit einer Blonden, oder diese jener vorzuziehn sei",[22] oder die der 9., „ob es besser wäre, mehr als eine Frau zu haben".[23] Der Fokus des Periodikums, das zuallererst biographisches, historisches und politisches Wissen transportierte, konnte also auf Gebiete ausgedehnt werden, die für den zentralen Teil des Gesprächs ohne Bedeutung waren. Im Dialog zwischen Thököly und Eschref werden bereits im Anfangsteil die unterschiedlichen Motive, die Anlass einer Rebellion sein könnten, ebenso verhandelt wie die möglichen Rechtfertigungen der Aufständischen. Später gelangen die Gesprächspartner zu der Erörterung von Sprichwörtern, die sich ganz allgemein auf die menschliche Klugheit beziehen, und beschließen ihre einleitenden Bemerkungen mit der Beschreibung zweier „Narren-Gesellschaften", die im 14. Jahrhundert gegründet worden seien. Trotz der Öffnung des thematisch-motivischen Rahmens im Verlauf der Introduktion - vom individuellen Fehlverhalten Aufständischer hin zur allgemeinmenschlichen Tugend der Klugheit – geht es also immer darum „zu bezeugen, daß des Menschen Wesen, grossen Theils, aus Thorheit, närrischer Einbildung, falschen Wahn und Eitelkeit bestehet".[24] Und dafür sind die Rebellen ja ein Musterexempel. Dass es auch im zentralen Teil des Gesprächs, der eher monologischen Präsentation der Biographie des „Haupt-Rebellen" Thököly, besonders um dessen politische Verirrungen geht, ist nicht weiter bemerkenswert.

Dem üblichen Ablauf der Gespräche folgend, leitet am Ende des biographischen Hauptteils einer der beiden Gesprächsteilnehmer zum finalen Nachrichtenteil über.[25] Die Relevanz dieses Abschnitts wird dadurch hervorgehoben, dass er auch dann folgt, wenn nur eine Vita vorgestellt wurde und sich die Gesprächspartner noch ein weiteres Mal treffen mussten. Fassmann bot dieser Teil

---

[21] Zum Folgenden vgl. Dreyfürst: Man lernet daraus die Welt kennen. S. 346 ff.
[22] Fassmann: Gespräche in dem Reiche derer Todten, Entrevue Nr. 6. Leipzig 1720. Titelblatt.
[23] Fassmann: Gespräche in dem Reiche derer Todten, Entrevue Nr. 9. Leipzig 1720. Titelblatt.
[24] Fassmann: Gespräche in dem Reiche derer Todten, Entrevue Nr. 239. Leipzig 1739, S. 1063.
[25] Zum Folgenden vgl. Dreyfürst: Man lernet daraus die Welt kennen. S. 375 ff.

DIALOG DER KULTUREN

die Möglichkeit, verschiedenartigste Informationen zu vermitteln, etwa zeitgenössische Debatten aufzugreifen, offizielle Dokumente wie Verträge vorzustellen, Briefe vorzulesen oder sonstige aktuelle Nachrichten zu verbreiten. Nicht immer standen diese in Bezug zu den vorher präsentierten Lebensläufen.

In der 239. *Entrevue* allerdings lassen sich deutliche thematische Verbindungen auch zwischen Haupt- und Schlussteil herstellen, denn Fassmann lässt den „Secretarius" zwei Meldungen aus dem Jahr 1739, dem der Publikation des Gesprächs eben, verkünden, in denen die Türkengefahr immer noch präsent ist. Zum ersten begrüßen sowohl Thököly als auch Eschref die Publikation eines Friedensschlusses am 1. Juni 1739 in Paris zwischen dem deutschen Kaiser und dem französischen König. Hierbei muss es sich wohl um die öffentliche Verkündigung des Friedens von Wien vom November 1738 handeln, durch die der polnische Thronfolgekrieg, in den Frankreich und das Deutsche Reich verwickelt waren, beendet wurde. Wichtig sei dieser Friede deshalb, so der Moslem Eschref, weil „der Christliche Kayser, nunmehro, desto sicherer, und nachdrücklicher, wider die Türcken wird agiren können".[26] Eschref scheint hier darüber informiert zu sein, dass sich Österreich, und damit das Haus Habsburg, seit 1737 im russisch-österreichischen Türkenkrieg befand. Und auch die zweite Nachricht, nämlich dass die Schweden Kriegsmaterial an die Türken geschickt hätten, angeblich als Tilgung der Schulden, die der schwedische König in der Türkei habe, wird als zumindest als bedenklich eingestuft, weil „der Römische Kayser, und die Rußische Kayserin, mit denen Türcken in einem schweren Krieg verwickelt" seien.[27] Hier wird auf denselben Türkenkrieg angespielt, in dessen Folge Österreich im 1739 geschlossenen Frieden von Belgrad bedeutende Gebietsverluste erleiden musste.[28] Hinter der Türkengefahr, so der Tenor Fassmanns, müssen persönliche (Thököly-Leopold I.), konfessionelle (Protestanten-Katholiken) und politische (Frankreich-Deutsches Reich) Konflikte zurückstehen.

---

[26] Fassmann: Entrevue Nr. 239, S. 1115.
[27] Ebd., S. 1116.
[28] Die Glaubwürdigkeit seines im Journal ausgebreiteten Bildungsprogramms verstärkt Fassmann dadurch, dass er diejenigen Quellen benennt, deren er sich bei der Konzeption der jeweiligen Entrevuen bedient hatte. In einem zusätzlichen Band publizierte er nämlich Summarien, also kompendiöse Zusammenfassungen, aller seiner Gespräche, an deren Ende die Quellen aufgelistet werden. So heißt es etwa in der Summarie zur 239. Entrevue: „Die Historie des Toeckoely ist aus einer verhanden seyenden Französischen Lebens-Beschreibung von diesem Grafen; desgleichen aus der Histoire des troubles de Hongrie, und aus dem Leben des glorwürdigsten Kaysers Leopoldi, zusammen getragen." Fassmann: Gespräche in dem Reiche derer Todten. Supplement-Band. Leipzig 1740, S. 772.

IV

In höherem Maße als andere Textsorten vermochte der literarisch-fiktive Dialog unterschiedliche Positionen, Meinungen und Diskussionsthemen in einer formal leicht fassbaren Struktur zu präsentieren.[29] Trotz der dialogischen Form erwartet den Leser des Fassmanschen Journals allerdings keine echte Mehrstimmigkeit, denn der Historiograph legt auch im letzten Gespräch seine mehr oder weniger objektive Meinung zu einem bestimmten Thema auf der Ebene des fiktiven Dialogs dar. Diese Meinungsäußerung zum Thema des Widerstandsrechtes gegen eine ungerechte Herrschaft erfolgt mittels der „äusserliche[n] Mehrstimmigkeit",[30] die Fassmann mit der Rede und Gegenrede seiner Figuren erzeugt. Gemäß der literarischen Konvention reichte diese artifiziell-fiktive Stimmen- und Meinungsvielfalt aus, um im Verständnis der Zeit die Diskussion kontroverser Themen und Meinungen überzeugend darzustellen.

Fassmann unterstützt die Meinungsbildung durch eine klare Leserlenkung, die auch in den paratextuellen Passagen dieses Dialogs durchscheint. So heißt es etwa im Titelkupfer des 239. Gesprächs in einer Art subscriptio: „Ihr Nationen kommt, und sehet, wie es geht / Wann euch ein böser Geist verführet und bethöret / So daß ihr rebellirt und dennoch nicht besteht / Weil Treu und Redlichkeit in euch hat aufgehöret."[31] Leitgedanke des Dialogs ist also die Sinnlosigkeit machtpolitisch motivierter Aufstände. Innerhalb des Gesprächs lassen sich nun drei Diskurse ausmachen, in denen dieses Thema in unterschiedlichen Kontexten aufbereitet wird:

1. der interkulturell-überkonfessionelle Diskurs: Christ (Thököly) – Moslem (Eschref)
2. der christlich-interkonfessionelle Diskurs: Protestant (Thököly) – Katholik (Leopold I.)
3. der überzeitlich-aktuelle Diskurs: Autor (Fassmann) – Adressat (Christenheit)

---

[29] Zum Folgenden vgl. Dreyfürst: Man lernet daraus die Welt kennen. S. 311 ff.
[30] Fries, Thomas: Dialog der Aufklärung. Shaftesbury, Rousseau, Solger. Basel u.a. 1993, S. VIII.
[31] Fassmann: Entrevue Nr. 239. Titelblatt.

DIALOG DER KULTUREN

Diskurs 1: Thököly – Eschref

Der erste Diskurs über das Rebellentum kann als interkulturell bzw. überkonfessionell bezeichnet werden. Der Orientale Eschref unterhält sich mit dem Europäer Thököly und damit gleichzeitig der Moslem mit dem Christ darüber, inwieweit Rebellionen gegen die Herrschenden von Erfolg gekrönt sein können oder von vornherein zum Scheitern verurteilt sind. Im Verlauf des Dialogs wird sehr bald deutlich, wer überzeugender argumentiert: der europäische Christ. Thököly analysiert die Gründe, die zu Rebellionen führen, deckt auf, dass hinter den hehren Zielen, wie der Verteidigung der eigenen Religion oder der Freiheit, dezidiert machtpolitisch-egoistische Motive einzelner stünden, die dem Gemeinwohl dadurch Schaden zufügten,[32] und behauptet schließlich, dass sich, falls Gott die Herrschenden strafen wolle, schon genügend „Böse" finden ließen, die „als Instrumenta und Werckzeuge" zu gebrauchen wären.[33] Ihm als Protestant verbiete allein die Religion, sich gegen die Herrschenden aufzulehnen. Dass es ihm gerade darum, also um die freie Ausübung der Religion, nicht gegangen sei, beweise die Tatsache, dass er Ungarn unter türkische Herrschaft stellen wollte und es ja bekannt wäre, dass die Mohammedaner die Christen zwingen würden, zum Islam überzutreten.[34]

Eschref entgegnet wiederum, dass es im Orient „gerechte Ursachen zum Rebelliren" gebe,[35] dann etwa, wenn ein Herrscher ungerecht regiere und die Untertanen dadurch leiden müssten. Er erklärt zwar, dass auch die Aufständischen, zu denen er sich selbst zählt, Ungerechtigkeiten begangen bzw. Gewalttaten verübt hätten, doch sieht er sich als Werkzeug Gottes, das nach getaner Arbeit von diesem zurecht „in das Feuer geworffen" worden sei.[36] Seine Rechtfertigung bezieht er zusätzlich daraus, dass der neue Herr-

---

[32] Thököly übernimmt damit indirekt die Argumentation Leopolds I., der die Maßnahmen gegen die Protestanten einem schwedischen Gesandten gegenüber damit rechtfertigte, dass er sie nicht wegen „religio", sondern „rebellio" ergriffen habe. Vgl. Bucsay, Mihály: Der Protestantismus in Ungarn 1521-1978. Ungarns Reformationskirchen in Geschichte und Gegenwart, Teil 1: Im Zeitalter der Reformation, Gegenreformation und katholischen Reform. Wien u.a. 1977, S. 194.
[33] Fassmann: Entrevue Nr. 239, S. 1050.
[34] Dass Thököly auch als eine Art Sprachrohr des Autors Fassmann fungiert, zeigt sich u.a. daran, dass der Calvinist Thököly eher wie ein Lutheraner argumentiert. Stärker nämlich als die lutherischen erkannten die reformierten Theologen den Bürgern ein Recht auf Widerstand gegen eine Obrigkeit zu, die Gottes Gesetz missachtete.
[35] Fassmann: Entrevue Nr. 239, S. 1048.
[36] Ebd., S. 1049.

scher - der alte war im Zuge des Aufstandes beseitigt worden - ein besserer sei als sein Vorgänger.

Doch prallen nicht nur die Positionen des Christen und des Moslems aufeinander, sondern auch die des Europäers und des Orientalen und immer beweist der Ungar in vielerlei Hinsicht - in kultureller (Buchdruck), militärischer (Kriegsführung), moralischer (Unrechtsbewusstsein) - die Überlegenheit des christlichen Europas.

Diskurs 2: Thököly – Leopold I.

Ein zweiter Diskurs kann als christlich-interkonfessionell bezeichnet werden. Er erstreckt sich hauptsächlich über den biographischen Hauptteil des Gesprächs, in dem Thököly seine eigene Geschichte und die seiner Familie erzählt. Natürlich ist auch hier auf der Ebene des Gesprächs Thökölys Dialogpartner Sultan Eschref, auf der Handlungsebene der erzählten Biographie erscheint allerdings der habsburgischer Kaiser Leopold I. als Gegenüber.

Rhetorisch lässt Fassmann Thököly immer gleich argumentieren: Übertretungen des Kaisers bzw. der Katholiken werden erst einmal pauschal eingeräumt und unmittelbar danach mit ausführlichen Beispielen des protestantischen Fehlverhaltens gerechtfertigt. Dieses Schema ist bereits im einleitenden Teil des Dialogs auszumachen. Thököly erwähnt dort, dass die ungarischen Protestanten zu seiner Zeit „sehr hart angefochten und verfolgt worden" seien,[37] doch wird das unmittelbar im Anschluss durch eine Aufzählung von deren Verfehlungen relativiert:

> Allein es haben auch einige Lutherische und Reformirte Prediger, samt vielen Personen weltlichen Standes, die sich zu diesen beyden Religionen bekennen, dann heimliche Socinianer, Arrianer und Aminianer, allerley Anlaß darzu gegeben, entweder durch allzuhefftige Expressiones im Lehren und Predigen, oder durch geführte unerlaubte Disense, oder durch gefährliche Intriguen, die man wircklich eingefädelt, und auf allerhand böse Absichten hinaus gelauffen.[38]

---

[37] Ebd., S. 1050.
[38] Ebd., S. 1051.

Die Biographie Thökölys und die gleichzeitig erzählte Geschichte des ungarischen Protestantismus bieten dann genügend Möglichkeiten, die hier angeführten Verfehlungen an verschiedenen exempla zu demonstrieren: Thököly erwähnt die kaiserliche „Verhinderung des weitern Anwachses derer Protestanten" in den 1660er Jahren und schildert ausführlich die Verschwörung des Jahres 1666 gegen Leopold I.[39] Er verschweigt dabei aber, dass es gerade katholische Adlige waren, die erwogen hatten, Ungarn unter den Schutz des Sultans zu stellen, falls dieser die Verfassung nicht antaste und eine freie Außen- und Innenpolitik gewähre.[40] Ebenso werden die kaiserlichen Bemühungen zur Rekatholisierung Ungarns zwar aufgeführt - etwa die Vertreibung und Ermordung protestantischer Geistlicher – doch wird letztere wieder dadurch relativiert, dass sie ohne Wissen des Kaisers geschehen sein könnten.

Allerdings räumt Thököly nach ca. 30-jährigem Aufenthalt im Totenreich ganz einsichtig auch individuelle Fehler ein. Selbstkritisch konstatiert er am Anfang der Schilderung seines Lebenswegs:

[...] ich bildete mir ein, ob könne niemals eine Aenderung in denen Verfassungen und Grund- auch andern Gesetzen, oder in den Freyheiten des Königreichs Ungarn, sondern es müsse, in Politicis sowohl, als in Eclesiasticis, oder in Staats-Sachen wie in Kirchen-Sachen, alles so verbleiben, wie es zu meiner Zeit gewesen, ohne daß man einen Nagelbreit davon abweichen dürffte.[41]

Und er bekennt anschließend, dass es durchaus Situationen gegeben habe – etwa nach dem Türkenkrieg der Jahre 1663-64 -, die politische Veränderungen hätten nötig erscheinen lassen.[42]

Im Verteilungskampf der christlichen Religionen spricht der ungarische Rebell sich und den Protestanten jegliche Legitimation zum Aufstand schließlich aus drei Gründen ab: (1.) weil den Verfehlungen der Katholiken vergleichbare Aktionen der Protestanten gegenüber stünden, (2.) weil die

---

[39] Ebd., S. 1068.
[40] Bucsay: Protestantismus. S. 176.
[41] Fassmann: Entrevue Nr. 239, S. 1066.
[42] Die Bestrebungen der Habsburger, ein Land, das eine ständische Verfassung und ein Komitatssystem mit Selbstverwaltung hatte und das Recht der freien Königswahl besaß, in ein zentralistisch beherrschtes Erbland umzuwandeln, verschweigt Thököly. Vgl. Bucsay: Protestantismus. S. 164.

protestantische Religion den Widerstand gegen die von Gott eingesetzte Obrigkeit verbiete und (3.) weil sich die Ungarn ausgerechnet mit den Türken, also Moslems, gegen ihre christlichen Glaubensbrüder verbündet hätten.

Diskurs 3: Fassmann – Christenheit

Sicher ist es kein Zufall, dass der zeitweise in diplomatischen Diensten stehende und politisch überaus interessierte Fassmann ausgerechnet im Jahr 1739 einen sich über zwei *Entrevuen* erstreckenden Dialog publiziert, in dem ein scharf konturiertes Feindbild der Türken gezeichnet wird. Seit 1737 befand sich der Kaiser an der Seite von Russland im Krieg mit der Hohen Pforte. Nach einigen anfänglichen Erfolgen – der Freiherr von Bartenstein hatte sich für eine selbständige, also von Russland unabhängige Kriegsführung gegen die Türken ausgesprochen – erlitt die kaiserliche Armee mehrere Niederlagen, in deren Folge Belgrad samt Bosnien, der kleinen Walachei und den österreichischen Teilen Serbiens verloren gingen.[43] Es gab also gute Gründe für das christliche Europa und damit für Ungarn, den Kaiser zu unterstützen.

Immer wieder finden sich im Verlauf des Dialogs Passagen, in denen Thököly seiner Hoffnung Ausdruck verleiht, dass sich die Verhältnisse im gegenwärtigen Ungarn gebessert haben mögen. Zwar sind die Figuren im Totenreich der Zeitlichkeit enthoben, d.h. aber nicht, dass sie nicht von der Zeit wissen, die außerhalb des Totenreichs vergeht. Außerdem werden sie durch den „Secretarius" ja auch auf den neuesten Stand der Dinge gebracht. Wenn Thököly also davon spricht, dass er „von Herzen wünsche, daß es jetzo anders und besser in Ungarn beschaffen seyn möge, dergestalt, daß dieses ganze Königreich erkenne, was es vor eine Glückseligkeit geniesset, indem es mit dem Durchlauchtigsten Ertz-Hause Oesterreich auf das genaueste, und auf eine unzertrennliche Art verknüpffet" sei,[44] dann ist das ein Aufruf an die Ungarn, sich ihrer christlichen Pflichten zu entsinnen und

---

[43] Vgl. Reifenscheid, Richard: Die Habsburger in Lebensbildern. Von Rudolf I. bis Karl I. Graz u.a. 1982, S. 215, sowie Schmidt, Hans: Karl VI. In: Die Kaiser der Neuzeit 1519-1918. Heiliges Römisches Reich, Österreich, Deutschland. Hg. v. Anton Schindling u. Walter Ziegler. München 1990, S. 200-214, hier S. 213.
[44] Fassmann: Entrevue Nr. 239, S. 1050.

durch ihre Verbindung mit dem mächtigen Österreich die Grenzen des christlichen Europas gen Osten zu halten. Ohne die Hilfe der Habsburger könne sich Ungarn „ohnmöglich wider die Türken mainteniren".[45]

Fruchtlos bleibt allerdings eine Lektüre des Dialogs, die sich auf vergleichbare Forderungen in umgekehrter Richtung, also an den Kaiser, konzentriert. Fassmanns Schuldzuweisung ist eindeutig, indem er Thököly seine Verfehlungen im Nachhinein erkennen lässt. Der Bedrohung des christlichen Europas muss sich die gesamte Christenheit entgegenstemmen, konfessionelle Zwistigkeiten müssen hinter diesem obersten Ziel zurückstehen. Dass die Türken nach den Siegen des Prinzen Eugen nie wieder zu einer ernsthaften Gefahr für das christliche Abendland wurden, können Historiker im Rückblick leicht feststellen,[46] in den Totengesprächen David Fassmanns liest sich das bis in die Mitte des 18. Jahrhunderts hinein anders.

---

[45] Ebd. An anderer Stelle wird ausführlich die Kriegbereitschaft der Ungarn erörtert, also unter welchen Vorraussetzungen die Ungarn wider die Türken in den Krieg zögen, wann sie den Kaiser finanziell unterstützten bzw. wie viele ungarische Husaren im Dienste des Kaisers stünden.
[46] Vgl. Reifenscheid: Die Habsburger. S. 210.

MARKUS BERNAUER

Clemens August Werthes' habsburgisches Theater

Auf Clemens August Werthes stößt, wer sich mit Christoph Martin Wieland, Wilhelm Heinse oder auch mit der italienischen Literatur in Deutschland beschäftigt. Der 1748 geborene Württemberger Pastorensohn, ein Zögling des Tübinger Stifts, kam im Sommer 1771 nach Erfurt, wo er Heinse gerade noch kennen gelernt haben muss (und mit ihm in Verbindung blieb), sich unter Professor Wielands Fittiche nehmen ließ und bei den Vorbereitungen zu dessen neuer Zeitschrift, dem *Teutschen Merkur*, mitwirkte.[1] Wieland leistete für ihn vielleicht mehr Vermittlerdienste als für seine anderen Studenten, zunächst, wie bei Heinse auch, bei Gleim in Halberstadt, danach bei Friedrich Heinrich Jacobi in Düsseldorf und schließlich in Wien. Nach einem Intermezzo als Hofmeister hielt sich Werthes im Frühsommer 1774 in Düsseldorf im Umkreis Jacobis und Heinses auf.[2] Im Herbst bricht er mit dem Grafen Hompesch zu einer Grand Tour nach der Schweiz und Italien auf. Noch während der Reise erscheinen 1777-1779 in fünf Bänden die Übersetzungen von Carlo Gozzis Dramen, die folgenreichste und bis heute die bekannteste literarische Leistung von Werthes. Im März 1780 erwartet ihn Heinse wieder Düsseldorf zurück[3]; 1783 liegt, ein später Reflex auf die Reise und die frühere Rousseau-Begeisterung, der „Roman in Briefen" *Be-*

---

[1] Karl August Böttiger behauptet gar, er sei mit Wieland nach Weimar gekommen. Vgl. Böttiger, Karl August: Literarische Zustände und Zeitgenossen. Begegnungen und Gespräche im klassischen Weimar. Hg. v. Klaus Gerlach und René Sternke. Berlin 1998, S. 268 f.
[2] „Meinen Werthes [...] hat ein guter Genius hieher geführt, er wird diesen ganzen Sommer mit mir spazieren gehen, und empfinden und phantasieren.", schreibt Heinse am 17. Mai 1774 an Gleim, um freilich schon am 8. Juli an Klamer Schmidt zu berichten: „So eben reist mein lieber Werthes von hier nach Bollheim auf das Landgut des Herrn von Hompesch ab, um daselbst das Amt eines Hofmeisters bey seinem jungen Herrn auszuüben. Diesen künftigen Herbst macht er eine Reise in die Schweiz und vielleicht auch nach Oestreich und einen kleinen Flug nach Italien mit ihm. Zur ganzen Reise sind 2 Jahre bestimmt." Heinse, Wilhelm: Sämmtliche Werke. Bd. 9: Briefe. Erster Band. Bis zur Italiänischen Reise. Hg. v. Carl Schüddekopf. Leipzig 1904, S. 212 und 221 f.
[3] Brief an Gleim vom 7.3.1780. In: Ebd., S. 415.

gebenheiten Eduard Bomstons in Italien vor. Zu diesem Zeitpunkt war Werthes bereits Professor der italienischen Sprache an der Hohen Karlsschule in Stuttgart, wohin er 1781 berufen worden war. Hier scheint er, vor allem wegen des Salärs, unzufrieden gewesen zu sein und strebte fort. Wieder ist es Wieland, den er um Hilfe angeht und ihn um eine Empfehlung für Wien bittet. Wielands Brief an Tobias Philipp Freiherr von Gebler hat sich erhalten: Sicherlich eine gute Wahl, denn Gebler war einerseits eine der führenden Figuren der Wiener Theaterszene (von ihm stammte *Thamos, König von Ägypten*, wozu Mozart die Bühnenmusik schrieb) und andererseits als Vizekanzler der Hofkanzlei einer der einflussreichsten Beamten in Wien. Ihm verdankte Werthes sicherlich seine Berufung durch Joseph II. zum Professor an die Universität in Pest. Der Pester Universitätsjahre wegen und weil dort zwei Historiendramen zur österreichisch-ungarischen Geschichte entstanden sind, passt der vorliegende Beitrag zu Werthes, der als Autor kaum, wohl aber als Fallbeispiel interessant ist, in das Konzept der Tagung „Wechselwirkungen" in Pécs. In biographischen Fragen stützt er sich auf die Studie von Theodor Herold von 1898 sowie – für die Zeit in Pest – auf den Aufsatz von Gustav Heinrich.[4]

Werthes wurde auf Vorschlag der Studien-Hof-Commission in Wien von Kaiser Joseph II. mit Dekret vom 13. Oktober 1784 auf einen durch den Tod des bisherigen Inhabers frei gewordenen Lehrstuhl für schöne Wissenschaften in Pest berufen. Da diese Berufung offenbar ausschließlich den Wiener Behörden und in keiner Weise der Universität selber geschuldet ist, ist es ziemlich sicher, dass er als Vertreter der josephinischen Reform nach Ungarn geschickt wurde, und sei es nur, weil er Deutscher und nicht Ungar und des Ungarischen auch gar nicht mächtig war. Amtssprache in den gesamten habsburgischen Landen und auch in Ungarn war seit dem Erlass Josephs II. vom 26. April 1784 bekanntlich das Deutsche. Werthes hielt denn auch seine Antrittsvorlesung auf Deutsch statt in der bisherigen Unterrichtssprache Latein; und er unterrichtete auch im Folgenden auf Deutsch.[5] Viel mehr ist über seine Universitätstätigkeit nicht bekannt; und Herolds Behauptung, er sei ein Fremdkörper im ungarischen Kollegium gewesen und von diesem drangsaliert worden, kann sich nur auf eine vage Bemerkung in

---

[4] Herold, Theodor: Friedrich Clemens August Werthes und die deutschen Zriny-Dramen. Biographische und quellenkritische Forschungen. Münster 1898 sowie Gustav Heinrich: Friedr. Aug. Clemens Werthes in Ungarn. In: Ungarische Revue 13 (1893), S. 508-513.
[5] Herold, Werthes (Anm. 4), S. 53 f.

einem Brief an Wieland stützen. Der Briefwechsel mit diesem war in Ungarn abgerissen; erst im Februar 1791 nahm ihn Werthes wieder auf. Zu diesem Zeitpunkt stand er kurz vor seiner Entlassung, die er nach dem Tod Josephs II. – wohl ermuntert durch die Fakultät – selbst erbeten hatte: „Ich habe, weil ich hier an Körper, Geist und Herz beynah unaufhörlich zu leiden hatte, und die Aussicht einer Verbesserung immer trüber vor meinen Augen wurde, meine Entlassung verlangt," schreibt er an Wieland[6]; und wenn er im selben Brief angibt, er habe Wielands Aufsatz über Joseph II. im *Neuen Teutschen Merkur*[7] ins Ungarische übersetzen lassen, so bekennt er sich vor seinem Abgang nicht nur nochmals zum alten Kaiser, sondern lässt indirekt auch die Ursache für seine Entlassung durchblicken.[8] Sein Nachfolger übrigens sollte, so die Ausschreibung, des Ungarischen mächtig sein, um „vaterländische" Literatur in den Kreis seiner Vorträge einbeziehen zu können.[9]

Neben seinen Vorträgen war Werthes auch als Dramatiker produktiv. Er schrieb vier Lustspiel-Übersetzungen und ein Ritterstück, alle für das Wiener National-Hoftheater. Und am Anfang und am Ende seiner ungarischen Zeit entstanden zwei Historiendramen, ein drittes möglicherweise währenddessen. Am 16. April 1785 wurde im Wiener Hoftheater das „Schauspiel in fünf Aufzügen" *Rudolph von Habspurg* uraufgeführt; zu diesem Zeitpunkt lag der Text bei Friedrich August Hartmann in Wien auch gedruckt vor. Der Rezensent im *Wiener Blättchen* war nicht gerade begeistert; nur von der Figur der Cunegonde, der Gattin König Ottocars von Böhmen, zeigte er sich angetan.[10] Den Kampf zwischen Rudolf von Habsburg, dem ersten deutschen König aus diesem Hause, und König Ottokar von Böhmen hatten seit dem 16. Jahrhundert viele europäische Autoren dramatisch verarbeitet, darunter auch Lope de Vega; auf Werthes folgten u.a. Kotzebue und vor allem 1825 Franz Grillparzer. Werthes drängt die Handlung

---

[6] Wielands Briefwechsel. Hg. v. der Berlin-Brandenburgischen Akademie der Wissenschaften durch Siegfried Scheibe. Bd. XI.1. Bearbeitet durch Uta Motschmann. Berlin 2001, S. 42.
[7] Die zwei wichtigsten Ereignisse des vorigen Monats. In: Der neue Teutsche Merkur Jg. 1790, Bd. 1, S. 315-320. Die ungarische Übersetzung ist bisher nicht ermittelt worden.
[8] Werthes verlässt Pest 1791 und geht als Hofmeister nach St. Petersburg; über den Aufenthalt dort weiß man nichts; und aus der Zeit in Russland sind auch keine Veröffentlichungen bekannt. Vielleicht schon 1797, sicher aber 1799 ist er wieder in Deutschland, wo er sich zunächst in Ludwigsburg niederlässt und 1807 in Stuttgart die Redaktion des Regierungsblattes übernimmt. Es erscheinen zahlreiche Beiträge für Zeitschriften und Almanache und zwei epische Dichtungen (Die Klause, 1801; Sieben Heroen, 1813). 1817 stirbt er in Stuttgart.
[9] Heinrich, Werthes (Anm. 4), S. 511.
[10] Herold, Werthes (Anm. 4), S. 55.

auf einen Tag vor den Toren Wiens zusammen. Rudolf, der Wien belagert, hat der Stadt eine Frist zur Übergabe bis zu jenem Morgen gesetzt, an dem die Handlung einsetzt; andernfalls droht er Wien und seine Umgebung zu verwüsten. Auf großes Heldentum hofft der ungestüme Albert, Rudolfs Sohn, als sich zunächst nichts regt. Doch Rudolf schreckt vor dem Werk der Zerstörung zurück:

> Wahnsinn wärs, die schöne / Natur, die sie mit Segen überströmt, / Dem Ungeheuer, das ihr jeden Segen / Vergiftet, aufzuopfern! [...] Die süssesten, beynahe die einzigen Freuden / Des armen Bürgers, Albert, soll ich sie / Vernichten? [...] Der Landmann, der bey seinem Tagwerk allen / des Lebens Erquickungen entsagte [...] wird in lauter Verzweiflung / Mir fluchen, daß ich nicht die schwachen ab-/ Genützten Fasern seines öden Lebens / Durchschnitten habe, lieber als die edlen, / Die zarten Reben, seines halben Lebens / Mühsel'ge Sorge.[11]

Unwillkürlich drängt sich dem späteren Leser die Assoziation mit dem berühmten Monolog Ottokar von Horneks im 3. Akt von *König Ottokars Glück und Ende* auf. Aber die Assoziation trügt: Werthes' Rudolf ist nicht durch die Schönheit der Natur berührt, sondern wird geleitet von seiner Sorge für die Wirtschaft und die Menschen; diese Sorge steht bei ihm offen Zwiespalt mit machtpolitischem Kalkül – mit den Versen „Der Kronen Glanz sieht jeder, aber keiner, / Als der sie trägt, kennt ihre Schwere."[12] beginnt er das Gespräch mit seinem Sohn – ein Kalkül, das er schließlich zurücktreten lässt hinter seine landesherrliche Fürsorge, wenn er von allem Anfang an darauf verzichtet, seine Drohung wahrzumachen. Rudolf ist also ein ferner Verwandter des scheschianischen Königs Tifan in Christoph Martin Wielands *Der goldene Spiegel* von 1772 (ein Roman, mit dem Werthes vertraut gewesen sein muss): auf das wirtschaftliche Wohlergehen der Untertanen und dazu auf Recht und Ordnung bedacht, geleitet von „Gerechtigkeit / Und Menschenliebe" und nicht von Vergnügungs- oder Ruhmsucht. Einen Kämpfer, der „Deutschlands Wildnis" „mit seinem Blick erhellte" und „überfreche Gewalt", „Raub und Wuth", die in dieser Wildnis herrschten, „Die Ungeheuer auseinander in / Die Hölle hinunter blitzte", nennt ihn Otto von Lichtenstein, der Abgesandte Wiens, der ihm die Übergabe der Stadt

---

[11] Werthes, Clemens August: Rudolph von Habspurg. Schauspiel in fünf Aufzügen. Wien 1785, S. 10 f.
[12] Ebd., S. 9.

anbietet.[13] Rudolf als Erzengel Michael, das ist insofern sinnreich, als Michael seit der Schlacht auf dem Lechfeld 955, dem Sieg Ottos des Gr. gegen die Ungarn, der Patron des Heiligen Römischen Reiches ist. Otto von Lichtenstein verkündet auch Ottokars Bereitschaft, sich dem deutschen König zu unterwerfen, sofern die vom Böhmen als demütig empfundene Zeremonie im verschlossenen Zelt stattfinde. Einige Ritter aus dem Gefolge Rudolfs, einst gedemütigt von Ottokar, beschließen, die Abdeckung des Zeltes herunter zu reißen, so dass Ottokar im Moment der Unterwerfung von allen kniend vor Rudolf zu sehen ist. Der derart Bloßgestellte ist zutiefst in seinem Stolz verletzt; Stolz (im Sinne der ‚superbia', also des Hochmuts) ist *die* Eigenschaft seines Charakters, wie er selber zugesteht: „Die ganze Welt nennt mich / Den Stolzesten der Sterblichen."[14] Werthes' Ottokar gleicht damit wiederum jenem König Turkan in Wielands *Goldenem Spiegel*, der aus verletztem Stolz sein Volk in einen lange währenden Krieg führt.[15] Bei Turkan ist es freilich Nationalstolz, bei Ottokar persönlicher Stolz. So überwindet der Böhme sich zunächst, legt vor aller Augen „das Geständnis meines Herzens / das falscher Stolz verschwieg" ab, dass er sich Rudolf unterworfen habe und ihn als deutschen König (zeitgemäß steht: Kaiser) anerkenne.

Erst angetrieben von seiner Gattin Cunegonde wagt er eidbrüchig einen neuen Waffengang gegen Rudolf. Von Cunegonde sagt Ottokar: „Der Stolz, der sie bemeistert, ist / ein blindes, grimmiges Ungeheu'r."[16], „Gebeugte Hoffahrt", spricht Rudolf sie nach seinem Sieg an.[17] Cunegonde treibt Ottokar mit einer Kaskade von Beschimpfungen regelrecht in den Kampf: „Ich bin Mann, nicht du. / Ein Weib wie du, verdient nicht über Männer / Zu herrschen. Dir, gehört die Spindel. Mir / Das Schwerdt. Gieb mir es. Ich will König seyn. / Ich!"[18] Das Motiv des Geschlechtertausches taucht nochmals in diesem Schauspiel auf; es gibt nämlich ein Gegenpaar zu Ottokar und Kunigunde: Albert, der Sohn Rudolfs (historisch Albrecht I., ab 1298 römisch-deutscher König) und Elisabeth von Kärnten. In diesem Paar verbinden sich Staatsräson und Liebe, bei Ottokar und Cunegonde sind sie

---

[13] Ebd., S. 15.
[14] Ebd., S. 43.
[15] Wieland, Christoph Martin: Der goldne Spiegel. In: Der goldne Spiegel und andere politische Dichtungen. Hg. v. Herbert Jaumann. München 1979, S. 308f.
[16] Werthes, Rudolph von Habspurg (Anm. 11), S. 43.
[17] Ebd., S. 102.
[18] Ebd., S. 61.

getrennt, ja, schließen sich aus. Cunegonde liebt den herrischen König, den böhmischen Heroen, nicht den Mann; im Moment seiner Unterwerfung ist er für sie nur noch Gegenstand der Verachtung. Ihre Liebe gilt Zawisch, einem böhmischen Ritter; und so wird sie, um sich mit diesem vereinigen zu können, die treibende Kraft einer Gruppe von Verschwörern, die Ottokar auf dem Schlachtfeld ermorden. Elisabeth hingegen rettet in Ritterrüstung Albert während des Kampfes das Leben. Aber die andere, die gewissermaßen bürgerliche Liebe im Gegensatz zur rein dynastisch oder durch Staatsräson motivierten als die richtige, menschliche auf die Bühne zu bringen, ist nicht die einzige Aufgabe des Paares Albert-Elisabeth. Denn Elisabeth ist die Tochter Elisabeths von Bayern, die ihrerseits mit Konrad IV. verheiratet und damit Mutter des 1268 in Neapel hingerichteten letzten Staufers war (dem Werthes eine allerdings erst 1800 vollendete Tragödie widmete). Elisabeths Klagen über den verlorenen Bruder eröffnen ihren Auftritt. Das heißt aber nichts anderes, dass die Nachfahren Albert (oder Albrechts) zugleich auch Nachfahren der Staufer sind, dass die Dynastie der Habsburger gewissermaßen durch staufisches Blut legitimiert ist. Auf der anderen Seite steht das Königreich Böhmen, im 13. Jahrhundert dem Heiligen Römischen Reich zugehörig, im 18. Jahrhundert Teil der habsburgischen Erblande. Nachdem Ludwig II., König von Böhmen und Ungarn, in der Folge der Schlacht bei Mohacs umgekommen war, fielen beide Länder an Ferdinand I.; die böhmische Krone wurde 1620 den habsburgischen Erblanden zugeschlagen, die ungarische 1713. Bei Grillparzer ist Kunigunde als Enkelin des ungarischen Königs Bela IV. ausgewiesen; bei Werthes fehlt dieser Hinweis auf ihre Herkunft aus der Dynastie der Arpáden (im 18. Jahrhundert galt sie, wie man bei Zedler nachlesen kann[19], meist als bulgarische Prinzessin, wird allerdings in der *Österreichischen Reimchronik* des früher meist Ottokar von Horneck genannten Ottokar von Steiermark, die 1745 erstmals in lateinischer Fassung gedruckt wurde und die Werthes sicher kannte, als Enkelin Belas eingeführt[20]).

---

[19] Zedler, Johann Heinrich: Großes vollständiges Universal-Lexikon aller Wissenschaften und Künste. Bd. 6. Halle, Leipzig 1733, Sp. 1847 f.
[20] Monumenta Germaniae Historica. Deutsche Chroniken und andere Geschichtsbücher des Mittelalters 5,1: Ottokars Österreichische Reimchronik. Nach den Abschriften Franz Lichtensteins hg. von Joseph Seemüller. Hannover 1890, V. 9274 f, Teil 1,. S. 122. Die lateinische Ausgabe: Ottocari Horneckii Chronicon Austriacum rhythmicum, ab excessu Friderici II. Imp. id est, ab anno 1250. ad annum usque 1309. Regensburg 1745.

Man darf also sicher nicht soweit gehen, einen antiungarischen Subtext aus Werthes' Schauspiel herauslesen zu wollen. Aber wenn Werthes' Cunegonde Ottokar dazu antreibt, seine Lande nicht als Lehen aus den Händen Rudolfs anzunehmen, beschwört sie eine heroische „Vorwelt" herauf, in der die böhmische Krone frei und unabhängig gewesen sei; die Erinnerung an diese „Vorwelt" sei mit der Inthronisation Ottokars verblasst – und mit der Erinnerung auch der letzte Rest von Freiheit verschwunden.[21] Man wird diesen von Cungenonde vehement beklagten Verlust der alten Freiheit ihres Volkes und ihren Zorn über die Abhängigkeit von den Habsburgern holzschnittartig auf Werthes' Jahrhundert übertragen müssen. In diesem waren es aber nicht die Böhmen, sondern die Ungarn, die den Übergang der Stephanskrone auf die Habsburger als perpetuierte nationale Katastrophe erlebten, insbesondere der Adel, der seine alte Machtstellung verloren sah: Mit den Kuruzen-Aufständen des ungarischen Adels, mit denen die das 17. Jahrhundert durchziehenden Kämpfe um Loslösung des ehemaligen Reichs Ludwigs II. von Wien erfolglos endeten, hörten 1711 nicht die ungarischen Unabhängigkeitsträume auf; und als Joseph II. die ungarische Gentry zugunsten seiner neuen habsburgischen Zentralverwaltung weiter entmachtete, gab es um 1790 neue sezessionistische Bestrebungen. Solche sezessionistischen Ideen delegitimiert Werthes in seinem Stück gleich mehrfach: In den Habsburgern als Nachfolger der Staufer blitzt – allerdings als völliger Anachronismus – nochmals die Idee eines römischen Kaisertums auf, das die gesamte christliche Welt überwölbt und hinter das nationale Begehrlichkeiten und Interessen zurücktreten müssen. Erscheinen die Habsburger, die Nachfolger der römischen Kaiser, aber als Herrscher über ein supranationales nachrömisches Reich, so ist bei Werthes unversehens der erste Schimmer jenes habsburgischen Mythos zu fassen, der noch im 20. Jahrhundert leuchtete. Zweitens sind die Kronländer unabhängig in zwar heroischen, aber alten Zeiten, deren Dekadenzprodukt Ottokar allenfalls ist (jedenfalls wenn man Cunegondes Urteil aufnimmt). Dagegen erscheint der Habsburger Rudolf – oder man möchte sagen – Joseph II. als Vertreter einer aufgeklärten Moderne, die freilich ohne Konturen bleibt, sieht man einmal von den wenigen panegyrisch zu lesenden und altmodisch wirkenden Beschwörungen der Herrschertugenden Rudolfs ab. Nur an einer Stelle wird die Idee eines aufgeklärten, modernen Geistes erahnbar: Wenn Cunegonde und Ottokar vom

---

[21] Werthes, Rudolph von Habspurg (Anm. 11), S. 55 f.

Stolz, von der ‚superbia', getrieben sind, so sind sie affektgesteuert, auch in ihrem politischen Handeln. Rudolf hingegen ist in seiner Sorge für Wohl und Wehe der Bürger und der Wirtschaft gar bereit, auf die Durchsetzung seiner Macht, auf den Sturm auf Wien zu verzichten. Seine Rationalität (modern formuliert) und seine Herrschertugenden (altmodisch betrachtet) setzen ihn in Gegensatz zu Ottokar – und legitimieren ihn als Kaiser.

Vor dem Hintergrund dieses frühen habsburgischen Mythos, ja, solcher habsburgischen Panegyrik mutet es merkwürdig an, dass Werthes im Folgenden wahrscheinlich zwei ‚ungarische' Historiendramen schrieb. In einer ungarischen Zeitungsnotiz von 1790 hatte Werthes ein „nationales ungarisches theilweise trauriges Lustspiel" über Mathias Corvinus zur Subskription ausgeschrieben.[22] Dieses Stück ist nie gedruckt worden. Es spricht allerdings einiges dafür, dass es sich in der ungarischen Bearbeitung von Péter Bárány erhalten hat, einem Studenten von Werthes an der Pester Universität, der selber angibt, sein Lehrer habe die Vorlage für sein eigenes Stück geliefert.[23] Ich kann leider kein Ungarisch und daher nur den Sachverhalt feststellen. In der Zeitungsnotiz mit der Subskriptionsanzeige für den *Corvinus* lässt Werthes außerdem ankündigen: „Der verdienstvolle Verfasser ist bestrebt, dem Vaterlande mit noch weiteren derartigen wertvollen Arbeiten gefällig zu sein."[24] Das ist – nach *Rudolph von Habspurg* – ein überraschender Ton, kann doch mit dem Vaterland nur Ungarn gemeint sein. Wollte Werthes nur an einem erfolgreichen Trend teilhaben? Dramen mit Stoffen aus der ungarischen Geschichte in deutscher Sprache waren zum Ende des Jahrhunderts nicht selten; manche dienten später ungarischen Stücken als Vorlage. 1792 erschien von Simon Peter Weber, einem Pressburger Verleger, *Die Hunyadische Familie*, im selben Jahr von dem aus Mähren stammenden Xaxier Girzik (d.i. Frantisek Xaver Jiřik) *Stephan der Erste König der Ungarn. Ein Schauspiel in sechs Aufzügen"*, beide jüngst wieder veröffentlicht in einer Anthologie von László Tarnói.[25] Von Werthes erschien 1792 in Wien, nicht in Ofen, Pest oder Pressburg, *Niklas Zrini oder die Be-*

---

[22] Heinrich, Werthes (Anm. 4), S. 512.
[23] Korvinus Mátyás. Egy vitéz, Nemzeti, Szomorúval elegyes víg Játék öt szakaszokban Törnetes Jegyzetekkel együtt / Verthes Friderik Augustus Kelementöl A Pesten lévö Magyar Minden ségben Az Ékes Tudoimányok Tanitójától. Magyarul kidolgozta Bárány Péter. Hg. v. Gyárfás Ágnes. Miskolc 2008.
[24] Heinrich, Werthes (Anm. 4), S. 512.
[25] Die täuschende Copie von dem Gewirre des Lebens. Deutschsprachige Dramen in Ofen und Pest um 1800. Hg. v. László Tarnói. Budapest 1999.

lagerung von Sigeth. Ein historisches Trauerspiel in drey Aufzügen. Das
Stück, von dem in Manchem sich später Theodor Körner für seinen *Zriny*
(1812) inspirieren ließ, ist jüngst von Robert Seidel in einem sehr informativen Aufsatz behandelt worden; und auch wenn ich nicht alle Überlegungen
von Seidel teile, kann ich mich hier kurz fassen.[26] Es gibt motivisch einige
Überschneidungen mit dem älteren Drama, so den ungestümen jungen Zrini
Georg, dem allerdings anders als Albert ein überlegter Gegenpart in Kaspar
Alpati zur Seite gestellt ist, oder die kämpferischen Amazonen (hier Maria,
die Gattin eines Woiwoden), oder Katharina (Frangipani), die Gattin Zrinis,
die sich am Ende auf dem Pulverturm mit ihrem Söhnchen in die Luft
sprengt, nachdem sie möglichst viele Feinde angelockt hat. Aber der Ton ist
ein völlig anderer; die Ungarn erscheinen hier als Bewahrer des Reiches,
nicht als dessen Zerstörer. Sie stehen Türken gegenüber, die im Gegensatz
zu den Ungarn und Deutschen ihre Natur, ihre urtümliche Kampfeslust bewahrt haben. Einer der Hauptleute erklärt Georg:

> Verachte sie nicht, Georg! Laß uns gerecht seyn. Wir sind vielleicht
> menschlicher, als sie; aber dafür sind sie kriegerischer, als wir. Wir
> werden es alle Tage weniger; sie scheinen es immer mehr zu werden.
> Wahrhaftig Georg! wir sind nicht mehr die Alten. Jeder Türke ist noch
> ein Löwe an Stärke und Muth; bey uns sind alle Arten von Löwen eine
> Seltenheit.[27]

Hier hat Werthes seine einstigen Einschätzung alten Heroentums gewandelt,
dem ja im *Rudolph von Habspurg* ein gegenüber der Neuzeit, vertreten
durch die Habsburger, pejorativ verstandenes archaisches Moment eigen
war. Dagegen gibt dieser Hauptmann eine Art Dekadenzdiagnose für die
europäische Neuzeit, die allerdings durch den Fortgang der Handlung wenigstens teilweise Lügen gestraft wird. Vor dem Hintergrund dieser Dekadenzdiagnose erscheint die ausbleibende Hilfe durch Kaiser Maximilian als
bedenkliche Schwäche und der Hauptmann weiß nur zu sagen: „Er [der
Kaiser] kann weise Ursachen haben, die wir nicht wissen." Und andernorts

---

[26] Seidel, Robert: Siegreiche Verlierer und empfindsame Amazonen. Friedrich August Clemens Werthes' Trauerspiel „Niklas Zrini oder die Belagerung von Sigeth" (1790). In: Militia et Litterae. Die beiden Niklaus Zrínyi und Europa. Hg. v. Wilhelm Kühlmann u.a. Berlin [u.a.] 2009, S. 258-273.
[27] Werthes, Clemens August: Niklas Zrini oder die Belagerung von Sigeth. Ein historisches Trauerspiel in drey Aufzügen. Wien 1790, S. 8.

charakterisiert Zrini Maximilian als nachgiebigen, friedliebenden Fürsten.[28] So sind es die Ungarn, die allen Anfechtungen widerstehend den Weitermarsch Solimans nach Wien durch ihr Opfer verhindern[29]: Vaterland und König, denen die Bürger Sigeths schwören sollen, sind die österreichische Monarchie und der Monarch aus dem Hause Habsburg.[30] Dass es durchaus auch ein anderes, ein nichthabsburgisches Ungarn gibt, wird in der Schelte Zrinis gegen Johann Sigismund Zápolya ausgesprochen: „Tokay ist an den Siebenbürger abgetreten; an den, der in das Herz seiner Nation, wie in den Busen seiner Mutter, den Dolch zu stossen, diesen Mörder unsrer Glückseligkeit zuerst herbeygerufen und ihm gleichsam die Hand geführt hat."[31] Es gibt also die vaterlands-, das heißt die kaisertreuen Ungarn, und – zieht man Werthes' Dramen zusammen – die nationalistischen, zugleich nationsmordenden, außerhalb der habsburgischen Idee stehenden Ungarn. Der Ausbruch Zrinis und seiner Getreuen aus der Festung geschieht unter einer Flagge, die die Einheit von Ungarn und Kaiser signalisiert: „Man trägt eine Fahne, die auf der einen Seite das ungrische, auf der andern das kaiserl. Wappen hat, voraus."[32] Vor dem Hintergrund der Widerstände, die der josephinischen Reform von Seiten der ungarischen Gentry erwachsen sind, und der periodisch immer wieder hervorbrechenden kulturellen wie politischen Abkehr von Wien in den Gebieten der ungarischen Krone vertritt Werthes also auch in *Niklas Zrini* eine ‚habsburgische Idee', die die ungarische Krone rechtmäßig nur vereint mit der kaiserlichen sehen kann.[33] Paradox mutet es da an, dass Zriny, ausgehend von Theodor Körners *deutschem* Drama[34], im 19. Jahrhundert zu einem *National*mythos sowohl in Ungarn wie in Kroatien wird.

---

[28] Ebd., S. 10 bzw. 20.
[29] Ebd., S. 21.
[30] Ebd., S. 15.
[31] Ebd., S. 20 f.
[32] Ebd., S. 83.
[33] Dass das Stück angesichts des unglücklichen Kriegsabenteuers, in das sich Joseph II. gegen die Osmanen gestürzt hatte, auch einen weiteren zeitgenössischen Hintergrund hat, sei hier nur erwähnt.
[34] Wie weit Körner sich an Werthes' Drama als eine Vorlage gehalten hat, ist im 19. Jahrhundert viel und heftig diskutiert worden (vgl. dazu die langen Ausführungen bei Herold, Werthes, siehe Anm. 4). Sicher ist, dass Zriny als Tragödienstoff auf der deutschsprachigen Bühne sich Werthes verdankt. Den Schluss der Tragödie hat Körner außerdem Werthes entlehnt; hier wie dort sprengt sich Zrinys Gattin (Katharina bzw. Eva) mit dem Pulvermagazin in die Luft.

KÁLMÁN KOVÁCS

Interkulturelle Genese einer nationalen Symbolfigur

I.

Seit der Herausbildung der modernen politischen Nationen und Nationalismen spielen in der Öffentlichkeit politische Symbole und Riten eine wichtige Rolle. Als Beispiel erwähne ich hier nur die symbolische Zugfahrt des amerikanischen Präsidenten Barack Obama zur Amtseinführung in Washington,[1] die als ein performativer Erinnerungsakt an Präsident Lincoln und an die Geburt der amerikanischen Demokratie zu verstehen war. Politische und/oder historische Symbole verstehe ich hier gemäß Bizeul als „narrative Symbolgebilde mit einem kollektiven, auf das grundlegende Ordnungsproblem sozialer Verbände bezogenen Wirkungspotential",[2] die zugleich als Fuge für Kollektivgefühle in Ritualen[3] dienen. Es ist immerhin unterschiedlich, welche Rolle die symbolische Politik in den einzelnen Ländern heutzutage spielt. Gerade in Deutschland ist sie weniger bestimmend,[4] aber in den Ländern des ehemaligen Ostblocks, in den USA und in Frankreich sind politische Rituale und historische Mythen von großer Relevanz.

In der vorliegenden Arbeit geht es um die Genese, deren Interkulturalität und um das daraus resultierende Problem der Erzählbarkeit der Symbol-

---

[1] Siehe unter anderem den Bericht der Neuen Zürcher Zeitung. NZZ Online, 17. Januar 2009: www.nzz.ch/nachrichten/international/obama_im_triumphzug_zur_amtseinfuehrung_1.1717522.html
[2] Bizeul, Yves: Theorien der politischen Mythen und Rituale. In: Bizeul, Yves (Hrsg.): Politische Mythen und Rituale in Deutschland, Frankreich und Polen. Berlin 2000 [= Ordo politicus 34]. S. 15-39, hier S. 16.
[3] Bizeul dazu (nach Durkheim): „Es gibt keine Gesellschaft, die nicht das Bedürfnis fühlte, die Kollektivgefühle und die Kollektivideen, die seine Einheit und seine Persönlichkeit ausmachen, in regelmäßigen Abständen zum Leben zu erwecken und zu festigen. Diese moralische Wiederbelebung kann nur mit Hilfe von Vereinigungen, Versammlungen [...] erreicht werden, in denen die Individuen [...] gemeinsam ihre gemeinsamen Gefühle verstärken." Bizeul, a.a.O., S. 20.
[4] Herfried Münkler meint dazu, dass die Bundesrepublik Deutschland „eine weithin mythenfreie Zone" sei. Münkler, Herfried: Die Deutschen und ihre Mythen. Berlin 2009, S. 9.

figur Nikolaus (ung. Miklós) Zrínyi IV. (ca. 1508-1566).[5] Er war eine Zeit lang Ban (Statthalter) von Kroatien unter Kaiser Ferdinand I, war ein mächtiger Herr in Südwestungarn, verteidigte 1566 als Feldherr von Kaiser Maximilian II. die süd(west)ungarische Burg Szigetvár gegen ein riesiges Heer von Süleiman dem Prächtigen (1494?-1566) und erlitt dabei den Heldentod. Deswegen erhielt er im frühen 19. Jahrhundert den Beinahmen „der ungrische Leonidas".[6]

Die Symbolfigur Zrínyi hat jedoch etwas Besonderes an sich. Die Konstruktionsprozesse von nationalen Mythen setzten diejenige Spaltung voraus, welche die Philosophie als Subjekt-Objekt-Spaltung nennt. Benedict Anderson definierte die Nation als „eine vorgestellte politische Gemeinschaft – vorgestellt als begrenzt und souverän".[7] Die Begrenztheit bedeutet die Exklusion, dass die Welt in Ich und Nicht-Ich, Wir und Sie, Eigenes und Fremdes (Welsches) etc. zerfällt. Stillschweigend wird in nationalhistorischer Vorstellung auch davon ausgegangen, dass die Identifikationssymbole eigene ‚Produkte' aus substantiell einheimischem (nationalem) ‚Stoff' sind. Dies gilt aber gerade für die Zrínyi-Figur nicht so genau. Der Fall Zrínyi ist ein besonderes Beispiel dafür, dass Eigenes aus fremdem Stoff fabriziert („gebastelt") wird,[8] und kann ferner als ein besonderes Beispiel dafür herangezogen werden, dass die sich ausdifferenzierenden nationalen Narrative einander durch kulturellen Transfer befruchten und einander zugleich ad absurdum untergraben. Die Zrínyis hatten im 16. Jahrhundert keine exklusiv kroatische, ungarische oder österreichische Identität. In der neueren Forschung spricht man auch von doppelter Identität[9] oder von einer supranatio-

---

[5] Eine neue Übersicht über die Zrínyi-Forschung bietet der folgende Konferenzband: Militia et Litterae. Die beiden Nikolaus Zrínyi und Europa. Hg. v. Wilhelm Kühlmann und Gábor Tüskés unter Mitarb. v. Sándor Bene. [=Frühe Neuzeit. Studien und Dokumente zur deutschen Literatur und Kultur im europäischen Kontext, 141]. Tübingen 2009.
[6] Hormayr, Joseph Freyherr von: Niklas Graf von Zrini. In: Österreichischer Plutarch 7. Wien, 1807, S. 90-108, hier S. 95.
[7] Anderson, Benedict: Die Erfindung der Nation. Zur Karriere eines folgenreichen Konzepts. Frankfurt a. M. / New York 1996, S. 15
[8] In Bezug auf die Nationalopern spricht John Neubauer von Adaptation fremden Materials: "adopting hybrid or foreign materials for national purposes". Neubauer, John: Zrinyi, Zriny, Zrinski. Or: In Which Direction Does The Gate Of Vienna Open? In: Neohelicon XXIX (2002) 1, S. 219–234.
[9] Bobinac, Marijan: Theodor Körner im kroatischen Theater. In: Zagreber Germanistische Beiträge 11 (2002), S. 59-96, hier 68. Klaniczay, Tibor: Az írók nemzeti hovatartozása. In: Klaniczay: A múlt nagy korszakai. Budapest 1973, S. 193, hier S. 27 f.

INTERKULTURELLE GENESE EINER NATIONALEN SYMBOLFIGUR

nalen Elite des Habsburgerreiches.[10] All das ist der Grund dafür, dass die Zrínyis[11] sowohl von den Ungarn als auch von den Kroaten, aber auch von anderen slawischen Völkern als ihr „Eigen" betrachtet wurden. Wir haben hier keinen Raum für eine Darstellung der verzweigten Rezeptionsgeschichte, wir deuten lediglich ihre Existenz und die Lebendigkeit der Symbolfigur in ihren Heimatländern Kroatien und Ungarn an. In Kroatien ist die auf Körners *Zriny* basierende Nationaloper[12] von Ivan Zajc auf dem politischen Symbolfeld und auch in Fußballstadien lebendig.[13] In Ungarn tragen viele Erinnerungsorte und -räume sowie Institutionen den Namen Zrínyi. Demgegenüber ist Zrínyi in den deutschen Ländern und in Österreich weitgehend in Vergessenheit geraten. In der Vergangenheit aber war die Figur eine der Wichtigsten ihrer Art. Theodor Körners *Zriny* nahm im Kanon bis Ende des Zweiten Weltkrieges einen unvorstellbar hohen Platz ein. Die 1867 gegründete Universal-Bibliothek des Reclam Verlages veröffentlichte nach Goethes *Faust* (I-II) und Lessings *Nathan der Weise* Theodor Körners Kriegsgesänge *Leyer und Schwerdt* als Band 4.[14] Körners Zrínyi-Drama war bis Ende des Zweiten Weltkriegs[15] Schullektüre, und in den 1950er und 60er Jahren gab es eine nennenswerte Körner-Rezeption in der DDR.

In der vorliegenden Arbeit wird erstens der Textkorpus gezeigt (II), dann gehen wir auf das Problem der Erzählbarkeit, auf die Möglichkeit einer integrierenden Narrative ein (III).

---

[10] Pállfy, Géza: Verschiedene Loyalitäten in einer Familie. Das kroatisch-ungarische Geschlecht Zrinski/Zrínyi in der „supranationalen" Aristokratie der Habsburgermonarchie im 16. und 17. Jahrhundert. In: Militia (Anm. 5), S. 11-32, hier S. 21.
[11] Die mehrfache Identität zeigt sich auch in den unterschiedlichen Formen des Familiennamens. In der Literatur finden wir ein Wirrwarr der kroatischen, ungarischen, deutschen und lateinischen Namensformen (Zrinjski, Zrinski, Zrini, Zriny, Zrínyi, Zriny, Serin u.a.), die auch innerhalb einer Sprache variieren. Ich benutze hier ohne magyarisierende Absicht die heutige ungarische Form, die für die Person auch vom neuen Brockhaus übernommen wurde. (CD-Rom-Ausgabe 2004).
[12] Ivan Zajc (1832-1914): Nikola Šubić Zrinjski. Libretto im Jahre 1876 von Hugo Badalić (1851-1900).
[13] Zu Letzteren siehe den Chor „U boj, u boj!!" (In den Kampf, in den Kampf!) aus der Nationaloper von Zajc in den Videoaufnahmen von Youtube.
[14] Meiner, Annemarie: Reclam: Eine Geschichte der Universal-Bibliothek zu ihrem 75jährigen Bestehen. 1942 [=Reclams Universalbibliothek 7539/7540]. Die Liste der ersten Bände siehe auf S. 35.
[15] Die letzte mir bekannte Körner-Ausgabe dieser Reihe stammt aus dem Jahre 1943: Körner, Theodor: Zriny. Ein Trauerspiel in fünf Aufzügen. Leipzig 1943 [=UB 166]. Siehe WorldCat und den Karlsruher virtuellen Katalog.

II.

Der Fall von Szigetvár war Ende des 16. Jahrhunderts europaweit bekannt, geriet aber in Ungarn und im deutschen Sprachraum langsam in Vergessenheit. Die Erinnerung an die Geschichte erwachte erst im späten 18. Jahrhundert, vor allem durch (a) lateinische und dann (b) deutsche literarische Bearbeitungen, die ungarischen und slawischen Texte folgten erst später. Wir können als These vorausschicken, dass die Wiedergeburt des ungarischen und kroatischen Nationalhelden sehr stark durch die lateinische und deutschsprachige Literatur angeregt wurde.

Die erste Zrínyi-Bearbeitung, das jesuitische Schuldrama *Zrinius ad Szigethum*,[16] stammte vom Jesuitenpriester Andreas Karl Josef Stanislaus von Fri(t)z (1711-1790).[17] Er stammte aus einer österreichischen Familie, wurde in Barcelona geboren und trat mit fünfzehn Jahren in Wien in den Orden der Jesuiten ein. Friz war Lehrer in mehreren Städten der Habsburgermonarchie, so im damals nordungarischen, heute slowakischen Skalitz[18] (Skalica, Szakolca, lat. Sakolcium) und in Raab (Győr). Sein Schuldrama in lateinischer Sprache erschien 1738 in Pressburg und wurde dort zweimal aufgeführt. Aus den folgenden Jahrzehnten kennen wir etwa ein Dutzend Aufführungen in anderen Städten[19] sowie auch mehrere ungarische Übersetzungen, auf die ich hier nicht weiter eingehe. So können wir behaupten, dass das Werk relativ bekannt war.

Die zweite Bearbeitung, *Niklas Zrini, oder die Belagerung von Szigeth. Ein historisches Trauerspiel in 3 Aufzügen*,[20] von Friedrich August Clemens Werthes (1748-1817), folgte 1790. Der Autor stammte aus Schwa-

---

[16] [Friz, Andreas]: Zrinius ad Sigethum. Das Titelfoto siehe in Militia (Anm. 5), S. 247.
[17] Pintér, Márta Zsuzsanna: Zrinius ad Sigethum. Théorie dramatique et pratique du théâtre dans l'œuvre d'Andreas Friz S. J. In: Militia, S. 242-257. Siehe Ferner das Forschungsprojekt „Die Antikerezeption an der Grazer Jesuitenuniversität" an der Grazer Universität: [gams.uni-graz.at/fedora/get/o:arj/bdef:Navigator.fs/get]. Zu Fri(t)z siehe die Schriften von Mareike Einfalt, Ludwig Fladerer, Ulrike Syrou: [gams.uni-graz.at:8080/fedora/get/o:arj-06B-2/bdef:TEI/get/].
[18] Bei Städtenamen benutze ich die deutsche Namensform. In Klammer gebe ich die heutige nationale Bezeichnungen an, je nachdem, in welchem Land die Stadt heute liegt, und auch die ungarische Form an.
[19] So in Kaschau (Košice, Kassa), 1740; Großwardein (Oradea, Nagyvárad), 1771; Uschhorod (Ungvár), 1754; Trentschin (Trenčín, Trencsén), 1749; Preschau o. Eperies (Prešov, Eperjes), 1749; Sárospatak, 1767; Klausenburg (Cluj-Napoca, Kolozsvár), 1770. Pintér/Militia, S. 246.
[20] Friedrich August Clemens Werthes: Niklas Zrini, oder die Belagerung von Szigeth. Ein historisches Trauerspiel in 3 Aufzügen. Wien 1790.

ben, studierte im Tübinger Stift, war anfangs im Umkreis von Wieland tätig, half bei der Redaktion der Zeitschrift *Der Teutsche Merkur*[21] und genoss die volle Unterstützung des einflussreichen Meisters. Werthes war ein Aufklärer und ein Freimauer, schrieb oder übersetzte u.a. die Geschichte der Freimaurer in Neapel.[22] Diese Aktivität ist möglicherweise ein Grund dafür, dass seine Biographie nur lückenhaft bekannt ist. Ab 1781 wurde er als Lehrer der italienischen Sprache in der Stuttgarter *Karlsschule* angestellt, wo er unter dem Decknamen „Pirrho" zugleich Oberhaupt der Illuminaten war.[23] Wahrscheinlich deswegen musste er Stuttgart verlassen, und er suchte sein Glück - mit den besten Empfehlungen von Wieland – in Wien.[24] Werthes wurde 1784 trotz des Widerstands der Fakultät zum Professor der schönen Künste an die Universität in Pest berufen und wirkte hier bis zum Tode von Kaiser Joseph II. Dies ist eigentlich eine kuriose Berufung, wenn man die jesuitischen Wurzeln der Universität betrachtet. Sie wurde 1635 in Tyrnau (slowakisch Trnava, ung. Nagyszombat) von den Jesuiten gegründet und geführt. Nach der Auflösung des Ordens versuchte Joseph II. die jesuitischen Professoren abzulösen und Werthes war als Aufklärer und Protestant ein idealer Ersatzkandidat. Nach dem Tod des Kaisers beantragte er seine Entlassung, da er in Pest „an Körper, Geist und Herz beynah unaufhörlich zu leiden hatte".[25] Sein Stück erschien noch im selben Jahr auch in ungarischer Übersetzung.[26]

1807 veröffentlichte der Wiener Historiker und Publizist Josef Freiherr von Hormayr zu Hortenburg (1780-1848), einer der bekannten Förderer der reichspatriotischen Idee, in der historischen Reihe *Österreichischer*

---

[21] Herold, Theodor: Friedrich August Clemens Werthes und die deutschen Zriny-Dramen. Biographische und quellenkritische Forschungen. Münster 1898, S. 22 und 157.
[22] Geschichte des Schiksals der Freymaurer in Neapel. Frankfurt und Leipzig, 1779. Herzogin Anna Amalia Bibliothek, Signatur B 2356. Herold kennt diese Arbeit nicht.
[23] Wolfgang Riedel: Aufklärung und Macht. Schiller, Abel und die Illuminaten. In: Müller-Seidel, Walter - Wolfgang Riedel (Hg.): Die Weimarer Klassik und ihre Geheimbünde. Königshausen & Neumann 2002, S. 107-126, hier 114.
[24] Wieland empfahl ihn als seinen ‚Sohn' an den Geheimen Rat Tobias Freiherr von Gebler. Der Empfehlungsbrief erschien 1813 im Wiener Deutschen Museum (Herold, 50): Wieland, C. M.: Briefe von Wieland, Ramler, Lessing u.a. von den Jahren 1770-1786. Deutsches Museum 1813, Bd. 3, S. 531-545. Digit. Zeitschriften der Aufklärung. Gebler war Geheimer Rat und Vizekanzler der böhmisch-österreichischen Hofkanzlei, Aufklärer, Freimauer und Josephinist.
[25] Nyiri, Erzsébet: Werthes Frigyes Ágost Kelemen pesti évei (1784-1791) [Die Pester Jahre von Fr. A. W.]. Adalékok az első Zrínyi-drámánk történetéhez. Budapest 1939, S. 13.
[26] Werthesz Kelemen: Zríni Miklós; avagy Sziget várának veszedelme. Komárom 1790.

Plutarch eine Zrínyi-Biographie,[27] die allgemein bekannt wurde und auch als Quelle für spätere Zrínyi-Texte diente.

Im selben Jahr (1807) publizierte der Dresdner Modeschriftsteller (Johann) Friedrich Kind (1768-1843) einen Roman unter dem Titel *Die Belagerung von Sigeth*.[28] Das Werk erschien ein Jahr später anonym bei Hartleben in Pest.[29] Eine ungarische Übersetzung von Kinds Roman erschien im Jahre 1817.[30] Kind war „das klassische Muster eines deutschen Modeschriftstellers",[31] ein bekannter Vertreter der Unterhaltungsliteratur um 1800. Heute kennen wir ihn, wenn überhaupt, als Librettist von Carl Maria Webers Oper *Der Freischütz*.

Viel interessanter ist Johann Ladislaus Pyrker von Felső-Eőr[32] (1772-1847), der 1810 in Wien das Stück *Zrinis Tod* mit zwei weiteren historischen Schauspielen aus der ungarischen Geschichte veröffentlichte.[33] Pyrker war eine interessante Figur der Habsburger-Monarchie. Er stammte aus einer österreichischen Familie, wurde im westungarischen Nagyláng bei Stuhlweißenburg (Székesfehérvár) geboren, wo der Vater als Oberverwalter der Grafen Zichy arbeitete. Er besuchte die von Paulinern geführte Mittelschule in Stuhlweißenburg, dann studierte er als Novize im Stift Lilienfeld bei St. Pölten Theologie und wurde dort zum Priester geweiht. Viele Jahre verbrachte er im Stift, war zwischendurch Pfarrer in Zürnitz (Niederösterreich), und wurde schließlich 1812 Abt im Stift Lilienfeld.

Als Abt kam er mit dem Wiener Kreis von Karoline Pichler, als auch mit dem Herrscherhaus in Kontakt. Einige Jahre später begann Pyrker eine steil ansteigende Karriere. 1818 ernannte ihn der Kaiser zum Bischof von der Zips (Spiš, Szepes) im damaligen Nordungarn, drei Jahre später (1821)

---

[27] Niklas Graf von Zrini. In: Österreichischer Plutarch, oder Leben und Bildnisse aller Regenten und der berühmtesten Feldherren, Staatsmänner, Gelehrten und Künstler des österreichischen Kaiserstaates. Bd. 1-20. Wien 1807-1814. Hier Bd. 7 (1807), S. 91-108.

[28] (Johann) Friedrich Kind: Die Belagerung von Sigeth. In: Tulpen. Bd. 3. Leipzig 1807, S. 1-88.

[29] Zusammen mit einer Erzählung von der Erfolgsschriftstellerin Benedicte Naubert: Nikolaus Zriny, oder die Belagerung von Szigeth. Ein historisch-romantisches Gemälde. Attilas Schwert. Eine Sage der Vorzeit. Vom Verfasser des Walter von Montbarry [=Benedicte Naubert]. [Pest, bei Hartleben] 1808, [ohne Autor u. Ort].

[30] Gróf Zrinyi Miklós, vagy Sziget' várának ostromlása. Hadi nemzeti román Csery Péter által. Pest 1817.

[31] Krüger, Hermann Anders: Pseudoromantik. F. K. u. der Dresdener Liederkreis. Leipzig 1904, S. 43.

[32] Ungarisch Felső-Eőri Pyrker János László.

[33] Pyerker [!], Johann Babtist: Zrinis Tod. Ein Trauerspiel in 5 Akten. In: Historische Schauspiele. Wien 1810, S. 215-304.

sehen wir ihn bereits als Patriarch von Venedig und 1827 wurde er schließlich Patriarch Erzbischof von Erlau (Eger). Durch dieses Amt war er in der kirchlichen Hierarchie nach dem Primas der zweite Priester Ungarns, und sein Amt war auch mit weltlicher Macht verbunden: Der Erzbischof war zugleich Gespan der drei Komitate im Bistum und Mitglied des Oberhauses im ungarischen Landtag.[34]

Die Karriere der Zrínyi-Figur erreichte mit Theodor Körners *Zriny*[35] seinen Höhepunkt. Das Stück wurde am 30. Dezember 1812 im Theater an der Wien uraufgeführt und war ein Welterfolg. (Carl) Theodor Körner (1791-1813) wuchs in Dresden auf. Sein Vater, Christian Gottfried Körner, war ein enger Freund Schillers und das Körner-Haus ein wichtiger Salon der sächsischen Hauptstadt. Als ein schwer erziehbarer Junge wechselte Körner die Universitäten und die Fächer, er war ein aktiver Bursche und wurde wegen studentischer Händel von allen (deutschen) Universitäten verwiesen. 1811 ging er schließlich nach Wien, wo die Relegation nicht galt und machte dort eine schnelle Karriere als Theaterautor. Ende 1812 wurde sein *Zriny* uraufgeführt, worauf er als Theaterdichter am Burgtheater mit einer sehr guten Bezahlung angestellt wurde.

Die rasche Dichterkarriere fand aber ein schnelles Ende: Körner meldete sich zum freiwilligen Kriegsdienst ins Freikorps von Adolf Freiherr von Lützow und starb am 26. August 1813 bei Gadebusch (nähe Schwerin) in einem Gefecht. Seine Gedichte wurden von seinem Vater redigiert und 1814 unter dem Titel *Leyer und Schwerdt* gedruckt.

Es ist in diesem Zusammenhang bemerkenswert, dass sich die Pfade der Zrínyi-Rezeption in Wien kreuzten. Fri(t)z wirkte nach seiner Zeit in Skalitz am Wiener Theresianum und an der Universität Wien und war ein bekannter Dramenautor. Einige seiner Stücke wurden vor dem Hofe und vor der Kaiserin Maria Theresia aufgeführt.[36] Später war er in Görtz tätig, wo er auch starb. Wir wissen nicht, wann er Wien verlassen hat,[37] aber sein Werk soll im Jahre 1784, als Werthes in Wien ankam, noch in Erinnerung gewesen

---

[34] Zu Pyrker siehe: Kovács, Kálmán: Johann Ladislaus Pyrker oder die Verweigerung kultureller Differenz. Eine Fallstudie. In: Bobinac, Marijan und Wolfgang Müller-Funk (Hg.): Gedächtnis - Identität - Differenz. Zur kulturellen Konstruktion des Südosteuropäischen Raumes und ihrem deutschsprachigen Kontext. Tübingen-Basel 2008, S. 43-54. [=Kultur-Herrschaft-Differenz. Hg. v. Moritz Csáky, Wolfgang Müller-Funk, Klaus R. Scherpe, Bd. 12].
[35] Theodor Körners Nachlaß. Bd. 1-2. Leipzig 1814. Bd. 1 mit Zriny auch als Separatdruck.
[36] Einfalt-Fladerer-Syrou, a. a. O. (Anm. 16).
[37] Weder Einfalt-Fladerer-Syrou noch Wurzbach geben Auskunft darüber.

sein und sogar eine persönliche Begegnung der beiden ist nicht auszuschließen. Werthes' weitere Bezüge zu Wien wurden bereits erwähnt, sein Zrínyi-Stück wurde dort gedruckt und sein *Rudolph von Habsburg* wurde im Hoftheater aufgeführt (1785).[38] Hormayer wirkte ebenfalls in Wien und kannte Pyrker, dessen Stücke auch in Wien gedruckt wurden. Pyrker stand ab 1812 auch mit Karoline Pichler in Beziehung, gerade in jener Zeit, als Körner in Wien lebte und seine ersten Erfolge feierte.[39] Als Körners *Zriny* aufgeführt wurde, betrachtete die zeitgenössische Wiener Presse die Vorgänger Werthes und Pyrker als bekannte Größen.[40]

III.

Die kurzen Vorstellungen zeigen die Heterogenität der Texte. Wir haben (1) einen spanisch-österreich-ungarischen Jesuiten (Andreas Friz), (2) einen josephinistischen Freimaurer aus Schwaben (Werthes), (3) einen sächsischen Modeschriftsteller ohne jegliches politisches Interesse (Kind), (4) einen Wiener Historiker, der Visionen über den Reichspatriotismus entwickelt und die identitätsbildenden Narrative für die neue Habsburgermonarchie fabriziert (Hormayr), (5) einen österreich-ungarischen Abt und Bischof, der in deutscher Sprache ungarische (reichs)patriotische Stücke publiziert (Pyrker) und (6) einen sächsischen ‚Kultur-Abenteurer', der mit schwärmerischen Gedichten die neue Diktion für den deutschen Nationalismus schafft und vor allem ein berühmter Dramatiker werden will (Körner).

Die Texte sind schwer in eine homogene Narrative zu integrieren. In Bezug auf politische und historische Mythen/Symbole haben wir oben, etwas verkürzt, ihr kollektivbildendes Wirkungspotential hervorgehoben. Ergänzend betone ich hier den Gegenwartsbezug: Der Mythos ist nach Jan Asmann eine fundierende Erzählung, „die Licht auf die Gegenwart wirft".[41]

---

[38] Herold (Anm. 21), S. 55.
[39] Pichler, Karoline: Denkwürdigkeiten aus meinem Leben. Bd. 1-2. Hg. v. Erich Karl Blüml. München 1914, Bd. 1, S. 395.
[40] Zur Entstehung und zeitgenössischer Aufnahme von Körners Stück siehe: Kovács, Kálmán: Theodor Körners Zriny. Die Wiedergeburt des Nikolaus Zrínyi um 1800. In: Militia (Anm. 5), S. 285-303.
[41] Assmann, Jan: Mythos und Geschichte. In: Mythen in der Geschichte. Hg. v. Helmut Altrichter. Freiburg 2004 [=Rombach Historiae, Bd. 16], S. 13-28, hier S. 15.

Die retrospektiv konstruierten Narrative[42] haben unter anderen auch eine interpretative, „'fundierende, legitimierende und weltmodellierende' Funktion".[43] Ricoeur betont eher die Zukunftsabsicht von Mythen, indem er – auf Koselleck gestützt – Geschichte als Spannungsfeld zwischen „Erfahrungsraum" und „Erwartungshorizont" betrachtet, was aber ebenfalls eine Art Aktualisierung des im mythischen Stoff liegenden Potenz für die Gegenwart verkörpert.[44] Es ist sehr offensichtlich, dass die vorgestellten Zrínyi-Texte sehr starke, aber zugleich sehr unterschiedliche Gegenwartsbezüge und Zukunftsabsichten haben.

Das Schultheater war Teil des Bildungsprogramms des jeweiligen Ordens. Die supranationalen Jesuiten spielten dabei eine entscheidende Rolle. Für die deutschen Länder meint Ruprecht Wimmer:

> […] es kann als Faktum gelten, daß sich nach 1550 in den katholischen Gebieten des Reichs ein Theater etabliert, das zumindest bis über die Mitte des folgenden Jahrhunderts hinaus eine dominierende Rolle in der Öffentlichkeit spielt, das ein breites Publikum […] formt.[45]

Dies galt in dem türkisch besetzten Ungarn in besonderem Maße, da es dort keine Wandertruppen gab.[46] Das Theater war Teil des Erziehungsprogramms.[47] Rhetorische Ausbildung, Kommunikation, persönliches Auftreten, religiöse, moralische, historische Bildung und auch Loyalität zum jeweiligen Staat, d.h. dem Herrscher und Herrscherhaus, waren Elemente dieses Programms. Die nationalhistorischen Stoffe haben, unabhängig von der

---

[42] „Sie [die Erinnerungsfiguren – K. K.] werden aus den Sinnbedürfnissen einer späteren Gegenwart aus rückwirkend rekonstruiert." Assmann, Jan, a.a.O., S. 14.
[43] Wilfried Barner u.a. (Hg.): Texte zur modernen Mythentheorie. Stuttgart 2003 [UB 17642]. Einleitung. Mythos und Mythentheorie, S. 8-19, hier S. 13.
[44] Ricoeur, Paul: Gedächtnis, Vergessen, Geschichte. In: Historische Sinnbildung: Problemstellungen, Zeitkonzepte, Wahrnehmungshorizonte, Darstellungsstrategien. Hg. v. Klaus E. Müller, Jörn Rüsen. Hamburg 1997, S. 433-454, hier S. 434.
[45] Wimmer, Ruprecht: Jesuitentheater. Didaktik und Fest. Frankfurt am Main 1982, S. 1.
[46] Varga, Imre und Pintér Márta Zsuzsanna: Történelem a színpadon. Magyar történelmi tárgyú iskoladrámák a 17-18. században. Budapest: Argumentum, 2000 [=Irodalomtörténeti füzetek, Nr. 147], S. 13. Das Schuldrama auf dem Gebiet des Königreichs Ungarn wurde in den letzten Jahren ausführlich erforscht. In ungarischer Sprache siehe vor allem Varga-Pintér, in deutscher Sprache: Tüskés, Gábor und Éva Knapp: Die ungarische Geschichte auf der Bühne der Jesuitenbühne. In: Germanistische Studien VI. Wissenschaftliche Beiträge der Károly-Eszterházy-Hochschule. Hg. v. Mihály Harsányi und René Kegelmann, Eger 2007, S. 85-141.
[47] Hartmann, Peter Claus: Die Jesuiten. 2., durchgesehene Auflage München 2008 [=Beck'sche Reihe C. H. Beck Wissen; 2171], Kap. V.2: Das Jesuitentheater, S. 62 ff.

ursprünglichen Intention, auch den Patriotismus gefördert, was vor allem in den Forschungen von Pintér-Varga betont wird.[48] Tatsache ist, dass im 18. Jahrhundert im Jesuitenorden eine neue Generation der ungarischen Historiographie entstanden ist.

Die Berufung von Werthes gegen den Willen der Fakultät, war ein Akt der „Säuberung". Die ehemals jesuitisch geführte Universität wurde 1777 nach Buda, dann nach Pest verlegt. Nach der Auflösung des Ordens (1773) versuchte Kaiser Joseph II. die restlichen Jesuitenlehrer zu entfernen und sie zu ersetzen. Werthes, ein Deutscher und auch Freimaurer, war, wie bereits erwähnt, ein idealer Kandidat. Mit seinem Drama wollte er sicher auch den patriotischen Gefühlen in seinem ungarischen Umfeld entgegenkommen, schuf aber ein Stück im Geiste der Aufklärung, in dessen Zentrum nicht die Selbstaufopferung fürs Vaterland, sondern die Freiheitsidee stand und hielt das Gleichgewicht zwischen ungarischem Patriotismus und der Treue zur kaiserlichen Dynastie. Ansonsten bleibt der Autor spürbar ein fremder Beobachter des orientalisch anmutenden Ungarns. Die ungarischen Dramenfiguren werden mit den heute üblichen touristischen Stereotypen gekennzeichnet, mit Volksmusik und Tanz. Unmittelbar vor dem Heldentode, vor dem selbstmörderischen Ausbruch, trösten sich die Verteidiger mit den „*rührenden ungrischen Tanzmelodien*",[49] was in der Regieanweisung wie die Stimme eines nichtungarischen Sprechers anmutet.

Das Ziel von Friedrich Kind war es vor allem, den Leser zu amüsieren. Mit seinen Texten wollte er programmatisch Abendlektüren anbieten, „womit 'keine zu trüben Gedanken mit in die Nacht hinübergehen' und etwa böse Träume erwecken".[50] Dementsprechend stellte Kind eine Liebesgeschichte ins Zentrum der Handlung, die historischen Ereignisse erscheinen nur am Rande. Die Liebesgeschichte wird auch von der historischen Hauptfigur ferngehalten: Nicht Zrínyis Sohn oder Tochter spielen, wie in allen anderen Texten, die Rolle der Verliebten, sondern ein Offizier Zrínyis und ein städtisches Bürgermädchen. Statt dem klassischen Konflikt zwischen dem Privatleben und dem Feldherrn, wie ihn Werthes gestaltete, erscheint der Konflikt zwischen der Bürgerpflicht (Treue) und der privaten Liebe.

---

[48] Pintér-Varga (Anm. 46), S. 213.
[49] Werthes (Anm. 20), S. 69.
[50] Schulz, Gerhart: Die Deutsche Literatur zwischen französischer Revolution und Restauration 1789-1830. Bd. 1-2. München 1989, Bd. 2, S. 191.

Hormayrs Buchreihe, in der die Zrínyi-Biographie erschien, trug den Titel *Österreichischer Plutarch oder Leben und Bildnisse aller Regenten und der berühmtesten Feldherren, Staatsmänner, Gelehrten und Künstler des österreichischen Kaiserstaates.*[51] Für den Redakteur war Zrínyi ein österreichischer Feldherr. Es war jedoch ein breitgefasster Österreichbegriff, eine Bezeichnung für „Untertanen der Habsburger bzw. Angehörige des österreichischen Kaiserstaates".[52] Auch die Praxis von Hormayrs Zeitschrift *Annalen der Literatur und Kunst des In- und Auslandes* zeigt diese Sicht. Das Rezensionsorgan stellte die neuen Drucke entweder als inländische oder als ausländische Schriften vor. Dabei war Inland das Habsburgerreich, und Ausland alles, was nicht im Habsburgerreich lag. So wurden die neuen Kleist-Übersetzungen des Debreziner (Debrecen) Dichters Csokonai als eine inländische Nachricht gebracht, während Jean Pauls neue Arbeiten unter den ausländischen Schriften vorgestellt wurden.[53]

In der Darstellung Hormayrs wird Zrínyi als der „ungrische Leonidas"[54] erwähnt. Dies ist aber nicht als eine ethnische Bezeichnung zu verstehen. Bei der ethnischen Beschreibung der Familie erwähnt der Autor die kroatisch-italienische Herkunft (Namen) der Familie und vermerkt, dass die ungarischen Könige die Zrínyis „ihrer tapferen Treue vertrauend, mehrmals als Bane über Kroatien Dalmatien und Slavonien setzten".[55] Ansonsten meint Hormayr, auch im Sinne der Aufklärung, dass die Spartaner ihr Leben „dem Gesetz und dem Vaterland" opferten, dass Zrínyi „für Freiheit und Vaterland wider Fremdlingsjoch" kämpfte.[56]

Körners Stück entstand im neuen Geiste des Nationalismus. Nicht der Tod für den Monarchen und für Gott steht im Mittelpunkt, sondern die bürgerlich-plebejischen Losung *Volk* und *Vaterland*. Der Heldentod für Volk und Vaterland war „ein politischer Gedanke, der das 19. vom 18. Jahrhundert" trennte".[57] Auch die Idee vom Verdienstadel zeugt vom neuen bürgerlichen Paradigma. Im Zentrum der Handlung steht auch hier eine Liebesge-

---

[51] Bd. 1-19. Wien, 1807-1814. Zrínyi im Bd. 7, 1807, S. 90-108.
[52] Bruckmüller, Ernst: Nation Österreich. Kulturelles Bewußtsein und gesellschaftlich-politische Prozesse. Wien 1996, S. 91.
[53] Die kurze Vorstellungen siehe Jg. 1810, Bd. 2, April bis Juni, S. 429. Das Verzeichnis siehe S. 573 ff. Die Zeitschrift ist auch bei Google abrufbar.
[54] Hormayr (Anm. 27), S. 95.
[55] Ebd., S. 95.
[56] Ebd., S. 94. und 95.
[57] Schulz (Anm. 50), S. 73.

schichte. Bei Körner ist es eine Liebesgeschichte zwischen der Tochter Zrínyis und dem jungen Offizier Juranitsch. Der soziale Unterschied zwischen dem Soldaten und der Fürstentochter wird mit persönlichem Heldentum überbrückt, wobei Verdienstadel wertvoller als Geburtsadel erscheint:

JURANITSCH.
Ja, alter Held, ich liebe Eure Tochter!
Zwar hab' ich nichts als dieses treue Schwert,
Und wenig Ruhm ererbt' ich von den Vätern;
Doch hab' ich oftmals Euer Wort gehört,
Ein Heldenarm dürfe nach Kronen greifen.
Es fehlt an Mut, es fehlt an Kraft mir nicht;
Laßt mich hinaus, den Adel zu bewähren,
Den ich lebendig in dem Herzen fühle![58]

Dies knüpft sich an die Diskussionen der damaligen Zeit, wie es etwa in Kittlers Kleist-Monographie dargestellt wird.[59] Auch Friedrich Ludwig Jahn widmete in seiner Schrift *Deutsches Volksthum* ein Kapitel diesem Thema.[60]

Interessant ist, dass der starke bürgerliche Zug des Stückes von der Wiener Zensur nicht bemerkt wurde, wohl aber vom ungarischen Übersetzer Pál Szemere, der die entsprechenden Stellen immer mit Formulierungen ersetzte, die der Idee der ungarischen Adelsnation entsprach. So steht im ungarischen Text statt Volk „Vaterland", oder eher „Nation", die im ungarischen Diskurs die ständische Adelsnation meinte.[61] Weiter ist anzumerken, dass Zrínyi bei Körner zwar als ungarischer Held genannt wird, aber der Stoff wurde als österreichischer Stoff, das Stück als ein Tendenzstück wie

---

[58] Theodor Körner: Werke. Bd. 1-2. Hg. v. Hans Zimmer. Kritisch durchgesehene und erläuterte Ausgabe. Leipzig / Wien o. J. 1893 (Meyers Klassiker-Ausgaben), S. 108.
[59] Kittler, Wolf: Die Geburt des Partisanen aus dem Geist der Poesie. Heinrich v. Kleist und die Strategie der Befreiungskriege. Freiburg 1987, S. 222.
[60] „Nichts darf im Verdienstadel von Erblichkeit und Geburtsvorzügen vorkommen. Dass die Prinzen geborene Fürsten sind, ist billig, aber auch genug. Den Verdienstadel mögen sie sich wie andere Staatsbürger erwerben." Friedrich Ludwig Jahn: Deutsches Volksthum. Lübeck, 1810, S. 294.
[61] Kovács, Kálmán: Die Rezeption von Theodor Körners Zriny und die Konstruktion von nationalen Mythen im 19. Jahrhundert. In: Zagreber germanistische Beiträge. Jahrbuch für Literatur- und Sprachwissenschaft, Beiheft 9. Zagreb 2006, S. 89-98. Bobinac, Marijan: Theodor Körner im kroatischen Theater. In: Zagreber Germanistische Beiträge, 11 (2002), S. 59-96.

Kleists *Hermannsschlacht* gelesen. Die zeitgenössische Wiener Presse schrieb auch in diesem Geiste über die Uraufführung.[62]

IV.

Es ist kaum möglich, die jeweiligen Entstehungskontexte, Gegenwartsbezüge und Intentionen auf einen gemeinsamen Nenner zu bringen. Dies macht die Erzählbarkeit, die Integration der Genese der Symbolfigur Zrínyi in ein Narrativ beinahe unmöglich. Noch interessanter als die Entstehung der erwähnten Texte sind die Rezeptionswege in der österreichischen, preußisch-deutschen, ungarischen, kroatischen (slawischen) Nationalliteratur, die wir hier aber nicht weiter verfolgen können. Wir bemerken nur, dass die jeweiligen nationalen Narrative, die nach Körners Stück entstehen, einen selektiven Blick haben, im Zeichen der nationalen Ausdifferenzierung entstanden sind und keine Kenntnis voneinander nehmen wollen.

Dass eine nationalliterarisch orientierte Literaturgeschichtsschreibung gewisse Erscheinungen des übernationalen und multikulturellen Raums der Habsburgermonarchie nicht erfassen kann, ist in der Literaturwissenschaft gewissermaßen Konsens geworden. Eybl zeigt es am Beispiel eines anderen Jesuiten, des Dichters Paul Hansitz, der ein „Nachläufer einer vor-nationalen Latinität" war.[63] Eine Lösung bietet möglicherweise die kulturwissenschaftlich orientierte Forschung, die Kultur nicht als „klar abgrenzbare Entität"[64] betrachtet und die die österreichische Literatur, nicht in der Tradition der Nationalphilologie, als deutschsprachige Literatur begreift.[65]

Auf weitere Details können wir hier nicht eingehen, nur ein Aspekt soll zum Schluss erwähnt werden. Der Fall Zrínyi ist ein prägnantes Beispiel dafür, dass aus dem vornationalen kulturellen Gemeingut nationalliterarische Rezeptionsstränge entstehen. Zrínyi ist dabei nicht das einzige Motiv. In der gemeinsamen Geschichte der Völker im Königreich Ungarn und dann in der

---

[62] Kovács, Kálmán, In: Militia (Anm. 5), S. 292 f.
[63] Eibl, Franz M.: Probleme einer österreichischen Literaturgeschichte des 18. Jahrhunderts. In: Schmidt-Dengler, Wendelin und Johann Sonnleitner, Klaus Zeyringer: Literaturgeschichte, Österreich: Prolegomena und Fallstudien. Philologische Studien und Quellen, Heft 132. Berlin 1995, S. 146-157, hier S. 149.
[64] Mitterbauer, Helga und András F. Balogh: Zentraleuropa: ein hybrider Kommunikationsraum. Wien 2006, S. 22.
[65] Ebd., S. 17.

Habsburgermonarchie kennen wir eine Reihe von historischen Figuren, die politisch-ideologisch für die jeweiligen Interessen der einzelnen Völker national verwertet wurden. So etwa der Gründungsvater des Königtums Ungarn, Stephan I., der auch als illyrischer (kroatischer) Heiliger in Anspruch genommen wurde, oder König Béla IV. und König Mathias Corvinus, um nur einige zu nennen.

Weitere Forschungen sollten die interkulturelle Vergangenheit und Wurzeln der nationalen Konstruktionsprozesse zeigen, und zwar nicht aus einer bestimmten nationaler Perspektive. Wenn es gelingen würde, die Geschichte und die Geschichten der Geschichte, „wie sie von Historikern aus anderen Nationen als der unsrigen [...] geschrieben wird", wahrzunehmen, so hätte das, wie es Ricoeur formulierte, eine „therapeutische Bedeutung" für die „Pathologien im historischen Bewusstsein" in unserer Region.[66]

---

[66] Ricoeur (Anm. 44), S. 447.

LIISA STEINBY

Herder und die „andere" ästhetische Tradition

Dargestellt am Beispiel der finnischen Institution der Literatur

Autonomie des Ästhetischen?

In der bahnbrechenden Studie des Literatursoziologen Erkki Sevänen zur finnischen Institution der Literatur („Die Grenzen der Freiheit. Die gesellschaftliche Regulierung der Produktion und Vermittlung der Literatur in Finnland von 1918 bis 1939") wird festgestellt, dass die Entstehung der autonomen Institution Literatur in Finnland sich im Vergleich zu den großen europäischen Ländern (Deutschland, Großbritannien, Frankreich) um ungefähr einhundert Jahre verzögert hatte.[1] Dabei geht Sevänen vom Denken Niklas Luhmanns, Siegfried J. Schmidts und Peter Bürgers aus,[2] nach denen die moderne Literaturinstitution sich um 1800 als autonome Institution anderen Institutionen und sozialen Teilsystemen ebenso wie anderen Wertsphären gegenüber etablierte.[3] Die Idee, dass Literatur, oder Kunst im Allgemeinen, in der modernen Gesellschaft ein Bereich des Ästhetischen sei, der von den Wertsphären der Moral und der Wahrheit geschieden ist, stammt schon von Max Weber.[4] Der neukantische Soziologe hat die Ansicht der Autonomie des Ästhetischen von der Dreiteilung der Philosophie in Kants Denken entnommen. Luhmann, Schmidt und Bürger geben zwar zu, dass die Abson-

---

[1] Sevänen, Erkki: Kirjallisuuden tuotannon ja välityksen yhteiskunnallinen sääntely Suomessa vuosina 1918-1939. Helsinki 1994.
[2] Luhmann, Niklas: „Das Kunstwerk und die Selbstproduktion der Kunst". In: Delfin 3, 1984, S. 51-69; ders.: Soziale Systeme. Grundriß einer allgemeinen Theorie. Frankfurt am Main 1985 (1984); Schmidt, Siegfried J.: Die Selbstorganisation des Sozialsystems Literatur im 18. Jahrhundert. Frankfurt am Main 1989; Bürger, Peter (Hg.): Zum Funktionswandel der Literatur. Frankfurt am Main 1983; ders.: Theory of the Avant-Garde (Theorie der Avantgarde, 1974). Trans. Michael Shaw. Minneapolis 1984.
[3] Sevänen (Anm. 1), S. 94 f.
[4] Sevänen (Anm. 1), S. 18.

derung der verschiedenen Wertsphären nie vollkommen realisiert war, aber dessen ungeachtet gilt für sie der Grad der Absonderung als der Maßstab der Modernisierung der Gesellschaft.

Sevänen beruft sich in der Erklärung der „Verspätung" der kleineren Nationen in dieser Modernisierungsentwicklung an S. N. Eisenstadt: Die begrenzten Ressourcen so wie eine zentralisierte Verwaltung seien der Grund für die Verlangsamung der Differenzierungsentwicklung in einem kleinen Land.[5] Besonders hebt er als Grund für die verspätete Autonomieentwicklung der Kunst in Finnland die enge Verbindung zwischen der Literatur und dem Nationalismus hervor, die für die „kleinen" europäischen Nationen, wie Finnen, Esten, Letten, Tschechen und Slowaken, kennzeichnend war.[6] In der finnischen Literatur besteht tatsächlich von dem Erscheinen der ersten Fassung des *Kalevala* im Jahr 1835 bis in die 50er Jahre des 20. Jahrhunderts hinein eine enge Verbindung zwischen der Literatur und der nationalen Bewegung. Diese enge Verbindung wird von der neuesten Forschung zur Geschichte der Literaturinstitution in den „kleinen" europäischen Ländern bestätigt.[7] Die Schlussfolgerung, dass dies eine verspätete Modernisierung der Gesellschaft bedeutet, scheint mir aber übereilt zu sein, oder sogar auf falschen Prämissen zu beruhen. Denn statt im Bund zwischen Nationalismus und Literatur ein Hindernis der Modernisierung zu sehen, sollte man darin vielmehr eine Form wahrnehmen, die die gesellschaftliche Modernisierung in den kleineren europäischen Nationen annahm; das ist meine erste These in diesem Aufsatz.

Die zweite These bezieht sich direkter auf die Idee der ästhetischen Autonomie, so wie sie hier verstanden wird. Es ist m.E. eine unzulässige Vereinfachung oder geradezu ein Fehler, in der mangelnden Differenzierung zwischen der ästhetischen Sphäre einerseits und der politischen und allgemeiner der kognitiven und ethischen Sphäre andererseits eine „Verspätung" der Modernisierung der Institution Literatur zu sehen. Diese Gleichsetzung

---

[5] Sevänen (Anm. 1), S. 95; Eisenstadt, S. N.: European Civilization in a Comparative Perspective. A Study in the Relations Between Culture and Social Structure. Oslo 1987, S. 65-74.
[6] Vgl. Sevänen (Anm. 1), S. 21.
[7] Siehe z.B. Varpio, Yrjö und Maria Zadencka (Hg.): Zur Literatur und Geschichte des 19. Jahrhundert im Ostseeraum. Finnland, Estland, Lettland, Litauen und Polen. Stockholm 2000; Niedling, Christian: Zur Bedeutung von Nationalepen im 18. Jahrhundert. Das Beispiel von Kalevala und Nibelungenlied. Köln 2007; Taterka, Thomas: „'Epische Völker'. Nationalepen des 18. Jahrhunderts in Europa und im Ostseeraum". In: Umbrüche in der Germanistik. Ausgewählte Beiträge der Finnischen Germanistentagung 2009. Hg. v. Withold Bonner und Ewald Reuter. Frankfurt am Main u.a. 2011, S. 191-216.

beruht auf der Vermutung, dass Weber und seine Nachfolger recht haben, wenn sie vom Kant'schen Verständnis des Ästhetischen ausgehen, nach dem die Autonomie des Ästhetischen Unabhängigkeit von der kognitiven und ethischen Funktion bedeutet. Anhand des Beispiels Finnlands, aber auch durch einen Vergleich mit der Literatur in anderen Ländern möchte ich behaupten, dass die Idee einer autonomen Literatur, die von außerästhetischen Funktionen (im genannten Sinne) völlig gereinigt ist, den Tatsachen in den europäischen Literaturen auch nach 1800 eigentlich nie entsprach. Vielmehr wurde die Literatur immer auch wegen ihrer inhaltlichen – kognitiven und moralischen – Aspekte gelesen und aufgrund derselben bewertet. Dies folgt aber dem Herder'schen Verständnis der Literatur bzw. der Eigenart des Ästhetischen viel eher als der Auffassung Kants.

Der Zusammenhang von kultureller und nationaler Autonomie

Johann Gottfried Herder gilt allgemein als der Vater der Idee einer engen Beziehung zwischen Dichtung und Nation. Für Herder ist Dichtung der Ausdruck des Lebensverständnisses eines Volkes bzw. einer Nation, die er im Sinne einer Gemeinschaft von Menschen verstand, die durch eine gemeinsame Sprache und eine gemeinsame Kultur miteinander verbunden sind.[8] Jede Nation hat ihre „Nationalbildung", die von den Lebensumständen und den Traditionen des Volkes bestimmt ist,[9] und eine Sprache, in der die geistigen Errungenschaften des Volkes gespeichert sind.[10] Die Nation ist für Herder also keine biologische oder gar rassische Entität („ich sehe keine Ursache dieser Benennung" [der ‚Rasse'][11]). Auch ist die Nation keine politische Einheit, sondern sie ist in erster Linie eine kulturelle Einheit, wenngleich Herder der Nationalstaat als die natürlichste Staatsformation erschien.[12] Herders Begriff der Nation liegt der arrogante Nationalismus des 19. und des 20. Jahrhunderts fern: Es geht nicht darum, der eigenen Nation

---

[8] Siehe z.B. Herder, Johann Gottfried: Vom Geist der Ebräischen Poesie. Werke, Bd. V: Schriften zum Alten Testament. Hg. v. Rudolf Smend. Frankfurt am Main 1993.
[9] Vgl. Herder, Johann Gottfried: Ideen zur Philosophie der Geschichte der Menschheit. Werke, Bd. VI. Hg. v. Martin Bollacher. Frankfurt am Main 1989, S. 255.
[10] Herder, Johann Gottfried: Fragmente über die neuere deutsche Literatur. Herders Werke in fünf Bänden, Bd. II. Berlin / Weimar 1969, S. 69.
[11] Herder (Anm. 9), S. 255.
[12] Ebd., S. 369; vgl. auch Barnard, Frederic M.: Zwischen Aufklärung und politischer Romantik. Eine Studie über Herders soziologisch-politisches Denken. Berlin 1964, S. 81.

einen Vorrang vor allen anderen – insbesondere den Nachbarn – zu beanspruchen. Vielmehr gilt es, die Eigenart jeder nationalen Kultur zu erkennen und allen Kulturen einen Beitrag zur gemeinsamen menschlichen Kultur anzuerkennen.

Für Herder ist Dichtung der natürliche Ausdruck der Erlebnisse eines Einzelnen. Der Einzelne ist aber ein Mitglied der Gemeinschaft, in der er lebt, und deswegen drückt er die gemeinsame Erfahrungswelt der Gemeinschaft aus.[13] Den Prototyp der Dichtung stellt für Herder die Volksdichtung dar,[14] so wie er überhaupt das lyrische Gedicht als die Urform der Dichtung betrachtete.[15] Mit seiner Wertschätzung der Volkspoesie hat Herder das einfache Volk zur dichterischen Produktion mündig erklärt. Die Dichtung ist dann nicht mehr, so wie Goethe es ausdrückt, „ein Privaterbteil einiger feinen gebildeten Männer", sondern „eine Welt- und Völkergabe".[16] Die Idee der Weltliteratur, die ebenso Herder'schen Ursprungs ist, ist damit eng verbunden. Denn, wie es der Herausgeber der Aufbau-Ausgabe von Herders Werken ausdrückt,

[j]edes Volk schafft sich [nach Herders Ansicht] zwar seine eigene Kultur gemäß seinen besonderen natürlichen und geschichtlichen Bedingungen; dabei bleibt es aber stets von den Kulturen anderer Völker beeinflußt, und zugleich wirkt seine Leistung im Dienste der Humanität weiter auf andere Nationen.[17]

Das Weltbild einer Nation bleibt somit keineswegs denen der anderen verschlossen; im Gegenteil ist gerade die Literatur ein Fenster, durch das wir uns mit dem Fremden bekanntmachen und eventuell ein Teil davon dem Eigenen aneignen.

---

[13] Vgl. Irmscher, Hans Dietrich: Johann Gottfried Herder. Stuttgart 2001, S. 162.
[14] Siehe z.B. Herder, Johann Gottfried: Volkslieder. Werke, Bd. III: Volkslieder, Übertragungen, Dichtungen. Hg. v. Ulrich Gaier. Frankfurt am Main 1990, S. 230.
[15] Siehe Herder, Johann Gottfried: „Von der Ode". Werke, Bd. I: Frühe Schriften 1764-1772. Hg. v. Ulrich Gaier. Frankfurt am Main 1985, S. 72, 77, 78; Lutz, Emilie: Herders Anschauungen vom Wesen des Dichters und der Dichtkunst in der ersten Hälfte seines Schaffens (bis 1784). Diss. Erlangen. Erlangen 1925, S. 9.
[16] Goethe, Johann Wolfgang von: Aus meinem Leben. Dichtung und Wahrheit. Werke, Hamburger Ausgabe. Hg. v. Erich Trunz. Bd. IX: Autobiographische Schriften I. Hamburg 1982, S. 408 f.
[17] Dobbek, Wilhelm: „Einleitung", in: Herders Werke in fünf Bänden, Bd. I. Berlin und Weimar 1969, S. V-LII; hier S. XLI.

Herder und die „andere" ästhetische Tradition

Wenn Herder den Völkern eine dichterische Schöpfungskraft und damit eine Autonomie in der Schöpfung der Kultur zuschreibt, gilt das auch für solche Völker, die, so wie die Finnen oder die Serben, keinen eigenen Staat haben. Die Kultur ist für Herder etwas Naturwüchsiges, was jedem Volk zugehört; dagegen hegte er im Allgemeinen kein Vertrauen zum Staat. Er sah im Staat, dessen „Normalform" er im zeitgenössischen Fürstenstaat betrachtete, einen Repressionsapparat, der Macht über seine Untertanen ausübt und im schlimmsten Fall – was zu oft geschieht – das Volk in den Krieg führt.[18] Der Staat verlangt von seinen Untertanen, dass diese in der großen Maschine als deren gedankenlose Glieder mitdienen.[19] Damit behindert der Staat die Verwirklichung der „echten und einzigen Bestimmung" der Menschen, glücklich zu sein.[20] Von sich aus braucht der Mensch keine Obrigkeit; alle Regierungen sind „nur aus Not entstanden und um dieser fortwährenden Not willen da".[21] Wenn es aber einen Staat geben muss, sollte dieser den „Nationalcharakter" haben.[22] Ein Nationalstaat braucht keine Autorität aufzurichten, die Macht ausübt, weil die Mitbürger gemeinsame Ziele haben und ihre gegenseitige Abhängigkeit anerkennen.[23] Ein Nationalstaat entspricht dem inneren Leben des Volkes und ruht auf einer gegenseitigen Sympathie der Mitglieder.[24]

Die politischen Implikationen der Erklärung der literarischen und kulturellen Autonomie der Völker werden in Herders Schriften klar ausgesprochen, aber die Idee eines Nationalstaats wird in seinem gesamten Werk nur nebenher besprochen. Seine Ideen der Volksdichtung und der autonomen Literatur und Kultur aller Völker wurden aber von den nationalen Bewegungen der „kleinen" Völker Europas, so zum Beispiel den Finnen, mit Begeisterung aufgenommen, wobei der eingesehene Zusammenhang zwischen einer kulturellen und einer staatlich-politischen Autonomie von Anfang an eine wichtige, ja entscheidende Rolle spielte. Wenn ein Volk imstande ist, bedeutende kulturelle Produkte hervorzubringen, ist es also zur kulturellen Autonomie fähig, warum sollte es nicht zur staatlichen Autonomie mündig

---

[18] Siehe Nisbet, Hugh Barr: Goethes und Herders Geschichtsdenken. In: Goethe-Jahrbuch 110 (1993), S. 115-133.
[19] Herder (Anm. 9), S. 334.
[20] Ebd., S. 335.
[21] Vgl. ebd., S. 369.
[22] Ebd.
[23] Siehe Barnard (Anm. 12), S. 81.
[24] Siehe Herder (Anm. 9), S. 370.

sein? Dieser Idee folgten die Ideologen der „kleinen" Nationen, so zum Beispiel der finnische Lenker der nationalen Bewegung im 19. Jahrhundert, Johan Vilhelm Snellman: die eigenständige Literatur und Kultur einer Nation wurde als ein Anzeichen dafür gesehen, dass die Nation auch in der Staatsformation keiner fremden Bevormundung bedurfte.[25]

Finnland, zur Zeit Herders ein Teil Schwedens, von 1809 bis 1917 ein autonomes Fürstentum des russischen Zarenreichs, ist ein Musterbeispiel dafür, wie im Europa des 19. Jahrhunderts die nationale Identität eines kleinen, einer größeren Nation unterworfenen Volkes durch dessen Literatur, insbesondere der Volksdichtung, festgelegt bzw. erst eigentlich „entdeckt" wurde. Ein besonders großer Wert wurde zu jener Zeit den neulich entdeckten Volksepen zugeschrieben.[26] Die Sammlung der Volksdichtung hatte in Finnland durch einen eher indirekten Einfluss Herders begonnen.[27] Am Bedeutendsten war die Sammeltätigkeit Elias Lönnrots, der auf Wanderungen in Karelien eine große Menge epischer und lyrischer Gedichte aufschrieb. Diese Tätigkeit entfaltete sich zu einer entscheidenden Wirkung durch die Veröffentlichung des *Kalevala* (das sogenannte *Alte Kalevala* 1835, die erweiterte neue Version, das (*Neue*) *Kalevala* 1849), das unmittelbar als Nationalepos der Finnen begrüßt wurde. Lönnrot räumt zwar ein, dass er das Epos in dieser Form in der mündlichen Volksdichtung nicht gefunden hat, sondern dass es sich um seine Rekonstruktion eines angenommenen, verschollenen Ganzen handelt, die er aus der Sammlung mündlicher epischer und lyrischer Gedichte zusammengestellt hat.[28] Bei dieser Arbeit ist er nach seiner eigenen Ansicht wie die traditionellen Sänger verfahren, die ebenso Elemente aus der vorliegenden Tradition kombinieren.[29]

Die Existenz eines Nationalepos beweist, dass die Nation eine Identität und eine Geschichte hat, die bis in die „Urzeit" zurückreicht.[30] Das Epos galt einerseits als ein Mittel der nationalen Identitätsbildung, andererseits als Mittel der Selbstbehauptung anderen Nationen gegenüber. Die Rezeption

---

[25] Siehe Karkama, Pertti: J. V. Snellmanin kirjallisuuspolitiikka [J. V. Snellmanns Literaturpolitik]. Hämeenlinna 1989.
[26] Siehe Niedling; Taterka (Anm. 7).
[27] Niedling (Anm. 7), S. 29.
[28] Siehe dazu Niedling (Anm. 7), S. 32-41.
[29] Ebd., 31.
[30] Siehe Taterka (Anm. 7), S. 203-209; Undusk, Jaan: „Nationsbildung als Textgestaltung. Die Rhetorik der Synekdoche im Diskurs des Nationalen Erwachens". In: Varpio und Zadencka, S. 9-30, hier S. 10.

des *Kalevala* und seine „Funktionalisierung im nationalen Diskurs"[31] ist ein markantes Beispiel dafür. Behauptungen wie „Unsere nationale Existenz beginnt erst mit diesem Ereignis [der Veröffentlichung des *Kalevala*]",[32] oder die Bezeichnung des *Kalevala* als „Fundament unserer Nationalität"[33] sind für diese Rezeption charakteristisch. Sie beweisen die Richtigkeit des folgenden Fazits von Christian Niedling: „Die Betonung der Daseinsberechtigung als eigenes Volk erscheint auffallend häufig im Zusammenhang mit der Kalevalarezeption. [...] Kalevala [wurde] als unbezweifelbarer Beweis für die Gleichwertigkeit der Finnen gegenüber anderen Nationen herangezogen."[34]

Die „Entdeckung" eines Nationalepos und dadurch einer nationalen Identität, die die Bestrebung einer politischen Autonomie durch das Aufweisen einer kulturellen Autonomie und einer bis tief in die Vergangenheit reichenden nationalen Identität begründet, war in allen Ländern, wo Nationalepen „entdeckt" wurden, ein Projekt der führenden Kulturelite in Verbindung mit der nationalen politischen Elite. In der Nachfolge des *Kalevala* entstanden in ähnlicher Weise und zu ähnlichen Zwecken Nationalepen in Estland und Lettland. Die Entdeckung einer eigenen nationalen Geschichte, die die Existenz der Volksepen zeigen sollte, diente zur Begründung der Forderungen nach einer autonomen nationalen Zukunft.[35]

Die Konstruktion der Nationen im 19. Jahrhundert kann in der Nachfolge Benedict Andersons als eine Leistung der Imagination und der Kommunikation beschrieben werden.[36] Diese Imagination hatte aber schnell ganz konkrete und tiefgreifende politische und gesellschaftliche Folgen. Während Nationalismus in größeren europäischen Nationen oft zum Proklamieren eigener kultureller oder staatlich-politischer Überlegenheit und zum Chauvinismus führte, war dies in den nationalen Bewegungen der kleineren Völker, die unter der Vorherrschaft einer größeren Macht stehend nach der staatlichen Souveränität erst strebten, nicht tongebend, wenn auch manchmal spürbar.[37] Versteht man die nationalen Bewegungen der kleinen und unter-

---

[31] Taterka (Anm. 7), S. 210.
[32] Die Zeitung Rauman Lehti am 13. Juni 1885, zit. Niedling, S. 76.
[33] Der Vorsitzende der Finnischen Literaturgesellschaft Yrjö Sakari Yrjö-Koskinen in der Ansprache vor der Gesellschaft am 17. März 1884, zit. Niedling, S. 77.
[34] Niedling (Anm. 7), S. 69.
[35] Siehe Varpio und Zadencka; Taterka.
[36] Anderson, Benedict: Imagined Communities. Reflections on the Origin and the Spread of Nationalism. London 1983.
[37] Siehe Niedling, S. 56; Taterka, S. 197-199.

drückten Völker als eine Bestrebung zur nationalen Emanzipation, müssen sie aber als ein Phänomen bzw. ein Mittel der gesellschaftlichen Modernisierung angesehen werden. Für Kant bestand das Wesen der Aufklärung, d.h. der Moderne, ja in der Befreiung des Menschen von der Bevormundung anderer.[38] Die nationalen Bewegungen der kleinen Völker zielen darauf, dass das Volk sich von der Übermacht eines anderen befreit und die Stellung des Subjekts seiner eigenen Geschichte übernimmt. Die Funktionalisierung der Literatur zu einem Mittel der nationalen Emanzipation diente daher der gesellschaftlichen Modernisierung. Statt einer ästhetischen Autonomie (im Sinne Kants) wird eine literarische und kulturelle Eigenständigkeit der Nation behauptet, die zum Erreichen einer politischen Autonomie verwendet (oder sogar dafür eigentlich erst konstruiert) wird.

Die enge Beziehung zwischen der nationalen Politik und der Literatur bedeutete aber auch, dass die Literatur in diesen Ländern ein besonders hohes Prestige genoss und staatlich gepflegt und gefördert wurde. Als Daseinsberechtigung der Nation[39] verdiente die Literatur besondere Aufmerksamkeit, Hochachtung und Fürsorge.

Literatur und die kognitive, ethische und ästhetische Wertsphäre

Herder hat in der umfangreichen Studie *Kalligone: Vom Angenehmen und Schönen* (1800) den ästhetischen Formalismus Kants angegriffen, der in der ästhetischen Erfahrung ein rein formelles Spiel der menschlichen Erkenntniskräfte ohne jeglichen kognitiven oder moralischen Wert sieht. Er verspottet das Rein-Schöne, das „weder wahr noch gut sein muß", als das „Höchst-Nutzlose, durchaus-Formelle, mithin Höchst-Leere".[40] Für Herder besteht das Besondere der ästhetischen Erfahrung nicht in der Ausklammerung der kognitiven und der moralischen Dimension der Erfahrung, ebenso wenig wie das Sinnliche ausgeschlossen wird. Im Gegensatz zu Kant, der sich bemüht, die ästhetische Erfahrung von allen anderen Arten der Erfahrung abzusondern, sieht Herder im ästhetischen Erlebnis eine synthetische Erfahrung, die alle sinnlichen und geistigen Kräfte des Menschen beschäftigt. Mit allen

---

[38] Kant, Immanuel: „Beantwortung der Frage: was ist Aufklärung?" Werke, Bd. IX. Darmstadt 1975.
[39] Siehe Niedling, S. 76; Taterka, S. 203 f.
[40] Herder, Johann Gottfried: Kalligone. Werke, Bd. VIII: Schriften zur Literatur und Philosophie 1792-1800. Hg. v. Hans Dietrich Irmscher. Frankfurt am Main 1998, S. 649.

seinen Sinnen, seinen Empfindungen und Leidenschaften, seiner Einbildungskraft, seinem Verstand und seiner Vernunft ist der Mensch das Subjekt der ästhetischen Erfahrung. Die Kunst ist für den Menschen kein bloßes Spiel, sondern voller Ernst: Sie dient seinen Lebensfunktionen und bildet ihn. Die Erfahrung eines Kunstwerkes hat dann immer auch eine kognitive und moralische Dimension. Als einem „Kunstgeschöpf", d.h. einem Wesen, das erst durch die Kultur es selbst wird, ist die Kunst dem Menschen natürlich.[41] Man könnte den Unterschied zwischen Kants und Herders Verständnis des Ästhetischen so definieren, dass für Kant das Ästhetische etwas von anderen menschlichen Einstellungen und Aktivitäten Gesondertes ist, etwas, das durch Unterscheiden und Ausschalten analytisch definiert werden kann, während es für Herder etwas Synthetisches ist, das man als ein Zusammenspiel verschiedener menschlicher Fähigkeiten und Interessen zu verstehen hat. Dem rein-Ästhetischen bzw. dem formal-Ästhetischen Kants stellt Herder das synthetisch-Ästhetische gegenüber.

Kant ging aus dem Disput als Sieger hervor: Er wird immer noch allgemein als der Gründer der modernen Ästhetik gewürdigt, während Herders ästhetisches Denken völlig in Vergessenheit geraten ist. Oder so scheint es auf dem ersten Blick. Denn trotz dessen, was die theoretische Ästhetik unterrichtet, und obgleich die oben genannten Theoretiker Luhmann, Schmidt und Bürger behaupten, dass die ästhetische Autonomie in der Institution Literatur dem Kant'schen Ideengut (und dem Denken Karl Philip Moritz' und Goethes) entsprechend um 1800 einsetzte, kann man in Bezug auf die Praxis in der Literaturinstitution das Gegenteil behaupten. Geben wir zunächst wieder die „verspätete" Entwicklung der finnischen Institution der Literatur als Beispiel. Die Autonomie des Ästhetischen hat sich in der finnischen Institution der Literatur nach der gängigen Ansicht erst in den 50er Jahren des 20. Jahrhunderts durchgesetzt, und zwar mit dem Durchbruch des Modernismus.[42] Die Modernisten wollten die rein-ästhetische Wertung – im Kant'schen Sinne, doch ohne direkten Bezug auf Kant – als die einzig geltende im Beurteilen der Literatur einführen. Damit haben sie die Literatur nicht nur von der bisher engen Verbindung mit dem Nationalitätsdenken

---

[41] Ebd., S. 774.
[42] Siehe z.B. Tuula Hökkä: Modernismi: Uusi alku – vanhan valtaus [Der Modernismus: Neubeginn und Eroberung des Alten]. In: Suomen kirjallisuushistoria [Geschichte der finnischen Literatur], Bd. III: Rintamakirjeistä tietoverkkoihin [Von den Frontbriefen zu den Datennetzen]. Hg. v. Pertti Lassila. Helsinki 1999, S. 68-89.

gelöst, sondern sie überhaupt von den Wertsphären der Erkenntnis und der Moral getrennt. Obwohl aber die literarische Elite zum großen Teil der neuen Denkart folgte, gilt das nicht für das literarische Publikum als Ganzes. Die größten literarischen Ereignisse der 50er- und der 60er Jahre waren zwei Romane bzw. Romanzyklen Väinö Linnas, *Der unbekannte Soldat* (*Tuntematon sotilas*, 1954) und die Trilogie *Hier unter dem Polarstern* (*Täällä Pohjan tähden alla*, 1959-1962). In einem traditionell anmutenden realistischen Stil wird im *Unbekannten Soldat* der Krieg Finnlands gegen die Sowjetunion 1941-44 dargestellt. *Hier unter dem Polarstern* schildert durch die Erfahrungen einer Familie kleiner Leute auf dem Lande die finnische Geschichte vom ausgehenden 19. Jahrhundert bis zur Gegenwart, mit dem Schwerpunkt auf der tief traumatisierenden Erfahrung des Bürgerkriegs 1918, den Linna als einen Klassenkrieg verstanden wissen will. Das Publikum hatte das Gefühl, dass in diesen beiden Werken eine Revision der wichtigsten historischen Begebenheiten Finnlands im 20. Jahrhundert aus dem Blickwinkel des kleinen Mannes, des gemeinen Soldaten oder des vom Grundbesitzer abhängigen Kätners, geschildert wurde, und man nahm heftig Stellung für und gegen diese Darstellung. Es war klar, dass das finnische Publikum die Literatur nicht nur immer noch sehr hoch schätzte, sondern sie auch immer noch als einen Spiegel und ein Gewissen der Nation ansah, in der ihre wichtigsten Begebenheiten aufgegriffen und angesprochen werden. Die Meinungsverschiedenheiten in der Rezeption von Linnas Romanen galten in erster Linie der Richtigkeit der Darstellung: Ist das Bild wahr? Von wessen Standpunkt aus werden die historischen Ereignisse dargestellt? Die ästhetischen Aspekte spielten in diesem Disput eine untergeordnete Rolle; es ist allerdings klar, dass man mit der Ästhetik der Romane im allgemeinen zufrieden war, sonst hätte man sie nicht durchweg für so bedeutend angesehen.

Im Gegensatz dazu, was Luhmanns, Schmidts und Bürgers Ansatz vermuten lässt, ist die Verhaltensweise in den modernen Literaturinstitutionen der „großen" europäischen Nationen nicht sehr unähnlich. In der realistischen Literatur des 19. Jahrhunderts war die kognitive Funktion der Literatur von entscheidender Bedeutung, und damit eng verbunden war das moralische Beurteilen der dargestellten Phänomene. Ein Balzac wollte zeigen, was die neue, bürgerlich-kapitalistische Ordnung der Gesellschaft für einen in ihr lebenden Menschen eigentlich bedeutet: wie sie seine Tätigkeit und seine Wertungen ändert. Ein Zola fragte, ob es moralisch berechtigt ist, dass einige soziale Gruppen, so wie zum Beispiel die Grubenarbeiter (in *Germinal*, 1885), in unserer Gesellschaft im Elend leben müssen. Die formalästhetischen Wertkriterien waren also keineswegs die einzig geltenden in der Literatur, sondern es handelte sich um ein Zusammenspiel von kognitiven, moralischen und ästhetischen Wertkriterien. Weiterhin spielten auch im literarischen Modernismus die Fragen der Erkenntnis und die ethische Problematik eine große Rolle. Die rein-ästhetischen Wertkriterien wurden eigentlich nur in einzelnen Wellen des *l'art pour l'art* -Denkens seit dem 19. Jahrhundert proklamiert. Eine davon war die extremste Form des Postmodernismus im letzten Drittel des 20. Jahrhunderts, wo der Text ohne jegliche Beziehung zu einer Welt außerhalb verstanden werden sollte. Dem Postmodernismus folgte aber die Epoche der postkolonialen und der multikulturellen Literaturen, die hervorheben, dass die Literatur ein wichtiges Mittel der Identitätsbildung und der Reflexion der Geschichte einer Volksgruppe ist. Die Kritik des Eurozentrismus hat unseren Horizont erweitert, so dass wir in den Literaturen anderer Nationen und Volksgruppen jetzt Fenster in andere Welten anerkennen, die nicht nur unser Verständnis der Welt erweitern, sondern auch vieles in unserem eigenen Denken in Frage zu stellen vermögen. Diese Begegnung mit anderen Welten durch Literatur fremder Nationen und Volksgruppen entspricht genau Herders Ansicht über die Literatur.

Fragt man sich, ob der Kant'sche Begriff des rein-Ästhetischen oder der Herder'sche des synthetisch-Ästhetischen eher dem allgemeinen Verständnis der modernen Literatur seit 1800 entspricht, hätte man sich wohl für letzteren Ansatz zu entscheiden. Ebenso haben in der modernen Literaturwissenschaft zwischen Gervinus und dem Postkolonialismus die Ansichten überwogen, die der Literatur eine gewichtige Rolle als Ausdruck und Spiegel, Kommentator und Gewissen einer Gesellschaft zuweisen, statt die rein-ästhetischen Qualitäten als die einzig gültigen darzustellen.

Kulturelle Autonomie und Kommerzialisierung der Literatur

Was Herder sich nicht hätte vorstellen können, als er für die Volksdichtung und die kulturelle und literarische Autonomie aller Völker sprach, ist eine Situation, in der Literatur in einer Gesellschaft zwar in großen Mengen produziert und gelesen wird, aber ihre Funktion als genuinen Ausdruck der Erfahrungen der Mitglieder dieser Gesellschaft verloren hat. Er hätte sich keine Literatur denken können, die als Mittel der Manipulation funktioniert oder als bloße Ware vermarktet wird – d.h. die Literatur wie wir sie heute in allen europäischen Ländern kennen. Zwar hatte die Literaturinstitution schon gegen Ende des 18. Jahrhunderts eine Umwandlung durchgemacht, in deren Folge die Autoren sich von Gönnern und Auftraggebern befreit hatten und nur noch für den literarischen Markt produzierten.[43] Bald bemerkte man freilich, dass auch ein Autor, der für den literarischen Markt produziert, nicht frei ist, weil er vom Geschmack des Publikums abhängig ist. Im Laufe des 19. Jahrhunderts wächst als Folge von der Beseitigung des Analphabetentums und der billigen Buchproduktion der Anteil der Trivialliteratur an der Gesamtproduktion der Literatur.[44] Das Phänomen der Trivialliteratur, die ein leichtes Vergnügen gegen das bezahlte Geld verspricht, ist also nichts Neues, sondern ungefähr ebenso alt wie die moderne Institution der Literatur. Einiges ist aber – so möchte ich behaupten – in den letzten Jahrzehnten geschehen, was das Gewicht weiterhin in Richtung der Trivialliteratur geschoben hat.

Wieder ist Finnland ein besonders markantes Beispiel, gerade wegen der Sonderstellung der Literatur in der finnischen Kultur und Gesellschaft zwischen dem Erscheinen des *Kalevala* und den 1950er Jahren. Die Literatur stand vom Anfang der nationalen Bewegung an unter besonderem Schutz von Seiten der politischen Machthaber – und steht dies in geringerem Grad immer noch. Die Marktkräfte haben aber seit den 1980er Jahren immer stärker die Oberhand in der Produktion und Vermarktung der Literatur übernommen. Die gegenwärtig herrschende neoliberalistische Marktwirtschaft, die seit den 1990er Jahren immer weitere Gebiete des gesellschaftlichen Lebens schleichend übernommen hat, bestimmt nicht nur die Marktführung, in der Autoren als Warenzeichen vermarktet werden, sondern zu einem immer größeren Umfang auch den Inhalt der literarischen Werke. Die sogenannte seriöse Literatur hat sich in einem erstaunlichen Umfang den Schemen der Trivialliteratur angepasst, die sich gut verkaufen. Meistens gilt es

---

[43] Siehe von Ungern-Sternberg, Wolfgang: Schriftsteller und literarischer Markt. In: Hansers Sozialgeschichte der deutschen Literatur vom 16. Jahrhundert bis zur Gegenwart, Bd. III: Deutsche Aufklärung bis zur Französischen Revolution 1689-1789. Hg. v. Rolf Grimminger. München / Wien 1980, S.133-185.
[44] Siehe z.B. Hart, James D.: The Popular Book: A History fo America's Literary Taste. Berkeley 1963; Gedder, Ken: Popular Fiction: The Logics and Practices of a Literary Field. Abingdon, New York 2004; Haywood, Ian: Revolution in Popular Literature: Print, Politics, and the People 1790-1860. Cambridge 2004.

darum, Gewaltszenen, Töten, tödliche Unfälle und Verbrechen in den verschiedensten Formen mit einzubeziehen, die dann oft in der Art eines Detektivromans behandelt und aufgeklärt werden. Aufgrund der über 130 Romane von finnischen Autoren, die 2009 am Wettbewerb um den Finlandia-Preis teilnahmen, muss man die Schlussfolgerung ziehen, dass die Verleger dieses Konzept für das am besten verkäufliche halten.[45] Nur in sehr wenigen Romanen, und in ihnen auch nur ansatzweise, wurde der große gesellschaftliche Umbruch ins Auge gefasst, den die Einführung des Neoliberalismus auf so gut wie allen Gebieten in einer Gesellschaft bedeutet, die bisher nach schwedischem Muster zu einer Wohlfahrtsgesellschaft entwickelt worden war. Aufgrund dieses Materials muss man schließen, dass die Literatur ihre frühere Rolle als Spiegel, Selbsterörterung und Gewissen der Gesellschaft eingebüßt hat. Es ist aber im Interesse sowohl der Literaturproduzenten und -verleger als der politischen Elite vor dieser Wahrheit die Augen zu verschließen. In der Tat, es gibt kaum öffentliche Diskussion über die Tatsache, dass Literatur ihre ehemalige Rolle in der Gesellschaft größtenteils eingebüßt hat. Stattdessen nutzt der Buchmarkt skrupellos das immer noch hohe Ansehen der Literatur im eigenen profitorientierten Verwertungsinteresse aus.

Leider ist diese Entwicklung im äußersten Norden nicht nur ein Randphänomen auf der europäischen Bühne. Die Kommerzialisierung der Literatur ist vielmehr ein gesamteuropäisches, ja globales Phänomen. Die „Verspätung" der Modernisierung der autonomen Literaturinstitution in Finnland lässt den Umbruch aber wahrscheinlich markanter in Erscheinung treten als eine literarische Szene, in der das *l'art pour l'art* -Denken, oder das rein-Ästhetische im Kant'schen Sinne, eine größere Rolle spielt. Denn *l'art pour l'art* -Denken, die rein-ästhetische Ansicht der Literatur, hat ja sowieso die Literatur schon von der gesellschaftlichen Diskussion ausgeschlossen, oder vielmehr jede Beziehung zur Welt außerhalb des Werkes abgeschnitten. Wurde die Literatur aber als Rückgrat des kulturellen und nationalen Selbstbewusstseins angesehen, ist der Umbruch zur marktorientierten Buchproduktion umso schroffer.

---

[45] Siehe Steinby, Liisa: Puhe Finlandia-palkintoehdokkainen julkistamistilaisuudessa 12.11.2009 [Rede anlässlich der Verkündigung der Finlandia-Preiskandidaten den 12. November 2009], www.kustantajat.fi/kirjasaatio/palkinnot/finlandiaehdokkaat2009 /liisasteinby 2009.

HANS-GÜNTHER SCHWARZ

„wenn die Camera obscura Ritzen hat"

Das Problem des Sehens von J.M.R. Lenz bis zu Hermann Broch

Aus der Perspektive anderer Kulturen betrachtet, wie z. B. der islamischen, gilt die europäische Kultur als die des Sehens.[1] Griechische Skulptur und die Malerei scheinen dies zu bestätigen.[2] Aber dem Sehen – und damit dem Darstellen, Abbilden und Widerspiegeln der Wirklichkeit[3] – kommt in der langen Geschichte der europäischen Künste nur eine kurze episodenhafte Rolle zu. Hegel definiert in der *Ästhetik* Kunst als das „sinnliche *Scheinen* der Idee"[4], also als eine geistige Aktivität, die sich durch die Sinne ansprechende Formen, Farben, Klänge ausdrückt. Seine Einteilung der Künste in die symbolischen des Morgenlandes, die idealen Griechenlands und die selbst-reflexiven der Moderne zeigt die untergeordnete Rolle des Sehens. Dessen Primat beginnt erst in der holländischen Kunst des 17. Jahrhunderts. Diese macht die beobachtete Natur, die Lebenswirklichkeit, das Partikulare und Vorübergehende, zu ihrem Kunstgegenstand. Das beobachtende Auge ersetzt die *historia* und *idea*, wie sie sich im Mythos und der Bibel zeigen.[5]

---

[1] Elaroussi, Moulim: Esthetique et Art Islamique. Casablanca 1991.
[2] Das Sehen ist freilich auf das Wahrscheinliche und Allgemeine gerichtet. Vgl. Aristoteles: Die Poetik. Übersetzt und herausgegeben von Manfred Fuhrmann. Stuttgart 1994, Kap. 9. Zum Sehen bei den Griechen: Hans Blumenberg: Ästhetische und metaphorologische Schriften. Auswahl und Nachwort von Anselm Haverkamp. Frankfurt a. M. 2001, S. 49, besonders die Fußnote, und S. 161.
[3] „... sich unmittelbar anschließend und anbildend an das Nächste, Lebendigste der sinnlichen Welt." Vgl. Friedrich Schlegel: „Gespräch über die Poesie. Rede über die Mythologie" in: Kritische Friedrich-Schlegel-Ausgabe. Bd. II. Hg. v. Ernst Behler. München / Paderborn / Wien 1967, S. 312. Friedrich Schlegel bezieht sich auf den „Realismus" der Griechen, um diesen von der Künstlichkeit moderner Kunst abzusetzen.
[4] Hegel, G.W.F.: Ästhetik I/II. Hg. v. Rüdiger Bubner. Stuttgart 1971, S. 179.
[5] Die terminologische Gegenüberstellung von Auge versus historia und idea stammt von Svetlana Alpers: The Art of Describing. Dutch Art in the Seventeenth Century. Chicago 1983.

Diese werden als alleiniges Sujet der westlichen Malerei durch die Landschaftsmalerei und das Portrait abgelöst.

Oscar Wilde in *The Decay of Lying* betrachtet die gesamte Kunstgeschichte als die Herrschaft der Kunstidee über die Lebenswirklichkeit. Die Kunstidee ist eine Schönheit, wie sie in der Wirklichkeit nicht zu finden ist: „what is unreal and non-existent"[6]. Die Dominanz des Unwirklichen ist, wie Wilde konstatiert, erst zu seiner Zeit, dem Realismus und Naturalismus der zweiten Hälfte des 19. Jahrhunderts, zu ihrem Ende gekommen. Er nennt den Verlust des Unwirklichen in der Kunst Dekadenz.

„Dasein und Realität"[7] darzustellen, ist das Anliegen von Jakob Michael Reinhold Lenz. In den *Anmerkungen übers Theater* (1771, gedr. 1774) bricht er mit der sich auf Aristoteles berufenden Tradition des europäischen Klassizismus[8]. Lenz ersetzt das Wahre und Ideale, das einheitliche Ganze, durch die Mannigfaltigkeit der Wirklichkeit. Anstelle der Nachahmung des Mythos, einer abgeschlossenen Handlung, die das dem Menschen von den Göttern auferlegte, Jammer und Furcht provozierende Schicksal darstellt, setzt er die „Nachahmung der Natur, das heißt aller der Dinge, die wir um uns herum sehen, hören etcetera" (9). Lenz spricht von der Nachahmung der vom Menschen sinnlich aufgenommenen Umgebung, der Natur, in bewusster Auseinandersetzung mit dem Aristoteles der *Poetik*, der von der Nachahmung der Handlungen des Mythos spricht, wenn er im sechsten Kapitel die Tragödie definiert: „Das Fundament und gewissermaßen die Seele der Tragödie ist also der Mythos... Die Tragödie ist Nachahmung von Handlung[9]..." – und *nicht* der Natur, wie Lenz – und mit ihm das ganze 18. Jahrhundert – sagt.

Die Formel von der Nachahmung der Natur (jedoch ohne die Lenzsche Qualifikation des Sehens und Hörens) geht jedoch ebenfalls auf Aristo-

---

[6] Wilde, Oscar: Complete Works. Intr. Vyvyan Holland. London / Glasgow 1967, S. 978.
[7] Lenz, J.M.R.: Anmerkungen übers Theater. Hg. v. H.-G. Schwarz. Stuttgart 1976, S.38. Die Seitenangaben von Zitaten aus dieser Ausgabe werden von jetzt an in Klammern gesetzt im Text angegeben.
[8] Diese beginnt erst bei den Franzosen des 16. Jahrhunderts. Die Lektüre von J.C. Scaliger, dessen Kommentar zu Aristoteles' Poetik 1561 erschienen war, motivierte Jean de La Taille (ca. 1535 bis ca. 1607) zu einem Vorwort zu seiner Tragödie Saül le furieux (1571). Diese L'art de la tragédie forderte die Einheiten von Zeit und Ort und führte zu den Diskussionen des 17. Jahrhunderts.
[9] Den aristotelischen Handlungsbegriff ersetzt Lenz durch den Charakter: „Im Trauerspiele aber sind die Handlungen um der Person willen da"(38) – er läßt aber den Handlungsbegriff für die Komödie gelten. Zitate aus Aristoteles: op.cit. S. 23.

teles zurück. In der *Physik* heißt es: – ich zitiere die Worte und die Übersetzung von Hans Blumenberg: „›Kunst‹ nun besteht nach *Aristoteles* darin, *einerseits zu vollenden, was die Natur nicht zu Ende zu bringen vermag, andererseits (das Naturgegebene) nachzuahmen.* Die Doppelbestimmung hängt mit der Doppeldeutigkeit des Begriffs von ›Natur‹als produzierendes Prinzip (*natura naturans*) und produzierter Gestalt (*natura naturata*) eng zusammen. Es läßt sich aber leicht sehen, daß in dem Element der ›Nachahmung‹ die übergreifende Komponente liegt: denn das Aufnehmen des von der Natur Liegengelassenen fügt sich doch der Vorzeichnung der Natur, setzt bei der Entelechie des Gegebenen an und vollstreckt sie."[10] Lenz denkt bei seinem Nachahmungsbegriff nicht mehr an die griechische Entelechie oder an Platon und seine Lehre von der τεχνή, der diese Konzeption im zehnten Buch der *Politeia* und verändert in dem *Timaios* formuliert. Er denkt auch nicht an die Gleichheit von Sein und Natur bei den Griechen, sondern benützt die aus dem aristotelischen Denken gewachsene Formel ‚Nachahmung der Natur' und verändert sie. Sie war als „schöne Natur" (13) des Klassizismus zur Grundformel der Kunst geworden, denn sie stand als solche für Ordnung. Lenz gebraucht diese Formel im empirischen Sinne der Moderne völlig anders als Aristoteles und seine Nachfolger. Lenz bildet nicht, wie Aristoteles, die Idee nach, die dem Sein zugrunde liegt, sondern die Wirklichkeit, wie er sie sieht.

Als Folge seiner theoretischen Position macht er sich zum wissenschaftlichen Beobachter, der, „mit dem kalten Auge eines Beobachters"[11] die ihn umgebende Welt anschaut, um sie mit der ganzen Schärfe seines Intellekts zu analysieren: „alles scharf durchdacht, durchforscht, *durchschaut* – " (14). Die Betonung ist im Gegensatz zur aristotelischen *Poetik*, die den Mythos als Teil der immer vorhandenen Physis darstellt, eindeutig auf dem Menschen, der sieht, und was er sieht, durchdenkt und durchschaut. Bei Lenz spielen weder theologisch-moralische Werte, wie im französischen Klassizismus, noch das auf Gott gerichtete Betrachten, wie im deutschen Barock eine Rolle. Im Mittelpunkt seines Denkens steht der Mensch.

---

[10] Blumenberg, Hans: „Nachahmung der Natur". In: op.cit. S. 9-46. Dort S. 9. Ähnliches bei Arbogast Schmitt: „Mimesis bei Aristoteles und in den Poetikkommentaren der Renaissance". In: Kablitz, Andreas und Gerhard Neumann (Hg.): Mimesis und Simulation. Freiburg 1998, S. 17-53.
[11] Lenz, J.M.R.: Werke und Schriften I. Hrsg. v. Britta Titel und Hellmut Haug. Stuttgart 1966, Bd. I, S. 415.

„Nachahmung" und „Anschauung" sind für Lenz die beiden Quellen der Poesie. Sie vereinigen die traditionelle Methode der Künste (Nachahmung) mit dem modernen Sehen der Wissenschaft (Anschauung):

> Die Poesie scheint sich dadurch von allen Künsten und Wissenschaften zu unterscheiden, daß sie diese beiden Quellen vereinigt, alles scharf durchdacht, durchforscht, *durchschaut* – und dann in *getreuer* Nachahmung zum andernmal wieder hervorgebracht" (14). Die Methode des Naturalismus, von den physiologischen Schriften des Claude Bernard[12] zu den Romanen Zolas, ist die des wissenschaftlichen Beobachters, der die Mannigfaltigkeit des Gesehenen mit den Begriffen seines Faches ordnet. Diese Methode wird von Lenz in den *Anmerkungen* vorweggenommen. Sehen und Denken, Empirie und Metempirie, sind für Lenz ein Vorgang. Er fasst das Sehen als Prozess auf, nicht wie die Griechen als ein „ruhendes Sehen und das Sehen des ruhenden Gegebenen."[13]

Bei Lenz braucht das Gesehene erst das menschliche Subjekt als Interpreten. Ein völlig neuer Kunstbegriff entsteht hier. Die Kunst zeigt nicht mehr das Verhältnis des Menschen zu den Göttern oder zu Gott, sondern den Menschen und seine Umgebung. Die Dinge werden in ihrer Realität und in genauer Wiedergabe gezeigt; der Realismus in der Literatur ist geboren:

> Den Gegenstand zurückzuspiegeln, das ist der Knoten, die nota diacritica des *poetischen* Genies, deren es nun freilich seit Anfang der Welt mehr als sechstausend soll gegeben haben, die aber auf Belsazers Waage vielleicht bis auf sechs, oder wie sie wollen – .... Er nimmt Standpunkt – und dann *muß er so verbinden.* Man könnte sein Gemälde mit der Sache verwechseln... (13).

Die Darstellung im Drama ist die Folge menschlichen Durchdenkens. Die Erkenntnis aus dem Gesehenen und Durchdachten ist das Entscheidende.

Die Nachahmung „aller der Dinge, die wir um uns herum sehen, hören etcetera" (9) kann in der dramatischen Darstellung nur mit dem Instrument der Vernunft, der Bildung von Begriffen, erfolgen. Daraus ergibt sich ein Problem. Alles, was durch die Sinne „durch die fünf Tore unserer Seele in dieselbe hineindringen, und nach Maßgabe des Raums stärkere oder schwächere Besatzung von Begriffen hineinlegen" (9) will, muss vom Men-

---

[12] Ich verdanke diesen und viele andere Hinweise meinem Kollegen und Freund Fritz Heuer.
[13] Vgl. Blumenberg: op.cit., Fußnote zu S. 41.

schen „sukzessiv" erkannt werden. Der Mensch möchte freilich wie Gott „mit einem Blick durch die innerste Natur aller Wesen dringen, mit einer Empfindung alle Wonne, die in der Natur ist, aufnehmen und mit uns vereinigen" (11). Während höhere Wesen durch „Anschauen" sofortige Erkenntnis gewinnen, erreicht der Mensch dies nur durch „Die Gabe zu vernünfteln und Syllogismen zu machen" (10). Lenzens poetologische Idee der Anschauung ist ebenso von den empirischen Wissenschaften und ihrer Methode wie von der theologischen Idee einer des sofortigen Durchschauens und Erkennens fähigen Gottheit inspiriert. Die göttliche, sofortige Erkenntnisfähigkeit ahmt Lenz genauso nach wie die empirische Realität, die bisher vor der Idee Gottes nicht bestehen konnte.[14]

Im Gegensatz zu den Griechen lebt der Lenzsche Mensch nicht mehr in Furcht vor den Göttern, sondern gehört zu den „freihandelnden selbständigen Geschöpfe(n)" (9), die Gott nachahmen wollen: „so ist der erste Trieb, den wir in unserer Seele fühlen, die Begierde 's ihm nachzutun" (9). Die Nachahmung Gottes liegt in der Doktrin des Menschen als imago dei begründet. Dem griechischen Sollen steht das moderne Wollen gegenüber. „Anschauung" und „Nachahmung" sind Ausdruck des menschlichen Wollens, selbst zu Gott zu werden. Dieser prometheische Gedanke bildet den Subtext der Lenzschen Poetik; er erklärt die Bedeutung der „Anschauung" in den *Anmerkungen* und die Unmöglichkeit, Aristoteles weiter als die Grundlage des Dramas zu akzeptieren.

Die Lenzsche Anschauung begründet das Konzept des „neuen Menschen", der so bedeutend für die Geistesgeschichte des 19. und 20. Jahrhunderts werden sollte:

> es ist die Rede von Charakteren, die sich ihre Begebenheiten erschaffen, die selbstständig und unveränderlich die ganze große Maschine selbst drehen, ohne die Gottheiten anders nötig zu haben, als wenn sie wollen zu Zuschauern, nicht von Bildern, von Marionettenpuppen – von Menschen. Ha aber freilich dazu gehört Gesichtspunkt, Blick der Gottheit in die Welt, den die Alten nicht haben konnten, und wir zu unserer Schande nicht haben wollen" (19).

---

[14] Vgl. das Gedicht „Kirsch-Blühte bey der Nacht" von Barthold Heinrich Brockes, das mit den Zeilen endet: „Dacht' ich, hat Gott dennoch weit größre Schätze./Die größte Schönheit dieser Erden / Kann mit der himmlischen doch nicht verglichen werden."

Der „Blick der Gottheit in die Welt" ist die Gegenposition der bedingten Existenz des Menschen, die Lenz zum Thema seiner Komödien machte. Der Handlungsbegriff („*eine Sache*" (38), „die Begebenheit" (36)) deckt sich mit der aristotelischen Tragödie, die freilich durch die Nachahmung der Handlung des Mythos niemals „Dasein und Realität" im Sinne von Lenz darstellen konnte. Das neunte Kapitel der *Poetik* beweist, dass sie das auch nicht sollte: „ Aus dem Gesagten ergibt sich auch, daß es nicht Aufgabe des Dichters ist mitzuteilen, was wirklich geschehen ist, sondern vielmehr, was geschehen könnte, d.h. das nach den Regeln der Wahrscheinlichkeit oder Notwendigkeit Mögliche."[15] Die Lenzschen Komödien zeigen das „Schicksal des Menschen" in der Gesellschaft. Die umzukonzipierende Tragödie, die nicht mehr den Untergang des fremdbestimmten Helden, sondern die freihandelnde „Hauptperson" darstellt, ist wie das nicht sukzessive Durchschauen „im Reich der Wirklichkeiten .... versperrt" (11). Utopie und Realismus prägen die Gattungsdefinitionen von Lenz und das Sehen.

Die Erkenntnis der Natur, der den Menschen umgebenden Wirklichkeit, ist von den Sinnen abhängig. So wie das menschliche Denken die Begriffe braucht, benötigen die Sinne optische Hilfsmittel, um die Wahrnehmung der Welt zu verbessern, um sie „anschaulich und gegenwärtig"(11) darstellen zu können. Der Maler verbessert sein Sehen durch die Camera obscura[16] und setzt sich durch seine Abhängigkeit von den Sinnen neuen Problemen aus: „Die Sinne, ja die Sinne – es kommt freilich auf die spezifische Schleifung der Gläser und die spezifische Größe der Projektionstafel an, aber mit alledem, wenn die Camera obscura Ritzen hat –"(12). Die Sin-

---

[15] Aristoteles: op.cit. S. 29.

[16] Zum Gebrauch der Camera obscura vgl. Gotthold Ephraim Lessing: Hamburgische Dramaturgie, 73. Stück. Zur Diskussion dieser Passage: Paul Böckmann: „Der dramatische Perspektivismus in der deutschen Shakespeare-Deutung des 18. Jahrhunderts" in Formensprache. Hamburg, 1966. S. 45-97. Lessings Warnung, von Shakespeare nichts zu borgen, sondern von ihm zu lernen, lautet im Original: „Shakespeare will studiert, nicht geplündert sein. Haben wir Genie, so muß uns Shakespeare das sein, was dem Landschaftsmaler die Camera obscura ist: er sehe fleißig hinein, um zu lernen, wie sich die Natur in allen Fällen auf *eine* Fläche projektiert; aber er borge nichts daraus." Böckmann macht auf die Analogie zu optischen Geräten in der deutschen Shakespearerezeption aufmerksam: „Seitdem Lessing aufforderte, Shakespeare als ‚camera obscura' zu benutzen, war das entscheidende Stichwort gegeben, das Herder aufgriff, wenn er von Shakespeare als der ‚magischen Laterne' sprach, und das bei Goethe widerklang, als er mahnte, in die ‚Zauberlaterne' dieser unbekannten Welt zu schauen, bis dann A. W. Schlegel begrifflicher von der ‚theatralischen Perspektive' sprach, die zu dem pittoresken Charakter des romantischen Dramas gehöre." (S. 96). Lenz schließt sich diesen Vergleichen nicht an, sondern zeigt die Problematik des Camera-obscura-Sehens und einer Welterfassung, die von den Sinnen geprägt ist.

ne, deren die aristotelische Nachahmung der Handlung des Mythos nicht bedarf, werden für die Lenzsche Nachahmung der Natur benötigt. Sie sind die Grundlage der Wirklichkeitsperzeption, der Erkenntnis ohne „Blick der Gottheit". Gerade durch die optischen Hilfsmittel, die die Effizienz der Sinne verbessern, wird deren Fragilität entlarvt. Das endliche Sehen, das dem Nachahmungsbegriff von Lenz zugrunde liegt, birgt die Verzerrung der Realität in sich. Lenz nimmt die Kant-Krise Kleists genauso vorweg wie den ungeheueren „Riß", den die Welt für den fiktiven Lenz der gleichnamigen Erzählung Büchners hat. Der Riss in der Welt, die verzerrende Ritze der Camera obscura, wird in den bewussten Deformationen der symbolistischen und expressionistischen Malerei leitmotivisch. Sie zeigen dort freilich nicht mehr die Naturabhängigkeit des Realismus – und in seiner Folge der Widerspiegelungstheorie von Georg Lukács oder des falschen Mimesisbegriffs von Auerbach –, sondern die Überlegenheit des Geistes über die Natur. Es ist bezeichnend, dass die Medizin in Van Goghs Malweise die Indikation einer Augenkrankheit sieht. Die Ritze der Camera obscura ist hier in der Linse des Auges. Die künstlerischen Möglichkeiten der Verzerrung waren Lenz klar: „– nach meiner Empfindung schätze ich den charakteristischen, selbst den Karikaturmaler zehnmal höher als den idealischen" (18). Lenz und Büchner lieben die Karikatur, denn sie ist eine Übersteigerung des Individuellen und Charakteristischen, das beide dem Ideal entgegensetzen.

Die beiden von Lenz seinen *Anmerkungen übers Theater* zugrunde gelegten Sehweisen, den Raum und Zeit überwindenden „Blick der Gottheit in die Welt" und das durch die Sinne bedingte endliche Sehen wirken weiter. Sie scheiden die Romantik und den Symbolismus von Realismus und Naturalismus. Der endliche Blick braucht das Licht, um das Partikulare und Individuelle des beobachteten Objekts wahrzunehmen. Die Romantik setzt diesem Licht programmatisch die Nacht entgegen; sie demonstriert damit ihre Abwendung von den Sinnen, die das praktische Leben, den Realismus, und die Wissenschaften bestimmen. Carlyle in seinem *Novalis*-Aufsatz formuliert treffend: „ascending beyond the senses"[17], wenn er Novalis' künstlerische Methode beschreibt. Dem Endlichen, Beschränkten der Sinne wird jetzt das Flüssige, Unbeschränkte des Geistes entgegengesetzt. In einem Brief an August Wilhelm Schlegel vom 12. Januar 1798 schreibt Novalis: „Anders die Poesie. Sie ist von Natur Flüssig – allbildsam – und unbeschränkt – [...]

---

[17] Carlyle, Thomas: „Novalis". In: Essays II. Boston 1860, S. 103.

Sie ist Element des Geistes –"[18]. Im Gegensatz zur Natur, die ihren Gesetzen folgt, ist der Geist frei. In den Schlusszeilen der dritten Hymne der *Hymnen an die Nacht* heißt es „mein entbundener, neugeborener Geist"[19]. Die Befreiung des Menschen erfolgt nicht durch das Auge, sondern durch den Geist. Durch ihn erreicht der Mensch den „Blick der Gottheit in die Welt". Er überwindet die den Sinnen gesetzten Grenzen. Die zweite Hymne feiert dieses unendliche Sehen:

> Himmlischer, als jene blitzenden Sterne, dünken uns die unendlichen Augen, die die Nacht in uns geöffnet. Weiter sehn sie, als die blässesten jener zahllosen Heere – unbedürftig des Lichts durchschaun sie die Tiefen eines liebenden Gemüts – was einen höhern Raum mit unsäglicher Wollust füllt[20].

Lenz und Novalis treffen sich im „durchschaun" als dem Ziel poetischer Erkenntnis. Während das endliche Sehen von Lenz an Raum und Zeit gebunden ist, erreicht Novalis eine neue Dimension: „Zugemessen ward dem Lichte seine Zeit; aber zeitlos und raumlos ist der Nacht Herrschaft"[21]. Edgar Allen Poe dichtet in „Dreamland" die Zeile: „Out of SPACE – out of TIME"[22]. Die Ideen von Novalis, die Überwindung der den Sinnen – und damit dem Menschen – gesetzten Grenzen von Raum und Zeit durch den Geist, zeigen Wirkung. Wie die kontemporäre Mathematik eines Gauss oder die Potentialtheorie von Laplace, öffnet sich die Dichtung dem Unendlichen. Dichtung und Wissenschaft werden naturunabhängig.

Dieser Weg ins „unbedingte Freie", den Dichtung und Mathematik durch den Verzicht auf Anschauung gemeinsam gehen, lässt sich an Goethes *West-östlichem Divan* weiterverfolgen. Es ist dort die Absicht des Dichters „sich in Gesinnung und Darstellung grenzenlos zu zeigen"[23]. Diese Grenzenlosigkeit des geistigen Blicks zeigt Goethe im Gedicht „Liebliches". Wie in der Nacht der *Hymnen* ist das endliche Sehen, das Erkennen der Objektwelt, physiologisch nicht möglich:"Morgennebelung verblindet / Mir des Blickes

---

[18] Novalis: Werke, Tagebücher und Briefe Friedrich von Hardenbergs. Hg. v. Hans Joachim Mähl und Richard Samuel. Bd. I. München 1978, S. 246.
[19] Novalis: Gedichte. Die Lehrlinge zu Sais. Hg. v. Johannes Mahr. Stuttgart 2005, S. 151 f.
[20] Novalis: op.cit. S. 150.
[21] Novalis: op.cit. S. 151.
[22] Poe, Edgar Allan: Complete Poems. Vol. I. Ed. Thomas Ollive Mabbott. Cambridge 1978, S. 344.
[23] Goethe, Johann Wolfgang: West-östlicher Divan. Hg. v. H.-J. Weitz. Frankfurt am Main 1988, S. 145.

scharfe Sehe"[24]. Erst die Blindheit erlaubt das Raum und Zeit ignorierende unendliche Sehen – eine Orientvision auf dem in Nebel getauchten Schlachtfeldern um Erfurt:

> Sind es Zelte des Vesires
> Die er lieben Frauen baute?
> Sind es Teppiche des Festes
> Weil er sich der Liebsten traute.

Das im Nebel wahrgenommene Bunte wird mit dem Orient assoziiert. Der Tagträumende glaubt sich in Schiras, der Heimatstadt von Hafis: „ Doch wie Hafis kommt dein Schiras in des Nordens trübe Gauen?". Goethe macht einen bedeutenden Schritt auf dem Weg zu der für die moderne Dichtung und Malerei charakteristischen Entwirklichung, dem „déréaliser" der Symbolisten. Er antizipiert Gautiers *Émaux et Camées* – ein Werk, das bewusst in der Nachfolge von Goethes *Divan* geschrieben ist – , Baudelaires „rêve parisien" ebenso wie die Entgegenständlichung eines Van Gogh. Der von der Phantasie getragene geistige Akt des unendlichen Sehens, der Vision, zeigt seine Überlegenheit gegenüber Auge und Vernunft. Er erlaubt, wie Maurice Denis programmatisch für die symbolistische Malerei sagt, „das Fenster zur Natur zu schließen"[25]. Der Geist ist, wie Friedrich Schlegel in der *Rede über die Mythologie* feststellt, die „Quelle der Fantasie, und lebendigen Bilder – Umkreis jeder Kunst und Darstellung"[26]

Während Lenz' endliches, realistisches Sehen von einem festen Standpunkt eines Beobachters ausgeht: „Er nimmt Standpunkt – und dann *muß er so verbinden*. Man könnte sein Gemälde mit der Sache verwechseln..." (13), geht es im *Divan* nicht mehr um die Nachschöpfung einer Wirklichkeit, wie sie das Auge sieht. Es geht nicht um den „real Orient", den Edward Said, von einem realistischen Standpunkt aus argumentierend, vom westlichen Dichter verlangt, sondern um ein Nachschöpfen dessen, was der

---

[24] Goethe, Johann Wolfgang: op.cit. S. 16.
[25] Denis, Maurice: Nouvelles Théories. S.66 f. zitiert in H.G. Schwarz: Der Orient und die Ästhetik der Moderne. München 2003. Dort das Kapitel „Der Teppich als Vorbild der symbolistischen Malerei". Zitat S. 251 f.: „En outre, la théorie de la surface plane – *se rappeler qu'un tableau avant d'être un cheval de bataille, une femme nue ou une quelconque anecdote est essentiellement une surface plane recouverte de couleurs en un certain ordre assemblées* – fermait décidément *la fenêtre ouverte sur la nature*, rénovait l'idée du tableau, de l'objet d'art ayant ses lois, ses nécessités intrinsèques; rajeunissait la volonté de composition par rythmes et équilibres; faisat naître un art supérieurement décoratif".
[26] Schlegel, Friedrich: „Gespräch über die Poesie. Rede über die Mythologie". In: op. cit. S. 322. Fußnote 10.

Orient westlichem Realitätssinn schon immer voraus hatte, nämlich der phantasievollen geistigen Realitätsvermeidung.[27] Diese zeigt sich im Teppich, den *Märchen aus 1001-Nacht* und in den Werken von Hafis.

Der feste Standpunkt weicht dem „flüßgen Element"[28] mit seiner Grenzenlosigkeit. In „Lied und Gebilde" wird die ins Grenzenlose und Musikalische tendierende Dichtung des Hafis der von Auge und Hand geformten endlichen griechischen Skulptur vorgezogen. Im Gedicht „Unbegrenzt" heißt es über Hafis: „Du bist der Freuden echte Dichterquelle, / Und ungezählt entfließt dir Well auf Welle"[29]. Das flüssige Element symbolisiert Entgrenzung, wie sie sich schon im Titel *West-östlicher Divan* manifestiert. Goethes flüssiges Element im *Divan* antizipiert die moderne Sicht einer Welt, der das Feste abhanden gekommen ist[30].

Im 40. Kapitel seines Romans *Der Mann ohne Eigenschaften* konstatiert Musil: „Auch die Welt war nicht fest; sie war ein unsicherer Hauch, der sich immer zu deformierte und die Gestalt wechselte"[31]. Der gottähnliche, feste Standpunkt des Lenzschen Realismus ist bei einem so entgrenzten Objekt nicht mehr möglich. Der Verlust des Festen dokumentiert augenscheinlich, dass der für Gottsched und den Klassizismus noch selbstverständliche Satz, dass „ die Schönheit eines künstlichen Werkes ihren festen und notwendigen Grund in der Natur der Dinge hat"[32], nicht mehr stimmt. Damit ist der Wahrscheinlichkeitsimperativ, der von Aristoteles bis zu Gottsched „Natur und Vernunft"[33] zusammenhielt, einem flüssigen Wirklichkeitsimperativ gewichen. Weder Subjekt noch Objekt haben einen festen Grund. Diese Problematik zeigt sich im Perspektivverlust der modernen Kunst und, wie Blumenberg feststellt, ebenso im *Mann ohne Eigenschaften*:

> In diesem ungeheuren Romanfragment, bei dem man selbst bis zu dem uns vorliegenden Abschluß noch keine Konvergenz auf eine Vereinigung der getrennten Handlungsstränge oder ihre Bezogenheit aufeinan-

---

[27] Eine Grundthese des Verfassers: op.cit. S. 10.
[28] Goethe: Divan. S. 18.
[29] Ebd., S. 25.
[30] Vgl. Verf.: „Fest und Flüssig. Bewegung und Auflösung als Prinzipien der Moderne" in: Hans-Günther Schwarz, Geraldine Gutiérrez de Wienken, Frieder Hepp (Hg.). Die Welle. Das Symposium. Schriftenreihe des Instituts für Deutsch als Fremdsprachenphilologie. Band X, München 2010, S. 21-30.
[31] Musil, Robert: Der Mann ohne Eigenschaften. Hg. v. Adolf Frisé. Reinbek 1994. S. 157.
[32] Gottsched, Johann Christoph: Schriften zur Literatur. Hg. v. Horst Steinmetz. Stuttgart 1972, S. 70.
[33] Gottsched, Johann Christoph: op.cit. S. 37.

der bzw. auf einen identischen Pol erkennen kann, ist der epische Perspektivismus gleichsam explodiert, an seiner eigenen Konsequenz der exakten Deskription gescheitert. 1932 notiert sich Musil zu dem »Mann ohne Eigenschaften«: *Dieses Buch hat eine Leidenschaft, die im Gebiete der schönen Literatur heute einigermaßen deplaciert ist, die nach Richtigkeit und Genauigkeit. Die Geschichte dieses Romans kommt darauf hinaus, daß die Geschichte, die in ihm erzählt werden soll, nicht erzählt wird.*"[34]

Das Sehen sollte im Sinne des Realismus „Richtigkeit und Genauigkeit" gewährleisten. Es kollidiert nicht nur mit den unendlichen Möglichkeiten des epischen Erzählens, wie Blumenberg meint, sondern scheitert am Flüssigen seiner Gegenstände und ihrer sich daraus ergebenden perspektivischen Vielfalt.

Die mit den Sinnen perzipierte Welt hat ihren Status als Festes verloren, wie das Ineinanderfließen von Mensch und Landschaft in Hermann Brochs Roman *Die Schlafwandler* zeigt – ein Prozeß, den Goethe im Gedicht „An Hafis" schon dargestellt hatte. Joachim von Pasenow sieht, wie das Gesicht seiner Verlobten Elisabeth sich auflöst und mit der Landschaft verschmilzt: „Er schloß ein wenig die Augen und schaute durch den Spalt über die Landschaft des hingebreiteten Gesichts. Da verfloß es mit dem gelblichen Gelaube des Forstes und die Glaskugeln, die die Rosenstöcke des Vorgartens zierten, glitzerten gemeinsam mit dem Stein, der im Schatten der Wange – ach, war es noch eine Wange – als Ohrgehänge sonst blitzte"[35].

Der feste Standpunkt, die Anschauung, scheitert am Fließenden der Natur und mit ihm das Trennungsdenken der von der Sehweise der Wissenschaften bestimmten Moderne. Das Postulat, das seit Descartes die Perzeption der Welt prägt, alle Objekte getrennt „clare et distincte" zu sehen, und sie so zum Gegenstand des analysierenden Sehens und Erkennens zu machen, ist durch die neue Vielfalt des Flüssigen aufgehoben. Die enge Wirklichkeit des endlichen Sehens wird durch eine größere Wahrheit ersetzt. Broch bestätigt dies: „wenn der Blick das Getrennte in so seltsam Einheitliches und nicht mehr Unterscheidbares verschmolz, fühlte man sich sonder-

---

[34] Blumenberg, Hans: „Wirklichkeitsbegriff und Möglichkeit des Romans". In: op.cit. S. 47-73. Dort S. 68.
[35] Broch, Hermann: Die Schlafwandler. In: Kommentierte Werkausgabe Bd. 5. Hg. v. Paul Lützeler. Frankfurt am Main 1978, S. 119.

bar an irgend etwas gemahnt, in irgend etwas versetzt, das außerhalb aller Konvention fernab im Kindlichen lag,..."[36].

Dieses märchenhaft, mystische und traumartige Verschmelzen des Getrennten unterscheidet sich wesentlich vom Substanzverlust eines John Keats oder eines Malte Laurids Brigge[37]. Malte wird von einer fremden, unbegreiflichen Wirklichkeit durchtränkt. Ihm fehlt das Feste. Die vorhandene Objektwelt, die wie Lenz meinte, vom beobachtenden Subjekt beherrscht werden sollte, macht im Werk Rilkes dieses Subjekt zum Objekt[38]. Der feste Standpunkt ist in der heraklitischen Welt der Moderne verloren: πάντα ῥεῖ. Das von Lenz begonnene Projekt einer Beschreibung der Wirklichkeit – zumindest in der deutschen Literatur – ist trotz Arno Holz und Gerhart Hauptmann unerfüllt geblieben und fragwürdig geworden. Das Grenzenlose und Flüssige kann nicht „durchdacht, durchforscht, *durchschaut*" werden. Es hat seine eigene Wahrheit, an der das wirklichkeitsbesessene Auge scheitert. T.S. Eliot hat in den *Four Quartets* gesagt: „human kind / Cannot bear very much reality"[39]. Damit hat er das Problem des Sehens in der Moderne diagnostiziert.

---

[36] Broch, Hermann: op. cit. Ebd.
[37] Vgl. Verfasser: „Fest und Flüssig". op.cit. S. 29.
[38] Vgl. als Vorläufer die Experimente eines Parmigianino (1523) zur Zeit des Manierismus, die Blumenberg erwähnt, in „Nachahmung der Natur": op.cit. S. 10.
[39] T.S. Eliot: The Four Quartets. "Burnt Norton" Schluss von Teil I, Zeile 5 v. u.

KLAUS-DETLEF MÜLLER

Aufgeklärte Klassik

In seiner begeisterten Rezension von *Iphigenie auf Tauris* stellt Schiller 1789 fest, dass Goethe sich „griechischer Form [...] bis zur höchsten Verwechslung" bemächtigt habe und dass der Leser nicht umhin komme, sich durch dieses Stück „von einem gewissen Geiste des Altertums angeweht zu fühlen."[1] Im gleichen Sinne äußern sich auch Justus Möser[2] und Wieland: „Iphigenie scheint bis zur Täuschung, sogar eines mit den Griechischen Dichtern wohl bekannten Lesers, ein alt griechisches Werk zu seyn."[3] Mit einer solchen Einschätzung, die die erste Rezeption freilich keineswegs einhellig bestimmt[4], wird fast programmatisch eine Grenzlinie ignoriert, durch die die nachklassizistische Moderne und insbesondere auch die entstehende deutsche Nationalliteratur ihre kulturelle Identität bestimmt hatte. Den Endpunkt einer langen Auseinandersetzung hatte Herder in seinem Shakespeare-Aufsatz[5] markiert, indem er den normativen Anspruch des seit der Renaissance verbindlich festgeschriebenen Antikenparadigmas negierte und die Dichtung der antiken Klassik historisierend auf deren spezifische Entstehungsbedingungen (Himmel, Klima, Umwelt, Gesellschaft) zurückführte.

---

[1] Schiller, Friedrich: Über die Iphigenie auf Tauris. In: Schillers Werke. Nationalausgabe [im Folgenden zitiert als NA]. Bd. XXII: Vermischte Schriften. Weimar 1958, S. 211f.
[2] Justus Möser im Brief an Jenny von Voigts 20.7.1782: „Es ist nach meiner Empfindung eine so genaue griechische Sitte und Denkungsart drinne, daß ich mich erst einige Zeit wieder in dem alten Griechenlande aufhalten müßte, um den wahren Wert davon zu fühlen und darnach zu urteilen." (Zitiert nach dem Kommentar von Dieter Borchmeyer in: Johann Wolfgang Goethe: Sämtliche Werke, Briefe, Tagebücher und Gespräche. Band I.5: Dramen 1776-1790. Frankfurt a. M. 1988 [im Folgenden zitiert als KA I/5], S. 1303). – Mösers Urteil bezieht sich auf die Prosa-Iphigenie.
[3] Wieland, Christoph Martin in: Teutscher Merkur. September 1787. S. CXXIII.
[4] Vgl. hierzu den Kommentar von Dieter Borchmeyer (Anm. 2). KA I/5. S. 1302 ff. und Terence James Reed: Iphigenie auf Tauris. In: Goethe Handbuch Band 2 (Hg. v. Theo Buck). Stuttgart / Weimar 1996, S. 205.
[5] Herder, Johann Gottfried: Von deutscher Art und Kunst. II Shakespear. In: Johann Gottfried Herder: Werke. Bd. II: Schriften zur Ästhetik und Literatur 1762-1781. Frankfurt a. M. 1993, S. 498-521.

Daraus ergab sich zugleich die Konsequenz, dass eine genuin deutsche Literatur sich nur unter den spezifischen Bedingungen einer nordischen Umwelt und Geschichte begründen lasse, wie sie repräsentativ in Shakespeares Dichtung verwirklicht sei.[6] Ein deutscher Shakespeare sollte, wie Herder hoffte, Goethe auf dem mit dem *Götz von Berlichingen* beschrittenen Wege werden. Damit war eine Dichtung in antiker Form und antikem Geist, wie sie berufene Geister in der *Iphigenie* verwirklicht zu sehen glaubten, vorab in weite Ferne, eigentlich sogar in den Bereich des Unmöglichen und Unzulässigen gerückt. Hinzu kommt, dass die griechische Mythologie als Gegenstandsbereich der antiken Klassik und des antikisierenden Klassizismus dem Geist der Aufklärung fremd und befremdlich geworden war, wie die griechische Tragödie insgesamt nur noch als eine abgelebte Vorstellungswelt allenfalls historisch zu begreifen. Jakob Michael Reinhold Lenz, Bewunderer Shakespeares wie Herder, versteht es als überholten „Gottesdienst, die furchtbare Gewalt des Schicksals anzuerkennen, vor seinem blinden Despotismus hinzuzittern" und sich den Göttern in „blinder und knechtischer Furcht" zu unterwerfen.[7] Und auch Schiller verurteilt die "blinde Unterwürfigkeit unter das Schicksal" als „demüthigend und kränkend für freye sich selbst bestimmende Wesen"[8] und als unvereinbar mit der aufgeklärten Vorstellung von Freiheit und Menschenwürde. Mit seinem ‚altgriechischen' Drama hätte Goethe also den Weg der aufgeklärten Sturm-und-Drang-Dramatik verlassen, deren Wegbereiter und bewundertes Vorbild er geworden war.

Um das zu verstehen, muss man sich an die Entstehung der *Iphigenie* erinnern. Als Sturm-und-Drang-Autor war Goethe von Herzog Karl August nach Weimar berufen und dort zunehmend mit administrativen und politischen Aufgaben betraut worden. Das entspricht in geradezu idealtypischer Weise dem Selbstverständnis der literarischen Eliten der Aufklärung, die sich als Wortführer der bürgerlichen Öffentlichkeit und ihrer Reformvorstellungen verstanden. In diesem Sinne war es für Goethe eine Herausforderung, „zu versuchen, wie einem die Weltrolle zu Gesichte stünde".[9] Das Ergebnis

---

[6] Vgl. hierzu besonders Peter Szondi: Antike und Moderne in der Ästhetik der Goethezeit. In: Peter Szondi: Poetik und Geschichtsphilosophie I. Frankfurt a. M. 1974, S. 65-81.
[7] Lenz, Jakob Michael Reinhold: Anmerkungen übers Theater. In: Jakob Michael Reinhold Lenz: Werke und Briefe in drei Bänden. Hg. v. Sigrid Damm. Bd. II. Frankfurt a. M. / Leipzig 1987, S. 667.
[8] Schiller: Über die tragische Kunst. NA 20. S. 157.
[9] Brief an Johann Heinrich Merck vom 22.1.1776. In: Goethes Werke. Weimarer Ausgabe. Band IV.3. München 1987, S. 21.

war bekanntlich niederschmetternd, so dass er 1786 resigniert feststellen musste: „Wer sich mit der Administration abgiebt, ohne regierender Herr zu seyn, der muß entweder ein Philister oder ein Schelm oder ein Narr seyn."[10] Anders als bei den französischen Aufklärern scheitert die literarisch-publizistische Öffentlichkeit in den deutschen Staaten an den Beharrungstendenzen des Ancien Régime. Unter diesen Umständen war dann das Stagnieren seiner literarischen Produktion für Goethe eine geradezu vernichtende Erfahrung, die die Flucht nach Italien provozierte. Er hatte zwar versucht, der Fülle der Alltagsgeschäfte eine Fortsetzung seiner dichterischen Tätigkeit abzuringen, aber alle größeren Versuche blieben Fragment. Das gilt insbesondere für das Romanprojekt *Wilhelm Meisters theatralische Sendung*, das noch die Utopie einer deutschen Nationalliteratur nach dem Muster Shakespeares zum Gegenstand hatte und damit dem Geiste des Sturm-und-Drang verpflichtet blieb. Aber fast gleichzeitig, und die Gleichzeitigkeit ist nachdrücklich festzuhalten, schrieb er während zermürbender Inspektionsreisen und einer deprimierenden Truppenaushebung für den Bayerischen Erbfolgekrieg an der Prosafassung seiner *Iphigenie in Tauris*. Diese Arbeit ist, wie Goethes Äußerungen vielfach bezeugen, ausdrücklich eine Opposition gegen die höfisch-administrativen Zwänge und die in ihnen erfahrene Selbstentfremdung, bleibt also negativ auf die moderne Welt bezogen, so dass Antike und Moderne in ein Verhältnis dialektischer Wechselwirkung treten: Die Hinwendung zur Antike geht aus den enttäuschenden Erfahrungen der Moderne hervor und bezeichnet einen Protest gegen sie.

Goethe greift auf einen der finstersten Stoffe der griechischen Mythologie zurück: auf den fortdauernden Geschlechterfluch der Götter über das Tantalidengeschlecht. Er setzt dabei die Arbeit am Mythos fort, die schon bei Euripides in seiner *Iphigenie bei den Taurern* und bei seinen Nachfolgern in der Neuzeit zumindest ansatzweise aufklärerische Züge angenommen hatte. Als den entscheidensten Umschlagpunkt in Goethes Darstellung hat Schiller in seiner Rezension[11] die Selbstheilung des Orest verstanden, die Befreiung von den Furien in einem Wahnsinnsmonolog, der den „Fortschritt der sittlichen Kultur und den mildern Geist unsrer Zeiten" bezeugt: „Was für ein glücklicher Gedanke, den *einzig möglichen* Platz, den Wahnsinn zu benutzen, um die schönere Humanität unsrer neueren Sitten in

---

[10] Brief an Charlotte von Stein vom 9.7.1786. In: Goethes Werke. Weimarer Ausgabe. Band IV.7. München 1987, S. 241 f.
[11] Schiller: Über die Iphigenie auf Tauris (Anm. 1). Hier: S. 233 f.

eine griechische Welt einzuschieben und so das Maximum der Kunst zu erreichen, ohne seinem Gegenstand die geringste Gewalt anzutun!" An die Stelle der Fremdbestimmung durch Götter, Furien und Schicksal tritt das aufklärerische Konzept der Selbstbestimmung, so dass die antike Tragödie zu einem „Drama der Autonomie" (Rasch[12]) aufgehoben wird. Aber erst anlässlich der Vorbereitung einer Neuinszenierung des Dramas im Jahre 1802 ist Schiller diese Modernität der *Iphigenie* klar geworden: „Sie ist [...] so erstaunlich modern und ungriechisch daß man nicht begreift, wie es möglich war, sie jemals einem griechischen Stücke zu vergleichen. Sie ist ganz nur sittlich."[13] Der Widerruf des ersten Eindrucks, die Opposition von antik und modern, von ganz und gar griechisch und ungriechisch ist dem Stück allerdings von Anfang an eingeschrieben und lässt sich nicht im Sinne einer richtigen und falschen Rezeption auflösen.

Das hängt vor allem mit dem Potential einer ‚Arbeit am Mythos' (Blumenberg[14]) zusammen. Der Rückgriff auf die griechische Mythologie als ein Repertoire von Konstellationen und Geschichten, die je gegenwärtige Probleme auf eine poetische Weise zur Anschauung bringen, ist eine bis in die Gegenwart verbreitete literarische Praxis.[15] Sie erklärt sich aus der Eigenart des Mythos, ein Weltbild, das zumindest für den abendländischen Kulturkreis archetypischen Charakter hat, in Erzählungen und Geschichten von hoher Anschaulichkeit und Komplexität zu entfalten. Dabei ist hier für die Formen des menschlichen Zusammenlebens und die Probleme der Welterklärung ein Fundus bereitgestellt, der auch schon für die griechische Philosophie und Gesellschaftslehre als Reflexionshorizont bestimmend war. Wenn das neuzeitliche Denken und dann insbesondere die Aufklärung sich als ein Prozess der Entmythologisierung und Säkularisierung versteht, so entschlüsselt sie im Hinblick auf das mythologische Denken vor allem dessen rationalen Gehalt, der in ihm als Welterklärungsmodell aufbewahrt ist, und bleibt dabei an den Mythos gebunden. Die Besonderheit und damit die vor allem im poetischen Bereich geradezu unerschöpfliche Produktivität der griechischen Mythologie beruht ja darauf, dass ihr Gehalt in der Form von Erzählungen vorliegt, die, anders als die Weltbilder der monotheistischen

---

[12] Rasch, Wolfdietrich: Goethes Iphigenie auf Tauris als Drama der Autonomie. München 1979.
[13] Brief an Christian Gottfried Körner, 21.1.1802. In: NA. Band XXXI. Weimar 1985, S. 90 f.
[14] Blumenberg, Hans: Arbeit am Mythos. Frankfurt a. M. 1979.
[15] Vgl. hierzu besonders Werner Frick: Die mythische Methode. Komparatistische Studien zur Transformation der griechischen Tragödie im Drama der klassischen Moderne. Tübingen 1998.

Religionen, nicht durch Dogmen ein für allemal festgelegt sind und in exegetischer Auslegung immer wieder festgeschrieben werden. Die griechische Mythologie ist demgegenüber ein Fundus ursprünglich mündlich überlieferter Geschichten von Menschen und Göttern, die sich ergänzen und sich widersprechen und die in den Dichtungen immer neu erzählt werden, wobei sich im Falle von Varianten auch Abweichungen ergeben. Die erfindungsreiche Abänderung wird nicht als Fehler und Schwäche, als Entstellung einer dogmatischen Wahrheit verstanden, sondern als Qualität und Leistung des jeweiligen Bearbeiters gewürdigt. Vor allem die Tragiker haben den überlieferten Stoffen in der Regel neue Lesarten eingeschrieben, und gerade das bestimmte für die zeitgenössische Rezeption den Wert ihrer Produktion. Das Verhältnis zum Mythos war also ein dichterisches. Er war nicht zu reproduzieren, sondern weiterzudenken. Und der gedankliche Gehalt in jeweils neuer und modernerer Variation bestimmte den poetischen und philosophischen Wert der Mythologie. Auch die neuzeitlichen Autoren, die seit der Renaissance die antiken Stoffe wieder aufgreifen, bearbeiten die mythologischen Stoffe im Horizont ihres eigenen veränderten Welt- und Wirklichkeitsverständnisses. Der unterstellte Wahrheitsgehalt ist nicht vorgegeben, sondern in der Produktion erst zu entdecken. Damit werden die Stoffe für neue Sichtweisen anschlussfähig.

In diesem Sinne schreibt Goethe dem antiken Mythos die Sichtweise einer aufgeklärten Moderne ein, die umgekehrt aus dem alten Stoff zugleich Anschaulichkeit und ästhetische Autorität gewinnt. Dabei benutzt er die Vorgabe der alten Erzählung, dass ausgerechnet die unschuldige Iphigenie bestimmt zu sein scheint, die Verfluchung des Atridengeschlechts in einer neuen Qualität zu einer gesteigerten Fortsetzung zu treiben. Hatten die Söhne und Enkel des Tantalus noch in „grenzenloser Wut" (V. 335)[16] verblendet Greuel auf Greuel gehäuft, so ist Agamemnon im Gegenteil schon „ein Muster des vollkommnen Mannes" (V. 403), der durch den fremdbestimmenden Götterwillen und dessen priesterliche Auslegung gezwungen wird, die eigene Tochter für die Realisierung des Feldzugs gegen Troja als Menschenopfer darzubringen und dadurch den Gattenmord Klytämnestras und den Muttermord Orests zu provozieren. Iphigenie wird von Diana gerettet, gerät dann aber in die schreckliche Situation, in Tauris gezwungen zu sein, ihren eige-

---

[16] Zitate aus Iphigenie auf Tauris werden im Text durch Angabe der Verszahlen nachgewiesen. Zitiergrundlage: Johann Wolfgang Goethe: Sämtliche Werke, Briefe, Tagebücher und Gespräche. Band I.5: Dramen 1776-1790. Hg. v. Dieter Borchmeyer. Frankfurt a. M. 1988.

nen Bruder als ein weiteres Menschenopfer den Göttern hinzuschlachten und den mykenischen Greueln unschuldig ein weiteres und letztes hinzuzufügen. Sie hat zwar in einer beispiellosen Fürstenerziehung den taurischen König Thoas dazu bringen können, seit ihrer Übernahme der Priesterschaft im Heiligtum der Diana den alten Kult der Opferung aller nach Tauris verschlagenen Fremden zu suspendieren, gerät aber durch ihre beharrliche Weigerung, die Werbung Thoas' anzunehmen, in die Zwangslage, dass sie eine Wiederaufnahme des alten Brauchs nicht mehr verhindern kann und ihre große zivilisatorische Leistung verraten müsste. Das führt sie in eine Glaubenskrise, gesteigert durch die unerhörte Zumutung, dass im Zwang, den eigenen Bruder zu opfern, der Tantalidenfluch sich auch an ihr, die im Unterschied zu allen anderen Tantaliden ganz ohne Schuld ist, zu behaupten droht. Sie wehrt sich dagegen mit dem Einsatz ihres Götterglaubens. Mit dem verzweifelten Anruf an die Olympier: „Rettet mich | Und rettet euer Bild in meiner Seele" (V. 1716f.) kehrt sie gewissermaßen die Schöpfungsordnung um: Nicht länger sind die Menschen Ebenbild der Götter, sondern der Mensch kann nur an Götter glauben, die Ebenbilder gelebter Humanität sind. Iphigenie gewinnt so in ihrem Glauben Autonomie. Nicht der unerforschliche schicksalhafte Wille der Götter bestimmt als fremder Zwang den Ausgang der Handlung, sondern seine Auslegung durch autonome Subjekte. Das ist ein Endpunkt neuzeitlicher Säkularisierung, radikale Aufklärung. In diesem Sinne ist das Drama in Schillers Sinne ganz und gar ungriechisch und auch für die Moderne provozierend. Nicht ohne Grund hat Goethe es „ganz verteufelt human"[17] genannt.

Auf der gleichen Ebene liegt die schon von Schiller als zentrales Moment verstandene Selbstheilung des Orest. Die Furien werden zu Symbolen der inneren Gewissensqualen des Muttermörders umgedeutet, die nur durch gelebte Subjektivität, durch ein selbstbestimmtes Gericht am Rande der Selbstzerstörung, entkräftet werden können. Und es ist dann folgerichtig der geheilte Orest, der den durch Priester vermittelten Götterspruch des Orakels von Delphi richtig deutet: Die Heimholung der Schwester Iphigenie und nicht die des Kultbilds der Diana befreit die vierte Generation der Atriden dauerhaft von dem Geschlechterfluch. Der selbstbewusste und freie Mensch legt den Götterwillen vernünftig (humanitär) aus und entgeht so den Zweideutigkeiten des Orakels.

---

[17] Brief an Schiller vom 19.1.1802. In: NA. Bd. XXXIX, S. 175.

Und Iphigenie kann im Vertrauen auf die von ihr geleistete Fürstenerziehung das Wagnis eines weiblichen Heldentums eingehen, indem sie den ihrer menschenfreundlichen Natur fremden und ihre Würde beleidigenden Betrug an Thoas, den Orest und Pylades planen, verhindert. Wie sie sich dem Vorurteil widersetzt, dass das Menschenopfer Götterwille sei, und wie sie damit die Taurer aus ihrer barbarischen Vorstellungswelt zu befreien sucht, so akzeptiert sie es nicht, dass ihre eigene Befreiung auf List und Trug begründet wird. Orest und Pylades hatten zunächst keine Bedenken, im arroganten Bewusstsein zivilisatorischer Überlegenheit den taurischen ‚Barbaren' das deren Identität bestimmende Kultbild der Diana zu rauben, was für Euripides noch selbstverständlich war: Die neue Deutung des Orakels ermöglicht die Respektierung des Fremden und Anderen. Aber Goethe verschweigt auch nicht, dass die humane Lösung dem Taurerkönig ein ans Tragische grenzendes Opfer abverlangt. Er muss seiner Liebe entsagen und er ist zugleich in seiner Herrschaft bedroht, denn das Volk murrt schon gegen den alternden und kinderlosen König, dem ein einsames Alter und die ständige Gefahr des Aufruhrs droht, erst recht nach seiner unverstandenen Entsagung. Und auch der von Iphigenie eingeleitete und bereits segensreiche Prozess der Zivilisierung des Volkes wird wieder aufs Spiel gesetzt. Nicht nur die glückliche Lösung des Konflikts, sondern auch die Wahrnehmung seiner Folgekosten ist eine moderne und aufklärerische Fortschreibung der mythischen Erzählung.

Zur gleichen Zeit, als Schiller überrascht erkennt, dass die *Iphigenie* im Widerspruch zu seinem ersten Eindruck ganz und gar ungriechisch ist, versucht er sich selbst an dem Antikenexperiment der *Braut von Messina*, mit dem er den Beweis erbringen will, dass er „als Zeitgenosse des Sophokles auch einmal einen Preiß davon getragen haben möchte". Dabei hat er keineswegs vergessen, dass Wilhelm von Humboldt, den er zum Preisrichter anruft, ihn „den *modernsten* aller neuern Dichter und [...] also im größten Gegensatz zu allem was antik heißt gedacht" habe.[18] Und in der Tat bedeutet der Anspruch, dass er sich den „fremden Geist [...] habe zu eigen machen können", keineswegs, dass Schiller die Absicht gehabt hätte, Goethes *Iphigenie* durch eine als authentischer zu verstehende, gleichsam griechischere Tragödie zu überbieten. Er wusste längst, dass die Sophokleische Tragödie „eine Erscheinung ihrer Zeit, die nicht wiederkommen kann", war und dass

---

[18] Brief an Wilhelm von Humboldt vom 17.2.1803. In: NA. Bd. XXXII, S. 11.

es unmöglich sei, „das lebendige Produkt einer individuellen bestimmten Gegenwart einer ganz heterogenen Zeit zum Maaßstab und Muster auf[zu]dringen."[19] *Die Braut von Messina* ist ein Formexperiment, das darauf abzielt, mit der Wiedereinführung des Chors in die Tragödie das Muster der „äschyleischen Tragödie"[20] für die Gegenwart wiederzugewinnen. In griechischer Gestalt werden hier Probleme der Moderne kritisch thematisiert, und dabei wird die Wechselwirkung von Antike und Moderne, die für das Verständnis von Goethes *Iphigenie* bestimmend ist, schon konzeptionell wirksam.

Zusammen mit der Form bildet Schiller auch das Muster einer schicksalhaft bestimmten Handlung nach, freilich als Zitat, das interessengeleitet den handelnden Figuren die Flucht aus dem für das moderne Individualitätsverständnis bestimmenden Prinzip der Selbstbestimmung und Verantwortung ermöglicht, also das genaue Gegenteil dessen bezeichnet, was Goethe in der *Iphigenie* als humanitäres Ethos bestimmt hatte.[21] Die Handlung spielt zwar im mittelalterlichen Messina, steht aber sinnbildlich für die geschichtsphilosophisch verstandene nachantike Moderne. Die Fürstin Isabella macht mystifizierend einen „unbekannt verhängnißvollen Saamen" (V. 23)[22] für den zum Bürgerkrieg eskalierenden Bruderhass ihrer beiden Söhne verantwortlich, aber das Stück entwickelt dafür aufklärerisch eine sozialpsychologische Begründung. Die Ehe des Fürsten von Messina beruht auf einem Brautraub: Er hat sich die von seinem Vater gewählte Braut angeeignet und steht damit unter dem Fluch des Ahnherrn auf das „sündige Ehebett", einem Fluch, der zwar die Verletzung der Vaterordnung anzeigt, von sich aus aber keine mythische Qualität hat (V. 960ff.). Wirksam wird er erst durch seine Verinnerlichung im Schuldbewusstsein des flüchtigen Paares. Der Fürst errichtet als landfremder Despot in Messina ein tyrannisches Regiment, dessen Gewaltsamkeit auch die Erziehung der eigenen Söhne einschließt. Diese reagieren auf die erfahrene Gewalt mit einem unversöhnlichen Bruderhass. Bei der Geburt einer Tochter werden Fürst und Fürstin von zwei gegensätzlichen Träumen heimgesucht, die als solche subjektive Projektionen ihrer Furcht vor der zerstörenden Kraft der praktizierten Gewalt

---

[19] Brief an Johann Wilhelm Süvern vom 26.7.1800. In: NA. Bd. XXX, S. 177.
[20] Brief an Christian Gottfried Körner vom 9.9.1802. In: NA. Bd. XXXI, S. 159.
[21] Für das Folgende vgl. a. meinen Aufsatz: Reflexion als Forderung an eine zeitgemäße Kunst. Schillers Braut von Messina. In: Jahrbuch der deutschen Schillergesellschaft. LIV/2010, S. 220-238.
[22] Zitate aus Die Braut von Messina werden im Text durch Angabe der Verszahlen nachgewiesen. Zitiergrundlage: Schillers Werke. Nationalausgabe. Bd. X, Weimar 1980.

sind. Sie werden von einem „sternekundigen Araber" und von einem christlichen Mönch jeweils als Orakel gedeutet (V. 1302ff.). Die fremdbestimmten gegensätzlichen Auslegungen lösen die Träume aus ihrem subjektiven Grund, wecken mit der Anmaßung objektiver Geltung gegensätzlich Furcht vor vernichtendem Hass und Hoffnung auf liebevolle Versöhnung der feindlichen Brüder. Das führt zu gleichermaßen fremdbestimmten Handlungen. Der Fürst ordnet die Tötung der Tochter an, die Fürstin lässt sie durch einen Vertrauten retten und in einem Kloster aufwachsen. Furcht und Misstrauen bestimmten fortan auch die Ehe des Herrscherpaares. Und aus der Heimlichkeit und dem Verschweigen, das die Fürstin auch über den Tod ihres Mannes hinaus bewahrt, entsteht das Unheil, dass sich beide Brüder in die Schwester, von deren Existenz sie nicht wissen, verlieben. Schiller hat diesen Mangel an Wissen und Wahrheit und nicht eine fremde Macht des Schicksals zum Grund der Tragödie gemacht. Sie ergibt sich pragmatisch folgerichtig, aber nicht zwangsläufig aus einem Mangel an Information. In jeder Phase der Handlung wäre das Unheil vermeidbar. Es beruht darauf, dass alle Figuren das Geheimnis, das Nichtwissenwollen und das Verschweigen als Habitualisierung ihrer problematischen Sozialisation üben. Eine ‚zufällige' Kausalität wird dramaturgisch zum Katalysator dieser Verhaltensstereotypie: Informationen gehen immer dann in die Handlung ein, wenn die Person, die sie verstehen könnte, gerade nicht auf der Bühne ist. Zusammen mit dem durchgängigen Misstrauen und der fehlenden Kommunikation im Familienkreis verhindert das die für einen vernünftigen Ausgang notwendigen Aufklärungen.

Das Geheime, Verborgene und Heimliche steht zudem in manifestem Widerspruch zur strukturellen Öffentlichkeit der Chortragödie. Diese hat hier allerdings einen besonderen Charakter, denn Herrscherhaus und Volk sind sich in grundlegender Weise fremd. Die fürstliche Familie ist nicht Teil des Volkes, das sie regiert, sondern eine landfremde Dynastie. Der Chor erscheint in dreifacher Gestalt: als schweigende Älteste von Messina und in zwei Halbchören im Gefolge der verfeindeten Brüder, die sich mit ihren Herren nur so weit identifizieren, wie es ihren Interessen dient. Er ist eine Öffentlichkeit von Unfreien, nicht die der Bürger der Polis. Er kann zwar mit der Aufkündigung der Dienstbarkeit drohen: „Was kümmert uns, die friedlichen, der Zank | Der Herrscher? Sollen w i r zu Grunde gehn | Weil deine Söhne wüthend sich befehden? | Wir wollen uns s e l b s t rathen ohne sie | Und einem andern Herrn uns übergeben, | Der unser Bestes will und schaffen kann!" (V. 69ff.) Der Chor akzeptiert also die Dienstbarkeit und beschränkt sich darauf, das Geschehene nur teilnahmslos zu beobachten. Er bleibt eine Öffentlichkeit von Unfreien und artikuliert eine Mentalität von Sklaven: „Drum lob ich mir niedrig zu stehen | Mich verbergend in meiner Schwäche! | [...] - Die fremden Eroberer kommen und gehen. | Wir gehorchen, aber wir bleiben stehen." (V. 240ff.)

Zwischen Schillers Wahrnehmung der *Iphigenie auf Tauris* zuerst als eines genuin griechischen und dann als eines ganz und gar ungriechischen Stücks liegt der Prozess seiner geschichtsphilosophischen Orientierung, der ein neues Verständnis der Antike begründet, wie es auch schon weitgehend unreflektiert Goethes Humanisierung des Mythos bestimmt. Und er ist zugleich der Ausgangspunkt von Schillers Wettstreit mit den antiken Tragikern in der *Braut von Messina*. Er wählt deshalb als Handlungskontext nicht den Mythos, sondern einen zwar frei erfundenen, aber den Gesetzmäßigkeiten und der Kontingenz der Geschichte verpflichteten Stoff, in dem die alten Vorstellungen von Schicksal und Verhängnis, der Glaube an Orakel und unbeherrschbare Zwänge die Vorstellungswelt der handelnden Personen noch bestimmen, aber in Verblendung, schuldhaftes Nichtwissenwollen und Zufall vernünftig auflösbar sind. Aus der scheinbaren Nähe zur Antike wird so eine aufgeklärte Wahrnehmung der Differenz. Sie impliziert eine Kritik der modernen Verdinglichung der Lebensverhältnisse und der durch sie bewirkten Selbstentfremdung des Menschen, die Schiller in seinen *Briefen über die ästhetische Erziehung des Menschen* eindringlich beschrieben hat. In der Vorrede zur *Braut von Messina* hat er das programmatisch formuliert: „Der Pallast der Könige ist jezt geschlossen, die Gerichte haben sich von den Thoren der Städte in das Innere der Häuser zurückgezogen, die Schrift hat das lebendige Wort verdrängt, das Volk selbst, die sinnliche Masse, ist, wo sie nicht als rohe Gewalt wirkt, zum Staat, folglich zu einem abgezogenen Begriff geworden, die Götter sind in die Brust der Menschen zurückgekehrt."[23] Indem sie hinter die geschichtliche Entwicklung zurückweist, wird die Form der Chortragödie zu einem kritischen Reflexionsmedium für den Prozess der Moderne in Gestalt einer poetischen Utopie:

> Der Dichter muß die Palläste wieder aufthun, er muß die Gerichte unter freien Himmel herausführen, er muß die Götter wieder aufstellen, er muß alles Unmittelbare, das durch die künstliche Einrichtung des wirk-

---

[23] Schiller: Über den Gebrauch des Chors in der Tragödie. In: NA. Bd. X, S. 11 f.

lichen Lebens aufgehoben ist, wieder herstellen und alles künstliche Machwerk [...] abwerfen.[24]

Was scheinbar als poetische Regression formuliert ist, ist in Wahrheit ein Hinweis auf einen historisch unumkehrbaren Prozess, dessen Folgekosten Schiller bewusst sind.

Beide Dichter nähern sich antikem Geist und antiker Form weitestgehend an und gewinnen damit ein ästhetisches Medium für deren Aufhebung in die Moderne. *Iphigenie auf Tauris* gelangt in der Arbeit am Mythos zur Gestaltung der humanitätsphilosophischen Utopie menschlicher Autonomie. Und Schiller leistet in der Form der Chortragödie eine geschichtsphilosophische Kritik der modernen Verdinglichung und postuliert deren durchaus politisch gemeinte Aufhebung. Antike und Moderne treten damit in ein Verhältnis der Wechselwirkung, in dem eine aufgeklärte Klassik Gestalt gewinnt.

---

[24] Ebd., S. 12.

RAINER HILLENBRAND

Weltbewohner und Weimaraner

Weltliteratur, Patriotismus und regionale Verwurzelung bei Goethe

Gott grüß' euch, Brüder,
Sämmtliche Oner und Aner!
Ich bin Weltbewohner,
Bin Weimaraner,
Ich habe diesem edlen Kreis
Durch Bildung mich empfohlen,
Und wer es etwa besser weiß,
Der mag's wo anders holen.[1]

Der alte Goethe hat bekanntlich auf das Verständnis seiner Zeitgenossen resigniert: „gewöhnlich hören die Menschen etwas Anderes, als was ich sage, und das mag denn auch gut seyn".[2] Mit der Nachwelt ist es ihm aber nicht in der erhofften Weise besser ergangen: die im jeweiligen Zeitgeist befangenen Leser und Literaturwissenschaftler verstehen in der Regel noch immer nur das, was in ihren geistigen Horizont passt und ihre eigene Weltanschauung bestätigt. Und das mag dann nicht mehr ganz so gut sein, weil es die Infragestellung des Gewohnten und die Konfrontation mit dem Alternativen, die gerade Goethe zu bieten hätte, dauerhaft verhindert. Der unselige Aktualisierungszwang hat Goethe schon als Gewährsmann für die unterschiedlichsten Denkweisen reklamieren wollen. Über den ‚nationalistischen' oder ‚sozialistischen' Goethe ist heutzutage leicht spotten; weit weniger populär ist die ebenso berechtigte Zurückweisung eines „Goethe, den manche

---

[1] Zahme Xenien V (1827); WA I,3,314. Auch im Folgenden wird nach Abteilung, Band und Seitenzahl die Weimarer Ausgabe (WA) zitiert.
[2] An Zelter, 18. 6. 1831; WA IV,48,241.

heute zum Demokraten stempeln wollen".³ Stattdessen konzentriert man sich auf die vermeintliche Schnittmenge seines Denkens mit dem gegenwärtig medial diktierten Gesellschaftskonsens und findet dabei schnell den Antinationalismus und die Rede von der ‚Weltliteratur' als begierig aufgegriffene Anknüpfungspunkte, von denen aus man sich seinen ‚multikulturellen' Goethe zum Hausgebrauch zurechtstricken kann. Aber so einfach ist es nicht.

Dass der späte Goethe sich gegen den Nationalismus seiner Epoche gewehrt hat, ist unbestritten. Das bedeutet aber keineswegs, dass er jede Art des Patriotismus abgelehnt hätte. Was ihn störte, war die einseitige Gewichtung, und die lag damals eben auf der nationalen Seite. Man kann aber auch das scheinbare Gegenteil, das Kosmopolitische, wie man es damals noch nannte, übertreiben. Goethes klassische Geisteshaltung versteht sich auch in dieser Frage als goldene Mitte zwischen verfehlten Extremen; das Richtige liegt auch hier zwischen dem Zuviel und dem Zuwenig.⁴ Und dieser ausgewogene Standpunkt passt gewöhnlich keiner Partei, weil er sich zu jeder im Widerspruch befindet. Das ist die Unzeitgemäßheit jeder Klassik, die genau deswegen nicht veraltet.

Goethe hat das ganz deutlich gesehen, wenn er gerade über den Patriotismus sagt: „Die Leute wollen immer, ich soll auch Partei nehmen; nun gut, ich steh auf *meiner* Seite."⁵ In der napoleonischen Zeit sollte er natürlich auf die patriotische Seite treten, aber er wusste:

> auf die Seite Napoleons darf ich nicht treten, da laßt ihr kein ganzes Stück an mir, und sprech' ich für eure Sache, so gibt es keinen Widerspruch und alles Gespräch hört auf; also laßt mich nur für mich machen.⁶

Er hätte also durchaus auch Argumente für das nationale Prinzip und gegen die ‚interkulturelle' Gleichmacherei finden können, sah aber keinen Sinn darin, diese damals sowieso schon herrschende und zu weit gehende Richtung auch noch zu bestätigen. Heute ist es umgekehrt: wer nationale Unterschiede bewahren will, an dem wird „kein ganzes Stück" gelassen, und wer

---

[3] Curtius, Ernst Robert: Goethe – Grundzüge seiner Welt. In: ders., Kritische Essays zur europäischen Literatur. Bern 1950, S. 59-77, hier S. 61.
[4] Vgl. Horaz, Carm. II,10,5: „auream quisquis mediocritatem diligit"; Cicero, De officiis I,25: „qua est inter nimium et parum".
[5] Zu F. Förster, August 1831, in: Goethes Gespräche. Hg. v. Wolfgang Herwig, Bd. 3/2, Zürich u. Stuttgart 1972, S. 802.
[6] Ebd.

antipatriotisch argumentiert, der findet „keinen Widerspruch und alles Gespräch hört auf".

Das Gespräch über dieses Thema müsste nämlich sehr viel differenzierter geführt werden, als es die politisch korrekten Schlagworte und mentalen Totschlagargumente erlauben. Zum einen kommt es viel mehr darauf an, zur Verteidigung der ‚goldenen Mitte' dem gerade herrschenden Zeitungeist zu widersprechen, als die Fehler der Vergangenheit zu beklagen, um der entgegengesetzten Extremposition beitreten zu können. Denn die gleiche inhaltliche Meinung kann unter veränderten Bedingungen verfehlt oder angemessen sein, weil sie einmal das Falsche unterstützt, das andere Mal es bekämpft. Der Mut zur Unzeitgemäßheit wechselt dann die Seiten. Zum anderen aber gilt es zu erkennen, dass es sich hier gar nicht um einen prinzipiellen Konflikt handelt, sondern dass beide Seiten sich im Grundsätzlichen einig sind: in der Unterdrückung des Einmaligen und Herausragenden. Nationalisten und Internationalisten betreiben je auf ihre Weise die Gleichschaltung; und gegen beide verteidigt Goethe das Prinzip der Individualität.

Der eigentliche Gegensatz besteht zwischen dem Besonderen und dem Allgemeinen, dem Einzelnen und dem Kollektiven. Letztlich geht es um die Frage, ob der Unterschied oder die Gleichheit erwünscht ist. Der rationalistische Geist der Aufklärung ging davon aus, dass die Vernunft überall die selbe sei und daher auch überall zu den selben Resultaten führen müsse. Unterschiede waren demnach auch in kulturellen und nationalen Fragen unvernünftig. Diesem ‚Kosmopolitismus' antworteten im 18. Jahrhundert zahlreiche kulturpatriotische Gegenbewegungen bis hin zur Romantik, darunter in Goethes Jugend auch die Geniezeit mit ihrer Wertschätzung des Einmaligen und Individuellen, und zwar sowohl beim einzelnen Menschen wie bei ganzen Nationen und Kulturen. Das Abstrakte und Allgemeine ist sich immer gleich; erst die Unterschiede und Gegensätze bringen Spannung, Dynamik und Leben.

An dieser Grundüberzeugung hat auch der klassische Goethe immer festgehalten: die „Eigenheiten", schreibt er noch im Alter, „sind das was das Individuum constituirt, das Allgemeine wird dadurch specificirt".[7] Daher kommt es, dass ihn „im Innersten eigentlich nur das Individuelle in seiner schärfsten Bestimmung interessirt".[8] Aber man kann auch diesen Individualismus übertreiben und missverstehen, wenn man das Verbindende und All-

---

[7] Lorenz Sterne (1827); WA I,41.2,253.
[8] An C. F. von Reinhard, 14. 11. 1812; WA IV,23,149.

gemeingültige ganz leugnet. Jeder Mensch besteht aus „Eigenheiten" und ist doch zugleich den allgemein-menschlichen Existenzbedingungen und den historisch-sozialen Gegebenheiten unterworfen. Wer sich von diesen existentiellen Konstanten unabhängig wähnt, ist nur „ein Narr auf eigne Hand"[9] oder gar ein egoistisches Pseudogenie und falscher Prophet, wie sie in *Clavigo*, *Satyros* oder *Pater Brey* auch schon der junge Goethe satirisch porträtiert hat. Wer sich in sich selbst isoliert, verzichtet auf Anregung und Entwicklung. Die Abgeschlossenheit gegenüber der Außenwelt ist ja schon eine kreatürliche Vorgabe, der man nicht entkommen kann. „Wundersam ist doch ieder Mensch in seiner Individualität gefangen, am seltsamsten auserordentliche Menschen", schreibt Goethe.[10] Und er beklagt, es sei „doch immer die Individualität eines Jeden, die ihn hindert, die Individualitäten der andern in ihrem ganzen Umfang gewahr zu werden."[11]

Die Individualität ist also zugleich ein Wert und ein Hindernis, ein Reichtum und eine Beschränkung. Und man muss begreifen, dass sie notwendiger Weise beides zugleich ist:

> Man mag sich noch so sehr zum Allgemeinen ausbilden, so bleibt man immer ein Individuum, dessen Natur, indem sie gewisse Eigenschaften besitzt, andere nothwendig ausschließt.[12]

Das ist jedoch kein Schade, denn wer alle Eigenschaften besäße, hätte gar keine. „In der Beschränkung zeigt sich erst der Meister".[13] Nur die Unterschiede sind individuell. Deshalb beklagt Goethe andererseits auch

> das Unheil, daß man nichts abgesondert, charakteristisch, sich selbst gemäß will bestehen lassen, sondern alles mit allem verknüpfen, vereinigen, ja transsubstanziiren möchte.[14]

Dieser heute allgegenwärtigen Tendenz zur Nivellierung des Besonderen, zur Einebnung des Herausragenden in die uniforme Masse tritt der alte Goethe schon mit Entschiedenheit entgegen. Daher „Goethes aristokratischer

---

[9] Den Originalen (1812); WA I,2,276.
[10] An Charlotte von Stein, 30. 6. 1780; WA IV,4,246.
[11] An C. von Knebel, 3. 1. 1807; WA IV,19,259.
[12] An W. von Humboldt, 16. 7. 1798 (Konzept); WA IV,13,216.
[13] Was wir bringen (1802), 19. Auftritt; WA I,13.1,84.
[14] An Johann Gottfried Jakob Hermann, 9./20. 9. 1820; WA IV,33,243.

Individualismus".[15] Aber es ist eben doch immer ein Individualismus, der sich der eigenen Grenzen bewusst bleibt und das Eigenartige nicht an der falschen Stelle sucht. Daher Goethes zunehmende Wertschätzung der eigenständig fortgeführten Tradition, der „Originalität auf dem festen Grunde der Überlieferung".[16] Es geht immer um das richtige Verhältnis der Einzelphänomene, wie Herder sie betont, zur Allgemeingültigkeit, die Kant hinter ihnen aufzeigt. Das eine Prinzip darf das andere nicht unterdrücken oder vernichten.

Goethes Abneigung gegen den Nationalismus seiner Zeit ist in dieser Verteidigung des Individuellen gegen das Kollektive begründet. Gegenüber dem Anpassungsdruck der Nation vertritt der Einzelmensch das humane Recht auf Abweichung. Goethe fasst aber durchaus auch die Nation selbst als Individuum auf, das seine Wesensmerkmale gegen andere Nationen und gegen den Anpassungsdruck einer nivellierten Internationalität zu verteidigen hat. Diese „Eigenheiten"

> kann man sich vorstellen als Formen des lebendigen Daseins und Handelns einzelner, abgeschlossener, beschränkter Wesen, und in diesem Sinne gibt es Eigenheiten der Individuen so wie der Nationen. Und diese sind es denn, welche, indem sie sich von dem Individuum über das Volk, von einer Nation über die Welt verbreiten, als Influenzen erscheinen.[17]

Entgegen dem heute verbreiteten Bild vom ‚multikulturellen' Goethe warnt er jedoch ausdrücklich vor dem Übermaß solcher „Influenzen":

> Hieraus läßt sich nun schon erkennen, daß eine Eigenheit an sich, wo nicht lobenswerth, doch wenigstens duldbar sein könne, indem sie eine Art zu sein ausdrückt, welche man als Bezeichnung irgend eines Theils des Mannichfaltigen gar wohl müßte gelten lassen. Die Influenz dagegen ist immer gefährlich, ja sie wird meist schädlich: denn indem sie fremde Eigenheiten über eine Masse heranführt, so fragt sich ja, wie diese ankommenden Eigenheiten sich mit den einheimischen vertragen,

---

[15] Curtius, S. 62. Vgl. auch Curtius, S. 61: „Notwendige und konstante Opposition zwischen den Individuen «von der besten Art» – den Aristoi, griechisch gesprochen – und dem Zeitgeist («gegen jedes Jahrhundert») einerseits, der «Menge» anderseits: ein Axiom von Goethes Geschichtslehre."
[16] Curtius, S. 68.
[17] Irrthümer und Wahrheiten von Wilhelm Schulz (1826); WA I,42.2,64.

und ob sie nicht eben durch Vermischung einen krankhaften Zustand hervorbringen.[18]

Natürlich kann man auch viele Zitate herbeiziehen, in welchen Goethe die Bereicherung durch fremde Einflüsse betont. Genau besehen, geht es ihm dabei aber immer um die Bereicherung des Individuums, wenn nicht gar seiner selbst. Die Heranführung fremder Nationaleigentümlichkeiten „über eine Masse" ist jedoch „gefährlich" und „schädlich", weil sie die Mannigfaltigkeit der Kulturen zerstört und „durch Vermischung einen krankhaften Zustand" hervorbringt. Die ‚multikulturelle Gesellschaft' ist in Wahrheit eine kulturlose Gesellschaft, die jede „Eigenheit" und damit auch jeden besonderen Wert verloren hat.

Goethe lehnt also den deutlich unterscheidbaren Nationalcharakter keineswegs ab, im Gegenteil: ihn „freut es immer", sagt er, wenn er „auf Nationalität treffe, selbst auf eine rohe, wenn sie nur erfindungsreich ist."[19] Denn das geistig Produktive beruht nicht nur beim Individuum gegenüber der Nation, sondern auch bei den Nationen untereinander auf ihrer jeweiligen Eigenart. Und Goethe schätzt die Konstanz solcher Nationaleigentümlichkeiten über die Zeit, ja sogar über historische Katastrophen hinweg:

> Merkwürdig bleibt es immer dem Geschichtsforscher, daß, mag auch ein Land noch so oft von Feinden erobert, unterjocht, ja vernichtet sein, sich doch ein gewisser Kern der Nation immer in seinem Charakter erhält und, ehe man sich's versieht, eine alt bekannte Volkserscheinung wieder auftritt.[20]

In seinen Studien zur orientalischen Literatur und Kultur stieß er auf einen Parallelfall zum napoleonischen Versuch, die europäischen Nationalkulturen rationalistisch einzuebnen: auf die Arabisierung und Islamisierung Persiens. Mit dem Untergang der „Sassaniden" sei „jene Dynastie zu Grunde" gegangen, „welche die altpersische Religion gehegt und einen seltenen Grad der Kultur verbreitet hatte."[21] Hier wurde also eine hochstehende Nationalkultur gewaltsam unterdrückt, und die „sogleich eingeführte arabische Sprache verhinderte jede Wiederherstellung dessen was nationell heißen konnte"; aber wie schon bei der Eroberung Griechenlands durch die Römer „überwog

---

[18] Ebd.; WA I,42.2,65.
[19] Zu F. Förster, August 1831, in: Goethes Gespräche, Bd. 3/2, S. 805.
[20] Noten und Abhandlungen zum Divan, Übergang (1819); WA I,7,18.
[21] Noten und Abhandlungen zum Divan, Caliphen (1819); WA I,7,38.

die Bildung des Überwundenen nach und nach die Rohheit des Überwinders".[22] Auch hier konnte sich „ein gewisser Kern der Nation immer in seinem Charakter" erhalten, und zwar vor allem im Werk klassischer Dichter:

> Ferdusi scheint überhaupt zu einem solchen Werke sich vortrefflich dadurch zu qualificiren, daß er leidenschaftlich am Alten, echt Nationellen, festgehalten und auch, in Absicht auf Sprache, frühe Reinigkeit und Tüchtigkeit zu erreichen gesucht, wie er denn arabische Worte verbannt und das alte Pehlewi zu beachten bemüht war.[23]

Goethes sonstige Abweisung eines übertriebenen Sprachpurismus ist genugsam bekannt und oft zitiert. Hier aber lobt er ausdrücklich die „Reinigkeit" der Sprache als Mittel zur Bewahrung des „echt Nationellen". Auch in dieser Frage kann man in entgegengesetzte Extreme verfallen: überall ist die völlige Ablehnung des Fremden ebenso falsch wie das völlige Aufgehen in ihm. Das eine verhindert Austausch und Entwicklung, das andere zerstört den „Kern", der „immer in seinem Charakter" erhalten bleiben muss.

Dieses Problem wiederholt sich auf mehreren Ebenen, nicht nur zwischen Individuum und Nation, zwischen Nationalität und Internationalität, sondern auch bei regionalen und lokalen Identitäten innerhalb einer Nation. Auch hierzu findet Goethe eine Analogie im Orient: Bagdad unter den „Barmekiden". Diese einflussreichen Minister wirkten kulturpolitisch vorbildlich

> als Patrone und Beschützer großer Klöster und Bildungsanstalten, bewahrten unter sich das heilige Feuer der Dicht- und Redekunst und behaupteten durch ihre Welt-Klugheit und Charakter-Größe einen hohen Rang auch in der politischen Sphäre. Die Zeit der Barmekiden heißt daher sprichwörtlich: eine Zeit localen, lebendigen Wesens und Wirkens, von der man, wenn sie vorüber ist, nur hoffen kann, daß sie erst nach geraumen Jahren an fremden Orten unter ähnlichen Umständen vielleicht wieder aufquellen werde.[24]

Die Anspielung auf Weimar und Goethes eigene kulturpolitische Mission ist unübersehbar. Auch dort war „eine Zeit localen, lebendigen Wesens und Wirkens" entstanden. Und auch Goethe war sich bewusst, dass dergleichen

---

[22] Ebd.
[23] Noten und Abhandlungen zum Divan, Ferdusi (1819); WA I,7,52.
[24] Noten und Abhandlungen zum Divan, Caliphen (1819); WA I,7,38 f.

Kulturleistungen „vorüber" gehen, dass sie keine unmittelbare Wirkung und Fortsetzung haben können. Auch er konnte „nur hoffen", dass sein Beispiel über Zeit und Raum hinweg „vielleicht" anregend wirkt.

So wie die Weltkultur nur in der Diversität der Nationalkulturen ihren Wert findet, die sich freilich anregen und austauschen, dabei aber ihre Eigenart bewahren müssen, so erhält auch jede Nationalkultur ihren Wert nur aus der Mannigfaltigkeit ihrer regionalen oder provinziellen Bestandteile. Auch hier wirkt für Goethe jede Gleichmacherei abtötend. Der von ihm abgelehnte Nationalismus seiner Zeit wollte ja nicht nur die Abgrenzung von anderen Nationen, sondern auch die Einebnung der Regionalkulturen:

> es hieß: die Deutschen sollten ihre verschiedenen Zungen durcheinandermischen, um zu einer wahren Volkseinheit zu gelangen. Wahrlich die seltsamste Sprachmengerei! zu Verderbniß des guten sondernden Geschmackes nicht allein, sondern auch zum innerlichsten Zerstören des eigentlichen Charakters der Nation; denn was soll aus ihr werden, wenn man das Bedeutende der einzelnen Stämme ausgleichen und neutralisiren will?[25]

Guter Geschmack ist immer ein sondernder; kulturelle Wertschöpfung entsteht durch Auswahl und Unterscheidung. Gerade auch sprachlich gilt es, die „verschiedenen Zungen" zu bewahren, nicht nur die gemeinsame Sprache, sondern auch deren regionale Varianten.

Diese innere Sonderung, nicht die Vereinheitlichung, ist die Voraussetzung für den Reichtum einer Nationalkultur. Wer „ausgleichen und neutralisiren will", zerstört „das Bedeutende", weil der Ausgleich immer nur auf niedrigstem Niveau stattfinden kann. Während der äußere Nationalismus heute aus der Mode gekommen ist, erlebt dieser innere Nationalismus eine Neubelebung in zahlreichen Zentralisierungsbestrebungen, und zwar gerade auf dem Gebiet der Kultur- und Bildungspolitik, wo unter dem Vorwand der Effizienz und Nützlichkeit immer stärker die nationale oder gar internationale Gleichschaltung gefordert wird, natürlich auch auf untersten Niveau. Der sprachliche Verfall durch den Rückgang der Dialekte und die epidemische Ausbreitung des Medienjargons sind vielleicht schon unumkehrbar. Goethe hingegen will immer und überall das „Gesonderte" und „Besondere". Er verteidigt es auf jeder Ebene: als Individuum, als Lokalität, als Region, als

---

[25] Der Pfingstmontag, Nachtrag (1821); WA I,41.1,244.

Nation, als übernationalen Kulturkreis. Die nächst allgemeinere Instanz wird dadurch keineswegs entwertet, sondern im Gegenteil bereichert. Es sei „ein entschieden anmuthiges Gefühl", sagt Goethe,

> wenn sich eine Nation in den Eigenthümlichkeiten ihrer Glieder bespiegelt: denn ja nur im Besondern erkennt man, daß man Verwandte hat, im Allgemeinen fühlt man immer nur die Sippschaft von Adam her.[26]

Jede Ganzheit lebt nur „in den Eigenthümlichkeiten ihrer Glieder". Das gilt auch für den kulturellen Erfolg Weimars, der für Goethe nicht in einer „Zentralisation", sondern in der Freiheit, ja sogar im Streit seiner Kulturträger begründet liegt:

> Weimar war gerade nur dadurch interessant, daß nirgends ein Zentrum war. Es lebten bedeutende Menschen hier, die sich nicht miteinander vertrugen; das war das Belebendste aller Verhältnisse, regte an und erhielt jedem seine Freiheit.[27]

Nur „bedeutende Menschen" können in ihrer Unterschiedlichkeit und Vielfältigkeit eine bedeutende Gesellschaft bilden. Kultureller Aufbau findet immer nur vom Einzelnen zum Allgemeinen hin statt. Wer glaubt, durch kulturpolitische Vorgaben und durch das Ausschalten von Konflikten etwas Bedeutendes schaffen zu können, irrt und bewirkt das Gegenteil. In Weimar jedenfalls steigerten sich „bedeutende Menschen" gerade dadurch gegenseitig, dass sie „sich nicht miteinander vertrugen".

Goethe geht es um die optimalen Entwicklungsbedingungen für das Bedeutende, nicht um die Selbstzufriedenheit des Mittelmaßes, das immer steril ist und, entgegen modernen Illusionen, niemals schöpferisch wird. So begreift er auch sein eigenes literarisches Wirken:

> Meine Sachen können nicht populär werden; wer daran denkt und dafür strebt, ist in einem Irrtum. Sie sind nicht für die Masse geschrieben, sondern nur für einzelne Menschen, die etwas Ähnliches wollen und suchen, und die in ähnlichen Richtungen begriffen sind.[28]

---

[26] Tag- und Jahreshefte 1817; WA I,36,129 f.
[27] Zu F. von Müller, 6. 6. 1830; Goethes Gespräche, Bd. 3/2, S. 637 f.
[28] Zu Eckermann, 11. 10. 1828; Johann Peter Eckermann, Gespräche mit Goethe in den letzten Jahren seines Lebens. Hg. v. Heinz Schlaffer, München 1986 (Münchner Ausgabe, Bd. 19), S. 266.

Die Ausbildung der Individualität ist ihm das wichtigste; und diese gelingt nur in Einzelfällen. Was man regionale, nationale oder kontinentale Kultur nennt, ist ihm immer das Werk herausragender Persönlichkeiten, denen unter besonders glücklichen Umständen angemessene Wirkungsmöglichkeiten geboten werden konnten, vor allem die Unabhängigkeit von der Erwartungshaltung des Publikums. Mit diesen Geistesgrößen aller Völker und Zeiten sucht Goethe den Dialog. Und das versteht er dann im förderlichen Sinne unter ‚Weltliteratur'. Dieser heute so sehr missbrauchte Begriff, der gewöhnlich zu einer banalen ‚Multikulturalität' verballhornt wird, ist besonders geeignet, Goethes elitäres Welt- und Menschenbild im Verhältnis des Besonderen zum Allgemeinen zu verdeutlichen. Die vielzitierte Hauptstelle lautet:

> Aber freilich wenn wir Deutschen nicht aus dem engen Kreise unserer eigenen Umgebung hinausblicken, so kommen wir gar leicht zu diesem pedantischen Dünkel. Ich sehe mich daher gerne bei fremden Nationen um und rate jedem, es auch seinerseits zu tun. National-Literatur will jetzt nicht viel sagen, die Epoche der Welt-Literatur ist an der Zeit und jeder muß jetzt dazu wirken, diese Epoche zu beschleunigen.[29]

Das ist die literarische Seite seines Kampfes gegen den „pedantischen Dünkel" eines borniertierten Nationalismus, der das Mittelmäßige oder gar Minderwertige nur deshalb bevorzugen will, weil es der eigenen Nation angehört. Das Umsehen „bei fremden Nationen" geschieht aber nicht in der Absicht der Angleichung und Nivellierung, sondern meint eben die Suche nach dem Bedeutenden, das in der jeweiligen Nationalkultur einzigartig ist. Deshalb interessiert sich Goethe für Byron, Manzoni oder Mérimée.

Weniger gern zitiert werden Goethes skeptische Äußerungen zur ‚Weltliteratur', die deren negative Aspekte herausstreichen. Auch hier muss man nämlich seinen Kampf um die richtige Mitte erkennen. Die Gefahr einer isolierten ‚Nationalliteratur' liegt im Mangel an Austausch und Entwicklung. Das betrifft übrigens nicht nur den nationalen, sondern auch den exotischen „Dünkel", der irgendwo anders auf der Welt das allein Gültige entdeckt haben will:

> Aber auch bei solcher Schätzung des Ausländischen dürfen wir nicht bei etwas Besonderem haften bleiben und dieses für musterhaft ansehen wollen. Wir müssen nicht denken, das Chinesische wäre es, oder

---

[29] Zu Eckermann, 31. 1. 1827; ebd. S. 207.

das Serbische, oder Calderon, oder die Nibelungen; sondern im Bedürfnis von etwas Musterhaftem müssen wir immer zu den alten Griechen zurückgehen, in deren Werken stets der schöne Mensch dagestellt ist. Alles übrige müssen wir nur historisch betrachten und das Gute, so weit es gehen will, uns daraus aneignen.[30]

Da ist es also wieder, das schwierige Verhältnis zwischen „Besonderem" und „Musterhaftem". Das Einzigartige ist überall das Erstrebenswerte, aber es darf nicht mit dem Allgemeingültigen verwechselt werden. Genau dieses Bestreben, eine bestimmte Lebens-, Gesellschafts- oder Staatsform, ein festgelegtes und als ‚politisch korrekt' definiertes Wertesystem allen Menschen und Völkern aufzuzwingen, provoziert ja die individualistische oder patriotische Reaktion. Abgesehen von „den alten Griechen", denen auch der späte Goethe noch den Wert klassischer Vorbildlichkeit zugesteht, sind alle kulturellen und literarischen Einzelphänomene nur in ihrer Art schätzenswert. Eben deshalb bedarf es ja der Mannigfaltigkeit, weil nichts vollkommen, sondern alles „nur historisch" zu betrachten ist. Das ist noch immer der Herdersche Historismus und Relativismus, soweit er im Gebiet der Einzelphänomene Gültigkeit beanspruchen kann. Um jedoch das jeweilige „Gute" beurteilen und sich „daraus aneignen" zu können, bedarf es ergänzend des Maßstabes der Kantschen Allgemeingültigkeit, die aber nicht im Konkreten, sondern nur im Prinzipiellen liegen kann. So wenig wie das Relative verabsolutiert, darf auch das Absolute nicht relativiert werden. Das eine ist die ideologische, das andere die relativistische Verblendung.

Goethes Interesse für das Orientalische und für das deutsche Mittelalter ist immer nur ein solch relatives und historisches Interesse gewesen. Was er an der romantischen Mittelalterbegeisterung, aber auch an der Orientschwärmerei ablehnt, ist das Verabsolutieren des Besonderen, das fälschlich zum „Musterhaften" stilisiert werden soll, anstatt dass es in seiner Eigentümlichkeit erkannt und geschätzt wird. Das selbe gilt auch für die ‚Weltliteratur' seiner Gegenwart: auch Byron ist ihm zwar lobenswert in seinem spezifischen Charakter, aber keineswegs musterhaft. Wer das meint, der verliert bei seinem Höhenflug die Bodenhaftung und stürzt ab wie Euphorion. Diese Gefahr der Vereinheitlichung durch falsche Muster hat Goethe gerade auch bei der „gehofften allgemeinen Weltliteratur" gesehen, weshalb er darauf besteht,

---

[30] Ebd.

daß nicht die Rede sein könne, die Nationen sollen überein denken, sondern sie sollen nur einander gewahr werden, sich begreifen, und wenn sie sich wechselseitig nicht lieben mögen, sich einander wenigstens dulden lernen.[31]

Die nachteiligen „Folgen der anmarschirenden Weltliteratur" erkennt er beispielsweise darin, dass die „Übertriebenheiten, wozu die Theater des großen und weitläufigen Paris genöthigt werden", auch in Deutschland und Weimar „Schaden" anrichten; man könne „sich hier ganz allein dadurch trösten, daß, wenn auch das Allgemeine dabey übel fährt, gewiß Einzelne davon Heil und Segen gewinnen werden".[32]

Die kulturelle ‚Globalisierung', wie man das heute nennt, schadet also auch nach Goethes Überzeugung der anpassungsbedürftigen Menge, und zwar dadurch, dass sich der charakterlose Massengeschmack allgemein durchsetzt. Gerade bei dem Deutschen sieht er diese „Gefahr" allzu bereitwilliger Anlehnung „an seinen Nachbarn", wo doch „vielleicht keine Nation geeigneter" sei, „sich aus sich selbst zu entwickeln":[33]

Jetzt, da sich eine Weltliteratur einleitet hat, genau besehen, der Deutsche am meisten zu verlieren; er wird wohl tun dieser Warnung nachzudenken.[34]

Dieser negative Teil von Goethes Prophezeiung für das kommende Zeitalter der „Weltliteratur" hat sich inzwischen in medial potenzierter Weise übererfüllt:

was der Menge zusagt, wird sich grenzenlos ausbreiten und, wie wir jetzt schon sehen, sich in allen Zonen und Gegenden empfehlen; dies wird aber dem Ernsten und eigentlich Tüchtigen weniger gelingen; diejenigen aber, die sich dem Höheren und dem höher Fruchtbaren gewidmet haben, werden sich geschwinder und näher kennenlernen.[35]

---

[31] Edinburgh Reviews (1828); WA I,41.2,348.
[32] An Zelter, 4. 3. 1829; WA IV,45,187.
[33] Maximen und Reflexionen, Aus Makariens Archiv (1829); WA I,42.2,201.
[34] Ebd., WA I,42.2,202.
[35] Allgemeine Betrachtungen zur Weltliteratur V [Herausgebertitel] (1829/30), in: Johann Wolfgang Goethe, Gedenkausgabe. Hg. v. Ernst Beutler, Bd. 14: Schriften zur Literatur, Zürich 1950, S. 914.

Ob dieser positive Aspekt der leichteren Kommunikation zwischen einer internationalen Geisteselite wirklich den Schaden der allgemeinen Kulturnivellierung auf unterstem Niveau ausgleicht, muss wohl vorerst dahingestellt bleiben. Es hat eher den Anschein, als ob der wirtschaftliche Nutzen, der sich aus dem, „was der Menge zusagt", ziehen lässt, auch die potentiell „Fruchtbaren" korrumpiert und die „eigentlich Tüchtigen" sterilisiert. Jedenfalls erwartet sich Goethe von der ‚Weltliteratur' Vorteile nur für diese „Höheren", nicht für die Hebung einer allgemeinen Massenkultur:

> Ist doch eigentlich das wahrhaft Vernünftige und Auslangende das Erbtheil weniger, im Stillen fortwirkender Individuen.[36]

Dieses Denken ist durchweg individualistisch und elitär. „Die Abneigung gegen die Menge war Goethe angeboren."[37] Deshalb opfert er gewissermaßen den vorhergesehenen Schaden für die Volkskulturen dem erhofften Gewinn für die „eigentlich Tüchtigen".

‚Weltliteratur' gibt es also für Goethe in einem doppelten Sinne: als internationaler Massengeschmack und als Dialog herausragender Geister über Räume und Zeiten hinweg. Nur in letzterer Hinsicht rechnet er sich selbst dazu.[38] Er ist überzeugt,

> daß es tüchtige Menschen gegeben hat und geben wird, und solchen muß man ein schriftlich gutes Wort gönnen, aussprechen und auf dem Papier hinterlassen. Das ist die Gemeinschaft der Heiligen, zu der wir uns bekennen.[39]

Diese „Heiligen" können sich etwas erhalten, was die ‚Weltliteratur' im schlimmen Sinne an der Masse gerade zerstört: die individuelle Eigenart. Sie haben die Gabe der Unterscheidung:

---

[36] An Zelter, 4. 3. 1829; WA IV,45,187.
[37] Curtius, S. 61. Curtius' treffliche Analyse wird nur getrübt durch seine Rede von „Goethes Esoterik" (S. 72), während er den Begriff „Elite" (S. 65) ablehnt. Beides beruht aber auf bloßen Definitionsproblemen. Goethe ist zwar bewusst unpopulär, aber gewiss nicht ‚esoterisch' im Sinne von sonderbündlerisch oder geheimniskrämerisch, weil seine ‚Geheimnisse' immer ‚offenbar' sind; und selbstverständlich ist er nicht im Sinne einer sozialen Gruppenzugehörigkeit ‚elitär', sondern vertritt einen ‚Adel des Geistes'.
[38] Vgl. Curtius, S. 64: „Über weite Fernen von Raum und Zeit hinweg weiß sich der deutsche Dichter zugehörig zu diesem Reich der Meister."
[39] An Zelter, 18. 6. 1831; WA IV,48,241.

Lassen wir also gesondert, was die Natur gesondert hat, verknüpfen aber dasjenige, was in großen Fernen auf dem Erdboden auseinandersteht, ohne den Charakter des Einzelnen zu schwächen, in Geist und Liebe![40]

Verknüpfung des Gesonderten und Besonderen, „ohne den Charakter des Einzelnen zu schwächen": das ist Goethes Kulturideal. Und das gilt eben auch für die nationale Eigenart, in der alles Besondere wurzelt.

Jeder ‚Weltliterat' muss zugleich auch ein ‚Nationalliterat' sein, und jeder ‚Nationalliterat' auch ein ‚Regionalliterat'. Nur was ausschließlich an einem bestimmten Ort, zu einer bestimmten Zeit, in einer bestimmten Sprache, aus einem bestimmten Kulturkreis heraus denkbar ist, hat allgemeinen Wert. Daher ist die auch heute noch unter Künstlern und Schriftstellern so verbreitete Angst vor dem ‚unmodernen Provinzialismus' gänzlich verfehlt und kontraproduktiv. Denn alles Bedeutende ist provinziell und traditionsverhaftet:

> Es fehlt unsern Künstlern der Grund und Boden, sie wollen etwas Apartes für sich sein, ohne rückwärts oder vorwärts zu sehen. In diesem Punkte bin ich Aristokrat: der Künstler muß eine Herkunft haben, er muß wissen, wo er herstammt.[41]

Was von vorne herein allgemeinverträglich sein will, hat keine Eigenart und keinen Eigenwert. In der Dimension der Zeit ist das der Fluch des bornierten Modernismus: er ist schon vor seiner Geburt veraltet, denn sogar um sie abzulehnen, braucht man den Bezug zur Tradition. Neu und ‚modern' ist aufgrund der geänderten Zeitumstände jede Kunst von ganz alleine, ob sie will oder nicht. Lebensfähig und fruchtbar aber ist sie nur durch ihre Verwurzelung im „Grund und Boden" einer bestimmten Kultur. Daher verlangt Goethe auch,

> daß man jeden Dichter in seiner Sprache und im eigenthümlichen Bezirk seiner Zeit und Sitten aufsuchen, kennen und schätzen müsse.[42]

---

[40] Der Pfingstmontag, Nachtrag (1821); WA I,41.1,244.
[41] Kunst und Alterthum am Rhein und Main, Heidelberg (1816); WA I,34.1,189.
[42] Noten und Abhandlungen zum Divan, Lehrer (1819); WA I,7,220.

Und in der Dimension des Raums ist diese Wurzellosigkeit der Fluch der ‚multikulturellen Gesellschaft': auch sie hat von vorne herein gar keine Kultur. Deshalb ist für Goethe auch nur der ‚klassische Nationalautor' zum Teilnehmer einer elitär verstandenen ‚Weltliteratur' geeignet. Für diesen gilt es die Bedingungen zu schaffen:

> Wann und wo entsteht ein classischer Nationalautor? Wenn er in der Geschichte seiner Nation große Begebenheiten und ihre Folgen in einer glücklichen und bedeutenden Einheit vorfindet; wenn er in den Gesinnungen seiner Landsleute Größe, in ihren Empfindungen Tiefe und in ihren Handlungen Stärke und Consequenz nicht vermißt; er selbst, vom Nationalgeiste durchdrungen, durch ein einwohnendes Genie sich fähig fühlt, mit dem Vergangnen wie mit dem Gegenwärtigen zu sympathisiren; wenn er seine Nation auf einem hohen Grade der Cultur findet, so daß ihm seine eigene Bildung leicht wird; wenn er viele Materialien gesammelt, vollkommene oder unvollkommene Versuche seiner Vorgänger vor sich sieht, und so viel äußere und innere Umstände zusammentreffen, daß er kein schweres Lehrgeld zu zahlen braucht, daß er in den besten Jahren seines Lebens ein großes Werk zu übersehen, zu ordnen und in Einem Sinne auszuführen fähig ist.[43]

Auch hier lässt sich die für Goethe so bezeichnende Verbindung von Individualität und Allgemeinheit, von Originalität und Traditionalismus beobachten: „ein einwohnendes Genie" muss „vom Nationalgeiste durchdrungen" sein. Nur dann ist dieses Genie auch fähig, diesen Nationalgeist zu übersteigen und zu erweitern. Denn selbstverständlich kann es für Goethe nicht um die Anpassung des Einzelnen an ein Kollektiv, nicht um die Nivellierung des Herausragenden gehen, sondern im Gegenteil um die Ermöglichung des Eigenartigen und des Mannigfaltigen.

Deshalb ist auch Goethes Haltung zum Patriotismus differenzierter, als er heutzutage gewöhnlich dargestellt wird. Wenn er als erstarrter Nationalismus zur Ideologie verabsolutiert und damit zur Gefahr für das freie und schöpferische Individuum wird, lehnt Goethe ihn allerdings ab. Er lehnt aber auch den blinden Internationalismus ab, der zur Gefahr für die Diversität der Kulturen wird:

---

[43] Literarischer Sansculottismus (1795); WA I,40,198.

> Und so wünsch' ich den Patriotismus zu finden, zu dem jedes Reich, Land, Provinz, ja Stadt berechtigt ist: denn wie wir den Charakter des Einzelnen erheben, welcher darin besteht, daß er sich nicht von den Umgebungen meistern läßt, sondern dieselben meistert und bezwingt, so erzeigen wir jedem Volk, jeder Volksabtheilung die Gebühr und Ehre, daß wir ihnen auch einen Charakter zuschreiben, der sich in einem Künstler oder sonst vorzüglichen Manne veroffenbart.[44]

Patriotismus als Bewusstsein der Herkunft und ihrer spezifischen Werte kann sich auf mehrere Ebenen beziehen, vom „Reich" bis herab zur „Stadt". Und Goethe betont auch ausdrücklich die Analogie des National- oder Regionalcharakters zum „Charakter des Einzelnen": immer geht es darum, sich „nicht von den Umgebungen meistern" zu lassen, dem Anpassungsdruck und Gleichschaltungsbestreben der allgemeineren Instanz zu widerstehen, zu der man sich dennoch zugehörig fühlt. Aber das Allgemeine ist für Goethe immer nur für das Besondere da; auch die wahre Nationalkultur ist eigentlich kein kollektiver Wert, sondern „veroffenbart" sich nur immer wieder in einem „vorzüglichen Manne".

Noch einmal: für Goethe gibt es zwei gegenläufige Gefahren, die es zu bekämpfen gilt. Sein klassisches Denken führt immer einen Zweifrontenkrieg um die richtige Mitte. Das eine falsche Extrem ist die Relativierung des Absoluten, die Leugnung allgemeingültiger Gesetze und Maßstäbe, wie Goethe sie bei „den alten Griechen" exemplarisch und musterhaft vorgebildet sieht, nicht weil deren Kultur typisch griechisch, sondern weil sie außerdem noch allgemein menschlich sei. Dieser auf das Falsche bezogene Relativismus entspringt der einseitigen Anwendung der von Herder entwickelten Ideen, denen die allgemeingültige Intersubjektivität Kants entgegengehalten werden muss. Das andere Extrem jedoch ist die Verallgemeinerung des Einzelnen, die Verabsolutierung des Relativen. Dieser Totalitarismus kennzeichnet und verbindet alle kollektivistischen Ideologien der „Oner und Aner", wie immer sie sich nennen mögen, auch den zu Goethes Zeit virulent werdenden Nationalismus mit dem heute herrschenden Zwang zu einer international verstandenen ‚politischen Korrektheit', der jede Abweichung des Denkens durch willkürlich definierte soziale Spielregeln oder gar angebliche ‚Menschenrechte', also durch den Allgemeingültigkeitsanspruch höchst subjektiver und relativer Weltbilder, insbesondere durch ein ideologisch be-

---

[44] Kunst und Alterthum am Rhein und Main, Heidelberg (1816); WA I,34.1,189.

stimmtes Diskriminierungsverbot kriminalisiert. Das Diskrete muss aber diskriminiert, das Distinkte distinguiert werden, sonst wird man „durch Vermischung" und Vermengung immer nur „einen krankhaften Zustand hervorbringen". Der heute modische Internationalismus ist auch nur die Fortsetzung und Steigerung dieser nivellierenden Tendenz, weil er mit den Nationen das selbe macht wie der Nationalismus mit den Individuen: er unterdrückt „den Charakter des Einzelnen". Eine solche geistige ‚Globalisierung' verhindert gerade das, was Goethe von einer ‚Weltliteratur' an Vorteilen erwartet hat. Goethe war sich jedenfalls sehr bewusst, dass er nur als ausgeprägter „Weimaraner" ein wahrer „Weltbewohner" sein konnte.

FRITZ HEUER

Ästhetischer Schein

Zu Schiller und Platon und zur Orientierung in philologischer Arbeit

Wenn Wanderern auf einem Gletscherfeld im Hochgebirge plötzlich Nebel den Blick nimmt, erfahren sie, was es heißt, sich orientieren zu können. Dazu brauchen wir den Kompass, die Karte in der Hand, auf der oben und unten, rechts und links die Himmelrichtungen bezeichnet, und dazu unser Körpergefühl für rechts oder links, oben und unten für aufwärts oder abwärts, im Rücken oder vor uns, wenn wir vorwärts weitergehen. Wie lernen wir uns in den Spielräumen des ästhetischen Scheins bewegen, als Tänzer oder vor einem Gemälde?

Erst die Empfänglichkeit[1] für das Gefallen am ästhetischen Schein, am Schönen, so beweist Schiller in den Briefen „Über die ästhetische Erziehung des Menschen", eröffnet dem Menschen die Möglichkeit, sich in die Helle des Spielraums für sein MenschSein[2] einzufinden.

> der Mensch spielt nur, wo er in voller Bedeutung des Worts Mensch ist, und er ist nur da ganz Mensch, wo er spielt. Dieser Satz [...] wird [...] das ganze Gebäude der ästhetischen Kunst und der noch schwierigern Lebenskunst tragen.[3]

---

[1] Heuer, Fritz: Die Empfänglichkeit für den ästhetischen Schein ist das *a priori* des Schönen in Kants Kritik der Urteilskraft. Das Orientierende in Schillers Forderung der ästhetischen Erziehung des Menschen: In: Who Is This Schiller Now? Essays on His Reception and Significance. Ed. Jeffrey L. High, Nicholas Martin, and Norbert Oellers. Rochester, N.Y. 2011, S. 147-164.
[2] Die Schreibweise ist erforderlich im Hinblick auf meine an anderer Stelle zu verfolgende Frage an Heideggers Begriffe „Dasein" und „Seyn" im Vergleich zu Schillers Frage nach dem Menschen.
[3] Schiller, Friedrich: Schillers Werke. Nationalausgabe [fortan NA u. Bandzahl], begr. v. Julius Petersen, fortgef. v. Liselotte Blumenthal u. Benno von Wiese. Hg. im Auftrag der Stiftung Weimarer Klassik und des Schiller-Nationalmuseums Marbach von Norbert Oellers, Weimar 1943 ff., Bd. 20, Weimar 1962, künftig: NA. Bd. 20, S. 359. Fünfzehnter Brief.

Was sollte hier die besondere Aufmerksamkeit des Philologen beanspruchen? Hier, das heißt jedoch, wo „der Spieltrieb sich regt, der am Scheine Gefallen findet"[4], indem er den Spielraum mit Gestalt annehmenden Bewegungen erfüllt, wie sie sich ausprägen im Spiel des Verlautens von Sprache, in Gebilden der Dichter auch und des Umgangs mit ihnen. Homer und die Tragödiendichter hatte Platon im Blick, wenn er Sokrates über das Phänomenale der Mimesis nachdenken lässt.[5] Aber nicht allein von der *schönen Literatur,* wie das 18. Jahrhundert *belles lettres,* deren Bereich schon einschränkend, übersetzte, ist bei Schiller die Rede. Wenn Schiller den Menschen ermuntert, das „menschliche Herrscherrecht [...] in der *Kunst des Scheins"* zu üben, dann werde

> er nicht bloß das Reich der Schönheit erweitern, sondern selbst die Grenzen der Wahrheit bewahren; denn er kann den Schein nicht von der Wirklichkeit reinigen, ohne zugleich die Wirklichkeit von dem Schein frei zu machen.[6]

Unverkennbar steht Schiller hier im hohen Geistergespräch mit Platon, beide mit besorgtem Blick auf den Menschen und auf die liebevoll bevorzugten Schoßkinder der Philologen, die Dichter. Schiller sagt es so:

> Gleich, sowie der Spieltrieb sich regt, der am Scheine Gefallen findet, wird ihm auch der nachahmende Bildungstrieb folgen, der den Schein als etwas Selbstständiges behandelt.[7]

Mit den Werken des nachahmenden Bildungstriebs – an eine wohlüberlegte Übersetzung von *Mimesis* im Ausblick auf die erschließende Kraft[8] des Wortgebrauchs bei Aristoteles ist hier zu denken – meint es Schil-

---

[4] NA. Bd. 20, S. 400. Sechs und Zwanzigster Brief.
[5] Politeia, X. Buch.
[6] NA. Bd. 20, S.401.
[7] NA. Bd. 20, S. 400.
[8] „In diesem Sinne ist dichterische Tätigkeit keineswegs einfach Darstellung, sondern ‚Nachahmung', auf Erkenntnis beruhende, die inneren Möglichkeiten eines Menschen ausschöpfende Nach-ahmung von Handlung.", so Arbogast Schmitt: Die Literatur und ihr Gegenstand in der Poetik des Aristoteles. In: Kann man heute noch etwas anfangen mit Aristoteles? Hg. v. Thomas Buchheim, Hellmut Flashar, Richard A.H. King. Hamburg 2003. S.184-219, hier S. 216. Arbogast Schmitt weiß mit Aristoteles von einer der Dichtung eigenen Erschließungskraft, die es auch für Schiller nach und mit Kant zurückzugewinnen gilt. (Was auch für Dichtung zur Dichtung? Zur Interpretation des neunten Kapitels der Aristotelischen Poetik (1451 a36-b11). In: Mimesis- Repräsentation - Imagination. Literaturtheoretische Positionen von Aristoteles bis zum Ende des 18. Jahrhunderts. Hg. v. Jörg Schönert u. Ulrike Zeuch. Berlin 2004, S. 65-95).

ÄSTHETISCHER SCHEIN

ler zwar gut, auf seinem Hochsitz olympisch homerischer Heiterkeit. Aber wo der „Schein als etwas Selbständiges behandelt" wird, steht auch für ihn der hohe Ernst[9] der Sache des Menschen an. Dem für Täuschungen und Ausschweifungen Anfälligen methodisch und von Beginn an die Zügel tugendkräftiger Lenker und zum Wissen geschulter Wächter anzulegen, lässt Platon Sokrates das Höhlengleichnis erfinden und seinem Gesprächspartner als richtungweisendes Modell für den Aufstieg zu einem von falschem Schein gereinigten Wissen im Licht untrüglicher Wahrheit aufdrängen.[10]

Auch für Kant bleiben die Selbsttäuschungen im theoretischen wie im praktischen Gebrauch der Vernunft durch das Verkennen von Schein entschiedenes Anliegen der Kritik. Aber Kants Aufmerksamkeit ist zu offen und zu liberal, als dass er den Menschen zunächst an dämmrigem, nur von Schattenbildern schwach erhelltem Ort in Fesseln schlüge. Er stellt den mit seinen menschlich empfänglichen Sinnen Fühlenden und um sich Blickenden frei in die Helle des Mittags, wenn er daran geht, die heuristische Kraft des reflexiven Verbs „sich orientieren" zu erproben – aus einem Fachausdruck der Seefahrer schon zur Metapher geworden, wenn Kant das Wort von Mendelssohn aufnimmt, so wie es im 18. Jahrhundert zu erweitertem Gebrauch kommt.[11]

> Sich *orientieren* heißt, in der eigentlichen Bedeutung des Worts: aus einer gegebenen Weltgegend (in deren vier wir den Horizont einteilen) die übrigen, namentlich den *Aufgang* zu finden. Sehe ich nun die Sonne am Himmel, und weiß, dass es nun die Mittagszeit ist, so weiß ich Süden, Westen, Norden und Osten zu finden. Zu diesem Behuf bedarf ich aber durchaus das Gefühl eines Unterschiedes an meinem eigenen *Subjekt*, nämlich der rechten und linken Hand. Ich nenne es ein *Gefühl*; weil diese zwei Seiten äußerlich in der Anschauung keinen merklichen Unterschied zeigen. Ohne dieses Vermögen: in der Beschreibung eines Zirkels, ohne an ihm irgend eine Verschiedenheit der Gegenstände zu bedürfen, doch die Bewegung von der Linken zur Rechten von der in entgegengesetzter Richtung zu unterscheiden, und dadurch eine Ver-

---

[9] NA. Bd. 20, Fünfzehnter Brief, S. 357-360. Aber nicht allein für das Spiel des Menschen „mit der Schönheit" geht es Schiller um diesen hohen Ernst.
[10] Politeia, 7. Buch. Verwiesen sei auf die Übersetzung und Interpretation des Höhlengleichnisses" von Martin Heidegger: Platons Lehre von der Wahrheit. Mit einem Brief über den Humanismus. Bern 1947 u.a.
[11] Deutsches Wörterbuch von Jacob und Wilhelm Grimm. Siebenter Band, bearbeitet v. Matthias von Lexer. Leipzig 1889.

schiedenheit in der Lage der Gegenstände a priori zu bestimmen, würde ich nicht wissen, ob ich Westen dem Südpunkte des Horizonts zur Rechten oder zur Linken setzen, und so den Kreis durch Norden und Osten bis wieder zu Süden vollenden sollte. Also orientiere ich mich *geographisch* bei allen objektiven Datis am Himmel doch nur durch einen *subjektiven* Unterscheidungsgrund; [12]

Spürbar ist die Erregung bei dieser Betrachtung, der Kant noch weiter nachgeht. Sie gilt dem phänomenalen Faktum der Synthesis a priori in der mimetischen Bewegung, die, indem sich das Wort mit Anschauung erfüllt, den sich in dieser Bewegung fühlenden Menschen für ein außer ihm Begegnendes, Raum außer ihm erfüllend, empfänglich sein und werden lässt, in einem Werden, das sich im Gewahrwerden noch weiter öffnet und zu ausschweifendem Verweilen einlädt und herausfordert. Kants Aufsatz „Was heißt: sich im Denken orientieren?" erscheint 1786,[13] nach dem in der „Kritik der reinen Vernunft" (1781) erarbeiteten Ausweis von Raum und Zeit als transzendentaler, reiner Formen der Anschauung, mit gleichem Zeitabstand aber vor der dritten Kritik (1791), der „Kritik der Urteilskraft", in der Kant in der ihm zugrundeliegenden Synthesis a priori das Faktische des Gefallens am Schönen aufweist, was Schiller dann zu der Deduktion des ästhetischen Zustands inspiriert und zum Ausweis des ästhetischen Scheins veranlasst wie zur Verpflichtung des Menschen, sein „Herrscherrecht" im „Reich der Schönheit" auch auszuüben.[14]

Kant beobachtet und fühlt bei seiner heuristischen Digestion über den ererbten Sprachschatz in dem Wort „sich orientieren" mit dem Menschen, der auch sprachlich damit zurechtkommen muss, wie sich die seiner Natur prinzipiell subjektiv vorgegebenen Anschauungsformen mit einem Gegenüber von Objekten in einem erfüllten Raum und einer sich erfüllenden und vergehenden Zeit a priori mit einem dem Menschen als Menschen eigenen Körpergefühl verbinden. Das gilt, soweit wir uns im Alltäglichen bewegen,

---

[12] Kant, Immanuel: Gesammelte Schriften (Akademie-Ausgabe), Bd. XX, S. 267. Kant wird im Folgenden, wie üblich, mit der Paginierung der Originalausgaben (A oder B u. Seitenzahl) zitiert. Kant A 367 Paginierung nach der Akademie-Ausgabe.
[13] Erstdruck in: Berlinische Monatsschrift, Oktober 1786.
[14] Dieser transzendentale Aspekt des sich Orientierens fehlt bei Ralf Elm: Orientierung in Horizonten. Analyse und hermeneutische Folgerungen, In: Werner Stegmeier: Orientierung. Philosophische Perspektiven. Frankfurt am Main 2005, S. 79-114.

das gilt, soweit Erkenntnisverfügungen reichen[15] und das gilt für alles jeweilige Einstimmen in das Eingelassensein in ein Gemeinsames von Bewegung und Verweilen in Raum und Zeit der Spielräume, in denen, wie Schiller sagt, von Beginn des Menschen an „der Spieltrieb sich regt, der am Scheine Gefallen findet".

Die Natur selbst ist es, die den Menschen von der Realität zum Scheine emporhebt, indem sie ihn mit zwey Sinnen ausrüstete, die ihn bloß durch den Schein zur Erkenntniß des Wirklichen führen. In dem Auge und dem Ohr ist die andringende Materie schon hinweggewälzt von den Sinnen, und das Objekt entfernt sich von uns, das wir in den thierischen Sinnen unmittelbar berühren.[16]

Die „andringende Materie" lässt sich an Messdaten neuronaler Prozesse im Gehirn ausweisen und verfolgen, während beispielsweise ein Kind die Hand von links nach rechts führend den Flug eines Vogels mimetisch mit den Worten „von dem Strauch vorne auf den Zaun da" begleitet. Aber eine Dokumentation des Bild- und Tonmaterials dieser Szene hätte schon herausgeschnitten, wie eine mimetisch in ein Gegenüber hinausweisende Bewegung in empfänglich sympathetisch zuhörend und zuschauend Mitanwesenden ihren gemeinsamen Spielraum und ihre gemeinsame Spielzeit aufgetan hatte: die sich auch in der Wieder-Holung als Einheit einer Spielbewegung neu konsolidiert wie in den Elementen dieser Einheit[17], wieder-holbar überdies im Erzählen. Wie beides in dem dem Menschen als Menschen eigenen sich Orientieren zusammenspielt, nahm Kant zwar nicht in den Blick einer eigenen Analyse. Das Wirken der Einbildungskraft bei der Funktion der Kategorien als Zeitschemata in der Produktion von theoretischer Erkenntnis nennt er „eine verborgene Kunst in den Tiefen der menschlichen Seele, deren wahre Handgriffe wir der Natur schwerlich jemals abraten, und sie unverdeckt vor Augen legen werden."[18] Wenn die für ästhetischen Schein empfängli-

---

[15] In der Natur als Erscheinung unter Verstandesgesetzen im Sinne Kants von den Messoperationen in den kosmischen Verwerfungen im Wirkungskreis einer Supernova bis zu der Dynamik in den neuronalen Vernetzungen im Gehirn eines lesenden Menschen – ohne hier irgendetwas zu der Übersetzung eines Verses von Rilke, die jenen gerade beschäftigt, beitragen zu können.
[16] NA. Bd. 20, S. 400.
[17] Die zur Erstellung einer Statistik von Messwerten auch auf andere Weise isoliert werden können. Der Erinnerung wert bleibt, wie uns erst die unser Singen im Tanz begleitend aufstampfenden Füße unsere Sensibilität für die Artikulation der Wortsilben lange geübt haben müssen.
[18] KrV, A 141/B 180 f.

chen menschlichen Sinne zu dem, was uns in den Dingen erscheint, phänomenal, über den Andrang der Materie hinweg, hinausspringen, wenn sich mithin der Raum im gelichteten Horizont ursprünglichen sich Orientierens immer schon mit mimetisch erschaffenen Gestalten von Bewegung erfüllt hätte, käme für das Enträtseln noch hinzu, dass das Zusammenwirken von Rezeptivität und Spontaneität im positiven Erkenntnisvollzug ein Zurückfinden voraussetzt, in dem sich die methodische Richtigkeit der Erarbeitung von Wissen von der ursprünglichen Situiertheit, in einem erfüllten Spielraum von Raum und Zeit orientiert zu sein, ablöst und sich dann eigene Wegrichtungen des verfügenden Verarbeitens absichert, in methodisch sich ausweisender Forschung bis hinaus zu den Quasaren der Astrophysik oder zur Entschlüsselung der Gene des Lebendigen. Irritationen des dem Menschen singulär eigenen Orientiertseins entstehen durch physische Reizerregung auslösende Störfälle im Verweilen des Gefallens am Schönen, etwa im Vortrag eines Gedichtes, oder im verlässlichen Umgang mit dem Zeug oder durch unterbrechende Reflexion selbst. An den Versuchen, wie die Reflexion von den Störfällen zurückfinden will, wird deutlich, was Wissensverfügung selbständig zu leisten vermag und was nicht, wo sie wie eben im sich Orientieren auf die Vorgabe der sich immer wieder neu herstellenden Natur vertrauen müsste.[19] Wie sich die auf die Verfügungen ihres Wissens bauende Reflexion hier verirren kann, zeigt Martin Heidegger am Beispiel des von ursprünglicher Anschauung entleerten Formbegriffs.[20] Als Abstraktion des Dienlichen allein wird er entdeckbar, wenn etwa das Werkzeug zerbricht, mit dem sich der anders nicht erreichbare Apfel vom Baum holen lässt. Der Weg zu dem Satelliten ist weit, ohne den sich die Jupitermonde nicht vermessen lassen. Auch hier noch erregen die Wünsche nach Erreichbarem die Suche nach Material für ein in der Dienlichkeit haltbareres Zeug. Zu solchem Material wird auch der zur Bedienung der Maschine unentbehrliche Mensch selbst, wenn sein Körper für künftige Weltraumerkundungen erst bearbeitet werden muss. Denkbar bleibt zuletzt, mit neu entdecktem Material Zeug auf den Markt zu bringen, für das die Begehrlichkeit mit Hilfe von Neuromarketing erst hergestellt werden muss.

---

[19] Aristoteles verweist auf die Erfahrenheit des Arztes, dass sich trotz aller seiner Maßnahmen die Gesundheit von selbst wiederherstellen muss. – Dies Vertrauen, so vermerkt der Sprachen vergleichende Philologe zusätzlich, steckt auch in dem englischen Wort für Wahrheit: Truth.
[20] Der Ursprung des Kunstwerkes (1936). Stuttgart 2003, S. 19-26, im Abschnitt „Das Ding und das Werk".

ÄSTHETISCHER SCHEIN

Sich zurechtfinden für den Einstieg und den Fortgang in einem Wissen produzierenden und die Einrichtung von Wirklichem verfügenden Prozess muss für den Menschen in irgendeiner Weise mit dem zusammengehalten bleiben, was sich orientieren im Spielen heißt, und solches Zusammen wie Nebeneinander auch einbilden und abbilden: im Sprechen, Hören, Schreiben und Lesen, so wie es uns die Sprachen der Sprachgemeinschaften der Erde vorgeben und hinterlassen. Wenn Kant fragt, was es heiße, „sich im Denken orientieren", räumt er zwar einen erweiterten Gebrauch des Wortes zur kritischen Prüfung beanspruchter Gewissheiten ein. Kriterium bleibt ihm jedoch am gegebenen Fall der Ausweis an dem, was dem Menschen Anschauung verschaffen kann, Anschauung, die von einem menschlichen Körper innewohnenden empfänglichen Sinnen beglaubigt wird[21] – zu nichts anderem dient ihm die vorausgeschickte Erinnerung. Was den Horizont des Menschen erweitert, bewegt sich in einer anderen Helle als die Erweiterung von Wissen nach dem Modell eines Ranking in der Beschleunigung des Aufstiegs aus einem Höhlengrund. Schillers entschiedene Ermahnung zur Aufmerksamkeit darauf, wie ein Schaffen und Erschaffen, das im „Reich der Schönheit" den „Schein als etwas Selbständiges behandelt", ermöglichen kann und bedingen soll, „die Grenzen der Wahrheit [zu] bewahren" und „zugleich die Wirklichkeit von dem Schein frei zu machen", gibt Anlass, zu dem in der Metapher „sich orientieren" Einbehaltenen immer wieder zurückzugehen.

Wiederholt sich in dem, was der „nachahmende Bildungstrieb" als eigene Gestalt zum Vorschein bringt, wenn er „den Schein als etwas Selbständiges behandelt"[22], eine ursprüngliche Figur des sich Orientierens von mimetischer Dynamik und Gestalt, und ruft er sie überall dort wieder auf, wo Worte die Kraft des Anschauens erproben? Kant hätte dann in seiner Besinnung auf die eigentliche Bedeutung des Wortes und die in ihm gespeicherte Dynamik beschrieben, wie in der Figur einer Bewegung ursprünglich Mimesis erprobt wird und zustande kommt: mit den menschlich empfänglichen Sinnen dem Umlauf des Tagesgestirns folgend und mit solcher dem Körper fühlbaren Drehung wie mit den sogleich zu einem Gegenüber hinausspringenden Sinnen Spielraum ermessend und erfüllend wie im Gewahrwerden festhaltend und bewahrend. So bliebe in dem Phänomenalen des sich Orientierens aufbewahrt, wie eine mimetische Bewegung ursprünglich eine

---

[21] „Ja, ich höre, ich sehe es, ich lese es gerade", sagen Menschen, nicht: da drückt etwas gegen mein Trommelfell, reizt etwas meine Netzhaut.
[22] NA. Bd. 20, S. 400.

erfüllte Einheit erschließt, die Vorgabe für alle Werke der nachahmenden Bildungskraft, eben der Mimesis, in dem sich dehnenden Augenblick, in welchem, mit Schillers Worten, das Gefallen dieser menschlichen Kraft am ästhetischen Schein erwacht. Kunstschaffen ist Mimesis als sich ins Werk Setzen eines erfüllten Spielraums von Orientierung und insofern Modell für die in allem Sprachschaffen handelnde mimetische Dynamik, unterhaltend den für den Menschen immer offen bleibenden Aufenthalt. Mit vergleichbaren Überlegungen mochte sich auch Aristoteles mit seinen Beobachtungen zu dem Bau der Werke der Tragödiendichter und zu dem Gefallen an ihnen auf einem anderen Weg als Platon wissen.[23]

Für den Ort und die Möglichkeit gemeinsamen Verweilens in diesem Gefallen erkundete Kant in transzendentaler Analyse ein weiteres dem Menschen als Menschen eigenes, Gemeinsamkeit stiftendes Körpergefühl, die Lust des Gefallens am Schönen, die a priori Verbindung mit einem Begegnenden herstellt, begründet und zugleich offenhält, auch für die im Verweilen reflektierende Urteilskraft. Urteilskraft findet hier, in der prinzipiellen Offenheit dieses gemeinsamen Gefühls, vor dem sich dem Bestimmen verweigernden Gegenstand des Gefallens, den Ort, sich übend in der Reflexion zu verweilen. Denn zum Bestimmen wie zum Verfügen muss das Urteilen erst bestellt werden, was allein über Gebote der praktischen Vernunft oder über die Gesetze des erkennenden Verstandes geschehen kann. Möglichkeiten dazu kann sie zwar jederzeit ins Gespräch bringen, prüfen, erproben oder auch verwerfen – dort liebt sich das Denken aufzuhalten.[24]

Sich Orientieren, so bleibt festzuhalten, geschieht als mimetische Bewegung, die im Spielraum des erst dem Menschen als Menschen offenen ästhetischen Scheins verweilen lässt. Die diesem Verweilen eigene mimetische Dynamik des sich während der Gemütsbewegung fühlenden Körpers, sich hinausspannend mit den empfänglichen, ihm gegenüber tretende Gestalten bindenden Sinnen, bleibt ursprünglich gegenwärtig im Tanz, in den

---

[23] Schiller wird in dem umfangreichen enzyklopädisch angelegten Buch von Gunter Gebauer und Christoph Wulf: Mimesis. Kultur – Kunst – Gesellschaft, 2. Aufl. Hamburg 1998, nicht herangezogen, wenn anders doch treffend bemerkt wird, dass für Aristoteles „die besondere mimetische Begabung als anthropologische Konstante den Menschen vor anderen Lebewesen auszeichnet" (S. 81). Schiller liefert auf Kant fußend die transzendentale Begründung dafür und eine bis heute nicht überholte Perspektive.

[24] Zum Ausweis dieses Spielraums der Freiheit vgl. auch Fritz Heuer: Empfänglich für das Spiel mit der Schönheit. Schiller und Kant auf dem Weg der Frage nach dem Menschen. In: West-östliche Begegnung. Festschrift für Hans-Günther Schwarz. Hg. v. Jane V. Curran u. Julia Pörtner. München 2010, S. 104-118, hier S. 109-112.

Werken der Kunst, der Dichtung, in allen Spielen wie im geselligen Gespräch, wo sich die reflektierende Urteilskraft übt wie im zu Worten findenden ersten Sprechen von Kindern. Wie diese mimetische Dynamik zugleich kathartisch, reinigend, wirkt, ist für einen jeden sichtbar, hörbar und fühlbar in der Übung des sich Orientierens, wie sie das Einschwingen in einen Tanz oder das Einstimmen in den Zusammenklang reiner Intervalle und Akkorde im chorischen Singen verlangt. In der mimetischen Dynamik mit ihrer zugleich kathartischen Wirkung übt sich zugleich die Erfahrenheit eines gemeinsamen Orientiertseins. Es gibt einen anderen Blick auf das Politische frei als das Wissen, in dem sich Platons Schweinehirt übt, der sich zwar auch auf kathartische Wirkungen versteht, von der Art, wie man in Bayern volkstümlich sagt: „mal die Sau rauslassen", was auf die Bühne zu bringen sich aber auch Goethe in „Auerbachs Keller" im „Faust" nicht hat entgehen lassen.

Welcher Art Körpergefühl begleitet die aus ihren Fesseln vor den Scheinprodukten an der Höhlenwand Gelösten in ihrem Aufstieg zum Licht? Was in ihnen fühlbar werden müsse, lässt Platon mit der Vorstellungskraft von Sokrates nacherleben. Das Aufstehen und Umwenden ist noch leichte Mühe. Zum überwiegenden Körpergefühl wird aber dann, nach vollzogener Wendung zu dem in den Höhlenaufgang einfallenden Licht, verursacht durch die Reizempfindlichkeit ansteigender Strahlungsintensität, der Augenschmerz. Den lernt der Bessere zwar tapfer besiegen, sublimiert ihn nach der populären Denkfigur des Kampfes der Vernunft gegen das Träge der Sinnlichkeit. Weiterstrebend verdrängt er ihn zuletzt, im Heute angelangt, durch optische Prothesen. Ist der Adept erst zur Quelle hinaufgerückt – zur strahlenden Lichtwüste terrestrisch unbeschränkten „Verfügungswissens", so könnte ein von Aristophanes mimetisch erregter Spötter einwerfen –, bleibt ihm in seinem Körper vor allem das Gefühl seiner Kraft wichtig, das Potenzial des Verfügbaren ausschöpfen zu können. Leistungsbereiter Nachwuchs ist zu rekrutieren und zielstrebig zu motivieren, für einen auf kalkulierten Bahnen zum Ausschöpfen aller Reserven der Leistungssteigerung im Beschaffen und Verarbeiten von Informationen noch zu beschleunigenden Anstieg im Angebot verwertbarer marktstimulierender Erkenntnisse. Vorsprung gewinnen, zu halten und möglichst noch zu vergrößern wird zum Ethos einer unter Beschleunigungsdruck stehenden Wissensgesellschaft.[25] Der Naviga-

---

[25] Das Zitat eines sarkastischen Ratschlags setzte Wolfgang Frühwald in den Titel seiner Marsilius-Vorlesung: „Lies nur die linken Seiten eines Buches!" Über Mehrung und Zerfall moderner Wissenswelten. Schriften des Marsilius-Kollegs Bd. 1. Heidelberg 2009, S. 11-33, hier S. 12 f.

tor, schnell und leicht auf ein Armaturenbrett zu montieren, ist längst im Handel. „Neuromarketing" bietet sich mit „Invest in and use the Brain!" als eine neue Disziplin an. „Humane Orientierungswissenschaft" findet sich im akademischen Lehrangebot[26] und der Orientierungswissenschaftler, der einen Bachelor mit perfekt bedarfsorientierten, durch geeichte Lernstrategien optimierten Modulen für seine Scholaren anböte, braucht keine Vision zu bleiben.[27]

Schon in den Büchern von Platons *Politeia* lassen sich Ethos und Logistik eines geschlossenen Systems diagnostizieren. Gleichwohl erscheinen Platons Dialoge auch immer noch und mit Recht als vollkommene Beispiele erfüllten Spielraums zum Verweilen im sich orientierenden Gespräch. So bieten sie de facto ein anschauliches Gegenbild zu dem unsere Gegenwart durch Beschleunigung fortwirkend verengenden Druck durchorganisierter Wissensvermehrung. Diesem Druck gegenüber will die Figur des sich Orientierens in dem dem Menschen als Menschen sich auftuenden Spielraum des Verweilens im ästhetischen Schein neu beachtet und aufmerksamer bedacht sein. Wie ist philologische Arbeit hier herausgefordert, und wenn, auf welche Weise und an welchen Orten?

Worte können die mimetische Dynamik von Anschauung in unserem Gedächtnis für den Vollzug einer Wiederholung speichern. Hier bleibt der Philologe auch als Spracharchäologe gefragt. Er ist geschult, zu einem sich Bezeugen von Sprache, wie es bei Kant die Frage nach dem Zustandekommen der Einbildung von Anschauung erregt, noch weiter nachzugehen. In *sich orientieren* betrachtet er den Wortstamm in dem medialen lateinischen Deponens *oriri, orior*, mit dem bemerkenswerten aktivischen Partizip im Präsens, das die Bildung von *Orient* inspiriert hat, lässt den Blick neugierig wandern zu *origo, Uhr, hora, Ordnung, Urkunde* selbst, verfolgt die aus solchen Wortbildungen hinausdrängenden und sich entfaltenden *Horizonte*

---

[26] Zum Sommersemester 2010 hat die Universität Marburg mit 4 Semesterwochenstunden ein Wahlpflichtmodul „Humane Orientierungswissenschaft" in einem „modularisierten" Lehramtsstudiengang für das Fach Ethik angeboten.
[27] Wissen, das sich dazu aufwirft, Orientierung methodisch zu disziplinieren, übt sich in dem Ethos totalitärer Systeme. Dergleichen Versuchungen ließen sich auch an dem im Bologna Prozess vorgegebenen Rahmen für die Module der Bachelor-Studiengänge veranschaulichen. Dass solche Modelle zur Evaluierung von „Nutzen und Effizienz" in grenzüberschreitender „Ökonomisierung der Bildung" die Universitäten zerstören, muss an anderer Stelle den in philologischer Arbeit Erfahrenen besorgen. Kürzlich noch warnte Jochen Hörisch: Nutzen und Effizienz – Die Ökonomisierung der Bildung. Skriptum eines Vortrags vom 27.02.2011, über SWR2 Aula zugänglich.

ÄSTHETISCHER SCHEIN

von Wortfeldern, fragt, ob sich in Wortbauten mehr oder weniger verwandter oder verschiedener Sprachen die Einbindung ursprünglich gleicher elementarer Bestandteile beurkunden lassen, oder er vergleicht als Linguist, wie ein und dieselbe Situation sich zurechtfindenden Anschauens verschiedene Formen sprachlicher Leistung des sich Orientierens zum Vorschein bringen.[28] Er dokumentiert an ihnen Spuren gemeinsam singulärer Empfänglichkeit menschlichen Gewahrwerdens wie des ebenso singulären, aber zu Vergleichen und zu geistvollem Austausch herausfordernden, vielerorts Eigenwilligen in mimetisch gestaltendem Bewegen Sprache schaffenden Vermerkens.[29] Dass er mit so weit offenen Streuungen Sprachschaffen[30] bezeugender Phänomene für den sich orientierenden Menschen zu plädieren weiß, im engen Zeitrahmen eines zu sich findenden, anwachsenden und dahingehenden Menschenlebens wie in dem weiten des Miteinander ein jeweils Eigenes ausbildender und fortbildender Sprachgemeinschaften, verpflichtet ihn in verschiedene Richtungen zu Aufmerksamkeit, einmal dem Arzt nahe, ein andermal dem Politiker. Methodisch aufmerksam auf die Synchronie heterogener Diachronien tritt er für das Wahrnehmen und Bewahren der Offenheit der jeweils eigenen und doch gemeinsamen Spielräume ein.

So entgeht der Belesenheit des Philologen auch nicht, wenn sich der Dichter „in den reinen Osten" flüchtet, weil sich ihm ein vertrauter Horizont eintrübe. Er weiß ihm zu folgen und entdeckt, auf dem Weg eines weitere

---

[28] Hier bietet das Heidelberger Institut für Deutsch als Fremdsprachenphilologie seinen Lehrenden wie seinen Studierenden, die aus allen Sprachgemeinschaften der Welt kommen, einen idealen Spielraum, im Sprachvergleich gemeinsam zu erforschen, auf wie verschiedenen Wegen Sprachen zu der Dynamik sich orientierender Anschauung gelangen, verbunden mit der Möglichkeit, im Vergleich zum Spracherwerb von Kindern, im Erlernen eines vollkommenen sich Bewegens in der Fremdsprache Deutsch, das Erwerben von Sprache mit begleitender Reflexion im Erwachsenenalter noch einmal nachzuvollziehen. Von hier aus versteht sich einmal, wie fruchtbar eine philologische Disziplin mit einer naturwissenschaftlich orientierten wie der Psycholinguistik Hand in Hand arbeiten kann. Zum andern wird in ganzem Umfang deutlich, warum moderne Philologie eine Erfindung der europäischen Aufklärung, neben der klassischen Philologie Fremdsprachenphilologien sein müssen und sein können. Auf dem Weg zu ihren Gegenständen tritt neben die Diachronie von Synchronien die Synchronie von Diachronien.
[29] Zum Verweilen der in den Bibliotheken immer noch offenen Spielräumen unmüßig müßigen sich Orientierens sei Ernst Lewy: Kleine Schriften. Veröffentlichungen der Sprachwissenschaftlichen Kommission der Deutschen Akademie der Wissenschaften zu Berlin, 1961, empfohlen. Er wird erfahren, wie weit auch die Fühler der Empfänglichkeit philologischer Neugier reichen.
[30] *Sprachschaffen*, nicht *Sprachproduktion* sollte es hier heißen, denn das Wort schaffen hält mit seinem starken Präteritum den medialen Sinn noch fest. Schiller schuf den „Wilhelm Tell", aber schaffte es nicht mehr den „Demetrius" zu vollenden.

Horizonte einholenden und öffnenden Lesens[31] Goethe in längst schon wieder neu eingespielten Werken, wie er zu Gast in den Archiven von Hafis mit den Versen und Gedichten der Bücher des „West-östlichen Divan" deren mimetische Dynamik zu neuer Orientierung erprobt. Als ein zusätzlich universalhistorisch wegweisendes Ereignis philologischen Fragens bleibt zu vermerken, wie der Dichter bei dieser Gelegenheit forschend und unterrichtend in der Rolle eines reisenden Handelsmannes – „Alles hat seine Zeit!"[32] – zu einem für mit der Welt denkende Leser weit angelegten Kommentar zu „Besserem Verständnis" ausholt. Goethe verstand sich auf das Fach „Universalgeschichte", zu dessen Vertretung an der Jenaer Universität er Schillers Anstellung in der Nachfolge von Johann Gottfried Eichhorn vermittelte.[33] Der Orientalist Eichhorn, der mit Goethe Zeit seines Lebens und so auch über Goethes Arbeit am „West-östlichen Divan" in freundschaftlicher Verbindung blieb, der sich Philologe in bemerkenswerter Weise als Universalhistoriker verstand, inspirierte Schiller, zu seinen universalhistorischen Vorlesungen und Projekten, die Begegnung mit dem Orient als Neuanfang vorzustellen. Und wie der Göttinger Philologe und Universalhistoriker Eichhorn alle Fachdisziplinen darin zu verbinden wusste, dass er ihnen zu der systematischen Präsentation ihrer Forschungsbereiche zugleich eine historische abverlangte, eine „Geschichte der Physik seit der Wiederherstellung der Künste und Wissenschaften bis auf die neuesten Zeiten"[34] neben einer „Geschichte des Studiums der classischen Litteratur seit dem Wiederaufleben der Wissenschaften"[35], zeigt das *ex oriente lux*, in *Les Lumières*, *Aufklärung*, *Enlightenment* ein den Sprachen Europas den Namen für ein integrierendes Programm vorgebend, das Bild des aufgehenden, zu jeweils neuem sich Bewegen und Bilden Raum gebenden Tagesgestirns auch als methodisches Prinzip, in der Erweiterung systematischen Wissens zugleich die Orientierungen der Anfänge einer jeden Disziplin festzuhalten, eine wohl immer

---

[31] Auf das universalhistorisch wie kosmopolitisch bedeutsame dieses Weges macht Terence James Reed: Goethe – der Weltbürger als Weltleser. Lektüre als Akzeptanz des Fremden. In: Goethejahrbuch 2009, S.161-173, aufmerksam.
[32] West-oestlicher Divan [Erstdruck 1819]. Zitiert nach: Sämtliche Werke. 1. Abteilung. Band 3/1, Hg. v. Hendrik Birus. Frankfurt am Main 1994, S. 138,
[33] Zur Universalgeschichte zwischen Jena und Göttingen: Fritz Heuer: Spuren der Universalgeschichte in Schillers Jenaer Umkreis: Der Fall von Karl Ludewig Woltmann. In: Evolution des Geistes: Jena um 1800. Natur und Kunst, Philosophie und Wissenschaft im Spannungsfeld der Geschichte. Hg. v. Friedrich Strack. Stuttgart 1994, S. 321-155.
[34] Vgl. F. Heuer, Spuren..., S. 152.
[35] Ebd., S. 149.

noch bedenkenswerte Maxime für alle die Forschung begleitende Lehre. Ließe sich auch hier „für unsere breite Gegenwart" lernen, „von einem uns überfordernden Gefühl der Beschleunigung hin zu einer Enklave der Entschleunigung, Langsamkeit und Ruhe springen"[36] zu können? Aber sollten wir den offenen Spielraum, den uns Kant und Schiller anweisen, nur als Enklave suchen? Von einem laufschnellen Vogel ist bekannt, dass er, wenn ihm die Angst, nicht mehr mithalten zu können, die Kräfte schwinden macht, den Kopf in den Sand steckt.[37]

Das sich Orientieren ist selbst nicht als Wissen lehrbar. Weil es nur mimetisch geschehen kann, muss es geübt werden[38], so wie Kant auch die Urteilskraft „ein besonderes Talent" nennt, „welches gar nicht belehrt, sondern nur geübt sein will." Wer eine Orientierungswissenschaft haben will, weiß nicht, wovon er redet.[39] Gefordert ist vielmehr die Einsicht und der Mut, für alle Bildungsanstalten einschließlich der Universitäten die Spielräume zum Verweilen aufzubringen, in denen die Übung, sich zu orientieren, ihre Gelegenheiten finden kann. Situationen, sich orientieren zu müssen, inspirieren ein Studium wie ein jedes Lernen. Dem Lehren obliegt es, sie gegebenenfalls experimentell nacherleben zu lassen.

Die Ergebnisse philologischer Forschungsarbeit erbringen vorzüglich Aufmerksamkeit auf Phänomene, die ins Verweilen zwingen, die Räume zu Aufenthalten neuen sich Orientierens vorgeben. Sie stellen vor oder noch einmal neu vor, was weltweit diese Räume erfüllt. Indem philologische Ar-

---

[36] Gumbrecht, Hans Ulrich: Unsere breite Gegenwart. Aus dem Englischen von Frank Born. Berlin 2010, S. 141.

[37] 2004 veröffentlichte der Romanist Ottmar Ette ein sehr lesenswertes Buch mit dem Titel „ÜberLebenswissen. Die Aufgabe der Philologie", das in dem soeben, 2010, erschienenen von Wolfgang Asholt und Ottmar Ette herausgegebenen Sammelband „Literaturwissenschaft als Lebenswissenschaft. Programm – Projekte – Perspektiven" in viele Richtungen diskutiert wird. Wer mit Kant fragte, was es heißen könnte, sich in Lebenswissenschaften zu orientieren, möchte unter dem Begriff eher den Sand verstehen, den man Verfolgern in die Augen streut. Ob er nötig ist, das Weiterleben der Philologie zu sichern oder bei dieser Unterschlupf zum Überleben zu finden, würde gleichwohl den Gedanken und Anregungen der hier Diskutierenden nicht gerecht.

[38] Was uns hin und wieder so auffällig und erschreckend misslingt, wie wenn der Torwart den Ball ins eigene Tor schlägt, der Solist in seinem Klavierpart einen falschen Akkord anschlägt, dem Sprechenden ein ungewolltes Wort entführt. Und auch die Spielregeln sind so fest eingeprägt, dass man von keinem Zuschauer weiß, dessen Überzeugung von einem zu Unrecht verweigerten Elfmeter ihn so erregt hätte, dass er, den Ball selbst ins Tor zu schießen, von den Rängen aufs Spielfeld gestürmt wäre.

[39] Den Hinweis verdanke ich Ernst Wolfgang Orth: Orientierung über Orientierung. Zur Medialität der Kultur als Welt des Menschen in: Zeitschrift für philosophische Forschung 50, S. 167-182, hier S. 172.

beit ihr Funde zugänglich macht und zur selbständigen Anteilnahme an ihnen einlädt, zeigt sie sich wesensgemäß dem Lehren verpflichtet. Das Erstellen eines Kommentars zu der Edition einer literarischen Übersetzung ist als philologische Forschungsarbeit inspiriert von der mimetischen Dynamik eines sich Orientierens, die ihrerseits wieder in die Lehre drängt.[40] Sie gibt dem, der sich hier einfindet, ihr Ergebnis in die Hand, wenn es ein Text ist, die Partitur eines Gedichtes zusätzlich noch mit der Einladung, im Spielraum des ästhetischen Scheins aus der edierten Partitur zu spielen. Vorlesen und auch das stille Lesen einer Erzählung ist Vortragen aus einer Partitur, ein mimetisch dynamisches Spielen, die die Bewegung des menschlichen Körpers spürbar werden lässt.[41] Fraglos ereignen sich Situationen, die ein neues sich Orientieren verlangen, auch auf Forschungsbahnen, auf denen schon das geregelte Vorrücken in der Bedienung komplexer Apparaturen wie deren Optimierung beachtliche Ergebnisse erbringt und als Erfolge der Forschung auszeichnet. Aber die unerwartete Entdeckung eines neuen Teilchens würden auch Physiker, sprachlich treffend, „umwerfend!" nennen.

Die mimetische Dynamik von Dichtungen wie von Worten kann zu Zeiten anwachsen oder abnehmen. Auch dass die in einem Wort enthaltene

---

[40] Als Beispiel nenne ich: Ausgewählt und aus dem Armenischen übersetzt von Matthias Fritz: Jeghische Tscharenz: Die Reisenden auf der Milchstraße. SuKulTuR, Schöner Lesen Nr. 82. Berlin 2009, 16 Sn.
[41] Zur Einführung in die Verslehre habe ich nach dem ersten Versuch folgendes Experiment stets bei Gelegenheit wiederholt. Unter den aus allen Sprachen der Welt an das Heidelberger Institut für Deutsch als Fremdsprachenphilologie kommenden Studierenden findet sich zu dieser Veranstaltung immer eine oder einer, dessen Sprache niemand, mich eingeschlossen, versteht. Sie oder er erhält die Aufgabe, zum Vorlesen bei geheim gehaltener Reihenfolge in der folgenden Sitzung drei nicht zu umfangreiche Texte auszuwählen, eine Gebrauchsanweisung, einen Bericht aus der Zeitung sowie ein Gedicht, letzteres aber bitte nicht deklamiert, sondern so, wie man im ersten Lesen zu ihm hinfindet. Dass die Frage, "an welcher Stelle kam das Gedicht?", nach kurzer Besinnung immer mit allgemeiner Übereinstimmung zutreffend entschieden wurde, erregte bei allen Beteiligten eindrucksvolles Erstaunen. Zwei Bemerkungen fügte ich stets hinzu. 1. Auf den Einfall zu meinem Experiment kam ich nach einem Gespräch mit einem jungen Dichter, einem Studenten aus Ghana, heute Professor, Direktor des Ghana Institute of Languages in Accra, als erster aus einem afrikanischen Land mit der Goethe-Medaille geehrt, Autor des soeben, 2010, als 25. Band der Frankfurter Studien zur Afrikanistik „Sprache und Oralität in Afrika", erschienenen großen Opus: DÀGÀRÀ PROVERBS, Sebastian Koug Bemile: „Mein Vater ist ein Homeride", erzählte er damals. Wer von uns heutigen Philologen besitzt einen so weit gespannten Orientierungshorizont? 2. Welche Herausforderung früher philologischer Arbeit, Sprache mit allen musikalischen Komponenten zusammen aufzuzeichnen. Und dazu: Es ist vorstellbar, dass jemand seine Beobachtungen zu Regelmäßigkeit in einer komplexen Partitur als erworbenes Wissen vorstellt, ohne je Musik gehört zu haben. Umgekehrt, und hier kommen wir zu Aristoteles, musste es erfolgen, dass das sich Orientieren in der Mimesis der Dichter gegen das Erbringen von empirischer Erkenntnis zu verteidigen war.

ÄSTHETISCHER SCHEIN

Anschauungskraft implodiert, ist möglich. Dass aber gerade die von Kant mit einer transzendentalen Synthesis a priori aufgeladene mimetische Dynamik in *sich orientieren* auch diese Möglichkeit belegt, ist eine Herausforderung philologischer Kritik, der hier nicht ausgewichen werden darf. Wenn ein so weit angelegtes und unentbehrlich gewordenes Handbuch wie „Geschichtliche Grundbegriffe"[42] zu *Orient* keinen Eintrag bietet, kann das erstaunen lassen, aber den Wirkungsraum aktueller philologischer Arbeit[43] nicht einschränken, anders wenn *sich orientieren* wie *Orientierung*[44] beide 1984 in Band 6 des „Historischen Wörterbuchs der Philosophie" fortgelassen werden.[45] Erschrocken vielleicht über die leere Stelle wird zwar 2003 in Band 12 von Werner Stegmaier unter dem Stichwort *Weltorientierung*; *Orientierung* zu dem Ausgelassenen mit üblicher Professionalität nachgeliefert.[46] Denn zwischenzeitlich erfolgte eine förmliche Explosion der Aufmerksamkeit auf den in verschiedensten Richtungen verwendeten Wortgebrauch, die Stegmeier zuletzt (2008) in einer umfassenden Monographie „Philosophie der Orientierung"[47] aufgefangen hat. Was aber konnte in dem großen Reichtum der Perspektiven in der Versammlung von Fragen und Verlegenheiten, die der übermäßig erweiterte Wortgebrauch belegt, zur Reflexion anregen und doch die Aufmerksamkeit auf die in dem Phänomenalen der Dynamik menschlichen sich Orientierens auf singuläre Weise gespeicherte Synthesis a priori desensibilisieren? Konnte Schiller mit seinen Ant-

---

[42] Geschichtliche Grundbegriffe: Historisches Lexikon zur politisch-sozialen Sprache in Deutschland. Hg. v. Otto Brunner, Werner Conze u. Reinhart Koselleck. 8 Bde. Stuttgart 1972-1997.
[43] Hier weiß sich Verf. bei Hans-Günther Schwarz: Der Orient und die Ästhetik der Moderne. München 2003, sowie für viele anschließende lehrreiche Gespräche im Nachdenken über Fragen, was es heiße, sich in den Spielräumen des Kunstschaffens immer Nachbarn nach Osten hin zu orientieren und im Sehen zu üben, zu besonderem Dank verpflichtet.
[44] Das Substantiv wird im Deutschen Wörterbuch von Jacob und Wilhelm Grimm, Siebenter Band, bearbeitet v. Matthias von Lexer. Leipzig 1889, zwar nicht eigens belegt, *orientieren* aber mit Kants Worten nachgewiesen.
[45] Historisches Wörterbuch der Philosophie. 13 Bde, Basel 1971-2007. Hg. v. Joachim Ritter und Karlfried Gründer und Gottfried Gabriel, hier: Bd. 6, Basel 1984, sie fehlen gegenüber dem Artikel für „Orientierungsreflex", S. 1371-1372.
[46] HWPh Bd. 12, S. 494 ff.
[47] Berlin 2008. 804 Seiten, davon 81 Seiten Register. Vorausgegangen war, herausgegeben von Werner Stegmaier: Orientierung. Philosophische Perspektiven. Frankfurt am Main 2005, wo der Spielraum des Gefallens am ästhetischen Schein allerdings zu kurz kommt, nicht allein in dem dazu bestimmten Schlusskapitel: „Orientierung durch Kunst: Auffällig Sinnloses und unauffällig Sinnvolles" (S. 311-328). Kants Entdeckung des a priori im Gefallen am Schönen in der „Kritik der Urteilskraft" sowie Schillers daran anschließende Fragen nach der Kunst und dem Menschen kommen nirgends zu Sprache. Der transzendentale Wortsinn des Begriffs findet trotz Kants Hinweisen keine Beachtung.

worten auf die Frage, wie der Mensch über das Spielen, über den ästhetischen Zustand, über den ästhetischen Schein wie über das die singuläre Empfänglichkeit der menschlichen Sinne begleitende Körpergefühl erst zu sich selbst findet und zu seinem Umgang mit den Werken der Kunst, eben deshalb hier ganz unerwähnt bleiben, weil die Anschauungskraft des dazu nötigen Wortes implodiert ist? Die Spur zu dieser Implosion findet sich in einer für die Eingrenzung des Fragens bis zu der Monographie von Stegmaier unbefragt richtungweisend gebliebenen Studie „Orientierung über Orientierung. Zur Medialität der Kultur als Welt des Menschen" von Ernst Wolfgang Orth.[48] Orth plädierte für die Ausblendung des Kant erregenden transzendentalen Moments in der im sich Orientieren zu erfahrenden Bewegung, weil er deren mimetischen Nachvollzug zu beschreiben als lästig empfand. "Um hier die schiere Wortgymnastik zu vermeiden"[49], reißt er die Momente der für das sich Orientieren des Menschen so erstaunlichen konstitutiven Synthesis a priori auseinander. Eine „doppelte Metaphorik" meint er statt dessen zu sehen, deren "zwei Extremwerte" er dann folgendermaßen unterscheidet: "Zum einen ist Orientierung eine bewusste geistige Leistung, ein Wissen." – "Zum anderen verstehen wir unter Orientierung eine vergleichsweise passive Orientiertheit. In diesem Sinne nennen wir Lebewesen orientiert und orientierungsfähig, die sich irgendwie sinnvoll in ihre Umwelt einfügen und in ihr bewegen oder auf Reize und Situationen reagieren."[50] Eben so wollte es Platons Schweinehirt wohl auch verstanden wissen. Wo und wie Orientierung geschehe, bestimmt die selbstherrlich erbrachte „bewusste geistige Leistung" aus den Verfügungen des Wissens einer Autorität. Das seiner Autonomie im Bestimmen gewisse Selbstbewusstsein erklärt sich für orientierungsmächtig gegenüber methodisch zu regulierenden Lebensbeweglichkeiten des in seinem Lebensraum am Gängelband gehaltenen Menschen. Bei solchen Vorgaben eines universalen Vorverstehens stellt sich nicht zufällig die Frage ein, was philologisches Arbeiten hin und wieder dazu bewegen konnte, sich irgendwie hier einordnen zu müssen. Humanities konnte treffend sein, aber Lebenswissenschaften und zuletzt noch Orientierungswissenschaften?

Der nur sehr kurze Blick darauf, wie sehr verschieden Schiller und Platon mit der Empfänglichkeit des Menschen für den Schein umgehen und

---

[48] In: Zeitschrift für philosophische Forschung, 50 Jg. 1996, S. 167-182.
[49] Ebd., S. 173.
[50] Ebd., S. 174.

ÄSTHETISCHER SCHEIN

was im Sinne von Kant und Schiller ein dem Menschen singulär eigenes sich Orientieren für den Menschen bewirkt wie es ihn umgekehrt verpflichtet, sollte philologische Arbeit davon freistellen, ihre Berechtigung in gleicher Art ausweisen zu müssen wie Forschungsdisziplinen, die mit ihren zwar schnell überholten, mit vermehrtem Aufwand jedoch umso schneller zu optimierenden Ergebnissen in weltweit vernetzten Ansprüchen an Lebensbedingungen ebenso unentbehrlich sind, aber leichter vermittelbar investiertes Kapital vermehren. Für die Friedenspolitik hat philologische Arbeit in einer heute global vernetzten nach üblich bewährtem Konkurrenzprinzip wirtschaftenden Welt gerade darin ein kaum unterschätzbares Talent, dass sie dem Föderalismus eine unentbehrliche Stütze sein kann, indem sie in den leichter zugänglich gewordenen Spielräumen der Sprachen und Dichtungen der Welt ein immer reicheres Angebot finden und lieben lernt, im Gemeinsamen auch das Eigene[51] kennenzulernen.

---

[51] Die Formulierung verdanke ich einem Gespräch mit Sebastian Koug Bemile, dass nicht das Eigene gegenüber dem Fremden zu verstehen, sondern aus dem Gemeinsamen als Eigenes zu finden sei.

GABRIELLA RÁCZ

Das Musikalische als ästhetisches Paradigma und erzählerische Praxis in der Romantik

Musikästhetik und Literatur

Eine musikalisch orientierte Literatur entsteht notwendigerweise in erster Linie in jenen literarischen Epochen, in denen über die mimetische Funktion hinaus das Ausdrücken des ‚Unsagbaren', ‚Unaussprechlichen' in den Mittelpunkt der Literatur gerät: in der Romantik und in der literarischen Moderne. Albert Gier bringt die Entstehung einer Literatur im 19. und 20. Jahrhundert, die „ihr Ziel jenseits der Abbildung von Wirklichkeit sucht", mit dem musikästhetischen Paradigmenwechsels jener Zeit in Zusammenhang, nach dem die begriffslose Instrumentalmusik (die absolute Musik) zur ‚Musik schlechthin' erhoben wurde.[1] Die Idee der absoluten Musik als freies Spiel der Zeichen, losgelöst von Sprache, Thema, Programm, etabliert sich zuerst im musikästhetischen Diskurs der (Früh)romantik. Wackenroder nennt in „Die Wunder der Tonkunst" die Musik „die Sprache der Engel", um ihren asemantischen Charakter zu veranschaulichen, und sie zugleich in eine transzendente Sphäre zu erheben: „weil sie eine Sprache redet, die wir im ordentlichen Leben nicht kennen, die wir gelernt haben, wir wissen nicht, wo? und wie?"[2] In einem anderen Stück der „Phantasien über die Kunst für Freunde der Kunst", in „Symphonien", taucht die Idee der ‚Kunstreligion'

---

[1] Vgl. Gier, Albert: „Parler, c'est manquer de clairvoyance". Musik in der Literatur: Vorläufige Bemerkungen zu einem unendlichen Thema. In: Musik und Literatur: Komparatistische Studien zur Strukturverwandtschaft. Hg. v. Albert Gier u. Gerold W. Gruber. 2. veränd. Auflage. Frankfurt am Main 1997, S. 9-18, hier S. 10. Gier bezieht sich dabei auf Dahlhaus' Die Idee der absoluten Musik (Kassel 1978).
[2] Wackenroder, Wilhelm Heinrich: Dichtung, Schriften, Briefe. Hg. mit Kommentar und Nachwort von Gerda Heinrich. Berlin 1984, S. 312.

auf. Der Autor bezeichnet die Tonkunst, die „die dunkelste von allen Künsten ist", als „Mystik", als die „geoffenbarte Religion".[3]

In der Musikästhetik existieren seit langem zwei konkurrierende Auffassungen, zwei Topoi nebeneinander: Musik als Gefühlsausdruck vs. Musik als „tönende Mathematik", Ausdrucksästhetik vs. Formalismus.[4] Im 18. Jahrhundert bedeutete der musikalische Affektausdruck die Darstellung von Leidenschaften, wobei der Hörer bloß darüber zu urteilen hatte, ob der musikalische Ausdruck dem Affekt adäquat ist oder nicht. Weder vom Autor noch vom Hörer wurde aber verlangt, sein Inneres, seine eigenen Gefühle dabei ins Spiel zu bringen. Viele Komponisten verwarfen jedoch eine solche Nachahmungstheorie, zugunsten einer radikalen Ausdrucksästhetik, die verkündet, dass die Musik „wirklicher Ausguß des Herzens" sein sollte. Sich ausdrücken tut jedoch nicht eine „empirische Privatperson", sondern ihr „intelligibles Ich" – analog zum lyrischen Ich der Dichtkunst – , was das paradoxe Wesen der Ausdruckskunst vor Augen führt: die Verschränkung des Besonderen und des Allgemeinen.[5]

Kant formuliert schon 1790, dass die Musik „eine allgemeine jedem Menschen verständliche Sprache der Empfindungen"[6] sei. Davon und allgemein von dem Kontext der ‚Empfindsamkeit' des 18. Jahrhunderts ausgehend entsteht eine gefühlsästhetische Musikauffassung, deren Konzept Huber unter dem Ausdruck „Musik und Gefühl"[7] zusammenfasst. Die reine, absolute Musik wird zum Medium des Poetischen erhoben, weil sie durch die Worte nicht „in die Region des gemeinen Sinnes hinabgezogen" werde – so heißt es 1801 in der *Allgemeinen Musikalischen Zeitung*.[8] Und ebenfalls scheint die reine, absolute Musik am geeignetesten, zur Empfindungssprache zu werden, deren Forderung ist, statt in der Musik *etwas* (eines Affektes) sich selbst auszudrücken.

Mit der Betonung des a-mimetischen Charakters der Musik und der immer wachsenden Überzeugung, Musik sei fähig, Regungen der menschli-

---

[3] Ebd., S. 351.
[4] Vgl. Dahlhaus, Carl: Gesammelte Schriften in 10 Bänden. Hg. v. Hermann Danusen. Bd. 1.: Allgemeine Theorie der Musik I. Historik - Grundlagen der Musik - Ästhetik. Laaber 2000, S. 461.
[5] Ebd., S. 464 f.
[6] Kant, Immanuel: Kritik der Urteilskraft. Text der Ausgabe 1790 (A) mit Beifügung sämmtlicher Abweichungen der Ausgaben 1793 (B) und 1799 (C). Hg. v. Karl Kehrbach. Leipzig, ohne Erscheinungsjahr. S. 200.
[7] Huber, Martin: Text und Musik: Musikalische Zeichen im narrativen und ideologischen Funktionszusammenhang ausgewählter Erzähltexte des 20. Jahrhunderts. Frankfurt a. M. u.a. 1992. [Münchener Studien zur literarischen Kultur in Deutschland; Bd. 12.], S. 15.
[8] Dahlhaus: Allgemeine Theorie der Musik I. S. 469.

chen Psyche auszudrücken,[9] wird die Grundlage einer romantischen Musikästhetik geschaffen. Als ein dynamisches, in der Zeit sich entfaltendes Medium ist sie durchaus fähig, Prozesse des Bewusstseins und des Unbewussten, d.h. unstete, vage, sich abwandelnde Seinsmodalitäten auszudrücken. Damit im Zusammenhang kommt auch ihre selbstreferenzielle, semiotische und epistemische Qualität zur Geltung: „in ihr wird das Unsagbare zur Sprache"[10], und dadurch eine Wahrheit, die dem Begrifflichen verborgen bleibt.

Zugleich drückt die Musik eine Aporie aus: Ihre Sprache ist nicht die der zwischenmenschlichen Kommunikation wie der rhetorisch geregelte Gefühlsausdruck der Empfindsamkeit: Das „Spiel der Töne"[11] führt zur Isolation des Einzelmenschen. Der Komponist und Musikpädagoge Hans Georg Nägeli bezeichnet Anfang des 19. Jahrhunderts die Musik als „ein spielendes Wesen", das nichts darstellt und nichts nachahmt, sondern fähig ist, den Hörer in eine „Stimmung" zu versetzen, die über das Irdische hinausweist. Zwar sagt er noch nicht aus, wie später Hanslick, dass „tönend bewegte Formen" „der Inhalt der Musik" seien,[12] nimmt er auf eine gewisse Weise dessen Formalismus vorweg, wenn er meint, Musik habe keinen Inhalt, sondern nur „Formen, geregelte Zusammenverbindung von Tönen und Tonreihen".[13] Die absolute Musik ist also für die Ästhetik des beginnenden 19. Jahrhunderts sowohl Gefühlsausdruck als auch „tönende Mathematik": Sie ist ein „Formenspiel", ein begriffloses Instrument, mit dem unbestimmte Gefühle hervorgerufen werden können.

Experimente zur Musikalisierung der Literatur

Die Romantik ist die erste literarische Epoche, in der Experimente zu einer Musikalisierung der Literatur vorgenommen werden, und zwar nicht nur in der Lyrik, sondern auch in der Prosa. Die frühromantischen Texte erheben die Musik „zum Maßstab formaler und grammatischer Kriterien der Sprache

---

[9] Huber spricht von der „Psychologisierung der Musik" (Vgl. Huber: Text und Musik. S. 19).
[10] Ebd., S. 18.
[11] Wackenroder, Wilhelm Heinrich: Herzensergießungen eines kunstliebenden Klosterbruders. Leipzig 1981, S. 96.
[12] Hanslick, Eduard: Vom Musikalisch-Schönen. Ein Beitrag zur Revision der Ästhetik der Tonkunst. Leipzig 1858, S. 38.
[13] Zit. nach Dahlhaus: Allgemeine Theorie der Musik I. S. 470.

wie auch des Sprachcharakters von Kunstwerken".[14] Friedrich Schlegels transzendentale Universalpoesie, die „Poetisierung aller Erkenntnis- und Darstellungsbereiche", erfordert Verfahrensweisen, deren Paradigma das Musikalische ist. Im Sinne des oben erwähnten ‚musikästhetischen Paradigmenwechsels' handelt es sich nicht mehr um die Bestimmung der Musik als „Ausdruckskunst", die, mit Kant ausgedrückt, ihre Regel von der Natur erhält,[15] sondern um die Betonung ihrer paradigmatischen Allgemeingültigkeit und Autonomie. Die von den Frühromantikern propagierte ‚Universalität' der Musik sieht Naumann in folgenden materiellen Eigenschaften derselben begründet: in „ihrer referenzlosen Klanglichkeit, ihrer [...] systematischen und unendlichen Progressivität, ihrem ‚Spiel'-Charakter und ihrer Fähigkeit, jedem Text und sogar der Philosophie eine Tendenz auf sie selbst hin zu verleihen".[16] Die Betonung des nicht-referenziellen Charakters der Musik – gegenüber der Ausdrucksästhetik – ermöglicht jene Produktivität und Innovation der poetischen Sprache, durch die eine neuartige, musikalische Rede entsteht. Verfahren der Musikalisierung, wie z.B. musikalische Allegorien, musikalische Denkweise und Stimmungen, oder das „Denken auf der Basis der Bestimmung musikalischer Strukturen der Sprache und Grammatik"[17] etablieren sich in erster Linie auf der Diskursebene des Erzähltextes.

In der Literatur der Frühromantik/Romantik gibt es aufeinander aufbauende ästhetische Positionen, die „die stufenweise Ablösung von der ausdruckästhetischen Vorstellung"[18] in Richtung absolute Musik und auch darüber hinaus nachvollziehen. Wackenroder und Tieck thematisieren noch die alte Problematik des musikalischen Genies, zugleich aber die Aporie der Ausdruckskunst und der Begriffslosigkeit der Musik. Schlegel und Novalis verkünden mit dem Paradigma des Musikalischen die Autonomie der Poesie: Musik fungiert als Selbstreflexion der Sprache, als Sprachkritik und Sprachutopie. Novalis entwirft das Bild von einem ‚Goldenen Zeitalter', in dem Dichtung und Musik eine Einheit bilden und im Einklang mit der Natur stehen – das „Ideal einer musikalischen Naturpoesie".[19] Novalis' Formulie-

---

[14] Naumann, Barbara: Musikalisches Ideen-Instrument: das Musikalische in Poetik und Sprachtheorie der Frühromantik. Stuttgart 1990, S. 1.
[15] Vgl. Kant: Kritik der Urteilskraft. S. 172 f.
[16] Naumann: Musikalisches Ideen-Instrument. S. 3.
[17] Naumann: Musikalisches Ideen-Instrument S. 6.
[18] Ebd.
[19] di Stefano, Giovanni: Der ferne Klang. Musik als poetisches Ideal in der deutschen Romantik. In: Musik und Literatur: komparatistische Studien zur Strukturverwandtschaft. S. 121.

rung, „Die musikalischen Verhältnisse scheinen mir recht eigentlich die Grundverhältnisse der Natur zu sein.",[20] postuliert eine Einheit von Dichtung und Musik, in der die Worte aus ihren alltäglichen Bedeutungen losgelöst und in ihrer akustischen Form, in ihrem Klang neuen, assoziativen Bedeutungskombinationen eröffnet werden. Der Spätromantiker Heinrich von Kleist gelangt schließlich zu einer Kritik an der absoluten Musik.

Im vorliegenden Beitrag werden Aspekte dieses ästhetischen Prozesses durch die Untersuchung der *Berglinger*-Erzählung Wackenroders und der *Cäcilie*-Novelle Kleists (*Die Heilige Cäcilie oder die Gewalt der Musik – Eine Legende*) nachgezeichnet.

Literarisierung frühromantischer Musikästhetik zwischen Empfindsamkeit und Romantik: Wackenroders Berglinger-Erzählung

Wackenroders *Berglinger*-Erzählung gilt als ein Beispiel für die Literarisierung frühromantischer Musikästhetik zwischen Empfindsamkeit und Romantik. *Das merkwürdige musikalische Leben des Tonkünstlers Joseph Berglinger in zwei Hauptstücken* schließt die *Herzensergießungen* des kunstliebenden Klosterbruders ab.

Der Klosterbruder versteht seine Erzählung über den Tonkünstler als Gegenstück zu den vorangegangenen Künstlerportraits, weil er darin die tragische Geschichte eines Künstlers wiedergibt, der sich an den Widersprüchlichkeiten seines Lebens und seiner Kunstideen aufreibt. Als „innigster Freund"[21] seines Josephs, erzählt er Berglingers Lebensgeschichte in zwei Hauptstücken, und diese Aufteilung spiegelt z.T. die Grundoppositionen der Geschichte. Im ersten Hauptstück dominiert die semantische Opposition äußere und innere Welt, Alltagsleben und Phantasie. Als Sohn eines pietistischen Arztes lebt Berglinger mit seinen fünf Schwestern unter schweren Umständen: Der Vater ist wegen seines Alters und seines Elends verbittert, seine Schwestern sind kränklich. Insgesamt ein ödes und trauriges Leben, das Joseph nur durch die Flucht in eine Phantasiewelt ertragen kann. Er lebte „immer in schöner Einbildung und himmlischen Träumen", war

---

[20] Novalis: Schriften. Hg. v. Paul Kluckhohn und Richard Samuel. Bd. 3. Das philosophische Werk II. Stuttgart 1960, S. 564.
[21] Wackenroder: Herzensergießungen. S. 93.

„stets einsam" und „weidete sich nur an seinen inneren Phantaseien".[22] Inhalt und Ausdrucksweise seiner Psyche ist die Musik. Der Erzähler stellt im ersten Hauptstück den die Musik rezipierenden Berglinger vor. Als Ausgangspunkt für die Unterschung der Beschreibung von Berglingers innerer Welt könnte eine These Werner Wolfs dienen: Wenn die Musik die Sprache der Psyche ist, muss auch die Literatur diese Sprache für sich selbst adaptieren und aus den spezifisch musikalischen Qualitäten profitieren.[23]

Einen großen Teil des ersten Hauptstücks machen jene Passagen aus, in denen der Erzähler Berglingers musikalische Hör-Erlebnisse, die Wirkung der Musik auf seine Seele als Bewusstseinsbericht in literarische Bilder transformiert. Die wiederkehrenden Bilder einer Lichtmetaphorik konnotieren ein religiöses, fast mystisch-ekstatisches Erlebnis: Z.B. seine Seele hat Flügel und er schwebt „zum lichten Himmel" empor, „bei manchen Stellen der Musik erschien ihm ein besonderer Lichtstrahl", sein ganzes Wesen wurde „so frei und leicht" „als wäre sein Körper mit zur Seele geworden".[24] In diesen Wahrnehmungen können wir einerseits noch die Musikästhetik der Empfindsamkeit entdecken: „diese mannigfaltigen Empfindungen [...] drängten in seiner Seele immer entsprechende sinnliche Bilder [...] hervor",[25] andererseits ist er sich der „dunklen und geheimnisvollen" Sprache der Musik bewusst, ganz wie der Klosterbruder, der von zwei wunderbaren Sprachen berichtet, die es jenseits der Worte vermögen, das Göttliche, das Transzendente auszudrücken: Natur und Kunst. Beide sprechen durch „dunkle und geheime Wege"[26] zum Herzen der Menschen, rühren unsere Sinne als auch unseren Geist. Das Medium der Kunst ist eine Hieroglyphenschrift, eine Bildersprache, die das Göttliche in unserem Inneren zeigt.

Berglingers zentrales Kunsterlebnis ist Pergolesis *Stabat Mater*, dessen Text in die Erzählung integriert wird. So fungiert das Stück als intertextueller Verweis, als Kunstzitat, mit dem eine Parallele zwischen dem sehr jung verstorbenen Kirchenmusiker Pergolesi und Berglinger suggeriert, aber auch die Debatte um ‚Empfindsamkeit und wahre Kirchenmusik" eingeblendet wird.

Das Problem der neueren italienischen Kirchenmusik, die nach Johann Friedrich Reichardt, dem Komponisten, Freund und vermutlichen

---

[22] Ebd., S. 94.
[23] Vgl. Wolf, Werner: The Musicalisation of Fiction. A Study in the Theory and History of Intermediality. Amsterdam 1999, S. 109.
[24] Wackenroder: Herzensergießungen. S. 96 f.
[25] Ebd., S. 97.
[26] Ebd., S. 50.

Vermittler von Pergolesis Musik an Wackenroder, „aus lauter Rondeaus und Bravourarien" besteht, zeigt Ähnlichkeiten mit den wichtigsten Fragen der frühromantischen Ästhetik. Reichardt kritisiert Pergolesis weltliche und wirkungsvolle Ausdruckskraft, obwohl er seine ‚Natürlichkeit' anerkennt, und somit wird der Vertreter der dritten, weltlichen Epoche der Kirchenmusik nach Palestrina zur Modellfigur der Debatte zwischen aufklärerischer musikalischer Grammatik und empfindsamer „Verabsolutierung der Ausdrucksästhetik".[27]

Ähnlich personifiziert die Figur Berglingers die Aporie der frühromantischen Musikästhetik (Gefühlsausdruck vs. „tönende Mathematik") also die der Ausdrucksfähigkeit der Musik. Schon als rezipierender Dilettant empfindet er die Kluft zwischen Musik als göttliche Harmonie und der pragmatischen Situation (nicht ein jeder Mensch versteht diese Sprache). Der Klosterbruder berichtet im ersten Hauptstück davon, dass Berglinger „in den dämmernden Irrgängen poetischer Empfindung"[28] umherschweifte, und seine kleinen Gedichte „auf seine kindisch gefühlvolle Weise in Musik setzte, ohne die Regeln zu kennen"[29]. Darum wendet er sich an die Heilige Cäcilia (die Schutzpatronin der Kirchenmusik) mit der Bitte um die Sympathie (Verständnis der Seelen) mit einem Gebet, das in Metrik und Reimschema den Text der mittelalterlichen lateinischen Hymne Jacopone da Todis *Stabat Mater* nachempfindet: „Öffne mir der Menschen Geister, / Daß ich ihrer Seelen Meister/ Durch die Kraft der Töne sei;/ Daß mein Geist die Welt durchklinge,/ Sympathetisch sie durchdringe,/ Sie berausch' in Phantasei!"[30] Noch tiefer wird Berglingers Zerrissenheit als Künstler. Im *Zweiten Hauptstück* resümiert der Erzähler kurz seine Karriere: Er habe als Kapellmeister in der bischöflichen Residenz „die höchste Stufe des Glücks"[31] erreicht. Berglinger berichtet aber in einem Brief über seine elenden Lehrjahre als Komponist:

> Dass ich, statt frei zu fliegen, erst lernen musste, in dem unbehilflichen Gerüst und Käfig der Kunstgrammatik herumzuklettern! Wie ich mich quälen musste, erst mit dem gemeinen wissenschaftlichen Maschinen-

---

[27] Vgl. Albert, Claudia: Tönende Bilderschrift: ‚Musik' in der deutschen und französischen Erzählprosa des 18. u. 19. Jahrhunderts. Heidelberg 2002, S. 25.
[28] Wackenroder: Herzensergießungen. S. 95.
[29] Ebd., S. 99.
[30] Ebd., S. 100. Der lateinische Text: „Stabat Mater dolorosa/ juxta crucem lacrimosa/ dum pendebat filius:/ Cujus animam gementem,/ contristantem et dolentem/ Pertransivit gladius." (Zit nach Wackenroder: Herzensergießungen. S. 98.)
[31] Ebd., S. 102.

verstande ein regelrechtes Ding herauszubringen, eh' ich daran denken konnte, mein Gefühl mit den Tönen zu handhaben![32]

Der Erzähler erwähnt zwei Stücke von Berglinger: eine „neue schöne Musik",[33] mit der der Komponist ein sympathetische Wirkung zu erreichen schien, und eine kurz vor seinem Tode komponierte Passion – als Pendant zu *Stabat Mater* –, in der er auf eine intersubjektive Weise „alle Schmerzen des Leidens"[34] in musikalische Töne transformieren konnte und somit eine Synthese der „Kunstgrammatik" und des „Gefühlsausdrucks" erreicht hat.

Der Klosterbruder integriert die Berglinger-Erzählung mit seinem Kommentar in den Gesamtkontext der *Herzensergießungen*, indem er dessen Kunst mit der von Raphael oder Dürer kontrastiert, die es vermochten, trotz ihrer Kunsttätigkeit ein bürgerliches Leben zu führen. Demgegenüber heißt es von Berglinger, „dass eben seine hohe Phantasie es sein musste, die ihn aufrieb" und er „vielleicht dazu geschaffen war, Kunst zu genießen als auszuüben".[35] Dass Berglinger am Zwiespalt der musikalischen Ausdrucksästhetik zugrunde geht, wird in der Forschungsliteratur mehrfach akzentuiert: Nach Dahlhaus ist er zwar fähig, sich die kompositorische Technik anzueignen, bleibt aber ein fühlender Mensch – ein Dilettant. So wird er zum Opfer seines Enthusiasmus.[36] Naumann betont den semiotischen und medialen Aspekt dieser Problematik: Weder in Klang, noch in Bild oder in Wort können seine inneren Vorgänge übersetzt werden, so dass eine „tragische [...] Konstellation zwischen dem Subjekt und seinen Ausdrucksmöglichkeiten" besteht.[37] Die in dieser tragischen Konstellation verborgene Paradoxie manifestiert sich im Erzähldiskurs selbst. Das Medium des Erzählens ist doch eine poetische Sprache, deren „Gültigkeit und Tragfähigkeit [...] in Zweifel gezogen wird"[38]. Es erscheint schon hier eine ironische Reflexion des Autors (nicht des Erzählers), eine Art Sprachkritik, die sich dann in Heinrich von Kleists Erzählung voll entfaltet.

---

[32] Ebd., S. 103.
[33] Ebd., S. 106.
[34] Ebd., S. 107.
[35] Ebd., S. 108.
[36] Vgl. Dahlhaus: Allgemeine Theorie der Musik I. S. 479, 481.
[37] Naumann: Musikalisches Ideen-Instrument. S. 23.
[38] Ebd.

DAS MUSIKALISCHE IN DER ROMANTIK

Ironische Fortschreibung der Berglinger-Erzählung: Kleists Cäcilie-Novelle

Aus einem Brief Kleists geht hervor, dass er die Musik als die „Wurzel" oder als „die algebraische Formel aller Übrigen"[39] betrachtet, also die Regeln der „Kunstgrammatik" verabsolutisiert. Mit diesem Konzept lehnt er sich einerseits an Novalis' Idee der Verbindung von Musik, Mathematik und Dichtung, an, andererseits greift er die frühromantische Problematik der *Berglinger*-Erzählung über den „Käfig der Kunstgrammatik" auf, und laut Lubkoll durchkreuzt und denkt er es in radikaler Weise zu Ende. Dadurch, dass die Wichtigkeit eines künstlichen Harmoniesystems statt des „naturgegebenen" Klangsystems betont wird (der ‚wohltemperierte' Klang entsteht ja durch die Manipulation des natürlichen Klangsystems), verweist Kleist analog auf den Konstrukt-Charakter der Literatur. Die Aufgabe der Literatur sei demnach nicht, die Natur zu imitieren, sondern ihre Mängel (die einer natürlichen Sprache) durch eine konstruierte Sprache zu kompensieren.[40]

Kleists *Cäcilie*-Novelle kann als eine ironisch-kritische Fortschreibung der B*erglinger*-Erzählung bzw. des gefühlsästhetischen Diskurses von Wackenroder und Tieck gelesen werden. Der bildhaften Darstellung der absoluten Musik als „ein Land des Glaubens, [...] wo kein Wort- und Sprachengeschnatter, kein Gewirr von Buchstaben und monströser Hieroglyphenschrift uns schwindlig macht",[41] stellt Kleist die niedergeschriebene Musik – die Partiturschrift – entgegen.

Der Erzähler konzentriert sich auf die neutrale Zusammenfassung der in die historische Ferne zurückreichenden Geschichte (Ende des sechzehnten Jahrhunderts, „als die Bilderstürmerei in den Niederlanden wütete"[42]) von vier Brüdern, die am Fronleichnamstag das Kloster der Heiligen Cäcilia zerstören wollen. Er erzählt – wie es im Titel vorausgedeutet wird – eine Legende über die Gewalt der Musik, d.h. über die wunderbare Rettung des Nonnenklosters durch die Heilige Cäcilia. Der Erzähler bemerkt zur Erklärung, dass in Nonnenklöstern die Nonnen ihre Musik selbst aufführen und

---

[39] Brief an Marie von Kleist vom Sommer 1811. In: Kleist, Heinrich von: Werke und Briefe in vier Bänden. Hg. v. Siegfried Streller. Bd. IV. Briefe. Frankfurt a. M. 1986, S. 481.
[40] Vgl. Lubkoll, Christine: Mythos Musik. Poetische Entwürfe des Musikalischen in der Literatur um 1800. Freiburg im Breisgau 1995, S. 198-201.
[41] Wackenroder: Dichtung, Schriften, Briefe. S. 310.
[42] Kleist, Heinrich von: Werke und Briefe in vier Bänden. Bd. III. Erzählungen, Gedichte, Anekdoten, Schriften. S. 238.

bezeichnet die „Geschlechtsart dieser geheimnisvollen Kunst"[43] als weiblich. An dieser Stelle überschreitet er seine Rolle als sachlicher Berichterstatter, weil durch seinen Kommentar der Musik eine dämonische Kraft zugeschrieben wird.

Die wunderbare Befreiung des Klosters von den Bilderstürmern wird von einer „uralte[n] [...] italienische[n] Messe" bewirkt, „mit welcher die Kapelle mehrmals schon, einer besondern Heiligkeit und Herrlichkeit wegen, mit welcher sie gedichtet war, die größesten Wirkungen hervorgebracht hatte".[44] Erstaunlich ist es dabei, dass die Kapellmeisterin, Schwester Antonia, die vor Kurzem noch bewusstlos in ihrem Krankenbett lag, plötzlich „frisch und gesund, ein wenig bleich im Gesicht"[45] im Dom erscheint, mit der Partitur in der Hand, und die Direktion der Messe übernimmt. Der Erzähler schildert die Szene des Musizierens, besser gesagt die Wirkung der Musik auf die verschiedenen Menschen im Dom. Auf die frommen Frauen wirkte sie „wie ein wunderbarer, himmlischer Trost", und auch auf die Bilderstürmer dürfte sie einen beklemmenden Einfluss gehabt haben:

> [...] es regte sich, während der ganzen Darstellung, kein Odem in den Hallen und Bänken; besonders bei dem Salve regina und noch mehr bei dem Gloria in excelsis, war es, als ob die ganze Bevölkerung der Kirche tot sei: dergestalt, dass den vier gottverdammten Brüdern und ihrem Anhang zum Trotz, auch der Staub auf dem Estrich nicht verweht ward, und das Kloster noch bis an den Schluß des Dreißigjährigen Krieges bestanden hat [...].[46]

Allein ins Innere der Nonnen gewährt uns der Text eine kurze Einsicht, während die Wirkung auf die anderen (das eigentliche ‚Wunder') durch eine externe Fokalisation erzählt wird. Hinzu kommt noch, dass die Geschehnisse in einer mehrfachen intradiegetischen Vermittlung im Nachhinein präsentiert werden. Nach einer Ellipse von sechs Jahren setzt der Erzähler die Geschichte mit dem Bericht über die Ermittlung der Mutter nach ihren verschwundenen vier Söhnen fort. Die Geschehnisse an jenem Fronleichnamstag werden bruchstückhaft rekonstruiert: Erstens durch einen Freund, der die Zerstörung der Kirche mit den Brüdern zusammen geplant hatte. Aus seiner Erinnerung

---

[43] Ebd., S. 239.
[44] Ebd., S. 239 f.
[45] Ebd., S. 240.
[46] Ebd., S. 241.

als Augenzeuge wird die Wirkung der Musik auf die Söhne sichtbar: Wie sie die Hüte abnehmen, die Hände vor ihr herabgebeugtes Gesicht nehmen, und wie sie noch Stunden später in der gleichen Pose wie erstarrt vor dem Altar liegen. Die Folge ist eine Art Wahnsinn, der sie ins Irrenhaus zwingt: Mitternachts fangen die Brüder „mit einer entsetzlichen und grässlichen Stimme das Gloria in excelsis zu intonieren an. So mögen sich Leoparden und Wölfe anhören lassen, wenn sie sie zur eisigen Winterzeit, das Firmament anbrüllen".[47] Die zweite Erzählinstanz ist die Äbtissin, die von weiteren Einzelheiten berichten kann, und diese auch noch durch einen Brief verstärkt: Nicht die kurz darauf verstorbene Schwester Antonia dirigierte die Musik, sondern „die heilige Cäcilie", die „selbst dieses zu gleicher Zeit Schreckliche und herrliche Wunder vollbracht habe"[48].

Somit erhält die heilige Cäcilie – ähnlich wie bei Wackenroder – die Rolle einer Allegorie der Musik als heilige, zugleich aber dämonische Kraft. Die Nonnen tragen die uralte Messe als reine Instrumentalmusik ohne Text vor, von der es bei Wackenroder/Tieck heißt:

> In der Instrumentalmusik [...] ist die Kunst unabhängig und frei, sie schreibt sich nur selbst ihre Gesetze vor, sie phantasiert spielend und ohne Zweck, und doch [...] drückt das Tiefste, das Wunderbarste [...] aus. [...] [Die] Symphonien [...] enthüllen in rätselhafter Sprache das Rätselhafteste [...].[49]

Die Partitur der Messe als Instrumentalmusik signalisiert noch schärfer die Kluft zwischen den Hieroglyphen ihrer Zeichensprache und einer niemals erfassbaren Bedeutung (oder dem Fehlen von Bedeutungen der Leere, dem Wahnsinn) und dadurch, als Analogon, die semiotische Problematik der literarischen Sprache. Sogar die Partitur besitzt in ihrer abstrahierten Form als Musikschrift eine riesengroße Wirkungsmacht. Als die Mutter bei der Äbtissin dieselbe gerade bei dem Gloria in excelsis aufgeschlagen findet, und „die unbekannten zauberischen Zeichen" betrachtet,

> war ihr, als ob das ganze Schrecken der Tonkunst, das ihre Söhne verderbt hatte, über ihrem Haupte rauschend daherzöge; sie glaubte bei dem bloßen Anblick ihre Sinne zu verlieren, und [...] [hatte] mit einer

---

[47] Ebd., S. 246.
[48] Ebd., S. 251.
[49] Wackenroder: Dichtung, Schriften, Briefe. S. 353f.

unendlichen Regung von Demut und Unterwerfung unter die göttliche Allmacht, das Blatt an die Lippen gedrückt".[50]

Lubkoll verweist auf die Gemeinsamkeit der romantischen Idee der absoluten Musik und des Wahnsinns: „Beide lösen sich aus kulturell geprägten Ausdrucksformen, beide verabschieden die Kategorie des Sinns, beide vollziehen einen radikalen Austritt aus der symbolischen Zeichenordnung".[51] Kleists Kritik gilt jedoch mit dieser Novelle nicht der absoluten Musik schlechthin, sondern eben deren romantischen Idee. Ähnlich wie die Partitur durch das ‚Spiel der Signifikanten' Inhalt bzw. Sinn der Musik, rückt die Vervielfachung der internen Erzählinstanzen die ‚Bedeutung' des Erzähldiskurses, d.h. eine plausible Erklärung oder eine eindeutige Stellungnahme des Erzählers – kurz: die Möglichkeit zur Darstellung der Wahrheit – in die Ferne.

Durch die Radikalisierung der Idee der absoluten Musik als Wahnsinn, als bedeutungs- und formloses Chaos bereitet Kleist den Boden für eine objektivere Sprach- und Kunstauffassung vor. Dies korreliert mit Hanslicks formalästhetischer Auffassung: Die radikale Subjektivität der Wahrnehmung, das nicht objektivierende Hören – exemplifiziert am Verhalten der vier Brüder – ist für Eduard Hanslick und die Musikästhetik des 19. Jahrhunderts „pathologisch", im Sinne des „Selbstverlustes", des „Außer-Sich-Geratens".[52] Hanslick wertet und deutet ‚Form' und ‚Inhalt' der Musik und ihren Zusammenhang um: In seiner Auffassung wird, einfach ausgedrückt, nicht das Gefühl, sondern die ‚Form' zum Inhalt.[53] Diese Auffassung brachte ab Ende des 19. Jh-s. auch eine Veränderung in den ästhetischen Erscheinungsformen von Musik in literarischen Texten: neben den poetisch-gefühlsmäßigen Paraphrasierungen erschienen sachverständige formal-analytische Beschreibungen von Kompositionsprinzipien und -prozessen.

---

[50] Kleist, Heinrich von: Werke und Briefe in vier Bänden. S. 250.
[51] Lubkoll: Mythos Musik. S. 216. Die Wurzeln des Zusammenhanges von absoluter Musik/romantischer Kunst und Wahnsinn finden wir schon in der Zerrissenheit der Figur Berglingers, und später bei E.T.A. Hoffmann.
[52] Vgl. Dahlhaus: Allgemeine Theorie der Musik I. S. 462.
[53] „Die ‚Form' einer Symphonie, Ouvertüre, Sonate nennt man die Architektonik der verbundenen Einzelheiten und Gruppen, aus welchen das Tonstück besteht, näher also: die Symmetrie dieser Theile in ihrer Reihenfolge, Contrastierung, Wiederkehr und Durchführung. Als den *Inhalt* begreift man aber dann die zu solcher Architektonik verarbeiteten Themen. Hier ist also von einem ‚Inhalt' als Gegenstand keine Rede mehr, sondern lediglich von einem musikalischen." (Hanslick, Eduard: Vom Musikalisch-Schönen. S. 114.)

MAGDOLNA OROSZ

Text und Bild in der deutschen Romantik

Ludwig Tiecks (inter)mediales Erzählen

Medialität – Intermedialität: theoretische Vorüberlegungen

Die literaturwissenschaftlichen Untersuchungen zu den Fragen der Medialität literarischer Werke und der Literatur überhaupt bedeutet eine Beschäftigung mit den fundamentalen Gegebenheiten literarischer sowie künstlerischer Praxis und ihrer theoretischen Analyse. Obwohl die Fragen medialer Bedingtheit und der medialen Vermittlung seit der Antike auf lange Traditionen zurückblicken können, hat die Herausbildung der Untersuchungsfelder der Intertextualität und dann, mit der Verallgemeinerung ihrer Fragestellungen, der Intermedialität in der letzten Zeit wesentlich dazu beigetragen, dass die theoretische Reflexion über Medialität und Intermedialität eine Konjunktur erlebt, wodurch sie sich in die Reihe der zu Modeerscheinungen gewordenen ‚Wenden' (‚turns') einordnen lässt. Dabei verdient das Phänomen bzw. der Bereich der Phänomene, die unter ‚Intermedialität' subsumierbar sind, eine richtige Aufmerksamkeit, da diese grundlegende Erscheinungen berühren. Da sich die theoretische Beschäftigung mit der Intermedialität – infolge der geradezu wuchernden Publikationen zum Thema – kaum übersehen lässt, können hier nur einige Präzisierungen vorgenommen werden.

Werner Wolf definiert ‚Intermedialität' als „eine besondere (im engeren Sinne ‚intermediale') Beziehung zwischen (mindestens) zwei konventionell unterschiedlichen Ausdrucks- oder Kommunikationsmedien", die zur Bedeutungskonstitution direkt oder indirekt beiträgt.[1] Unter ‚Intermedialität'

---

[1] „'Intermediality' can thus be defined as a particular ('intermedial' in the narrow sense) relation between (at least) two conventionally distinct media of expression or communication: this relation consists in a verifiable, direct or indirect, involvement of more than one conventionally distinct medium in the signification of an artefact." Vgl. Wolf, Werner: Musicalized Fiction and

ordnet Rajewsky drei große Bereiche ein, nämlich Medienkombination (z. B. Film, Oper etc.), Medienwechsel (Medientransfer oder Medientransformation, wie z. B. Verfilmung) und intermediale Bezüge (u. a. Ekphrasis), bei denen immer nur ein Medium (materiell) präsent ist,[2] zugleich aber ist dieser „(Rück-)Bezug eines Textes auf ein vorfindliches (reales oder fiktives) Produkt oder das System eines anderen Mediums" immer ein „bedeutungskonstituierende[r] Akt".[3] Außerdem entfaltet Rajewsky, sich auf eine umfassende Übersicht verschiedener theoretischer Positionen berufend, einen vielfach gefächerten Typenkatalog intermedialer Phänomene,[4] deren Unterscheidung in vielen konkreten Analysefällen oft eben wegen der letztlich eng gefassten Kategorien bzw. der vielfach beobachtbaren Übergänge, Kombinationen und Überschneidungen oft Schwierigkeiten macht.

In den folgenden Überlegungen geht es um die Erscheinung(en), die bei Rajewsky unter ‚intermediale Bezüge' subsumiert werden, nämlich um solche, bei denen Text-Bild-Beziehungen im Vordergrund stehen. Jedoch bevorzuge ich statt des Terminus ‚intermediale Bezüge' – zumindest für das darzustellende Problemfeld – den Ausdruck ‚(inter)mediale Vermittlung', da dieser die Aspekte zusammenfasst, die hier eng verknüpft sind: die notwendige Vermitteltheit allen sprachlichen bzw. künstlerischen Ausdrucks sowie die Vermittlung zwischen (verbaler) Sprache und (visuellem) Bild, wobei diese wiederum mehrere Phänomene umfasst von der bildhaften Sprache (Metaphorizität) bis zur Bildbeschreibung – eben diese Aspekte werden in der (früh)romantischen Ästhetik betont miteinander verbunden.

Sprache, künstlerischer Ausdruck und Bild in der frühromantischen Ästhetik

In den ästhetischen Diskussionen der deutschen Frühromantik kommt sowohl der Problematik der sprachlichen bzw. zeichenhaften Vermittlung als Vorbedingung allen Ausdrucks als auch der Frage der Verbindung verschiedener Wahrnehmungs- und Ausdrucks- bzw. Kommunikationsbereiche eine

---

[1] Intermediality. In: Word and Music Studies: Defining the Field. Hg. v. Walter Bernhart, Steven Paul Scher u. Werner Wolf. Amsterdam 1999, S. 37-58, hier S. 42.
[2] Rajewsky, Irina O.: Intermedialität. Tübingen / Basel 2002, S. 17.
[3] Ebd., S. 62.
[4] Für eine zusammenfassende Übersicht über die Hauptkategorien von Intermedialität ‚intermediale Bezüge', ‚Medienwechsel' und ‚Medienkombination', sowie über die Unterteilung der Kategorie ‚intermediale Bezüge' vgl. Rajewsky: Intermedialität, S. 157.

eminente Bedeutung zu, und beide Aspekte werden intensiv und vielfältig diskutiert. Die Frühromantik vereinigt die Erscheinungen intra- und intermedialer Phänomene in einer komplexen synthetisierenden Argumentation, die die verschiedenen medialen Bereiche miteinander verknüpft und zu verschmelzen versucht.

Die Einsicht in die mediale Vermitteltheit des zeichenhaften sprachlichen Ausdrucks, in die „Unmöglichkeit und Notwendigkeit einer vollständigen Mitteilung"[5] ruft unterschiedliche Reaktionen hervor. Friedrich Schlegels Konzept der romantischen Ironie, sowie die Idee der romantischen Poesie, die „am meisten zwischen dem Dargestelltem und dem Darstellendem, [...] auf den Flügeln der poetischen Reflexion in der Mitte schweben"[6] kann, bedeutet eine Kompromisslösung, die zugleich eine Überlegenheit der so konzipierten neuen Poesie ableitet. Mit der Konzeption des magischen Idealismus versucht Novalis ein Verfahren zu entwerfen, das rationale und intuitive Wahrnehmung und Erkenntnis in einer Wechselbeziehung zwischen Mittelbarkeit und Unmittelbarkeit kombinieren will: „Sie [die Erkenntnis] wäre unmittelbar, und mittelst des Unmittelbaren mittelbar, real und symbolisch zugleich".[7]

Den intuitiven Aspekt betont Wackenroder in seinen Ausführungen über Natur und Kunst als zwei „wunderbare" Arten von Sprache. Der geheimnisvoll-mystische Charakter der Sprache konzentriert sich in der Bezeichnung ‚Hieroglyphenschrift', denn sie „redet durch Bilder der Menschen und bedienet sich also einer Hyeroglyphenschrift",[8] die sich in ihrer Bildhaftigkeit dazu eignet, die zeichenhafte Vermittlung zu beseitigen und eine „Ein-Sicht" ins Wesen der Welt und des Menschen zu ermöglichen: „sie [...] richtet unsern Blick in unser Inneres und zeigt uns das Unsichtbare, [...] in menschlicher Gestalt".[9] Novalis misst der Hieroglyphe ebenfalls eine

---

[5] Schlegel, Friedrich: Kritische Fragmente. In: Kritische Friedrich Schlegel-Ausgabe. Bd. 2. Hg. v. Ernst Behler u. Mitw. v. Jean-Jacques Anstett und Hans Eichner. München / Paderborn / Wien / Zürich 1967, S. 160.
[6] Ebd., S. 182.
[7] Novalis (Friedrich von Hardenberg): Schriften. Die Werke Friedrich von Hardenbergs. Hg. v. Paul Kluckhohn und Richard Samuel. 2., nach den Handschriften erg., erw. u. verb. Aufl. in 4 Bänden u. e. Begleitband. Bd. 2. Darmstadt 1965, S. 551.
[8] Wackenroder, Wilhelm Heinrich: Sämtliche Werke und Briefe. Hist.-krit. Ausg. Hg. v. Silvio Vietta u. Richard Littlejohns. Bd. I: Werke. Hg. v. Silvio Vietta. Heidelberg 1991, S. 98. Über die Frage der Sprache bei Wackenroder vgl. auch Todorov, Tzvetan: Théories du symbole. Paris 1977, S. 227 f., zu den zwei wunderbaren Sprachen vgl. Kemper, Dirk: Sprache der Dichtung. Wilhelm Heinrich Wackenroder im Kontext der Spätaufklärung. Stuttgart / Weimar 1993, S. 182 ff.
[9] Wackenroder: Werke, S. 99.

wichtige Funktion bei, indem er betont: „Die erste Kunst ist Hieroglyphistik",[10] und die verborgene Sprache der Natur und ihre Deutung durch die Kunst kommt auch in Tiecks Roman *Franz Sternbalds Wanderungen* in intertextueller Anlehnung an Wackenroders *Herzensergießungen* zum Ausdruck, indem Tiecks Sternbald-Figur zugleich (genauso wie Wackenroder) die Natur, die Kunst und die Religion im Begriff der Hieroglyphe verbindet:

> Die Hieroglyphe, die das Höchste, die Gott bezeichnet, liegt da vor mir in tätiger Wirksamkeit, in Arbeit, sich selber aufzulösen und auszusprechen, ich fühle die Bewegung, das Rätsel im Begriff zu schwinden – und fühle meine Menschheit. – Die höchste Kunst kann sich nur selbst erklären, sie ist ein Gesang, deren Inhalt nur sie selbst zu sein vermag.[11]

Mit dem Begriff der Hieroglyphe, der ein gewisser intermedialer Charakter eigen ist, wird das Problem der verschiedenen Wahrnehmungs- und Ausdruckstypen, ihrer Übergänge und Verbindungen formuliert. Die unterschiedlichen Wahrnehmungsmodi und die entsprechenden Kunstarten werden miteinander verbunden, um dadurch auf die „spezielle, [...] auf die sprachliche Semiotik ausgerichtete Krise" der Goethezeit zu reagieren,

> die sich im innerlinguistischen Spiel zwischen Buchstabe, Klang und Bild offenbart, im Spiel zwischen Schrift, Stimme und Einbildungskraft, zwischen den spezifischen Zeichen der Literatur, der Musik und der bildenden Kunst.[12]

In diesem Sinne hebt Novalis die Bildhaftigkeit hervor, indem er die Entsprechungen zwischen Musik, Poesie und Malerei untersucht:

> Der Musiker nimmt das Wesen seiner Kunst aus sich – auch nicht der leiseste Verdacht von Nachahmung kann ihn treffen. Dem Mahler scheint die sichtbare Natur überall vorzuarbeiten – durchaus sein unerreichbares Muster zu seyn – Eigentlich ist aber die Kunst des Mahlers so unabhangig, so ganz a priori entstanden, als die Kunst des Musikers.

---

[10] Novalis: Schriften, Bd. 2, S. 571.
[11] Tieck, Ludwig: Franz Sternbalds Wanderungen. Studienausgabe. Hg. v. Alfred Anger. Stuttgart 1994, S. 250. Im Weiteren werden die Zitate aus dem Roman mit der Abkürzung FSW und der jeweiligen Seitenzahl im laufenden Text angegeben.
[12] Neumann, Gerhard und Günter Oesterle: Bild und Schrift in der Romantik. In: Bild und Schrift in der Romantik. Hg. v. dens. Würzburg 1999, S. 9-23, hier S. 12.

> Der Mahler bedient sich nur einer unendlich schwereren *Zeichensprache*, als der Musiker – der Mahler mahlt eigentlich mit dem Auge – Seine Kunst ist die Kunst regelmäßig, und Schön zu sehn. Sehn ist hier ganz activ – durchaus bildende Tätigkeit.[13]

In der Verbindung der Kunstarten postuliert auch August Wilhelm Schlegel – als Bilanz der Gemäldebeschreibungen des im *Athenäum* erschienenen Kunstgesprächs *Die Gemählde* – die gegenseitige Bedingtheit, die mediale Vermittlung und intermediale Verbindung von bildender Kunst und Poesie, denn die Poesie „soll immer Führerin der bildenden Künste sein, die ihr wieder als Dolmetscherinnen dienen müssen".[14]

Das Bild, das Gemälde erscheint in der romantischen bzw. goethezeitlichen Bildbeschreibung[15] als Anlass zur Entfaltung allgemeiner ästhetischer Positionen über (romantische) Kunst und als ‚Demonstrationsobjekt' dieser Positionen, an dem die Frage der Übersetzbarkeit der Visualität des Bildes in die Verbalität der Sprache, sowie auch die ‚Bildhaftigkeit' der Sprache prüfen lässt. Die Bildbeschreibung beruht auf dem Prinzip der Anschaulichkeit und stellt „die Unmittelbarkeit des Bildes der Vermittlung durch den Code"[16] gegenüber, d. h. sie balanciert zwischen den Ausdrucksmöglichkeiten der verschiedenen Medien. Gottfried Boehm unterscheidet zwei Arten der Ekphrasis, einerseits die „ohne konkreten Werkbezug" als „fiktive Bildbeschreibung", andererseits die „werkbezogene Ekphrase",[17] er hebt aber auch ihre Eigenschaft, „das Bild in seiner visuellen Präsenz von der ihm eingeschriebenen, ikonischen Differenz her zu erfassen und diese als einen sprachlichen Wirkungskontrast nachzubilden".[18] Diese Spannungsverhältnisse zwischen Bild und Sprache, ihre Medienbedingtheit kommt in den

---

[13] Novalis: Schriften, Bd. 2, S. 574.
[14] Schlegel, August Wilhelm: Die Gemählde. In: Athenaeum. Eine Zeitschrift. Hg. v. August Wilhelm Schlegel und Friedrich Schlegel. Reprogr. Nachdr. Hg. v. Bernhard Sorg. Darmstadt 1992, Bd. 1, S. 415-527, hier S. 510. Für die Bild- bzw. Gemäldebeschreibungen bei August Wilhelm Schlegel sowie Friedrich Schlegel vgl. Orosz 2002.
[15] Die Gemäldebeschreibung und die Beschäftigung mit den Fragen der Bildhaftigkeit erlangt in der Goethezeit eine allgemeine Bedeutung, vgl. dazu Osterkamp, Ernst: Im Buchstabenbilde. Studien zum Verfahren Goethescher Bildbeschreibungen. Stuttgart 1991.
[16] Krieger 1995, S. 44.
[17] Boehm, Gottfried: Bildbeschreibung. Über die Grenzen von Bild und Sprache. In: Beschreibungskunst – Kunstbeschreibung. Ekphrasis von der Antike bis zur Gegenwart. Hg. v. Gottfried Boehm u. Helmut Pfotenhauer. München 1995, S. 23-40, hier S. 36.
[18] Ebd.

verschiedenen Varianten der Bildbeschreibung in der deutschen (Früh)romantik vielfach zum Vorschein.

Neben den Bildbeschreibungen August Wilhelm Schlegels liefern Wackenroders *Herzensergießungen eines kunstliebenden Klosterbruders* verschiedene Überlegungen über romantische Kunst, die vorwiegend die Malerei, in einigen Äußerungen und in der abschließenden Berglinger-Erzählung die Musik als Varianten einer idealen Kunst in einem fiktionalisierten narrativen Rahmen erörtern. Der Klosterbruder behandelt Vertreter der italienischen Renaissance, neben sie stellt er Dürer als gleichberechtigten Künstler, damit vollzieht er eine Aufwertung altdeutscher Kunst als „Vorbereitung auf das Interesse, das die ‚altdeutschen Gemälde' ab 1803 erwecken".[19] In den Gemäldebeschreibungen gibt der Klosterbruder, in intertextueller Anlehnung an die *Viten* von Vasari,[20] weniger detaillierte Beschreibungen als eher mit Erzählung und Reflexion vermischte Ausführungen. Er behauptet, er könne nur eine globale Beschreibung und Bewertung geben, weil die Sprache das Bildhafte blockiert:

> Ein schönes Bild oder Gemählde ist, meinem Sinne nach, eigentlich gar nicht zu beschreiben; denn in dem Augenblicke, da man mehr als ein einziges Wort darüber sagt, fliegt die Einbildung von der Tafel weg, und gaukelt für sich allein in den Lüften.[21]

Die Unmöglichkeit der Darstellung in einem anderen Medium könnte einerseits durch die Gemälde thematisierenden Gedichte, andererseits durch die Erzählung über den Maler und seine Tätigkeit, also durch ihre Narrativierung überbrückt werden: damit wäre die Kunst in „einer literarisch-narrativen Form des Sprechens, einer selbst künstlerischen Form"[22] evozierbar. Dieser letzteren Methode folgt der Klosterbruder in *Rafaels Erscheinung*, indem er die Entstehung des Gemäldes als „durch göttliche Einge-

---

[19] Kreutziger-Herr, Annette: Ein Traum vom Mittelalter. Die Wiederentdeckung mittelalterlicher Musik in der Neuzeit. Köln 2003, S. 62.
[20] Vgl. Alpers, Svetlana: „Ekphrasis" und Kunstanschauung in Vasaris „Viten". In: Beschreibungskunst – Kunstbeschreibung. Ekphrasis von der Antike bis zur Gegenwart. Hg. v. Gottfried Boehm und Helmut Pfotenhauer. München 1995, S. 217-258, hier S. 220 f. Vgl. auch Hellwig, Karin: Von der Vita zur Künstlerbiographie. Berlin 2005, S. 89.
[21] Wackenroder: Werke, S. 82 (SWB 1,82).
[22] Vietta, Silvio: Heideggers Weltbildkritik und Wackenroders Kunstästhetik. In: Beschreibungskunst – Kunstbeschreibung. Ekphrasis von der Antike bis zur Gegenwart. Hg. v. Gottfried Boehm und Helmut Pfotenhauer. München 1999, S. 375-387, hier S. 386.

bung" erfolgtes Nachmalen eines „Bild[es] im Geiste"[23] und die Geschichte dieser Erscheinung in einer narrativen Rahmenkonstruktion erzählt, damit eigentlich eine von Vasari überlieferte Geschichte aufnehmend.[24] Somit rückt „der *kreative Akt der Erfindung*, der Kunstentstehung"[25] in den Mittelpunkt und übernimmt die Funktion der Bildbeschreibung.

Ein ähnliches Verfahren lässt sich im Falle der sich ebenfalls an Vasaris Darstellungen anlehnenden Schilderung von Leonardos *Heiligem Abendmahl* und der *Gioconda* beobachten: hier wird die globale Darstellung der Gemälde von Leonardo mit der Erzählung kleiner Episoden und Anekdoten über das Leben, die künstlerische Entwicklung des Malers und die Entstehung der Bilder verbunden. Dadurch werden verschiedene Modelle der künstlerischen Inspiration entworfen: Rafaels Geschichte wendet die Erscheinung zugleich „ins Kunstreligiöse", bei Leonardo erscheint die unmittelbare Anschauung mit der „Urteilskraft des ausgebildeten Künstlers" verbunden, was ihn davor bewahrt, sich „im Uferlosen jener wechselnden Erscheinungen" zu verlieren.[26] Letzten Endes vollzieht der erzählende Klosterbruder eine Verbindung von Literatur und Malerei, von Schrift und Bild, indem er feststellt: „Die Mahlerey ist eine Poesie mit Bildern der Menschen".[27] Auf Grund solcher Vorgehensweisen soll der Rezipient der Texte einen Gesamteindruck über Werte, Vertreter und Charakteristika der sich so gestaltenden romantischen Kunst bzw. Kunstauffassung[28] durch die Überschreitung der Mediengrenzen zwischen Sprache und Bild gewinnen.

---

[23] Wackenroder: Schriften, S. 56.
[24] Zu Vasari und seiner Auswirkung vgl. Belting, Hans: Das unsichtbare Meisterwerk. Die modernen Mythen der Kunst. München 1998, S. 46.
[25] Vietta, Silvio: Fiorillo und Wackenroder. Gemeinsamkeiten und Differenzen in der Kunstanschauung. In: Johann Dominicus Fiorillo: Kunstgeschichte und die romantische Bewegung um 1800. Hg. v. Middeldorf-Kosegarten, Antje. Göttingen 1997, S. 180-193, hier S. 191.
[26] Pfotenhauer, Helmut: „Jenes Delirieren, das dem Einschlafen vorherzugehen pflegt". Zur Poetik und Poesie der Halbschlafbilder bei Tieck und Hoffmann. In: Nicht völlig Wachen und nicht ganz ein Traum: die Halbschlafbilder in der Literatur. Hg. v. Helmut Pfotenhauer und Sabine Schneider. Würzburg 2006, S. 53-69, hier S. 56 f.
[27] Wackenroder: Schriften, S. 110.
[28] Die in den *Herzensergießungen* vielfach thematisierte (Kunst)andacht hat zwar manches mit der späteren romantischen Malerei gemeinsam, in der allgemeinen mystisch-religiösen Ausrichtung unterscheidet sie sich jedoch wesentlich von der katholisierenden Einstellung der Nazarener (vgl. auch Vietta: Fiorillo und Wackenroder, S. 188 f.).

MAGDOLNA OROSZ

Bild und Bildbeschreibung in Franz Sternbalds Wanderungen

Tiecks 1798 erschienener Roman *Franz Sternbalds Wanderungen* folgt in vieler Hinsicht Wackenroders Anschauungen in den *Herzensergießungen* (von denen einige Teile eigentlich Tieck selbst geschrieben hat): In einer dem Ersten Teil des Romans nachgestellten *Nachschrift an den Leser* wird das Werk seinem „nun verstorbenen Freunde Wackenroder" gewidmet, mit dem der Autor den Plan zum Sternbald-Roman konzipierte, der als Fortsetzung der *Herzensergießungen* und als Weiterführung der dort „mit dem verehrenden Enthusiasmus" (FSW 191) entfalteten Gedanken zu verstehen ist.[29] Damit werden grundlegende Ansichten des Klosterbruders der *Herzensergießungen*, vor allem seine ‚Innerlichkeit' und ‚Versenkung' als grundlegende Einstellung zur Kunst und zur Kunstbetrachtung übernommen.[30] Der Untertitel des Romans *Eine altdeutsche Geschichte* verlegt die Handlung in die Zeit Dürers, durch die Erwähnung des Todes von Raffael (1520), der ein Jahr vor der Ereignisse erfolgt sein soll, wird die fiktive erzählte Geschichte – ohne zum historischen Roman zu werden,[31] im Jahr 1521 genau situierbar.

Der – wie viele andere frühromantische Werke – Fragment gebliebene Roman lässt sich durch seine Thematik als (romantischer) Künstler- und Bildungsroman (mit Elementen des Reise- und Abenteuerromans) einordnen: die zentrale Figur Sternbald ist ein werdender Maler, ein Schüler Dürers, der nach Italien geht, um dort durch die Erfahrung der Kunst der italienischen Renaissance, für die der Name Raffaels exemplarisch steht, seine Kunst vollständig entfalten zu können und in dieser Absicht von seinem Meister unterstützt wird:

> Aus wem ein guter Maler werden soll, der wird es gewiß, er mag in Deutschland bleiben oder nicht. Aber ich glaube, daß es Kunstgeister gibt, denen der Anblick des Mannigfaltigen ungemein zustatten kömmt, in denen immer neue Bildungen entstehn, wenn sie das Neue sehn, die eben dadurch vielleicht ganz andre Wege auffinden, die wir

---

[29] Vgl. Feilchenfeldt, Konrad: „Franz Sternbalds Wanderungen" als Roman der Jahrhundertwende 1800. In: „lasst uns, da es uns vergönnt ist, vernünftig seyn! –" Ludwig Tieck (1773-1853). Hg. v. Institut für deutsche Literatur der Humboldt-Universität zu Berlin u. Mitarbeit v. Heidrun Markert. Bern u. a. 2004. (Publikationen zur Zeitschrift für Germanistik, Bd. 9), S. 163-177, hier S. 163 f.
[30] Vgl. Paulin, Roger: Ludwig Tieck. A Literary Biography. Oxford 1986, S. 95.
[31] Vgl. Feilchenfeldt: „Franz Sternbalds Wanderungen", S. 164.

noch nicht betreten haben, und ich glaube fast, daß Sternbald zu diesen gehört. (FSW 122)

Mit dieser erzählten Geschichte wird auch das Modell des Bildungsromans befolgt: die Stationen der Reise von Nürnberg über Flandern nach Italien und die Begegnungen mit verschiedenen Figuren, sollen zur individuellen und künstlerischen Entfaltung des vor der Aufgabe zurückschreckenden Sternbald beitragen, indem die Reiseroute – nach dem Gattungsmuster von Goethes Wilhelm Meister-Roman – zum Lebensweg und zum künstlerischen Entwicklungsweg werden soll:

> Wohl dem Künstler, der sich seines Werts bewußt ist, der mit Zuversicht an sein Werk gehn darf und es schon gewohnt ist, daß ihm die Elemente gehorchen. Ach, mein lieber Meister, ich kann es Euch nicht sagen, [...] welchen Drang ich zu unsrer edlen Kunst empfinde, wie es meinen Geist unaufhörlich antreibt, wie alles in der Welt, die seltsamsten und fremdesten Gegenstände sogar, nur von der Malerei zu mir sprechen; aber je höher meine Begeisterung steigt, je tiefer sinkt auch mein Mut, wenn ich irgendeinmal an die Ausführung gehn will. Es [...] ist eine Angst, eine Scheu, ja ich möchte es wohl eine Anbetung nennen, beides, der Kunst und des Gegenstandes, den ich darzustellen unternehme. (FSW 97)

Sternbald ist Maler, ein Künstler, der sich selbst als Künstler wahrnimmt und zugleich von Zweifeln an seiner persönlichen Identität sowie an den Möglichkeiten der Kunst gekennzeichnet ist. Er sucht sich selbst, denn bestimmte Momente seines Lebens, seiner Herkunft, die Identität seiner geheimnisvollen Geliebten sind unklar, er versucht sich selbst als Künstler gegenüber den unterschiedlichen Lebensmodellen und künstlerischen Anschauungen zu definieren, indem er ziemlich vielfältigen und voneinander auch abweichenden Kunstauffassungen ausgesetzt wird, „die sich teils überschneiden, teils widersprechen".[32] Sternbald wird von all den unterschiedlichen Auffassungen angezogen: er übernimmt damit den „Gedanke[n] der pluralen Schönheit",[33] seine eigene Auffassung findet er aber (im Unter-

---

[32] Japp, Uwe: Der Weg des Künstlers und die Vielfalt der Kunst in Franz Sternbalds Wanderungen. In: Die Prosa Ludwig Tiecks. Hg. v. Detlev Kremer. Bielefeld 2005, S. 35-52, hier S. 45. Er zählt hier „die mimetische Kunst, die religiöse Kunst, die sinnliche Kunst, die allegorische Kunst, die subjektive Kunst und die phantastische Kunst" auf.
[33] Ebd., S. 50.

schied zu Dürer oder Lukas van Leyden) nicht, so funktioniert er eher als Resonanzboden für die Anschauungen anderer.

Im narrativen Diskurs des Romans erhalten die Dialoge über Kunst, Künstler und Malerei eine besondere Funktion. Die schauende Beobachtung und bildhafte Wahrnehmung, die Bildbeschreibung und damit eine spezielle Bildlichkeit spielen eine wichtige Rolle, sie halten die Entwicklung einer geradlinigen narrativen Struktur auf (dazu tragen die vielen Liedeinlagen auch bei) und folgen damit der Schlegelschen Romankonzeption vom Roman als „romantische[m] Buch".[34] Der von Nürnberg nach Italien wandernde Sternbald diskutiert, dem romantischen ‚Kunstgespräch' entsprechend, die Fragen der Malerei, der Gattungen, der Darstellung, der Rezeption der Werke mit verschiedenen Menschen, darunter auch Künstlern oder Kunstfreunden wie Dürer, Lukas von Leyden, dem für wahnsinnig gehaltenen Camillo, Ludovico. In diesen Gesprächen werden auch in den romantisch (um)interpretierten Kanon erhobene Kunstwerke, so z. B. solche von Dürer, besprochen und damit fiktionsextern existierende Gemälde beschrieben,[35] um dadurch die Anschauungen über Kunst im allgemeinen und Malerei im besonderen zu veranschaulichen. Die Bildbeschreibung kann die Bildszene mit der Wirklichkeit vergleichen und den Wert des Bildes daran messen, um daraus Folgerungen für die eigene Kunstpraxis zu ziehen:

> Er erinnerte sich einiger guten Kupferstiche von Albrecht Dürer, auf denen tanzende Bauern dargestellt waren und die ihm sonst überaus gefallen hatten; es suchte nun beim Klange der Flöten diese possierliche Gestalten wieder und fand sie auch wirklich; er hatte hier Gelegenheit zu bemerken, welche Natur Albrecht auch in diese Zeichnungen zu legen gewußt hatte. [...] Warum fällt es keinem ein, sich mit seiner Staffelei unter einen solchen unbefangenen Haufen niederzusetzen und uns auf einmal diese Natur ganz, wie sie ist, darzustellen. (FSW 61 f.)

Die Beschreibung eines fiktionsextern konkreten Gemäldes veranschaulicht auch oft verschiedene Ansichten über die Malerei, ihre Themen und

---

[34] Vgl. Friedrich Schlegel: Kritische Friedrich-Schlegel-Ausgabe, Bd. 2, S. 335.
[35] Zur Typologie der in fiktionalen narrativen Texten ‚erzählten' Bilder vgl. Orosz, Magdolna: „Erzählte Bilder" – „Bild" als narratives Element. In: Bildsprache – Visualisierung – Diagrammatik. Teil III. Hg. v. Jeff Bernard, Gloria Withalm. Wien: Semiotische Berichte. Jg. 21, 3-4, 1997, S. 323-342.

ihre Rezeptionswirkung, wie dies z. B. in der Schilderung eines Bildes von Dürer durch Lukas von Leyden vor sich geht:

> Es ist der heilige Hubertus, der auf der Jagd einem Hirsche mit einem Kruzifixe zwischen dem Geweih begegnet und sich bei diesem Anblicke bekehrt und seine Lebensweise ändert. [...] es ist für mich ein merkwürdiges Blatt [...]. Die Gegend ist Wald, und Dürer hat einen hohen Standpunkt angenommen, weshalb ihn nur ein Unverständiger tadeln könnte, denn wenn auch ein dichter Wald, wo wir nur wenige große Bäume wahrnähmen, etwas natürlicher beim ersten Anblick in die Augen fallen dürfte, so könnte das noch nimmermehr das Gefühl der völligen Einsamkeit so ausdrücken und darstellen wie es hier geschieht, wo das Auge weit und breit alles übersieht, einzelne Hügel und lichte Waldgegenden. [...] ein Rittersmann, der vor einer unvernünftigen Bestie kniet. [...] Es ist so etwas Unschuldiges, Frommes und Liebliches darin [...]; dies erweckt ganz eigene Gedanken von Gottes Bermherzigkeit, von dem grausamen Vergnügen der Jagd und dergleichen mehr. (FSW 103 f.)

Hier werden Elemente des Bildes, der Landschaft, aber auch der Wahrnehmungsmodalitäten des Betrachters, sowie wertende Momente und der Einfluss auf den Rezipienten miteinander verbunden, um die mediale Beschaffenheit des Bildes narrativ zu vermitteln.

Ähnliche Verfahren lassen sich auch bei den Bildbeschreibungen beobachten, die fiktive Bilder, so Sternbalds eigene Werke, die er während seiner Reise zustande bringt, zusammenfassend oder detaillierter vor Augen stellen,[36] in einigen Fällen die Umstände der Entstehung des Werks erwähnen, und sie im Sinne des bei Wackenroder beschriebenen Verfahrens von Raffaello, d. h. der Transponierung eines inneren Bildes in Gemälde erörtern:

> In Straßburg habe ich für einen reichen Mann eine Heilige Familie gemalt. [...] In der Madonna habe ich gesucht, die Gestalt hinzuzeichnen, die mein Inneres erleuchtet, die geistige Flamme, bei der ich mich selbst sehe, und alles, was in mir ist, und durch die alles von dem lieblichen Widerscheine verschönt und strahlend ist. (FSW 201)

---

[36] Eigentlich gibt es nicht wenige Bilder von Sternbald, die kürzer oder länger dargestellt werden (vgl. FSW 24, 65 f., 172 f., 201, 243 f., 353 ff., 374).

Sternbalds fiktive Werke funktionieren ebenfalls als Gemäldebeschreibungen, wie dies durch den Erzählerdiskurs besonders hervorgehoben werden kann:

> Wir wollen hier dem Leser dieses Bild Franzens ganz kurz beschreiben. Ein dunkles Abendrot lag auf den fernen Bergen, denn die Sonne war schon seit lange untergegangen, in dem bleichroten Scheine lagen alte und junge Hirten mit ihren Herden, dazwischen Frauen und Mädchen; die Kinder spielten mit Lämmern. In der Ferne gingen zwei Engel durch das hohe Korn und erleuchteten mit ihrem Glanze die Landschaft. Die Hirten sahen mit stiller Sehnsucht nach ihnen, die Kinder streckten die Hände nach den Engeln aus, das Angesicht des einen Mädchens stand in rosenrotem Schimmer, vom fernen Strahl der Himmlischen erleuchtet. Ein junger Hirt hatte sich umgewendet und sah mit verschränkten Armen und tiefsinnigem Gesichte der untergegangenen Sonne nach [...]. Einen solchen zarten und trostreichen und frommen Sinn hatte Franz für den vernünftigen und fühlenden Beschauer in sein Gemälde zu bringen versucht. (FSW 65 f.)

Das so beschriebene Bild wäre als allegorisch-religiöses Genrebild einzuordnen: die Gestalten vermitteln die Botschaft des auf sie projizierten Göttlichen, und die von Sternbald seinem Bild zugeschriebene Bedeutung erfüllt ebenfalls eine Nachrichtfunktion. Die Elemente der gemalten Landschaft erscheinen jedoch – über die allegorischen Momente hinaus[37] – mit Nachdruck und verweisen auf die Bedeutung, die die Wahrnehmung der Natur und die Darstellung der Landschaft in der romantischen Ästhetik erlangt: „Darstellung des Bild-Raums und unmittelbares Erleben der Natur überlagern einander".[38]

Die Dominanz der Landschaft und ihrer Wahrnehmung wird in den nicht gemalten, nur vorgestellten oder eben geträumten Bildern von Sternbald klar und nachdrücklich hervorgehoben, denn „[k]ein Bild Sternbalds, der zustande kommt, erreicht in der Beschreibung im Text die emphatische

---

[37] Zum Allegorischen vgl. Kasper, Norman: Welche Farbe hat die Allegorie? Ludwig Tiecks Franz Sternbalds Wanderungen zwischen allegorischer Repräsentation und symbolischer Präsenz. In: Wahrnehmungskulturen. Erkenntnis – Mimesis – Entertainment. Hg. v. Gerd Antos u. a. Halle 2009, S. 257-276, hier S. 272 f.
[38] Brüggemann, Heinz: Religiöse Bild-Strategien der Romantik. Die ästhetische Landschaft als Andachtsraum und Denkraum. In: Romantische Religiosität. Hg. v. Alexander Bormann u. a. Würzburg 2005, S. 89-131, hier S. 94.

Intensität, die den suggestiv evozierten Bildentwürfen der Sternbaldschen Imagination eignet".[39] Die Natur erscheint ihm als Landschaftsbild und wird in intermedialer Imitation sprachlich wiedergegeben:

> Die beiden Freunde gingen nun zurück; der Abend hatte sich schon mit seinen dichtesten Schatten über den Garten ausgestreckt, und der Mond ging eben auf. Franz stand sinnend am Fenster seines Zimmers und sah nach dem gegenüberliegenden Berge, der mit Tannen und Eichen bewachsen war, zu ihm hinauf schwebte der Mond, als wenn er ihn erklimmen wollte, das Tal glänzte im ersten funkelnd-gelben Lichte, der Strom ging brausend dem Berge und dem Schlosse vorüber, eine Mühle klapperte und sauste in der Ferne, und nun aus einem entlegenen Fenster wieder die nächtlichen Hörnertöne, die dem Monde entgegengrüßten und drüben in der Einsamkeit des Bergwaldes verhallten. (FSW 240)

Mehrfach virtuell sind die Bilder, die Sternbald in intensiver synästhetischer Wahrnehmung nur im Traum erblickt, im Traum auch malt, und die er nach dem Erwachen in Gedanken mit den die geträumte Wahrnehmung begleitenden Gefühlen zu rekonstruieren versucht:

> Ohne daß er es bemerkte, schlief er nach und nach ein; die Stille, das liebliche Geräusch der Blätter, ein Gewässer in der Entfernung luden ihn dazu. [...] Nun war es Mondschein. Wie vom Schimmer erregt, klang von allen silbernen Wipfeln ein süßes Getöne nieder; da war alle Furcht verschwunden, der Wald brannte sanft im schönsten Glanze, und Nachtigallen wurden wach und flogen dicht an ihm vorüber, dann sangen sie mit süßer Kehle und blieben immer im Takte mit der Musik des Mondscheins. Franz fühlte sein Herz geöffnet, als er in einer Klause im Felsen einen Waldbruder wahrnahm, der andächtig die Augen zum Himmel aufhob und die Hände faltete. [...] Franz war von dem Anblicke hingerissen, aber er sah nun Tafel und Palette vor sich und malte unbemerkt den Eremiten, seine Andacht, den Wald mit seinem Mondschimmer, ja es gelang ihm sogar, und er konnte nicht begreifen wie es kam, die Töne der Nachtigall in sein Gemälde hineinzubringen. [...] Aber in einem Augenblick verließ ihn die Lust weiterzumalen, die

---

[39] Pontzen, Alexandra: Künstler ohne Werk. Modelle negativer Produktionsästhetik in der Künstlerliteratur von Wackenroder bis Heiner Müller. Berlin 2000, S. 88.

Farben erloschen unter seinen Fingern, ein Frost überfiel ihn, und er wünschte den Wald zu verlassen.
Franz erwachte mit einer unangenehmen Empfindung, [...] sein Traum lag ihm stets in den Gedanken, [...]. (FSW 90 ff.)

Sternbalds Perzeption der Natur und der Landschaft ist eine die kleinen Details wahrnehmende bildhafte Sicht bzw. Ein-Sicht, die als Vorbedingung des Kunstschaffens funktionieren und die unterschiedlichen Wahrnehmungsarten (Sehen, Hören) miteinander verbinden sollte. Zugleich ist er durch eine subjektive, gefühlvolle Einstellung zur Natur und zur Landschaft, aber auch durch eine Reflexion über die Gestaltung geprägt, indem darüber nachgedacht wird, wie das Gesehene, z. B. ein „Gewühl von unbekannten Menschen" (FSW 336) ins Bild übertragen werden könnte: „Welch ein schönes Gemälde! Und wie wäre es möglich, es darzustellen?" (FSW 336). Die Reflexion wird dadurch weiter verstärkt, dass er sich selbst in das erdachte Bild hineinprojiziert:

> es war ihm wunderbar, daß nun die Stadt, die weltberühmte, mit ihren hohen Türmen wie ein Bild vor ihm stand, die er sonst schon öfter im Bilde gesehn hatte. Er kam sich jetzt vor als eine von den Figuren, die immer in den Vordergrund eines solchen Prospektes gestellt werden, und er sah sich nun selber gezeichnet oder gemalt da liegen unter seinem Baume und die Augen nach der Stadt vor ihm wenden. [...] so war er in manchen Augenblicken ungewiß, ob alles, was ihn umgab, nicht auch vielleicht eine Schöpfung seiner Einbildung sei. (FSW 87 f.)

So entsteht das Bild aus dem (wirklich oder virtuell) Gesehenen, das durch die Einbildungskraft zum Gemälde wird, und sich selbst in der Betrachterposition reflektiert, wie dies dann in der romantischen Malerei bei Caspar David Friedrich durch die Betrachterfiguren tatsächlich ins Bild gesetzt wird:[40]

> Nun, mein Freund, was könntet Ihr sagen, wenn Euch ein Künstler auf einem Gemälde diese wunderbare Szene darstellte? Hier ist keine Handlung, kein Ideal, nur Schimmer und verworrene Gestalten, die sich

---

[40] Vietta betont, „dass bereits mit Caspar David Friedrich eine neue *reflexive* Wendung der Kunst einsetzt. [...] Gemalt wird eben nicht nur die Landschaft, sondern auch das *Sehen* des Gesehenen, eine *Reflexion* also des *Sehaktes* im Bild", vgl. Vietta, Silvio: Novalis und die moderne Bildästhetik. In: Novalis. Poesie und Poetik. Hg. v. Herbert Uerlings. Tübingen 2004, S. 241-260, hier S. 253. Die „reflexive Wendung" setzt in der Literatur, wie der Sternbald-Roman auch aufzeigt, teilweise vor Friedrichs Malerei ein.

> wie fast unkenntliche Schatten bewegen. [...] Diese Stimmung würde dann so wie jetzt Euer ganzes Inneres durchaus ausfüllen, Euch bliebe nichts zu wünschen übrig, und doch wäre es nichts weiter als ein künstliches, fast tändelndes Spiel der Farben. (FSW 341)

Es geht hier um eine eigenartige Wahrnehmung und Rezeption: das so konzipierte Gemälde ist sozusagen gegenstandslos, oder es wird zu einem seinen Gegenstand auflösenden (Landschafts)bild: „wir könnten oft Handlung und Komposition entbehren und doch eine große, herrliche Wirkung hervorbringen!" (FSW 342) Die Betrachtung eines solchen Bildes ist grundsätzlich emotional, das so ‚geschaffene' Werk – sei es ein tatsächlich existierendes oder ein fiktives Bild oder die Ansicht einer als bildhaft wahrgenommenen Landschaft – erregt ein Gefühl der Andacht, das in Wackenroders *Herzensergießungen* die Rezeptionshaltung ebenfalls beeinflusste:

> Sternbalds Gemüt ward mit unaussprechlicher Seligkeit angefüllt, er empfand zum ersten Male den harmonischen Einklang aller seiner Kräfte und Gefühle [...], er gestand es sich deutlich, wie die Andacht der höchste und reinste Kunstgenuß sei, dessen unsre menschliche Seele nur in ihren schönsten und erhabensten Stunden fähig ist. (FSW 72)

Die explizite Thematisierung existierender Gemälde und fiktiver Werke im Kunstgespräch, sowie ein gewisses Imitationsverhältnis zwischen Landschaftswahrnehmung und dem (tatsächlichen, geträumten oder vorgestellten) Landschaftsbild gewährt einen Einblick in die vielfältigen medialen und intermedialen Techniken, die die frühromantische Narration in entscheidendem Maße beeinflussen und zu den Entwicklungen narrativer Techniken und zur Entfaltung neuer Konzeptionen der Malerei vielfältig beitragen konnten. Damit erweist sich die (Inter)medialität als wesentliches Konzept der frühromantischen Ästhetik, deren Umsetzung in die Schreibpraxis das Paradigma der Moderne/Modernität durch die eminente Rolle der unterschiedlichen Arten von Vermittlung und Vermitteltheit bedeutend prägt.

DIETMAR GOLTSCHNIGG

„Nennt man die schäbigsten Namen, / Der meine wird nicht genannt!"

Lyrische Texte und politische Kontexte der deutsch/österreichisch-jüdischen Rezeption Heinrich Heines von seinem fünfzigsten bis zu seinem hundertsten Todesgedenkjahr

Die Besonderheit der deutsch/österreichisch-jüdischen Heine-Rezeption im 20. Jahrhundert liegt vor allem darin, dass der Dichter in mehrfacher Weise zum Gegenstand eines Diskurses geworden ist, der einerseits auf eine unmittelbare politische Aktualisierung Heines abzielt (vor allem als Berufungsinstanz im Widerstandskampf gegen den Nationalsozialismus aus der Perspektive des Exils), und der zum andern, ganz allgemein, das Selbstverständnis jüdischer Schriftsteller im politischen und gesellschaftlichen Kontext Deutschlands und Österreichs reflektiert.[1] Dieser Doppeldiskurs soll am Beispiel einiger Gedichte veranschaulicht werden, die Hartmut Steinecke und ich in den zweiten unserer auf drei Bände angelegten Dokumentation zur Wirkungsgeschichte Heines in den deutschsprachigen Ländern von 1856-2006 aufgenommen haben.[2] Jeder dieser Bände umfasst einen Zeitraum von einem halben Jahrhundert, der zweite behandelt die fünf Jahrzehnte von 1907 bis 1956.

Fritz Grünbaum, der „unbestrittene Großmeister des [österreichischen] Zwischenkriegskabaretts"[3], schrieb vermutlich zum fünfzigsten To-

---

[1] Vgl. Dieter Lamping: Von Kafka bis Celan. Jüdischer Diskurs in der deutschen Literatur des 20. Jahrhunderts. Göttingen 1998, bes. das Kapitel „In dunkeln Zeiten". Heine-Rezeption als Tradition der jüdischen Literatur deutscher Sprache, S. 37-54.
[2] Heine und die Nachwelt. Geschichte seiner Wirkung in den deutschsprachigen Ländern. Texte und Kontexte, Analysen und Kommentare. Hg. Dietmar Goltschnigg und Hartmut Steinecke. Berlin 2006, 2008, 2011 (mit der Sigle HN + römischer Band- und arabischer Seitenzahl zitiert).
[3] Wagner-Trenkwitz, Christoph: Was blieb... – In: „Grüß mich Gott!" Fritz Grünbaum. 1880-1941. Eine Biographie. Hg. v. Marie-Theres Arnbom und Ch. W.-T. Wien 2005, S. 11.

desjahr Heines (1906) eine 119 Verse umfassende *Selbstbiographie*, in der er das traurige „Dichterlos" eines aus der mährischen Provinz in die Wiener Metropole zugezogenen Maturanten schildert (HN II, 197-200). Die ironische Pointe des Gedichts besteht darin, dass das lyrische Subjekt den von ihm provozierten Plagiatvorwurf mit einer Replik pariert, die ihrerseits aus „fremdem Gut" zusammengeflickt ist. Die stets unausgewiesenen Zitate und Anspielungen stammen von Goethe und Schiller, vor allem aber von Heine, und zwar aus dem *Buch der Lieder* und den *Neuen Gedichten* sowie aus dem Versepos *Deutschland. Ein Wintermärchen* und seinem letzten, in der Pariser „Matratzengruft" geschriebenen Gedichtband *Romanzero*.[4] Zur Illustration der parodistischen Collagetechnik sei nur der effektvolle Schluss dieser lyrisch-kabarettistischen *Selbstbiographie* zitiert, mit der Bezugnahme auf Heines Gedichte *Der Asra* (H III, 41f.)[5] aus den *Historien* und „Wenn ich an deinem Hause" aus dem Zyklus *Die Heimkehr* (H I, 223):

SELBSTBIOGRAPHIE	DER ASRA
Täglich geht der wunderschöne Junge Dichter auf und nieder Wenn um Morgenzeit im Magen Karlsbader Wasser plätschern. Täglich werden bleich und bleicher Seine Sängerrosenlippen! Heute Abend aber kommt ihr Auf mich zu mit raschen Worten: „Deinen Namen will ich wissen, Deine Heimat, deine Sippschaft – – –!" Und ich sage: „Liebe Freunde, Hätte das nicht Zeit bis morgen? Und dann überhaupt, ich bitte, Habt ihr keine andern Sorgen? Ich bin ein deutscher Dichter,	Täglich ging die wunderschöne Sultanstochter auf und nieder Um die Abendzeit am Springbrunn, Wo die weißen Wasser plätschern. Täglich stand der junge Sklave Um die Abendzeit am Springbrunn, Wo die weißen Wasser plätschern; Täglich ward er bleich und bleicher. Eines Abends trat die Fürstin Auf ihn zu mit raschen Worten: Deinen Namen will ich wissen, Deine Heimath, deine Sippschaft!

---

[4] Vgl. Volker Kaukoreit: Ambivalentes Spiel mit Heinrich Heine oder Nomen est omen? Vorschlag zu einer Lektüre von Fritz Grünbaums „Selbstbiographie". In: HJB 45 (2006), S. 200-212.
[5] Heine, Heinrich: Historisch-kritische Gesamtausgabe der Werke. In Verbindung mit dem Heinrich-Heine-Institut. Hg. v. Manfred Windfuhr. Bd. 1-16. Hamburg: Hoffmann 1973-1997, Bd. 3, S. 41 f. (mit römischer Band- und arabischer Seitenzahl zitiert).

NENNT MAN DIE SCHÄBIGSTEN NAMEN, / DER MEINE WIRD NICHT GENANNT!

Verkannt im ganzen Land,
Nennt man die schäbigsten Namen,
Der meine wird nicht genannt!"

WENN ICH AN DEINEM HAUSE

„Ich bin ein deutscher Dichter,
Bekannt im deutschen Land;
Nennt man die besten Namen,
So wird auch der meine genannt."

Die formale und thematische Gesamtkomposition von Grünbaums *Selbstbiographie* ist Heines Romanze *Donna Clara* aus der *Heimkehr* (H I, 313-319) verpflichtet. Darin lüftet der Dichter seine eigene jüdische Identität erst am Ende des Gedichts indirekt durch das spöttische Geständnis des „unbekannten Ritters" gegenüber der ignoranten, in judenfeindlichen Vorurteilen befangenen, von ihm unmittelbar zuvor in einem Schäferstündchen beglückten spanischen Christin:

„Horch! da ruft es mich, Geliebter,
Doch, bevor wir scheiden, sollst du
Nennen deinen lieben Namen,
Den du mir so lang verborgen."

Und der Ritter. heiter lächelnd,
Küßt die Finger seiner Donna,
Küßt die Lippen und die Stirne,
Und er spricht zuletzt die Worte:

„Ich Senora, Eur' Geliebter,
Bin der Sohn des vielbelobten,
Großen, schriftgelehrten Rabbi
Israel von Saragossa."

Über diese Romanze hatten sich schon – was allgemein bekannt war – die rabiaten Antisemiten des ausgehenden 19. Jahrhunderts vom Schlage eines Eugen Dühring über die Maßen empört. Stein des Anstoßes war das unerträgliche Faktum, dass eine Spanierin, die zu Recht die Juden anklage, weil sie den Heiland gekreuzigt hätten, zuschlechterletzt selber von ihrem skrupellosen jüdischen Verführer „sozusagen geschlechtlich gekreuzigt" werde (HN I, 308). Ebenso ironisch wie der Ritter in *Donna Clara* verrät Grünbaums lyrisches Subjekt seine jüdische Identität, und zwar durch die permanente Rezitation des „Dichterjuden" Heine. Wie bei seinem berühmt-berüchtigten Vorbild verweisen auch die „beiden Namen" Fritz Grünbaums, das heißt sein Vor- und Familienname, auf die längst problematisch gewordene deutsch-jüdische Symbiose. „Was nützt mir mein Geist, wenn mein Name mich schädigt?", fragte Grünbaum desillusioniert zwei Jahre nach Abfassung seiner *Selbstbiographie*. Seine prophetische Antwort lautete: „Ein Dichter, der Grünbaum heißt, ist schon erledigt!"[6] Nach dem „Anschluss" Österreichs ans Deutsche Reich wurde Grünbaum 1938 im Konzentrationslager Dachau interniert, wo er 1941 umgebracht wurde.

Eine stärker politisch, ja parteipolitisch aktualisierte Heine-Rezeption kommt in einzelnen Gedichten Kurt Tucholskys und Jura Soyfers zum Ausdruck. Wie bei Heine bleiben auch bei Tucholsky weder Feind noch Freund von der satirischen Kritik verschont, die Korruption aller politischen Lager ob ‚rechter' oder ‚linker' Observanz wird angeprangert, so etwa in dem am 27. Februar 1920 in dem Berliner Wochenblatt *Ulk* veröffentlichten Gedicht *Rechts und Links*:

Rechts sind Schieber, links sind Schieber.	DISPUTAZION
Jedes Antlitz ein Kassiber.	Welcher Recht hat, weiß ich nicht –
In der weiland großen Zeit	Doch es will mich schier bedünken,
Schob man Seins im grauen Kleid.	daß der Rabbi und der Mönch,
Sieh die Rechten, sieh die Linken –	Daß sie alle beide stinken.
Und es will mich schier bedünken,	(H III, 172)
…	

Die Anspielung auf den ‚frechen', pointierten Schluss von Heines *Disputazion* aus den *Hebräischen Melodien* des *Romanzero*, wo der Rabbi Juda und der Franziskaner Jose einen letztlich unentschiedenen, weil unbelehrbaren Kampf um den „wahren Gott" ausfechten, ist auch unter Weglassung von Heines letztem Vers unschwer zu realisieren.

Unter noch wesentlich expliziterer Bezugnahme auf Heines *Disputazion* verteilte der junge österreichische Sozialdemokrat Jura Soyfer seine Kritik auf die einander bekämpfenden politischen Lager. Sein am 18. Juni 1933 in der Wiener *Arbeiter-Zeitung* veröffentlichtes Gedicht bezieht sich schon mit dem Titel *Disput* auf die berühmte Vorlage (HN II, 158-172):

---

[6] Grünbaum, Fritz: Die Schöpfung und andere Kabarettstücke. Mit einer kabarettistischen Vorrede v. Georg Kreisler. Hg. und mit einem biographischen Nachwort v. Pierre Genée und Hans Veigl. Wien/München 1984, S. 60.

NENNT MAN DIE SCHÄBIGSTEN NAMEN, / DER MEINE WIRD NICHT GENANNT!

Hoch vom Dachstein her, wo Aare,
Bis nach Linz, wo Habichts hausen,
Dröhnen Glocken, die Fanfare
Gellt und Trommelwirbel brausen.

Denn von Passau bis zum Brenner
Mit Geschrei, Disput und Beten
Streiten wild zwei Ehrenmänner
Um die Seele des Proleten.

Mit der Hand laut Ritus grüßend,
Oeffnet seine mystisch große
Schnauze schnell der Erste. Fließend
Hebt er an: „O Volksgenosse!

Künden will ich dir vom Dritten
Himmelreich auf dieser Erden!
Will beschwören dich und bitten,
Daß du sollst rechtsgläubig werden!"

Unterbricht ihn da der Zweite:
„Laß vom Bösen dich nicht locken!
Horch: Mit lieblichem Geläute
Rufen alpenländ'sche Glocken!

Jenen sandte her die Hölle!
Doch in unserm Paradiese
Spielt die Deutschmeisterkapelle
Täglich trotz der Wirtschaftskrise!"

„Das ist mir der rechte Rechte!"
Fährt der Erste da dazwischen.
„Ei, wie diese Judenknechte
Schlau nach deiner Seele fischen!

Jeder sprach, der m e i n Reich sah: dies
Ist der Himmel für Proleten!

Sieh! Das Schmalz ist dort ganz gratis,
Nämlich das, in Hitlers Reden.

Keine Religion macht Sterben
So zu einer leichten Chose,
Wie die unsre! Laß dich werben.
Komm, tritt über, Volksgenosse!"

„Ha!" ruft höhnisch da der Zweite,
„Schöner Tod! Das muß man sagen!
Fix und ohne Grabgeleite
Auf dem Schlachtfeld glatt erschlagen!

Freund, bei uns, da gibt's kein Drängen,
Preußisch-rohes ‚dalli – dalli!'
Nein, du schwelgst in Walzerklängen
Und verhungerst schön pomali!"

Alte Fahnen schwang der Zweite
Aus den k. k. Katakomben,
Und der Erste warf im Streite
Auf den andern ein paar Bomben –

Doch was sprach da übler Laune
Der Prolet? „Mich will bedünken,
Daß der Grüne und der Braune,
Daß sie alle beide stinken ..."

Soyfers *Disput* verdankt nicht nur seine ganze antithetisch-dynamische Konzeption, der *Disputazion* Heines, sondern auch die sakrale Sprachgebung sowie die saloppe Reimtechnik. Während bei Heine ein Mönch und ein Rabbi einen „Disput" um den rechten Glauben führen, streiten bei Soyfer ein mit der grünen Uniform der „Vaterländischen Front" adjustierter Austrofaschist und ein parteigemäß braun uniformierter Funktionär der NSDAP um die ‚Rechtsgläubigkeit' des politisch verunsicherten Proletariers. Einen Tag nach der Veröffentlichung des Gedichts, am 19. Juni 1933, wurde die NSDAP in Österreich verboten. Wenige Wochen zuvor, am 26. Mai 1933, war bereits die KPÖ verboten worden. Dem österreichischen Proletariat verblieb nur mehr die SDAP (Sozialdemokratische Arbeiterpartei) als politische Heimat. Aber auch diese Partei wurde schon ein knappes Jahr später, im Februar 1934, im austrofaschistischen Ständestaat verboten. Dass im Soyferschen *Disput* der Austrofaschist die Rolle des Kapuziners übernimmt, entspricht durchaus dem historischen Kontext. Paradoxerweise schlüpft jedoch der antisemitische Nazi in die Rolle des Rabbi. Beiden um das Proletariat streitenden Lagern, der „Vaterländischen Front" wie dem Nationalsozialismus, wird freilich – wie bei Heine dem Franziskaner und dem Rabbi – eine unmissverständliche Absage erteilt. Dabei erscheinen dem Arbeiter beide Regime, das nationalsozialistische und das austrofaschistische, ohne Unterschied und daher austauschbar, was zum damaligen Zeitpunkt, dem 18. Juni 1933, eine nicht unzutreffende Beurteilung der politischen Lage in Österreich darstellte.[7] Denn der sich als Bollwerk gegen Hitlerdeutschland verstehende Austrofaschismus hatte mit der radikalen Beseitigung aller demokratischen Strukturen den Nationalsozialismus nicht nur nicht verhindert, sondern ihm geradezu den Weg bereitet, so dass der ‚friedliche', das heißt widerstandslose ‚Anschluss' Österreichs ans Deutsche Reich nur mehr eine Frage der Zeit gewesen war. Unmittelbar nach dem blutig niedergeschlagenen Februaraufstand des sozialdemokratischen Republikanischen Schutzbundes trat Jura Soyfer im Jahre 1934 der illegalen KPÖ bei. Vier Jahre später, am 13. März 1938, einen Tag nach dem ‚Anschluss', wurde Soyfer an der Schweizer Grenze festgenommen, in das KZ Dachau und dann nach Buchenwald verschleppt, wo er 1939 ums Leben kam.

Nach der nationalsozialistischen Machtübernahme in Deutschland wurde Heine zur Identifikationsfigur vieler deutsch-jüdischer Exilanten. Im März 1933 flüchtete Klaus Mann nach Paris und dann nach Amsterdam, wo er die Exilzeitschrift *Die Sammlung* herausgab. Als Emigrant befasste er sich mehrfach mit Heine: zuerst in einem im Dezember 1934 unter dem Titel *Die Vision Heinrich Heines* in den Prager *Europäischen Heften* veröffentlichten Beitrag. Wie viele andere Exilanten berief sich Klaus Mann auf Heines „letztes Wort über den Kommunismus" im Vorwort zur französischen Aus-

---

[7] Doll, Jürgen („Ein neues Lied, ein besseres Lied"? Notizen zum Einfluß Heines auf die Zeitgedichte von Jura Soyfer. In: Jura Soyfer. Europa, multikulturelle Existenz. Hg. Herbert Arlt. St. Ingbert 1993, S. 123-143) bezeichnet in seiner sonst überzeugenden Analyse von Soyfers „Disput" die darin vertretene Austauschbarkeit des Austrofaschismus und des Nationalsozialismus als „historischen Irrtum". Die neuere Geschichtswissenschaft sieht hingegen den Austrofaschismus mit der radikalen Beseitigung aller demokratischen Strukturen als Wegbereiter des Nationalsozialismus an.

gabe der *Lutezia* von 1855 und setzte alle seine Hoffnungen im Kampf gegen den Nationalsozialismus auf die kommunistische Revolution. Im Juni 1935 nahm er mit nahezu der gesamten deutschen Exilprominenz – darunter Heinrich Mann, Brecht, Alfred Kerr, Anna Seghers, Lion Feuchtwanger, Ludwig Marcuse und Ernst Toller – in Paris am ersten und wichtigsten antinationalsozialistischen „Internationalen Schriftstellerkongreß zur Verteidigung der Kultur" teil. Der Prager Zionist und Heine-Biograph Max Brod eröffnete den Kongress mit den bezeichnenden Worten: „In der Stadt Paris, in der er geliebt, gekämpft und gelitten hat, Heinrich Heines zu gedenken, ist mir ein vertrautes Gefühl [...]."[8] Viele der deutschen Exilanten teilten diese Einstellung. Paris wurde in den folgenden Jahren zum Zentrum der Heine-Rezeption deutsch-jüdischer Exilanten.

Schon am 1. Januar 1933, genau 29 Tage vor der Ernennung Hitlers zum deutschen Reichskanzler, hatte Klaus Mann in München mit seiner Schwester Erika und der Schauspielerin Therese Giehse das antifaschistische Kabarett *Die Pfeffermühle* gegründet, das im Oktober 1933 in Zürich als erstes deutschen Exiltheater eröffnet wurde. Nach Tourneen durch halb Europa musste die *Pfeffermühle* im September 1936 infolge der immer aggressiveren Repressalien Hitlerdeutschlands auf die Nachbarländer nach New York emigrieren, wo der Versuch einer Neubelebung nach nur wenigen Aufführungen im Januar 1937 scheiterte. Am 27. November 1936 war noch ein satirisches Gedicht von Klaus Mann unter dem Titel *Ich weiss nicht was soll es bedeuten* (HN II, 405 f.) zur Aufführung gelangt, dargestellt von der deutsch-jüdischen Schauspielerin Sybille Schloss in der Vertonung durch den baltischen Komponisten und Pianisten Magnus Henning. Das Gedicht bezieht sich auf die Nürnberger Rassengesetze vom 15. September 1935. Diese untersagten die Eheschließung und den Sexualverkehr zwischen Ariern und Juden und definierten, wer als Jude oder Mischling ersten bzw. zweiten Grades zu gelten habe. Als lyrisches Subjekt figuriert in dem Gedicht ein „arisches Mädchen", das im Tonfall (und in der Melodie) der *Loreley* sein Schicksal beklagt: Es liebt einen jüdischen „Jüngling", „ein artfremdes Element", und wird deshalb von ihren Volksgenossen geächtet und schließlich wegen „Rassenschande" vor Gericht zitiert. Die erste Zeile von Heines Gedicht dient als Refrain:

---

[8] Brod, Max: Heine und die deutsche Romantik. In: Die Wahrheit (Prag 1935), H. 4, S. 4 f.

Nennt man die schäbigsten Namen, / Der meine wird nicht genannt!

Ich weiss nicht, was soll es bedeuten –
Er hat es mir angetan.
Aber im Städtchen, die Leute,
Schauen mich böse an.

Und mein Vater droht, es setzt Hiebe,
Und die Mutter schickt mich davon:
Denn der Jüngling, welchen ich liebe,
Ist vom alten Levy der Sohn.

    Du bist doch ein arisches Mädchen!
    Schreien die Leute im Städtchen.
    Ach, wie ich sie hasse!
    Den ganzen Tag hör' ich: Rasse!
    Rasse – Rasse – Rasse ...
    Ich weiss nicht, was soll es bedeuten.

Meine Stellung hab' ich verloren,
Eine neue finde ich nicht.
Mir werden die Haare geschoren,
Und ich komme vors Reichsgericht.

Die Zeitung hat schon geschrieben,
Der ganze Fall sei horrend,
Unsittlich sei es, zu lieben
Ein artfremdes Element.

    Du pflichtvergessenes Mädchen!
    Lärmen die Leute im Städtchen.
    Ach, diese keifende Bande!
    Den ganzen Tag hör' ich: Schande ...
    Schande – Schande – Schande ...
    Ich weiss nicht, was soll es bedeuten.

Ich will ihn in Schanden gebären,
Meinen Sohn mit gemischtem Blut –
Und wenn sie ihn unrein nennen,
Mit gefällt er drum doppelt so gut ...

> Ach, wäre mein Haar doch nicht golden,
> Wie die Haare der Loreley –:
> Dann liebte ich, wen ich möchte,
> Und keiner fänd' was dabei.
>
> Ach, wär' ich kein arisches Mädchen!
> Dann schwiegen die Leute im Städtchen.
> Das ist ein Geschwätz hier im Lande!
> Ich hör immer nur: Rassenschande! ...
> Rassenschande – Rassenschande!
> Wer weiss denn, was soll es bedeuten???

Eine triviale, gegen Hitlerdeutschland gerichtete Adaption der *Loreley* wurde während des Weltkriegs in Palästina veröffentlicht, und zwar am 10. November 1942 in der in Tel Aviv erscheinenden deutschsprachigen Zeitung *Blumenthals Neueste Nachrichten*, eine Zeitung, die 1935 von dem ein Jahr zuvor aus Berlin nach Palästina emigrierten Journalisten Siegfried Blumenthal gegründet worden war. Blumenthal ist der Verfasser jener unter dem Titel *Hitlers Lorelei Gesänge* publizierten satirischen Parodie. Wie bei Klaus Mann dient die *Lorelei* als Folie einer Rollenrede, wie sie auch Heine häufig seinen politischen Widersachern zur Selbstentlarvung in den Mund gelegt hatte. Diesmal figuriert der deutsche Reichsführer ganz persönlich als lyrisches Subjekt. Aus dem siebenstrophigen Gedicht seien nur die erste, sechste und letzte Strophe zitiert:

> Ich weiss nicht, was soll es bedeuten,
> Dass mancher heut' traurig ist,
> Es ist doch nicht zu bestreiten,
> Dass herrlich bei uns alles ist.
>
> [...].
>
> Die gute Sache muss siegen! –
> Erinnert euch immer daran,
> Und wenn wir nicht alles kriegen,
> Ist C h u r c h i l l nur schuld daran.
>
> Dann sollen die Wellen verschlingen,
> Was zum Verschlingen noch da.

NENNT MAN DIE SCHÄBIGSTEN NAMEN, / DER MEINE WIRD NICHT GENANNT!

> Doch jetzt heisst's noch schreien und singen:
> „Heil Hitler! Hallelujah!"

Zu den Kolumnisten von *Blumenthals Neuesten Nachrichten* zählten übrigens auch namhafte Schriftsteller wie Max Brod und Arnold Zweig. Später wurde die Zeitung in *Israel-Nachrichten* umbenannt, die bis heute als Brücke zwischen Israel und dem deutschsprachigen Europa gilt.

Gar nicht parodistisch, sondern melancholisch sind die beiden lyrischen *Variationen nach Heinrich Heine* (HN II, 429) angelegt, die der 1890 im böhmischen Podebrad als Sohn tschechisch-jüdischer Eltern geborene, 1939 nach England emigrierte Schriftsteller Rudolf Fuchs verfasste. Die beiden schlichten, unprätentiösen *Variationen* aktualisieren zwei Gedichte seines Vorbilds, und zwar *In der Fremde* (H II, 71-73) und „Wo wird einst des Wandermüden" (H II, 197), unter exakter Einhaltung des vorgegebenen Versmaßes und unter weitreichender Übereinstimmung des vorgegebenen Vokabulars:

Ich hatte einst ein schönes Vaterland. Der Eichenbaum Wuchs dort so hoch, die Veilchen nickten sanft. Es war ein Traum. Das küßte mich auf deutsch, und sprach auf deutsch (Man glaubt es kaum Wie gut es klang) das Wort. „ich liebe dich!" Es war ein Traum.	Ich hatte einst ein schönes Vaterland. Hier war der Raum und war die Zeit mir herzlich zugewandt. Es war kein Traum. An fünfzig Jahre hab ich da gelebt. Man glaubt es kaum, wie weit das Leben reicht, wie tief es strebt! Es war kein Traum.
Wo wird einst des Wandermüden Letzte Ruhestätte seyn? Unter Palmen in dem Süden? Unter Linden an dem Rhein?	Wo wird einst des Wandermüden letzte Ruhestätte sein? In den Staaten? In dem Süden? England? Böhmen? ... Wieder mein?

Werd ich wo in einer Wüste	Werd' ich wo in einer Wüste
Eingescharrt von fremder Hand?	eingescharrt von fremder Hand?
Oder ruh ich an der Küste	Oder ruh' ich an der Küste
Eines Meeres in dem Sand?	eines Meeres in dem Sand?
Immerhin! Mich wird umgeben	Komm's wie's kommt! Mich wird
Gotteshimmel, dort wie hier,	umgeben
Und als Todtenlampen schweben	froher Werktag, dort wie hier;
Nachts die Sterne über mir.	nach dem letzten Kampfe schweben
	Friedenssterne über mir.

Es ist ein tragisch-ironischer Zufall, dass der Exilant Rudolf Fuchs zwei Jahre nach Abfassung seiner beiden Heine-*Variationen* just am Todestag seines Vorbilds, dem 17. Februar 1942, in London einem Verkehrsunfall zum Opfer fiel.

Ein Jahr zuvor, am 20. Juni 1941, hatte Joseph Carlebach, der Hamburger Oberrabbiner, das Gedicht *Dem Jüdischen Krankenhaus zur Hundertjahrfeier* verfasst (HN II, 428). Den Fund verdanke ich einer der Töchter Carlebachs, Miriam Gillis-Carlebach, die mir das Gedicht im März 2007 anlässlich eines Vortrags über Karl und Heinrich Heine an der Bar Ilan Universität in Ramat Gan zur Veröffentlichung übergab. Sogleich mit dem Titel bezieht sich Joseph Carlebach auf Heines Zeitgedicht *Das neue Israelitische Hospital zu Hamburg* (H II, 117f.), das dieser aus konkretem Anlass verfasst hatte, und zwar zu der am 7. September 1843 erfolgten Eröffnung des von seinem Onkel Salomo gestifteten Krankenhauses der Hamburger Israelitischen Gemeinde. Angesichts der drohenden ‚Endlösung der Judenfrage' wurde auf Carlebachs Wunsch die Gedenkfeier auf den hundertsten Jahrestag der Grundsteinlegung vorverlegt und nicht, wie ursprünglich geplant, auf den erst 1943 zu begehenden hundertsten Jahrestag der Eröffnung des Hospitals:

DAS NEUE ISRAELITISCHE HOSPITAL	DEM JÜDISCHEN KRANKENHAUS
ZU HAMBURG	ZUR HUNDERTJAHRFEIER
Ein Hospital für arme, kranke Juden,	Vergangen sind nun volle hundert
Für Menschenkinder, welche	Jahre,
dreyfach elend,	Seitdem dies Hospital ein Edler schuf
Behaftet mit den bösen drey Ge-	Für Menschenkinder, welche dreifach
bresten,	elend

NENNT MAN DIE SCHÄBIGSTEN NAMEN, / DER MEINE WIRD NICHT GENANNT!

Mit Armuth, Körperschmerz und Judenthume!

Das schlimmste von den dreyen ist das letzte,
Das tausendjährige Familienübel,
Die aus dem Nylthal mitgeschleppte Plage,
Der altegyptisch ungesunde Glauben.

Unheilbar tiefes Leid! Dagegen helfen
Nicht Dampfbad, Dusche, nicht die Apparate
Der Chirurgie, noch all die Arzeneyen,
Die dieses Haus den siechen Gästen bietet.

Wird einst die Zeit, die ew'ge Göttinn, tilgen
Das dunkle Weh, das sich vererbt vom Vater
Herunter auf den Sohn, – wird einst der Enkel
Genesen und vernünftig seyn und glücklich?

Ich weiß es nicht! Doch mittlerweile wollen
Wir preisen jenes Herz, das klug und liebreich
Zu lindern suchte, was der Eindrang fähig,
Zeitlichen Balsam träufelnd in die Wunden.

Durch Armut, Körperschmerz und Judentum.

Wohl manche Wandlung hat das Werk erfahren;
Zu Glanz und Größe ist's emporgestiegen,
Und wieder kleiner ward's im Zeitenwandel,
Fast ärmlich schlicht im Tag des Säculums.

Doch eins in ihm blieb gleich im Mondenwechsel:
Die schöne Menschlichkeit liebreicher Pflege,
Die hohe Kunst selbstloser großer Ärzte
Und seiner Schwestern selbstvergessene Treue.

Ein Segensstrom hat sich aus ihm ergossen,
Hat krafterneuernd, schmerzenstillend vielen
Mit starker Hand einfühlend tät'gen Mitleids
Den Tod gescheucht und Leben neu geweckt.

Darin erfüllt' es seine Zielbestimmung.
Im ändern aber griff's hinaus darüber:
Nicht Arme sind's allein und nicht nur Juden,
Die Pflege sich und Balsam hier

Der theure Mann! Er baute hier ein Obdach
Für Leiden, welche heilbar durch die Künste
Des Arztes, (oder auch des Todes!) sorgte
Für Polster, Labetrank, Wartung und Pflege –

Ein Mann der That, that er was eben thunlich;
Für gute Werke gab er hin den Taglohn
Am Abend seines Lebens, menschenfreundlich,
Durch Wohlthun sich erholend von der Arbeit.

Er gab mit reicher Hand – doch reich're Spende
Entrollte manchmal seinem Aug', die Thräne,
Die kostbar schöne Thräne, die er weinte
Ob der unheilbar großen Brüderkrankheit.

D a r i n erfüllt' es seine Zielbestimmung.
Im ändern aber griff's hinaus darüber:
Nicht Arme sind's allein und nicht nur Juden,
Die Pflege sich und Balsam hier geholt.

Sieh' alle, alle suchten Heil und Obdacht
In seinen stillen, saubren, sonn'gen Sälen;
Verschwunden war von Arm und Reich die Trennung,
Der Religionen Scheidewand vergessen.

Doch die als Juden hier Genesung suchen,
Die heut' besonders, so fern wie nah,
Nur hier als kranke Juden weilen dürfen,
Ist's wahr, gilt ihnen Judesein als Elend?

Ist's wirklich tausendjähriges Gebrechen,
Aegypt'sche Plage und verschleppter Glaube,
Wie Dichtermund im Weihspruch einst gespöttelt
Aus trag'scher Weltverbitterung Höllenqualen?

Wir wissen's besser, die wir seine Welt
In ihrer Süße, ihren Giften kennen.

> Nein, unser Glaube grad war der
> Beglücker,
> Der weltenüberwindend stark uns
> macht.
>
> Auch dieses Fest, da jüdische Men-
> schenliebe
> Den hundertjährigen Triumph begeht,
> Bestärkt in uns das stolze Treube-
> kenntnis:
> Ein Jude sein ist letztes, höchstes
> Glück.

Heines achtstrophiges Gedicht gliedert sich in zwei gleich lange Teile: Der erste thematisiert das „unheilbar tiefe Leid" des Judentums, der zweite preist das „Herz" des „theuren Mannes", der dieses Hospital gestiftet hat. Das Gedicht hat unterschiedliche, auch widersprüchliche Deutungen erfahren. Auf den ersten Blick lässt es sich als polemische jüdisch-religiöse Selbstkritik begreifen. In seiner tieferen Bedeutung zielt es aber – wie Hans Otto Horch nachwies[9] – eher darauf ab, das seit jeher den Juden zugeschriebene, „nicht abzuwaschende" Stigma der Geburt als judenfeindliches Stereotyp zu entlarven. Bei aller religionskritischen Skepsis des lyrischen Subjekts ist Heines Gedicht als eindringliches Plädoyer für die Emanzipation der deutschen Judenheit angelegt, deren „unheilbar tiefes Leid" ja gerade in ihrer noch längst nicht durchgesetzten bürgerlichen Gleichstellung begründet lag. Heines Gedicht öffnet indessen noch viel weiter gespannte, geradezu universelle Horizonte. Denn unter alttestamentarischem Aspekt beklagt das „unheilbar tiefe Leid" des „tausendjährigen Familienübels" die jüdische Unheilsgeschichte insgesamt.

Viele jüdische Leser fokussierten ihre Lesart auf den ersten, sie befremdenden Teil von Heines Gedicht. In Max Brods zionistischer Heine-Biographie (1934) beispielsweise markiert das Gedicht „bei aller Zartheit des Gesamteindrucks [...] einen von Heines judentumfernsten Punkten".[10]

---

[9] Horch, Hans Otto: Die unheilbar große Brüderkrankheit. Zum programmatischen Zeitgedicht Das neue Israelitische Hospital zu Hamburg von Heinrich Heine. In: Literatur im Wandel. Festschrift für Viktor Žmegač. Hg. v. Marijan Bobinac. Zagreb 1999, S. 41-52.
[10] Brod, Max: Heinrich Heine. Leipzig / Wien 1934, S. 167.

Und fünf Jahre später fragte Sigmund Freud in seiner letzten, 1939 im Londoner Exil vollendeten Schrift *Der Mann Moses und die monotheistische Religion* mit ungläubigem Erstaunen: „Wer hat es übrigens dem jüdischen Dichter H. Heine im 19. Jahrhundert n. Chr. eingegeben, seine Religion zu beklagen als ‚die aus dem Niltal mitgeschleppte Plage, den altägyptisch ungesunden Glauben?'"[11]

Die radikalste antijüdische Lesart von Heines Gedicht hatte jedoch zur Jahrhundertwende Karl Kraus geliefert, um die feierliche Enthüllung des Dichterdenkmals auf dem Pariser Montmartre durch den Zionisten Max Nordau zu verhöhnen (der als Arzt übrigens auch den mit ihm befreundeten Theodor Herzl betreut hatte). Mit genießerischem Triumph zitierte Kraus *Das neue Israelitische Hospital zu Hamburg* zur Abschreckung der zionistischen Heine-Verehrer, deren ‚gelobtes Land' eine trostlose, öde Wüstenei sei und keineswegs das „von Heine [in *Deutschland. Ein Wintermärchen*] gelobte, mit den ‚Zuckererbsen für jedermann, sobald die Schoten platzen'." Der leidenschaftliche Antizionist instrumentalisierte die in Heines Gedicht betrauerte, „unheilbar große Brüderkrankheit" als selbstverschuldeten jüdischen Antisemitismus und Selbsthass. Heines „Enkel sind nicht vernünftig geworden. Der Arzt Nordau hat das unheilbar tiefe Leid nicht geheilt. Aber er hat dem alten Wahn eine neue Methode gefunden."[12] Als „alten Wahn" denunzierte Kraus mithin den „altegyptisch ungesunden Glauben" und als dessen moderne Variante den Zionismus.

Joseph Carlebach las Heines Gedicht ebenfalls als spöttische Polemik gegen das Judentum, die existentiell in den „aus trag'scher Weltverbitterung" erlittenen „Höllenqualen" des exilierten Vormärzdichters begründet sei. Der Hamburger Oberrabbiner konzipierte sein Gedicht als Replik auf Heines Judenkritik, um diese zu entkräften. Dabei übernahm er die formale Struktur der Vorlage, und zwar nicht nur die vierzeilige Strophenform, sondern vor allem auch den Blankvers, der seit Lessings Drama *Nathan der Weise* als klassischer Vers deutscher Humanität gilt und mit dem sich Heine bewusst in die Tradition aufklärerischer Toleranz gestellt hatte. „Ich kann nicht umhin zu bemerken", schrieb Heine in der *Romantischen Schule*, wo Lessing eigentlich ja gar nicht hingehört, „daß er in der ganzen Literaturgeschichte derjenige Schriftsteller ist, den ich am meisten liebe" (H VIII, 135).

---

[11] Freud, Sigmund: Der Mann Moses und die monotheistische Religion. In: S. F.: Studienausgabe. Hg. Alexander Mitscherlich [u. a.]. Bd. 9. Frankfurt/M.: Fischer 1982, S. 480, Anm. 2.
[12] Die Fackel, Nr. 87 (7. Dezember 1901), S. 21.

Wie Heines achtstrophiges ist auch Carlebachs etwas umfangreicheres, zehnstrophiges Gedicht zweigeteilt: Die eine Hälfte ist der segensreichen Institution des hundertjährigen Hamburger Hospitals gewidmet, die andere dem „höchsten Glück" jüdischer Existenz und dem ungebrochenen Bekenntnis zur jüdischen Identität – gerade auch in der lebensbedrohlichen Gegenwart Nazideutschlands, die von Carlebach euphemistisch verschwiegen wird. Stattdessen pries er die soziale Offenheit und religiöse Toleranz des Krankenhauses, das alle Pflegebedürftigen aufnahm: Arme wie Reiche, Juden wie Andersgläubige. Der Skepsis Heines, ob die Judenheit einst in der Zukunft von ihrem „tausendjährigen Familienübel" geheilt werden könne, setzt Carlebach die unerschütterliche Gewissheit entgegen („Wir wissen's besser"!), dass hundert Jahre später die jüdische Nachkommenschaft Heines durch den Glauben „weltenüberwindend" gestärkt worden sei.

Dem von Carlebach überschwänglich besungenen Fest, „da jüdische Menschenliebe / Den hundertjährigen Triumph begeht", wohnten offenbar nur die jüdischen Patienten des Hamburger Hospitals bei. Ob damals Carlebachs optimistisches Gedicht vorgetragen wurde, ist nicht überliefert. In dem vom *Jüdischen Nachrichtenblatt* am 11. Juni 1941 veröffentlichten Bericht über die kleine Feier blieb das Gedicht unerwähnt. Bekannt ist nur, dass es – wie Miriam Gillis-Carlebach mitteilt – „heimlich von Hand zu Hand weitergegeben" wurde. Carlebachs euphorische, die skeptischen Zweifel Heines zerstreuende Replik war in erster Linie als Ermutigung der kleinen, noch in Hamburg verbliebenen jüdischen Gemeinde gedacht, dies zu einem Zeitpunkt, als im Juni 1941 mit Beginn des Russlandfeldzugs die organisierte Massenvernichtung der Juden durch das Naziregime ihren dramatischen Anlauf nahm. Sechs Monate später, im Dezember 1941, erfolgte Carlebachs Verschleppung ins Konzentrationslager Jungfernhof bei Riga, wo er am 26. März 1942 mit seiner Frau und seinen drei jüngsten Töchtern erschossen wurde.

Genauere Beachtung verdienen abschließend auch einige Heine-Gedichte der aus Galizien stammenden, 1938 aus Berlin nach New York geflüchteten Mascha Kaléko. Bei ihr findet eine historisch-politisch konkretere und literarisch besonders kreative Auseinandersetzung mit ihrem erklärten Vorbild statt. Bekannt wurde Kaléko schon mit ihrem ersten, 1933 bei Rowohlt in Berlin unter dem Titel *Das lyrische Stenogrammheft* erschienenen Gedichtband. Kein Geringerer als Hermann Hesse würdigte Kalékos Lyrik als eine „aus Sentimentalität und Schnoddrigkeit großstädtisch gemischte, mokante, selbstironisierende Art von Dichtung, launisch und spielerisch, direkt von Heinrich Heine abstammend".[13] In Kalékos zwölf Jahre später 1945 im amerikanischen Exil publiziertem Gedichtband *Verse für Zeitgenossen* werden die Heine-Bezüge evidenter: In *Sozusagen ein Mailied* heißt es: „Manchmal, mitten in jenen Nächten" in New York „denk ich" an Deutschland, „das Denken tut verteufelt weh"[14]:

>Manchmal, mitten in jenen Nächten,
>Die ein jeglicher von uns kennt,
>Wartend auf den Schlaf des Gerechten,
>Wie man ihn seltsamerweise nennt,
>Denke ich an den Rhein und die Elbe,
>Und kleiner, aber meiner, die Spree.
>Und immer wieder ist es dasselbe:
>Das Denken tut verteufelt weh.

In dem Gedicht *Emigranten-Monolog* (HN II, 435 f.) tritt Mascha Kaléko unmittelbar in einen Dialog mit Heines bekanntem ‚Exil'-Gedicht *In der Fremde* unter Bezugnahme auch auf *Die Grenadiere* und die *Loreley*:

>Ich hatte einst ein schönes Vaterland,
>So sang schon der Refugee Heine.
>Das seine stand am Rheine,
>Das meine auf märkischem Sand. [Mark Brandenburg]
>
>Wir alle hatten einst ein (siehe oben!)
>Das frass die Pest, das ist im Sturm zerstoben.
>O, Röslein auf der Heide,
>Dich brach die Kraftdurchfreude.

---

[13] Hesse, Hermann: Neue deutsche Bücher. Literaturberichte für Bonniers Litterära Magasin 1935-1936. Hg. Bernhard Zeller. Marbach/N.: Schiller National-Museum 1965, S. 76. Zu Kalékos Heine-Rezeption vgl. Ariane Neuhaus-Koch: „Heine hat alle Stadien der Emigration mit uns geteilt." Aspekte der Exilrezeption 1933-1945. In: Aufklärung und Skepsis. Internationaler Heine-Kongreß 1997 zum 200. Geburtstag. Hg. v. Joseph A. Kruse und Bernd Witte, Karin Füllner. Stuttgart / Weimar 1999, S. S. 655-657.

[14] Kaléko, Mascha: Sozusagen ein Mailied. In: M. K.: Verse für Zeitgenossen. Cambridge 1945, S. 16.

NENNT MAN DIE SCHÄBIGSTEN NAMEN, / DER MEINE WIRD NICHT GENANNT!

> Die Nachtigallen werden stumm,
> Sahn sich nach sicherm Wohnsitz um,
> Und nur die Geier schreien
> Hoch über Gräberreihen.
>
> Das wird nie wieder, wie es war,
> Wenn es auch anders wird.
> Auch wenn das liebe Glöcklein tönt,
> Auch wenn kein Schwert mehr klirrt.
>
> Mir ist zuweilen so als ob
> Das Herz in mir zerbrach.
> Ich habe manchmal Heimweh.
> Ich weiss nur nicht, wonach ...

Nach 17 Exiljahren kehrte Mascha Kaléko zu Silvester 1955 nach Deutschland zurück und verglich ihre Heimkehr mit Heines Deutschlandreise im Jahre 1843 nach 12 Jahren Pariser Exil. Wie in dessen *Wintermärchen* beschreibt Kaléko ihre Reise in dem schon mit dem Titel auf ihr Vorbild verweisenden Gedicht *Deutschland, ein Kindermärchen* (HN II, 561-563). Der Jahreswechsel 1955/56 ist für Kaléko ein bedeutungsträchtiges historisches Datum, in dem sich eine signifikante Koinzidenz von Heines Biographie und Deutschlands Geschichte, dem Tod des Dichters und dem Zusammenbruch des ‚Tausendjährigen Reiches' manifestiert:

> Nach siebzehn Jahren in „U.S.A."
> Ergriff mich das Reisefieber.
> Am letzten Abend des Jahres wars,
> Da fuhr ich nach Deutschland hinüber.
> [...].
> Ich grüßte dies recht bedeutsame Jahr
> Mit bestem französischem Weine.
> Vor einem Jahrzehnt starb das „tausendste Jahr",
> Und vor einem Jahrhundert – starb Heine!
>
> Es hat wohl seitdem kein deutscher Poet
> So frei von der Freiheit geschrieben.

> Wo das Blümelein „Freiheit" im Treibhaus gedeiht,
> Wird das Treiben ihm ausgetrieben ...
> [...].
> Wie Heinrich Heine zu seiner Zeit
> War auch ich in der Fremde oft einsam.
> (Auch, daß mein Verleger in Hamburg sitzt,
> Hab ich mit dem Autor gemeinsam.)
> [...].
> ... Auch ich bin „ein deutscher Dichter,
> Bekannt im deutschen Land",
> Und nennt man die zweitbesten Namen,
> So wird auch der meine genannt.
> [...].
> Man feiert den Dichter der „Loreley".
> Sein Name wird langsam vertrauter.
> Im Lesebuch steht „Heinrich Heine" sogar,
> – Nicht: „unbekannter Autor".

Mittels zahlreicher Anspielungen auf Heine und sein Werk stellt Kaléko eine dichte intertextuelle Vernetzung mit ihrem persönlichen Exil-Schicksal her, mit ihrer daraus erwachsenen Identität und ihrem eigenen Schreiben. Im Vergleich mit Heine begründet sie ihr biographisches und literarisches Selbstverständnis, das sie mit einem skeptischen Blick auf das neue Deutschland verbindet. Dabei geht es ihr um die zentrale Frage, ob dortzulande die plötzlich ausgebrochene Heine-Verehrung im Gedenkjahr 1956, die Abrechnung mit dem Dritten Reich, die Überwindung des Militarismus und Antisemitismus sowie das zur Schau gestellte harmonische Zusammenleben von Christen und Juden von seriöser, toleranter Humanität getragen seien oder sich doch bloß als ‚liebliches' und opportunistisches „Kindermärchen" erweisen. Die Schlussstrophe lautet dementsprechend:

> Wie gesagt, es soll ein erfrischender Wind
> In neudeutschen Landen wehen.
> Und wenn sie nicht gestorben sind ...
> – Das muß ich doch unbedingt sehen!

NENNT MAN DIE SCHÄBIGSTEN NAMEN, / DER MEINE WIRD NICHT GENANNT!

In der langen Reihe der *Wintermärchen*-Adaptionen zählt Kalékos Gedicht zu den wenigen, die in Denk- und Schreibart dem apostrophierten Vorbild sehr nahe kommen. Das ambivalente Leitmotiv des „Märchen"-Begriffs wurde Jahrzehnte später in dem Essay von Fritz J. Raddatz *Heine. Ein deutsches Märchen* (1977) und vor allem in Elfriede Jelineks kongenialer Heine-Preisrede *Österreich. Ein deutsches Märchen* (2002) als satirisch „anprangernde" Abrechnung mit dem alpenländischen Neonazismus aktualisiert.

II.
Beziehungen der Moderne

PAUL IRVING ANDERSON

K. u. k. Camouflage: Theodor Fontanes *Graf Petöfy*

Das beste Versteck ist oft eins, das jedem sichtbar ist. In einem Roman wäre das die Titelzeile. Dort wird sogar ein Selbstwiderspruch widerspruchslos hingenommen. Theodor Fontanes Roman *Graf Petöfy* (1884) ist ein solcher Fall. Wie konnte ein bestens informierter Schriftsteller darauf kommen, das Pseudonym des ungarischen Nationaldichters, Patrioten und tragischen Kämpfers für Unabhängigkeit, Demokratie und Freiheit als Namen für eine gräfliche Familie zu missbrauchen? Im Nachwort der Reclam-Ausgabe wiederholt Voss die Bemerkung von Georg Lukács, ein Graf Petöfy sei ebenso komisch wie ein Graf Büchner. Mit einer kurzen, witzigen Rede zu diesem Widerspruch hat György Konrád das Fontane-Symposion 1998 in Potsdam eröffnet. Wenn der echte Namensträger, Sándor Petrovics, noch 1884 gelebt hätte, meinte Konrád, hätte er Fontane eine solche Verballhornung gerichtlich verbieten lassen.[1]

Und was sagt die Wissenschaft zu diesem Widerspruch? Bisher hat sie ihn hingenommen, die Daten des historischen Petöfi annotiert und auf Fontanes angebliche Unkenntnis in Sachen Ungarn hingewiesen. Über die Quellen ist nur bekannt, was der Dichter seiner Frau Emilie über das Protagonistenpaar mitgeteilt hat, als *Graf Petöfy* gerade im Vorabdruck erschien: „Török ist Petöfy und die Buska ist Franziska – sie wird aber wohl weniger geistreich sein und gewiß irgend einen Egon heiraten."[2] Gemeint waren der soeben verstorbene Generalleutnant Graf N. C. „Miklós" Török von Szendrö (1812–84) und dessen Witwe, die frühere Soubrette Johanna Buska (geb. 1847 oder 48) in Königsberg). Von der Hochzeit in Wien hatte Fontane in

---

[1] Fontane, Theodor: Graf Petöfy. Hg. v. Liselotte Voss. Stuttgart ab 1986, S. 230-231. Konrád, György: Bericht über eine Begegnung von Fontane und Petöfi. In: Theodor Fontane am Ende des Jahrhunderts, 3 Bde. Hg. v. Hanna Delf v.Wolzogen und Helmuth Nürnberger. Würzburg 2000, Bd. I, S. 15-18.
[2] Fontane, Emilie u. Theodor: Der Ehebriefwechsel. 3 Bde. Hg. v. Gotthard und Therese Erler. Berlin 1998, Bd. III, S. 391.

der *Nationalzeitung* vom 21. Mai 1880 gelesen. (Er kannte die Braut von der Berliner Bühne um 1870 her; ihr Fortgang 1872 wurde allgemein bedauert.) Am 14. Februar 1881 gebar sie jedoch das Kind des Kronprinzen Rudolf, der die belgische Prinzessin Stephanie im Mai heiraten sollte. Wußte Fontane das? Belegen kann man es nicht, aber seine Kenntnis der Wiener Verhältnisse, z.B. seine Wahl der Kirche, spricht dafür. Ehepaar Török heiratete in der damals neuen Votivkirche, während die Romanhochzeit, genau wie die kronprinzliche Hochzeit, in der Augustinerkirche stattfand. Nachdem die Braut den Sohn – Sándor: wie Petőfi! – ihres ehemaligen Liebhabers gebar, gehörte die töröksche Ehe zum Dauerklatsch der Donaumonarchie, erst recht nachdem Rudolf sich 1889 das Leben nahm.

Für die Analyse des Romans darf man den Wiener Klatsch weder ignorieren, noch überbewerten. Wie Helmuth Nürnberger[3] treffend sagt, eine Hochzeit ist noch lange keine Ehe – und *Graf Petöfy* ist der Roman einer ganzen, wenn auch sehr kurzen Ehe. Es werden keine Kinder geboren, und die Affäre gibt es nicht vor, sondern erst nach der Hochzeit. Török starb eines natürlichen Todes, Graf Adam Petöfy begeht Selbstmord. Und Fräulein Buskas Karriere war keine Seltenheit unter Schauspielerinnen. Darum lautet die eigentliche Frage: Woher nahm Fontane die Handlung? Eigentlich interessanter als der Anstoß aus Wien sind die Erinnerungen der Braut, Franziska Franz, an ihre Kindheit in einem Ostseehafen: sie nehmen manche Erinnerung Fontanes in *Meine Kinderjahre* vorweg. Die Kindheitsbiographie ist ungefähr ein Jahrzehnt später entstanden; so hat es den Anschein, als stamme die Handlung aus seinem Leben, als autorisiere der Dichter die biographische Interpretation. Aus eigenem Erleben zu erzählen wäre aber eine Abkehr von seiner vorherigen Praxis. Alle fünf vorangegangen Novellen bzw. Romane gehen auf fremde Vorlagen zurück. Und er gehört nicht zu den Autoren, die ihr persönliches Verhältnis zu ihren Werken preisgeben. Wenn die Wissenschaft seine Diskretion, d.h. den Zitatmangel überwinden soll, muss sie investigativ vorgehen, die Beweise ordnen und daraus ein robustes, kohärentes Szenario der Werkentstehung erzählen.

Dieses Szenario basiert in erster Linie auf der Freundschaft mit den Grafen Philipp zu Eulenburg Vater und Sohn, die mit einer unerwarteten

---

[3] Nürnberger, Helmuth: Zur Stoffgeschichte von Theodor Fontanes Roman Graf Petöfy. In: Fontane Blätter 32 (1981), S. 728-733.

K. U. K. CAMOUFLAGE: THEODOR FONTANES GRAF PETÖFY

Einladung auf ihr Schloss Liebenberg Ende Mai 1880 begann und sofort intensiv wurde. Die Freundschaft nahm politische Färbung an, als Philipp Jun. an die Pariser Botschaft geschickt wurde, schlief aber vollends ein, als er den künftigen Kaiser Wilhelm II. im Mai 1886 kennen lernte. Bald war er dessen bester Freund und, nach der Kaiserkrönung 1888, einer der mächtigsten Männer im Deutschen Reich. Somit ist die Nachgeschichte des Romans auch die Vorgeschichte des späten politischen Fontane, ein Eulenburg-Roman-vor-der-Zeit, doch bei seiner Entstehung stand etwas Privates im Vordergrund: „Phili"[4] Eulenburg war nämlich bisexuell orientiert und wollte Fontane für seinen eigenen Dichterehrgeiz einspannen. Fontane hat es nicht mehr erlebt, als sein alter Freund wegen angeblicher Homosexualität in dem nach ihm benannten Skandal 1907-09 vernichtet wurde. In den 1910 erschienenen „Freundesbriefen" standen fünfzehn Briefe Fontanes an Philipp Eulenburg – eine Brisanz, die in jener Zeit zur Diskretion mahnte. Die Voraussetzung für die wissenschaftliche Behandlung dieser Freundschaft, der gesamte vorhandene Briefwechsel – nur sechsunddreißig Stück – erscheint erst jetzt.[5]

Bisher war Fontanes Verhältnis zur Homosexualität kein Thema der Forschung. Typisch für seine Art, seine Biographen von „intrikaten Fragen" abzulenken, ist sein Kommentar zu einer Biographie des als homoerotisch bekannten Dichters Platen.

> Ich habe mehrere solche Personen von der „milderen Observanz" (freilich auch der „strengeren") kennen gelernt und kann aus eigenen Wahrnehmungen bestätigen, dass es solche eigentümlich „unglücklich Liebende" gibt. Mit einem, dazu einem Hofprediger, war ich sehr befreundet und gewann durch seine confessions Einblick in diese Dinge. Er bekannte sich ganz offen dazu; was er durfte, da man bloße Gefühle nicht vor Gericht stellen kann.[6]

---

[4] So kannte man ihn zu Lebzeiten, und der Kosename hilft zwischen ihm und seinem Vater unterscheiden.
[5] Fontane, Theodor und zu Eulenburg, Philipp: Der Briefwechsel 1880-1890, Teil 1. Hg. v. Paul Irving Anderson. Jahrbuch für brandenburgische Landesgeschichte 2010, 61 (2011), S. 149-172, und Teil 2, 2011, 62 (2012).
[6] Fontane, Theodor: Sämtliche Werke. Abt. IV Briefe. Hg. v. Walter Keitel und Helmuth Nürnberger. München ab 1976, Bd. IV, S. 608 (an Erich Schmidt vom 6.11.1896); zitiert nach Fontane, Theodor: Briefe zweite Sammlung. Berlin, F. Fontane 2010, durch B(urchard), E(rnst) in Theodor Fontane und die Homosexualität. In: Vierteljahrsberichte des Wissenschaftlich-

Die folgenden Enthüllungen erlauben einen tiefen Blick in Fontanes Seelenleben. Weil das Thema die Gefahr des Sensationalismus birgt, bieten sich die Termini der bahnbrechenden Arbeit von Heinrich Detering[7] an. ‚Homoerotik' schaltet das voyeuristische Moment in ‚Homosexualität' aus, und ‚Camouflage' fokussiert auf die Kunst, das eigentliche Thema des Werkes zu tarnen. Anders als bei Detering wird hier nicht die Tarnkunst eines homosexuellen Autors analysiert, sondern die eines mit der Homoerotik konfrontierten heterosexuellen Autors. Wegen der doppelten Distanz zwischen dem Dichter und seinen reellen Urbildern – bürgerlich vs. gräflich – verdoppelt sich die Camouflage. Ein drittes, durch die Standortwahl ermöglichtes Tarnmoment ist der konfessionelle Gegensatz, protestantisch vs. katholisch. Fontanes Bekanntschaft mit Eulenburg hatte viele Aspekte, auf die hier nicht eingegangen werden kann; sie sind bzw. werden an anderer Stelle dargestellt.[8] Hier geht es in erster Linie darum zu zeigen, wann und wie Fontane darauf kam, die Wiener Hochzeit und vor allem die ungarische Heimat des Bräutigams als Camouflage für sein Liebenberger Erlebnis zu verwenden.

Bisher stand jedoch eine ganz andere Quellenfrage zur Diskussion, nämlich wie gut Fontane den rührigen Übersetzer ungarischer Literatur, u.a. von Petőfis Lyrik, den Wahlungarn Karl Maria Kertbeny (1824-82) gekannt hat. Sicher ist nur, dass Kertbeny 1851 seine Übersetzung von Aranys epischem Gedicht *Die Eroberung von Murány*[9] folgendermaßen gewidmet hat, wie Fontane in zeitgleichen Briefen berichtet: „Dem deutschen Dichter *Theodor Fontane*, dem Sänger des lieblichen Liedes «Von der schönen Rosamunde», sei diese Erzählung, als Zeichen freudiger Anerkennung gewidmet durch den Übersetzer."

---

humanitären Komitees 4 (Juli 1910), S. 196-197. Burchard beschreibt Fontane als „tolerant", sagt jedoch nichts über dessen Beziehung zu Eulenburg.
[7] Detering, Heinrich: Das offene Geheimnis: Zur literarischen Produktivität eines Tabus. Göttingen 2002.
[8] Anderson, Paul Irving: Austro-hungarian Camouflage: Theodor Fontane's Graf Petőfy. In: Seminar 47/3 (2011), S. 324-348.
[9] Arany, János: Erzählende Dichtungen, Zweites Buch, Die Eroberung von Murány. Aus dem Ungarischen übersetzt durch Kertbeny. Leipzig 1851. Ob bzw. wie Kertbeny Fontane um Erlaubnis gebeten hat, ihm das Buch widmen, ist nicht bekannt.

Bereits 1912 behauptete der ungarische Literat Gragger[10], Fontane habe Kertbeny persönlich gekannt. Außer auf die Widmung wies er auf ‚Toldy', den Namen des Gärtners auf Petöfys fiktivem Schloss Arpa, hin. Weil Kertbeny auch Aranys episches Gedicht *Toldi* übersetzt habe, spräche dies dafür. In den 1990er Jahren zeigte Kerekes[11] auf, auf welch dünnen Beweisen Graggers Behauptungen über Fontanes Kenntnis ungarischer Literatur basieren. U.a. konnte der Name Toldy auf einen gleichnamigen Literaturwissenschaftler hinweisen. In seinem Aufsatz hat Gragger es allerdings unterlassen, diesen Hinweis zu begründen. Der Grund ist aber einfach und steht auf den Titelseiten beider Übersetzungen: 1851 hat der gleiche Verlag *Toldi* als „erstes" und *Die Eroberung von Murány* als „zweites Buch" unter dem Obertitel *Erzählende Dichtungen von J. Arany* herausgebracht. 1853 erfolgte eine zweite Auflage beider Werke, diesmal zusammen in einem Buch. Obwohl Kerekes zweifellos recht hat, dass Fontane Kertbeny nie begegnet ist, ist wohl doch davon auszugehen, dass ‚Toldy' auf Kertbenys *Toldi*-Übersetzung hinweist. Vermutlich hat Gragger dieses Faktum nicht zur Begründung angeführt, weil es die „falsche" Arany-Übersetzung ist. Erst nach mehreren Jahrzehnten setzte sich in der Fontane-Forschung die Erkenntnis durch, dass ihr Autor Versteckspiele mit ihr treibt – und dass viele seiner vermeintlichen Fehler dazu gehören. Auch diese Studie geht davon aus, Fontane habe mit *Graf Petöfy* ein grandioses Versteckspiel aus literarischen und persönlichen Quellen geschaffen.

Ein Vergleich zwischen *Graf Petöfy* und Kertbenys Übersetzung von Aranys *Eroberung von Murány* wurde noch nie versucht, scheint aber geboten. 1644 in Transsylvanien übergab Maria Szécsi ihr Schloss Murány der Belagerungsarmee des kaiserlichen Generals Ferencz Beselényi, den sie anschließend heiratete. Szécsi wird als eine Persönlichkeit dargestellt, die Beselényi durchaus gewachsen ist. Von einer „Eroberung von Arpa" kann man auch sprechen, wenn man davon ausgeht, wie Franziskas Gesprächs mit Euphemia LaGrange (Kap. 6) nahelegt, dass Franziska es langfristig auf Petöfys Stellung und Vermögen abgesehen hat. Freilich sind die jeweiligen

---

[10] Gragger, Robert: Ungarische Einflüsse auf Theodor Fontane. In: Ungarische Rundschau für historische und soziale Wissenschaften 1.1 (1912), S. 220-224.
[11] Kerekes, Gábor: Gragger, Fontane und die Fakten. In: Fontane Blätter 52 (1991), S. 91-106; Ein Kuddelmuddel, ein vollständiges Gequatsche: Theodor Fontanes Verhältnis zur ungarischen Literatur. In: Neohelicon: Acta comparationis litterarum universarum 19 (1992), S. 85-94; Theodor Fontane und Ungarn. In: Jahrbuch der ungarischen Germanistik 1993 (1994), S. 153-163.

Geschlechterrollen vertauscht, aber angesichts des eigentlichen Themas stellt das keinen Widerspruch dar. Aranys Gedicht lässt sich aufgrund der Gespräche und Beschreibungen sogar emanzipatorisch interpretieren. Politisch betrachtet würde *Murány* nicht ins Konzept passen, wenn Kertbeny nicht ein sog. Wörterbuch – eher Nachhilfe für Nichtkenner der ungarischen Geschichte – hinzugefügt hätte. Darin heißt es, Beselényi sei der kaiserliche Statthalter in Ungarn von 1655 bis 1667, also kein Kämpfer für ungarische Unabhängigkeit gewesen. Aber 1664 hat er sich einer Verschwörung für die Unabhängigkeit angeschlossen, die sich mit den Türken und Franzosen alliierte. Laut Kertbeny soll er durch Jesuiten vergiftet worden sein. Seine Maria wurde zunächst vom Kaiser pardonniert, aber später verhaftet und 1668 in Wien brutal hingerichtet. Aranys Gedicht und Fontanes Roman behandeln also das Thema des Loyalitätskonflikts und Verrats, dem Petöfy sich sein Leben lang zu entziehen versucht hat. Die Revolutionsjahre 1848-49 werfen noch ihren breiten Schatten über ein Europa, das von der Generation der damals Geborenen, davon Unversehrten geerbt wird. Die Schimpftiraden des Gärtners Toldy auf „Verräter" weisen auf die Todesumstände des historischen Petőfi hin, während sie die Schatten aus Fontanes Jugendzeit in diesen Altersroman hineintragen: der meist Beschimpfte darunter, Arthur Görgei, arbeitete im gleichen Berliner Labor, wo Fontane sich 1845 auf das Examen als Apotheker vorbereitete.

„Den großen Zusammenhang der Dinge" nicht zu vergessen mahnt Melusine in Fontanes *Der Stechlin,* eine Mahnung, welche die Forschung zu Recht auf sich bezieht. Als Kriterium für literarische Qualität einerseits und für die Wahrheit einer Interpretation anderseits gilt das, was man unter dem aktuellen Schlagwort ‚Kohärenz' versteht. Die Interpretation, die den großen Zusammenhang des Werkes am kohärentesten, d.h., am gründlichsten und einfachsten darstellt, ist zu bevorzugen (Occam). Für uns heißt das, z.B., es ist nicht nötig, einen Mann persönlich zu kennen, um Einiges über ihn zu wissen. Wenn er auch jahrzehntelang im gleichen Geschäft tätig war, steht alles Wissen über ihn in einem ermittelbaren Zusammenhang. Im Falle Kertbeny verrät der Zusammenhang, in dem die Widmung steht, was tiefere Kenntnis nicht nur der Fontane-Eulenburg Freundschaft auch verrät: der eine wie der andere war homoerotisch veranlagt. Diesen Zusammenhang deutet u.a. der Hinweis auf Fontanes „Von der schönen Rosamunde" an. 1851 hielt sich Kertbeny hauptsächlich in Leipzig auf und er war ständig darauf erpicht, Beziehungen mit bekannten Personen im Literaturbetrieb zu knüpfen.

Beides trifft auch auf Fontanes langjährigen Freund und Förderer, den zwischen Leipzig und Dresden pendelnden Vermittler zwischen deutscher und russischer Literatur, Wilhelm Wolfsohn zu. Er hatte den Verleger für die *schöne Rosamunde* vermittelt und überall erzählt, wie groß sein Freund Fontane werden würde. Dessen Anhänglichkeit an Fontane, der auf Wolfsohns glühende Briefe eher sachlich antwortet, ist nur mit der Liebe eines Mannes zu einem Mann zu verstehen. Der Fontane-Wolfsohn Briefwechsel ist zwar groß, weist aber beträchtliche Lücken auf. Die letzte große Lücke beginnt kurz bevor Fontane Kertbenys Buch erhält, und endet, als Wolfsohn seine erfolgte Eheschließung meldet. Es gibt aber auch einen Brief, der Kertbeny und Wolfsohn in verräterisch ambivalentem Zusammenhang erwähnt:

> Hab ich Ihnen denn schon geschrieben, dass ein Ungar namens Kertbeny mir eines seiner Bücher gewidmet hat? Was man nicht alles erlebt. Übrigens kümmre ich mich um meinen würdigen Wolfsohn gar nicht mehr; solche Freundschaft kann mir gestohlen werden.[12]

Hier stehen zwei Namen, aber beide Äußerungen, die geschmeichelte wie die verärgerte, charakterisieren Fontanes Verhältnis zu Wolfsohn: Dankbarkeit und Distanz. Kertbeny kannte er wahrscheinlich nur aus persönlichen Mitteilungen, also Klatsch, aber laut neuerer biographischer Forschung war Kertbeny einer „von der strengeren Observanz".[13] Wir werden im weiteren erfahren, wie Fontane sich Anfang der 1880er Jahre über die ungarische Literaturszene informiert hat. Was das Thema Homoerotik betrifft, so kann man aufgrund von Forschungen zur Homosexualität in der Literatur davon ausgehen, dass Fontane auch in dieser Hinsicht auf Kertbeny anspielt. Unter Kennern der Materie war dieser trotz Anonymität als Autor relevanter Aufsätze zur Legalisierung der Homosexualität bekannt. Dabei hat Kertbeny den vorher unbekannten Begriff ‚homosexuell' überhaupt er-

---

[12] Fontane (Anm. 6), Bd. I, S. 172, an Witte vom 1.7.1851. Schon am 1. Mai hatte Fontane Witte von der Widmung berichtet. Vgl. auch das Gedicht „Meinem Theodor" (1843) in: Theodor Fontane und Wilhelm Wolfsohn – eine interkulturelle Beziehung: Hg. v. Hanna Delf v.Wolzogen u. Itta Shedletzky (wissenschaftliche Abhandlungen des Leo Baeck Instituts 71). Tübingen 2006, S. 17.
[13] Der in Wien geborene Karl Maria Benkert ließ seinen Namen 1849 in Kertbeny ändern, war nie verheiratet und (wie Eulenburg) auf seine Mutter fixiert. Seine Tagebücher lassen auf einen unsteten homosexuellen Lebensstil schließen (vgl. J. Takacs: The Double Life of Kertbeny. www.policy.hu/takacs/pdf-ib/TheDoubleLifeOfKertbeny.pdf 6.01.2010).

funden, der in den neuesten Veröffentlichungen aufzutauchen begann.[14] Nach seinem Tod im Januar 1882 vergingen beinahe zwei Jahre, bevor *Graf Petöfy* vollendet wurde – mehr als genug Zeit, um letzte Auskünfte über ihn einzuholen.

Wohl aus dem Bedürfnis, Neugierige mit erotischen Leckerbissen abzuspeisen, spielt Fontane mehrmals auf den zeitgenössischen, ihm lange bekannten Wiener Dramatiker Adolf Wilbrandt an. Obwohl es sich aufdrängt, ist m.W. niemals darauf eingegangen worden, und wird daher in die folgende Analyse einbezogen.

Da jetzt feststeht, dass und wie die erst jetzt entdeckte, eigentliche Inspiration für *Graf Petöfy*, Fontanes Liebenberger Erlebnis, mit den seit einem Jahrhundert diskutierten, ungarischen Anspielungen zusammenhängt, können wir ihr Zusammenspiel in der Dreieckshandlung des fertigen Romans beschreiben. Das Tarnungsmodell Török hat noch starke Ähnlichkeiten – Lebensalter und Theaterpassion – mit seinem Platzhalter, Graf Adam, während sein Neffe Egon von Asperg eher wie Sohnersatz für den ewigen Junggesellen wirkt, als wie das Abbild des Thronfolgers. So liefern sie die Camouflage für die Grafen Philipp zu Eulenburg Vater und Sohn. Bei der Protagonistin stellen wir fontanesche Persönlichkeitsspaltung fest, welche die zwei- und dreifache Camouflage ermöglicht. Für die – ähnlich Fontane in Liebenberg – umschwärmte Franziska Franz lieferte die Buska zwar Herkunft und Karriere, aber für seine innere Distanz erfand Fontane eine Freundin aus ihrer Kindheit, die ihr kritisch zur Seite steht: Hannah Stedingk, Tochter des Küsters in der Kirche, wo Pastor Franz gepredigt hat.

---

[14] In seinem Nachlass befinden sich Manuskripte zum Thema Sexualität. Den Begriff ‚homosexuell' scheint er 1868 zum ersten Mal in einem Brief an Karl Heinrich Ulrichs benutzt zu haben, dessen Ideen in Fridolins heimliche Ehe von Wilbrandt eingingen. Da die Gesetzbücher damals umgeschrieben wurden, veröffentlichte Kertbeny anonym zwei Pamphlete gegen die Diskriminierung Homosexueller. Im ersten stand der neue Begriff, der aber erst durch Krafft-Ebbing Verbreitung fand. Allerdings benutzt Kertbeny ihn unter dem Pseudonym „Dr. M." 1880 in Gustav Jaegers Die Entdeckung der Seele. Dieses weitverbreitete Werk könnte Fontane gekannt haben. (Vgl. Herzer, Manfred: Kertbeny and the Nameless Love. In: The Journal of Homosexuality 12/1, Fall 1985, S. 1-24; ders: Zastrow – Ulrichs – Kertbeny: Erfundene Identitäten im 19. Jahrhundert. In: Männerliebe im alten Deutschland. Sozialgeschichtliche Abhandlungen. Hg. v. Rüdiger Lautmann u. Angela Taeger. Berlin 1992, S. 61-80; ders. v. Féray, Jean-Claude: Karl Maria Kertbeny. In: Homosexualität. Handbuch der Theorie- und Forschungsgeschichte. Hg. v. Rüdiger Lautmann, Frankfurt a. M. 1993; Müller, Klaus: Aber in meinem Herzen sprach eine Stimme so laut. Homosexuelle Autobiographien [Homosexualität u. Literatur 4]. Berlin 1991.)

Franziskas Erinnerungen an ihre Heimatstadt gehen auf Fontanes Kindheit z.T. im 17. Kapitel von *Meine Kinderjahre* zurück. Bei Kämpfen mit Straßenjungen ist der etwa zwölfjährige Dichter von einem Freund namens Fritz Ehrlich, den er seinerseits vor dem Ertrinken gerettet hatte, vor Verwundung oder Schlimmerem durch einen Angreifer gerettet worden. Ein ähnlicher Fall hat die Freundschaft zwischen Hannah und Franziska geschmiedet. In der Einleitung dazu gibt es einen Bezug, den es außer in einem verlegenen Brief an Eulenburg sonst nirgends bei Fontane gibt. Es ging um Hausschuhe, die er in Liebenberg hat liegen lassen. Hier der Vergleich:

> Meine Schuhe erinnern mich an die „Pantoffeln des Kasan" oder so ähnlich, ein Märchen aus „Tausend und einer Nacht" das ich vor 50 Jahren auf einer Klippschule aus dem Französischen übersetzen mußte, und das mir ängstlich im Gedächtniß geblieben ist, weil das Wort enceinte[15] darin vorkam, wobei ich immer putenroth wurde. Die Pantoffeln waren Unglückspantoffeln und mit meinen Schuhen ist es nicht viel besser, [...].[16]

> (*Meine Kinderjahre:*) Es gibt eine kleine Geschichte, die sich, wenn ich nicht irre, „Die Pantoffeln des Kasan" betitelt. Gerade damals mußte ich diese, die mutmaßlich aus Tausendundeiner Nacht herübergenommen war, aus meinem französischen Lesebuche übersetzen. Es handelt sich darin um ein Paar hübsche Pantoffeln, die jeder gern haben möchte; sobald er sie aber hat, bringen sie ihm bloß Unglück. Ähnlich erging es mir mit den Korbsäbeln - ich wollte sie haben, und als ich sie hatte, brach das Unheil über mich herein. [...] Es war schon Jahr und Tag, daß ich, modern zu sprechen, auf nichts Geringeres als auf eine Armeeorganisation hinarbeitete.[17]

Im Brief ist es das französische Wort für ‚schwanger', in den Erinnerungen die Benennung von „Tausendundeiner Nacht" als Quelle, die den Faktor Erotik markiert. Darum wundert Eulenburgs anzügliche Antwort vom 8. Juli 1880 nicht:

---

[15] Frz. „schwanger, trächtig"
[16] Fontane (Anm. 5), S. 161 (1.7.1880).
[17] Fontane, Theodor: Meine Kinderjahre. In: Sämtliche Werke, Hg. v. Jutta Neuendorf-Fürstenau. München 1961, Bd. XIV, S. 172. Mit Dank für den Hinweis an Dr. Lorenz Beck, Berlin.

Als ich heute neugestärkt aus den Fluten der Lanke[18] auftauchte fielen mir mit der Wiederkehr eines gewissen geistigen Räderwerks jene rotschwarzen Schuhe ein, deren Herrn ich gar so gern hier begrüßen würde!

Ich denke, es hat sich diesen Pantoffeln, die bisher in meiner Nähe standen, so sehr meine Gedankenrichtung mitgetheilt, daß dieselben Ihre Füße auf den Weg hierher lenken werden![19]

Offensichtlich erkannten beide Männer darin das, wofür Sigmund Freud erst Jahre später den Terminus ‚Fehlleistung' erfand. Kurzum: Fontane hat diesen Beweis für das Erlebnis hinter *Graf Petöfy* so preisgegeben, dass er erst jetzt „sprechen" kann, da sein Briefwechsel mit Phili Eulenburg vorliegt. Was folgt ist also im großen und ganzen eine *autorisierte* Interpretation.

Dabei moduliert die Anspielung von verschämt-anzüglich zu einem Einblick in sein Innerstes, der wiederum erst durch Franziskas Erzählung deutlich wird. Nach diesem Muster zu urteilen hat Fontane die gleichgeschlechtliche Liebe als etwas aus der Vorpubertät verstanden und in seiner asexuellen Fortsetzung im Erwachsenenalter bejaht. Fritz Ehrlich hat er nicht nach Berlin mitgenommen, wie Franziska ihre Hannah, aber der Zusammenhang ist leicht zu erkennen: Sein Verhältnis zu Eulenburg war genauso gespalten wie die Reaktionen von Franziska und Hannah auf die Ehe mit Petöfy. Schon die Namen machen argwöhnisch: ‚Franziska' und ‚Franz' sind Vornamen und gehen, wie ‚Fontane' auch, auf ‚französisch' zurück. ‚Hannah' schreibt sich vor- und rückwärts gleich, und angesichts ihres festen Protestantismus erinnert ‚Hannah Stedingk' an Luthers „Hier stehe ich, ich kann nicht anders". Franziskas Bereitschaft, für Reichtum und Titel zu heiraten, vertritt Fontanes Versuchung, Hannah dagegen seinen inneren Widerstand; im Roman spielt „Franziska" die Hauptrolle, in seinem Leben „Hannah".

Die konventionelle Realismuskritik lehnte *Graf Petöfy* ab, weil der Autor über Ungarn schlecht informiert zu sein schien. Freilich begann er die Vorbereitung damit, den Stadtplan von Wien – nicht die Karte von Ungarn – zu studieren. Trotzdem sticht die Kritik nicht, denn der Ort ist nur Kulisse

---

[18] Waldsee östlich des Haupthauses von Liebenberg.
[19] Fontane (Anm. 5), S. 162.

für einen tieferen Realismus, für ein modernes Märchen. Aus mehreren Zufällen während der ersten Entstehungszeit hat Fontane den „großen Zusammenhang" konstruiert. Die Török-Buska Hochzeit konnte nicht mehr sein als ein erster, ortsdefinierender Zufallsfund. Kaum hatte Fontane damit angefangen, da brachten ihn seine Frau Emilie und sein Redakteur Karpeles dazu, als Nächstes *Ellernklipp* zu vollenden. Strategische Details in jener altertümelnden Harz-Novelle beweisen, dass er immerzu an Liebenberg gedacht hat. Es war ein Zufall und doch kein Zufall, dass der Ortsname der Handlungsvorlage, Ilsenburg, der etymologischen Quelle des Namens Eulenburg, dem Ort Ileburg ähnelt. In *Ellernklipp* heißt der Ort der Entscheidung Ilseburg, d.h., Ilsenburg minus das n. Da braucht man nur das s [!] wegzudenken, dann findet die Peripetie in „Eulenburg" statt.[20] Außerdem erfand Fontane nicht nur das uneheliche Mädchen Hilde für *Ellernklipp*, sondern auch einen kriegsgefallenen Grafen für ihren Vater und eine alte Gräfin, die sie zum Schluss legitimiert: die Akteure in den historischen Quellen waren ganz andere Menschentypen. In *Graf Petöfy* taucht Hilde als Phemis uneheliche Großherzogstochter Lysinka wieder auf. Und für die Beschreibung von Schloss Arpa in *Graf Petöfy* verwendete er seine Skizzen und Notizen aus Schloss Il(s)e(n)burg.

Kreativität findet nun einmal in der Zeit statt und lässt sich anhand von solchen Zufälligkeiten nachvollziehen. Das zeigt sich auch daran, *wann* Fontane den Romantitel erfand. Am 9. Februar 1881 las er und bedankte sich schriftlich für eine Besprechung von *Grete Minde* und *L'Adultera*. Sie stand im *Magazin für die Literatur des In- und Auslandes* für den 12. Februar 1881 auf der ersten Seite. Die Zeitschrift wurde zu einer Informationsquelle für den „ungarischen" Roman.[21] Noch hatte die neue „Novelle" keinen Titel, aber zwei Tage später, am 11. Februar trug er den endgültigen Titel in sein Tagebuch ein und besuchte *Magazin*-Redakteur Eduard Engel am nächsten Tag, um ihm dafür zu danken. Aus Engels 1929 erschienener Erinnerung daran können wir erfahren, was Fontane im innersten motiviert hat, den Schauplatz des angefangenen Romans von Wien nach Ungarn zu verlagern:

---

[20] Vgl. ebd. S. 160, 170: Fontane kannte Georg Adalbert Mülverstedts Diplomatorium Ileburgense: Urkundensammlung zur Geschichte und Genealogie der Grafen zu Eulenburg. 2 Bde. Magdeburg 1877, 1879.
[21] Gragger (Anm. 11), S. 223 hat bereits gezeigt, dass die Strophen aus der „Barcsai Ballade" im 19. Kapitel aus einer Übersetzung in der No. 13 des Magazins 1883 zitiert wurden.

Dankbarkeit für die unvergessene Anerkennung durch Kertbeny 1851 und *mutatis mutandis* für das Liebenberger Erlebnis.

> Ich streckte ihm die Hand entgegen: Lieber Herr! – da umarmte er mich und lächelte mich durch Tränen an. Und dann saßen wir einander gegenüber vor meinem Schreibtisch, demselben an dem ich dies nach 48 Jahren schreibe, und er begann: "Ich *muß* Ihnen danken: Sie sind der Erste und der Einzige, der auszusprechen gewagt hat, daß Theodor Fontane ein Erzähler hohen Ranges sei, so bedeutend wie die großen englischen und französischen Erzähler unsrer Zeit. Das hat noch keiner von mir öffentlich gesagt [...]. Nie werde ich das vergessen!"[22]

Damals schrieb Kertbeny immer noch für das *Magazin*, was Fontane kaum entgehen konnte, da auch er gelegentlich für die Zeitschrift schrieb. Seit Mitte 1879 veröffentlichte das *Magazin* immer wieder Erinnerungsartikel zum 30. Jubiläum des großen ungarischen Aufstands von 1849. Weil der Lyriker Sándor Petőfi seither vermisst war – vielleicht tot, vielleicht von den Russen gefangen genommen[23] – stand sein Andenken im Mittelpunkt. Die Ausgabe vom 2. August 1879 beginnt so:

> Alexander Petöfy, „Ungarn's größter Dichter, und einer der Größten der Weltliteratur" – wie Bidenstedt ihn taufte – fiel am 31. Juli 1849 in der zehnstündigen Schlacht bei Schässburg (Segesvár) in Siebenbürgen, erst 26 Jahre alt. [...] In Deutschland fand Petőfi durch acht verschiedene Übersetzungen K. M. Kertbeny's Verbreitung in 27.000 Exempl.[24]

1881 werde Petőfis Standbild bei einer großen Feier in Budapest enthüllt. Der Autor, wahrscheinlich Redakteur Engel, dankt Dr. Josef Lengyel,

---

[22] Engel, Eduard: Ein alter Herr möchte Sie sprechen. In: „Erschrecken Sie nicht, ich bin es selbst": Erinnerungen an Theodor Fontane. Hg. v. Wolfgang Rasch u. Christine Hehle. Berlin 2003, S. 113.
[23] Ein weiteres Element von Ellernklipp – die mögliche Rückkehr des doch nicht toten Martin Bocholt als braunschweigischer Leihsoldat aus der britischen Kolonialarmee in Nordamerika – hat auffallende Ähnlichkeit mit der Hoffnung ungarischer Patrioten, dass ihr Petőfi doch nicht tot war, sondern nur gefangengenommen und eines Tages aus Russland heimkommen würde. Vgl. Anderson, Paul Irving: Fontane Forensic. Solving the Ellernklipp Mystery. In: Seminar 61/2 (2005), S. 93-111.
[24] Magazin für Literatur des Auslands 48/31, S. 473.

dem Letzten, der Petőfi lebendig gesehen habe, für den Schlachtplan – Fontane liebte Schlachtpläne – als Beigabe der Denkschrift *Petöfi's Tod vor dreißig Jahren 1849. Jókais Erinnerungen an Petöfi 1879. Historisch-literarische Daten und Enthüllungen, bibliographische Nachweise zusammengestellt von K. M. Kertbeny.*[25] Wer, wie Fontane, das *Magazin* häufig las, konnte die Flut von Artikeln zum 30. Andenken an Aufstand und Petőfi kaum übersehen – erst recht nicht, seitdem er in regem Kontakt mit dem Redakteur und dessen Verleger Wilhelm Friedrich stand.[26] Und immer wieder stand der Name Kertbeny darin. Fontane kann unmöglich seiner gräflichen Hauptfigur den Namen Petöfy aus Unkenntnis, ohne Hintergedanken gegeben haben.

Das gleiche kann man von den gewagten Anspielungen auf den in Wien erfolgreichen Dramatiker Adolf Wilbrandt sagen. Fontane kannte ihn seit den 1850er Jahren in Berlin, als beide zum Freundeskreis um den Kunsthistoriker Franz Kugler gehörten. Nach dessen Tod 1858 siedelten Kuglers Witwe und einige Freunde, darunter Wilbrandt, nach München um, wo Kuglers Schwiegersohn, Paul Heyse, gerade Karriere machte. 1870 ging Wilbrandt nach Wien, wo er 1873 die Schauspielerin Auguste Baudius heiratete, eine alte Freundin von Heyse, und selber Karriere machte. Noch be-

---

[25] Zum ersten Mal in der Ausgabe 38 vom 20.9.1879 angekündigt, wurde Kertbenys Petőfi-Buch im Magazin bis in den Herbst 1880 inseriert. Weitere Inserate erinnerten an Arany und Petőfi mit Übersetzungen weniger bekannter Werke, z.B. König Budas Tod von Arany und Petőfis Versmonolog „Der Wahrsinnige". Die Ausgabe vom 5. Juni 1880, als Fontane sich für Liebenberg vorbereitete, enthielt einen Artikel von Hugo von Meltzl, der ein frühes Gedicht Petőfis als sapphische Ode beschrieb (49/23, S. 328). Zum 17. Juli stand eine Besprechung von Gyula von Reviczky: János Arany in deutscher Übersetzung (49/29, S. 398), die meinte, Petőfi sei leichter als Arany zu übersetzen, da seine Formen weniger streng seien. In der 2. Januarwoche 1881, als Fontane die Skizzen für die noch titellose Novelle ordnete, schrieb L. Freytag in seiner Besprechung „Liebesperlen" über eine Anthologie von Petőfis Gedichten (50/3, S. 43): „374 Seiten erotischen Inhalts, jeder Puls- und Herzensschlag derselbe und doch wieder ein anderer, jedes Lied voll sinnlicher Glut und doch wieder so, dass kein junges Mädchen bei der Lektüre beleidigt erröten muss: das ist viel, sehr viel, das sichert Petőfi einen Ruf, wie ihn etwa bei uns Geibel genießt. Petőfi ist wirklich wert, gelesen zu werden."
[26] Ein paar Wochen vor Engels Besprechung hat es zwischen Fontane und Friedrich Sondierungen über eine Zusammenarbeit gegeben. Fontanes langjähriger Verleger, Wilhelm Hertz, hatte die Buchausgabe von Grete Minde ein ganzes Jahr aufgeschoben, und die Spannungen zwischen ihnen hatten sich in den literarischen Kreisen Berlins herumgesprochen. Schach von Wuthenow erschien bei Friedrich im November 1882, aber ein Streit zwischen Engel und Friedrich Anfang 1884 führte dazu, dass Graf Petöfy nicht dort, sondern bei F. W. Steffens in Dresden erschien. (Vgl. Berbig, Roland und Bettina Hartz: Theodor Fontane im literarischen Leben: Zeitungen und Zeitschriften, Verlage und Vereine [Schriften der Th. Fontane Gesellschaft 3]. Berlin 2000, S. 393, 399.)

vor *Graf Petöfy* herauskam, hatte ihm Ludwig II. von Bayern den nicht erblichen Adel verliehen. Obwohl der Roman zehn Jahre früher spielt, entschied Fontane, dem Thema Gesellschaftsklitterung entsprechend, ihm das ‚von' zuzusprechen.

Kurz vor dem Vorabdruck von *Ellernklipp* sorgte Eugen Zabel mit einem „Dichterporträt" in *Westermanns illustrierten Monatsheften* dafür, dass Wilbrandt auch in Preußen-Deutschland bekannt war. Der Vergleich zweier Stellen mit Fontanes Behandlung der gleichen Gegenstände im 2. und 6. Kapitel untermauert die These, dass auch die Anspielungen auf Wilbrandt das Liebenberger Erlebnis camouflieren sollten.

> [Es] reizte Wilbrandt, die Rolle eines Makart der Poesie zu spielen und mit einzelnen Kabinettstücken sinnlicher Leidenschaft vor seinen Freunden zu debütieren. Sowohl in *Arria und Messalina* wie in *Nero* hatte er zu einem Stoffe gegriffen, der [...] Talente ersten Ranges angezogen hat. [...] Wilbrandt hat sich von einer gewissen Seite, die das Theater gern auf das moralische Niveau einer Kinderbewahranstalt herabdrücken möchte, durch seine Messalinadichtung die allerheftigsten Vorwürfe zugezogen [...]. [Charlotte Wolter] hat allerdings dadurch, daß sie ihren schauspielerischen Genius dem Trauerspiel geliehen, die Kunst der Menschendarstellung um eine der gewaltigsten Offenbarungen bereichert und infolge dessen auf die Dichtung selbst wohltätig zurückgewirkt. Das Bild dieser Messalina, wie sie die herrlichen Glieder auf dem Ruhebett streckt, hat Makart in einem seiner farbenprächtigsten Bilder festgehalten und auch denen, die nicht in der Lage waren, die Leistung der Wolter zu bewundern, eine Vorstellung von überzeugendster und wahrster Treue gegeben.[27]

Hans Makart war ein wegen seiner erotischen Frauenbilder sehr erfolgreicher, wenn auch unter Experten wenig geschätzter Wiener Maler und hatte die Bühnenbilder für *Arria und Messalina* gemacht. In der „Messalinadichtung"[28] wird Arria von ihr verführt, die wiederum seine Eltern zum

---

[27] Zabel, Eugen: Adolf Wilbrandt. Ein literarisches Porträt. In: Westermanns illustrierte deutsche Monatshefte 4/6/31 (April 1881), S. 138. Fontane erlebte Charlotte Wolter in dieser Rolle am 5.9.1875 während seines einzigen, dreitägigen Besuches in Wien.
[28] Als Fontane Eulenburg am 15.7.1880 in seine Pläne für den Hoppenrade-Aufsatz einweihte, nannte er die historische Protagonistin „eine ins Kurbrandenburgische transponierte Messalinen-Existenz". Das könnte ein Indiz dafür sein, dass er sehr früh daran dachte, Wilbrandts

K. U. K. CAMOUFLAGE: THEODOR FONTANES GRAF PETÖFY

Selbstmord zwingt. Die Relevanz für den Ausgang von *Graf Petöfy* ist kaum zu übersehen. Im 2. Kapitel entsetzt Egon seinen Onkel Adam mit der Nachricht, dessen alter Freund General Gablenz habe sich das Leben genommen – eine historische Tatsache, welche die Anfangsszene auf den 24. Januar 1874 datiert. Gleich danach bewundern Onkel Adam und Neffe Egon die Leistung der Wolter und Makarts Bühnenbilder auf wenig gehobenem Niveau. Mit eindeutiger Zweideutigkeit verrät der Erzähler das Motiv hinter der Einladung an Franziska, nach der Vorstellung zu einem Plausch in ihr Stadtpalais zu kommen.

> [...] Albums [lagen] umher, auf deren einem in großer Golddruckaufschrift „Collection of Beauties" zu lesen war.
>
> Egon begann eben darin zu blättern, als er den kleinen, staffelartigen, immer das Neueste tragenden Ständer [!] eines aquarellierten Blattes gewahr wurde. Neugierig trat er heran und sah nun, daß es die Wolter als Messaline war in jenem verführerischen Moment, wo sie den Sohn des Paetus auf einem Blumenlager empfängt.
>
> Egon war noch in Bewunderung vertieft, als der alte Graf eintrat und den Neffen in einem eleganten Visitenanzuge, den er augenscheinlich eben erst angelegt hatte, begrüßte.
>
> „Nun, Egon, zufrieden mit dem Bilde?"
>
> „Superb!"
>
> „Mein ich auch. Makart hat sich hier selbst übertroffen."[29]

Beweis dafür, dass Fontane die Konnotation so intendiert hat, ist der „Falke" in der Novelle, nämlich der kleine Ring, der beim Korkenziehen bricht und Egons kleinen Finger bluten lässt (185, Kap. 32) – für Onkel Adam der Beweis für seinen Verdacht gegen Egon und Franziska. Schon als er Franziska in ihrer Wohnung (81, Kap. 11) aufsucht, um ihr die Ehe anzutragen, fällt ihm der an einem „Ständerchen" hängende Ring ins Auge.

Zusätzliche Ablenkung für Berliner-Insider bot Zabels Artikel, denn Wilbrandts *Fridolins heimliche Ehe*, gilt als der erste Schwulenroman im deutschen Sprachraum:

Drama als intertextuelles Modell zu verwenden – um sich in der Rolle einer begehrten Schauspielerin aus Berlin nach Wien zu „transponieren".

[29] Fontane, Theodor: Romane und Erzählungen. 8 Bde. Hg. v. Gotthard Erler et al. Berlin 1973, Bd. IV, S. 10.

Offenbar war der Künstler noch mehr in [Wilbrandt] ausgewachsen, aber auf Kosten der Natürlichkeit und Einfachheit. Eine eigentümlich grüblerische Manier hatte in ihm Platz gegriffen, [...]. In die Periode dieser Trübung von Wilbrandts dichterischem Organismus gehört auch die Novelle *Fridolins heimliche Ehe*, in welcher um die merkwürdig verzwickte Charakteristik eines Mannes, der als eine Art Seelenzwitter beide Geschlechter in sich zu vereinigen glaubt, ein reizendes Episodenwerk gesponnen ist.[30]

Die Quelle von Fridolins Erklärung für seine geschlechtliche Ambivalenz nennt Zabel nicht. Es war der frühe, verfolgte Kämpfer für Schwulenrechte, Karl Heinrich Ulrichs (1825-95).[31] Fontane seinerseits kannte das Urbild für Fridolin: ihr gemeinsamer Freund und Mitglied im literarischen Verein „Tunnel über der Spree", Friedrich Eggers (1817-72). Fridolin wird als eine Persönlichkeit beschrieben, die an den berühmtesten Schwulen der deutschen Kunstgeschichte, Johann Joachim Winckelmann (1717-68) erinnert. Als *Fridolins heimliche Ehe* 1875 herauskam, hat Fontane seinen Schreck darüber am 10. Juli 1875 in einer Nachschrift an den Bruder Karl des seit drei Jahren verstorbenen Freundes geäußert, „Haben Sie Wilbrandts ‚Fridolin' schon gelesen?"[32] Nur sieben Wochen danach hielt er sich in Wien auf, aber ohne Wilbrandt zu besuchen.

Dem Versteckspiel gemäß verlinkt er den Namen Fridolin aus Schillers „Gang zum Eisenhammer" [!] mit Phili Eulenburgs Tarnfigur, dem jungen Grafen Egon. Die Sprecherin ist Franziskas Kollegin, die Tragödin Phemi, deren richtiger Name zur Camouflagetechnik passt: Euphemia La Grange (d.h. ‚Euphemismus' + ‚die Scheune'). Ihre affektierte Redeweise deutet einen, trotz ihrer außerehelichen Tochter Lysinka, lesbischen Lebensstil an. Phemi tritt nur kurz auf, aber Franziskas Verhältnis zu Hannah führt das angedeutete Thema mit ähnlicher Technik weiter bis zum Schluss.

Wirklich, ich war wie Fridolin in der Ballade so sanft und rein und natürlich auch glücklich, aber seitdem dieser Maledetto von Egon hier

---

[30] Zabel (Anm. 27), S. 134-135.
[31] Vgl. Herzer, Manfred: Ein Brief von Kertbeny in Hannover an Ulrichs in Würzburg. In: Capri 1 (1987), S. 25-35; Kennedy, Hubert: K. H. Ulrichs formuliert eine Theorie, und das Freie Deutsche Hochstift wendet sie auf ihn an. Lautmann (Anm. 14), 1992, S. 39-59.
[32] Zu Eggers, vgl. Fontane, Theodor u. Eggers, Friedrich: Der Briefwechsel (Schriften der Th. Fontane Gesellschaft 2). Hg. v. Roland Berbig. Berlin 1997.

war, ist eine totale Gemütsveränderung mit mir vorgegangen. Ich habe meine Fridolinrolle vertauscht und könnte mich jeden Augenblick ans Spinnrad setzen. Meine Ruh ist hin, mein Herz ist schwer. Wirklich, Schatz, ich werde täglich nervöser, und wenn nicht bald etwas geschieht, so reis ich ab.[33]

Phemi versucht dabei, Franziska von der Unmöglichkeit zu überzeugen, die Ehe mit einem Hochadligen einzugehen – Erbschaftsfragen würden es verhindern. Franziska schweigt, aber offensichtlich fasst sie Phemis Worte als eine Herausforderung auf, es doch zu wagen. Von der biographischen Camouflage her gesehen, nutzt Fontane diese Anspielungen, um seine Anfälligkeit für Phili Eulenburgs homoerotische Avancen verschleiert einzugestehen. Allerdings besteht die Versuchung für Franziska wie Fontane nicht im Erotischen, sondern in den Karriereaussichten, die sich aus dem Verhältnis ergeben werden. Weil die Regeln der Camouflage erfordern, dass der Leser den Text umpolt, um die tiefere Aussage zu erfahren, tarnen Phemis lesbische Bekenntnisse („totale Gemütsveränderung"[34], „Fridolinrolle vertauscht", „Schatz") Fontanes Mitteilung, dass er trotzdem heterosexuell empfindet. Diese Anspielungen auf Wilbrandts Leben und Werke[35] sollen den eigentlichen Gegenstand tarnen. Der Dichter konnte nicht damit rechnen, dass in hundert Jahren die Wissenschaft über Phili Eulenburg mehr wissen würde als über Wilbrandt und mittels dieses Wissens seine Tarnkunst durchschauen.

Allerdings wäre es weit gefehlt, die Freundschaft zwischen Fontane und Eulenburg als ein ewiges Kokettieren mit der Homoerotik zu verstehen. Nur am Anfang hat Phili so um Fontane geworben, um einen für seinen eigenen Dichterehrgeiz nützlichen Kontakt zu gewinnen, aber statt dessen hat er ihn *nolens volens* zu einem völlig neuen Romanprojekt inspiriert. Als Fontane sich im Oktober 1880 wieder bei den Eulenburgs meldete und seine Pläne für Veröffentlichungen nannte, die Liebenberg betrafen, verlor sein Verhältnis zu Phili seine Anzüglichkeit und gewann an Tiefe und Ernst. In ihrer Wertschätzung für die Briefe Leopold von Hertefelds, des Erbauers von Liebenberg, fanden sie geistig zusammen. Einerseits bestätigte Phili

---

[33] Fontane (Anm. 29), S. 45.
[34] Im Vorabdruck "Gemütsverkehrung", d.h., noch deutlicher.
[35] Wilbrandts Memoiren geben keinen Aufschluss darüber, ob er Graf Petöfy kennt. Über sein Verhältnis zu Fontane gibt es keine einzige Studie.

Fontanes Erzählkunst der „liebevollen Kleinmalerei", anderseits säte Fontane die Saat für die riesige Sammlung politischer Korrespondenzen des *Fürsten* Philipp zu Eulenburg-Hertefeld. Man könnte den Eindruck bekommen, als begänne Fontanes Zuwendung zur jüngeren Lesergeneration mit seiner Freundschaft zu Phili Eulenburg. Hier tritt sein Dichterehrgeiz in eine neue, zukunftsorientierte Phase.

Ihre geistige Übereinstimmung hallt noch in Fontanes Briefen an seine Frau nach, als sie im Sommer 1883 die Reinschrift von *Graf Petöfy* machte und Kritik daran übte. Sie klagt, der Leser sei vollkommen überrascht, als Petöfy das Verhältnis zwischen Franziska und Egon erkennt. Ihr Theo antwortet, das Verhältnis „spuke" durch mehrere Kapitel – also ob ein richtiger Leser auch Gespenster sehen könne. Er schreibe nicht für den Durchschnittsgeschmack, er wolle sich über die Konvention erheben, in fünf Jahren würde man ihn verstehen, in einigen Köpfen würde es schon tagen. Freilich schreibe er nicht über „Löwen"; wenn man so wolle, beschreibe er die Laus auf dem Löwen, sei also „Lausedichter". Er konnte Emilie nicht wirklich sagen, was er eigentlich vorhatte, ohne „diffizile" Auseinandersetzungen mit ihr zu haben. Und vor allem konnte keiner ahnen, dass seine „Laus" sich bald zum „Löwen" mausern würde!

Von etwa Ende September 1880 bis 26. Januar 1881 war Fontane mit der „Liebenberger Ernte" beschäftigt. Danach nahm er sich das Kapitel „Hoppenrade" vor – Philis Freund Dörnberg hatte ihm die Quellen dafür zugänglich gemacht. Als Fontane am 11. Februar den Titel „Graf Petöfy" zum ersten Mal ins Tagebuch eintrug, hatte er seit achteinhalb Monaten direkt oder indirekt mit den Eulenburgs zu tun gehabt. Und während er daran ging, die neue „Novelle" auszuführen, schnitt er die in der *Vossischen Zeitung* erschienenen Artikel über die Hertefelds und Liebenberg aus, klebte sie auf saubere Blätter, ließ diese als Büchlein binden und schickte es mit Extrapost an Phili in der Pariser Botschaft. Die monatelang andauernde, gleichzeitige Beschäftigung mit den aus Liebenberg mitgenommenen Papieren, dem charmanten jungen Grafen und der Konzeption des *Graf Petöfy* hat eine tiefe emotionelle und kreative Basis nicht nur für diese sich über die Konvention erhebende Erzählung, sondern für eine tiefere und bei aller Versteckheit ehrlichere Romankunst geschaffen.

Es ist also durchaus möglich, dass Fontane schon an Petöfi dachte, als er im August 1880 den Stadtplan von Wien studierte. Irgendwann muss ihm klar geworden sein, dass er – abgesehen von der Camouflage – seine eigene

Quelle war und daher einen selbstreflektierenden Titel gebrauchen konnte. In der 1848er Zeit hatte er dem historischen Petőfi nicht unähnlich gedichtet, war aber längst „unter die Grafen" gekommen. ‚Fontane' ist zwar bürgerlich, aber damals sprach man den Namen zweisilbig aus, und der Dichter selbst betonte immer die erste Silbe – vermutlich damit kein Fremder meinen konnte, er spräche mit einem Herrn „von Tahne". Trotzdem haben ihn seine Bekannten hin und wieder damit geneckt. Der Titel ‚Graf Petöfy' hat auch den Vorteil, auf den lebenden Grafen P(hilipp) (geb. 1847) anzuspielen, während Franziska Franz, die, wie seine Dresdner Tochter 1849 zur Welt kam, seine Phantasie vom sozialen Aufstieg auslebt – und illustriert, warum er, anders als Wilbrandt, seinen Bürgerstolz bewahrt.[36]

Hätte Fontane viel Stoff aus dem *Magazin* übernommen, wäre sein Versteckspiel gefährdet. Außer dem bekannten Fall der Barcsai Ballade gibt es auch *Adam* Petöfys Charakterisierung der Handlung von Emil Zolas *La Faute de l'abbé Mouret* (7. Kapitel) als moderner Sündenfall. Sie passt nicht zum Theaterenthusiasten Petöfy, und die narrative Berechtigung ist dünn. Die Inspiration dafür scheint ein Besuch des (wie Petöfy) aus Paris zurückkommenden Theaterkritikers Ludwig Pietsch im Juni 1880[37] gegeben zu haben, der jedoch kein Zola-Schwärmer war. Der Inhalt passt allerdings zu O. Hellers ablehnender Besprechung von Zolas *Le roman expérimental* im *Magazin* vom 27. November 1880. Heller streitet jedem Roman wissenschaftlichen Wert ab, der Autor könne seine Persönlichkeit unmöglich ausschalten. Bekanntlich war Fontane gespaltener Meinung über Zolas Romankunst; ein Experiment mit der eigenen Persönlichkeit war *Graf Petöfy* allemal.

[Zola] beging die unbegreifliche Verirrung *La Faute de l'abbé Mouret* zu schreiben. Poetisch oder gar rührend ist diese Geschichte keineswegs, wohl aber unwahr bis zur Grenze des Abenteuerlichen und unter den darin agierenden Persönlichkeiten ist nicht eine einzige, die sich an plastischer Naturtreue der Gestaltung mit einem menschlichen Doku-

---

[36] Meiner Ansicht nach ist Franziska die zweite von vier Protagonistinnen (auch Hilde in Ellernklipp, Lene in Irrungen, Wirrungen und Ruth in Quitt), die aus Fontanes Schuldkomplex wegen seiner 1849 im Säuglingsalter verstorbenen, unehelichen Tochter entstanden sind. Diese Phantasie endet immer mehr oder weniger tragisch. Vgl. Anderson, Paul Irving: Der versteckte Fontane, und wie man ihn findet. Stuttgart 2006, Kap. 6 (Abbuße für Kindesverrat).
[37] Fontane (Anm. 5), S. 160.

ment [...] messen kann; – es sind samt und sonders erbärmliche Marionetten, die Zola nach Willkür tanzen läßt, in dem Wahn, durch seine abstrakten Ideen zu einem Scheinleben zu verhelfen. Ob eine Erzählung ins Mittelalter oder in die Gegenwart verlegt wird, ist ja im Grunde ganz gleichgültig, wenn nur wirkliche *Menschen* darin geschildert sind.[38]

Dass wirkliche Menschen in *Graf Petöfy* stecken, ist nunmehr gesichert. Interessant ist die Frage, warum Fontane ausgerechnet *diesen* Zola-Titel aufgreift. Eine die hiesigen Zusammenhänge bestätigende Antwort darauf steht in seinem Memoirenwerk *Von Zwanzig bis Dreißig*: „Wolfsohn [war] ein ‚feiner Herr'. Hätte nicht sein kluger, interessanter Kopf die jüdische Deszendenz bekundet, so würde man ihn für einen jungen Abbé gehalten haben."[39] Übersetzt man ‚la faute' nicht wie die (überdeutlichen) deutschen Übersetzer, d.h., nicht als ‚Sünde' sondern näherliegend als ‚Fehler', dann bekommt ‚l'abbé Mouret' einen Bezug zu diesem Jugendfreund, denn, wie wir sahen, assoziierte Fontane den Homoerotiker Kertbeny mit Wolfsohn wegen eines Fehlers, den manche für Sünde halten.

Der Sündenfall ist auch die Voraussetzung für die Teilnahme am echten Leben. Franziskas Verführung zur (nicht vollzogenen) Ehe und von der Ehe zu ihrer Sexualität ist, nach dem Scheinleben auf der Bühne, wie ein Einführungskurs in das wirkliche Leben. Dass sie dabei konvertiert, lässt sich sogar mit Zolas Taktik vergleichen, die Ästhetik der katholischen Messe und ihre Wirkung auf die Psyche in jeder Kleinigkeit nachfühlbar zu machen. Die ästhetischen Aspekte des Katholizismus beurteilt der Kalvinist Fontane allerdings freundlicher als der im Katholizismus aufgewachsene Zola – er würde den Menschen „weicher betten" als der Protestantismus. Auch in dieser Frage wendet er die Technik der Camouflage unter verkehrten Vorzeichen an: er lässt Pater Feßler, den Beichtvater von Petöfys Schwester Judith, ihr die Vorzüge des Protestantismus aufzählen. Eine neue Studie[40] nennt die Quelle des Namens ‚Feßler': den ungarischen Theologen Ignatz Aurelius Fessler, und legt ein Urbild für Feßler nahe: Fontanes lang-

---

[38] Magazin für die Literatur des Auslandes 49/48, S. 675-6 (27.11.1880). Fontane nahm nicht die Urteile, sondern Informationen und Denkanstösse aus solcher Besprechung mit.
[39] Fontane (Anm. 17), Bd. XV, S. 90.
[40] Weigert, Lothar. „Mein pessimistischer Freund". Theodor Fontane und Hofprediger Carl Windel. In: Fontane Blätter 91 (2011), S. 92-120 (bes. S. 112-113).

jährigen, homoerotisch veranlagten Freund, Hofprediger Carl Windel. Getreu dem Prinzip der verkehrten Vorzeichen, war Windel für seine Sympathie für den Katholizismus berühmt (und verdächtigt). Feßlers Wort von „in Freiheit dienen" klingt so überzeugend, dass es oft als Fontanes Bekenntnis verstanden wird. So ist es am Ende natürlich und konsequent, dass Franziska sich freiwillig dazu entschließt, die Rolle der Gräfin Petöfy im wirklichen Leben zu übernehmen. Mit diesem freien Entschluss zu dienen, erweist sie sich im Selbstwiderspruch (Einfluss Kierkegaards?) erst recht als eine „in der Wolle gefärbte" preußische Protestantin.

Den Zusammenhang zwischen den camouflierten konfessionellen und sexuellen Themen versteckt Fontane bereits in Franziskas Wohnung im 3. Stock des Eckhauses am Ende der Salesinergasse. Es ist der hochsignifikante Blick aus den betreffenden Fenstern dieses bis heute unveränderten Hauses. Rechts unten schaut man auf das vom homoerotischen Prinz Eugen von Savoyen erbaute und bewohnte Untere Schloss Belvedere (buchstäblich: schöne Aussicht) und darüber hinaus über den langen Parkweg zum repräsentativen Oberen Schloss hin. „Über Liebenberg zu Glanz und Glorie" könnte man Fontanes entsprechende Opusphantasie nennen. Allerdings heißt die Straße richtig Salesianergasse, wie die Barockkirche, die in Franziskas Blickfeld links steht und zum Salesianerkloster des Ordens der Heimsuchung Mariens gehört. Inspiriert wurde der Orden durch die wegen eines Jagdunfalls verwitwete Baronin Johanna *Franziska* von Chantal. Benannt ist er nach deren Freund und Gönner, dem Ordensgründer, *Franz* von Sales, Erzbischof Bischof von Genf (Calvin!), mit Amtssitz in Annecy (Savoyen): aus ihren Namen zog Fontane den Namen seiner Protagonistin und, mit einer minimalen Änderung, den ihrer Freundin Hannah. Sales' Wahlspruch des Ordens lautet, „Alles aus Liebe tun und nichts aus Zwang! Mehr den Gehorsam lieben, als den Ungehorsam fürchten."[41] Fontane formuliert den Ordenswahlspruch mittels der Figur des Paters Feßler um, münzt ihn auf die preußischen Protestanten und lässt Franziska zum Schluss mit dem nunmehr ökumenischen Ideal Ernst machen.

---

[41] Die Informationen über Schloss und Kloster findet man im Internet. Für die Signifikanz davon muss man nach Wien fahren und schauen.

IRAIDA KROTENKO

Zur Rezeption Dostojewskis in Deutschland

Das gegebene Problem ist ein Teil der komplexen Forschung der Integration der russischen klassischen Literatur des 19. Jhs. in den europäischen literarischen Prozess, genauer in die Weltliteratur (ein theoretischer Begriff, eingeführt in die Theorie der Literatur von J.W. Goethe – I.K.). Die Befreiung der russischen Literatur von der sozialistischen Methodologie begann erst seit den 90er Jahren des 20. Jhs. Der Prozess war kompliziert und widerspruchsvoll, um die Wende des 20-21. Jhs. erlebt er eine entscheidende Wende. Wie die russischen Theoretiker (Chalisew W., Katajew) bemerken, sei die neue Geschichte der russischen Literatur des 19. Jhs. noch nicht geschrieben.

Erst nach der Deideologisierung der theoretischen Methodologie und der Literaturkritik und nach der Wiederherstellung des schöpferischen Erbes der klassischen Literatur des 19. Jhs. in vollem Umfang kann man über die Integration sowohl selbst der russischen Literatur als auch des Schaffens von F. Dostojewski in die deutsche Literatur sprechen.

Ähnliche methodologische Probleme tauchen auch in der deutschen historischen Poetik nach der Wiedervereinigung Deutschlands auf. Sie werden durch die Bestärkung des Polyzentrismus in der theoretischen Poetik und der Komparatistik gekennzeichnet. Deshalb ist das von uns behandelte Problem ein Teil der allgemeinen Aufgabe, einen gegenwärtigen Dialog zwischen den russischen und deutschen Literaturen herzustellen und trägt einen vorläufigen Charakter.

Das Ziel dieses Artikels ist die Bestimmung des Fragekomplexes zum Problem der Rezeption des schöpferischen Erbes von Dostojewski in Deutschland, die Rezeption des schöpferischen Erbes von F. Dostojewski in den deutschsprachigen Ländern. Die Hauptetappen der Wahrnehmung und der Einfluss seines Schaffens auf die deutschsprachigen Literaturen des 20. Jhs. sind heute ausreichend erforscht. Dafür sollten die Autoren ganz maßgeblicher Monographien hervorgehoben werden: W. Dudkin, M.Ackermann, H. Friedländer, Hauswedel, N. Reber.

Der rezeptive Aspekt der Forschung meint das Vorhandensein eines gleichwertigen Dialogs, des Funktionierens des Autorenphänomens im Zusammenhang mit Literatur- und Kulturdiskursen. In der theoretischen Poetik wurde in Russland bis in die 60er Jahre des 20. Jhs. das in der deutschen Theorie weit erforschte Autorenphänomen ignoriert. Ein Tabu war auch die Behandlung der christlichen Grundlage der Werke von Dostojewski. Als er in Deutschland auch unter dem Gesichtswinkel der christlichen Ideologie erforscht wurde, betrachtete man ihn als den Schriftsteller, der die religiöse Wiedergeburt Russlands voraussah (Weidle, Steinberg, Frank, H. Hesse).

Die komplexe methodologische Einstellung erfordert die Behandlung folgender Aufgaben: der Einfluss des deutschen ästhetischen, philosophischen und literarischen Denkens auf die Formierung der schöpferischen Persönlichkeit von Dostojewski; eine mehrdeutige Einschätzung des Schaffens des Schriftstellers in den russischen und deutschen Kritiken des 19-20. Jhs.; die Bestimmung des Interessengrades am Schaffen von Dostojewski in Deutschland; die Übersetzungen der Werke von Dostojewski in die deutsche Sprache; die deutschen Slawisten und ihre Rolle bei der Popularisierung der Werke von Dostojewski in Deutschland; tätiger Anteil der russischen Emigration an der Popularisierung des Schaffens von Dostojewski; die Bildung eines einheitlichen Fonds der Erforschung des Schaffens von Dostojewski in Hinsicht auf die moderne deideologisierte Betrachtung sowie der moderne Rezeptionsstand des Schaffens von Dostojewski in Deutschland. So sieht der bei weitem nicht vollständige Umfang der Problem aus, die vor der modernen Komparativistik steht, bei der die Rezeption des Schaffens und des Phänomens des Schriftstellers in Deutschland eine führende Rolle spielen werden.

Die Formulierung der philosophischen und ästhetischen Ansichten des Schriftstellers hat die deutsche Philosophie beeinflusst, deshalb sind die methodologische Grundlage des gegebenen Artikels auch die gnoseologischen Prinzipien der deutschen Philosophie, die die Denkweise des Schriftstellers bestimmt haben.

Seine philosophische Weltanschauung bildet sich unter dem Einfluss der Werke von Schelling und Hegel. Die Sittenlehre von F. Dostojewski gestaltete sich in der Polemik mit Kant. Dostojewski kannte die deutsche Literatur gut. In seinen Werken kommen die Reminiszenzen von Schelling,

Goethe, Schiller und Hoffmann vor. Besonders merklich ist auf der früheren Stufe seines Schaffens der Einfluss der Poetik von Hoffmann. Die Märchen von Hoffmann sind mehrmals in russischer Übersetzung erschienen. Er hat das Muster der grotesken Erarbeitung des Themas Doppelheit gegeben, das der junge Dostojewski wahrgenommen hat, und das das Wichtigste in seinem darauffolgenden Schaffen wurde. Auf diesen Zusammenhang weist auch der deutsche Forscher N. Reber[1] hin. Der philosophische Universalismus von Schelling hat das romantische Schaffen von Hoffmann geprägt und ist in das System des romantischen Realismus von Dostojewski eingegangen, worauf er selbst mehrmals hingedeutet hat. Das Gefühl der Irrealität der Welt kam ihm in Sibirien. „Aufzeichnungen aus einem Totenhaus" hat er unter dem Einfluss der Poetik von Hoffmann, seiner Metaphysik, geschrieben. Die deutschen Forscher haben ihre Aufmerksamkeit auf diesen onthologischen Zusammenhang gerichtet, der in der ästhetischen Perspektive den Romantiker Hoffmann und den Anfänger, Unbekannten im Westen F. Dostojewski vereinigt hat. „Aufzeichnungen aus einem Totenhaus" sind zu Lebzeiten von Dostojewski nur in die deutsche Sprache übersetzt worden. 1863 erschien der Ausschnitt aus dem Werk in Übersetzung von W. Wolfsohn. Im Vorwort macht der Übersetzer den deutschen Leser mit der Biographie von Dostojewski bekannt. In einer Ausgabe („Baltische Monatsschrift" 1864) war eine knappe Einschätzung der Publizistik des Schriftstellers und der „Aufzeichnungen aus einem Totenhaus" ausgedrückt. Das Interesse an diesem Werk in Deutschland zeigte sich schon nach der Übersetzung von „Schuld und Sühne". Im Jahr der Erscheinung des ersten Romans von Dostojewski erschien auch ein großer Artikel über dieses Werk in der „Sankt-Petersburgische Zeitung": „Die armen Leute", Roman (in Briefen 1846). Der Autor dieses Artikels, W. Wolfsohn, war ein bekannter Propagandist der russischen Literatur in Deutschland. Die Bedeutung der „Armen Leute" für die russische Literatur hat der Kritiker mit der Bedeutung von „Werther" von Goethe für die deutsche Literatur verglichen. Er hat die Genialität des Autors und den christlichen Charakter der Hauptidee des Romans – die Darstellung der Gestalt „des kleinen Menschen" mit einem großen Herzen – betont. Dieselbe Zeitung macht den deutschen Leser auch mit dem Tagebuch Warinkas bekannt. Solch eine hohe Anerkennung des Romans durch den für das

---

[1] Reber, N.: Studien zum Motiv des Doppelgängers bei Dostojevskij und E.T.A. Hoffmann. Gießen 1964, S. 18-34.

russische Publikum unbekannten Autor hat einen lebhaften Anklang in der Presse gefunden. Die Zeitung veröffentlicht die Antwort eines unbekannten Lesers mit den Redaktionsbemerkungen[2]. Der Leser war mit dieser Meinung nicht einverstanden, er war gegen solch einen Vergleich des stumpfsinnigen Makar Devuschkin mit dem Protestanten Werther. Mit Bedauern wies er darauf hin, dass die russische Wirklichkeit keine realen Voraussetzungen für die Verwandlung von Makar in einen Kämpfer geschafft hat. In demselben Jahr (1846) wird in der Zeitschrift „Jahrbücher für slawische Literatur, Kunst und Wissenschaft" (S. 434-435) der Artikel von J. Jordan über „Arme Leute" veröffentlicht, der Inhalt des Werkes dargelegt und Auszüge aus den Meinungen von russischen Schriftstellern und Kritikern über das Werk angeführt. Das alles zeugt vom ungewöhnlichen Interesse des deutschen Lesers an dem Roman. Nach vier Jahren kam die deutsche Literaturkritik wieder auf dieses Werk zurück. Der Autor der Literaturrundschau der bibliographischen Blätter, die in Leipzig unter der Redaktion von F. Brockhausen veröffentlicht wurden, drückte die bewährte Einstellung zu diesem Werk aus. Er schrieb: „Das ist das Bild der Sitten, eine wahre Gestalt der russischen Hauptstadt, charakteristische Züge der armen Klasse ihrer Bewohner"[3]. Die deutsche Kritik interessiert sich für die Darstellung des Charakterbildes der Hauptstadt durch Dostojewski als die Verkörperung der russischen Ethnokultur und Mentalität. Die Krise des deutschen Romantismus und die begleitende Krise der Philosophie in den 50er Jahren des 19. Jhs. haben die deutsche Kritik angeregt, sich an die dringlichen Probleme der Gegenwart, an die Aneignung der Errungenschaften der fremdnationalen Literatur, darunter auch der russischen, zu wenden. Eines davon war das Problem der Stadt, ihres verderblichen Einflusses auf das Schicksal der Menschen, der Darstellung der Stadt als die Verkörperung des Übels. Das Charakterbild von Petersburg im Roman von Dostojewski entsprach diesen literarischen Interessen.

S. Zweig veröffentlicht in den 20er Jahren des 20. Jhs. den Artikel „Petersburg von Dostojewski", der in die russische Sprache übersetzt wurde. Das Charakterbild von Petersburg bleibt das Wichtigste im Schaffen des Schriftstellers.

---

[2] Brief an die Redaktion der Sankt-Petersburgischen Zeitung (Russisch eingesandt), 263-264, S. 1057-1063.
[3] Blätter für literarische Unterhaltung 1 (1850), S. 592.

ZUR REZEPTION DOSTOJEWSKIS IN DEUTSCHLAND

Dostojewski nimmt das Interesse für das Thema der Stadt in der russischen und westeuropäischen Literaturen des 20. Jhs. vorweg.

Ab den 80er Jahre des 19. Jhs beginnt in Deutschland eine systematische Erforschung des Schaffens von Dostojewski. Man schreibt wissenschaftliche Beiträge, Dissertationen über ihn. Es werden Übersetzungen veröffentlicht. Die Wahrnehmung von Dostojewski war von der sozial-ideologischen Tendenz der Kritiker abhängig. Manche betrachteten ihn als einen Verteidiger des neuen Glaubens (S. Zweig, H. Hesse), die anderen sahen in ihm eine schöpferische Persönlichkeit, die das russische Chaos symbolisierte (Steinberg). Bei aller widerspruchsvollen Einstellung zu seinem Schaffen war Dostojewski für Deutschland etwas mehr als nur ein Schriftsteller. Gleich nach dem Erscheinen von „Schuld und Sühne" in Russland wurde in Deutschland ein anonymer Artikel über den Roman in einer deutschen Zeitschrift „Magazin für die Literatur des Auslandes", Bd.71. S.317, 1867 veröffentlicht, in dem eine Einschätzung des Romans im Geiste der slawophilen Ideen ausgesprochen war. Das Interesse hat jedoch die gegebene Publikation nicht erweckt. Die Geschichte der Übersetzung dieses Romans ist kennzeichnend für die Motivierung des Interesses an dem Schaffen von Dostojewski, um die Abgrenzung der Literaturkritik in Bezug auf Dostojewski in Deutschland zu zeigen, was auch bis heute andauert. Es ist bekannt, dass der große Schriftsteller die künstlerische Prognostizierung beherrscht. Deshalb finden sich in seinen Romanen verwandte Ideen einerseits von D. Mereschkowski, P. Bizilli, S. Zweig, R. Schweichel, anderseits von Rosa Luxemburg und Anna Seghers wieder. Und heute steht vor dem deutschen literaturkritischen Bestand von Dostojewski in Deutschland die Aufgabe der Umwertung dieses Erbes im Geiste des literarischen Pluralismus. Gerade nach diesem Roman hat sein Schaffen eigentlich das besondere Interesse der Leser und Literaturkritiker geweckt.

Der Roman war in Russland noch nicht vollständig gedruckt worden, als der Anfangsteil des Romans in französische Sprache in Petersburg erschien, aber das blieb unbemerkt. Die erste vollständige Übersetzung des Romans in eine Fremdsprache erfolgte in Deutschland. Der Übersetzer W. Henkel war der tätige Propagandist der russischen Literatur in Deutschland. Er lebte lange Zeit in Russland und konnte gut Russisch. Die deutsche Übersetzungstradition kennzeichnete sich durch peinliche Genauigkeit, die Eindringlichkeit in den semantischen Kontext, Sorgfältigkeit und Aufmerksamkeit für Einzelheiten aus.

Eine lange Zeit wurde die Übersetzung von Henkel als die Beste betrachtet, obwohl der Roman mehrmals neu herausgegeben wurde. Der Herausgeber hat mit dem Erfolg des Buches nicht gerechnet, deshalb war die Auflage nicht hoch und sie wurde vom Übersetzer selbst finanziert. Als er sah, dass der Roman nicht verkauft wurde, verschickte Henkel die Bücher an bekannte Schriftsteller und Literaturkritiker. Von dieser Zeit an gingen der Roman und das darauffolgende Schaffen von Dostojewski fest in das deutsche Literaturleben ein. Das besondere Interesse der deutschen Kritik hat die Gestalt von Raskolnikow geweckt, der im Geiste der Nietzscheaner Idee betrachtet wurde. Der deutsche Kritiker Leo Berg meinte im Buch „Übermensch in der modernen Literatur" (1897), dass Raskolnikow einen Umschwung in der deutschen Literatur hervorrufen hat. Es muss darauf hingewiesen werden, dass „Schuld und Sühne" in der deutschen Übersetzung „Raskolnikow" gleichfalls die Bedeutung des Haupthelden betont hat. Die deutsche Kritik wird später über Dostojewski als einen Wegbereiter in der Gestaltung des „Übermenschen" in einem Kunstwerk und über den Einfluss von Dostojewski auf Friedrich Nietzsche.

Die sozial-demokratische Kritik (R. Schweichel) hat im Roman ein wahres Bild der Krise in Russland gesehen. R. Luxemburg hat diesen Roman als eine Beschuldigung der bürgerlichen Gesellschaft genannt.

Zur gleichen Zeit wird in Deutschland, früher als in anderen europäischen Ländern, der Roman „Die Brüder Karamasow" übersetzt. Das besondere Interesse für diesen Roman in Deutschland wurde aus mehreren Gründen geweckt. Der Roman gehört zu dem breiten kultur-historischen Kontext der Weltliteratur, darin sind die Probleme angeschnitten worden, für die sich die literatur-gesellschaftliche Meinung in Deutschland interessierte, die die Vergleiche aus Schillers „Räuber", Goethes „Faust" und der mittelalterlichen deutschen Literatur verfolgte. In den russischen und deutschen Literaturwissenschaften ist die Frage des genetischen Zusammenhangs von „Die Brüder Karamasow" und „Don Karlos" von Schiller näher betrachtet. Viele Schriftsteller (W. Werfel, H. Hesse, S. Zweig) haben ihn als einen Roman neuen Typs aufgenommen, der die Genre- und thematische Besonderheit der Wendeepoche dargestellt hat. Der Roman, wie auch selbst der Autor, gerieten in den Brennpunkt der sozial-ideologischen Debatte. H. Hesse sah in ihm die Verkörperung des asiatischen Ideals; S. Zweig – einen Mythos über einen neuen Menschen.

In den 20er Jahren des 20. Jhs. wird das Interesse an diesem Roman im Zusammenhang mit der Formierung einer psychoanalytischen Schule in Deutschland reger. S. Freud und seine Schülerin I. Neifeld fassten den Roman als die Konzentration eines Ödipuskomplexes und erforschen die Autorensubjektivität des Schriftstellers.

S. Freud veröffentlicht die Monographie unter dem Titel „Dostojewki und die Vatertötung", der Vermutungen der Tochter von Dostojewski zugrunde lagen, laut denen der Autor sich in der Gestalt von Iwan Karamasow dargestellt hat. Diese Arbeit von S. Freud hatte starken Zuspruch. Die Nachfolgerin von S. Freud, I. Neifeld, setzt in dem Buch „Dostojewski. Psychoanalytische Skizze" fort, das autobiographische Porträt des Schriftstellers nachzuzeichnen. Die Freudianer und seine Nachfolger jedoch sowohl im Westen als auch in Russland schafften es „die Krankengeschichte" des Autors, ohne eine Analyse des künstlerischen Textes zu verfassen. Ungeachtet der Kritik der psychoanalytischen Schule (W. Nabokow) haben Freud und seine Nachfolger die weitere Erarbeitung der Psychoanalytischen Literaturwissenschaft, die Erforschung der spezifischen Sprache bestimmter apriorischen Formeln beeinflusst. Heute benötigt man auch der Umwertung der Arbeiten der Freudianer (I. Neifeld, I. Ermakow), und die Einführung ihrer Arbeiten in den historisch-hermeneutischen Aspekt der Dostojewskilehre. Die Verbreitung des Freudismus war von dem Protest gegen der totalen Sozialisierung des Menschen hervorgerufen. Selbst Freud protestierte gegen die breite Anwendung ihrer Konzeptionen in der Literatur. Die historisch-hermeneutische Methode setzt die Wechselwirkung der psychoanalytischen Methode mit den modernen Schulen der Narrativik, den struktur-semiotischen und rezeptiven Methoden der Forschung. Die Methoden der Psychoanalyse hat M. Bachtin in seiner ästhetischen Konzeption der Theorie eines polyphonischen Romans erarbeitetet, nach dem Schaffen von F. Dostojewski.

Zu der Popularisierung von Dostojewski in Deutschland trug die Herausgabe seiner gesammelten Werke in der deutschen Sprache bei. Die Herausgeber der Sammlung, die lange Zeit als Muster diente und die ein wichtiges Ereignis im kulturellen Leben des 20. Jhs. darstellte, waren der Emigrant D. Mereschkowski und der leidenschaftliche Verehrer von Dostojewski A. Möller von den Bruck[4]. Dank der professionellen Übersetzung, und beson-

---

[4] Dostojewski, F. M.: Sämtliche Werke (1-23). Unter Mitarbeiterschaft von Dmitri Mereschkovski, Dmitri Philosophoff u. a. Hg. v. A. Möller van den Bruck. München / Leipzig 1906-1919.

ders den Einführungsartikeln von A. Möller hat diese Ausgabe die Rezeption von Dostojewski in Deutschland geprägt. Eine retrospektive Analyse der Essaystik von Möller stellt den modernen Forschern des Schaffens von Dostojewski sowohl in Deutschland als auch in Russland das bis jetzt widerspruchsvolle Problem, den Nationalismus des Schriftstellers zu begreifen. Die Neuslawianophile in Russland sehen in ihm einen Propheten, der die besondere Bestimmung von Russland prophezeite. Dostojewski hat nämlich in die russische Historiosophie den Begriff der „russischen nationalen Idee" eingeführt, die Anfang 20. Jhs. in Deutschland eine neue methodologische Bedeutung erworben hatte. Gleich nach Dostojewski sah Möller ihre Hauptbedeutung in dem christlichen Universalismus. Viele bekannte Philosophen und Schriftsteller, wie O. Spengler, H. Kaiserling, R. Rilke und Chr. Morgenstern hielten Dostojewski für einen Motor des deutschen Nationalismus.

Während des Ersten Weltkrieges begann der Aufschwung des Interesses der Leser an seinen Werken. Sie erschienen in hohen Auflagen und der Name des Schriftstellers wurde in die politische Debatte einbezogen. Die Zugehörigkeit des russischen Autors zum geistigen Leben Deutschlands war ebenso zweifellos, wie auch die Überzeugung, dass nur durch den deutschen Dostojewski die Welt zum russischen Dostojewski erreicht werden kann.

H. Hauptmann, J. Wassermann, F. Nietzsche, R. Musil, R.M. Rilke und Th. Mann, H. Hesse und andere deutsche Autoren schrieben über die Bekanntschaft mit Dostojewski und seinen Einfluss auf ihr Schaffen. Die Haltung und Einstellung zum Freudismus und dadurch zur Wahrnehmung humanistischer Grundlagen in den „Brüdern Karamasow" war von dem historischen Moment abhängig. So gehörte in den 30er-40er Jahren des 20. Jhs das Gespräch von Iwan mit dem Teufel zum Lektürenkreis von Th. Mann und fand auch seinen Niederschlag in „Faust". In ihm ist die Tragödie Deutschlands in den Jahren des Faschismus verkörpert. Die Wertschätzung des Schaffens von Dostojewski drückte Th. Mann in dem Artikel „Dostojewski mit Maßen" aus, indem er die Gestalt von Stawrogin der Gestalt des Übermenschen in der Weltliteratur zurechnete.

Die Romane von Dostojewski haben in Russland lange Zeit keine gebührende Wertschätzung erfahren. Die philosophische Sinngebung des Schaffens von Dostojewski in Russland war auch durch die deutsche Philosophie beeinflusst und gehört bloß dem Ende des 19. Jhs. (Polemik zwischen W. Solowjow und K. Leontjef, Werke von W. Rosanow, N. Berdjew, S. Bulgakow). Sie haben als erste das Schaffen des Schriftstellers anerkannt.

Die Oktoberrevolution hat jedoch ihre Tätigkeit unterbrochen. Die Mehrheit der Nachfolger dieser Schule (S. Frank, N. Losski, L. Schestow, S. Hessen, F. Stepun, K. Motschulski) emigrierten in den Westen, nach Frankreich, Deutschland, wo das Schaffen von Dostojewski einen starken Zuspruch hatte. Die ersten Übersetzungen der Werke von Dostojewski erschienen in Europa in Deutschland unmittelbar nach Ausgabe seiner ersten Werke und ebenda hat man begonnen ihn zu erforschen. Die russischen Emigranten forschten zusammen mit den deutschen Slawisten das Schaffen von Dostojewski weiter. Sie standen schon unter dem Einfluss nicht nur des russischen als auch des deutschen theoretischen Denkens. Die Emigrationslehre von Dostojewski in Deutschland bedürfte auch heute der Umwertung, nach der das Schaffen des Schriftstellers seinen Platz im kontinentalen literarisch-theoretischen Denkens einnimmt und es kann im Kontext der deutsch-russischen Komparatistik vorgestellt werden. Die wissenschaftliche und verlegerische Arbeit an dem Schaffen von Dostojewski in Russland trug einen dosierten Charakter. In der Literaturwissenschaft der 20er-30er Jahren (W. Winogradow, A. Lunatscharski) wurden die christliche Grundlage seiner Werke und die westlichen Artikel psychoanalytischer Prägung negativ eingeschätzt. Ab den 60er Jahren des 20. Jhs. beginnt die neue Etappe in der Forschung des Schaffens von Dostojewski in Russland. Er wurde als der Stolz der russischen Literatur anerkannt. Der Forscher W. Schklowski schrieb nach der Analyse der Forschung von Dostojewski in Russland, dass das Gesagte „gegen" den Schriftsteller stärker ist als das Gesagte „für" ihn. Ab den 70er-80er Jahren des 20. Jhs. fand das Schaffen sehr vereinzelt Verbreitung in der Literaturkritik. 30 Jahre lange heroische Bemühungen brauchten die Schöpfer der Sammlung aus 30 Bänden für ihre Herausgabe. Einen großen Anteil daran hat H. Friedländer. Bis in die 90er Jahre war überhaupt keine Rede von der organisierten Erforschung des Schaffens von Dostojewski in Russland. Inzwischen wurde Anfang des 20. Jhs. das Schaffen von F. Dostojewski im Westen und in erster Linie in Deutschland intensiver erforscht. 1971 wurde in Bad Emse der Internationale Dostojewski-Verband (Internacional Dostoevsky Society) gegründet, der seitdem dreimal pro Jahr Simposien durchführt. Die Mächte erlaubten nur einem oder zwei sowjetischen Spezialisten die Teilnahme daran und erst seit Ende der 80er Jahre bahnte sich die Möglichkeit an, dort mit einer repräsentativen Delegation zu erscheinen. Seit 1972 begann der Verband ein Bulletin herauszugeben, das sich nach einiger Zeit in die Zeitschrift unter dem Titel „Dostoevsky

Studies" verwandelte. Mit Pausen und Wechsel der Herausgeber erscheint sie bis jetzt.

Die Deutsche Dostojewskij-Gesellschaft, die 1990 gegründet wurde, ist einem russischen Schriftsteller gewidmet, der das deutsche Kultur- und Geistesleben in ganz besonderer Weise geprägt und mit seinen ‚polyphonen Romanen' (Bachtin) erzähltechnische Meisterwerke geschaffen hat, die Generationen von Lesern fasziniert und in den Bann gezogen haben. Die Deutsche Dostojewskij-Gesellschaft hat derzeit 250 Mitglieder im gesamten Bundesgebiet, der Schweiz, in Österreich und in den Niederlanden, die sich in regionalen Arbeitskreisen organisieren. Bis heute ist Dostojewskij ein Teil der deutschen Literatur geblieben, seine Werke werden in immer neuen Übersetzungen publiziert und von Theater, Film und Fernsehen adaptiert.

ALICE BOLTERAUER

Blaubart oder die Krise des männlichen Ich

Zu drei Blaubart-Texten um 1900

*Jede Ehe ist ein Mord. Manchmal stirbt der Mann.
Aber meistens stirbt die Frau, und das Grauenhafte
ist eben, daß sie ihren Tod überlebt.*[1]

Einführung

Seit ihrem ersten Auftreten im Jahr 1697[2] geistert die Figur des Blaubarts durch die europäische Kunst- und Kulturgeschichte und erweist in immer neuen Abwandlungen, Variationen und Varianten ihre Brauchbarkeit bei der Erforschung diverser kulturgeschichtlicher (Ware und Tausch in der frühen Familie), herrschaftsgeschichtlicher (die Rolle von Vater und Ehemann), thanatologischer (die Darstellung des Todes und der Erweis eigener Unsterblichkeit) u.a. Fragestellungen, die in die unterschiedlichsten Medien Eingang gefunden haben. Die Figur des Blaubarts hat ihren Platz nicht nur im Märchen, sondern auch im Roman, im Drama, in der Oper und im Film. Sie taucht gleichermaßen im Märchen des frühen 19. Jahrhunderts auf wie in den Schreckensszenarien krisengeschüttelter männlicher Identität um 1900 oder in den Selbstfindungstexten der Mann-Generation nach 1968. In ihrer stark symbolträchtigen Konkretion (der „blaue Bart") eignet sie sich in besonderer Weise als Projektionsfläche für latente Ängste, unbewusstes Be-

---

[1] Hildebrandt, Dieter: Blaubart Mitte 40. Hamburg 1977, S. 79.
[2] Das Märchen vom Blaubart findet sich zum ersten Mal in der Märchensammlung des Charles Perrault von 1697. Die Brüder Grimm nehmen dieses Märchen in ihre Märchensammlung von 1812 auf, unterdrücken es aber in späteren Auflagen.

gehren, Zwangsneurosen oder Infragestellungen männlichen Selbstverständnisses. Die Virulenz des blauen Bartes, der in seiner markanten Auffälligkeit nicht nur eine möglicherweise gesteigerte männliche Potenz, sondern vor allem die Störung derselben unterstreichen soll, legt eine Adaptation des Blaubart-Motivs vor allem für jene Epochen nahe, in denen Männlichkeit sich in einer Krise befindet und/oder das Geschlechterverhältnis zur Disposition steht und neu ausverhandelt wird. Eine solche Epoche ist die Zeit um 1900. Die „alten", im Lauf des 19. Jahrhunderts immer mehr in Richtung militärischer Selbstdisziplinierung sich verhärtenden Männlichkeitsideale und Virilitätsnormen verlieren allmählich ihre Legitimation und gesellschaftliche Überzeugungskraft.[3] Eine neue Generation junger Intellektueller und Künstler fühlt sich den Ansprüchen übersteigerter Virilität nicht mehr gewachsen und definiert sich selbst über Sensibilität und Dekadenz. Es ist die Zeit der „hübschen Möbel" und der „überfeinen Nerven", von denen Hofmannsthal einmal spricht,[4] die Zeit des Dandy und des Ästheten, der sich den tradierten Männlichkeitsvorstellungen verweigert und darunter leidet, selbst als „verweiblichter" Mann diffamiert zu werden.

> Hatte die Gründerzeitkultur eine aggressive Männlichkeit zur Schau gestellt, so war diese männliche Vorherrschaft bereits bei den drei großen Interpreten der Moderne, die dann das Fin de siècle beherrschen sollten, bei Bachofen, Wagner und Nietzsche, durch die Wühlarbeit des Weiblichen bedroht.[5]

Der Mann um 1900 leidet an sich selbst. Die alte, maskuline Selbstsicherheit ist verflogen, eine neue noch nicht in Sicht. Neurasthenie, Kastrationsangst, Hypochondrie und sogar Hysterie sind Symptome einer in die Krise geratenen Männlichkeit, von der „die Frau" nicht unberührt bleibt. Das Bild der „neuen Frau", das in unzähligen literarischen, filmischen, dramatischen und

---

[3] Zur Herausbildung „moderner" Männlichkeit seit dem 18. Jahrhundert siehe: Schmale, Wolfgang: Geschichte der Männlichkeit in Europa (1450-2000). Wien / Köln / Weimar 2003; Mosse, George L.: Das Bild des Mannes. Zur Konstruktion der modernen Männlichkeit. Frankfurt a. M. 1997.

[4] „Man hat manchmal die Empfindung, als hätten uns unsere Väter [...] und unsere Großväter [...], als hätten sie uns, den Spätgeborenen, nur zwei Dinge hinterlassen: hübsche Möbel und überfeine Nerven. Die Poesie dieser Möbel erscheint uns als das Vergangene, das Spiel dieser Nerven als das Gegenwärtige." Hofmannsthal, Hugo von: Gabriele d'Annunzio. In: Ders.: Gesammelte Werke in zehn Einzelbänden. Bd. 8: Reden und Aufsätze I. Hg. v. Bernd Schoeller und Rudolf Hirsch. Frankfurt a. M. 1979, S. 174-184, 174.

[5] Le Rider, Jacques: Das Ende der Illusion. Die Wiener Moderne und die Krisen der Identität. Aus dem Frz. von Robert Fleck. Wien 1990, S. 149.

künstlerischen Szenarien imaginiert, entworfen und verworfen wird, ist untrennbar in diesen Diskurs um eine neue Männlichkeit verwickelt. Es ist Projektor und zugleich Projektionsfläche für alle möglichen Inszenierungen von Aporie und Erlösung. Dabei steht die real sich durchsetzende Emanzipation der Frau, ihr Kampf um Bildung und Wahlrecht, in einem seltsamen Kontrast zu ihrer Auslöschung in Kunst und Literatur. Die reale Frau ist dann nicht länger von Belang. Was wichtig und interessant erscheint, sind die Projektionen von Frauen im Medium von Philosophie, Psychologie und Literatur. Zwischen der „femme fatale" und der „femme fragile"[6] spannt sich ein Bogen verfügbarer Frauenbilder auf, der, indem er die Gefährlichkeit der Frauenstereotype aufzeigt, diese zugleich zu bannen versucht. Die Frau ist das „andere" Geschlecht, in seiner größeren Selbstverständlichkeit permanente Herausforderung und Bedrohung, gleichzeitig aber in seiner tiefen Selbstgewissheit auch so etwas wie eine Utopie oder Alternative. Wenn das eigene, männliche Ich sich so sehr in der Krise befindet, dann könnte doch vielleicht die Besinnung auf die in sich selbst ruhende „Weiblichkeit" Linderung verschaffen, dann könnte vielleicht auch der Rekurs auf die eigenen, verdrängten Aspekte von Weiblichkeit im Mann diesem selbst zur Heilung verhelfen. Freilich nur, wenn er, der Mann, dies zuließe und wenn die in ihrer Wucht auch durchaus destruktiv wirkende Weiblichkeit nicht über ihn hinwegschwappte.

In den Blaubart-Texten um 1900 verdichten und überkreuzen sich die diversen Ansätze um die vieldiskutierte Krise der männlichen Identität und die daran geknüpften Fragen, die das Bild der Frau und das Geschlechterverhältnis generell betreffen. Sie sind so etwas wie Symptome und Katalysatoren zugleich und es spricht sowohl für die Internationalität des Moderne-Diskurses um 1900 wie für die Verwobenheit der einzelner Autoren und ihrer Werke, dass das Blaubart-Motiv in gleicher Weise in die verschiedensprachigen Literaturen um 1900 Eingang gefunden hat. Aus der Fülle von Blaubart-Texten um 1900 habe ich drei ausgewählt, einen französischen,

---

[6] „Den Wiener Modernen stehen dabei die aus der Literatur der französischen Décadence und der ‚schwarzen Romantik' entnommenen Frauenbilder zur Verfügung: das vampireske Schreck- und Wunschbild der tierhaft-triebhaften ‚femme fatale' einerseits, und das durch Maeterlinck geprägte Bild der kränkelnd-blutleeren ‚femme fragile' andererseits." Lorenz, Dagmar: Wiener Moderne. Stuttgart / Weimar 1995, S. 147. Speziell zur Figur der femme fatale siehe auch: Rohde, Thomas: Hinter den Schleiern. In: Ders. (Hg.): Mythos Salome. Leipzig 2000, S. 265-290.

einen deutschen und einen ungarischen, um diese Wechselwirkungen zu illustrieren und zu unterstreichen.

Herbert Eulenbergs „Ritter Blaubart"[7]

1905, zwei Jahre nach den epochemachenden Werken von Schreber und Weininger[8], in denen ein von seiner Auflösung sich bedroht sehendes männliches Ich verzweifelt nach Erlösung schreit, erscheint Herbert Eulenbergs *Ritter Blaubart*, das er selbst ein „Märchenstück" nennt und das doch – unter dem

> Vorwand der märchenhaften Verkleidung – auf die Diskussion um Männlichkeit und ihrer Krise fokussiert. *Ritter Blaubart* ist ein Stück in fünf Akten, mit „Geleitwort", „Warnung und Zueignung", ein auf den ersten Blick konventioneller Theatertext, der doch – auf dem Umweg über das Märchen – zentrale Aspekte zeitgenössischer männlicher Verfasstheit thematisiert. Für Monika Szczepaniak markiert dieser Blaubart-Text von Eulenberg eine „Zäsur"[9].

Nach den eher verharmlosenden Blaubart-Thematisierungen des späten 19. Jahrhunderts bricht sich hier die Männlichkeitskrise der Jahrhundertwende mit aller Brutalität Bahn. Eulenbergs Blaubart ist ein Zerrissener, einer, der unter den zeittypischen Symptomen wie Wirklichkeitsverlust, Lebensangst und übersteigerter Einbildung leidet.

> BLAUBART: „Was nennen wir Leben: Bilder, deren man sich erinnert. Alles ist von gestern. Wir reiten weiter auf unbekanntem Gaul: Man hat die Kindheit verdämmert, da man sich in den Schlaf betete, man hat die Jugend durchlitten, wo man über Gedichten weinte und das Leben träumte, man lief den Weibern nach wie ein Hund auf der Jagd, man zog in die Fremde und in rote Kriege hinaus und trug sein Leben

---

[7] Eulenberg, Herbert: Ritter Blaubart. Ein Märchenstück. In: Ders.: Ausgewählte Werke in 5 Bänden. Bd. 2: Dramen aus der Jugendzeit. Stuttgart 1925, S. 271-324. [In der Folge mit Sigle Eu und einfacher Seitenzahl zitiert.]
[8] 1903 erscheinen beinahe zeitgleich zwei Bücher, die die Krise der männlichen Identität unmittelbar thematisieren: Daniel Paul Schrebers „Denkwürdigkeiten eines Nervenkranken" und Otto Weiningers „Geschlecht und Charakter". Zur Analyse dieser Werke siehe Le Rider, Das Ende der Illusion, S. 197 ff.
[9] Szczepaniak, Monika: Männer in Blau. Blaubart-Bilder in der deutschsprachigen Literatur. Köln / Weimar / Wien 2005, S. 185.

immer weiter, scheu wie einen Schatz an Leichen vorbei, und nun sitzt man, schaudernd über seine Seele gebeugt, unter Sternen, eine Welt für sich." (Eu, 285)
Das Schloss Blaubarts steht mitten im tiefen Wald, an den Wänden hängen die Porträts der Vorfahren, im Keller lauern die Köpfe der erschlagenen Ehefrauen, aus dem Teich lacht das Gesicht des ermordeten Nebenbuhlers. Wonach Blaubart sich sehnt, ist das „Leben", das „normale" Leben. „Ich will wieder zu Menschen gehen." (Eu, 282)

Diesen Anschluss an die Normalität sucht Blaubart in zweifacher Hinsicht: durch Männerfreundschaft und durch die Ehe. Werner, der Sohn des Grafen Nikolaus, ist nur allzu schnell bereit, sich als Freund Blaubarts zu deklarieren. Die zur Schau getragenen Männlichkeitsattribute Blaubarts, sein imposanter Bart, sein Schloss, seine Entschlossenheit, sein Reichtum, all das fasziniert den jungen Mann, dessen Männlichkeit selbst alles andere als gefestigt ist. „Wir leben doch mitten zwischen Welten" (Eu, 282), sagt einmal Graf Nikolaus, der Vater. Die selbstverständliche Gewissheit, was zu tun und zu lassen sei, fehlt den Jungen. Zwei Söhne hat er, Werner und Anton. Beide leiden sie an sich selbst, an ihrem Minderwertigkeitsgefühl, an ihrer Unfähigkeit, ihren Platz im Leben zu finden. Anton bringt sich um. „Nun sitz' ich hier vor dem Leben, wie auf der Schulbank vor dem Exempel und kann nicht damit fertig werden." (Eu, 313) Werner sucht in Blaubart den starken Freund, der ihm aus seiner Unsicherheit hilft. „Ihr wollt mich alle noch immer als Schulbuben traktieren. Parieren soll ich wie ein Pudel. Das duld ich nicht mehr." (Eu, 286) Am Ende ist er es, der sich gegen die gestörte Männlichkeit zur Wehr setzen muss und Blaubart tötet. Eine Lösung ist dieser Mord freilich nicht. Das Stück endet unversöhnlich. „Der Teufel fahre in alles" (Eu, 324), lautet das Schlusswort des Grafen Nikolaus.

Es ist eine Männerwelt, die Eulenberg hier zeichnet. Da gibt es die Generation der Väter, die in ihrem Männlichkeitshabitus verharren und fortfahren, das zu tun, was sie in ihrer Jugend als richtig und wahr gelernt haben. Und da gibt es die Jungen, die mit den alten Männlichkeitsvorstellungen und -normen nichts mehr anzufangen wissen und deren Unsicherheit sich als latente Gewaltbereitschaft manifestiert. Diese Gewalt richtet sich gegen die Väter, gegen sich selbst oder gegen die Frau. Nicht zu übersehen ist in Eulenbergs Stück der schwelende Vater-Sohn-Konflikt. Auf der einen Seite befinden sich die Väter, die der Labilität der Jungen verständnislos gegenüber stehen. NIKOLAUS: „Wer fragt heute seinen Vater noch, wie er selig werden kann! Nur mehr satt füttern dürfen wir unsere Brut und ihnen Musik machen zu ihrem Tanz." (Eu, 292) Auf der anderen Seite situieren sich die Anklagen der Söhne, die unter der Übermacht der Väter leiden. Das gilt auch für Blaubart selbst, der über seine Erziehung folgendes Urteil fällt: „Meine Mutter hat mich verhätschelt, und mein Vater hat mich gepeitscht, und beide haben mich vergiftet zum Leben." (Eu, 284) Die Gründe für das Unbehagen im eigenen Geschlecht werden in der Gesellschaft und in der Erziehung gesucht. Die Kontrollinstanzen der Vernunft und des Über-Ich reichen nicht mehr aus, um das latente Begehren zu kanalisieren. Triebhaftes bricht sich Bahn. Fast zu aufdringlich ist die Tiermetapher im Stück. „Wie ein gepeitschtes Tier bin ich" (Eu, 305), sagt Blaubart von sich selbst oder an anderer Stelle: „Zwischen Menschen und Rätsel bin ich gestellt und träume mit offenen Augen wie ein gehetzter Hase." (Eu, 320) „Du bist ein Tier" (Eu, 323), wird auch Werner zu Blaubart sagen, bevor er ihn endgültig niederschießt.

Zu diesem Zeitpunkt sind seine beiden Schwestern bereits tot. Judith, weil sie das Schlüsselverbot übertreten hat und von Blaubart getötet wurde, Agnes, die jüngere Schwester, weil sie sich auf der Flucht vor dem rasenden Blaubart von dem Söller in die Tiefe stürzt. Ansatzweise verkörpern die beiden Schwestern die gängigen Frauenbilder der Zeit. Judith, in deren Namen die furchtlose Tötung des Holofernes mitschwingt, steht für die femme fatale, die zerstörerische Frau, das „Rätsel aus Fleisch" (Eu, 300); Agnes, das Mädchen, repräsentiert dagegen die „femme fragile", die unschuldige Kindfrau. „O du süßer Kindskopf!" (Eu, 319), wird Blaubart zu ihr sagen. Von beiden Frauen erhofft sich Blaubart seine Erlösung. „Ich hab dich gesucht wie eine Schale, die schwer genug war, all meine düstere Last zu tragen. Du solltest den Frieden über mein Herz bringen, du solltest mich schwach sehen wie ein Kind, du allein!" (Eu, 322) Diese Erlösungssehnsucht geht ins Leere, die mit zu großen Hoffnungen überfrachtete Frau vermag dem Erwartungsdruck nicht zu genügen. Sie kann die Erlösung nicht leisten, nicht nur, weil Blaubarts Verstörung bereits zu weit fortgeschritten ist und er selbst aus der Serie der gewaltsamen Tat nicht mehr ausbrechen kann, sondern auch, weil die Erwartungshaltung auf Projektionen ausgerichtet ist, auf Bilder, die in der Realität keine Entsprechung finden. Das Bild der Frau, das in den Geschlechterstrudel hineingezogen ist, kann nicht zugleich Mitspieler, Agent in diesem Spiel und Ausweg sein. „Die Frau" kann dies auch deswegen nicht, weil ihr selbst die entsprechenden Mutter-Bilder fehlen. Beide

Mädchen, Judith und Agnes, sind ohne Mutter aufgewachsen, sie haben selbst zu sehr die Männlichkeitsdiskurse verinnerlicht und können der Destruktivität des Blaubarts keine genügend starke eigene Integrität entgegenstellen.[10] Aus dieser Pattsituation gibt es keinen Ausweg, nur die komplette Zerstörung. „Alles soll niederbrennen, alles soll zugrunde gehen." (Eu, 298)

Maurice Maeterlincks „Ariane et Barbe-Bleue"[11]

Um eine ganz anders geartete Beziehungskonstellation geht es in Maurice Maeterlincks Stück *Ariadne und Blaubart* (1901), das schon in seinem Titel das Hauptaugenmerk nicht auf die Figur des Mannes Blaubart, sondern auf die gleich gewichtete Beziehung zwischen Blaubart und seiner Frau legt. Damit verbindet Maeterlinck nicht nur das Märchenthema mit dem antiken Ariadne-Mythos, d.h. mit der Geschichte der kretischen Königstochter, die Theseus aus dem Labyrinth hilft, später aber von ihm auf der Insel Naxos zurückgelassen wird und sich schließlich mit Dionysos/Bacchus vereint, sondern ergibt von allem Anfang an der Frau ein größeres Gewicht als alle anderen Blaubart-Variationen sonst. Ariadne ist hier die Hauptperson, sie hat – das plumpe Wortspiel sei verziehen – die „Fäden" in der Hand,[12] sie leitet Geschick und Geschehen, auch wenn es „nur" ein symbolisches ist. Das symbolische Geschehen, um das es hier „geht", meint nicht weniger als die Befreiung aus den Fängen des herkömmlichen Geschlechterdiskurses, in dem Männer wie Frauen befangen und gefangen sind, und das Stück, das hier vorgeführt wird, experimentiert mit Möglichkeiten der Veränderung oder gar der Zerstörung herkömmlicher Geschlechterfallen. Geleitet wird dieses Experiment von einer Frau, eben dieser Ariadne, die allerdings bereits durch ihre Namengebung auch als symbolisch-artifizielle Figur gekenn-

---

[10] Auch bei Grimm wächst das Mädchen mutterlos heran. Dazu meint Barz: „[...] können solche ‚mutterlosen' Töchter nur schwer zur erwachsenen Frau im umfassenden Sinne werden: Zwar wächst ihr Leib, von innen gesteuert, zum weiblichen Leib heran, aber ihre Seele, die stark auf Vorbilder von außen angewiesen ist, findet kein Muster vor, demgemäß sie sich ‚weiblich' entfalten könnte." Barz, Helmut: Blaubart. Wenn einer vernichtet, was er liebt. Zürich 1993, S. 18.
[11] Maeterlinck, Maurice: Ariane et Barbe-Bleue. Conte en trois actes. Paris o.J. [In der Folge mit Sigle Mae und einfacher Seitenzahl zitiert. Die Übersetzungen stammen von mir.]
[12] „In die Figur der Ariane lässt Maeterlinck auch die Erfahrung seines Lebens an der Seite seiner willensstarken Gefährtin, der Sängerin Georgette Leblanc, einfließen." http:// de. wikipedia.org/wiki/Ariane_et_Barbe-Bleue.

zeichnet ist. Es handelt sich um Arrangements und Spielmöglichkeiten, weniger um die Nachzeichnung realer Szenarien. Dennoch geht aller Mut und Wille zur Veränderung von der Frau aus. Sie ergreift die Initiative, sie spekuliert mit Wandel und Ausbruch. Der Mann ist mehr Projektion als reale Figur. Dazu gehört auch, dass er als Figur nur selten die Bühne betritt, dass er im Verlauf des zweiten Aktes gar nicht, in den beiden anderen Akten nur jeweils kurz gegen Ende auftritt. An den anderen Stellen ist mehr von ihm die Rede, als dass man ihn selbst direkt agieren sähe. Es sind Gerüchte, die über ihn kursieren, es sind Ängste, die allein die Nennung seines Namens auslöst, sein Kampf mit den Bauern wird nur aus der Perspektive der Mauerschau beschrieben, selbst sein gewaltsames Intermezzo mit Ariadne (gegen Ende des ersten Aktes) bleibt seltsam kurz und ergebnislos. Die Künstlichkeit des Geschlechterarrangements wird durch vielfältige Textverweise betont, die die Konstellation der Figuren und ihrer Verhältnisse als artifizielle, als Einsätze in einem Spiel deutlich machen. In diesem Spiel jedoch dominieren die zeitgenössischen Zuschreibungen und diese Zuschreibungen zielen nun auf einen „modernen" Mann, einen Mann, der sich noch so halb seiner tradierten Männlichkeit versichern will und dem zugleich doch Attribute und Instrumente einer solchen abhandenkommen. Maeterlincks Blaubart ist ein „moderner" Blaubart, der es nicht mehr nötig hat, seine Frauen zu ermorden, der aber umso deutlicher unter den Brüchen und Abgründen seiner in die Krise geratenen Männlichkeit leidet. Maeterlinck verzichtet sogar auf den berühmt-berüchtigten blauen Bart, nur mit einem „blauen Mantel" (Mae, 37) stattet er seinen Blaubart aus, mit einem Mantel, mit dem er seine Vergangenheit, seine Ängste, seine Paranoia zudecken, verdecken möchte. Damit steht er, der Mann, aber nicht allein. Auch die Amme, die Ariadne begleitet, verfügt über einen solchen Mantel, mit dem sie z.B. die Öffnung zum Keller verschließen möchte. Die Angst vor dem Verdrängten, dem Unbewusst-Gebliebenen ist bei Männern und Frauen gleich groß; beide entwickeln Strategien der Verdrängung und Verschiebung, beide lügen sich über sich selbst hinweg und ziehen die Selbstbeschneidung, die Selbsteinschränkung der schrankenlosen Auseinandersetzung mit sich selbst vor. Der Blaubart, den uns Maeterlinck vorführt, ist ein Gehemmter, Verletzter, Bedrohter. Seine Macht und seine Gewalt als Mann existieren nur noch als Gerücht, als Bild, virtuell. Was ihm, dem Blaubart, von seinen konventionellen Attributen geblieben ist, sind zum einen seine Schätze, die aber seine Frau, Ariadne, nicht wirklich zu beeindrucken vermögen, und zum andern sein Schwert, das ihm aber nicht von Nutzen ist. Die Waffe bleibt leeres Requisit, sie unterstützt ihn weder gegenüber Ariadne noch gegenüber den Bauern. Am Ende bleibt ein hilflos gefesselter, von den Wunden geschwächter Blaubart zurück, der sich wohl arrangieren wird müssen, weil ihm die Schutzhülle forcierter Maskulinität abhanden gekommen ist. Fraglich bleibt, ob Blaubart und seine Frauen das von Ariadne bewirkte Aufweichen des Geschlechterdiskurses zu nutzen vermögen. Zu starr und wirkmächtig erscheinen die Rollen und Erwartungen. Ariadnes Abschlusswunsch „Soyez heureuses.../ Seid glücklich..." (Mae, 46) wirkt zu gezwungen. Dennoch ist es ihr zu verdanken, wenn Bewegung in das erstarrte Geschlechterverhältnis und seine desaströsen Auswirkungen gekommen ist. Alles, was Ariadne macht, ist ein Öffnen, Aufreißen, Aufbrechen. Sie ist die große Befreierin. Die Befreiung ist ihr großes Ziel. „Hab keine Angst. Er ist verletzt, er ist besiegt, er weiß es nur noch nicht... Er wird uns mit Tränen in den Augen freilassen, aber es ist allemal besser, sich selbst zu befreien." (Mae, 17) Mit ihrer Wahl hat sich Blaubart auf Offenheit eingelassen. Mit ihrer Wahl sind neue Gesetze eingeführt worden. Das meint Ariadne, wenn sie davon spricht, eventuell die Gebote Blaubarts übertreten zu haben, weil sie sich ihren eigenen Gesetzen verpflichtet fühlt, den Gesetzen der Selbstermächtigung und der Aufrichtigkeit. Gekoppelt ist dieser Emanzipationsprozess an eine sehr aufdringliche hell-dunkel-Metapher. Ariadne bringt Licht in Blaubarts Burg. Sie gibt ihm damit die Chance, sich den Abgründen seiner eigenen vertrackten Männlichkeit zu stellen – so wie sie selbst bereit ist, sich mit den eigenen Männlichkeitsanteilen ihrer Psyche auseinanderzusetzen. Am Ende geht Ariadne gestärkt aus dem symbolischen Prozess der Geschlechtsdebatte hervor und verlässt Blaubart und seine Frauen. Die fünf Frauen Blaubarts bleiben bei ihm. Sie haben wohl das Wunder der Befreiung erfahren, vermögen es aber nicht in all seiner Kraft zu nützen. Zu stark sind die Prägungen und Erwartungen. Das Glück, das Ariadne ihren Vorgängerinnen wünscht, bleibt eher Utopie als Möglichkeit.

ALICE BOLTERAUER

Béla Balázs „Herzog Blaubarts Burg"[13]

Die starke Frauenfigur hat Béla Balázs in seinem Stück *Herzog Blaubarts Burg* von Maeterlinck übernommen,[14] aber anders als bei Maeterlinck ist hier alles allein auf die Paarbeziehung gestellt. Es ist ein Zwei-Personen-Stück oder – will man die Notiz zur ersten Aufführung der Oper von Béla Bartok wörtlich nehmen – ein Drei-Personen-Stück, das nämlich die Frau, Judith, Blaubart und die Burg umfasst. Balázs hat von Maeterlinck die Idee der Burg als symbolischen Ausdrucks der Seele Blaubarts übernommen. Stärker noch als bei Maeterlinck, wo die Burg, die „Panzerung" Blaubarts, ständig „weint" oder „nässt" wie eine schlecht verheilte Wunde, stöhnt und ächzt hier die Burg.

(Auf das Poltern seufzt es schwer und klagend. In langen, gedrückten Gängen weint nächtlicher Wind so auf.)
JUDITH: Weh! Was war das? Weint da jemand?/ Sag', wer weint hier? Herzog Blaubart!/ Weint der Felsen? Weint der Felsen?/ [...] Ach, wie deine Mauern seufzen! (Ba, 5)

Dunkelheit und tiefes Seufzen symbolisieren auch hier die Not des Blaubarts. Ebenso wie bei Maeterlinck dominiert auch bei Balázs/Bartok die Erlösungsnot des Mannes und der Wille der Frau, diese Erlösung zu bewirken. Alles hat sie hinter sich gelassen, die Eltern, den Bruder, selbst den Verlobten verlassen, um hier – ähnlich wie Maeterlincks Ariadne – mit Mut und Entschlossenheit die verborgenen Ängste und Nöte des Blaubart aufzudecken und zu heilen.

---

[13] Textbuch zur Oper „Herzog Blaubarts Burg". Dt. Fassung von Wilhelm Ziegler, Revision 1963 von Füsse und Wagner, 3. [Im Folgenden mit Sigle Ba zitiert.]
[14] Béla Balázs' Drama entsteht unter dem Einfluss von Maeterlincks Stück bzw. dessen Vertonung durch Paul Dukas. Balázs erlebt die Uraufführung von Dukas' Oper 1907. Béla Bartók wird den Text Balázs' bei einer Lesung hören und darauf seine berühmte Oper aufbauen, die in einer ersten Fassung 1911, in ihrer endgültigen Fassung 1921 entsteht. 1918 erfolgt die Uraufführung. Zum kulturgeschichtlichen Kontext des Dramas siehe: Barota, Maria: Zur Frage der Struktur des lyrischen Dramas um die Jahrhundertwende in Wien, Budapest und Sankt Petersburg (R.M. Rilkes Weiße Fürstin, B. Balázs' Herzog Blaubarts Burg und A.A. Bloks Neznakomka). In: Jahrbuch der Österreich-Bibliothek in St. Petersburg, Bd. 4/I (1999/2000), S. 233-253. Zur musikalischen Umsetzung siehe auch: Rácz, Gabriella: Changierende Klangräume der Seele. Béla Bartók und Béla Balázs: Herzog Blaubarts Burg. http://www.kakanien.ac.at/beitr/emerg/GRacz1.pdf

„JUDITH: Deiner Feste kalte Tränen/ will ich trocknen mit meinem Haar. / Tote Steine mach' ich glühen,/ mit dem weißen Leibe glühen!/ Darf ich's, Liebster? Darf ich's, Liebster?/ Herzog Blaubart!/ Liebe soll den Fels erwärmen,/ Wind soll deine Burg durchwehen,/ Glück zu Gast sein, Sonne scheinen,/ Glück zu Gast sein,/ Freude soll die Räume füllen." (Ba, 4)

Was unausgesprochen schon immer die Paradoxie des Blaubart-Märchens und der verbotenen Kammer ausmachte – dass nämlich das Verbot, die Kammer zu betreten, offen darauf ausgelegt war, übertreten zu werden, weil ja der Blaubart in Not im Grunde „entdeckt", „aufgedeckt" und befreit werden möchte[15] –, diese Paradoxie wird bei Balázs aufgelöst. Es ist Blaubart selbst, der die Öffnung seiner verborgenen Kammern nahelegt, es ist Judith, die darauf eingeht – aus Liebe, wie sie betont: „Gib mir deine Schlüssel, Blaubart,/ gib sie mir, weil ich dich liebe!" (Ba, 5); und es ist Blaubart selbst, der seine Frau dazu auffordert, in seine geheimen Kammern vorzudringen: „Segen deinen Händen, Judith." (Ba, 5) Was sich der Frau nun auftut, sind die Auswüchse einer falsch verstandenen Männlichkeit oder eines übertriebenen Virilitätsanspruchs. Gezeigt werden die Folterkammer, die Waffenkammer, die Schatzkammer, der Zaubergarten, die Ländereien: Attribute konventioneller Männlichkeit, wenngleich etwas ins Extreme und Verschobene übersteigert. Blaubart empfindet es als Befreiung, sich in seinen Verstiegenheiten zeigen zu können und akzeptiert zu werden. „Kühl und süß ist's,/ wenn die offnen Wunden bluten." (Ba, 6) Judith, die beim ersten Öffnen der Tür meist erschrickt, fasst sich relativ schnell und zeigt keine Furcht. Ihr geht es darum, den geliebten Mann von seinen Neurosen und Zwangsvorstellungen zu heilen. Und vorderhand gelingt das Unternehmen auch. Die Burg wird heller und heller. „Sieh', wie meine Burg sich lichtet." (Ba, 7)

Der Aufarbeitungsprozess, der anfänglich sehr positiv mit der Licht- und Befreiungsmetapher konnotiert ist, schlägt allerdings in Destruktivität

---

[15] „Die Probe, auf die sie ihr Gatte kurz nach der Eheschließung stellt, soll nur vordergründig ihre Gehorsamkeit bestätigen. Warum gibt er ihr denn einen Schlüssel zu allen Zimmern des Landschlosses, wenn er ihr zugleich verbietet, die kleine Kammer am Ende des langen Ganges zu betreten?" Bronfen, Elisabeth: Männliche Sammelwut, Weibliche Neugierde: Blaubarts Wunde(r)kammer. In: Nicola Mitterer, Werner Wintersteiner (Hg.): „Wir sind die Seinen lachenden Munds". Der Tod – ein unsterblich literarischer Topos. Innsbruck / Wien / Bozen 2010, S. 193-203, 195.

um, als sich der Mann – Herzog Blaubart – in seinem männlichen Selbstverständnis selbst in Frage gestellt sieht, als nicht nur die gesellschaftlich anerkannten, in der Blaubart'schen Version ein wenig abartig geratenen, aber immer noch akzeptablen Männlichkeitsvorstellungen der Offenlegung und Diskussion harren, sondern die unterdrückten Weiblichkeitsanteile. Weiblichkeit – und die Idee der Bisexualität des Menschen ist nicht erst eine Erfindung Weiningers[16] – als Teil seiner gefährdeten Männlichkeit zu tolerieren und zu integrieren, dazu ist auch der Blaubart von Balázs und Bartok nicht bereit. Blaubart versucht abzublocken. „Laß' die Türen zugeschlossen./ Lieder sollen fröhlich erklingen./ Judith, komm' und laß' dich küssen." (Ba, 8) Als Judith insistiert, wird der Prozess der Öffnung und Aufarbeitung abgebrochen. Das unterdrückte Weibliche, das als gefährlich angesehen wird, wird auf die real vorhandene Frau rückprojiziert, die ihrerseits nun dieselbe Verdrängung erleiden muss wie das unterdrückte Weibliche in Blaubarts Seele.

Für Blaubart wird sie, Judith, die Männermordende, nun zur Gefahr. Die Burg verschließt sich, sie wird wieder dunkler, bis am Ende des Textes (und der Oper) wieder völlige Dunkelheit sich breit macht wie zu Beginn. Was nämlich wartet noch an Enthüllungen? Zuerst offenbart sich der Tränensee und dann die Kammer mit den drei früheren Frauen Blaubarts. Beide Kammern markieren das verdrängte Weibliche, das unter keinen Umständen „ans Tageslicht" kommen darf. Und Blaubart, dem anscheinend so Ängstlichen, Einsamen und Schwachen, bleibt nichts anderes übrig, als auch sie, die vierte Frau, unschädlich zu machen. Nicht indem er sie mit dem Schwert tötet, sondern indem er sie – wir befinden uns ja mitten in Jugendstil und Art nouveau – ins Ornament bannt. Judith wird buchstäblich mit Dekor zugedeckt, unter Schmuck und Pracht erstickt, bevor sie sich zu den anderen drei Frauen in die dunkle Kammer gesellt. Es gibt kein positives Ende für die Aporien der Geschlechterthematik.

---

[16] Bekanntlich beruhen Weiningers Ausführungen in seinem Buch „Geschlecht und Charakter" auf der These einer grundsätzlichen Bisexualität eines jeden Menschen. Die Emphase, mit der Weininger seine These ausführt, hat vielfach dazu geführt, Weiniger als „Erfinder" dieser These anzusehen, was nach Winnicott keinesfalls der Fall ist. Vgl. dazu Le Rider, Das Ende der Illusion, S. 105 f und S. 127 f.

Blaubart oder die Krise des männlichen Ich

(Judith, unter dem Mantel fast zusammenbrechend, ihr diamantengekröntes Haupt gesenkt, geht längs des silbernen Lichtstreifens den andern Frauen nach durch die siebente Tür. Diese schließt sich auch.)
BLAUBART: Nacht bleibt es nun ewig, /ewig, ewig, ewig.
(Es wird wieder völlige Finsternis, in welcher Blaubart verschwindet.)
(Ba, 11)

Schluss

Trotz der Verstörung, die die Geschichte Blaubarts und seiner vielen Frauen – mal sind es drei, mal sind es sieben – bei Lesern und Leserinnen hervorruft und die auch dazu beigetragen haben mag, dass die Brüder Grimm in den späteren Ausgaben ihrer Märchen auf diesen Text verzichtet haben, hat das Motiv des gestörten Mannes mit seinem blauen Bart und der blutigen Kammer nichts von seiner Faszination verloren. Bis in die Gegenwart hinein wird das Blaubart-Thema künstlerisch verarbeitet, von Schriftstellern und Schriftstellerinnen, im Film, in der Oper, im Comic, in der Zeichnung. Wie sehr sich an einem Motiv Themen auch über die Sprachgrenzen hinaus miteinander verweben und aufeinander beziehen können, das sollten die drei Blaubart-Texte, die um 1900 im französischen, deutschen und ungarischen Sprachraum entstanden sind, zeigen. Sie belegen unterschiedliche Zugänge: den männlichen Selbsthass, der in Frauenhass umschlägt (bei Eulenberg), den Emanzipationsprozess der Frau, der den Untergang des Mannes bedeutet (bei Maeterlinck), und die Bannung der Frau, von der gleichermaßen eine Erlösung erhofft wie auch befürchtet wird, ins Ornament (bei Balázs/Bartok). Alle drei Texte unterstreichen die Virulenz der Geschlechterthematik, die anhand des Blaubart-Motivs abgehandelt wird; alle drei Texte zeigen aber auch, trotz der zum Teil optimistischen Erlösungshoffnung, die Aporie des Geschlechterverhältnisses um 1900. Ein happy end ist in keinem der drei Texte vorgesehen. Das mag resignativ klingen oder aber auch positiv stimmen. Solange wir über Geschlechterverhältnisse diskutieren, wird es auch Blaubart-Texte geben. Es bleibt also spannend!

SZILVIA RITZ

„Sir, wenn Ihr zu Uns nach Akkra kämet als Ausstellungsobjekte..."

Aschanti-Schau im Prater

I.

Das ausgehende 19. Jahrhundert war von einem geradezu fanatischen wissenschaftlichen Erkenntnisdrang geprägt. Durch die europäische Expansion traten zu dieser Zeit bis dahin unbekannte Länder und Kulturen in den Fokus der Forscher. Die zahlreichen Expeditionen und Reisen in ferne Regionen zeugen von anhaltender geographischer und anthropologischer Wissensgier. Berichte und Mitteilungen über diesbezügliche neueste Erkenntnisse erreichten durch die zeitgenössischen Medien auch das breite Publikum, das sich vorerst mit Informationen aus zweiter oder dritter Hand zufrieden geben musste. Doch entdeckten findige Geschäftsleute bald eine lukrative Marktlücke: Den Voyeurismus und die Neugier der Massen nutzend veranstalteten einige Unternehmer europaweit Völkerschauen.

Die Tradition solcher Ausstellungen reicht in Europa bis ins 16. Jahrhundert zurück: so wurden zum Beispiel 1573 am bayerischen Hof mehrere sogenannte Mohrenfamilien auf Kosten des Landesherrn in der Nähe der Residenz angesiedelt. ‚Kolonien' hießen diese Einrichtungen, deren Bewohner in ihrem täglichen Leben beobachtet und zugleich begutachtet wurden.[1]

---

[1] Grimm, Reinhold; Sadji, Amadou B. (Hg.): Dunkle Reflexe. Schwarzafrikaner und Afro-Amerikaner in der deutschen Erzählkunst des 18. und 19. Jahrhunderts. Bern / Berlin / Frankfurt a. M. [u.a.] 1992, S. 188.

Auf diese Weise kamen ‚exotische' Menschen zunächst an adelige Höfe, nicht selten reisten sie von einem Königshof zum anderen, um dort den Herrschern und dem Hofstaat vorgestellt zu werden. Auf einem Plakat aus dem Jahre 1847, auf dem für eine chinesische Familie geworben wurde, war das große Interesse europäischer Monarchen bekundet. Dort heißt es, die Chinesen seien schon von folgenden Herrschern und Herrscherinnen besucht worden:

> von I. M. Der Königin von England, S. K. H. Dem Prinzen Albert, von I. M. Der Königin von Holland, S. K. H. Dem Prinzen von Oranien, I. I. M. M. Dem Könige und der Königin von Preußen, I. K. Hoheiten den Prinzen und Prinzessinnen von Preußen, I. I. M. M. Dem Könige und der Königin von Sachsen und den Prinzen und Prinzessinnen des königlichen Hauses, I. M. Der Königin von Bayern, S. M. dem Könige Ludwig von Bayern und den Prinzen und Prinzessinnen des königlichen Hauses[2]

Aber auch das Bürgertum hatte die Möglichkeit, die Ankömmlinge aus aller Welt zu bestaunen. Anfangs zeigte man die ‚Exoten' in dafür eingerichteten Häusern sowie auf großen Volksfesten wie dem Münchner Oktoberfest etwa. Ab der zweiten Hälfte des 19. Jahrhunderts waren „Völkerausstellungen und Abnormitätenschauen" schließlich Allen zugänglich.[3] Den großen Durchbruch im Volksamüsement brachte in Deutschland die Reichsgründung, die auch in der Vergnügungskultur neue Maßstäbe setzte. Im letzten Drittel des 19. Jahrhunderts „wurden die dörflich-bäuerlichen Formen der gelegentlichen Unterhaltungskultur von einer neuen, erlebnisbezogenen Freizeitkultur in täglich geöffneten Vergnügungs- und Freizeitstätten abgelöst".[4] Die Bevölkerung europäischer Großstädte konnte ganze Menschengruppen aus den entlegensten Erdteilen zum Beispiel in den Zoologischen Gärten aus unmittelbarer Nähe beobachten. So kamen u. a. Eskimos in den Berliner Zoo, „Cameroon-Zulus"[5] und Somalis nach Köln, oder Aschanti nach Wien und Budapest. Die große Zahl der Ausstellungen zeigt die Popularität solcher Veranstaltungen: Zwischen 1879 und 1932

---

[2] Zit. nach: Dreesbach, Anne: Gezähmte Wilde. Die Zurschaustellung „exotischer" Menschen in Deutschland 1870-1940. Frankfurt a. M. 2005, S. 34.
[3] Ebd., S. 42.
[4] Ebd.
[5] Gieseke, Sunna: „Manche Herren sind sogar Stammgäste" – Afrikanische Völkerschauen in Köln. http://www.kopfwelten.org/kp/begegnung/voelkerschau/ (Zugriff: 03.04.2011).

wurden allein in Köln fast dreißig Völkerschauen organisiert.[6] „Im Tierpark des Wiener Praters wurden zwischen 1874 und 1914 fast jedes Jahr große ‚zoologisch-anthropologische Ausstellungen' veranstaltet."[7] Die Veranstalter waren bemüht, möglichst wahrheitsgetreue Effekte zu erzielen, indem neben Tracht und Behausung die ganze Kulisse auf die nahezu perfekte Illusion einer authentischen Umgebung ausgerichtet war. Ein Unternehmer, der sich in der Organisation von Völkerschauen besonders hervor getan hatte, war der deutsche Zoobetreiber, Carl Hagenbeck (1844-1913). Wie Dreesbach betont, galt Hagenbeck bei den Zeitgenossen (und selbst noch in der heutigen Forschung) als der Erfinder exotischer Völkerschauen, obwohl alle Elemente seiner erfolgreichen Produktion auch in den früheren Formen dieser Unterhaltungsform auffindbar seien.[8] Seine Neuerung bestand darin, statt wie gewohnt, Tiere in gesonderten und von den Besuchern getrennten Käfigen zu zeigen, ein Freigehege zu bauen, in dem Menschen und Tiere zusammen untergebracht wurden, ohne sie durch Eisengitter von den Zoobesuchern zu separieren. Die Schau war wesentlich größer und geräumiger angelegt als die Früheren. Zugleich setzte Hagenbeck das gesamte damalige Medienangebot für seine Werbezwecke ein. Die Novität der Schau beschrieb Hagenbeck wie folgt: „Das neue Panorama kennzeichnet sich im wesentlichen dadurch, daß auf einem geeigneten Terrain ein Teil einer fremden Gegend, mit den jeweiligen dahin gehörigen Geschöpfen (Menschen und Tieren) bevölkert, vorgeführt wird."[9] Zur Sicherheit wurden freilich auch in diesem Fall künstliche Trennelemente verwendet, kaschiert jedoch durch Gewächse oder Landschaftselemente wie etwa tiefe Gräben.[10] Solche Panoramen waren seinerzeit beliebte Darstellungsformen, sie „funktionierten als visuelle Analogien zu den Massenmedien"[11], indem sie historische und tagespolitische Ereignisse

---

[6] Ebd.
[7] Fuchs, Brigitte: „Kultur" und „Hybridität": Diskurse über „Rasse", Sexualität und „Mischung" in Österreich 1867 bis 1914. In: Austrian Studies in Social Anthropology 1 (2005). http://www.univie.ac.at/alumni.ethnologie/journal/volltxt/Artikel%201%20_Fuchs.pdf (Zugriff: 03.04.2011).
[8] Vgl. ebd., Fußnote 89, S. 47.
[9] Zit. nach: Ames, Eric: Wilde Tiere. Carl Hagenbecks Inszenierung des Fremden. In: Das Fremde. Reiseerfahrungen, Schreibformen und kulturelles Wissen. Hg. v. Alexander Honold, Klaus R. Scherpe, Bern [u. a.] 2003, S. 113-136., S. 116.
[10] Ebd., S. 121.
[11] Schwartz, Vanessa R.: Cinematic Spectatorship before the Apparatus. The Public Taste for Reality in Fin-de-Siècle Paris. In: Cinema and the Invention of Modern Life. Hg. v. Leo Charney, Vanessa R. Schwartz, Berkeley 1995, S. 312. Vgl. auch Ames, S. 117.

gleichermaßen veranschaulichten. Die zur Schau gestellten Menschen repräsentierten das Exotische und Fremde, das plötzlich zum Greifen nah war. Forscher und Wissenschaftler brauchten ihr Leben nicht auf teuren und gefährlichen Forschungsreisen aufs Spiel zu setzen, stattdessen kamen die Forschungsobjekte sozusagen direkt vor die Haustür und befriedigten zugleich die Schaulust der großstädtischen Bevölkerung. Die zeitweilige Unterbringung exotischer Menschen im Tierpark markiert indes unmissverständlich den Status, den Europäer den Ankömmlingen aus den Kolonien oder aus unbekannten Gegenden zukommen ließen. Menschen aus außereuropäischen Kulturen wurden wilden Tieren gleich behandelt, die Betrachter waren angezogen von dem Anblick der Fremdlinge, der sie aber auch erschaudern ließ. Gerade diese Ambivalenz machte den Reiz der Gäste aus. Die Afrikaner wurden „als evolutionäres *missing link* [Hervorhebung im Original, Sz. R.] zwischen dem Tier- und dem Menschenreich gehandelt", ein weit verbreitetes Klischee, das nicht nur die Konzeption der Völkerschauen bestimmte, sondern ebenso für die neu entstehenden Naturhistorischen Museen charakteristisch war.[12] Die Begegnung von Kulturen kam einem Kulturschock gleich, wenn die europäischen Besucher die ‚Halbwilden' hautnah erlebten. Zugleich trug diese Erfahrung zur Aufwertung oder Bestätigung der eigenen Kultur und Entwicklungsstufe bei. Sie bekräftigte die bereits bestehende Vorstellung von der Bipolarität der Welt, von einem zivilisierten Europa und dem primitiven Rest. Es darf freilich nicht vergessen werden, dass das unmittelbare Erleben der Alterität, des Wilden und Exotischen nie unkontrolliert und völlig frei vor sich gehen konnte. Die ‚Afrikadörfer' im Wiener Prater oder im Budapester Zoo waren schließlich potemkinsche Dörfer, die lediglich die Illusion des Umherstreifens in der Wildnis oder einer authentischen Umgebung zu vermitteln hatten. Die ‚Exoten' waren darüber hinaus häufig schon Europakundige, die in der Rolle der ‚Wilden' regelrecht durch die Welt tourten.

---

[12] Jacobs, Angelika: „Wildnis" als Wunschraum „westlicher Zivilisation". Zur Kritik des Exotismus in Peter Altenbergs Ashantee und Robert Müllers Tropen. In: kakanien revisited 30/03/2002, S. 2. http://www.kakanien.ac.at/beitr/fallstudie/AJacobs1.pdf (Zugriff: 4.4. 2011).

II.

Der Zoo war nicht nur für die Bevölkerung europäischer Großstädte, sondern auch für Künstler ein besonderer Ort. Für Wedekind, Sternheim, Ernst Ludwig oder Franz Marc bedeutete der Zoo einen „phantastischen Ort der Verwilderung, das völlige Gegenteil zur reglementierten und verwalteten Welt der Moderne".[13] Er bildete mit dem „Elan des Elementaren angesichts der hochkomplex gewordenen Strukturen der großen Städte" ein Gegengewicht zur modernen Welt.[14] Auf der Suche nach einer solchen Gegenwelt war auch der österreichische Schriftsteller Peter Altenberg, der in seiner Skizzensammlung *Ashantee* die im Wiener Prater veranstaltete Völkerschau des Jahres 1896 festhielt. Altenberg war ein begeisterter Besucher des Events und verbrachte geraume Zeit mit den Westafrikanern im rekonstruierten Dorf. Er unternahm auch Führungen und zeigte Besuchergruppen den ‚Alltag' der Menschen von der Goldküste. Seine, im darauf folgenden Jahr veröffentlichte, subjektive ‚Berichterstattung' unter dem Titel *Ashantee* fokussiert hauptsächlich auf die Aschanti-Frauen. Im Zentrum steht seine Liebe zu den afrikanischen Mädchen, wie es auch die Widmung verrät: „Meinen schwarzen Freundinnen, den unvergesslichen ‚Paradieses-Menschen' Akolé, Akóshia, Tíoko, Djôjô Nāh-Badûh gewidmet."[15] Neben den unmittelbaren Erfahrungen des Erzählers, der unter dem Namen Sir Peter bzw. als P. A. erscheint, setzt sich die Begeisterung für das Ursprüngliche, für eine naturnahe, unzivilisierte Lebensführung durch. Dies entspricht weitgehend den von Altenberg auch andernorts propagierten alternativen Lebensführungskonzepten und dem damit verbundenen Wunsch nach Erweiterung der Grenzen persönlicher Freiheit. Somit sei das Buch, wie Rößner feststellt, der Ausdruck von Altenbergs „indirekter Fremdheitserfahrung", zugleich predige er der Gesellschaft aber auch eine „naturverbundene Lebensphilosophie".[16] Die Skizzen lassen eine tiefe Dichotomie erkennen: Sie zeigen einerseits Altenbergs Offenheit gegenüber dem Fremden sowie seine Faszination vom Exotischen, anderseits aber auch

---

[13] Ames, S. 114.
[14] Vgl. ebd.
[15] Altenberg, Peter: Ashantee. E-Book. Peter M. Sporer 2008, S. 5.
[16] Vgl. Rößner, Christian: Der Autor als Literatur. Peter Altenberg in Texten der ‚klassischen Moderne'. Frankfurt a. M. [u.a.] 2006, S. 76.

die Dominanz der europäischen kolonialen Perspektive und eine, wenn auch positive, so doch stark konventionelle Beurteilung der Afrikaner.

Im letzten Jahrzehnt des 19. Jahrhunderts tauchten die Aschanti immer wieder in europäischen Zoos auf. Vor ihrem Besuch im Prater gastierten sie 1888 im Budapester Zoo und riefen, ebenso wie einige Jahre später in Wien, eine Mischung aus Faszination und Gänsehaut hervor. Das Presseecho macht dies deutlich, wie etwa der Artikel in der ungarischen *Vasárnapi Újság* [Sonntagszeitung], die von 22 „halbwilden" Menschen berichtete, welche zum weltweit bekannten Volk der Aschanti gehörten und erneut in Budapest zu bestaunen wären. Ihre Bekanntheit sei auf den erbitterten Krieg gegen die Briten zurück zu führen, in dem die Aschanti sich als besonders zähe Gegner erwiesen hatten.[17] Bunte Kriegslegenden schienen sich um das tapfere, aber etwas blutrünstige Volk zu ranken. Der koloniale Blick in der Presse ist unverkennbar:

> Es ist ein wahres Goldland, das jetzt in den Händen dieser Halbwilden ist. Jene armen Neger, die zur Zeit im Budapester Tiergarten zur Schau gestellt werden, ahnen vielleicht gar nicht, dass es hier in Europa, wo sie so viele Wunderdinge sehen können, kaum ein Land gibt, das so reich an Schätzen wäre, wie ihre für arm gehaltene Heimat im Inneren Afrikas, dort unter dem Äquator.[18]

Die Aschanti werden in diesem Artikel aus der Position der kulturellen Überlegenheit zu bemitleidenswerten Kreaturen degradiert, die in einem kindlichen, unmündigen Zustand keine Ahnung von der zivilisierten europäischen Welt und deren Gaben haben. Europa wird dagegen in einer doppelten Brechung, aus der vermeintlichen Perspektive der „Halbwilden", als ein Ort präsentiert, der von „Wunderdingen" der Zivilisation geradezu erfüllt ist. In der Zeit des Kolonialismus, als alle Länder besonders gierig nach Rohstoffen Ausschau hielten, spiegelt die Betonung des unglaublichen Reichtums dieses Gebietes einerseits Neid, rechtfertigt auf der anderen Seite

---

[17] Vgl. Vasárnapi Ujság 25 (1888), S. 418 f., http://epa.oszk.hu/00000/00030/01789/pdf/ 01789.pdf (Zugriff: 6.4.2011).

[18] Vasárnapi Ujság 25 (1888), S. 418 f., http://epa.oszk.hu/00000/00030/01789/pdf/01789.pdf, in meiner Übersetzung. Im Original: „Valódi aranyország az, mely most e félvadak kezében van. Azok a szegény négerek, kiket jelenleg a budapesti állatkertben mutogatnak, talán nem is sejtik, hogy itt Európában, hol oly sok csodadolgot láthatnak, alig van ország, mely kincsekben oly gazdag volna, mint az ő szegénynek tartott hazájuk Afrika belsejében, ott az egyenlítő alatt." (Zugriff: 6.4.2011).

aber auch die kolonialen Ambitionen der Briten. Die Zeitung vermittelt das Klischee des freundlichen, zahmen Wilden, der sich des enormen Reichtums seines Landes nicht bewusst, diese dem Eroberer als Geschenk überreicht. Dieses Image steht jedoch mit dem langen Bericht über die blutigen Kriege und über die weitreichenden Handelsbeziehungen, die die Aschanti mit anderen afrikanischen Völkern unterhielten, im Widerspruch. So räumt ihnen der Verfasser des Artikels auch wegen des entwickelten handwerklichen Könnens eine höhere Stufe der Zivilisation ein, als den übrigen „wilden Völkern" Afrikas.[19] Mit europäischen Standards gemessen erscheint die Kultur der Aschanti bestenfalls als kurios, keineswegs aber als annähernd gleichwertig. Aus diesem Blickwinkel befinden sie sich auf einer Vorstufe der Evolution, während die Europäer sich am anderen Ende der Skala positionieren, was eine Gleichstellung grundsätzlich ausschließt. Diese Auffassung, die das ausgehende 19. Jahrhundert kennzeichnete, weicht vom Menschenbild der Aufklärung ab, brachte sie doch, wie Tímea N. Kovács betont, die stark akzentuierte Idee der Entwicklung mit sich, die im Kontext der positivistischen, naturwissenschaftlichen Erkenntnisse und der Evolutionslehre ein besonderes Gewicht erhielt.[20] Dies habe wieder zur Konstruktion von Entwicklungsstufen geführt, um die Primitivität einfacherer Kulturen und Qualitätsunterschiede in verschiedenen Gesellschaften nach zu weisen. Damit sei erneut eine Auffassung in den Vordergrund gerückt, die zwischen besseren, höher entwickelten, daher hochwertigeren bzw. weniger entwickelten, d.h. primitiveren Kulturen und Gesellschaften unterschied.[21]

Peter Altenbergs Skizzensammlung dokumentiert die oben erwähnten heterogenen Ansichten, und bildet so einen Schnittpunkt gegensätzlicher Diskurse über Fremdheit und die Beurteilung des Fremden. Die Kurztexte zeugen von der Bewunderung des Erzählers für Afrikaner. Sie sind dem Fremden also deutlich positiv gesinnt. *Ashantee* beginnt mit einem Text, der wie ein Lexikonartikel anmutet, und sachliche Informationen über die geographischen, klimatischen und anthropologischen Merkmale der Goldküste bzw. ihrer Bewohner enthält. Es sind dieselben Informationen, die

---

[19] Vgl. Vasárnapi Ujság 25 (1888), S. 418, http://epa.oszk.hu/00000/00030/01789/pdf /01789.pdf (Zugriff: 6.4.2011).
[20] Vgl. N. Kovács, Tímea: A primitív: a megtalált és a kitalált idegen *(szimbolikus és politikai gyarmatosítás)*. In: Lettre 71 (Winter 2008) http://epa.oszk.hu/00000/00012/00055/ n_kovacs.htm (Zugriff: 4.4.2011).
[21] Vgl. ebd.

durch weitere historische, politische und wirtschaftliche Details ergänzt, auch der oben zitierte ungarische Zeitungsartikel aus dem Jahre 1888 mitteilte.

Die Prosaskizzen hinterfragen kritisch die gängige Beurteilung der Aschanti durch die Mehrheit der Bevölkerung, indem die Wiener Besucher und die Bewohner des Afrikadorfes ironisch in Kontrast gesetzt werden. In der Skizze *Cultur* beispielsweise sind es die Afrikanerinnen, die sich nach der europäischen Auffassung von Kultur, zivilisiert zu benehmen wissen, was das Überlegenheitsgefühl der österreichischen Gastgeberinnen verletzt und sie zu verbalen Attacken nötigt. Auf diese Weise wird ihre eigene Kultiviertheit relativiert: „Die beiden Akolé assen wie englische Damen vom Hofe der Königin. ‚Sehr viel Einbildung, diese Paradies-Menschen ---' sagte Frln. D."[22]

Altenberg, selbst eine Randfigur der zeitgenössischen Wiener Gesellschaft, identifiziert sich eindeutig mit den Schwachen, in diesem Fall mit den Aschanti. Die Richtigkeit seiner zivilisationskritischen Einstellung sieht ‚Sir Peter' in ihrer vermeintlichen Ursprünglichkeit bestätigt; er stellt sie als unverdorbene Kinder der Natur dar und modelliert in ihnen ein Gegenbild seiner eigenen Gesellschaft. Die Ambivalenz der Skizzen ist dennoch offensichtlich: Zum einen wird immer wieder auf die faszinierende Natürlichkeit der Aschanti hingewiesen, zum anderen stellen einige Skizzen unmissverständlich klar, dass es sich mitnichten um gänzlich unverdorbene Naturkinder handelt - sie sehen ihre Situation und die ihnen zugeschriebenen Rollen nämlich äußerst differenziert. Die kleinen Hymnen an die „Paradieses-Menschen" enthüllen die romantisch verklärende, zugleich aber überlegene Perspektive des weißen Mannes:

---

[22] Altenberg (Anm. 15), S. 21. Vgl. ferner die Skizze *Akolé:* „Das soll die Schönste sein" sagen die Besucher, „eine beauté ihrer Heimath. Wo liegt dieses Aschanti?! Nun, für eine Negerin – – –. Stolz ist sie, wirklich unsympathisch. Was glaubt sie eigentlich, dieses Mohrl?! Eine Ehre sollen wir uns machen, ihren Schmarren zu kaufen?! Nicht einmal ansehen möchte sie uns, während sie unser Geld nimmt für Le Ta Kotsa, Zahnkraut. Gewiss ein Schwindel. Hast du Heimweh?! Unsere Verkäuferinnen würden ein schlechtes Geschäft machen. Musst freundlich sein, Schatzerl, thut dir ja Niemand was. Frieren thut sie, der arme Hascher. No, no, no, no, nur nicht gleich aufbegehren! Was bist du zu Hause?! Eine Gnädige?! Du wirst es noch billiger geben. Ein arroganter Fratz. Adieu. Es ist nichts aus ihr herauszubekommen. Goodbye, Mohrl, thu' dir nichts an. Es wird schon besser werden. Servus." „Bénjo, bénjo – – – – -!" (Geh' zum Teufel, packe dich.). Altenberg (Anm. 15), S. 29.

Peter: Neger sind wie Kinder. Wer versteht diese?! Wie die süsse stumme Natur sind Neger. Dich bringen sie zum Tönen, während sie selbst musiklos sind. Frage, was der Wald ist, das Kind, der Neger?! Etwas sind sie, was Uns zum Tönen bringt, die Kapellmeister unseres Symphonie-Orchesters. Sie selbst spielen kein Instrument, sie dirigiren unsere Seele.[23]

Schwarze Menschen werden mit Natur gleichgesetzt, infantilisiert und animalisiert, darüber hinaus wird ihnen eine eigene Stimme aberkannt. Zu Passivität verurteilt haben sie lediglich die Funktion, jenen weißen Menschen, die sich dafür als sensibel genug erweisen, eine ästhetische Freude zu bereiten bzw. als Inspiration zu dienen. Die Gleichsetzung der Fremden mit der weiblich konnotierten Natur ist eine verbreitete Form der Entmündigung. Die Sprachlosigkeit der schwarzen Frauen durchzieht das gesamte Werk. Sie äußert sich in stummen Bewegungen und Berührungen, die der Erzähler jedoch als eine höhere Form der Kommunikation wahrnimmt, weil sie auch über sprachliche und kulturelle Barrieren hinweg funktioniert.

III.

Trotz des weitgehend vorherrschenden kolonialen Blickes sind die *Ashantee-Skizzen* aber mehr als nur eine der vielen Beschreibungen von Begegnungen mit außereuropäischen Kulturen wie sie etwa in der zeitgenössischen Presse zu lesen sind. Die Zeitungsartikel trachten meist danach, die Sensation, das Exotisch-Fremde oder gar Freakhafte hervorzukehren. Altenbergs Prosaskizzen zeigen auch die andere Seite, und machen deutlich, dass die zeitweiligen Bewohner des Wiener Tiergartens ihre Situation völlig durchschauen und sie gelegentlich sogar mit Ironie betrachten. Der von mir als Titel gewählte Satz stammt aus der Skizze *Philosophie*, und lautet vollständig: „Besucher des Aschanti-Dorfes schlagen an die Holzwände der Hütten, zum Spass. Der Goldschmied Nôthëi: ‚Sir, wenn Ihr zu Uns nach Akkra kämet als Ausstellungsobjekte (exhibited), würden wir nicht des Abends an eure Hütten klopfen!'"[24]

---

[23] Ebd.
[24] Ebd., S. 45.

Die Zufügung des englischen Wortes „exhibited" unterstreicht zusätzlich den deutschen Ausdruck „Ausstellungsobjekte" und markiert sowohl die Grenze zwischen Ausgestellten und Besuchern, als auch die Gegenständlichkeit der Ausgestellten.[25] Deutlich treten die kulturellen Unterschiede in den Vordergrund, wenn der Goldschmied von der Gleichwertigkeit aller Menschen ausgehend im Vergleich mit der schaulustigen Wiener Bevölkerung als der Aufgeklärte und Zivilisierte erscheint (ähnlich den beiden Aschanti-Frauen in der früher zitierten Skizze *Cultur*). An einer anderen Stelle erfolgt erneut eine Umkehrung in die Perspektive des Fremden, des Anderen, der sich des Schwindels und des Showcharakters dieser Veranstaltung nicht nur bewusst ist, sondern dies auch präzise reflektiert:

Wir dürfen Nichts anziehen, Herr, keine Schuhe, nichts, sogar ein Kopftuch müssen wir ablegen. ‚Gib es weg' sagt der Clark, ‚gib es weg. Willst du vielleicht eine Dame vorstellen?!' „Warum erlaubt er es nicht?!" „Wilde müssen wir vorstellen, Herr, Afrikaner. Ganz närrisch ist es. In Afrika könnten wir so nicht sein. Alle würden lachen. Wie ‚men of the bush', ja, diese. In solchen Hütten wohnt Niemand. Für dogs ist es bei uns, gbé. Quite foolish. Man wünscht es, dass wir Thiere vorstellen. Wie meinen Sie, Herr?! Der Clark sagt: ‚He, Solche wie in Europa gibt es genug. Wozu braucht man Euch?! Nackt müsst Ihr sein natürlich'.[26]

Altenbergs *Ashantee* thematisiert also eine spannende Begegnung der Kulturen in einer eigens dafür geschaffenen Umgebung, wodurch der in-vitro-Charakter dieser Begegnung hervorgekehrt wird. Weder die Einheimischen, noch die Fremden befinden sich in ihrer natürlichen Umgebung, vielmehr sind sie Teilnehmer einer interaktiven Theaterinszenierung. Dieser Tatsache sind sich aber nicht alle bewusst. Gerade die Aschanti sind es, die sich bewusst präsentieren, allerdings nach den Vorgaben der Veranstalter. Ihre Darstellung entspricht also den (wie es sich gezeigt hat, falschen) Vorstellungen und Erwartungen der Europäer, die sich von der Illusion gefangen nehmen lassen. Den Besuchern, die an kulturelle Überlegenheit und Unterordnung sowie an eine darauf beruhende Unterscheidung zwischen zivilisierten und primitiven oder ‚wilden' Menschen gewöhnt sind, werden die Aschanti absichtlich auf einer

---

[25] Es verweist auch auf den Exhibitionismus, der solchen Ausstellungen immer innewohnt, da sie auf das unverhohlene Sich-Zeigen und das genüssliche Beschauen bauen.
[26] Ebd., S. 13.

niedrigeren kulturellen Stufe vorgeführt, als sie sich in Wirklichkeit befinden, damit das zahlungsfähige Publikum seine exotischen und Überlegenheitsphantasien befriedigt wissen kann. Völkerschauen hatten eine zweifache Funktion: Sie sollten das Exotische näher bringen und wissenschaftlichen Zwecken dienen. Da die gesamte Einrichtung der Ausstellungen auf Illusion basierte, vermittelte sie jedoch ein illusorisches, in vieler Hinsicht falsches Bild vom Fremden. In einer Zeit, als die Massenmedien noch nicht up to the minute über Vorgänge in der ganzen Welt informieren konnten, waren Völkerschauen dennoch ein wichtiges und spektakuläres Informationsmedium für die europäische Bevölkerung.

Indem Altenberg beide Seiten der Medaille zeigt, demonstriert er, dass trotz weitgehend verbreiteter Auffassungen durchaus auch alternative Positionen im zeitgenössischen Diskurs präsent waren, wenn auch von einer Minderheit, wie ihm selbst, vertreten. Der eigene Status als Angehöriger einer Gruppe, die sich weit ab vom mainstream befindet, rückt Altenberg selbst in die Nähe der Aschantis und weckt zugleich Sensibilität für und Mitleid mit den Ausgelieferten. Dennoch ist auch Altenbergs Denken nicht frei von Klischees wie es seine Betrachtung der Aschantis als „Paradieses-Menschen" und Naturwesen beweist.

MAJA TSCHOLADSE

Impressionistische Prosaskizzen im Vergleich

Peter Altenberg (Wien) und Niko Lortkipanidse (Tiflis)

Altenberg und Lortkipanidse sind zwei Meister der Kurzprosa, die einander kannten, doch ihre Zeitgenossenschaft führte sie auf ganz verschiedene Wege.[1] Es geht wohl auf die Tradition des christlich-orthodoxen Glaubens in Georgien und die dadurch geprägte spezifische sozial-historische Situation zurück, weshalb die georgische Literatur der Jahrhundertwende sich ganz anders entwickelte als die europäische. Deshalb lässt sich eine Bezeichnung wie „fin de siècle" auf die Literatur dieser Zeit in Georgien nicht anwenden, wiewohl die französische wie auch die deutsche Literatur im ausgehenden 19. Jahrhundert unter dem Eindruck stand, eine Epoche gehe mit dem Jahrhundert zu Ende. „Das Gefühl des Untergangs und des Verfalls der eigenen Zivilisation schwang in diesem Ausdruck mit und verband ihn von Anfang an mit dem Begriff der Dekadenz", betont Sørensen.[2] Stärker als der Impressionismus wurde in Georgien der Symbolismus entwickelt und verbreitet.

> Die georgischen Impressionisten hatten im Unterschied zu den Symbolisten keine theoretischen Verordnungen, keine „Programm-Manifeste" [...] wie die Dekadenten. Die Impressionisten waren Einzelne, schufen eigenständige Werke. Gemeinsam waren ihnen nur ihre in gleichartigem Stil geschaffenen Werke und nicht ihre theoretischen Vorstellungen oder ihr ästhetisches Credo.[3]

---

[1] Für die Durchsicht des Manuskripts und hilfreiche Hinweise danke ich Margret Schuchard, Heidelberg.
[2] Sørensen, Bengt Algot: Geschichte der deutschen Literatur, Bd. II. Vom 19. Jahrhundert bis zur Gegenwart. München 1997, S. 117.
[3] Bejanischwili, Rostom: Niko Lortkipanidse. (Niko Lortkopanidse) Tbilissi 1969, S. 6. Diese wie die anderen Studien georgischer Autoren liegen nicht in deutscher Übersetzung vor, so dass

Der Dichterkreis von Symbolisten, die sich ‚cisferyancelebi', „Die blauen Hörner" nannten, war zwar bedeutend, hielt sich aber nicht an den europäischen Symbolismus, sondern bildete eine georgische Form heraus mit europäischer Färbung. Auch der Impressionismus entwickelte sich eigenständig.

Nicht selten heißt es, dass „Niko Lortkipanidse ein besonderer Fall in der georgischen Prosa des 20. Jahrhunderts"[4] sei. In der Literaturkritik gilt Lortkipanidse nicht einmal als typischer Impressionist, sondern als Realist, der anfänglich mit impressionistischen Zügen arbeitete.[5] Andere, wie Kakabadse[6] oder Milorawa[7], meinen, dass bei Lortkipanidse vom Impressionismus im Grund lediglich die künstlerischen Ausdrucksformen geblieben sind. Die Eigentümlichkeit seines Schaffens zeigt sich nicht nur in der originellen Wahl der Themen und ihrer spezifischen Darstellung, sondern auch in der Schreibmanier, die seinen besonderen Denkstil reflektiert. Tariel Kwantschilaschwili nennt Lortkipanidse nach seinem berühmten Werk *Zerstörte Nester* (1916) einen „Maler der zerstörten Nester".[8] Zerstört waren zum Beispiel die „Nester" des niederen Adels, die durch die Industrialisierung ihre Lebensgrundlage verloren hatten. Über „Adelige des Herbstes" (semodgomis aznaurebi), wie Dawit Kldiaschwili sie nannte, schrieb Lortkipanidse oftmals. Es sind frühere Fürsten, die einst das Leben in vollen Zügen auszukosten wussten, stilvolle und noble Menschen, die nun aber das Spiel des Lebens verspielt haben. Sie bedauern, dass es so gekommen ist, sind jedoch nicht verbittert. Oft fühlt man die starke Nostalgie des Vergangenen, aber niemand wird degradiert oder demoralisiert. Zwar sind die Menschen arm, haben keine Kleidung, kein Haus, wohnen wie von Gott Vergessene, trotzdem sind sie stolze Georgier, sie behalten ihre Würde und versuchen, ihre

---

ich die Werktitel zur Information auch auf Deutsch wiedergebe. Alle Zitatübersetzungen aus dem Georgischen hier und im Folgenden sind meine eigenen.

[4] Abramischwili, Elisso: Niko Lortkipanidse. Gamotschenil adamianta cchovreba 57. (Niko Lortkipanidse. Das Leben der berühmten Menschen 57). Tbilisi 1977, S. 67.

[5] Dazu vgl. Abramischwili sowie: Ghambaschidse, Nana: Niko Lotrkipanidsis mchatvruli stilis tavisebureebani. (Die Eigenschaften des literarischen Stils von Niko Lortkipanidse) Tbilisi 1980. Jghenti, Bessarion: Niko Lortkipanidse. (Niko Lortkipanidse) Tbilisi 1972. Kwantschilaschwili, Tariel: Niko Lortkipanidse. Tbilisi 1980.

[6] Kakabadse, Nodar: Impresionizmi da Niko Lortkipanidse. /qartuli ena da literatura skolaschi/ (Impressionismus und Niko Lortkipanidse. In: Georgische Sprache und Literatur in der Schule) 1 (1982), S. 20.

[7] Milorawa, Inga: Niko Lortkipanidsis mchatvruli dro da siwrce. (Literatische Zeit und Raum vom Niko Lortkipanidse) Tbilisi 1995, S.14.

[8] Kvantschilaschwili, Tariel: Niko Lortkipanidse. (Niko Lortkipanidse) Tbilisi 1980, S. 7.

alten Sitten und Traditionen zu bewahren. Dabei sind sie manchmal lächerlich, aber eine große innere Kraft des Volkes ist zu spüren. Eindringlich wird das tragische Schicksal eines alten Mannes in der Miniatur „Der Alte vom Jenseits" (mochuci im qveynidan) gezeichnet; sie ist eine der fünf Miniaturen der von einem auktorialen Erzähler eingeleiteten Sammlung *Zerstörte Nester*. In die längst verarmte Adelsfamilie kommt als Gast ein Verwandter zurück, der lange im Ausland gewesen war. Statt des nicht mehr vorhandenen Hauses muss ein kleiner Maisspeicher, der im Hof steht, als Behausung dienen, ohne Treppen. Es ist gefährlich, auf dem zerstörten Balkon zu laufen, im Zimmer kann man nicht atmen: Schmutz-, Schweiß- und Arzneigerüche mischen sich. Es ist dunkel, auf dem Boden liegen ein zerbrochener Krug, alte Pantoffeln und „der letzte Zeuge des ehemaligen Ruhmes, versilberte Halfter [...]. Wie kommt es, dass diese Armen nach der allgemeinen Sintflut übrig geblieben sind?",[9] fragt sich der Erzähler. Der Gastgeber bietet wie früher dem Gast einen Stuhl an, den es nicht gibt, es gibt keine Fenster, und alle wollen sie aufmachen. „Angeblich absichtlich war die Nacht still und ruhig, vom klaren Himmel sah der Mond uns höhnisch an, und der Geruch wagte nicht das Zimmer zu verlassen".[10] Nach dem kurzen Gespräch wird klar, dass der einzige Sohn sich umgebracht hat, die Familie hat Bankschulden, und sie sind ganz verloren. Der Erzählrhythmus ändert sich nicht, aber es ändert sich die pessimistische Färbung des Erzählten, als ins Zimmer der ehemalige Diener der Familie eintritt, ein stummer Mann. Er ist geblieben und ist treu und aufmerksam wie früher. Der Gastgeber möchte für den Gast ein Huhn schlachten und ein schmackhaftes Essen vorbereiten. Sowohl der Gast als auch der Leser sind sicher, dass diese Familie gar kein Huhn hat, aber der Ton des Gastgebers ist erstaunlich sicher. Der Gast, der zugleich der Erzähler ist, behauptet, dass er todmüde sei und keinen Hunger habe. Der Gastgeber ist unzufrieden, weil es sich nicht gehört, dem Gast nichts anzubieten. Niko Lortkipanidse schreibt, wie gewöhnlich, mit kurzen, gespannten Sätzen. Es reicht nur eine halbe Seite, um zu erzählen, wie der Gast im schmutzigen Bett nicht einschlafen kann und will, wie er aus dem Fenster springt und fast die ganze Nacht im Hof spaziert. Zwar ist jeder Satz die Weiterführung des vorigen, aber fast jeder neue Satz fängt mit einem Absatz an. Deswegen ist die erzählte Situa-

---

[9] Lortkipanidse, Niko: Tchzulebata sruli krebuli othch tomad (Vollständige Sammlung der Aufsätze in vier Bänden). Bd. 1. Tbilisi 1958, S. 569.
[10] Lortkipanidse, S. 570.

tion sehr eindringlich. Gleichzeitig spürt man eine liebevolle und doch leicht ironische Haltung des Schriftstellers zu seinen Figuren: „Ins Fenster trat der feine Schein des Mondes ein und färbte die hiesige Unglückseligkeit dichterisch."[11] Wenn Niko Lortkipanidse über die vergangene Größe und den ehemalige Reichtum des niederen Adels schreibt, benutzt er oft solche ironischen Töne, die niemals höhnisch oder böswillig sind. Er ist ein tiefgläubiger Christ, und seine Trauer ist nie pessimistisch oder grenzenlos dekadent.

Niko Lortkipanidse wurde 1880 in einer alten westgeorgischen Adelsfamilie geboren. Seine Vorfahren waren bekannte Fürsten in Imeretien (Westgeorgien), aber zur Zeit seiner Geburt war der alte Ruhm der Familie schon Vergangenheit. Niko Lortkipanidse besuchte das Gymnasium von Wladikawkas (Hauptstadt des heutigen Nordossetien), dann studierte er an der Universität Charkow (in der Ukraine) Mathematik, wo er wegen Teilnahme an einer Studentendemonstration exmatrikuliert wurde und die Stadt verlassen musste. Später, im Jahre 1902, setzte er das Studium an der Leobener Bergakademie in Österreich fort. Nach seinem Studium ohne Abschlussexamen kehrte Lortkipanidse im Jahre 1907 endgültig in seine Heimat zurück. Sein ganzes Leben lang arbeitete er als Deutschlehrer und widmete sich gleichzeitig der literarischen Arbeit. Lortkipanidses pädagogische Tätigkeit begann in Tbilissi im Fürstengymnasium, von 1912 bis 1925 setzte er die Arbeit in Kutaissi fort, zunächst im Ersten Humanistischen Gymnasium, dann in der Realschule und später im Frauengymnasium und Technikum. Von 1928 bis 1937 lebte Lortkipanidse wieder in der Hauptstadt und unterrichtete am Polytechnischen Institut Tbilissi. Jahrelang hatte er den Lehrstuhl für Fremdsprachen inne. Er verfasste mehrere Lehrbücher der deutschen Sprache. 1921-1937 war Lortkipanidse Mitglied des Präsidiums des Schriftstellerverbandes. Nach langer Krankheit starb er im Jahre 1944.

In seiner Autobiografie (vorhanden im Museum der Literatur) nennt Niko Lortkipanidse das Jahr 1902 als Anfang seiner literarischen Tätigkeit.[12] In verschiedenen Zeitungen, Zeitschriften und literarischen Sammlungen wurden seine publizistischen Schriften und literarischen Texte veröffentlicht. Es waren meistens Miniaturen und Skizzen. 1908 erschienen seine ersten wichtigen Werke, sie gehören zur ersten Periode seines Schaffens.[13] In Lort-

---

[11] Lortkipanidse, S. 571.
[12] Abramischwili, S. 25.
[13] Bejanischwili, (S. 6) teilt Lortkipanidses Schaffen in vier wichtige Perioden ein: I. 1902-1912, II. 1913-1916, III. 1917-1926, IV. 1928-1944.

kipanidses impressionistischer Periode, der ersten seines Schaffens, hatte Peter Altenberg, ein berühmter Wiener Bohemien und Meister der Skizze, des Feuilletons, der Anekdote, einen großen Einfluss auf ihn. Gern wüsste man mehr über die Beziehung der beiden, doch Abramischwilis Biografie von Lortkipanidse ist nicht Näheres zu entnehmen. Wir wissen nicht, wie lange die Beziehung dauerte, wo sie einander kennenlernten oder wo nach Quellen gesucht wurde. Wir erfahren nur, dass es über Lortkipanidses in Europa verbrachten Jahre außer einigen unwichtigen Fakten keine Informationen gibt[14] und nebenbei den Hinweis in Klammern, dass beide Autoren einander kannten:

> In den Jahren 1910-1911 war Lortkipanidse Redakteur der wöchentlichen Zeitschrift *Leben und Schaffen (cxovreba da shemoqmedeba)*. Dort wurde fast die ganze Intelligenz der Zeit publiziert [...]. Im ersten Heft der Zeitschrift wurde die Übersetzung von Peter Altenbergs ‚Dialog' ohne Nennung des Übersetzers Niko Lortkipanidse gedruckt (Niko Lortkipanidse kannte Altenberg persönlich).[15]

Die Themen von Lortkipanidses Kurzprosa sind andere als die seiner Wiener Kollegen, zu denen außer Peter Altenberg auch Arthur Schnitzler gehörte. Lortkipanidses Arbeiten unterscheiden sich von den europäischen Varianten durch ihren georgischen Inhalt mit realistischen Zügen.

In „Der letzte Wunsch" aus dem Jahre 1908 geht es um den Wunsch eines todkranken Mannes, der seinen Arzt bittet, ihm über seine Krankheit die Wahrheit zu sagen. Ohne Einführung, ohne Vorgeschichte gerät der Leser ins Zimmer des sterbenden Mannes: „Wenn Sie mir genau sagen, dass ich morgen sterbe, wird es keinen schlechten Einfluss auf meinem Organismus haben. Die Ärzte vermeiden doch nur deswegen die Wahrheit zu sagen, weil sie Angst haben, dass die schlechte Nachricht auf den Kranken schlecht wirkt und sie früher sterben", sagt der Kranke.[16] Der Arzt denkt, vielleicht könnte der Patient ihm nach dem Tod etwas hinterlassen, aber dann erfährt er, dass der Kranke nichts zu vermachen hat. Jetzt versteht er überhaupt nicht, warum der Kranke wissen will, wann er sterben wird. Da erfahren wir die Wahrheit, die man nicht erwartet hat:

---

[14] Abramischwili, S. 25.
[15] Abramischwili, S. 36.
[16] Lortkipanidse, S. 6

Sehen Sie jenen Hund? Er ist mein liebstes Wesen, und ich bin auch der Einzige für ihn, er hat niemanden außer mir. Keinem Menschen wird er gehören, niemand ernährt ihn, sorgt für ihn. Nach meinem Tod kann niemand seine Trauer erleichtern, deswegen will ich ihn selbst töten: plötzlich und leicht, damit er keinen Schmerz fühlt. Deswegen sagen Sie mir bitte rechtzeitig, wann ich sterbe.[17]

Der erstaunte Arzt murmelt etwas vor sich hin und verspricht es dem kranken Mann. Das ist der Inhalt der kleinen Erzählung, die weniger als eine Seite umfasst. Aber die Einsamkeit des Menschen, von der sie berichtet, ist grenzenlos. Der Autor zeigt, dass sogar der Arzt, der ein warmherziger Helfer sein sollte, als erstes an das Ersparte des Kranken denkt. Der Sterbende ist sicher, dass, obwohl ihn niemand besucht, nach seinem Tod sofort Leute auftauchen werden, die ihn beerben wollen. Trotzdem ist er ruhig. In seiner Umgebung findet er keinen Menschen, der ihn liebt, und auch er hat sich daran gewöhnt, niemanden zu lieben. Es gibt ein einziges Lebewesen, das nach seinem Tod traurig sein wird, das ist der Hund. Die Erzählung ist eine bittere Satire über Menschen, die keine Ideale und keine Verantwortung haben. Die ganze Umgebung des armen kranken Mannes besteht aus schamlosen Menschen, dem Arzt ebenso wie den Verwandten. Der Mensch ist allein wie der Hund. Sogar in seiner impressionistischen Periode schrieb Niko Lortkipanidse fast nie ohne großen Ernst.

Peter Altenbergs splitterartige Skizzen sind typisch impressionistisch, sie zeigen den Augenblick, aber sie halten ihn nicht fest. Es ist schwer, die Vor- und Nachgeschichte zu verstehen. Die Skizze „Das Hotel-Stubenmädchen" ist aber ein interessantes Beispiel dafür, dass es ungeachtet des ‚unernsten' Vorhabens des Autors, nur flüchtige Augenblicke darzustellen, dennoch das traurige Schicksal einer einsamen Frau andeutet, die mit ihrem dreijährigen Kind von ihrem Mann verlassen worden war. Bis auf wenige Sätze, hauptsächlich am Anfang und am Ende, ist die Szene ein Dialog zwischen der Frau und dem Ich-Erzähler, der wahrscheinlich ein Gast im Hotel ist:

Ich sagte: „Woher sind Sie, Marie?!"
„Aus Kärnten."
„Sie müssen ja die Dorfschönheit gewesen sein – – –."

---

[17] Ebd.

„Das war ich!"
„Und alle Jünglinge müssen sich um Sie beworben haben – – –."
„Das haben sie getan."
„Und da haben Sie sich *den* gerade aussuchen müssen?!"
„*Er mich!*"
„Und Sie sind so ruhig, so gesichert! – – –."
„Da kann man nicht aufbegehren. Es ist das Schicksal!"
„Nein, die Dummheit war es, die Borniertheit – – –."
„*Das ist ja unser Schicksal!*"

Später sagte sie: „Rühren Sie mich nicht an, es paßt mir nicht. Weshalb streicheln Sie meine Haare?! An mir ist nichts mehr zum Streicheln – – –"
Ich schenkte ihr eine Krone.
„Wofür geben Sie mir das?!"
„Gewesene Dorfschönheit!" erwiderte ich. Da begann sie zu weinen.[18]

In knapper Stichomythie in geradezu lakonischem Ton wird diese kleine dramatische Szene gestaltet. Die beiden Sprechenden treffen aufeinander – der neugierige Außenseiter als Frager übernimmt die Initiative und hat die überlegene Position gegenüber dem Stubenmädchen. Er veranstaltet ein Verhör mit ihr, und sie antwortet willig auf seine Suggestivfragen, doch lässt sie sich nicht manipulieren und zieht eine scharfe Grenze, wenn der Frager ihre Situation anders interpretieren will als sie es selbst tut. Die Deutungshoheit ihres Schicksals lässt sie sich nicht in Abrede stellen, und sie wehrt auch seine herablassende Geste des Haarestreichelns ab. Aufbegehren tut sie nicht, das würde ja doch nichts ändern an der Tatsache, dass sie das Opfer von Dummheit und Borniertheit geworden ist. Obwohl sie vom Trinkgeld lebt – der Frager trifft auf sie beim Trinkgeldzählen, ist sie fest entschlossen, sein Geschenk einer Krone abzulehnen, weil sie ja nichts getan hatte, um es zu verdienen. Die „gewesene Dorfschönheit" als Grund für die Gabe ist eine unverschämte Mitleidsgeste des frivolen Gastes gegenüber dem Stubenmädchen, verbrämt durch die nostalgische Rückwendung zu glücklicheren Tagen. Insofern ist das Weinen der jungen Frau eine sehr komplexe Reaktion darauf, dass der Hotelgast sie vorgeführt hat, aus egozentrischen Gründen zur eigenen Befriedigung, und sie nun vor dem Scherbenhaufen ihres Lebens steht. Denn nicht die Dummheit hat das letzte Wort, sondern die aristoteli-

---

[18] Altenberg, Peter: Das Hotel-Stubenmädchen (in „Semmering", Berlin 1913). URL: http://gutenberg.spiegel.de /buch/4599/5 – Abruf am 11. 03. 2011.

sche Anagnorisis. Aber der erzählte Erzähler hat nichts begriffen und hat sich als mitleidslos entlarvt.

Über die Ähnlichkeit und den Unterschied zwischen diesen beiden Impressionisten schreibt Kakabadse:

> Etwa ähnlich sind ihre Skizzenform, Ausdrucksmittel, Szenen – auch der Dialogaufbau und ihre Wiedergabemanier, aber der Hauptunterschied zwischen diesen Schriftstellern besteht darin, dass Niko Lortkipanidse in seinen Miniaturen und Skizzen aufrichtig lyrisch ist, sein Ton ist pathetisch-ernst. [...] Altenberg aber schreibt fast immer ironisch und humoristisch, oft ist er nihilistisch und sogar zynisch, sein Ton ist eher frivol-anekdotisch, als ob alles ein Spiel wäre. In Niko Lortkipanidses Kurzprosa fühlt man mehr sozialen und menschlichen Schmerz.[19]

Die Thematik von Lortkipanidses Kurzprosa ist anders: Er schreibt oft über religiöse Themen: Freiheit und Patriotismus sind seine Themen. Oft sind Lortkipanidses Helden Emigranten oder irgendwo in der ‚Gefangenschaft'. Fast in jedem Werk bleibt der Autor eng an die georgische Realität gebunden. Er interessiert sich intensiv für die Geschichte Georgiens. Auch seine beiden Romane sind historisch: *Vom Pfad auf die Schienen* (1930), *David der Erbauer* (unvollendet). Die „beherrschenden Gegenstände der Skizzen" von Altenberg sind (im Unterschied zu Lortkopanidse) „die Natur, die Frau, das Kind",[20] er kommt mit wenigen Typen aus.

Von den europäischen Impressionisten – vor allem Peter Altenberg und Arthur Schnitzler – unterscheidet sich Niko Lortkipanidse auch als Persönlichkeit durch seinen stark ausgeprägten Stil. Besonders korrekt war Niko Lortkipanidse, anders als ein Bohemien, in allen Lebensäußerungen, von der Kleidung bis zu den Umgangsformen mit Anderen. Er war dünn, kahlköpfig, blass, ein Brillenträger mit Schnurrbart und kurzem Bart, immer ordentlich und sauber angezogen, oft in Leinenanzug und Zylinder. Er sprach wenig, war nicht streng, aber seine Korrektheit bewirkte immer Respekt und Zu-

---

[19] Kakabadse, Nodar: Impresionizmi da Niko Lortkipanidse. /qartuli ena da literatura skolaschi/ (Impressionismus und Niko Lortkipanidse. In: Georgische Sprache und Literatur in der Schule) 1 (1982), S. 29.
[20] Viering, Jürgen: Peter Altenberg. In: Reclams Romanlexikon. Deutschsprachige erzählende Literatur vom Mittelalter bis zur Gegenwart. Hg. v. Frank Reiner Max u. Christine Ruhrberg. Stuttgart 2000, S. 19.

rückhaltung bei Fremden. In der Literaturkritik betont man oft, dass die literarischen Figuren von Lortkipanidse dem Verfasser ähnlich sind – genauso wortkarg und zurückhaltend wie er selbst. Sie haben tiefe Gefühle, sie sind einfache Leute ohne große Ansprüche, aber trotz ihrer niederschmetternden Erfahrungen aufrecht geblieben mit zumeist unbemerkten und ungeschätzten Eigenschaften, die Lortkipanidse ans Licht hebt. Da ist die einsame früh verwitwete Frau, die ihre drei vaterlosen Kinder aufopfernd ernährt und erzieht, doch am Ende, als die Kinder eigene Familien gegründet haben, sind sie der Mutter trotzdem nicht dankbar, weswegen die stolze und edelmütige Frau die Familie verlässt und allein in einer fremden Stadt stirbt. Solchen Menschen setzt niemand ein Denkmal, sie verschwinden aus dem Gedächtnis, kommentiert traurig der Erzähler.

Beispielhaft ist auch der Bauer in „Das Leben des Bauern in Imeretien" (1910), den der Ich-Erzähler Petroii nennt – das ist die Dialekt-Variante des Namen Petre (Peter); der Name ist aber weder höhnisch gesagt, als ob er ihn erniedrigen möchte, noch ironisch. Arm ist der Bauer Petroii, aber fröhlich und zupackend, und er arbeitet unverdrossen auf seinem kleinen Maisfeld am Berghang, kann ein kleines Häuschen auf dem Berg bauen und heiraten. Wortkarg und zuverlässig ist er und schafft es, auch die im Dorf gebliebenen Familien seiner Brüder, die in der Stadt arbeiten, versorgen zu können, für die er Verantwortung trägt. Zwar macht er sich durch seine Erfolge Feinde, und als die Brüder zurückkehren, gibt es Streit um den Besitz, so dass ihm am Ende nur das Maisfeld am Berg, ein Stier und wenig Geld bleiben. Das Gerüst dieser knappen Skizze verdankt seine Wirkung den wie Solitäre stehenden unverbundenen Sätzen, die erst der Leser deutend zusammenfügt, so dass ein heroisches Bild des Bauern entsteht. Der schlichte imeretische Bauer in seinem heldischen Kampf gegen die Armut trägt ritterlichen Geist in sich, er ist tapfer und hilfsbereit, innerlich frei und unabhängig. Mit größter Hochachtung schildert Lortkipanidse ihn als beispielhaften Georgier.

> Auf dem Feld ist das gleiche Gras gesät.
> Im Wald stehen aber verschiedene Bäume.
> Die Stadt hat Bewohner.
> In Imeretien sind einzelne Besitzer.
> Das einzelne Hauswesen, der imeretische Bauer kämpft alleine gegen den Feind. Er hilft den Mitbewohnern, er ist allein im Kampf gegen

seine Armut und dabei trinkt er den ermunternden Nektar der Unabhängigkeit.
In Imeretien sind so viele Herrscher wie Berghöhen.[21]

Bestimmte Wahrnehmungen erzeugen bestimmte Gefühle, und der Impressionist will sie vermitteln; dass er sie analysierend durchdenkt, sieht er nicht als seine Aufgabe. Aus den Eindrücken, die er in einem bestimmten Zeitraum erhält, bringt er nur den knappsten Teil davon ohne irgendwelche Zusammenfassungen zum Ausdruck. Wie er mit dem Moment umgeht, verdankt er dem Einfluss des Impressionismus. Die in Österreich verbrachten Jahre hatten wichtige Auswirkung auf die theoretischen Vorstellungen des Autors, obwohl er selbst keine theoretischen Schriften oder Manifeste geschrieben hat. Im künstlerischen Werk ist es fast nie möglich, die zeiträumliche Dimension statisch darzustellen, so sucht der Autor nach Darstellungsmöglichkeiten für dynamische Bilder der Wirklichkeit. Er bricht das statische Prinzip des Impressionismus und versucht, ihn mit Bewegung anzureichern; ihm reicht es nicht, nur einen flüchtigen Eindruck zu schaffen. So hebt Inga Milorawa hervor, Lortkipanidses „Augenblick" sei dynamisch, beweglich, lebendig, und er „gibt dem Leser den Anstoß, weiter zu denken, die erzählte Geschichte selber zu durchdenken und zu vollziehen"[22]. In der Tat ist für Lortkipanidse der Leser so wichtig wie nirgends sonst in der georgischen Literatur, und die Distanz zwischen Autor und Leser wird nahezu aufgehoben, wenn der Leser direkt mit warmen Worten angesprochen wird.[23] In einem seiner besten Werke, *Ohne Segel* (1910), beschreibt Lortkipanidse sein Verfahren: „Ich biete Dir verschiedene Bilder des Lebens an. Sie miteinander zu verbinden traue ich Dir zu [...] Ich bin doch sicher, dass dem Leser noch mehr Raum gegeben werden muss für die Phantasie, für die schöpferische Tätigkeit [...] Der Leser ist zum Überdruss gelangweilt, wenn er alles schon fertig auf seinen Platz gestellt vorfindet."[24] Der Schriftsteller schafft den Rahmen, fährt er fort, erwartet aber vom Leser, dass er das Werk fertig stellt, denn er vertraut dem Geschmack und den Wünschen der Leser.

So bezieht Niko Lortkipanidses Erzählen den Leser in den Schaffensprozess ein, indem er vieles ungesagt lässt und damit rechnet, dass der Leser weiterdenkt. Seine Andeutungen des nicht explizit Gesagten sind für den

---

[21] Lortkipanidse, S. 63.
[22] Milorawa S. 11.
[23] Dazu Abramischwili, S. 78.
[24] Lortkipanidse, S. 71.

Dichter ein wichtiges Mittel, um die kurzen Sätze mit Bedeutung aufzuladen und gespannter zu machen, ihnen mehr Emotion und Intensität zu verleihen. Wie Tariel Kwantschilaschwili treffend bemerkt, ist Lortkipanidses Welt nicht nur real, sondern auch verallgemeinert und typisiert. Sogar seine ganz knappen Episoden sind immer verallgemeinert, seine Beziehung zur Wirklichkeit ist realistisch, aber seine Schreibweise impressionistisch. Kwatschilaschwili bringt Niko Lortkipanidses Arbeit auf die überzeugende Formel, dass bei ihm ein „realistischer Impressionismus" oder ein „impressionistischer Realismus" entsteht.[25] Er kann über die Dinge nicht nur von außen als emotional berührter Zuschauer berichten, sondern seine eigenen Gefühle mischt er im Erzählten ein. Das gibt seinem Erzählton eine besondere Färbung. Dafür dienen ihm lyrische Einlagen oder die Ich-Erzählsituation. In der Miniatur „Das Läuten (der Glocke)" aus *Die Skizze* (1911) sagt der Sprecher:

> Hört einmal dem Läuten der Kirchenglocken zu!
> Christus! – tost eine Glocke.
> Ist auferstanden! – ruft die andere.
> Christus ist auferstanden! – tost die dritte.
> Wahrhaftig! – antwortet die vierte. […]
> Ja-ja-ja-ja – piepsen die kleinen Glocken.
> Ich werde auferstehen! – hört man hört man ungeläutet die Stimme des schwachen aber doch hoffnungsvollen Menschen. […]
> Zwanzig Jahre lang höre ich dieses Läuten. Ich warte, warte […]. Ungeduldig schreie ich selbst: ‚Georgien wird auferstehen', ich versuche lauter als die Kirchenglocken zu sein.[26]

In diesem Schrei bricht sich 1911 die kirchlich-politische Sehnsucht nach Unabhängigkeit vom russischen Imperium Bahn, denn hundert Jahre zuvor war 1811 die bis dahin eigenständige georgische orthodoxe Kirche dem russischen Patriarchat unterstellt worden. Noch war für den dreißigjährigen Autor, der seit seiner Kindheit und mit Demonstrationen während seiner Studienzeit die Unabhängigkeit Georgiens ersehnt hatte, nicht abzusehen, dass die Kirche im März 1917 ihre vormalige Unabhängigkeit wieder erlangen würde; ein Jahr später erfolgte nach der Oktoberrevolution die staatliche Unabhängigkeitserklärung. Intellektuelle und Künstler, das ganze Volk teilte

---

[25] Kwantschilaschwili, S. 5.
[26] Lortkipanidse, S. 115.

diese Sehnsucht. Der emotionale Inhalt des Gesagten gewinnt durch die kurze literarische Form an Intensität. Langes und detailreiches Reden würde die Emotionen nicht verstärken, sondern umgekehrt trifft zu: je kürzer die Erzählzeit ist, desto intensiver sind die Gefühle. Deswegen sind Miniaturen und Skizzen kongeniale Ausdrucksformen für Niko Lortkipanidse. Er schreibt mit ganz knappen Sätzen. Manchmal sind es nur Verben oder Adjektive. Auch hier setzt er oft einen neuen Absatz, selbst wenn er nur aus einem Satz besteht.

Im Unterschied zu Lortkipanidse war Peter Altenberg der Inbegriff des Wiener Kaffeehausliteraten und Bohemien, der sich „von Karl Kraus gefördert – als freier Schriftsteller in den Kaffeehäusern einrichtete, dort residierte, arbeitete und lebte".[27] Im Wien der Jahrhundertwende leistete das Kaffeehaus einen nicht zu überschätzenden Beitrag zur Literaturentwicklung. Unter den herausragenden Autoren der Wiener Moderne sind Hermann Bahr, Richard Beer-Hofmann, Hugo von Hofmannsthal, Felix Salten und Arthur Schnitzler zu nennen. Zwar gab es Kaffeehäuser und Künstlercafés inzwischen in allen größeren Orten, doch gerade in Wien wurden sie zu Orten, in denen man lesen, diskutieren, kritisieren, sogar schreiben und korrigieren konnte, und man konnte zum Preis eines Kaffees zwanglos Zeitungen lesen, die zu abonnieren viel zu teuer gewesen wäre.[28] Dort bildete sich eine neue Art des Lebens aus, die sich von der streng geregelten und fixierten Arbeitswelt unterschied, und es entstand durch diesen Lebensstil ein spezifischer Typus von Intellektuellen unter den Bedingungen der Moderne, der Bohemien. Mit der Zeit hatten allerdings immer weniger Literaten den Wunsch, von ständigen Geräuschen umgeben zu sitzen, durch Gasflammen verdorbene Luft zu atmen und die unruhige Atmosphäre zu ‚genießen'. So beklagte Edmund Wengraf in *Kaffeehaus und Literatur* (1891) die daraus folgende Oberflächlichkeit und den Mangel an Aufmerksamkeit, sie führe zum geistigen Ruin der Wiener Gesellschaft: „Der Kaffeehausleser gelangt dahin, jeden Artikel, jedes Feuilleton, alles, was mehr als hundert Zeilen lang ist, ungenießbar zu finden. Er hört überhaupt auf, zu lesen, er ‚blättert'

---

[27] Bachmaier, Helmut: Altenberg, Peter (d. i. Richard Engländer). In: Lutz, Bernd (Hg.): Metzler Autoren Lexikon. Deutschsprachige Dichter und Schriftsteller vom Mittelalter bis zur Gegenwart. Stuttgart / Weimar 1997, S. 49.
[28] Bunzel, Wolfgang: Kaffeehaus und Literatur im Wien der Jahrhundertwende. In: Naturalismus, Fin de siècle, Expressionismus 1890-1918. Hg. v. York-Gothart Mix (Hansers Sozialgeschichte der deutschen Literatur vom 16. Jahrhundert bis zur Gegenwart. Bd. 7). München 2000, S. 288.

nur mehr."[29] Das wirkte natürlich auf die Literaten zurück, die sich von unproduktiver Dekadenz absetzen wollten, und mag dazu beigetragen haben, weshalb sich Einige besonders der Kurzprosa widmeten.

Peter Altenberg, der eigentlich Richard Engländer hieß, war „der eigentliche Prototyp des Kaffeehausliteraten".[30] Er wohnte, schrieb und traf sich mit den Kollegen im Café Central. Einerseits machte er diese Lokalität berühmt, andererseits förderte und prägte es seine Lebensweise. Wegen seines überempfindlichen Nervensystems war er arbeitsunfähig und lebte wie ein Vagabund. Er versuchte, möglichst ein Gegentypus des bürgerlichen Schriftstellers zu sein und schrieb gern im Bett. Alkohol- und Schlafmittelgenuss lösten mehrfach eine Nervenkrise aus. „Offenbar wußte er genau, daß nur sein Auftreten im Ambiente des bürgerlichen Kaffeehauses jene Wirkung erzeugte, die der Ausbildung und Verbreitung eines bestimmten Mythos dienlich war".[31] Diesen Künstlermythos kultivierte er und tat noch ein Übriges: „Anfang der neunziger Jahre legte er seinen bürgerlichen Namen ab und nannte sich Peter Altenberg. Durch sein eigenwilliges Äußeres – nietzscheähnlicher Schnauzbart, Reformkleidung, Holzsandalen [war er sehr populär, und] 1894 kam er mit dem Kreis der Jungwiener Autoren in Berührung".[32] Für die junge Generation wurde er zum ‚Künstler-Idol', zur ‚positiven Projektionsfigur', zum ‚schreibenden Bohemien'.[33] Mit ihm bekannt zu sein gehörte zum guten Ton. Peter Altenberg unterschied sich von seinen Kollegen auch dadurch, dass er seine Texte, wenn auch die kürzesten Skizzen, tatsächlich im Café schrieb, im „Telegramm-Stil der Seele", wie er es in seiner „Selbstbiographie" nannte. Ihn regte das besondere Interesse an momentanen Impressionen, Augenblicksbildern und knappen Gesprächsausschnitten zum Schreiben an. Altenbergs Werke sind typisch impressionistische winzige, manchmal fast zu lyrischen Anekdoten gewordene Skizzen. Mit ihrem unernsten, feuilletonartigen Stil wurden sie wichtig als Dokumente versunkener Lebensformen und als Wegbereiter für die Dialogführung eines Thornton Wilder oder Eugène Ionesco.[34]

---

[29] Zitiert nach: Bunzel, S. 291.
[30] Bunzel, S .294.
[31] Bunzel, S. 290.
[32] Bunzel, S. 294.
[33] Zitiert nach: Bunzel, S. 295.
[34] Salzer, Anselm u. von Tunck, Eduard: Der Wiener Impressionismus. In: Illustrierte Geschichte der deutschen Literatur in sechs Bänden. Bd. V: Das 20. Jahrhundert. Frechen o. J. [2001], S. 25.

Es gibt interessante Meinungen dazu, warum gerade diese kurze Form der Skizze für Altenbergs Stil so geeignet war. Köwer sieht eine direkte Verbindung zu ihrem Entstehungsort, also zum Kaffeehaus, wo flüchtige Eindrücke und Beobachtungen zu einer solchen pointierten Mitteilung führten.[35] Hingegen rät Bunzel zur Vorsicht bei der Einordnung aller Kleinformen zur Kaffeehausliteratur, da der Zusammenhang von Kaffeehaus und Literatur allgemeiner und unspezifischer ist und nicht nur die Kleinform begünstigt.[36]

Die Sammlung *Wie ich es sehe* kann für Altenbergs literarisches Verfahren exemplarisch stehen. „Den Augenblick, den flüchtigen Eindruck, die plötzliche Begegnung und die dissoziierte Wirklichkeit holt er mit seiner Ein-Wort- und Ein-Satz-Kunst in die Sprache".[37] In seiner *Selbstbiographie* (1918) beschreibt der Künstler seine Optik und seinen Kult des Sehens, hier einige Splitter daraus:

> Mein Leben war der unerhörten Begeisterung für Gottes Kunstwerk ‚Frauenleib' gewidmet! Mein armseliges Zimmerchen ist fast austapeziert mit Akt-Studien von vollendeter Form. [...]
> Ich war nichts, ich bin nichts, ich werde nichts sein. Aber ich lebe mich aus in Freiheit und lasse edle und nachsichtsreiche Menschen an den Erlebnissen dieses freien Inneren teilnehmen, indem ich dieselben in gedrängteste Form zu Papier bringe.
> Ich bin arm, aber *ich selbst!* Ganz und gar i c h s e l b s t ! Der Mann ohne Konzessionen! [...]
> *Auge, Auge, Rothschild – Besitz des Menschen!* [...]

Altenbergs *Splitter* beschreiben den Verlust der Wertordnung, des Zentralwertes in der zu Ende gehenden Donaumonarchie. Seine Aufgabe sieht er darin, durch seine Skizzen die Sehnsucht wach zu halten nach dem, was nicht da ist und auch niemals kommt. „Er zeigt die kulturell-moralische Degradierung der Gesellschaft auf, aber ohne die Gründe, ohne die Wurzeln nachzuweisen. Niko Lortkipanidse ist klarer, es ist leichter, den Sinn seiner Miniaturen zu erfassen. Er weist direkt und nicht verschleiert auf die soziale und nationale Not der Georgier hin".[38]

---

[35] Zitiert nach: Bunzel, S. 298.
[36] Ebd.
[37] Bachmaier, S. 50.
[38] Kakabadse, S. 29.

Niko Lortkipanidse ist wirklich „ein besonderer Fall" in der georgischen Literatur zu Beginn des 20. Jahrhunderts. Seine Verbindung mit dem europäischen und besonders dem Wiener Impressionismus bereicherte die georgische Literatur. Tizian Tabidse, einer der berühmten georgischen Symbolisten und Mitglied der „Blauen Hörner", schrieb:

> Es liegt keine Gefahr darin, dass der Symbolismus aus einer fremden Kultur zu uns kommt. Schließlich hat Georgien in der Geschichte immer wieder unter Einflüssen verschiedener Kulturen gestanden. Es hat vieles von der griechischen, arabischen und persischen Kultur übernommen und vieles hat es anderen gegeben. Aber das hat Rustaweli nicht gestört, als er sein Werk *Der Ritter im Tigerfell* schuf. Wenn die Kultur etwas Fremdes aufnimmt, kommt es in den eigenen Schmelzofen. Kraft der nationalen Wahrnehmung und Anschauung bleibt nur das, was den nationalen Eigenheiten nahesteht, wozu man enge Beziehungen hat.[39]

Der Wiener Impressionismus und vor allem Peter Altenberg gaben Niko Lortkipanidse wichtige Anregungen für die Ausbildung seines eigenständigen und stark individualistischen Stils. Sein frühes Schaffen ist vom Impressionismus geprägt, der in seiner georgischen Form dieser Epoche der georgischen Literatur Glanz verlieh. Wie Kabakadse bemerkt, war Altenberg ein Dichter des Sehens, Niko Lortkipanidse einer des Fühlens. Der Blick auf beide bereichert unsere Wahrnehmung.

---

[39] Zitiert nach: Ghambaschidse, S. 20.

HARALD D. GRÖLLER

Die Lueger-Theaterstücke als Spiegel der österreichischen (Kultur-)Politik

Nicht selten gingen und gehen Politik und Kultur Wechselwirkungen ein, und in nicht wenigen Fällen gereicht(e) diese Wechselwirkung beiden Bereichen nicht unbedingt zum Vorteil. Im Rahmen dieses Beitrags werden in der Folge kurz zwei Beispiele der künstlerischen „Verarbeitung" einer historischen Persönlichkeit des politischen Lebens präsentiert; konkret werden nun zwei Theaterstücke vorgestellt, die neben den künstlerischen Aspekten auch interessante Rückschlüsse auf die sie umgebende Politik der jeweiligen Zeit ermöglichen. Bei der Persönlichkeit, die als Protagonist in den ausgewählten Theaterstücken auftaucht und dessen Todestag sich im Jahr 2010 zum 100sten mal jährte, handelt es sich um Karl Lueger[1]. Dieser wurde 1844 in Niederösterreich geboren, entstammte einfachen Verhältnissen und konnte nur dank eines Stipendiums ein Elitegymnasium, das Theresianum in Wien besuchen. Dieses absolvierte er, wie auch sein anschließendes Studium der Rechte, mit Auszeichnung. Anschließend arbeitete er als Advokat, wobei er des öfteren die sogenannten ‚kleinen Leute' vor Gericht verteidigte. Mehr und mehr wandte er sich in der Folge der Politik zu, zog in den Wiener Gemeinderat, den Niederösterreichischen Landtag und in das Abgeordnetenhaus des cisleithanischen Reichsrats ein und gründete schlussendlich nach einigen ‚Umwegen', auf die hier nicht näher eingegangen werden kann, die Christlichsoziale Partei, der er vorstand und mit welcher er in Wien ein Machtvakuum füllte, welches durch den Niedergang des Liberalismus, der durch den Börsenkrach 1873 noch beschleunigt wurde, entstanden war. In diese Zeit fällt auch, bedingt durch die sukzessive Erweiterung des Wahlrechts, die Ablöse der Honoratiorenparteien durch die neuen Massenpartei-

---

[1] Zur Biographie Luegers vgl. Boyer, John W.: Karl Lueger (1844-1910): Christlichsoziale Politik als Beruf. Eine Biografie. Wien 2010.

en, wie eben jene bereits erwähnte Christlichsoziale Partei, deren Klientel sich vor allem aus dem Mittelstand und dem Kleingewerbe zusammensetzte, oder die Sozialdemokratische Arbeiterpartei. Aufgrund seiner antisemitischen und antiungarischen Haltung wurde Lueger trotz erfolgreicher Wahlen zum Wiener Bürgermeister von Kaiser Franz Josef mehrmals als solcher nicht bestätigt, ehe er nach dem Ende des sogenannten ‚Dermaliums' 1897 doch noch dieses Amt antreten konnte, welches er bis zu seinem Tode 1910 inne hatte. In seiner Funktion als Wiener Bürgermeister polarisierte er die Massen und prägte als populistischer Volkstribun das politische und gesellschaftliche Leben seiner Zeit und darüber hinaus – sowohl positiv als auch negativ. Gerade in seiner Person treffen visionäre Kommunalpolitik und totaler Einsatz für seine ‚Weaner' einerseits, scharfe Parteipolitik und populistischer Antisemitismus andererseits aufeinander.

So facettenreich Luegers politisches Wirken war, so verschiedenartig ist auch seine – wenn man so will – ‚Rezeptionsgeschichte', die inhaltlich von seiner Sakralisierung bis zum ‚apage Satanas' reicht,[2] und die in unterschiedlichsten Ausprägungen existiert: So finden sich zur Person Luegers, nach dem einige öffentliche Einrichtungen benannt wurden, neben den ‚üblichen' Devotionalien, auch Gemälde, Büsten und Denkmäler, wobei man anmerken muss, dass er bzw. die Christlichsoziale Partei, die Lueger-Bünde und die verschiedenen Vereine schon zu seinen Lebzeiten das betrieben haben, was man heute als PR-Arbeit und Merchandising bezeichnen würde, was damals aber – in der Form und vor allem in dem Umfang – ein Novum war. Hinzu kam Luegers äußeres Erscheinungsbild, bildete doch sein markanter Vollbart das, was man heute als corporate identity bezeichnen würde und ihn auf diversen Darstellungen unverwechselbar machte. Der Luegersche Personenkult machte auch vor den Bereichen des Films, der Literatur und des Theaters nicht halt, wobei gerade der Bereich des Theaters im Kontext des Luegerschen Personenkults als dafür besonders geeignet erschien, bediente sich Lueger selbst doch dieses Mediums der politischen Inszenierung schon zu seinen Lebzeiten als Wahlkampfmittel. Doch abgesehen davon verdient auch die posthume Instrumentalisierung Luegers durch dieses Medium eine besondere Beachtung, denn gerade die zwei nun detaillierter

---

[2] Vgl. dazu Gröller, Harald D.: Die Rezeption des Wiener Bürgermeisters Karl Lueger in unterschiedlichen Begegnungsräumen". In: Begegnungsräume von Sprachen und Literaturen. 2. Bde. Hg. v. Szabolcs János-Szatmári, Noémi Kordics, Eszter Szabó. 1. Bd. Klausenburg / Großwardein 2008, S. 311-332.

präsentierten Lueger-Theaterstücke[3] beinhalten interessante Informationen, weniger hinsichtlich der künstlerischen Darbietung noch in bezug auf die Biographie Luegers, dafür aber umso mehr im Hinblick auf die jeweilige Kulturpolitik, die partiell der Unterstützung der aktuellen Politik der Identitätsbildung resp. -festigung in unterschiedlichen politischen Systemen diente.

Das erste Theaterstück „Lueger, der große Österreicher" stammt von Hans Naderer (1891-1971), der Lueger auch persönlich gekannt hat.[4] Das Stück wurde am 27. November 1934 uraufgeführt; in einer Zeit also, in der in Österreich das Parlament bereits ausgeschaltet war, nach dem Bürgerkrieg endgültig alle Parteien außer der Vaterländischen Front verboten waren und der Staat in einen autorität regierten ständischen Bundesstaat mit neuer Verfassung umgewandelt worden war. Zudem war Bundeskanzler Engebert Dollfuß einem NS-Putsch zum Opfer gefallen und die Regierung unter Bundeskanzler Kurt Schuschnigg geriet zusehens von Hitler-Deutschland unter Druck. In dieser Zeit wurde jedes Mittel und so natürlich auch der Kulturbetrieb eingesetzt, um die ständestaatliche Ideologie zu festigen. Diesbezüglich sind vor allem die Aktivitäten von Rudolf Henz (1897-1987) zu nennen, der als einer der führenden Köpfe des damaligen Kulturbetriebes für die Konzeption und Durchführung entsprechender Massenveranstaltungen wie z.B. seine Fest- und Weihespiele verantwortlich zeichnete. Diese Aufführungen sollten die sogenannte ‚Österreichische Sendung' transportieren, also die Etablierung einer Österreich-Ideologie, die eine eigenständige deutschösterreichische Identität jener der großdeutschen des Nationalsozialismus gegenüberstellte.[5] Dabei wurde besonders der Begriff der Heimat neu aktiviert, der im Falle Österreichs christlich-katholisch und bäuerlich-agrarisch konotiert war, quasi ein „deutsches Volkstum österreichischer Art"[6]. Besagter Rudolf Henz war auch persönlich in das – wenn man so will – ‚Projekt

---

[3] Es existiert noch zumindest ein weiteres Theaterstück, in dem Lueger zumindest als Nebenperson auftritt. Es handelt sich dabei um „Weiningers Nacht", welches 1989/90 auch verfilmt wurde.

[4] Hans Naderer im Neuigkeits-Weltblatt, 10. 3. 1935, zitiert nach: Hans Naderer. Ein österreichischer Volksdichter. (Zum 70. Geburtstag. Hg. v. einer Arbeitsgemeinschaft v. Freunden des Dichters.) Wien / München 1961, S. 30 f.

[5] Vgl. Janke, Pia: „Österreich über alles!" Massenspiele im Austrofaschismus. In: Politische Mythen und nationale Identitäten im (Musik-)Theater. Vorträge und Gespräche des Salzburger Symposions 2001. 2 Bde. Hg. v. Peter Csobádi [u.a.]. 1. Bd. Salzburg 2003, S. 336-347, hier: S. 328.

[6] Ebd., S. 340.

Lueger' involviert. So konnte man zum Tag vor Luegers 25. Todestag in der Zeitung lesen, dass es

> im Deutschen Volkstheater eine Festaufführung von Naderers ‚Lueger' [gab]. Die Vorstellung wurde mit einem Prolog eingeleitet, den der Dichter Bundeskulturrat Dr. Henz von der Bühne aus sprach. Dann teilte sich der Vorhang, worauf Bürgermeister Richard Schmitz die mit den Emblemen der Vaterländischen Front geschmückte Bühne betrat und der Verdienste des Volksbürgermeisters Dr. Lueger gedachte. Nun folgte die Aufführung des Stückes.[7]

Doch nicht nur Richard Schmitz, dem Naderer auch ein gewidmetes Exemplar der Lesefassung des „Lueger" hatte zukommen lassen, sondern auch höhere Ständestaat-Funktionäre engagierten sich für das Lueger-Stück, denn es ging dessen Aufführung der ausdrückliche Wunsch von Bundeskanzler Kurt Schuschnigg (1897-1977) und Kardinal Theodor Innitzer (1875-1955) voraus, dass es im Deutschen Volkstheater aufgeführt werden sollte. Zudem sollte es von der Österreichischen Kunststelle vor allem in katholischen Kreisen beworben werden,[8] was erfolgreich geschehen sein dürfte, denn der „Lueger" wurde 75-mal en suite gespielt. Bevor auf das Stück näher eingegangen wird sei allerdings vorausgeschickt, dass das Skript der Bühnenfassung nicht auffindbar war.[9] So liegt dem Verfasser neben diversen Zeitungskritiken lediglich zum einen die Lesefassung des Stücks vor, die sich nicht gänzlich mit der Theaterfassung deckt,[10] von der sich wiederum einige Auszüge in einer Festschrift zum 70. Geburtstag Naderers finden, wobei jedoch diese dort wiedergegebenen Passagen den Eindruck vermitteln, als wären sie den politischen Gegebenheiten der Erscheinungszeit der Festschrift im Jahr 1961 angepasst worden. In besagtem Theater-

---

[7] Neues Wiener Journal, 10. 3. 1935, S. 4.
[8] Scheit, Gerhard: Happy End und Untergang. Das Volkstheater zwischen Krise und Faschismus. In: 100 Jahre Volkstheater. Theater. Zeit. Geschichte. Hg. v. Evelyn Schreiner. Wien / München 1989, S. 91 f. Vgl. dazu auch den Beitrag „Das Volksschauspiel ‚Lueger'" – Filmarchiv Austria, Österreich in Bild und Ton Nr. 81b/1934, Beitragsnr. 1.
[9] Wiewohl – laut vereinzelter Hinweise in der diesbezüglich äußerst spärlichen Sekundärliteratur – noch zumindest ein Soufflierbuch existieren sollte. Anm. d. Verf.
[10] Die Buchfassung ist mit acht Bildern um eines umfangreicher als die Bühnenfassung, wobei Bild 1 und 2 der Buchfassung im Bild 1 der Bühnenfassung, Bild 3 der Buchfassung im Bild 2 und 3 der Bühnenfassung, Bild 5 der Buchfassung im Bild 4 der Bühnenfassung, Bild 7 der Buchfassung im Bild 6 der Bühnenfassung und Bild 8 der Buchfassung im Bild 7 der Bühnenfassung enthalten ist. Es scheint, dass Bild 4 und 6 der Buchfassung sowie Bild 5 der Bühnenfassung nicht in der jeweils anderen Version vorkommen. Anm. d. Verf.

stück wird Luegers Leben und Wirken in Form eines Bilderbogens geschildert, der in einer äußerst wohlwollenden Besprechung wie folgt beschrieben wird:

> Die Handlung umspannt den Zeitraum vom ersten politischen Wirken des jungen Advokaten Lueger bis zu seiner tragischen Erblindung, die den großen Volksführer erkennen lässt, dass seine Lebensuhr abgelaufen ist. In mitunter meisterhaft aufgebauten und wirkungsvoll gestalteten Bildern zieht das Leben Luegers vor uns vorüber. Die Ouvertüre bildet eine prachtvolle Gasthausszene, in der wir den Volksmann Lueger in seiner ganzen Schärfe, in seiner Güte und in seinem bezwingenden Humor kennen lernen. Das Hauptmotiv der weiteren Szenen bildet Luegers Kampf um die Gasversorgung Wiens, der seine besten Kräfte in Anspruch nahm und die Schuld an seiner Todeskrankheit trägt, weil der Nimmermüde keine Minute der Rast und der Erholung kannte. Der missglückte Versuch, den Volksmann Lueger durch Bestechung für die Geschäftspraktiken der ‚Englischen Gasgesellschaft' zu gewinnen, seine Aufstellung als Reichsratskandidat für Margareten in dem Augenblicke, da er von fast allen Freunden verlassen wird und auch endgültig auf die Gründung eines eigenen Heims verzichtet hat, die Szene in der Hofburg, in der er sich über Wunsch des Kaisers zum freiwilligen Verzicht auf die Bürgermeisterwürde entschließt, sind die Etappen eines von feindlichen Gewalten wiederholt bedrohten Aufstieges. Prächtig ist die Szene im Gemeinderat, da Luegers gigantischer Plan am hämischen Neide der politischen Gegner zu scheitern droht und der von Sorgen Bedrückte mit ihnen glühende Abrechnung hält. Die beiden letzten Bilder zeigen den Bürgermeister auf der Höhe seines Wirkens und seiner Macht. Sein Werk ist vollendet, große Pläne harren noch der Erfüllung. Aber der Körper will nicht mehr mittun. Lueger fühlt, dass es dem Ende zugeht, er ahnt aber auch, dass sich eine neue Zeit ankündigt, die sein geliebtes Österreich mit schweren Schicksalsschlägen bedroht. Seine Worte ‚Bleibt's gute Österreicher' und ‚Z'sammhalten!' klingen wie eine heilige Mahnung in unsere Tage herüber.[11]

Das Stück ist dabei ein mehr oder weniger gelungener Versuch populäre, natürlich stets positive Anekdoten und Aussprüche im Umkreis Luegers mit zweckdienlicher Regionalgeschichte zu verknüpfen und mit Leitlinien

---

[11] Trautzl, Viktor: Luegerhistorie im Deutschen Volkstheater. In: Reichspost, 29. 11. 1934, S. 12.

und Schlagwörtern des zu etablierenden Ständestaates gewissermaßen zu unterspicken, weswegen sich bei diesem Historienstück, welches neben der Zeit der Handlung vor allem von der Entstehungszeit des Stücks geprägt ist, doch eindrucksvoll das Döblinschen Motto: „mit Geschichte will man etwas"[12] bewahrheitet.

Zu diesem Zwecke reiht Naderer am Beginn seines Stücks Lueger in eine imaginierte Traditionsreihe österreichischer Helden ein („Lueger, der große Österreicher", Bild 1, S. 9f.), um ihn als moralische Autorität zu verankern und um so seinem Appell des Zusammenhalts und des Einsatzes für ein unabhängiges christliches Österreich mehr Gewicht zu verleihen. Dementsprechend werden von Naderer folgende Aussagen der Figur Luegers in den Mund gelegt:

> Das ist doch nicht das Wichtigste, dass jeder nur an sich denkt und darüber dass Große, das Ganze, das Gemeinsame vergisst, das uns ja alle verbinden soll: Und das ist doch unser schönes Vaterland Österreich! („Lueger, der große Österreicher", Bild 4, S. 17f.)

Oder:

> Es ist nicht zu leugnen: Österreich steht am Rande des Abgrundes. Es lässt sich nicht in Abrede stellen, wenn die Sache so fortgeht, dass der Zerfall unvermeidlich ist. In dieser ernsten Stunde appelliere ich an Sie alle: stellen Sie das Trennende zurück, halten Sie zusammen! Österreich ist eine historische Notwendigkeit! Arbeiten wir alle in ehrlichem Einverstehen zusammen, stoßen wir die Stänkerer und Demagogen aus unseren Reihen, lassen wir nur diejenigen, die es wirklich ehrlich mit Glaube, Volk und Heimat meinen, zu Worte kommen, dann wird der alte Wahrspruch wahr werden: Österreich, unser schönes, heiliges Vaterland, wird ewig stehen! („Lueger, der große Österreicher", Bild 4, S. 21)

Dabei ist es nicht uninteressant, dass man einen der größten Demagogen, den die österreichische Politik je erlebt hat, nämlich die Figur Karl Luegers moralisch gegen die Demagogie appellieren lässt, und dass die Aufforderung

---

[12] Döblin, Alfred: Der historische Roman und wir. In: Ders.: Aufsätze zur Literatur. Olten / Freiburg 1963, S. 163-186, hier S. 173. Döblin hatte dies auf den historischen Roman bezogen. Anm. d. Verf.

erfolgt, alles Trennende zurückzustellen, währenddessen noch führende Politiker der Sozialdemokratischen Partei wie beispielsweise deren Parteivorsitzender Karl Seitz (bis zum 5. Dezember 1934) in Haft waren und auch das „ehrliche Einverstehnen" z.b. bei der propagierten Selbstausschaltung des Parlaments und bei der Verhinderung der Wiederaufnahme des Parlamentsbetriebs nicht ein ganz so ehrliches war. Doch auch eine Legitimierung der Parlamentsausschaltung lässt nicht lange auf sich warten, denn nachdem im Stück erwähnt wird, dass „leider infolge der Änderung des Wahlrechtes Elemente ins Parlament gekommen [sind], die an Stelle der Sachlichkeit Demagogie gesetzt haben." („Lueger, der große Österreicher", Bild 5, S. 9) wird dann der Verzicht auf ein solches Parlament und die Etablierung eines autoritären Regimes erneut von Lueger begründet, der ausführt:

> Und wenn wir das net imstand sind, wird halt eines Tages auf andere Weise Ordnung g´macht. Wir haben ja genug Beispiele in der Geschichte. [...] Wenn ich mir die Gipsfiguren [gemeint sind jene im Parlament] dort anschau`, denk´ ich mir immer, wie gescheit doch die Römer waren. Die haben einfach, wie´s nimmer ´gangen ist, an Diktator eing´setzt. [...] Ja, das waren damals andere Köpf´, die da auf uns heruntergeschau´n. Sie san zwar nur aus Gips, aber die meisten in dem Haus [gemeint ist erneut das Parlament] sind nur aus Pappendeckel. („Lueger, der große Österreicher", Bild 4, S. 18f.)

Angesichts dieser politischen Instrumentalisierung künstlerischer Veranstaltungen bemerkte Pfoser dazu folgerichtig, dass gerade zu Beginn der 1930er Jahre die Kunst und die Politik

> eine enge Beziehung ein[gingen], nicht immer zum Vorteil der beiden Bereiche, weil die ‚Ästhetisierung der Politik' (wie die ‚Politisierung der Kunst') mannigfache Probleme und für diese Zeit gefährliche politische Illusionen [...] produzierten.[13]

Und der Schriftsteller Jura Soyfer, der die „Steppe des Wiener Kunstlebens"[14], wie er die Situation in der Zeit des Ständestaates nannte und welche er zutiefst bedauerte, schrieb im Februar 1937:

---

[13] Pfoser, Alfred: Literatur und Austromarxismus. Wien 1980, S. 73.
[14] Soyfer, Jura [Rezension]: Tyrann und alleruntertänigster Untertan. Zur Reprise eines Stummfilms. In: Der Wiener Tag. Beilage „Der Sonntag", 28. 3. 1937, zitiert nach: Soyfer, Jura: Tyrann und alleruntertänigster Untertan. Zur Reprise eines Stummfilms. In: Ders.: So starb eine Partei. Prosa. Wien / Frankfurt a. M. 2002, S. 339-341, hier S. 339.

Die herrschende Wiener Theaterproduktion, welche sich derzeit merkwürdigerweise einer relativen wirtschaftlichen Konjunktur erfreut, steht geistig auf einem äußerst tiefen Niveau. Was die großen Unternehmungen anstreben, bewegt sich zwischen dem Amüsement und dessen etwas würdiger klingenden deutschen Übersetzung: Unterhaltung. Nur ein erschreckend geringer Prozentsatz der aufgeführten Stücke läßt sich in diese primitive Wertordnung nicht einreihen. Ein künftiger österreichischer Theaterhistoriker wird diese Epoche mit ein paar bedauernden Worten abfertigen müssen. Das weiß so ziemlich jeder, der mit Theater zu tun hat.[15]

Das zweite Theaterstück „Der Pumera. Das grosse Lueger Stück", welches hier abschließend vorgestellt wird, stammt von Robert Maria Prosl (1873-1957). Das Stück wurde am 26. Mai 1949, also in der Nachkriegszeit des Zweiten Weltkriegs, als Österreich unter alliierter Besatzung stand, uraufgeführt. Was den „Pumera" anbelangt, so muss auch hier vorausgeschickt werden, dass es sich bei den dem Verfasser vorliegenden Unterlagen lediglich um Fragmente handelt, wobei weder eine Lesefassung existiert, noch die einzelnen Bilder geordnet oder zumindest einigermaßen vollständig sind. Dennoch erscheint das vorliegende Material ausreichend, um den „Pumera", der das Leben und Wirken Luegers aus der Sicht seines treuen böhmischen Dieners Anton Wenzel Pumera schildert, als triviales unpolitisches Unterhaltungsstück in Umgangssprache mit wenig Tiefgang zu charakterisieren.

So gibt es kaum Textstellen, die sich für eine lohnenswerte Analyse gemäß der Intention dieses Beitrags finden lassen, wobei das auffallend Unpolitische dieses Stücks ja wiederum auch eine diesbezügliche Aussage ist. Was aber zudem von Interesse ist, sind die Personen, die im Hintergrund dieser Produktion die Fäden zogen, wobei ein paar Hinweise in folgender Kritik schon enthalten sind, in der es zum „Pumera" heißt:

> Im Kampf um den Publikumserfolg haben die Stephansspieler ihren Ehrgeiz, die christliche Bühne Wiens zu werden, wozu sie ohnehin nicht das Zeug hatten, begraben und sich einer verständlichen Reminiszenz hingegeben. Nach Naderer und Ganghofer sind sie auf den Pume-

---

[15] Soyfer, Jura [Rezension]: Die Unbekannte von Arras. Avantgardistisches Theater im Hagenbund. In: Der Wiener Tag. Beilage „Der Sonntag", 21. 2. 1937, zitiert nach: Soyfer, Jura: Die Unbekannte von Arras. Avantgardistisches Theater im Hagenbund. In: Ders.: So starb eine Partei. Prosa. Wien / Frankfurt a. M. 2002, S. 307-311, hier S. 310.

> ra gekommen, der, was nur noch die älteren Wiener wissen, das Faktotum Luegers war und nun zum Titelhelden der neuen Stadttheaterpremiere avancierte. Robert Maria Prosls Bilderbogen um Lueger und seinen Kammerdiener Pumera ist nicht schlechter als die unzähligen anderen patriotischen Theaterbilderbogen zur Verherrlichung von Lokalgrößen. Zum Volksstück fehlt ihm genau soviel wie zum christlichen Theater, nämlich alles.[16]

So wird in dieser Kritik bereits darauf hingewiesen, dass das Stück von den Stephansspielern zur Aufführung gebracht wurde. Diese Theatervereinigung, die schon einmal aufgrund zu geringer Einnahmen den Spielbetrieb hatte einstellen müssen, stand ab ihrem Comeback, welches im März 1949 im Wiener Stadttheater erfolgte, unter dem Kuratel der „Gesellschaft zur Förderung christlicher Bühnenkunst", die ihnen die „Verkündigung und Vertiefung christlichen Ideengutes von der Bühne herab"[17] zum Ziel gesetzt hatte und dies auch kontrollierte. Diese Gesellschaft war auf Initiative des schon erwähnten Hans Naderers gegründet worden, wobei den Vorsitz Kardinal Theodor Innitzer inne hatte, der ja auch schon seinerzeit Naderers „Lueger"-Stück propagiert hatte. Hinzu kommt ein weiterer in diesem Beitrag schon erwähnter Mann, denn dem Ausschuss, der die Direktion der Stephansspieler an deren christliche Intention zu erinnern hatte[18] und der der „Katholischen Aktion" unterstellt war, gehörte neben Friedrich Heer, Otto Mauer und Anton Pauk auch Rudolf Henz an. Man sieht also, dass, wenn auch der Text des Stücks wenig über die Kulturpolitik aussagt, diese zumindest in bezug auf die bemerkenswerte Kontinuität der agierenden Personen illustriert wird, die vom Ständestaat scheinbar nahtlos in die Zweite Republik reicht. So überrascht es auch wenig, dass die neue Spielstätte der Stephansspieler mit dem Stück „Volk am Kreuz" von Hans Naderer und mit „Die Erlösung" von Rudolf Henz eröffnet wurde.[19] Zudem dürfte Naderer Prosl bei der Erstellung seines Stücks beraten haben, finden sich doch einige Passagen aus Na-

---

[16] Kritik von „h. h. h." in der Rubrik „Kunst und Kultur". In: Arbeiter-Zeitung, 28. 5. 1949, S. 5.
[17] Schreiben der Gesellschaft zur Förderung christlicher Bühnenkunst an Prälat Karl Rudolf, Mitte März 1948. Diözesanarchiv Wien/Nachlass Prälat Karl Rudolf/Stephansspieler/Mappe 116/2.
[18] Protokoll der Sitzung des Diözesanrats, 23. 1. 1948, Nachlass Henz 27/V, zitiert nach: Deutsch-Schreiner, Evelyn: I.I. Das Theater der Stephansspieler und andere kirchliche Theaterideen. In: Dies.: Theater im „Wiederaufbau". Zur Kulturpolitik im österreichischen Parteien- und Verbändestaat. Wien 2001, S. 185-201, hier S. 194.
[19] Diözesanarchiv Wien/Nachlass Prälat Karl Rudolf/Stephansspieler/Mappe 116/2.

derers „Lueger"-Stück bei Prosls „Pumera" wieder. Letzterer konnte jedoch nicht an die Erfolge des ersten Lueger-Stücks anschließen. So schrieb Friedrich Heer, der ja dem Stück aufgrund seiner Tätigkeit im Ausschuss eigentlich positiv eingestellt sein sollte:

> Dem Autor geht es offensichtlich nicht darum, die historische Erscheinung Luegers in ihrer zeitgeschichtlichen Größe und Problematik aufzuzeigen, sondern, zu frommer Erbauung einen ‚Volks-Lueger' zu schaffen, einen legendennahen Lesebuchhelden, den ‚Freund seines Volkes', seiner Wiener, das heißt der kleinen Leute. [...] Den Trägern der Hauptrollen gelingt es, die banalen, flächigen Stichworte mit Leben zu erfüllen. – Ein Stück also für einen gewissen Schlag Verehrer der ‚guten alten Zeit'.[20]

Im übrigen war auch das Comeback der Stephansspieler letztendlich nicht von langer Dauer, denn sie mussten ihren Spielbetrieb nach insgesamt dreieinhalb Monaten endgültig einstellen.

Abschließend sei nochmals betont, dass in den hier gezeigten Fällen die Wechselwirkung zwischen Politik und Kultur für keine der jeweiligen Seiten letztendlich von Vorteil war, denn es konnte weder die künstlerische Qualität der Darbietung der Theateraufführungen durch die Hinzufügung politischer ‚Inkredenzien' (sondern lediglich die Quantität der Zuschauer durch politische Einflußnahme) gesteigert noch die effektive Popularisierung des Politischen durch seine Vermittlung auf der Theaterbühne (zumindest bei den hier dargestellten Beispielen) herbeigeführt werden.

---

[20] Heer, Friedrich: London, Moskau, Wien. Drei Zeitstücke. Robert Morley und Noel Langley: „Eduard, mein Sohn"; Anatolij Soffronow: „Moskauer Charakter"; Robert Maria Prosl: „Der Pumera". In: Die österreichische Furche 23 (4. 6. 1949), S. 9 f.

KÁROLY CSÚRI

Zum Aufbau und Vergleich lyrischer Textwelten[1]

Überlegungen zu einer strukturellen Komparatistik von Georg Heyms und Georg Trakls Dichtung

1. Theoretisch-methodologische Vorbemerkungen

Im vorliegenden Referat sollen die theoretisch-methodologischen Grundlagen einer komparativen Untersuchung von Georg Trakls und Georg Heyms Dichtung umrissen werden. Dem Vergleich, der sich hier auf den globalen Aufbau der Textwelten der Gedichte beschränkt, wird ein Erklärungsmodell zugrunde gelegt[2], nach dem literarische Werke als poetologisch mögliche Welten angesehen werden.

Nach Bernáths Auffassung[3] kann man einem Text, je nachdem ob er fiktional oder nichtfiktional gelesen wird, unterschiedliche semantische Interpretationen zuweisen. Ein semiotisches System funktioniert nämlich anders, wenn angenommen wird, dass die Sachverhalte, die es darstellt, auch unabhängig von diesem System bestehen, als wenn angenommen wird, dass sie unabhängig von diesem System nicht existieren. Im ersten Fall wird das semiotische System als das Dokument von etwas bereits Vorhandenem betrachtet, im letzteren Fall hingegen bringt es etwas zustande, was allein und ausschließlich durch das fragliche semiotische System zugänglich bzw.

---

[1] Für die großzügige Förderung der Arbeit möchte ich an dieser Stelle der Alexander von Humboldt-Stiftung danken.
[2] Siehe dazu unter anderem Bernáth, Árpád: Narratív szövegek irodalmi magyarázata (= Zur literarischen Erklärung narrativer Texte, ung.). In: Literatura, Nr. 3-4. (1978), S. 191-196.; Bernáth, Árpád/Csúri, Károly: A "lehetséges világok" szemantikájának irodalomelméleti relevanciája. (= Zur literaturtheoretischen Relevanz der Semantik möglicher Welten, ung.) In: Magyar Műhely Jg. 19. Nr. 64. (1981), S. 19-33. und Bernáth, Árpád/Csúri, Károly: Remarks on Literary Text-Explanation. In: Quaderni di Semantica, Vol. VI., no. (1. June 1985), S. 53-64.
[3] Im Folgenden resümiere ich den Gedankengang von Bernáth: Narratív szövegek (= Narrative Texte).

erkennbar ist. Die literaturwissenschaftlichen Konsequenzen dieser allgemein-zeichentheoretischen Annahme hatte Bernáth bereits 1978 in seinem Erklärungskonzept von narrativen Texten gezogen. Demnach etablieren literarische wie nichtliterarische Texte (wenigstens) eine Textwelt, die im Wesentlichen als ein komplexer Sachverhalt betrachtet werden kann. Jene Operationen, die zur Etablierung solcher Textwelten führen, werden Textverstehen genannt. Der Aufbau jeder Textwelt erscheint dem Leser notwendigerweise *willkürlich*, da er nicht weiß, ob die Aussagen des Textes wahr oder falsch sind. Der Wahrheitswert der Aussagen ist jedoch erkennbar, wenn die Welt, welche die Textwelt darstellt, auch unabhängig von ihr besteht und dem Leser zugänglich ist. In diesem Falle handelt es sich (i) um eine *nichtfiktionale und nichtliterarische Erklärung* von Textwelten. Es handelt sich dabei im Grunde genommen um eine Wahrheitswert-Analyse, die über die vorgegebene Welt und die Textwelt operiert. Auch dann kann aber der Aufbau der Textwelt willkürlich erscheinen, wenn der Leser den Wahrheitswert der Aussagen zwar als gegeben, etwa als *wahr* akzeptiert, den Aufbau der Textwelt jedoch für *unbegründet* hält. Es gibt nämlich keine von der Textwelt unabhängige Welt, die als Grundlage für eine Wahrheitswert-Analyse dienen könnte. Unbegründet ist der Aufbau der Textwelt, wenn der Leser nicht weiß, warum er gerade auf die gegebene Weise und aus den gegebenen Sachverhalten aufgebaut ist. Begründbar ist aber der Aufbau der Textwelt für den Leser, wenn es ihm gelingt, ein System von Hypothesen, bzw. eine Theorie zu konstruieren, die die Anweisungen für den Aufbau der Textwelt enthält. In diesem Fall spricht Bernáth (ii) von einer *fiktionalen und zugleich literarischen Erklärung* von Textwelten.

2. Schemata, Verstehen, Erklären

2.1

Obwohl die Unterscheidung zwischen literarischem und nichtliterarischem Herangehen theoretisch einsehbar ist, nimmt die übliche Interpretationspraxis wenig Kenntnis davon. Zuzugeben ist allerdings, dass in erster Annäherung selbst eindeutig literarische Texte wie z. B. Gedichte mit Recht auf nichtfiktionale und nichtliterarische Weise gelesen werden (können). Als

Beispiel dafür sei im Folgenden Trakls *Ruh und Schweigen*[4] kurz erörtert, dessen 1. Strophe wie folgt lautet:

> Hirten begruben die Sonne im kahlen Wald.
> Ein Fischer zog
> In härenem Netz den Mond aus frierendem Weiher.

Liest man diese Zeilen zum ersten Mal und versucht man mit ihrer Hilfe den Aufbau der Strophe zu erklären, dann lässt sich der abstrakt-narrative Bezug der Geschehnisse auf Grund unseres Schema-Wissens als eine Art Sonnenuntergang bzw. Mondaufgang deuten. Es geht darum, dass wir uns im ersten Schritt, nicht nur in der eigenen, sondern grundsätzlich auch in den uns fremd erscheinenden (poetisch-fiktiven) Welten, mit Hilfe der stereotypen Schemata unserer Erfahrungswirklichkeit zu orientieren suchen. Zugleich ist man sich freilich auch dessen bewusst, dass es sich dabei um eine grobe Vereinfachung handelt, die der metaphorischen Komplexität der Strophe in keiner Weise Rechnung trägt. Im nächsten Schritt muss daher erklärt werden, warum dieser Sonnenuntergang als ein von „Hirten" zelebriertes Begräbnis „im kahlen Wald" dargestellt und warum der aufsteigende Mond von einem „Fischer" „in härenem Netz" „aus frierendem Weiher" gezogen wird.

Das Gedicht bietet auch Beispiele für komplexere Schemastrukturen, die auf abstrakter Ebene mehrere Strophen miteinander verbinden und auf diese Weise den gesamten poetisch-narrativen Verlauf der Textwelt bestimmen. Die Metaphorik der ersten beiden Zeilen von Strophe 2 lässt sich, auch wenn dies zunächst nicht unmittelbar zu erkennen ist, ebenso auf ein zugrunde liegendes Himmels-Schema zurückführen wie die späteren zentralen Bildkomplexe von Strophe 3 und 4:

> In blauem Kristall
> Wohnt der bleiche Mensch, die Wang' an seine Sterne gelehnt;
> …
>
> Doch immer rührt der schwarze Flug der Vögel
> Den Schauenden, das Heilige blauer Blumen,
> Denkt die nahe Stille Vergessenes, erloschene Engel.

---

[4] Die Gedichte Trakls werden nach Georg Trakl. Dichtungen und Briefe. Historisch-kritische Ausgabe. Bd. I. Hg. von Walther Killy und Hans Szklenar, 2. ergänzte Auflage, Salzburg 1987 (1969) zitiert.

Wieder nachtet die Stirne in mondenem Gestein;
Ein strahlender Jüngling
Erscheint die Schwester in Herbst und schwarzer Verwesung.

Im ersten Falle wird das abstrakte Himmels-Schema in der Textwelt durch den 'blauen Kristall' und die ‚Sterne' abgebildet. Die ambivalenten Bilder versteinerter Leblosigkeit und unausgesprochener Sehnsucht nach Ewig-Göttlichem suggerieren einen Zustand des Ich, den gleichzeitige Hoffnungslosigkeit und Hoffnung kennzeichnen. Strophe 3 liegt ebenfalls das Himmels-Schema zugrunde. Parallel zur Verstärkung der Todeszeichen, wie sie sich im ‚schwarzen Flug der Vögel' und der ‚nahen Stille' andeuten, wird der ‚blaue Kristall', der vor kurzem noch das Ich, den ‚bleichen Menschen' umschloss, imaginär durchbrochen. In der Vision des 'Heiligen blauer Blumen' erblüht in den Augen des ‚Schauenden' gleichsam die himmlische Sternenwelt, es tut sich in seiner Vorstellung die ‚erloschene' Vergangenheit engelhafter Existenz auf. Auch der Bildkomplex der letzten Strophe lässt sich auf das Himmels-Schema zurückführen: das ‚mondene Gestein', in dem wieder ‚die Stirne nachtet', und das sonderbare Lichtphänomen, die als ‚strahlender Jüngling' erscheinende ‚Schwester', beschwören die erste Strophe mit ihrem Sonnenuntergang und Mondaufgang sowie die zweite und dritte Strophe mit ihrer wandelnden Himmels-Metaphorik herauf. Das Ich, vom monden-versteinerten Himmel umgeben – es handelt sich dabei um die Bildvarianten des ‚Mondes in frierendem Weiher' und des ‚bleichen Menschen in blauem Kristall' aus den ersten Strophen –, imaginiert plötzlich ein engelhaft-androgynes Geschwisterpaar: in der sternenhaften Lichtepiphanie am nächtlichen Himmel 'schwarzer Verwesung' verschmilzt sein ehemaliges, ‚erloschenes' Selbst, nun als sternenhaft-strahlender Jüngling, für einen Augenblick mit der Schwestergestalt. Das rätselhafte Bild lässt sich entschlüsseln, wenn die Beerdigung der Sonne vom Beginn hypothetisch als Ende einer arkadisch-unschuldigen Sonnenzeit (vgl. die „Hirten") und der ‚in härenem Netz' aus dem (himmlischen) Weiher gezogene Mond als Anbeginn einer schuldhaft-nächtlichen Mondzeit des Ich (vgl. den ‚härenen' Stoff des mönchischen Büßergewandes) interpretiert wird. Schuldgefühl und Gewissensqual, Hoffnung und Hoffnungslosigkeit, verlorene paradiesische Sphäre und ihr virtuell-provisorischer Rückgewinn strukturieren den Textweltverlauf, wobei das Mondene, wie dies vor allem die über das Gedicht hinausgehenden zyklischen Zusammenhänge deutlich machen, mittelbar das immer wiederkehrende Schuldgefühl des Ich und dessen Objekt, die Schwester, repräsentiert. Die Schuld inzestuöser Vereinigung, wie dies ebenfalls nur durch die Motivstruktur des Gesamtwerks nahe gelegt wird, wird am Ende des Gedichts in einer geschlechtslos-unschuldigen Wiedervereinigung, in der erneut ‚strahlenden' Einheitsvision der 'erloschenen Engel' aufgehoben. In einer Vision allerdings, die gleichzeitig mit ihrer Geburt bereits dem Tod, dem ‚Herbst' und der ‚schwarzen Verwesung", preisgegeben ist.[5]

Die umrissene Erklärung basiert zwar auf der systematischen Vernetzung der abstrakten Himmels-Schemata, es wurden aber, damit ein komplexes Bild semantischer Strukturverbindungen auf verschiedenen Abstraktionsstufen gegeben werden konnte, auch ihre Textwelt-Manifestationen mit berücksichtigt. Der Prozess der Metaphorisierung, obwohl sie anhand konkreter Textbeispiele auch später immer wieder erörtert wird, gehört im engeren Sinne nicht zum Untersuchungsbereich der vorliegenden Arbeit. Hier soll vornehmlich die Rolle der kognitiven Schemata allgemein und ihre Verwendbarkeit beim narrativen Vergleich der Textwelten von Gedichten aus der spezifischen Sicht literarischer Erklärung beleuchtet werden.

2.2

Der Rückgriff auf vorgegebene Wirklichkeitsmodelle mit Hilfe von kognitiven Schemata scheint in der Praxis beim Verstehen von literarischen und nichtliterarischen Texten gleichermaßen ein selbstverständliches und sogar unvermeidliches Verfahren darzustellen. Solche kognitiven Schemata, um sie nun etwas genauer zu bestimmen, lassen sich als wesentliche Erfahrungen, bzw. übliche Verhaltens- und Handlungsmuster in stereotypen Situationen begreifen, die die Mitglieder einer Kultur- und Sprachgemeinschaft teilen.[6] Es geht dabei um komplexe und kohärente Wissenseinheiten auf

---

[5] Eine detaillierte Interpretation von *Ruh und Schweigen* findet sich in Csúri, Károly: Theorie und Modell, Erklärung und Textwelt. Über Trakls "Ruh und Schweigen". In: Weltbürger – Textwelten. Helmut Kreuzer zum Dank. Hg. von L. Bodi/G. Helmes/E.Schwarz und F. Voit. Bern et al. 1995, S. 128-151.
[6] Es handelt sich dabei um Fillmores Bestimmung, zitiert in Konerding, Klaus-Peter (1993): Frames und lexikalisches Bedeutungswissen. Untersuchungen zur linguistischen Grundlegung einer Frametheorie und zu ihrer Anwendung in der Lexikographie. Tübingen 1993, S. 47. Zu den verschiedenen Schema-, Frame- und Script-Konzepten siehe noch Minsky, Marvin: A Framework for Representing Knowledge. In: The Psychology of Computer Vision. Ed. by P. H.

verschiedenen Abstraktionsebenen von Objekten, Begriffen, Ereignissen und Handlungen, die ineinander gebettet, miteinander vernetzt sowie hierarchisch organisiert sein können. Wenn Schemata primär auf stereotype Ereignis- oder Handlungssequenzen bezogen werden, dann gebraucht man in der Kognitionstheorie oft auch den Terminus 'Script' oder 'Szenario'. Während jedoch das Schema-Denken im Alltagsverständnis allgemein akzeptiert und verwendet wird, scheint seine Rolle in Verbindung mit poetischen Werken nur teilweise geklärt zu sein. Die Erkennung von Einzelschemata wie z. B. Sonnenuntergang, Mondaufgang oder Nachthimmel auf der abstrakten Ebene der Textwelt, das heißt, die schemastrukturelle Verknüpfung von Wirklichkeit und Dichtung ist zwar, wie bereits angedeutet, für das Verstehen und die Anfangsphase der Erklärung gleichsam notwendig. Die weitgehende Reduzierung und Schematisierung der Oberflächen-Metaphorik wirkt allerdings gerade jenem Ziel entgegen, das Literatur und Künste mit Erkenntnisfunktion nach allgemeinem Konsens ausdrücklich zu verwirklichen suchen und das zum großen Teil ihren eigentlichen Sinn ausmacht. Literarische Texte erzeugen ja durch ihren Aufbau eigene, für das Alltagsverständnis häufig nur schwer zugängliche neue 'Standards'. Sie schaffen eigene Welten mit eigenen Gesetzen und Wertordnungen und bieten auf diese Weise – gegenüber den alltäglich-automatisierten Schemavorstellungen von der Erfahrungswelt - modale Alternativen der Wirklichkeit. Über eine mögliche poetisch-semantische Rolle der Schemata ist dementsprechend erst zu sprechen, wenn sich die Einzelschemata zu einem System verbinden lassen, das den globalen Aufbau der gegebenen Textwelt festlegt. Dies erfordert eine Annäherungsweise, die grundsätzlich durch die fiktionale Betrachtung literarischer Erklärung bestimmt wird, auch wenn in ihr die eingangs beschriebenen zwei Erklärungstypen miteinander gemischt vorkommen können. Um das gemeinsame zugrunde liegende Himmels-Schema in Bildern wie ‚frierender Weiher', 'blauer Kristall', 'das Heilige blauer Blumen', 'mondenes Gestein' oder 'schwarze Verwesung' zu erkennen, reicht der Schema-Bezug zur Wirklichkeit ohne den inneren Aufbau der Textwelt offenbar nicht. Zugleich muss aber auch gesehen werden, dass in einer Hinsicht selbst der

---

Winston. New York 1975, S. 211-278; Rickheit, Gert/Strohner, Hans: Grundlagen der kognitiven Sprachverarbeitung. Modelle, Methoden, Ergebnisse. Tübingen und Basel 1993; Shank, Roger C./Abelson, Robert P.: Scripts, Plans, Goals and Understanding. Hillsdale 1977 und Tergan, Sigmar-Olaf: Modelle der Wissensrepräsentation als Grundlage qualitativer Wissensdiagnostik. Opladen 1986.

einfache Schema-Begriff eine abstrakt-poetische Funktion erfüllen kann. Diese Möglichkeit hängt vor allem mit seinem theoretischen Mittler-Status zwischen der empirischen und der fiktionalen Wirklichkeit zusammen. Die Bezugnahme auf die Erfahrungswirklichkeit mit Hilfe von Schemata ist notwendigerweise eine Abstraktion und kann nie eine direkte Bezugnahme sein. Schemata, in diesem Sinne durchaus vergleichbar mit Konstruktions- bzw. Erklärungsmodellen, bilden dementsprechend eine im Wesentlichen selbständige, von den jeweiligen Wirklichkeiten unabhängige Ebene, auf der sie frei kombiniert, miteinander vernetzt, ineinander eingebettet oder untereinander hierarchisiert werden können. Diese 'Freiheit' stellt allerdings keine tatsächliche Freiheit dar, sie ist vielmehr als eine andersartige Gebundenheit zu interpretieren, wobei die Kombinatorik der Schemata durch eine literarische Erklärungstheorie bestimmt wird, die die etablierte Textwelt in eine mögliche Welt als modale Alternative der Erfahrungswirklichkeit verwandelt.

3. Über Trakls und Heyms Textwelten

(i)

Die literarische Erklärung von Trakls Textwelten (bzw. Textwelt-Fragmenten) lässt sich überwiegend auf die Kombinatorik von Schemastrukturen als globale semantisch-poetische Konstruktionsprinzipien zurückführen, in deren Mittelpunkt eine abstrakte Ich-Figur sowohl als ‚Darsteller' (an der Oberfläche) wie auch als 'Regisseur' (in der Tiefenstruktur) steht. Konkret handelt es sich (a) um Manifestationsformen, in denen das Ich in unterschiedlichen Rollen erscheint, (b) um die Zyklus-Schemata der Tages- und Jahreszeiten, die zugleich auch verschiedene metaphysisch-mediale Sphären für das Ich repräsentieren, (c) um die Transparenzakte, die die Imaginationskraft und -weise des Ich repräsentieren und (d) um die Inszenierung von narrativen Grundstrukturen mittels (a), (b) und (c), deren linearen Verlauf das Ich als Verfall oder – eine Art apokalyptisches Modell – als gleichzeitige Präsenz von Untergang und (virtueller) Auferstehung im Endzustand bestimmt.

(ii)

Ähnliche Prinzipien kennzeichnen auf abstrakter Ebene auch den Aufbau von Heyms lyrischen Textwelten. Es handelt sich dabei in erster Linie um die Zyklus-Schemata der Tages- und Jahreszeiten (b), die sich ebenfalls als metaphysisch-mediale Sphären für das Ich darstellen. Ferner geht es auch hier um Transparenzakte (c), die im Medium der tages- und jahreszeitlichen Zyklen metaphysische Sphären sichtbar machen. Schließlich werden (b) und (c) zu einem Verfalls- bzw. apokalyptischen Narrationsschema zusammengefügt, das - ohne das Traklsche Auferstehungsmoment - den Aufbau Heymscher Gedichte als Untergangswelten bestimmt. Auch in diesem Falle spielt das Ich bei den einzelnen Prinzipien eine vergleichbare Rolle mit seiner Funktion in Trakls Gedichten. Wenig Übereinstimmung zeigt sich allerdings in dieser Hinsicht bezüglich (a), da das Ich bei Heym einheitlich ist und die Oberflächen-Figuren der Textwelten hier nicht als unterschiedliche Masken einer abstrakt-lyrischen Instanz zu betrachten sind. Im Zusammenhang mit den Konstruktionsregeln kann an dieser Stelle nur auf wenige Charakteristika hingewiesen werden. Hervorzuheben ist vor allem der abstrakte Status der Schemata, wie dies auch früher bereits betont wurde. Dies ermöglicht unter anderem, dass die Schemata (oder Scripts) bei Trakl wie bei Heym oft nicht nur den eigenen, sondern auch andere, dem ursprünglichen gegenüber fremde Themenbereiche strukturieren. Zu betonen ist ferner, dass die Schemata (bzw. ihre metaphorischen Abbildungen) miteinander kombiniert und als Komponenten übergreifender Strukturen erscheinen. Die Komponenten eines Konstruktionsprinzips wie zum Beispiel die verschiedenen Tages- und Jahreszeiten können der Chronologie der Erfahrungswirklichkeit widersprechen und nach anderen Gesetzen miteinander kombiniert werden.

3.1

Bei Trakl fungieren die Tages- und Jahreszeiten wie auch ihre Konstituenten – so etwa der Sonnenuntergang, der Sternenhimmel, der Frühling, die Winternacht usw. – oft auch als mediale Strukturen, in denen Sphären des Mythischen und Historischen, Göttlichen und Höllischen, Unschuldigen und Schuldhaften usw. vom Ich transparent gemacht werden. Die Dramaturgie der Gedichte, die virtuellen Änderungen in den Textwelten machen die Relevanz des Narrativen innerhalb der lyrischen Komposition deutlich. Ein narratives Moment ist bereits in den Konstruktionsprinzipien selbst enthalten. So suggeriert etwa das in verschiedenen Gestalten erscheinende Ich, unabhängig von den zeitlichen Dissonanzen, an sich schon eine Art Minimal-Geschichte. Die Wandlung ist ferner inhärenter Bestandteil des Schemabegriffs der Tages- und Jahreszeitenwechsel. Mittels des Transparenzaktes werden dann die Tages- und Jahreszeiten bei Trakl häufig in mythisch, religiös-metaphysisch, historisch oder individuell gefärbte Verfalls- bzw. Untergangs- und Auferstehungsgeschichten des Ich oder gar der ganzen abendländischen Zivilisation (siehe z. B. *Abendländisches Lied* oder *Abendland*) verwandelt. Aus verschiedenen Phasen und Elementen des Tageszeitenwechsels wird die Figur von Elis in den Gedichten *An den Knaben Elis* und *Elis* oder die Schwester in *Ruh und Schweigen*, *Passion* oder *Verklärung* durch die Transparenz geformt. Eine klassische Schemenkombination des Tages- und Jahreszeitenwechsels, der Transparenzakte und der apokalyptischen Narration ist in *Ruh und Schweigen* zu beobachten. Eingebettet in ein herbstliches Landschaftsbild wird hier, wie vor kurzem gezeigt wurde, der Sonnenuntergang zuerst durch den Mondaufgang abgelöst, dann stufenweise in den abendlichen Sternenhimmel und schließlich in die sternenlose Nacht der Finsternis überführt. Zugleich versucht das Ich immer wieder das Versteinert-Himmlische visionär durchzubrechen, den ‚blauen Kristall' als ‚das Heilige blauer Blumen', das unbestimmte Sternenlicht als engelhafte Epiphanie des ‚strahlenden Jünglings' als ‚Schwester' transparent zu machen. Die Textwelt verläuft insgesamt von der anfänglichen Begrabungsszene der Sonne über verschiedene Stufen der Annäherung an den Tod und der parallelen Wiedergeburts-Imaginationen des Ich. Angesichts des gesamten Verlaufs verwirklicht am Schluss der Androgyn des strahlendes Jünglings und der Schwester „in Herbst und schwarzer Verwesung" eine Art poetisch-apokalyptische Narrationsweise, indem der Endzustand der Textwelt eine simultane Einheit von Untergang und Auferstehung, von Todes- und Auferstehungsvision verwirklicht. Ein frühes Beispiel für den Tageszeitenwechsel im fremden Themenbereich und seine Transparenz stellt auch Trakls *Dämmerung* dar. Es werden zwar in die Geschehnisse auch Elemente eines Dämmerungs-Schemas mit einbezogen, die Dämmerung bezieht sich jedoch hier nicht auf einen konkreten Tagesuntergang: sie wird strukturell auf den seelischen Dämmerungsprozess des Ich übertragen. Schließlich sei noch ein Beispiel für die ganz abstrakte und komplexe Verwendung der Konstruktionsprinzipien anhand der Schlussstrophe von *Abendländisches Lied* angeführt:

> O, die bittere Stunde des Untergangs,
> Da wir ein steinernes Antlitz in schwarzen Wassern beschaun.
> Aber strahlend heben die silbernen Lider die Liebenden:
> E i n Geschlecht. Weihrauch strömt von rosigen Kissen
> Und der süße Gesang der Auferstandenen.

Von der 3. Zeile an wird der Untergang der ersten Strophenhälfte stufenweise in einen Auferstehungsprozess überführt. Den Bildern liegt das abstrakte Schema des Tageszeitenwechsels zugrunde: dem Sonnenuntergang und mondenen Nachthimmel im ersten Teil folgen nun der aufsteigende Sternenhimmel und schließlich ein neuer, geistlich-visionärer Sonnenaufgang. Letztere werden strukturell abgebildet durch Bildkomplexe wie „... strahlend heben die silbernen Lider die Liebenden" bzw. „... Weihrauch strömt von rosigen Kissen/Und der süße Gesang der Auferstandenen". An die Stelle des „wir" treten in Zeile 3 die „Liebenden". Die Wandlung scheint aus der Liebe hervorzugehen, das Engelhaft-Geschlechtslose, das rein Seelische, das e i n e Geschlecht wird durch das Schauen der „Liebenden", durch ihre „strahlend" gehobenen „silbernen Lider" – die Szene bezieht sich in ihrer Struktur offenbar auf das Schema des Sternenhimmels - gleichsam visionär geboren. Das „Schauen", ähnlich wie in *Ruh und Schweigen*, hebt zugleich die primär assoziierbare Sinnlichkeit der „Liebenden" in einem poetisch-quasireligiösen Kontext auf. Ein Transparenzakt, in dem sich Mächtigkeit und Schöpfungskraft der Liebe manifestieren und die inzestuöse Schuld von Bruder und Schwester, wie dies die zyklischen Zusammenhänge nahe legen, aufgehoben wird.

3.2

In Heyms Gedichten, die in ihrem Aufbau viele Gemeinsamkeiten mit Trakls Dichtungen zeigen, ist die narrative Dominanz noch eindeutiger und prägnanter.[7] Eine wichtige Motivgruppe bilden bei ihm die Gewitter- und

---

[7] Für verschiedene Konzepte über Heyms Dichtung s. u. a. Mautz, Kurt: Mythologie und Gesellschaft im Expressionismus. Die Dichtung Georg Heyms. Bonn 1961; Rölleke, Heinz: Georg Heym. In: Expressionismus als Literatur. Gesammelte Studien. Hg. v. Wolfgang Rothe. Bern / München 1969,

Wetterbilder bzw. ihre einzelnen Komponenten wie 'Wolken', 'Nebel', 'Wind', 'Blitz', 'Donner', 'Regen', 'Eis'. Von den Beispielen, die das Gesamtwerk umfassen, seien nur einige erwähnt: *Die Abendwolken, Nacht in einer kleinen Stadt, Die nahen Donner schallten von dem Fluß…, Den Wolken I, De Profundis, Die Abendwolken, Die grauen Wolken, Die Nacht, Im Osten zieht das ungeheure Reich, Wolken, Die Wanderer, Der Weststurm* usw. Auch hier liegt der Akzent weniger auf dem thematisch-symbolischen als vielmehr auf dem strukturalen Aspekt. Dies bedeutet, dass das Gewitter- und Wetterthema als Konstruktionsprinzip der Textwelten nicht allein naturlyrische Gedichte erfasst, sondern zum Teil auch auf die Beschreibung und Erklärung von Heyms Großstadtlyrik ausgedehnt werden kann (vgl. *Die Dämonen der Städte, Der Gott der Stadt* usw.) Umgekehrt heißt dies wiederum: Gedichtwelten, die strukturell zwar auf der Basis der Kombination von Gewitter- und Wetterthematik mit Tages- und Jahreszeitenzyklen bzw. deren Teilstrukturen und Einzelkomponenten aufgebaut sind, können durchaus unterschiedlich thematisiert werden, wenn eine gewisse strukturelle Übereinstimmung wie z. B. im Falle von 'Gewitter' und 'Krieg' (s. *Gebet, Vor einem Gewitter, Der Krieg I* usw.) oder „Wetter" und „Stadtbild" (s. *Die Stadt in den Wolken*) zwischen den Schemata besteht. Zieht man das letzterwähnte Gedicht genauer in Betracht,[8] dann zeigt sich bald, dass es sich dabei um eine symmetrische Komposition handelt, die in den ersten drei Strophen durch die Vollentfaltung des Tages, in den letzten drei hingegen durch den Anbruch des Abends, eigentlich durch die göttliche Macht der über das Irdische herrschenden Sonne als Lichtmeer bzw. durch die bedrohlich-zerstörerische Macht der untergehenden Sonne als Weltuntergangsfeuer repräsentiert wird. Die im Wolken- und Lichtpanorama imaginierte Stadt, in deren Pracht und Herrlichkeit das Bild des himmlischen Jerusalems aus der Offenbarung des Johannes transparent wird, wird im zweiten Teil als ausgestorbene, tote Stadt ohne Freude und menschliches Treiben wahrgenommen und durch die zunehmende Dunkelheit und das verschwindende Licht stu-

---

S. 354-373. Korte, Hermann: Georg Heym. Stuttgart 1982; Vietta, Silvio/Kemper, Hans-Georg: Expressionismus. Zweite, bibliographisch ergänzte Auflage. München: Fink 1983, dort S. 49-61; Martens, Gunter: Nachwort. Einführung in das Werk Georg Heyms. In: Georg Heym – Werke. Mit einer Auswahl von Entwürfen aus dem Nachlass, von Tagebuchaufzeichnungen und Briefen. Hg. v. Gunter Martens. Stuttgart 2006, S. 362-410.

[8] Siehe dazu die eingehende Analyse in Csúri, Károly: Georg Heyms „Die Stadt in den Wolken". Schema-Strukturen und literarische Erklärung. In: 50 Jahre Germanistik in Pécs. Hg. v. Peter Canisius und Erika Hammer. Wien 2008, S. 223-233.

fenweise aufgehoben. Wie die 'flammenden Gräbermale' in der Vision als Abbildungen von Wolkengebilden und *späten Sonnenstrahlen* anzusehen sind, so lassen sich auch die *hurtig dunklen Schatten, die nun an dem Glanz lecken*, als metaphorische Modelle der das Sonnenlicht endgültig verdeckenden Abendwolken begreifen: *Und schnelle war die hohe Stadt versunken.* Es ist unschwer zu erkennen, dass in der Textwelt das Licht und die Änderung der Lichtverhältnisse – auf abstrakter Ebene das Zyklus-Schema des Tageszeitenwechsels – das Grundprinzip der Imagination und deren wandelnden Perspektiven festlegt. Die *Wolken* verhalten sich als ein zu formendes Material, aus dem die Vision zunächst auf-, dann abgebaut und schließlich vernichtet wird. Doch erklärt sich der Untergang dieser imaginierten Welt offenbar nicht allein aus dem zyklisch-formalen Tageszeitenwechsel heraus. Als ginge es dabei durch das fehlende, ausgestorbene Leben vielmehr um die symbolische Ablehnung des neuen Jerusalem, der himmlischen Stadt Gottes auf Erden. Als würden hier schon unausgesprochene, vitalistische Motive des späteren *Dionysos*-Gedichts Heyms gegenüber dem christlichen Gott und der christlich-asketischen Lebensweise vorweggenommen werden. In diesem Sinne ist es auch folgerichtig, anhand des Tageszeitenwechsels eher von einer abstrakten Schemastruktur denn von einem realen Prozess zu sprechen. Ganz offenbar ruft die angedeutete Wertkonstellation den Tageszeitenwechsel hervor und bestimmt, welche Gebilde der Vision im gegebenen Augenblick an gegebener Stelle der Textwelt zustande kommen und welche nicht. Dies unterstützt auch die Tatsache, dass nicht einmal mit Sicherheit behauptet werden kann, zu welcher Tageszeit, am Morgen, zu Mittag oder am frühen Nachmittag, es zur Vollentfaltung des Sonnenlichts als *Flammenmeer* kommt und wie ihm so plötzlich und selbstverständlich der abendliche Sonnenuntergang folgt. In der Gedichtwelt ist nicht von Belang, wann sich die Sonne – an der Realität gemessen – in ihrer vollen Pracht zeigt und wann, in der Licht- und Wolken-Vision, die himmlische Stadt konstruiert wird. Wichtig ist nur, dass diese Vollentfaltung des Sonnenscheins als vorangehender Kontrastzustand zum Abend eingesetzt wird. Der Tageszeitenwechsel folgt hier den 'Anweisungen' einer konträren Wertordnung, die der Rezipient im Aufbau dieser Welt erkennt. Interessant ist dagegen, dass das *Versinken* der *hohen Stadt* eindeutig mit dem *Abendrot* und dem *späten Sonnenstrahle* bzw. mit dem *Ertrinken* des Lichts verbunden ist. Das heißt, der Verfall der visionären Wolkenstadt in der fiktiven Realität des Ich fällt tatsächlich mit dem Untergang der Sonne und dem

Anbruch des Abends zusammen. Dieser doppelte Untergang des Tages und der himmlischen Wolkenstadt, als Verfall des Lichtermeeres und Aufkommen der Finsternis, scheint – über das einfache Tagesende hinaus – zugleich auf die Endzeit hinzudeuten und den Tageszeit-Zyklus allgemein zum Ausdruck eines apokalyptischen Weltuntergangs werden zu lassen.

Abschließend soll noch an zwei weiteren Beispielen, einem Grossstadtgedicht Trakls und einem Kriegsgedicht Heyms, die Verwendbarkeit und Erklärungskraft der schematheoretisch-kognitiven Methode beim Aufbau und Vergleich literarischer Textwelten demonstriert werden. Auch in diesen Fällen handelt es sich um einen ähnlichen Grad von Komplexität wie bei den früheren Analysen, aber die zugrunde liegenden Schemata bzw. Schemastrukturen lassen sich auf Grund der Oberflächen-Metaphorik schwerer als bei *Ruh und Schweigen* oder *Die Stadt in den Wolken* erkennen. Anhand von Heyms Gedicht kann ferner gezeigt werden, wie ein einfaches Schema bzw. Script einen ihm fremden Themenbereich in jedem Detail durchzustrukturieren vermag.

3.3

Mit dem „Wahnsinn der großen Stadt" setzt in Trakls Gedicht *An die Verstummten* eine Verfallstendenz ein, die stufenweise verstärkt die gesamte Textwelt durchdringt.[9] Erst die kurze Schlussstrophe bildet einen kaum merklichen Gegenpol: „Aber stille blutet in dunkler Höhle stummere Menschheit, / Fügt aus harten Metallen das erlösende Haupt." Dieser öffnet für den leidenden und glaubenden Menschen, im Gegensatz zum „Geist des Bösen" und dem „Besessenen" einer verdorbenen Gegenwartswelt, die Hoffnung auf Erlösung. Der dominierende Untergangsprozess und die mögliche Wiedergeburt als biblisch-intertextueller Transparenzakt im Tageszeitenschema der Abenddämmerung und des Nachteinbruchs lassen sich in ihrer gegenseitigen Beziehung als ein poetologisch-apokalyptisches Narrationsschema ansehen, das ein umfassendes Aufbauprinzip des Textwelt-Verlaufs darstellt. Das abstrakte Ich steht hier als kollektiv-gespaltenes Subjekt im Mittelpunkt dieses Schemas. An der Oberfläche wird es gleichzeitig

---

[9] Für eine ausführliche Analyse des Gedichts s. Csúri, Károly: Zur semantischen Konstruktion von Trakls Gedichten. In: Georg Trakl. Nouvelles recherches. Études réunies par Rémy Colombat et Gerald Stieg. Austriaca. Cahiers universitaires d'information sur l'Autriche (= Publications des Universités de Rouen et du Havre, No. 65-66), 2008, S. 75-96.

als der *besessene* und der *stummere* Teil der *Menschheit* in der Großstadt verbildlicht. Anhand der Großstadt sei auf zwei intertextuelle Entsprechungen hingewiesen. Die erste schafft im Bild „Rasend peitscht Gottes Zorn die Stirne des Besessenen" eine Parallele zu dem Schicksal der biblischen Städte Sodom und Gomorrha, die wegen ihrer Freveltaten umgestürzt wurden. Die zweite Beziehung ist eher indirekt: Sie verbindet die Ausdrücke 'Hure', 'Stirne', 'purpurne Seuche' und 'das gräßliche Lachen des Golds' mit dem Gericht über Babylon in der Offenbarung des Johannes. Dort heißt es: „Und das Weib war bekleidet mit Purpur und Scharlach und übergoldet mit Gold und edlen Steinen und Perlen...und an ihrer Stirn war geschrieben ein Name, ein Geheimnis: Das große Babylon, die Mutter der Hurerei und aller Greuel auf Erden" (Off. 17,4-5). Im „Wahnsinn der großen Stadt" kehren also motivisch die Welt und der Geist des *Bösen* vom Anfang der Menschheitsgeschichte wieder. Angesichts der höllisch-boshaften Gegenwart wirkt am Schluß das 'erlösende Haupt' in 'dunkler Höhle' – eine Variante der Wiederkehr Christi am Ende der Zeiten – als eine epiphanienhafte, geistlich-transparente Erscheinung. In diesem Sinne spaltet sich die Menschheit in einen besessenen und einen stummeren Teil der Schuldigen und Unschuldigen, der Frevelnden und Sühnenden. Betrachtet man Abend und Nacht als Schemakomponenten des Tageszeitenzyklus, dann lassen sich der 'Wahnsinn der großen Stadt' und 'die dunkle Höhle' gleichermaßen als verschiedene Modelle eines kosmisch-irdischen Raums abendlicher und nächtlicher Dunkelheit auffassen. Im ersten Fall wird das Steinern-Finstere der Nacht durch das Licht als 'magnetische Geißel' verdrängt, im zweiten leidet die stummere Menschheit blutend in der steinern-dunklen Höhle desselben Nachthimmels. Bezogen auf dieses Nacht-Schema können das konkret-physikalische und das emblematisch-geistliche Licht gleichermaßen als Transparenzerscheinungen, zunächst als Epiphanie des 'Bösen', dann als Epiphanie des 'Erlösenden' verstanden werden.

3.4

Der narrative Aufbau der Textwelt von Heyms *Der Krieg I* beruht auf dem Schema des Gewitters.[10] Die globalen Prozesse der Kriegsführung wie die

---

[10] Ähnliches lässt sich auch bei zahlreichen anderen Gedichten beobachten. Von diesen seien hier aus Georg Heym. Dichtungen und Schriften. Gesamtausgabe. Hg. v. Karl Ludwig Schnei-

Vorbereitung, der Ausbruch, die Verwüstung und das Ende des Krieges werden nämlich als stereotype Phasen, das heißt als das Entstehen, das Aufziehen, das Toben und das Aufhören eines Gewitters inszeniert. Die Erkennung dieses Zusammenhangs ist dadurch erschwert, dass das Gewitter-Schema in der Textwelt nicht allein durch die Vision eines Krieges interpretiert wird. Dieser sonderbare Krieg wird in einen teils mythologischen, teils biblischen, teils historischen Kontext gebettet, mischt sich mit dem Leben in der Grossstadtwelt, mit der umgebenden Landschaft und wird letztlich, gestalthaft und gestaltlos zugleich, in der Abenddämmerung, im Schema des Tageszeitenwechsels transparent. Er wird mit der allegorischen Figur des Todes identifiziert, der, aus der Perspektive eines anonymen Ich, die erstarrte und tote (Großstadt-)Welt menschlicher Zivilisation mit apokalyptischer Vernichtung bedroht. Diese Annahme lässt sich auch durch weitere Gedichte unterstützen, die nahezu gleichzeitig mit *Der Krieg I* entstanden sind. In der Schlussstrophe von *Der Krieg II* erscheint der Tod, der sehr ähnlich der schattenhaft-schwarzen Riesenfigur in *Der Krieg I* ist, auch konkret: „Aber riesig schreitet über dem Untergang / Blutiger Tage groß wie ein Schatten der Tod". Strophe 2 von *Gebet* (Erste Fassung/ Entwurf) beleuchtet den Hintergrund des Auftakts von *Der Krieg I*: „Aufgestanden ist er, welcher lange schlief, / Aufgestanden unten aus Gewölben tief" aus mythologischer Sicht:

> Äolus du, der du auf den großen Kriegsschläuchen sitzt.
> Vollbackiger du, der den Pestatem kaut.
> Lasse raus, wie den Sturm gegen Morgen, den Tod,
> Gib uns Regen, Herr, kalte Winter und Hungersnot.

Die Winde, die König Äolus bewahrte und nach seinem Belieben stillen oder aufpeitschen konnte, waren in einem starken Schlauch verschlossen, aus denen sie – dazu wird er in Heyms Gedicht aufgefordert – herausgelassen

---

der. Hamburg / München 1964, die auch allen weiteren Zitaten im Aufsatz zugrunde liegt, nur Der Weststurm und Vor einem Gewitter angeführt. Das erste Gedicht heißt: „Am Himmelsdache zieht sich das Gereit. / Die schwarzen Mäntel schleppen durch die Felder, / Und Schatten fliegen über dunkle Wälder. / Die Flüsse stehn in blei'rner Dunkelheit. // Weissbärtge Krieger, auf das Ross gebückt / Dem Feldherrn nach, der schwarz den Degen schwingt, / Und riesgen Satzes über Städte springt, / Die in dem Grund der gelbe Rauchqualm drückt". Die 4. Strophe des zweiten Gedichts lautet: „Am Horizont in schwarzem Fischerhut / Und Mantel tanzt der Nachtdämonen Volk. / Wie eine Horde grosser Larven ruht / Am alten Himmel dunkelndes Gewolk".

werden konnten.[11] Hier handelt es sich beim Herauslassen des ‚Todes' aus den ‚Kriegsschläuchen' um die aufgepeitschten, Tod bringenden Sturmwinde, um „Regen (...), kalte Winter und Hungersnot". Die Szene aus dem Odysseus-Mythos zu Beginn wird durch den biblischen Bezug des Endes gleichsam fortgesetzt und abgeschlossen. Obwohl das Gedicht mit ‚Gomorrh' als Hinweis auf jene verdorbene, gottlose Stadt endet, die der Herr, zusammen mit Sodoma, von einem Schwefel- und Feuerregen – bei Heym durch ‚Pech und Feuer' – vernichten ließ[12], ist der hiesige ‚Krieg' gegen die Stadt und ihre Bewohner trotz der biblisch-apokalyptischen Metaphorik nicht mit Gottes Gericht über Sodom und Gomorra (Gen. 19,1-29) gleichzusetzen. Es handelt sich von vornherein um den Tod, der, mit den Attributen höllischen Feuers ausgerüstet, als gewaltiger Sturm mit seinen ‚Kriegern', den Gewitter-Wolken, die ‚grosse Stadt' als modernes ‚Gomorrh' zerstört und ‚in gelbem Rauch' ‚in des Abgrunds Bauch' versinken lässt. Als Anführer des Krieges dreht er ‚dreimal seine Fackel' ‚in wilde Himmel' über ‚sturmzerfetzter Wolken Widerschein', damit der ‚Brand weit die Nacht verdorr'. Während die schwarze Riesengestalt, bzw. der 'Frost und Schatten einer fremden Dunkelheit' in den ersten Strophen das Entstehen und Aufziehen des Sturmgewitters abbilden, versinnbildlichen die 'Feuerhaufen', die 'Wald um Wald' fressenden 'Flammen' und das 'unten auf Gomorrh' träufende 'Pech und Feuer' in den letzten Strophen den Höhepunkt und das Endstadium seiner Verwüstungen. Die Zwischenphase repräsentieren die beide Zustände verbindenden Strophen 2-11. Der in den ‚Abendlärm der Städte' fallende ‚Frost und Schatten einer fremden Dunkelheit', der ‚zu Eis' erstarrte ‚runde Wirbel' der ‚Märkte' wie auch die plötzliche Stille (Strophe 2) stellen die Anzeichen des rasch herannahenden Sturmes dar. Sein apokalyptischer Charakter zeigt sich zum Teil darin, dass er sich nicht nur gegen die ‚Städte', sondern auch gegen ihr Umfeld richtet, gegen die ‚Vulkane', ‚die finstren Ebnen' und die Wälder, symbolisch gegen den gesamten irdisch-menschlichen Bereich. In Strophe 4, die die Vorbereitung des Gewitters abschließt, fällt das Wort ‚Krieger' zum ersten Mal. Hier

---

[11] Siehe Kerényi, Károly: Görög Mitológia, I. Történetek az istenekről és az emberiségről, II. Hérosztörténetek. 2. kiadás, Szeged 1997 (1977), 115-116. o. Ursprünglicher Titel: Kerényi, Karl: Die Mythologie der Griechen. I. Die Götter- und Menschengeschichten, II. Die Heroen-Geschichten, Stuttgart 1951 (I) und 1958 (II). Übersetzt von Grácia Kerényi unter Berücksichtigung der englischen Ausgabe: The Gods of the Greeks, the Heroes of the Greeks, Thames and Hudson.
[12] Vgl. 1. Buch, Mosis 19,24 u. 28.

kann die allegorische Figur des ‚Aufgestandenen', die sie anfeuert, zum ersten Mal auch emblematisch mit dem Tod identifiziert werden:

Auf den Bergen hebt er schon zu tanzen an
Und er schreit: Ihr Krieger alle, auf und an.
Und es schallet, wenn das schwarze Haupt er schwenkt,
Drum von tausend Schädeln laute Kette hängt.

Das 'Tanzen' auf den Bergen, das ‚Schreien' und das ‚Schallen' von ‚tausend Schädeln' sind einerseits als visionäre und akustische Vergegenwärtigung eines Sturmes mittels Wolken und Donnern im Moment seines Ausbruchs anzusehen. Zum andern lassen sich der (Wolken-) Tanz – mit latentem Verweis auf den Totentanz – als rituelles Animieren zum kämpferischen Einsatz, die (Wolken-)'Krieger' als Tote und ein anonymes er mit ‚tausend Schädeln' um das ‚schwarze Haupt' als der Tod, der Kriegsführer des Totenreichs, der ‚fremden Dunkelheit' aus Strophe 2 ansehen. Dieser, der früher den Mond ‚in der schwarzen Hand' zerdrückte, tritt hier, einem Turm gleich, ‚die letzte Glut' des Tages aus. Im Licht der untergehenden Sonne verfärbt sich die abendliche Welt, ihr Rot verwandelt sich – gleichsam apokalyptisch - in Blut, in einen unermesslichen Blutstrom: „Wo der Tag flieht, sind die Ströme schon voll Blut". Imaginiert werden auch neue Tote, zahllose ‚Leichen (...) im Schilf', die – wiederum eine Abbildung des Wolken-Schemas – „(v)on des Todes starken Vögeln weiß bedeckt" sind. Wenig später, in Strophe 6, steht schon der Tod „(ü)ber Brücken, die von Bergen Toter schwer". Eine wichtige Schemakomponente des nächtlichen Unwetters ist von nun an auch der Blitz, der durch eine Reihe von Metaphern wie ‚Feuer', ‚ein roter Hund', ‚Vulkane', ‚tausend rote Zipfelmützen', ‚Feuerhaufen', ‚Flamme', ‚glühende Trümmer', ‚Fackel' und ‚Brand' im weiteren Verlauf des unaufhaltsamen Todes-Sturms abgebildet wird. In den Strophen 6-9 steigert sich der verheerende Ansturm in der allegorischen Imaginationsfigur des Todes sich gegen die Großstadtwelt. Bei der Strukturierung der Kriegsszenen spielen vor allem ‚schwarz' und ‚rot' als Abbildung von Abenddämmerung und Sonnenuntergang im Sturmgewitter eine bestimmende Rolle. Beleuchtet werden ‚die schwarzen Gassen' nur für kurze Augenblicke durch den ‚blauen Flammenschwall' der Blitze oder durch das ‚Feuer', das, gleichsam eine höllisch-grausame Jagd beschwörend, wie 'ein roter Hund mit wilder Mäuler Schrein' querfeldein in die ‚Nacht' getrieben wird. Der frühere ‚Schatten einer fremden Dunkelheit' kehrt hier als dynamische, bedrohliche apokalyptische Vision wieder: „Aus dem Dunkel springt der Nächte schwarze Welt, / Von Vulkanen furchtbar ist ihr Rand erhellt". Auch in Strophe 8 erscheinen ‚rot' und ‚schwarz', teils mit den ‚Vulkanen', teils mit den Blitzen verbunden: „Und mit tausend roten Zipfelmützen weit / Sind die finstren Ebnen flackend überstreut". Die „Zipfelmützen", als Attribut der Jakobiner, haben historisch-politischen Bezug. Die Verknüpfung von Sturm, Vulkanen und Revolitionärem lässt auch auf eine innere 'vulkanische' Revolte des Ich folgern. Im Rückblick heißt es: der durch das Medium des Sturmes todbringende „Krieg" stellt zugleich die kosmisch-metaphysische Projektion seines verdrängten Zerstörungswunsches ‚unten aus Gewölben tief' dar. Die Großstadt geht in Flammen auf, alles fällt dem immer stärker um sich greifenden Feuer zum Opfer: „Und was unten auf den Straßen wimmelt hin und her, / Fegt er in die Feuerhaufen, daß die Flamme brenne mehr". Anhand der Feuer-Szenen handelt es sich erneut um das metaphorisierte Gewitter-Schema, hier um den Blitz, der, dem Sonnenuntergang folgend, in der Nacht für die ununterbrochene Präsenz von 'Weltuntergang' sorgt, in dem die Grossstadt als Gomorra der Menschheit vernichtet wird.

4. Fazit

Der Aufsatz dürfte anhand der herangezogenen Textbeispiele deutlich gemacht haben, dass Trakls und Heyms Dichtung, trotz wesentlicher Unterschiede, auch zahlreiche Ähnlichkeiten aufweisen. Diese Ähnlichkeiten, die allerdings nicht auf tatsächliche "Wechselwirkungen" zurückzuführen sind, wurden hier vor allem auf der Ebene der abstrakten Konstruktionsprinzipien ausgearbeitet. Es handelt sich dabei allerdings nicht nur um einzelne Prinzipien, wie sie unter 3. (i) und (ii) dargelegt worden sind, sondern in vielen Fällen auch um ihre Kombinationen, das heißt um den Aufbau, die global-narrative Struktur von gesamten Textwelten. In beiden Fällen, bei Trakl wie bei Heym, kommt den Schemata und Schemakombinationen der Tageszeitenwechsel, der Transparenzakte und den (oft apokalyptisch anmutenden) Verfallsprozessen eine grundlegende Bedeutung zu. Sicher sind die Abweichungen beider Dichtungen in ihrer Thematik, Prosodie, Versifikation und bildlicher Modellierung der ihnen jeweils zugrunde liegenden abstrakten Narrativik nicht zu übersehen, doch lassen sich jene, Trakls und Heyms Werk gleichermaßen bestimmende, melancholische Todesstimmung und gleichzeitiger (meist nur virtuell vorhandener) Erlösungswunsch, die bei den Dichtern zwar auf verschiedene Gründe zurückgehen und auch mit anderen Hoffnungen und Sphären verbunden sind, mit Hilfe des umrissenen Erklärungsmodells genauer explizieren und in ihrem poetischen Charakter präziser erfassen.

FERNANDO MAGALLANES

Christian Wagner und Robert Walser

Deutsche Lyrik und schweizerische Erzählung im Vergleich

Der deutsche Lyriker Christian Wagner, der um die Jahrhundertwende lebte und von einigen als „deutscher Tolstoi" bezeichnet wird, ist dem breiten Publikum bis heute weitgehend unbekannt; auch die Literaturgeschichtsschreibung erinnert sich kaum noch an ihn. Daher ist „die Entstehungsgeschichte seiner poetischen Produktion praktisch unerforscht."[1] Trotzdem gilt Wagner unter Intellektuellen als ein bedeutender Dichter. Berühmte Autoren wie Hermann Hesse oder Peter Handke, aber auch einige Literaturkritiker bewerten seine Texte überaus positiv. Für Werner Kraft z.B. gehört er „zu den großen deutschen Lyrikern des 19. Jahrhunderts"[2] und Peter Lahnstein sagt über ihn: „Christian Wagner aus Warmbronn, ein kleiner Bauer und großer Dichter."[3] Doch trotz der großen Wertschätzung gibt es kaum Sekundärliteratur zu seinem Werk. Die 1972 gegründete Wagner Gesellschaft hat es sich zur Aufgabe gemacht, dies zu ändern, um dem Autor die Aufmerksamkeit zukommen zu lassen, die er aufgrund der hohen Qualität seiner Gedichte verdient hätte.

Auf internationaler Ebene ist es extrem schwierig, Ähnlichkeiten zwischen dem Werk Wagners und dem anderer Autoren zu finden. Ich selbst habe vergeblich versucht, in der spanischen Literatur der Zeit, Parallelen zwischen Wagners Schriften und denen anderer Autoren zu finden, doch nur

---

[1] Wie Jürgen Schweier im „Nachwort" zum wunderschönen Lyrikband *Blühender Kirschba* des Autors feststellt. Christian Wagner, Blühender Kirschbaum. Gedichte. Kirchheim unter Teck 2002, S. 144.
[2] Kraft, Werner: Christian Wagner. In: Wort und Gedanke. Kritische Betrachtungen zur Poesie. Bern / München 1966, S. 230-250, hier 230.
[3] Lahnstein, Peter: Kuh und Kalb. In: Es gibt Sonnen genug. Geburtstagsbuch für Christian Wagner. Hg. v. Harald Hepfer, Ulrich Keicher und Jürgen Schweier. Kirchheim unter Teck / Warmbronn 1985, S. 160.

sehr wenige Schriftsteller weisen literarische Ähnlichkeiten mit Wagner auf, weswegen sich der Vergleich mit ausländischen Autoren schwierig gestaltet.[4] Parallelen fand ich zwischen dem Werk Wagners und dem des schweizerischen Autors Robert Walser, der für Gero von Wilpert „Vorläufer und Geistesverwandter Franz Kafkas, [ist,] der Walser schätzte".[5] Er war ein Meister der kurzen Erzählung, der in seiner Prosa Mikrokosmen[6] beschreibt, die sonst kaum Beachtung finden. Im Folgenden werde ich mich dem Vergleich beider Autoren widmen.[7]

Zunächst lässt sich feststellen, dass es sich sowohl bei Walser, als auch bei Wagner um besondere Dichter handelt, da ihre Denk- und Schreibweise sich von den zu ihrer Zeit gängigen literarischen bzw. kulturellen Strömungen abhebt. Beide sind Individualisten, außergewöhnliche Menschen, die unabhängig von literarischen Tendenzen ihr Werk erschaffen.

Im Werk Wagners finden sich mehrere Anspielungen auf deutsche Dichter, vor allem auf Schiller, aber auch auf Goethe, den in Vergessenheit geratenen Nikolaus Lenau, Lessing, Uhland oder Geibel, in denen seine Bewunderung zum Ausdruck kommt. Bei Walser wiederum treten viele intertextuelle Referenzen auf. Gemeinsam ist beiden Autoren, dass sie in ihren jeweiligen Autobiographien explizit auf die genutzten Quellen hinweisen. Nicht umsonst widmet sich eine Forschungsarbeit der Selbstreferentialität bei Walser.[8]

Hinzu kommt, dass ihre Werke bestimmte Charakteristika aufweisen, die meines Erachtens nicht nur bedeutsam sind, sondern auch eine Bereicherung für die Gesellschaft darstellen, da sie einen ungewohnten Blick auf die

---

[4] Vgl. Fernando Magallanes Latas: Mögliche Parallelen zwischen der Poesie Wagners und der Lyrik spanischer Dichter der Zeit. In: Wiederentdeckung eines Autors. Christian Wagner in der literarischen Moderne um 1900. Hg v. Burckhard Dücker und Harald Hepfer. Göttingen 2008. S. 178-193.
[5] Wilpert, Gero von: Deutsches Dichterlexikon. Biographisch-Bibliographisches Handwörterbuch zur deutschen Literaturgeschichte. Stuttgart 1988, S. 835.
[6] Wie schon der Titel *Aus dem Bleistiftgebiet Mikrogramme* zeigt.
[7] In einem Artikel in meiner Muttersprache habe ich diesen Vergleich bereits hergestellt, den ich an dieser Stelle vertiefen möchte. Fernando Magallanes: Christian Wagner y Robert Walser: puntos de encuentro entre el poeta y el narrador. In: Revista de Filología Alemana (2009), anejo I, S. 247-255.
[8] Im übrigens ist er ein wenig krank: Zum Problem der Selbstreferentialität in Robert Walsers Dichterporträts, in: Robert Walser und die Moderne Poetik. Hg. v. Dieter Borchmeyer. Frankfurt am Main 1999.

kleinen Dinge werfen, die uns im alltäglichen Leben begegnen, ohne dass wir uns dessen bewusst sind. Wagner – wie schon einmal beschrieben[9] –

ist ein philosophischer Poet; ein Autor, der sein innerstes Gefühl und seine Empfindsamkeit ausdrückt, wenn er das Wesen der Tiere und Pflanzen beschreibt. Bei seiner Lyrik handelt es sich nicht nur um eine Beschreibung der sichtbaren Natur, sondern um eine reflexive Haltung, die er ‚mit Versen von schlichter Eindringlichkeit'[10] gestaltet (...) Überraschend ist auch, dass Wagner, trotz mangelhafter Schulbildung, in Hexametern dichten konnte.

Bei Walser erscheinen mir die zwei, drei oder vier Kernzeilen, Einfälle oder Ideen[11] am bedeutendsten, die sich in fast jedem seiner Werke finden und in denen seine Meinung zum Ausdruck kommt; es handelt sich hierbei oft um einleuchtende, nur auf den ersten Blick lapidar wirkende Sätze, die durch ihre Aussagekraft und die implizit enthaltenen Beurteilungen überraschen. Daher ist Walser für mich, genauso wie Wagner, Dichter und zugleich Philosoph. Kleine, dem Anschein nach belanglose Aspekte des alltäglichen Lebens betrachtet er sehr genau und erzählt davon. Er befasst sich mit Teilen des Lebens, die grundlegend für die menschliche Existenz sind und es ist dieser besondere Blick auf scheinbar unbedeutende Dinge, der beide Autoren verbindet. „Jede Blume erzählt mir eine Geschichte", schreibt Wagner,[12] und Walser zeigt sein außergewöhnliches Talent, indem er z.B in seiner kurzen Erzählung *Rede an einen Knopf* meisterlich den Wert des Kleinen, in diesem Fall eines einfachen Knopfes, in beredtem Stil beschreibt.[13] Diese Eigenschaft des Werkes Walsers betonten schon Walter Benjamin und andere.[14] Es ist das Interesse für das Kleinste, für den Augenblick, das Walser in Sätzen, die Epigrammen gleichen, ausdrückt. Diese zentralen Aussagen, die manchmal Sinn- bzw. Denksprüchen

---

[9] Fernando Magallanes: Mögliche Parallelen ... S. 182.
[10] Lexikon der Weltliteratur. Bd. I. Biographisch-bibliographisches Handwörterbuch nach Autoren und anonymen Werken. Hg. v. Gero von Wilpert. Zweite, erweiterte Auflage. Stuttgart 1975, S. 1706.
[11] In einigen seiner kurzen Prosastücke, aber auch in jedem seiner Romane.
[12] In: Neuer Glaube, Kirchheim unter Teck 1996, S. VI.
[13] Robert Walser [1977]: Poetenleben. Suhrkamp Taschenbuch 388. S. 95-97.
[14] Vgl. Karl Joachim Wilhelm Greven : Existenz, Welt und reines Sein im Werk Robert Walsers. Versuch zur Bestimmung von Grundstrukturen. Diss. Köln 1960, S. 172.

gleichen, machen sein Werk so besonders. Im Folgenden möchte ich hierfür einige Beispiele nennen, um dies zu illustrieren.[15]

In der Erzählung *Die Schule* sagt Walser: „Vom Nutzen einer Sache sprechen zu wollen, die notwendig ist, ist überflüssig, da alles Notwendige unbedingt nützlich ist".

Über eine besondere Form der Selbstregierung und -regulierung eines Staates äußert er sich in seiner Erzählung *Das Vaterland*:

> Unsere Staatsform ist die Republik. Wir dürfen machen, was wir wollen. Wir benehmen uns so ungezwungen, als es uns beliebt. Wir haben niemand von unsern Handlungen Rechenschaft abzulegen, als uns selbst, und das ist unser Stolz. Unsere Ehre allein ist die Grenze, die wir uns um unser Tun stecken. Andere Staaten blicken mit Verwunderung auf uns, daß wir uns durch uns selbst zu beherrschen vermögen. Wir sind niemandem untertan als unserer Einsicht und unserer ehrlichen Gesinnung, von der wir uns gern befehlen und leiten lassen. Wir haben keinen Platz für einen König oder Kaiser [...] Die Untertanen anderer Länder sehen oft Haustieren ähnlich.

In dem Prosatext *Mein Berg* finden sich für Walser in Stil und Inhalt charakteristische Äußerungen:

> Nichts ist trockener als Trockenheit, und nichts gilt bei mir mehr als Trockenheit, als Empfindungslosigkeit. Wenn Haß da ist, spiele ich gern wieder den Vermittler, den Begütiger. Auch dieser Rolle weiß ich mich anzupassen.

Eine weitere, für Walser typische Aussage trifft er in seiner Erzählung *Die Schulklasse*: „[...] von einer Leidenschaft ganz ergriffen sein, ist zwar keineswegs klug, aber schön." Die scharfsinnige Weise, mit der Walser schreibt, findet sich nicht so sehr in den „Mikrogramen", dafür vermehrt in seinen Romanen. Ein Beispiel ist das erzählerische Werk *Der Räuber*[16] wo man Folgendes lesen kann: „Fußfälle sind für Hinsinkende schöner als für die, vor denen man hinsinkt." Ein weiteres Zitat[17]:

---

[15] Die folgenden Zitate wurden dem Buch Fritz Kochers Aufsätze (Zürich / Frankfurt a. M. 1986, S. 20, 30-31, 33 und 48) entnommen.
[16] Zürich / Frankfurt a. M. 1986, S. 34.
[17] Ebd., S. 94.

> Den Gesunden ist man böse, weil sie gesund sind. Den Fröhlichen grollt man um ihrer Fröhlichkeit willen. Und das geschieht nicht absichtlich, und daß es instinktiv geschieht, ist vielleicht das ganz, ganz Betrübende, das Ausssichtslose.

Und kurz danach:[18]

> Manche beschweren sich über ihrer Mitmenschen Grobheit. Aber im Grund wünschen sie gar nicht von uns Abwerfung der Grobheit. Es kommt ihnen bloß aufs Klagen, Beschweren, Unzufriedensein an.

Ein weiteres Beispiel findet sich in Walsers Roman *Jacob von Gunten*:[19]

> Sei zufrieden, lieber Bruder, strebe, lerne, tu womöglich irgend jemandem etwas Liebes und Gutes.

> Langeweile gibt es bei Menschen, die da immer gewärtigen, es solle von außen her etwas Aufmunterndes auf sie zutreten. Wo üble Laune, wo Sehnsucht ist, da ist Langeweile.

Ein drittes Zitat aus *Jakob von Gunten* lautet so: „[...] im Alltäglichen ruhen die wahren Wahrheiten".

Die Einfachheit der Schreibweise, die scheinbar evidenten Aussagen, verbergen eine Gedankentiefe, die sich dem Leser erst bei genauerer Lektüre erschließt. Ihre besondere Form, die Wirklichkeit wahrzunehmen, verbindet Walser und Wagner auf indirekte Weise. Walsers erzählerisches Werk zeigt die außergewöhnliche Art, mit der er die ihn umgebende Welt der kleinen Dinge wahrnimmt, auf die sonst keiner achtet, weil sie zum alltäglichen Leben gehören. Wagner seinerseits könnte man als Philosoph der Natur, als „Laienphilosoph"[20] – um es mit den Worten eines Kritikers zu sagen –, bezeichnen, da er die Fähigkeit besitzt, das Wesen der Dinge zu erkennen. „Ich kenne kein gestern und ewig mein ist das Heute"[21] Dieser

---

[18] Ebd., S. 97.
[19] Ein Tagebuch. Zürich / Frankfurt a. M. 1985, S. 68, 86, 105.
[20] „Jetzt kann ich seine Gedichte im Zusammenhange seines Lebens und Denkens verstehen. Denn er war ein Dichter nicht nur, sondern auch ein Denker, ein Laienphilosoph ..." (Helmut Gollwitzer, Christian Wagner. In: Es gibt Sonnen genug. Geburtstagsbuch für Christian Wagner. Hg. v. Harald Hepfer, Ulrich Keicher und Jürgen Schweier. Kirchheim unter Teck 1985, S. 81.
[21] Christian Wagner: Neuer Glaube. S. 6.

wunderschöne Satz Wagners erinnert an Walser, dem das Entdecken der Gegenwart sehr wichtig war.

Das Werk beider Autoren weist einige philosophische Tendenzen auf; insbesondere finden sich diese bei Robert Walser. Natürlich nicht in dem Sinne, dass er eine Theorie aufgestellt hätte; er erarbeitet kein philosophisches System, er hat keine neue philosophische Richtung oder Strömung geschaffen und ist daher nicht mit den Philosophen im traditionellen Sinn vergleichbar. Er ist ein Denker, der Sätze von tiefer Bedeutung zu Papier bringt, wenn man es am wenigsten erwartet. Es ist davon auszugehen, dass er mit seinem Leben nicht zufrieden war, weil er negative Aspekte der menschlichen Existenz, die die meisten nicht bemerken, sehr genau wahrnahm. Seine Fähigkeit, die Bedeutung der sonst unbeachteten Dinge des alltäglichen Lebens zu erkennen, macht ihn, meiner Ansicht nach, zum Philosophen, zu einem Denker, der sieht, was Andere nicht wahrnehmen, der über eine besondere Fähigkeit verfügt.[22] Interessant ist in diesem Zusammenhang auch, dass beide Autoren keine höhere Schulbildung besaßen und sich ihr Wissen über die Welt selbst aneigneten.

Das Interesse für die anscheinend unbedeutenden Dinge verbindet den deutschen Lyriker und den schweizerischen Erzähler. Beide vertreten eine Philosophie des alltäglichen Lebens und der kleinen Dinge. Da weder das Werk Walsers, noch dasjenige Wagners einer überregionalen literarischen Bewegung angehören, sind ihre Texte nur schwer im allgemeinen Literaturkanon einzuordnen. Wagners Lyrik – wie die Prosa von Robert Walser – stellen letztlich Einzelphänome dar. Und doch gibt es, meiner Meinung nach, eine psychologische und künstlerische Verwandtschaft zwischen ihnen, da sie wenig mit der gesellschaftlichen Wirklichkeit ihrer Zeit zu tun hatten, wodurch ihr Werk universellen Charakter erlangt. Der Anspruch der Authentizität, der Versuch, das Leben an sich darzustellen, verbindet sie ebenso, wie ihr Interesse für die Kultur des Ostens.[23] Besonders Wagner stand dem Brahmanismus, einem Vorläufer des Hinduismus, nahe.

Die Natur ist sowohl für Wagner, als auch für Walser eine Quelle der Inspiration; es ist der Ort der Beobachtung, des Nachdenkens, ein Spiegel der menschlichen Seele, auf der Suche nach der Wahrheit. Auch räumlich waren Walser und Wagner einander nahe, da beide am Bodensee lebten. Für Wagner, der auf der deutschen Seite wohnte, war der See ein Fenster in die

---

[22] Sebald, W. G.: El paseante solitario. En recuerdo de Robert Walser. Madrid 2007, S. 57.
[23] Vgl. Sebald, W. G.: El paseante solitario. S. 66.

Welt, wie er in seiner Autobiographie schreibt.[24] Walser, der auf der schweizerischen Uferseite lebte, wies in seinen Erzählungen wiederholt auf diesen Umstand hin. Für beide Autoren haben Natur und Mensch den gleichen Stellenwert, da alles im Leben ihnen gleich bedeutend erscheint. Dies wird besonders in der Erzählung *Der Nachen*[25] deutlich, in der Walser Mann und Frau, Mond und Wasser als lebendige, gleichwertige Elemente unserer Welt darstellt.

> In einem Nachen, mitten auf dem See, sitzen ein Mann und eine Frau. Hoch oben am dunklen Himmel steht der Mond [...] wir sehen nur, wie sie beide sich küssen [...] Das Wasser ist die Freundin des Mondes, es hat ihn zu sich herabgezogen, und nun küssen sich das Wasser und der Mond wie Freund und Freundin. Der schöne Mond ist in das Wasser gesunken ...

In Bezug auf Walser schrieb Hermann Hesse einmal: „Wenn er hunderttausend Leser hätte, wäre die Welt besser."[26] Möglicherweise hatte er Recht.

In seinem Gedicht *Der Garten*[27] wird deutlich, inwieweit auch für Wagner Natur und menschliche Tugend eine Einheit bilden.

> Ich sah wohl neulich einen Garten,
> darin sich allerhand kuriose
> Gewächse fanden, wie zum Beispiel
> die Treue, die bekanntermaßen
> nicht g'rade überall gedeiht.
> Auch gab es eine bunte Reihe
> von Tugenden, wie Fluß und weiß
> der Kuckuck was. In einer Ecke
> stand unermündliche Geduld,
> ein knorriges und kräft'ges Bäumchen,
> [...]

---

[24] Wagner, Christian: Aus meinem Leben. Autobiographie des „Bauern und Dichters zu Warmbronn". Hg. v. Harald Hepfer. Warmbronn 1992, S. 41.
[25] Walser, Robert: Ausgewählte Liebesgeschichten. Zusammengestellt von Volker Michels. Frankfurt a. M. / Leipzig 2003, S. 23.
[26] Vgl. Lennartz, Franz: Deutsche Schriftsteller des 20. Jahrhunderts im Spiegl der Kritik. Bd. III. Stuttgart 1984, S. 1804.
[27] In: Walser, Robert: La habitación del poeta. Prosas y poemas inéditos. Madrid 2005, S. 86.

> da wuchs der immergrüne Mut
> und dicht daneben jene Liebe,
> die niemals welkt, und jene Art
> Hoffnung, die nimmer altet, sah dann
> den frohen, unverletzten Glauben,
> und ganz versteckt, daß man sie kaum
> wahrnahm, die reizendsten Gedanken.
> Ausdauer und Bescheidenheit
> blühten zu meiner nicht geringen
> Verwund'rung ziemlich reichlich,
> [...]

Neben den bisher genannten Gemeinsamkeiten verbindet beide Autoren, dass sie Autodidakten, ohne höhere Schulbildung waren und dass sie in ihren Texten auf den Gebrauch des Dialekts verzichten: „Mit Absicht habe ich nie in Dialekt geschrieben", sagte Walser einmal zu Carl Seelig.[28] Und Wagner erwiderte Hermann Hesse in einem Brief: „An Dialektdichtungen kann ich absolut keinen Geschmack finden".[29] Er wollte „kein Heimatdichter sein", wie es Peter Handke ausdrückte.[30] Hinzu kommt, dass beide Autoren uns verdeutlichen, dass wir im alltäglichen Leben, wenn wir nur gewillt sind, genau hinzusehen, ohne große Mühe wunderbare Dinge entdecken könnten, wobei Wagner sich vor allem den scheinbar unbedeutenden Naturelementen widmet. Walser konzentriert seine Beobachtung auf die Kleinigkeiten des alltäglichen Lebens. In Bezug auf Wagners Werk schreibt Jürgen Scheier:

> Sein Werk stellt er ganz in den Dienst seiner Vorstellungen und Ziele: Einheit, Ewigkeit und Heiligkeit alles Lebendigen und, daraus resultierend, Achtung, Schonung und Entfaltung alles Lebendigen.[31]

Im Gegensatz zu Wagner, dessen Dichtungen der schwäbischen Regionalliteratur zugeordnet werden, ist Walsers Werk nicht nur Bestandteil der schweizerischen, bzw. deutschen, sondern der Weltliteratur. Und doch ist

---

[28] Seelig, Carl: Paseos con Robert Walser. Madrid 2000, S. 30.
[29] Christian Wagner an Hermann Hesse. In: Christian Wagner. Eine Welt von einem Namenlosen. Lebenszeugnisse und Rezeption. Hg. v. Ulrich Keicher. Göttingen 2003, S. 122.
[30] Im Jenseits der Sinne. Ein Versuch über Christian Wagner (1980). In: Christian Wagner. Eine Welt von einem Namenlosen ..., S. 176.
[31] Schweier, Jürgen: Christian Wagner – eine Lebensskizze. In: Christian Wagner, Neuer Glaube. Kirchheim unter Teck 1980, S. 113.

auch er, auf Grund der Art, wie und worüber er schreibt, ein Sonderfall.[32] Er nimmt, wie Wagner, die Wirklichkeit auf besondere Art wahr, die den meisten nicht vergönnt ist und die sich nicht dem „Zeitgeschmack" unterordnet.[33] Daher könnte man sagen, dass sie als Individualisten, als freie, wenn auch manchmal einsame Menschen, ihr Leben und Werk gestalteten, dass sie keinen Neid zu kennen schienen und sich nicht von gesellschaftlichen Normen vereinnahmen ließen. Da Walser inzwischen im Literaturbetrieb schon seinen Platz gefunden hat, wäre es wünschenswert, dass auch die Werke Wagners endlich die Anerkennung finden, die sie verdient haben, wozu ich mit diesem Artikel einen Beitrag leisten möchte.

---

[32] Von Walser als „Sonderfall" spricht Lennert, Herbert.Iin: Geschichte der deutschen Literatur vom Jugendstil zum Expressionismus. Stuttgart 1978, S. 466.
[33] Robert Walser. Dargestellt von Diana Schilling. Reinbek bei Hamburg 2007, S. 62.

NINO PIRTSKHALAVA

Kafkas Version des Prometheus-Mythologems im Kontext der Mythisierung der Rezeptionsgeschichte

1912 notierte Kafka sich Gustave Flauberts Worte „Mein Roman ist der Felsen, an dem ich hänge."[1] Nun ist er als Schriftsteller ein zweiter Prometheus: permanentes Opfer und Selbstopfer. Prometheus, dessen Geschichte Kafka intensiv beschäftigte, steht im Mittelpunkt der 1918 entstandenen Miniatur, welche der berühmte argentinische Schriftsteller Jorge Luis Borges in seine 30-bändige Ausgabe Phantastischer Literatur oder in die „Bibliothek von Babel" neben den Texten von Henry James, Rudyard Kipling, Jack London, Gustav Meyrink, Edgar Allan Poe, Oscar Wilde u.a. aufgenommen hat. In dieser Sammlung der Meistererzählungen der Weltliteratur hat Borges allen Texten ein persönliches Vorwort gewidmet und bei der Einschätzung des Werks von Kafka festgestellt, dass „seine Arbeit eher dem Buch Hiob nahe" steht „als dem, was man moderne Literatur zu nennen beliebt."[2] Gleichzeitig wird diese Arbeit „als ein Lehrstück"[3] bezeichnet, über Kafkas literarische Gestalten aber wird bei Borges behauptet: „Männer gibt es in seinem Werk nur einen: den *Homo domesticus* – so jüdisch und so deutsch – voller Sehnsucht nach einem noch so bescheidenen Platz in irgendeiner Ordnung;"[4] und es ist tatsächlich vollkommen egal ob es um einen „bescheidenen Platz" in einem Ministerium, in einem Irrenhaus, im Kerker oder gar im Weltall oder im streng hyerarchischen Reich der griechischen Götter geht, wie es in der Geschichte von Prometheus, des Menschentöpfers und Bewußtseinsweckers seiner Geschöpfe, der Fall ist.

---

[1] Zitiert nach Ludwig Dietz: Franz Kafka. Stuttgart, Sammlung Metzler, Bd. 138, 1990. S. 75.
[2] Borges, Jorge Luis, u.a. (Hg.): Vorwort. In: Franz Kafka, Der Geier: Die Bibliothek von Babel, Bd. 12, Frankfurt a. M. 2007, S. 10.
[3] Ebd.
[4] Ebd., S. 13.

Dementsprechend scheint es völlig natürlich, dass der aus Prag, wo Hussitentum, Deutschtum und Judentum die einmalige Geschichte dieser „Dreivölkerstadt" der Donau- Doppelmonarchie prägten, stammende „jüdische Dichter deutscher Zunge" während des ersten Weltkrieges eine intensive Neigung zum Ostjudentum, Chassidismus und Zionismus spürte, gerade in dieser Zeit ganz besonderes Interesse für griechisch-mythologische Themen und insbesondere für das Schicksal von Prometheus zeigte. Vorgänger und Anreger war dabei, neben Nietzsche, Flaubert, dessen griechischmythologisierender Formulierung Kafka später laut Ludwig Dietz, die „jüdische vom ‚Sündenbock' zugesellen" wird; indem der Künstler stellvertretend die Sünde der Welt trägt, ist er allein, wird er mit Isolierung bestraft, in die Wüste gejagt."[5] Gleichzeitig gehört dieser nicht einmal eine Seite füllende Text in die Eschatologie des Prometheus-Mythologems und gilt als Kafkas ganz persönlicher und dichterischer Beitrag zur Rezeption des Chassidismus. Sein bei Martin Buber gewonnenes Wissen von Chassidismus und Kabbala, sein großes Interesse für das Ostjudentum und seine Vorliebe für chassidisches Erzählgut führten ihn zum neuen Judentum des Zionismus. Diese geistige Entwicklung lässt sich gerade an jenen „mythologischen" Geschichten ablesen, in welchen dank einer ganz besonderen Akzentverteilung, völlig ungewöhnlicher Kombinierung der verschiedenartigsten mythologischen Themen und Geschichten, aber auch der unerwarteten Variation, bisher unbeachtet Gebliebenes in ein überraschend neues, umwertendes Licht rückt. Als Musterbeispiel für diese geistige Tendenz gilt die bereits erwähnte Kurzgeschichte von *Prometheus*. Kennzeichnend ist, dass diese Miniatur gerade in der Übergangsperiode des westeuropäischen Judentums und in der Phase Kafkas verstärkter Hinwendung zum Judaismus und zum neuen Judentum des Zionismus entstand.

In diesem Kontext scheint durchaus legitim Kafkas Schaffen als Ferment einer kritischen Utopie der europäischen-jüdischen Tradition zu betrachten. Als Jude deutscher Sprache, der fließend Tschechisch sprach und schrieb, und sich als „westjüdischsten" der Westjuden bezeichnete, später aber dem Ostjudentum hingezogen fühlte, repräsentiert Kafka die liberale Tradition der jüdischen Intellektuellen, des Bildungsjudentums innerhalb des deutschsprachigen Denkraums. So scheint es selbstverständlich, dass Franz Kafka, im deutschsprachigen Prag, wo zu Lebzeiten des Schriftstellers, die

---

[5] Dietz, Ludwig: Franz Kafka. a. a. O., S. 75.

literarischen Gruppen jener Jahre, die man unter dem Begriff „Prager Kreis" zusammengefasst hat, sich eindeutig als deutscher oder deutschsprachiger Jude fühlte. Genau wie seine Freunde zählte er kulturell zu den Deutschen. Die Tatsache, dass die Juden zu den Deutschen gezählt werden, zeigt jene herrschende Tendenz auf, welche in der ersten Hälfte des 20. Jhs die Grundstimmung des Geisteslebens von Europa prägte.

So wird z.B. bei Marcel Proust immer wieder mit leicht ironisch gefärbter Nachdrücklichkeit die innerliche Nähe des Judentums zum deutschen Phänomen betont. Jedesmal wenn die Rede von den Juden und insbesondere von den jüdischen Intellektuellen ist, werden sie als wesensverwandt mit den Deutschen dargestellt, selbst ihre Sprache ist von „dialecte mi-allemand, mi-juif"[6] geprägt. Außer diesem „pro-deutschen" Pathos der jüdischen Intellektuellen aus dem Romanzyklus von Proust, ist auch die Betonung ihres jüdischen Internationalismus „l'internationalisme juif"[7] die Analogie zu Worten der Thomas Mannschen grotesken Gestalt, des Trägers eines „polnisch-deutsch-jüdischen Namens,"[8] des Ostjuden, Saul Fittelberg, „Wir sind international – aber wir sind pro-deutsch, sind es wie niemand sonst in der Welt, schon weil wir gar nicht umhinkönnen, die Verwandtschaft der Rolle von Deutschtum und Judentum auf Erden wahrzunehmen,"[9] frappant. Dem Wortschwall der galanten Begrüßungsphrasen in Französisch, des in den Spielregeln der Pariser Salons bewanderten Kunstgeschäftemachers, folgt seine theoretische Reflexion über das jüdisch-deutsche Phänomen. Hier aber wird Französisch dringend durch Deutsch ersetzt. Das Durcheinander dieser beiden Sprachen, wird von gleichartig „hartem Akzent" Fittelbergs begleitet.

Den theoretischen Hintergrund dieser wesensverwandten Konzeptionen könnte man zweifelsohne in Nietzsches Traum – in Form fortwährender „Kreuzungen" einer „Mischrasse, die des europäischen Menschen"[10] – finden. Das aber bedeutete bei Nietzsche die Vernichtung der „nationalen Feindseligkeiten" und des „künstlichen Nationalismus", der genauso gefährlich wie der „künstliche Katholizismus" ist.[11] Das war gleichzeitig eine

---

[6] Proust, Marcel: À la recherche du temps perdu; A l'ombre des jeunes filles en fleurs. Paris 1954, S. 773.
[7] Proust, Marcel: À la recherche du temps perdu; Le temps retrouvé. S. 752.
[8] Mann, Thomas: Doktor Faustus. Berlin / Weimar, 1975, S. 542.
[9] Ebd., S. 553.
[10] Nietzsche, Friedrich: Menschliches, Allzumenschliches. Sämtliche Werke in 15 Bdn. Berlin / New York, 1980, Bd. 2, S. 309.
[11] Ebd.

grundlegende Vorbedingung für die Erlangung seines Lebenszieles – der Erziehung des „guten Europäers."[12] In diesem Prozess der „Verschmelzung der Nationen" wurde den Deutschen dank ihrer alten bewährten Eigenschaften die Rolle der „Dolmetscher und Vermittler der Völker" zugeteilt.[13] Das Judentum aber wurde als unerlässliche „Ingredienz" betrachtet, welches für „die Erziehung einer möglichst kräftigen europäischen Mischrasse" unersetzbar wäre, weil dank ihrer Tatkräftigkeit und hohen Intelligenz, ihres „in langer Leidensschule von Geschlecht zu Geschlecht angehäuften Geist- und Willenskapitals" die Juden die „ reinste Rasse" bilden, „die jetzt in Europa lebt."[14]

Gerade hier liegen die Wurzeln der Deutung des Judentums als eines intermediär-international-pro-deutschen Phänomens bei den prominentesten Künstlern des vergangenen Jahrhunderts. Dieser Zusammenhang ist wichtig für das Verständnis des Sinnes der Mannschen Worte: „Man spricht vom Zeitalter des Nationalismus. Aber in Wirklichkeit gibt es nur zwei Nationalismen, den deutschen und den jüdischen, und der allen anderen ist Kinderspiel dagegen, – wie das Stockfranzosentum eines Anatole France die reine Mondänität ist im Vergleich mit der deutschen Einsamkeit – und dem jüdischen Erwähltheitsdünkel ... France – ein nationalistischer nom de guerre. Ein deutscher Schriftsteller könnte sich nicht gut ‚Deutschland' nennen, so nennt man höchstens ein Kriegsschiff. Er müßte sich mit ‚Deutsch' begnügen, – und da gäbe er sich einen jüdischen Namen, – oh, la, la!"[15]

Das ist im allgemeinen mehr oder weniger typisches Bild des assimilierten gebildeten Juden in Europa zwischen beiden Weltkriegen, der auf Modeerscheinung des fragwürdigen Philosemitismus bestimmter mondäner Kreise des Pariser Fin de siècle mit einem „Zug nervöser Dynamik" (G. Simmel)[16] reagierte. Diese Nervosität, dieses zweideutige Hin und Her, diese „hintergründige Dämonie des Maskenwechsels" oder wie es bei Hannah Arendt, als „das von Proust so ausführlich besprochene Augurenlächeln der Clique" bezeichnet wird, das „nur geheimnisvoll anzeigte, was alle anderen Anwesenden längst wußten, nämlich daß in jeder Ecke des Salons der Gräfin Sowieso noch ein Jude saß, der es nie zugeben durfte,"[17] wird bei

---

[12] Ebd.
[13] Ebd.
[14] Vgl. Anm. 10, S. 310.
[15] Mann, Thomas: Doktor Faustus. a. a. O., S. 553.
[16] Zitiert nach Jürgen Habermas: Der deutsche Idealismus der jüdischen Philosophen. In: Philosophisch-politische Profile. Erweiterte Ausg., Frankfurt a. M. 1981, S. 56.
[17] Zitiert nach Jürgen Habermas: Der deutsche Idealismus der jüdischen Philosophen, a. a. O., S. 56.

Habermas in seiner Schrift *Der deutsche Idealismus der jüdischen Philosophen*, mit geistreichem Scharfsinn kommentiert: „sie sollten Juden, aber nicht *wie* Juden sein."[18]

Demzufolge könnte man das kurze Leben Kafkas, das knapp über vierzig Jahre währte (1883-1924) – als paradigmatisch für das Schicksal eines jüdisch-europäischen Intellektuellen im 20. Jahrhundert betrachten. So wie die Physiognomie des jüdischen Denkens durch den Kant-, Goethe- oder Nietzsche-Kult geprägt wurde, so waren es wiederum jüdische Intellektuelle, die sich einerseits zur marxistischen Lehre bekannten oder andererseits von den Ideen Martin Bubers fasziniert fühlten. Dieser verhängnisvoll-tragische Zwang geschichtlicher Ironie des Rollenspiels, dessen Amplitude vom extremen Assimilantentum zum militanten Zionismus reichte, dieses Sich-einer-Rolle-verpflichtet-Wissen war wieder eine der Möglichkeiten des assimilierten und emanzipierten intellektuellen Judentums in Europa des vergangenen Jahrhunderts. In Europa aber gab es in jener Epoche einen Ort, Prag, wo innerhalb der geistig-kulturellen Schonung des „Prager Kreises" dank einer einmaligen geistigen Atmosphäre böhmische Traditionen, sprachliche Insellage und das aufgefaserte jüdische Selbstverständnis dem jüdischen Dichter deutscher Zunge, Franz Kafka, die Wahl zwischen extremem Assimilantentum und militantem Zionismus erleichterte als er sich nicht mehr als „deutschen", sondern als „nationaljüdischen" Juden identifizierte, was praktisch ein Bekenntnis zum Zionismus bedeutete.

Den Wahlmodus und den geistigen Zustand bei der Suche nach eigener Identifikation hat Kafka in einem Brief durchaus treffend definiert: „Weg vom Judentum, meist mit unklarer Zustimmung der Väter [...] wollten die meisten, die deutsch zu schreiben anfingen, sie wollten es, aber mit den Hinterbeinchen klebten sie noch am Judentum des Vaters und mit den Vorderbeinchen fanden sie keinen neuen Boden."[19] In diesem Brief, den Kafka an Max Brod 1921 schrieb, könnte man den Hauch der Stimmung einfangen, welche in seiner drei Jahre früher entstandenen *Prometheus*-Version herrscht. Die Suche nach einem neuen eigenen Boden Kafkas, des Juden deutscher Sprache aus der „Dreivölkerstadt" Prag, geschieht aus der Perspektive der zwei- oder sogar dreifachen Distanziertheit. Die Suche nach diesem Boden bedeutete für den ursprünglichen Staatsbürger der Donaumonarchie intensive Auseinandersetzung mit dem problematisierten *Vaterland-*

---

[18] Habermas, Jürgen: Der deutsche Idealismus der jüdischen Philosophen, S. 56.
[19] Zitiert nach Dietz (Anm. 1), S. 106.

Begriff, dem sich Österreich seit Jahrzehnten ausgesetzt sah. Und gerade durch dank der Anstrengung im Wettstreit mit diesem dreifachen Fremdheitserlebnis errungene Distanziertheit wird jene einmalige Scharfsinnigkeit und Scharfsichtigkeit gewonnen, welche das Fehlen der Intimität zum quasi fremden Staat erträglich macht. Denn diese k.u.k. Doppelmonarchie kann höchstens ein Staat, aber niemals Heimat sein. Denn um mit den Worten eines anderen berühmten jüdischen Denkers, Ernst Bloch, zu sprechen, hat sich der Mensch „erfaßt und das Sein ohne Entäußerung und Entfremdung in realer Demokratie begründet, so entsteht in der Welt etwas, das alles in die Kindheit scheint und worin niemand war: Heimat."[20] Diese tragische Heimatlosigkeit innerhalb des Staates, wo die nach eigener Identität suchende rebellische jüdische Jugend „mit den Hinterbeinchen" noch am Judentum des Vaters klebte, „mit den Vorderbeinchen" vergeblich nach neuem Boden suchte, erinnert an Prometheus, dessen frevelhafte Tat und die darauf folgende Strafe als Sehnsucht des Sollens oder das Ungesättigte der subjektiven Naturbegier, welche in ihrer dauernden Wiederholung zu keiner letzten Ruhe der Befriedigung gelangt, erscheinen. Seine Sehnsucht nach dem Hinausgehen ins Weite und Unbestimmte führt zur Verdammnis und zur Kettenstrafe in der Bergkette vom Kaukasus. Unter den von Kafka berichteten vier Sagen von Prometheus, die auf keinen Fall beliebig auswechselbar sind, wird diese Situation in den ersten beiden Versionen geschildert:

> Von Prometheus berichten vier Sagen: Nach der ersten wurde er, weil er die Götter an die Menschen verraten hatte, am Kaukasus festgeschmiedet, und die Götter schickten Adler, die von seiner immer wachsenden Leber fraßen.
> Nach der zweiten drückte sich Prometheus im Schmerz vor den zuhackendn Schnäbeln immer tiefer in den Felsen, bis er mit ihm eines wurde.[21]

In diesem Zusammenhang erhebt sich nun die Frage, weshalb zur Exemplifizierung der Identitätssuche bei Kafka, gerade das Prometheusmythologem, gewählt wurde. Eine der legitimen Antworten könnte lauten: wegen der Ambivalenz der Prometheus-Sage, die besonders deutlich in der Tatsache zum Vorschein kommt, dass die Bestrafung der frevelhaft kühnen

---

[20] Zitiert nach Habermas, a. a. O., S. 61.
[21] Kafka, Franz: Prometheus. In: Der Geier. Die Bibliothek von Babel. Hg. v. Jorge Luis Borges, Bd. 12, Frankfurt a. M. 2007, S. 47.

Herausforderung dieses nie zur Ruhe kommenden trotzigen und aufbegehrenden Rebellen gerade mit jenem Ort des Bergs verbunden ist, der als Inbegriff für Beständigkeit, Ewigkeit, Festigkeit und Ruhe gilt. Die Doppelwertigkeit der Fatalität dieser mythischen Gestalt besteht darin, dass es von einem Bedeutungsextrem ins andere umschlägt, zwei extreme Pole – Ruhe (Berg- bzw. Fels-Symbol) und absolute Unruhe (Prometheus als Inbegriff des ewigen Kämpfers) zum Ausdruck bringt. So wird bei Kafka die Ambivalenz der Substanz von Prometheus als des permanenten Opfers und Selbstopfers, des Frevlers und Sträflings, des Sünders und Sündenbocks (ganz in jüdischer Tradition) in seinem tiefsten Wesen erfasst. Dadurch dürfte man wohl sagen, ist es ihm gelungen, dem Mythos auf den Grund zu gehen, was ihn aber anreizte, durch gewagt-eigenartige Auslegung den Mythos auf seine Art und Weise frei interpretierend nicht einfach weiter zu erzählen, sondern vor allem ihn zu Ende zu erzählen. So werden dem Leser zwei weitere Versionen, die Dritte und die Vierte, angeboten:

> Nach der dritten wurde in den Jahrtausenden sein Verrat vergessen, die Götter vergaßen, die Adler, er selbst.
> Nach der vierten wurde man des grundlos Gewordenen müde. Die Götter wurden müde, die Adler wurden müde, die Wunde schloß sich müde.[22]

Mit dieser gewagten Variante des sanktionierten Mythos oder des Grundmythos arbeitet Kafka praktisch gegen die traditionelle Darstellungsweise und den Grundgedanken über Promethie, in die sich das vertraute Prometheus-Bild fügt, was mehr oder weniger stoffgetreu in den ersten beiden berichteten Varianten der Sage zum Vorschein kommt. In Kafkas fiktiver Fassung einer angeblichen Überlieferung geht es um Inanspruchnahme der Bildleistung des Prometheus-Mythologems im Kontext der Identitätssuche. Auf die Probe wird die Bewährungs- und Strapazierfähigkeit jenes archaischen Materials gestellt, das als sichtbar bleibendes Element des Grundmythos allen Herausforderungen der verschiedenartigsten Rezeptionen, Berichtigungen und Torsionen im komplizierten Verwandlungsprozess zum Kunstmythos standhält. Gleichzeitig unternimmt Kafka ein kühnes Experiment nicht nur mit dem Grundmythos, sondern auch mit dem Kunstmythos. Auf den ersten Blick gewinnt man den Eindruck, dass der Kunstmy-

---

[22] Ebd.

thos zur Geschichte des Mythos wird. Dieser Eindruck wird durch die Tatsache verstärkt, dass die von ihm berichteten vier Sagen von Prometheus nicht nebeneinander stehen, sondern in einer fiktiven chronologischen Reihenfolge, einer Art Sequenz einander überbieten. So wird in diesem das Ursache-Wirkungs-Verhältnis imitierenden Nacheinander der Auslegungen in Kafkas von Fachleuten vielbesprochenem „Papierdeutsch" oder „Kanzleistil"[23] ganz gegenständlich und sachlich die Beschreibung der tragischen Geschichte der Felsanschmiedung des Prometheus gegeben. Die Geschichte stellt aber in diesem Kontext eine beinahe an Historie grenzende Gesamtheit des Geschehens oder der nacheinander folgenden vier Episoden dar. Kafkas *Prometheus*-Text liest sich zunächst weder wie ein mythischer noch wie ein literarischer Text, sondern eher wie ein theoretischer. Nur ist dieses Theoretisieren eher als „Simulation des Historismus" und als „Relativierung"[24] dessen, wie es denn wirklich gewesen ist zu verstehen. Aber gerade darin zeigt sich die Mannigfaltigkeit von Mitteln, wie die Mythopoesie an ihrem Stoff, am Mythos arbeitet. Denn gerade durch Simulation des Historismus zusammen mit stark ausgeprägten Zügen der Simulation der philologischen Akribie wird eine Imitation der rezeptionsgeschichtlichen bzw. rezeptionsästhetischen Arbeit am Mythos erlangt, was letztendlich aber zur Mythisierung der Rezeptionsgeschichte an sich führt.

Die Relativierung der Wechselwirkung zwischen dem, was Kafkas *Prometheus*-Text an Gehalt anbietet und dem Erwartungshorizont des Lesers wird durch ein besonderes einmaliges Kunstmittel erreicht. Das ist der, den ganzen Kafkaschen Text beherrschende absolute Plural, der nicht nur durch das Angebot von mehreren Varianten der Prometheus-Sage Verständnisbereitschaft und Affinität des Lesers vor vier verschiedene aber wesensverwandte Auswahlmöglichkeiten stellt, sondern durch Hypertrophie des Pluralismus-Prinzips von der Pluralität der Interpretationsvarianten (vier Sagen) zur Ironie der Überzogenheit der Pluralität gelangt. In diesem Zusammenhang erscheint durchaus kennzeichnend, dass bei Kafka fast alle Subjekte oder Gegenstände: die Götter, die Adler mit ihren Schnäbeln in Pluralform erscheinen. Eine Ausnahme stellen nur Prometheus mit seiner Wunde und Kaukasus und der Felsen dar, der zum Schluss der Miniatur in einer einzigen Phrase zusammengeschrumpften fiktiv abgelaufenen Zeitspanne, die wiede-

---

[23] Dietz (Anm. 1), S. 19-20.
[24] Blumenberg, Hans: Arbeit am Mythos. Frankfurt a. M. 2001, S. 686.

rum im Plural steht – „in den Jahrtausenden", zum „unerklärlichen Felsgebirge" wird.

Blieb das unerklärliche Felsgebirge. – Die Sage versucht das Unerklärliche zu erklären. Da sie aus einem Wahrheitsgrund kommt, muß sie wieder im Unerklärlichen enden.[25]

In diesem Schlussabsatz wird die Meisterschaft der minimalen Veränderung mit maximaler Transformation sichtbar. Es bleibt der Rahmen der Geschichte, auf den nur angespielt wird, und doch ändert sich die Stimmung des Ganzen ironisch zu einer Art „formalen Parodie einer philologischen Kollation,"[26] aber inhaltlich sieht Blumenberg Kafkas fiktive Fassungen einer Überlieferung der Nietzscheschen Erweiterung des Prometheus-Mythologems näher stehend, was „die Geschichte in das Nicht-Geschichtliche einzubetten, in ihm aufzugehen zu lassen" bedeutet.[27] Sobald man von der bestimmten historischen Grundlage, vom reell geschichtlichen Hintergrund spricht, ist man gezwungen den doktrinellen Charakter und die doktrinelle Natur des Mythos im Schellingschen Sinne zu berücksichtigen, denn entsprechend seiner philosophischen Theorie der Mythologie verlangt jede Dichtung „eine unabhängige Grundlage, einen Boden, dem sie entspringt; nichts kann bloß aus der Luft gegriffen, rein erdichtet werden."[28]

Der im Laufe von Jahrtausenden immer am selben Ort, am Kaukasus-Felsen angeschmiedet bleibende Prometheus, Titanensohn und griechischer Kulturheros, ist innerhalb des europäischen Kulturkreises seit der Epoche der Aufklärung zum Patriarchen der geschichtlichen Selbstfindung geworden. Jede Epoche oder Kultur hat sich auf eigene Art und Weise mit der Prometheus-Gestalt auseinandergesetzt. Promethie in ihrer dynamischen Statik oder statischen Dynamik, in ihrer quälend-statisch-dynamischen Fatalität des mit eisernen Ketten gefesselten sich ständig auflehnenden und an diesen Ketten rüttelnden Rebellen, versinnbildlicht eine absolute Konvergenz von Kultur, Grundmythos und Metapher. In der tragischen Gestalt von Prometheus sah man jahrhundertelang innerhalb vieler Kulturen (man denke in diesem Zusammenhang z.B. an Georgien, wo räumlich der Strafvollzugs-

---

[25] Kafka, Franz: Prometheus. a. a. O., S. 47.
[26] Blumenberg, Hans: Arbeit am Mythos. a. a. O., S. 687.
[27] Ebd.
[28] Schelling, Friedrich Wilhelm Joseph: Philosophie der Mythologie. Nachschrift der letzten Münchener Vorlesungen 1841. Hg. v. A. Roser und H. Schulten. Stuttgart-Bad Cannstatt 1996, Bd. 6, S. 32.

ort von Prometheus zu suchen ist) die Verkörperung des eigenen tragischen historischen Schicksals. So gehört diese Sage eindeutig zu den geschichtlich ‚erfolgreichsten' Mythologemen in der Geschichte der Kultur.

Gerade darin besteht die einmalige Logik der Arbeit am Mythos. "Der Mythos selbst ist ein Stück hochkarätiger Arbeit des Logos"[29] behauptet Hans Blumenberg in seinem berühmten Werk *Arbeit am Mythos*. Und eben das berechtigt ihn zu der Annahme, dass im Mythos immer schon Rationalität am Werk sei.

Die Erklärung dafür, dass der griechische Kulturheros Prometheus so zahlreiche Anhänger und Bewunderer vor allem in patriarchalischen Kulturen fand, ist vielleicht in der Idee des in dem Boden für immer festwurzelnden Felsen und dessen Beständigkeit zu suchen, der die mit dem Meer verbundene Welt des Taumels und der Verwirrung völlig fremd bleibt. Entsprechend dieser Logik wird die Figur des am Berg gefesselten Titanensohnes ganz natürlich erscheinen und deren fester patriarchalischer Charakter in ihrer Bestimmtheit und Wahrheit verständlich. Gerade in diesem felsenfesten Boden liegt der Grund für die Konsequenz und Stabilität des logischen Zusammenhangs. Darin liegt auch gleichzeitig der Unterschied zum Symbol des Meers, das zu jenem unzuverlässig-instabilen Boden wird, wo der verständige Zusammenhang stets unterbrochen, wo alles von seinem Platz gerissen und verrückt wird. Meer und Berg stellen eine Art Symmetrieachse von Herkunft und Hinkunft, von Werden und Sollen, von Fall und Aufstieg dar. Oder wie Carl Schmitt in seinem Werk *Land und Meer* behauptet: „Die Weltgeschichte ist eine Geschichte des Kampfes von Seemächten gegen Landmächte."[30]

In die Berge des Kaukasus wurde Prometheus gebracht, der „die kunstreiche Weisheit" der Götter stahl und dadurch laut Platon die Menschen „göttlicher Vorzüge teilhaftig" gemacht hat. Aber da das Feuer und die Geschicklichkeiten, sich des Feuers zu bedienen, nichts Sittliches und Geistiges in sich selbst sind, veranlasst dies Platon in „Protagoras" folgende Sätze zu schreiben: „Die zum Leben nötige Wissenschaft also erhielt der Mensch auf diese Weise, die bürgerliche aber hatte er nicht. Denn diese war bei Zeus", nicht aber „bei Prometheus".[31] Es ist kennzeichnend, dass Platon

---

[29] Blumenberg, Hans: Arbeit am Mythos. a. a. O., S. 18.
[30] Schmitt, Carl: Land und Meer. Stuttgart 2008, S. 16.
[31] Platon: Protagoras. In: Platon: Werke. In der Übersetzung v. Fr. D. E. Schleiermacher. Hg. v. Johannes Irmscher. Berlin 1984, Bd. I.1, S. 179.

gerade im bereits erwähnten Werk *Protagoras*, der mythologischen Gestalt Prometheus besondere Aufmerksamkeit schenkt und ziemlich weitläufig von seinem Schicksal erzählt, denn wie Schleiermacher in Bezug auf diesen Dialog behauptet, fängt „die Ideenlehre hier schon" an „von dem mythischen Gebiet in das wissenschaftliche überzugehen."[32] Durchaus wichtig erscheint die Tatsache, dass Hegel in seiner *Ästhetik* Prometheus als „Wohltäter der Menschen"[33] charakterisiert und versucht in Anlehnung an Platon, dessen Gedankengang von der erworbenen „zum Leben nötigen Wissenschaft" und der mangelnden bürgerlichen zu einer logischen Schlussfolgerung zu bringen. Er wiederholt fast wortwörtlich Platonsche Sätze bei der Einschätzung der durch Prometheus vollbrachten Tat: „Die für das Leben nötige Weisheit hatte nun zwar der Mensch dadurch, die Politik aber nicht: denn dies war noch beim Zeus."[34]

Dieser Titanensohn, „Wohltäter der Menschen", versinnbildlicht für Hegel die titanischen Naturgewalten selber, als etwas in sich Maßloses und Unendliches. Er ist für ihn quasi auf dieser Naturebene geblieben. Diese geschichtliche Erstarrung der Natur zur ungeschichtlichen Form des Felsgebirges wird aber bei Kafka zum unerklärlichen Felsgebirge mit auffälliger eschatologischer Melancholie herabgewürdigt.

In diesem Zusammenhang erscheint die eschatologische Vorstellung vom Endschicksal des Titanensohns, Prometheus, den sowohl die Götter als auch die Welt, sogar seine Peiniger, die Adler, vergaßen, ziemlich aufschlussreich, denn die Besonderheit der Aussichtslosigkeit seiner Lage besteht in jener absoluten Indifferenz oder fast friedlichen Gleichgültigkeit, die bei Kafka als „Müdigkeit" bezeichnet wird. Aber gleichzeitig wenn man die Polysemie dieses Wortes in Betracht zieht, könnte man zur Schlussfolgerung kommen, dass durch die Einführung des Wortes *müde* bei Kafka eine Brücke zwischen dem rein physischen Zustand der körperlichen Erschöpfung zur geistigen Verfassung des Überdrüssig-Seins geschlagen wird:

> Nach der vierten wurde man des grundlos Gewordenen müde. Die Götter wurden müde, die Adler wurden müde, die Wunde schloß sich müde.

---

[32] Schleiermacher, Friedrich Daniel Ernst: Einleitung zu Protagoras. In: Platon: Werke. In der Übersetzung v. Fr. D. E. Schleiermacher. Hg. v. Johannes Irmscher. Berlin 1984, Bd. I.1, S. 164.
[33] Hegel, Georg Wilhelm Friedrich: Ästhetik. Hg. v. Fr. Bassenge. 1976, Bd. I, S. 444.
[34] Hegel: Ästhetik. a. a. O., S. 445.

CSILLA MIHÁLY

Franz Kafka: *In der Strafkolonie*

Quellentexte und Erzählung

Die ältere wie die neuere Forschung zu Kafkas *In der Strafkolonie* hat sich mit nahezu ähnlich großer Intensität der Ermittlung von möglichen Quellen des Textes gewidmet, um mit ihrer Hilfe die rätselhaft-widersprüchliche Geschichte zu entschlüsseln. Es wurde unter anderem versucht, die Problematik der Erzählung auf verschiedene literarische Vorlagen, Reiseberichte, philosophische Schriften, wissenschaftliche Fachtexte oder auf biblisch-theologische Zusammenhänge zurückzuführen. In der vorliegenden Arbeit sollen zunächst einige dieser Annäherungen kurz gesichtet und anschließend ihr Beitrag zum Verständnis des Textes aus literarischer Sicht geprüft werden.

Quellenproben

Auf Binders Studie[1] zurückgreifend begründet Bert Nagel die Wichtigkeit der Erforschung der Textvorlagen damit, dass „Kafkas Denken und Dichten nicht allein aus sich selbst gedeutet werden kann"[2], weil es der europäischen Erzähltradition verpflichtet ist. Die übernommenen Erzählstoffe werden allerdings immer, wie auch im konkreten Fall, „auf eigene Weise modifiziert".[3] Als Hauptquelle der *Strafkolonie* gilt für Binder Octave Mirbeaus im fernen China spielender sadistisch-pornographischer Roman *Le Jardin des supplices* (1899), „dessen Motivik und Thematik Kafka faszinieren mussten".[4] Binder führt in seinem Kommentar mehrere Parallelen

---

[1] Binder, Hartmut: Motiv und Gestaltung bei Franz Kafka. Bonn 1966.
[2] Nagel, Bert: Franz Kafka. Aspekte zur Interpretation und Wertung. Berlin 1974, S. 238.
[3] Ebd.
[4] Binder, Hartmut: Kafka-Kommentar zu sämtlichen Erzählungen. München 1975, S. 174.

zwischen beiden Texten an, so dürfte etwa Mirbeaus Ich-Erzähler, der sich als illustren Wissenschaftler (»illustre savant«) bezeichnet, Kafkas Forschungsreisendem entsprechen, aber auch „die Art der Hinrichtung und deren nähere Umstände" lassen sich nach ihm „vollständig aus der Vorlage" ableiten, auch wenn dort „kein direktes Vorbild" der Maschine aufzufinden ist.[5] In beiden Fällen geht es nämlich hauptsächlich darum, einem Fremden die qualvolle Prozedur genauestens zu beschreiben, wobei die Begleiterin des Ich-Erzählers bzw. der redselige »tourmenteur« Kafkas Offizier gleichkommen. Ein wesentlicher Berührungspunkt ist außerdem, dass es in beiden Texten „ganz geringe Verfehlungen [sind], die die Todesstrafe nach sich ziehen".[6] Binder weist auch auf weitere Details hin, wie z. B. auf das Teehaus, den Reis, den Fisch, die Zuckersachen, die Fliegen oder auf die Verteilung der Münzen, die Kafka möglicherweise aus der französischen Vorlage entliehen hat.[7] Nagel gibt zwar zu, dass die *Strafkolonie* nicht ohne Vorlage entstanden ist, aber er betont zugleich, im Einverständnis mit Ingeborg Henel, dass Kafkas Erzählung in ihren entscheidenden Zügen letztlich keine „modellhafte Übereinstimmung" mit Mirbeaus Werk aufweist. Während im Mittelpunkt des Romans „sadistische Prozeduren" stehen, soll bei Kafka das sadistisch anmutende Verfahren den Verurteilten zur Gnade der Verklärung führen.[8] Demgegenüber behauptet John Zilcosky, dass „die Aussicht auf sadomasochistisches Vergnügen [...] zentral für den Effekt der Erzählung ist."[9] Als Beweis bringt er gerade die sechste Stunde der Folterung, die in der Schilderung des Offiziers ein „voyeuristische[s] Entzücken"[10] verspricht, mit dem die Zuschauer ehemaliger Hinrichtungen den Ausdruck der Verklärung am Gesicht des Verurteilten beobachten konnten. Zilcosky fragt nach der „Beziehung zwischen perversen Lüsten und kolonialer Politik"[11] in der *Strafkolonie* und sucht dadurch die früheren psychoanalytischen mit den

---

[5] Binder (Anm.4), S. 176-177.
[6] Binder (Anm. 4), S. 179.
[7] Binder (Anm. 1), S. 169 sowie Binder (Anm. 4), S. 180-181.
[8] Nagel (Anm. 2), S. 239. Auch Sokel ist der Meinung, dass das Strafsystem der Kolonie ein geistiges Ziel hat, nämlich die Verklärung des Individuums. Der Schmerz ist dabei „nicht nur Selbstzweck, er ist auch Mittel der Erkenntnis. Er dient der Entzifferung der Schrift." Vgl. Sokel, Walter H.: Franz Kafka. Tragik und Ironie. Zur Struktur seiner Kunst. Frankfurt am Main 1983, S. 126.
[9] Zilcosky, John: Wildes Reisen. Kolonialer Sadismus und Masochismus in Kafkas »Strafkolonie«. In: Weimarer Beiträge 50 (2004) Heft 1, S. 33-54, hier S. 34.
[10] Ebd.
[11] Zilcosky (Anm. 9), S. 35.

postkolonialen Lesarten des Textes zu verknüpfen. Er nennt dabei neben Mirbeaus Roman Oskar Webers *Der Zuckerbaron: Schicksale eines ehemaligen deutschen Offiziers in Südamerika* als eine weitere Quelle von Kafkas Erzählung. Das Reisebuch, das in der Abenteuerreihe *Schaffsteins Grüne Bändchen* veröffentlicht wurde, zeigt thematisch-diskursive Zusammenhänge mit der *Strafkolonie*:

> Ein Eingeborener wird vor den Augen eines europäischen Reisenden und Beobachters gefoltert, der behauptet, nicht verwickelt werden zu wollen; der Folterungsprozeß dauert zwölf Stunden; beide Opfer werden umgewandelt (im *Zuckerbaron* von einer mordlustigen in eine zahme Figur, in Kafkas Erzählung von einem einfachen Gefangenen zu einem Erlösungsträger).[12]

Sogar die Hinrichtungsmaschine könnte laut Zilcosky dem *Zuckerbaron* „entnommen sein".[13] Tina-Karen Pusse will hingegen die Vorlage von Kafkas „batteriebetriebene[r] Maschine" in zwei sadomasochistischen Texten, teils in Sacher-Masochs *Venus im Pelz*, teils in Sades *Juliette* gefunden haben. Im ersten Fall setzt der Roman die Despotin mit „eine[r] verstärkte[n] elektrische[n] Batterie" - also eigentlich mit einer Maschine - gleich, im zweiten wird eine Maschine angeführt, mit deren Hilfe vom Bett aus Menschen ermordet werden können.[14] Als einen weiteren möglichen Referenztext für die *Strafkolonie* erwähnt Pusse noch Sades *Justine*, da die Bestrafung des Opfers durch Kennzeichnung am Körper auch in diesem Roman vorkommt. Darüber hinaus erweisen sich bei Kafka „Lesen und Schreiben als sadomasochistische Akte" und dies wird in einer Weise inszeniert, „die uns als Lesende ebenfalls zu Komplizen des Spieles macht."[15]

Wie die vorangehenden Beispiele zeigen, werden in der Forschung nicht nur für die *Strafkolonie* als Ganzes, sondern auch für ihren „eigentüm-

---

[12] Zilcosky (Anm. 9), S. 36.
[13] Zilcosky, John: Von Zuckerbaronen und Landvermessern. Koloniale Visionen in Schaffsteins Grüne Bändchen und Kafkas Das Schloß. In: Kafkas Institutionen. Hg. v. Arne Höcker u. Oliver Simons. Bielefeld 2007, S. 119-144, hier S. 119.
[14] Pusse, Tina-Karen: Sägen, Peitschen, Mordmaschinen. Sacher-Masoch und de Sade in Kafkas Terrarium. In: Textverkehr. Kafka und die Tradition. Hg. v. Claudia Liebrand u. Franziska Schößler. Würzburg 2004, S. 205-222, hier 220-221.
[15] Pusse (Anm. 14), S. 220 und 208.

liche[n] Apparat"[16] die unterschiedlichsten Modelle genannt. Sich eng am Text orientierend, wo der Offizier die Maschine mit bestimmten Einrichtungen in Heilanstalten vergleicht, entdeckt Kurz eine mögliche Parallele mit Drehmaschinen, die „seit Beginn des 19. Jahrhunderts in Irrenhäusern [...] gebräuchlich [waren], um bei den Irren »widrige Empfindungen« wie Erbrechen auszulösen. Von dieser barbarischen Methode versprach man sich heilende Effekte."[17] Klaus Wagenbachs Verweis auf die Ähnlichkeit mit Hobelmaschinen[18], die Kafka als Beamtem der Arbeiter-Unfall-Versicherungs-Anstalt bekannt waren, wird von Wolf Kittler, der die technischen Details der Hinrichtungsmaschine genauestens untersucht hat, in Frage gestellt. Kafkas Maschine

> ist keine Hobelmaschine, denn dann könnte sie nicht schreiben. Sie ist aber auch keine Schreibmaschine der üblichen Konstruktion, denn dann müsste, was sie schreibt, auch leicht zu lesen sein. Das ist aber nicht der Fall. Diese Maschine reiht keine diskreten Zeichen nach Art von Buchstaben aneinander. [...] Daher ist die Maschine auch nicht mit Tasten, sondern mit einer Kurbel und nicht mit Typen, sondern mit Nadeln und Stichen bestückt. Und daher geschieht die Entzifferung dessen, was sie schreibt, nicht mit den Augen, sondern mit dem Körper.[19]

Kittler führt die technischen Merkmale von Kafkas Foltergerät auf verschiedene Vorlagen, auf die Konstruktionsbeschreibungen der sogenannten Sprechmaschinen wie Phonograph, Grammophon oder Parlograph zurück. Letztlich entscheidet er sich für eine bestimmte Form der Sprechmaschine, nämlich die Dupliziermaschine, als Modell.[20] Damit führt er neue Texte an, die Kafka als Inspiration gedient haben dürften: einerseits Prospekte der Lindström-Gesellschaft, die Diktiergeräte und Sprechmaschinen herstellte und weiters vor allem der Artikel *Verbrecher-Musik* aus der *Phonographischen Zeitschrift*, der ein kurz vorher

---

[16] Kafka, Franz: Drucke zu Lebzeiten. Hg. v. Wolf Kittler, Hans-Gerd Koch und Gerhard Neumann. Frankfurt am Main1994, (= Franz Kafka: Schriften. Tagebücher. Briefe. Kritische Ausgabe) 203; im Weiteren zitiert mit der Sigle D.
[17] Kurz, Gerhard: Traum-Schrecken. Kafkas literarische Existenzanalyse. Stuttgart 1980, S. 210. (Anm. 42 zum Kapitel IV.)
[18] Kafka, Franz: In der Strafkolonie. Hg. v. Klaus Wagenbach. Berlin 1995 (1975), S. 86-90.
[19] Kittler, Wolf: Schreibmaschinen, Sprechmaschinen. Effekte technischer Medien im Werk Franz Kafkas. In: Franz Kafka. Schriftverkehr. Hg. v. Wolf Kittler u. Gerhard Neumann. Freiburg 1990, S. 75-163, hier S. 117.
[20] Kittler (Anm. 19), S. 118-120.

erschienenes Buch des Juristen Robert Heindl über seine Forschungsreise in die Strafkolonien behandelt und auf Grund von Heindls Beobachtungen in Neukaledonien über eine „Welteroberung der Sprechmaschine" berichtet.[21] Gerade in Robert Heindls Buch *Meine Reise nach den Strafkolonien* vermeinte Müller-Seidel, der insbesondere den rechtsgeschichtlichen Kontext der Erzählung untersuchte, die wichtigste Quelle für Kafkas Werk zu entdecken.[22] In seinem Textvergleich hebt er hervor, dass beide Werke die Beobachtungen eines Forschungsreisenden enthalten und die Hinrichtungen in beiden Texten im Bereich des Militärs vollzogen werden. Obwohl Kittler seine Auffassung in mancher Hinsicht teilt, sieht er gerade im technischen Bereich keine Entsprechung von Kafkas Hinrichtungsmaschine mit den in Heindls Buch verbildlichten und beschriebenen Foltergeräten. Zugleich regte jedoch Müller-Seidels Studie über die Deportation eine diskursanalytische Annäherung in der Kafka-Philologie an, die sich anhand der Erzählung mit der Deportationsdebatte um 1900 auseinandersetzt. So stellt beispielsweise Harald Neumeyers Untersuchung die *Strafkolonie* als Kafkas Beitrag zum Kolonialdiskurs um 1900 dar, der Funktionen und Rahmenbedingungen der Deportation verhandelt. Über die rein inhaltlichen Übereinstimmungen hinaus strebt Neumeyer danach, „eine Ebene der systematischen und strukturellen Zusammenhänge" aufzuzeigen, die sich für ihn durch „drei eher unauffällige Details" in Kafkas Text eröffnet.[23] Die für die Tropen unangemessene Uniform des Offiziers, die Insellage der Strafkolonie sowie die Anwesenheit von Frauen weisen nach Neumeyer auf wichtige Aspekte der Deportationsdebatte hin, nämlich auf die in den zeitgenössischen juristischen Schriften viel diskutierte Abschreckungs-, Sicherungs- und Besserungsfunktion der Verschickungsstrafe und auf das Problem der dauerhaften Kolonialisierung. In der Deportation wird bekanntlich der strafpolitische mit dem kolonialpolitischen Aspekt kombiniert, worauf laut Neumeyer auch die Bezeichnung ‚Strafkolonie' hinweist. Der innere Widerspruch, das „Zugleich von Bestrafung und Kolonialisierung"[24] macht aus der Strafkolonie – wie Heindl formuliert – ein ‚Land der Paradoxa' bzw. ein ‚pa-

---

[21] Kittler (Anm. 19), S. 138-140.
[22] Müller-Seidel, Walter: Deportation des Menschen: Kafkas Erzählung »In der Stafkolonie« im europäischen Kontext. Stuttgart 1986.
[23] Vgl. Neumeyer, Harald: »Das Land der Paradoxa« (Robert Heindl). Franz Kafkas In der Strafkolonie und die Deportationsdebatte um 1900. In: Textverkehr. Kafka und die Tradition. Hg. v. Claudia Liebrand u. Franziska Schößler. Würzburg 2004, S. 291-334, hier S. 296.
[24] Neumeyer (Anm. 23), S. 313.

radoxes Land'. Neumeyer stellt schließlich fest, dass auch Kafkas Strafkolonie als ein paradoxes Land zu betrachten ist, das dem allgemein paradoxen Gepräge der damals existierenden Deportationsinseln entspräche. Er meint ferner, die Entsprechung zwischen Heindl und Kafka allein auf die Figur des Forschungsreisenden zu reduzieren, sei nicht ausreichend. Der Offizier repräsentiert für Neumeyer einen wesentlich komplexeren Charakter, da duch seine Figur „die Wertungsopposition der Deportationsdebatte"[25], die „Opposition zwischen einem drakonisch verfahrenden und einem neuen verweichlichten Strafvollzug"[26] vergegenwärtigt wird. Zu bemerken ist hier allerdings, und dies hängt eng mit der literarischen oder nicht literarischen Verwendung der Vorlagen zusammen, dass Kafkas Reisender an der Deportation bzw. der Institution der Strafkolonie selbst nichts auszusetzen hat. Er tritt vielmehr gegen die Hinrichtung und das dieser vorausgehende Gerichtsverfahren auf.

Die Textvorlagen, mit deren Hilfe die *Strafkolonie* vor einem religiös-metaphysischen Hintergrund gedeutet wurde, kennzeichnen eher die ältere Forschung und sind in den neueren Untersuchungen seltener vertreten. Es gibt zwar auch in der neueren Fachliteratur immer wieder Hinweise auf bekannte biblische Motive[27], vor allem auf einzelne Momente der Passionsgeschichte, aber die Bibel selbst wird in diesen Arbeiten nicht als Vortext der Erzählung angesehen. Eine Ausnahme bildet in dieser Hinsicht Bertram Rohdes Buch[28], das sich ausführlich mit Kafkas Bibellektüre auseinandersetzt und der *Strafkolonie* ein eigenes Kapitel unter diesem Aspekt widmet. Seine Studie soll im Folgenden etwas detaillierter behandelt werden, um an ihrem Beispiel die Möglichkeit und Problematik der systematischen Verknüpfbarkeit von Text und Vorlage allgemein veranschaulichen zu können.

---

[25] Neumeyer (Anm. 23), S. 329.
[26] Neumeyer (Anm. 23), S. 327.
[27] Wendungen wie „Blutwasser", „in der zwölften Stunde", „Verklärung" gehören laut Kurz „zur biblischen Rede vom Tod Christi". Dass die Maschine mit ähnlichen Apparaten in Heilanstalten verglichen wird, impliziert für ihn eine Heilsbedeutung. In dem dreimaligen Händewaschen des Offiziers sieht er einen Hinweis auf die dreimalige Verleugnung Jesu durch Petrus. S. Kurz (Anm. 17), S. 53 u. 55. Ein kurzes Résumée christologischer Anspielungen findet sich in Honold, Alexander: In der Strafkolonie. In: Kafka-Handbuch. Leben – Werk – Wirkung. Hg. v. Bettina von Jagow u. Oliver Jahraus. Göttingen 2008, S. 477-503 hier S. 493. Trotz abweichender Akzentsetzung lenkt auch Hiebel die Aufmerksamkeit auf die „theologische Sinnschicht" der Erzählung. Vgl. Hiebel, Hans Helmut: Die Zeichen des Gesetzes. Recht und Macht bei Franz Kafka. München 1989, S. 150-152.
[28] Rohde, Bertram: »und blätterte ein wenig in der Bibel«. Studien zu Franz Kafkas Bibellektüre und ihren Auswirkungen auf sein Werk. Würzburg 2002.

Sich auf Genettes Narratologie stützend unterscheidet Rohde ‚Erzählung', ‚Geschichte' und ‚Narration' und bietet einen systematischen Überblick über die Entsprechungen und Differenzen zwischen Kafkas Werk und ihrer Vorlage, der biblischen Leidensgeschichte Jesu. Während die evangelische Abfolge der Ereignisse in ‚Geschichte' und ‚Erzählung' übereinstimmt, besteht bei Kafka keine Entsprechung zwischen beiden. Betrachtet man jedoch nur die Ebene der ‚Geschichte', dann lassen sich auch zahlreiche Analogien zwischen der *Strafkolonie* und der Passionsgeschichte im Matthäus-Evangelium entdecken. Kafka hat daraus laut Rohde „nicht nur vereinzelte Zitate, sondern ganze Handlungseinheiten", genauer „die Vorgeschichte und die Hinrichtung des Verurteilten" übernommen und „die Handlungseinheiten, die nicht unmittelbar zur Passionsgeschichte gehören", das heißt die Verhöre vor Kajaphas bzw. Pilatus sowie Jesu Verleugnung und Verrat ausgelassen.[29] Im nächsten Schritt des Textvergleichs sucht Rohde nach „weiter reichende[n] inhaltliche[n] Äquivalenzen bzw. signifikante[n] Differenzen"[30], die im Folgenden kurz referiert werden sollen. In beiden Fällen erfolgt die Festnahme wegen Missachtung eines Gebots, das sich auf die Anerkennung einer höhergestellten Autorität bezieht: Jesu wird vom Hohepriester Gotteslästerung vorgeworfen, und der Verurteilte in der *Strafkolonie* hat das Gebot „Ehre deinen Vorgesetzten!" (D 210) übertreten. Eine weitere Analogie sieht Rohde im verschlafenen Wachdienst, er betont jedoch zugleich, dass im Evangelium nicht Jesus, der spätere Verurteilte die Nachtwache verschläft, sondern seine Jünger. Jesus entspreche hier vielmehr dem Hauptmann in der *Strafkolonie*, der seinen Diener schlafend vorfindet. Formale Übereinstimmungen zwischen beiden Texten zeigen sich in der Verwendung von Waffen bei der Gefangennahme, in der Fesselung und Entkleidung der Verurteilten sowie im Akt des Händewaschens. Der Filzstumpf, der den Verurteilten der *Strafkolonie* „am Schreien und am Zerbeißen der Zunge" (D 208) hindern soll, bzw. der Reisbrei, den er in der dritten Stunde der Prozedur bekommt, entsprechen nach Rohde dem säuerlichen Getränk, das Jesu von den Soldaten als Betäubungsmittel angeboten wird. Auch die Hervorhebung der sechsten Stunde als Wendepunkt kennzeichnet beide Erzählungen, mit dem Unterschied, dass der Mann in der Hinrichtungsmaschine keine Kraft mehr zum Schreien hat und um die sechste Stunde besonders „still wird" (D 219),

---

[29] Vgl. Rohde (Anm. 28), S. 84.
[30] Ebd.

wogegen Jesus um die neunte Stunde laut aufschreit: „Eli, Eli, lema sabachtani?" (Mt 27,46) Diesem Schrei, der im Matthäus-Evangelium als Hilferuf an Elia ausgelegt wird, entspricht laut Rohde der Ruf des Reisenden an den Soldaten und den Verurteilten: „Helft doch!" (D 245) In diesem Kontext verweist er anhand der Freilassung des ursprünglich Verurteilten bzw. der darauf folgenden Hinrichtung des Richters auch auf die inhaltlichen Abweichungen zwischen Kafkas Text und dem Evangelium. Damit wird angedeutet, dass die Differenzen nicht unbedingt einen Mangel an Zusammenhang zum Ausdruck bringen, sondern auch als Hinweise auf „eine Umschreibung der Passion Jesu Christi" dienen können.[31] Im Epilog der *Strafkolonie* findet er dann weitere formale und inhaltliche Korrespondenzen mit dem evangelischen Text: „Die deutliche Absetzung des Epilogs bei Kafka durch drei Sternchen entspricht dem Kapitelbeginn (Mt 28) bei Matthäus."[32] In beiden Geschichten geht es um ein besonderes Grab auf einem nicht gewöhnlichen ‚Friedhof', und in beiden Fällen wird befürchtet, dass der Tote von den Anhängern, den Jüngern bzw. dem Offizier, entführt werden könnte.[33] Wie bei Matthäus ist die Rede auch bei Kafka von der Auferstehung des Toten. Es gibt dabei eine Analogie zwischen dem Missionsauftrag Jesu an die Jünger und der Prophetie auf dem Grabstein des alten Kommandanten, wonach er „nach einer bestimmten Anzahl von Jahren auferstehen und aus diesem Hause seine Anhänger zur Wiedereroberung der Kolonie führen wird." (D 247) Rohde warnt zugleich davor, „Figuren Kafkas mit Figuren bei Matthäus einfach gleichzusetzen. Der Tote, dessen Auferstehung in der Strafkolonie prophezeit wird, ist nicht der hingerichtete Offizier, sondern der frühere Kommandant."[34] Eine ebenso wichtige Differenz findet sich am Ende beider Texte trotz der ähnlichen Anordnung der Figuren: „Bei Matthäus versammelt sich Jesus mit seinen Jüngern auf einem Berg und erteilt seinen Missionsbefehl, den Auftrag, ihm

---

[31] Rohde (Anm. 28), S. 91. Rohde setzt sich in einem Exkurs auch mit den Paralipomena zur Strafkolonie auseinander und entdeckt in den ersten Zeilen des Paralipomenons vom 8. August 1917 das evangelische Zitat „Bereitet dem Herrn den Weg! Ebnet ihm die Straße!" (Mt 33-4), das bei Kafka in sein Gegenteil gewandelt wird: „»Bereitet der Schlange den Weg! [...] Bereitet den Weg der großen Madam.«" (T 824) Auch diese konträre Entsprechung beweist für Rohde, dass Kafka bei der Abfassung der Strafkolonie immer wieder auf die Bibel als Vorlage zurückgegriffen hat. Vgl. Rohde (Anm. 28), S. 94.
[32] Rohde (Anm. 28), S. 97.
[33] Ebd.
[34] Ebd.

nachzufolgen. Bei Kafka flieht der Reisende vor den anderen und droht ihnen, ihm *nicht* zu folgen."[35]

Nach dem Vergleich der Texte zieht Rohde aus seinen Beobachtungen die Folgerung, dass „keine der Figuren Kafkas mit nur einer biblischen Figur übereinstimmt".[36] Er wirft den allegorisierenden religiösen Interpretationen allgemein vor, dass sie grundsätzlich nur an den Analogien von Figuren, Geschehnissen und Handlungen in Kafkas Text und der biblischen Vorlage interessiert sind und ihre Differenzen nicht oder nicht in genügendem Maße beachten: „Hat eine Figur die ganze Welt der Strafkolonie »eingerichtet«, wird sie zum Schöpfergott, wird ihre Auferstehung prophezeit, wird sie zur Jesus-Gestalt, wäscht sich ein Richter die Hände, wird er als Pilatus identifiziert usw."[37] Seine These leitet er unter anderem von den wandelnden Identifikationen der Hauptfiguren - des alten Kommandanten, des Offiziers und des Forschungsreisenden - ab. Immerhin entspricht, nach Rohde, nicht nur eine Figur der Erzählung mehreren biblischen Gestalten, sondern auch die Handlungen Jesu, der Hauptfigur der Passionsgeschichte, können als Handlungen unterschiedlicher Akteure der Strafkolonie identifiziert werden: „Der Verurteilte wird verurteilt, der Reisende schreit um Hilfe, der Offizier wird hingerichtet und der frühere Kommandant soll auferstehen".[38]

Mit Rohdes Beobachtungen und Kommentaren kann man in vieler Hinsicht einverstanden sein. Besonders wichtig ist seine Einsicht, dass eine eindeutige Zuordnung der Figuren der evangelischen Passionsgeschichte zur Kafkaschen Erzählung problematisch, oder gar unmöglich ist. Ohne aber diesen Gedankengang weiter auszuführen, folgt er anschließend dem Interpretationsansatz Hiebels, indem er anhand der biblischen Vorlage über eine „theologische Sinnschicht" spricht, die eine der vier Bezugswelten der *Strafkolonie* darlegt.[39] Obzwar er die Begriffe: ‚Verklärung' und ‚Erlösung' im Text und in der Vorlage einer ausführlichen Analyse unterzieht, ist das Endergebnis, das den Unterschied des biblischen und Kafkaschen Gebrauchs hervorhebt, etwas vereinfachend. Kafka solle sich demnach „während der Niederschrift der *Strafkolonie* intensiv mit den Texten des *Neuen Testaments* auseinandergesetzt" haben.[40] Daraus schlussfolgert Rohde, dass „Arbeiten,

---

[35] Rohde (Anm. 28), S. 98.
[36] Rohde (Anm. 28), S. 99.
[37] Rohde (Anm. 28), S. 100.
[38] Rohde (Anm. 28), S. 99.
[39] S. Hiebel (Anm. 27), S. 129.
[40] Rohde (Anm. 28), S. 105.

die sich der ‚theologischen Sinnschicht' dieser Erzählung annehmen, [...] eine ähnlich intensive Bibellektüre insbesondere des *Neuen Testaments* nicht erspart bleiben (wird)."[41] Kehrt man nun zum Problem der textuellen und biblischen Figurenverhältnisse zurück, dann ist Rohdes Beobachtung von einem wichtigen Standpunkt aus zu ergänzen und zu verfeinern. Es handelt sich nämlich darum, dass die Funktion der Figuren der *Strafkolonie* nicht nur auf die biblische Geschichte bezogen, sondern auch innerhalb der Erzählwelt selbst schillernd ist. Obwohl der Forschungsreisende, der Offizier, der Verurteilte, der Soldat, der alte und der neue Kommandant an der Textoberfläche unterschiedliche Figuren darstellen, die oft gegensätzliche Beziehungen zueinander eingehen, repräsentieren sie untergründig eine sonderbare Einheit und Identität: sie scheinen auf diese Weise gleichsam die Bestandteile einer einzigen (abstrakten) Figur zu bilden. Eine solche Betrachtungsweise könnte zugleich auch die prinzipielle Lösung für das von Rohde aufgeworfene Problem sein: Obwohl mehrere Figuren der Erzählung Eigenschaften von Jesu aufweisen, handelt es sich auf motivischer Ebene, wie oben angedeutet, um eine einzige Figur, der diese Eigenschaften zugeordnet werden, und die sowohl Zuschauer als auch Beteiligter dieser merkwürdigen, gleichzeitig ernsthaften und parodistischen ‚Leidensgeschichte' ist.

Textproben

Anhand von konkreten Textbeispielen soll im Folgenden gezeigt werden, wie die Hauptprotagonisten in bestimmten Phasen der Geschichte einander ersetzen, ineinander übergehen oder sich miteinander identifizieren. Was zum Beispiel ehemals der alte Kommandant selbst tat, nämlich dass er den jeweils Verurteilten unter die Egge legte, wird nun vom Offizier ausgeführt. Seine damalige Arbeit wird hingegen von einem „gemeinen" (D 225) Soldaten erledigt. Statt des neuen Kommandanten klärt wiederum der Offizier den Reisenden über das Rechtsverfahren in der Strafkolonie auf. Selbst was den Verurteilten und seinen Richter betrifft, ist zu beobachten, dass sie im Verlaufe der Hinrichtung die Rolle des anderen übernehmen. Der Verurteilte war ursprünglich Soldat, der Offizier wird am Ende selber zum Verurteilten:

---

[41] Ebd.

„Was ihm geschehen war, geschah nun dem Offizier." (D 241) Auf ihre unterschwellige Identität verweist auch die motivische Beziehung zwischen der Szene, in der der Offizier die Hinrichtung des Verurteilten vorbereitet, und der Szene, in der die Hinrichtung des Offiziers vom Verurteilten verfolgt wird. Bei der Exekution des Offiziers versucht nämlich der Verurteilte dem Soldaten etwas in Zusammenhang mit der Funktion der Maschine zu erklären, was stark an die frühere Präsentation des Apparats durch den Offizier erinnert. Beide Szenen werden außerdem durch eine auffällige syntaktische Parallelkonstruktion miteinander verknüpft: „Der Reisende hatte wenig Sinn für den Apparat und ging hinter dem Verurteilten fast sichtbar unbeteiligt auf und ab, während der Offizier die letzten Vorbereitungen besorgte, *bald* unter den tief in die Erde eingebauten Apparat kroch, *bald* auf eine Leiter stieg, um die oberen Teile zu untersuchen." (D 204) „Der Reisende sah zu dem Soldaten und dem Verurteilten hinüber. Der Verurteilte war der lebhaftere, alles an der Maschine interessierte ihn, *bald* beugte er sich nieder, *bald* streckte er sich, immerfort hatte er den Zeigefinger ausgestreckt, um dem Soldaten etwas zu zeigen."[42] (D 243) Auch das Verhältnis zwischen dem Soldaten und dem Verurteilten kehrt sich um: Wie früher der Offizier, so treibt jetzt der Verurteilte „den Soldaten an, ihm zu helfen" (D 244), als er bemerkt, dass der Offizier in der Maschine nicht angeschnallt ist. Im Verhalten des Verurteilten, den nun „alles an der Maschine" (D 243) interessiert, und der die rollenden Zahnräder der zerfallenden Maschine entzückt zu fassen sucht, lässt sich der bewundernde Blick des Offiziers wieder erkennen, mit dem dieser zu Beginn den eigentümlichen Apparat beobachtete.

Eine Verbindung zwischen dem Verurteilten und dem Forschungsreisenden wird bereits zuvor durch das eigenartige ‚Pantomimespiel' während der französischsprachigen Erklärung des Offiziers hergestellt. Der Verurteilte beobachtet dabei den Reisenden und ahmt ihn nach. Er hofft, letztlich erfolglos, auf diese besondere Weise die ihm unverständlichen Ausführungen und somit sein bevorstehendes Schicksal zu ‚verstehen'. Durch seine Blicke und Körperhaltung ‚instruiert' er gleichsam den Reisenden, der an seiner Stelle auch Fragen nach dem Gerichtsverfahren stellt. Er fungiert dabei beinahe als ‚Sprachrohr' des Verurteilten, der zu erfahren sucht, „ob er den geschilderten Vorgang billigen könne". (D 211) Der fragende Blick des

---

[42] Hervorhebungen von mir, Cs. M.

Verurteilten kehrt später erneut, nämlich in der Figur des Offiziers zurück, wenn er „ununterbrochen den Reisenden von der Seite [ansieht], als suche er von seinem Gesicht den Eindruck abzulesen, den die Exekution, die er ihm nun wenigstens oberflächlich erklärt hatte, auf ihn mache." (D 220-221) Seine konkret formulierte Frage: „Können Sie jetzt die Arbeit der Egge und des ganzen Apparates würdigen?" (218) scheint mittelbar auch den Grund anzugeben, warum der Reisende vom neuen Kommandanten zur Hinrichtung eingeladen wurde. Jeder verlangt ein Urteil von ihm und damit wird er gleichsam in die Rolle eines Richters hineinversetzt.

Dass in einer Figur potenziell auch alle anderen Figuren enthalten sind, bestätigt mittelbar eine Tagebucheintragung vom 7. August 1917, die eine Variante des Schlusses der Erzählung darstellt:

> Der Reisende fühlte sich zu müde, um hier noch etwas zu befehlen oder gar zu tun. Nur ein Tuch zog er aus der Tasche, machte eine Bewegung als tauche er es in den fernen Kübel, drückte es an die Stirn und legte sich neben die Grube. So fanden ihn zwei Herren, die der Kommandant ausgeschickt hatte, ihn zu holen. Wie erfrischt sprang er auf, als sie ihn ansprachen. Die Hand auf dem Herzen, sagte er: „Ich will ein Hundsfott sein, wenn ich das zulasse." Aber dann nahm er das wörtlich, und begann auf allen Vieren umherzulaufen. Nur manchmal sprang er auf, riß sich förmlich los, hängte sich einem der Herren an den Hals rief in Tränen: „Warum mir das alles" und eilte wieder auf seinen Posten. (T 822)

Der Reisende spielt in dieser Szene mehrere Rollen: Motive wie der Befehl, das Tuch, der Kübel, die Stirn und das Liegen neben der Grube beschwören in parodistischer Form die früheren Handlungen des Offiziers sowie seine Erzählungen über die Zuschauer der alten Hinrichtungen herauf, die mit geschlossenen Augen im Sand lagen und im ekstatischen Zustand die dem Sterbenden zuteil gewordene Gerechtigkeit miterlebten. Vor den zwei Herren, die der neue Kommandant für ihn schickt, wechselt der Reisende auch formal seine Rolle, wenn er „wie erfrischt" aufspringt. „Die Hand auf dem Herzen" verkündet er ihnen sein Urteil über das Verfahren: „Ich will ein Hundsfott sein, wenn ich das zulasse." (T 822) Während er sich einerseits sprachlich gegen die Prozedur der Hinrichtung äußert, erkennt er andererseits – durch seine Körperbewegung - die eigene Beteiligung an der Hinrichtung des Offiziers an, indem er auf allen Vieren umherzulaufen beginnt.

Damit schlüpft er zugleich in die hündische Rolle des Verurteilten, der nur manchmal aufspringt, sich losreisst und dann wieder auf seinen Posten zurückkehrt. Genau wie der „breitmäulig[e]", „hündisch ergeben[e]" Gefangene zu Beginn der Exekution, der den Anschein erweckt, „als könnte man ihn frei auf den Abhängen herumlaufen lassen und müsse bei Beginn der Exekution nur pfeifen, damit er käme." (D 203-204)

Ein komplexes Beispiel für die These der gegenseitigen Rollenübernahme der Figuren soll abschließend die Viererbeziehung zwischen dem Offizier, dem Reisenden und den beiden Kommandanten darstellen. Am Ende des ‚vertraulichen' Gesprächs trägt der Offizier dem Reisenden seinen Plan bezüglich der Sitzung in der Kommandantur am nächsten Tag vor. Demnach sollte der Reisende die Meinung des Offiziers als seine eigene „unerschütterliche Meinung" (D 234) dem neuen Kommandanten ‚zubrüllen'. Will er dies jedoch nicht tun – denn „in [seiner] Heimat verhält man sich [...] in solchen Lagen anders" (D 234) –, dann wird der Offizier die ihm zugedachte Rolle übernehmen und mit seiner Rede den neuen Kommandanten aus dem Saal jagen oder „ihn auf die Knie zwingen, daß er bekennen muß: Alter Kommandant, vor dir beuge ich mich." (D234) Damit versetzt er sich virtuell nicht nur in die Rolle des Reisenden, sondern zugleich auch in die des alten Kommandanten, da dessen Nachfolger – zumindest in seiner Vorstellung – vor ihm kapituliert. Motivisch lässt sich mit dieser Imagination des Offiziers auch die Teehausszene am Schluss der Erzählung verbinden. Überraschenderweise sucht nämlich der Reisende, bevor er die Insel verlässt, das Teehaus auf und kniet vor dem Grab des alten Kommandanten nieder, um die Aufschrift zu lesen. Damit erfüllt er scheinbar die Erwartung des Offiziers gegenüber dem neuen Kommandanten und übernimmt auf diese Weise motivisch dessen Rolle. Diese Entsprechung überrascht jedoch nicht: der Reisende wird laut Offizier vom neuen Kommandanten deshalb zur Hinrichtung eingeladen, weil dieser denkt, dass er mit seinem Urteil dagegen auftreten würde. Insofern sollte der Reisende eine Rolle spielen, die selber anzunehmen der neue Kommandant, wie der Offizier meint, zu „feige" ist. Umgekehrt setzt der Reisende „einige Hoffnung auf den neuen Kommandanten, der offenbar, allerdings langsam, ein neues Verfahren einzuführen beabsichtigte, das dem beschränkten Kopf dieses Offiziers nicht eingehen konnte." (D 214) Zu erkennen ist dabei, dass sowohl der Offizier, als auch der neue Kommandant den Reisenden für eigene Zwecke benutzen will. Ihre Manipulation erweist sich jedoch, angesichts der engen motivischen Verkettung der

Figuren, als innere Ungewissheit und ständige Schwankung ein und derselben Figur, die sich in der Erzählwelt in verschiedenen Gestalten konkretisiert. Diese Unbestimmtheit und Ungewissheit wie auch die zum Teil dadurch hervorgerufene Ambiguität und Widersprüchlichkeit der Situation stellen wichtige Konstruktionsprinzipien der Erzählung dar. In diesem Zusammenhang seien hier noch einige weitere Beispiele angeführt. Zu ihnen gehört unter anderem, dass die Demonstration des Verfahrens gleich zu Beginn der Geschichte erst nach der „ungewisse[n] Handbewegung" des Reisenden einsetzt, mit der er die Frage des Offiziers beantwortet, ob der Kommandant ihm „den Apparat schon erklärt hat" (D 205). Augenfällig ist ferner die Mahnung des Offiziers, wonach der Reisende, damit er zu der Sitzung der Kommandantur nach der Exekution eingeladen wird, nur „kurze" und „unbestimmte" Äußerungen machen soll. Der Reisende wiederum hält es selbst für „bedenklich, in fremde Verhältnisse entscheidend einzugreifen" (D 222) und gegen einen eventuellen Vorwurf, dass er als Fremder „die Exekution verurteilen oder gar hintertreiben wollte" (D 222), könne er nur sagen, „daß er sich in diesem Falle selbst nicht begreife". (D 222) Auch seine spätere Stellungnahme zum Verfahren bleibt trotz des ausgesprochenen „Nein" für einen Augenblick ungewiss: „Die Antwort, die er zu geben hatte, war für den Reisenden von allem Anfang an zweifellos [...]. Trotzdem zögerte er jetzt im Anblick des Soldaten und des Verurteilten einen Atemzug lang. Schließlich sagte er, wie er mußte: Nein." (D 235) Auch die Formulierungsweise der Einladung zur Exekution ist ambig: Sie suggeriert einerseits, dass der Vorfall, der als Ursache für die Hinrichtung dient, bereits vor der Einladung geschehen ist. Zum anderen stellt sich jedoch heraus, dass das Verbrechen erst in der darauffolgenden Nacht erfolgte und der Offizier erst eine Stunde vor der Hinrichtung davon in Kenntnis gesetzt wurde.

Die Zahl an widersprüchlichen Szenen dieser Art ließe sich vermehren, aber allein schon die angeführten Beispiele reichen aus, um bestimmte Hypothesen in Hinblick auf die Konstruktionsweise der Erzählung zu formulieren. Die Paradoxa an der Oberfläche können aufgehoben werden, wenn man davon ausgeht, dass die Geschehnisse untergründig von dem Forschungsreisenden gestaltet werden. Aufgrund der Analyse der Figurenkonstellationen lässt sich behaupten, dass die Protagonisten unterschwellig seine geheimen Wünsche, Sehnsüchte, Ängste, Unbestimmtheiten usw. verkörpern. Dies erklärt auch, warum das Urteil des Reisenden, der eigentlich nicht vorhat, „in fremde Verhältnisse entscheidend einzugreifen" (D 222), für das weitere Schicksal des Verfahrens maßgebend sein soll.

Zieht man die Konsequenz aus diesem umrissenen Deutungsansatz, dann erweist sich der Besuch in der Strafkolonie gewissermaßen als eine Art Erkenntnisweg des Reisenden: Durch das Medium des Verfahrens wird er mit dem Tod, eigentlich mit dem Doppelgesicht des Todes, mit dessen Erlösungs- und Vernichtungsaspekt konfrontiert. Formal vom neuen Kommandanten eingeladen, führt ihn in Wahrheit die eigene Neugier zur Exekution, die trotz des angedeuteten zeitlichen Widerspruchs ungehindert stattfindet, weil sie - in der Figur des Offiziers verkörpert - ebenfalls sein untergründiger Wille ist. Entgegen seiner von vornherein ablehnenden Haltung wird er durch eine Reihe latenter Identifikationen mit den beteiligten Figuren und einen körperlich-sinnlichen Kontakt mit dem Apparat zum Teil für das Verfahren gewonnen. Dass er kein Zeichen der Verklärung und Erlösung am Gesicht des hingerichteten Offiziers erkennt, verweist hingegen darauf, dass er der verführerischen Todessehnsucht nicht erliegt.

Die dargestellten Prozesse insgesamt machen es einsehbar, dass Kafkas Erzählung trotz ihrer zahlreichen realistischen Details und der belegbaren konkreten kulturhistorischen Bezüge immer wieder mit Recht auch allegorisch gelesen wird. Zu betonen ist jedoch, dass es sich in diesem Fall gegenüber den meisten klassisch-allegorischen Interpretationen nicht um eine vorgegebene, d.h. von vornherein festgelegte Allegorie handelt. Allegorische Leseweise heißt hier die schrittweise Konstruktion jener abstrakten Struktur, die der Erzählwelt zugrunde liegt, und die durch die konkreten Ereignisse und Figuren modelliert bzw. vergegenwärtigt wird. Bei der Konstruktion der abstrakten Struktur werden nicht alle Ereignisse/Geschehnisse der Textwelt notwendigerweise berücksichtigt, aber die konstruierte Struktur soll hinterher, um die Gefahr eines Zirkelschlusses zu vermeiden, prinzipiell alle Ereignisse und Geschehnisse der Textwelt erklären können.

Quelle und Text aus literarischer Sicht

Aus der vorliegenden Analyse der *Strafkolonie* dürfte hervorgegangen sein, dass Quellentexte in der hier durchgeführten Interpretation keine bestimmende Rolle beim Aufbau der Erzählwelt spielen. Über ihren Wert, ihre Funktion und Relevanz wird demnach entschieden, inwieweit sie in eine kohärente

Erklärung der Erzählung integriert werden können. Wird dieser Zusammenhang zwischen Quelle und Text nicht berücksichtigt, dann kann die Quellenbeziehung unter literarischem Aspekt leicht fehlschlagen. Ein Beispiel dafür liefert unter anderem Kittlers Beobachtung, wonach Kafka die „Institution des Rechtsexperten" aus Heindls Buch entlehnt hat.[43] Seine Annahme begründet er mit folgendem Zitat: „Der Reisende selbst hatte Empfehlungen hoher Ämter [...] und daß er zu dieser Exekution eingeladen worden war, schien sogar darauf hinzudeuten, daß man sein Urteil über dieses Gericht verlangte. (D 222) Dieser These widersprechen aber die Worte des Reisenden:

> Sie überschätzen meinen Einfluß; der Kommandant hat mein Empfehlungsschreiben gelesen, er weiß, daß ich kein Kenner der gerichtlichen Verfahren bin. Wenn ich eine Meinung aussprechen würde, so wäre es die Meinung eines Privatmannes, um nichts bedeutender als die Meinung eines beliebigen anderen, und jedenfalls viel bedeutungsloser als die Meinung des Kommandanten, der in dieser Kolonie, wie ich zu wissen glaube, sehr ausgedehnte Rechte hat. (D 230)

Aus dem Zitat geht eindeutig hervor, dass Kafkas Forschungsreisender kein Rechtsexperte ist. Folglich sind aus dieser Sicht die Auffassungen, die den Standpunkt von Heindl in Kafkas Reisendem erkennen wollen, zumindest fragwürdig. Umso mehr, als Heindl die Ablehnung der Deportationsstrafe völlig anders als Kafkas Forschungsreisender begründet, worauf allerdings auch Kittler aufmerksam macht: Während der Forschungsreisende das Verfahren wegen dessen Ungerechtigkeit und Unmenschlichkeit verurteilt, findet Heindl die Strafkolonien bezüglich der Gefangenen zu human und daher ungeeignet, den eigentlichen Zweck zu erfüllen. Neumeyer überträgt andererseits, wie früher dargelegt, Heindls Bezeichnung der Strafkolonie als „Land der Paradoxa" auf Kafkas Strafinsel. Paradox ist für ihn in diesem Sinne die Lage der Frauen sowohl in der Erzählung als auch im Kolonialdiskurs. Dem ursprünglichen Ziel ihrer Verschickung, dem Ausbau der Kolonie und der sittlichen Besserung der Gefangenen, können sie schon deshalb nicht gerecht werden, weil sie gemäß Heindls Bericht selber Verbrecherinnen und Prostituierte sind. Von der Deportationsdebatte ausgehend versucht

---

[43] Kittler, Wolf: In dubio pro reo. Kafkas »Strafkolonie«. In: Kafkas Institutionen. Hg. v. Arne Höcker u. Oliver Simons. Bielefeld 2007. S. 33-72, hier S. 34.

Neumeyer auch die Identität von Kafkas „Damen" zu bestimmen. Er behauptet, dass sie keine Eingeborenen, sondern Europäerinnen sind, denn in der Vorstellung des Offiziers äußern sie europäische Ansichten bezüglich seines Verfahrens. Diese Argumentation beruht jedoch auf einer irrigen Beobachtung, da die Aussagen in der imaginierten Szene, wie dies die Orthographie („Sie") eindeutig beweist, nicht von den Damen, sondern vom Reisenden gemacht werden:

> Daß er Sie mit aller Schlauheit ausfragen wird, dessen bin ich gewiß. Und seine Damen werden im Kreis herumsitzen und die Ohren spitzen; Sie werden etwa sagen: ‚Bei uns ist das Gerichtsverfahren ein anderes', oder ‚Bei uns wird der Angeklagte vor dem Urteil verhört' oder ‚Bei uns erfährt der Verurteilte das Urteil' oder ‚Bei uns gibt es auch andere Strafen als Todesstrafen' oder ‚Bei uns gab es Folterungen nur im Mittelalter'. (D 229)

Auch die Begründung, dass es sich im Falle der Damen um keine Familienangehörigen des Kommandanten handeln kann, weil es damals nicht üblich war, die Familie in die Strafkolonie mitzunehmen, ist aus literarischer Sicht problematisch: Neumeyer sucht hier Kafkas Text, ohne Rücksicht auf seinen eigenen Aufbau, allein aus dem Deportationsdiskurs als Quellentext zu erklären. Ähnlich ist sein Verfahren, wenn er Kafkas Bezeichnung „Damen" formal und inhaltlich gleichermaßen auf Heindls Wortgebrauch bezieht, „so daß die Frauen intertextuell als deportierte Verbrecherinnen und Prostituierte ausgewiesen werden".[44] Diesmal jedoch überschneiden sich Text und Quelle, indem das „offensiv sexuelle Verhalten"[45] der Damen auch aus der Szene der vom Offizier imaginierten Sitzung herauszulesen ist. Liest man jedoch den Text ganz genau, dann muss auch betont werden, dass dies alles nur vom Offizier behauptet wird, der auch selbst unablässig körperlichen Kontakt zu dem Forschungsreisenden sucht. Ebenso gilt, dass die Damen zwar keine Familienangehörigen sind, aber im Text immer als „Damen des Kommandanten" erscheinen. Im Gegensatz zu Neumeyers Standpunkt, der behauptet, Kafka betone mit dieser Bezeichnung „das strukturelle Paradox der Deportation, dass sich die Frauen bei den Machtinstanzen und also nicht dort befinden, wo sie laut Besserungsprogramm sein sollen",[46] hat unsere

---

[44] Neumeyer (Anm. 23), S. 310.
[45] Ebd.
[46] Ebd.

Kurzinterpretation der Figuren und Figurenkonstellationen in Kafkas Geschichte wahrscheinlich gemacht, dass nicht das Land an sich paradox ist. Vielmehr ergeben sich demnach diese „Paradoxa" aus der inneren Widersprüchlichkeit der Figuren; sie sind es nämlich, die die Kolonie, die der Leser allein aus ihrer Erzählperspektive kennt, als ein „paradoxes Land" erscheinen lassen.

Diese scheinbar einfachen, aber vielfach entscheidenden Unterschiede deuten auf die grundlegenden Abweichungen hin, die zwischen der historischen Deportationsrealität und der fiktionalen Strafkolonie Kafkas bestehen. Die Grenzen zwischen beiden Bereichen sollten aus methodischer Sicht immer beachtet werden.

JAMES N. BADE

Die Spuren des Rathenau-Attentates in Thomas Manns *Zauberberg*

In Thomas Manns zwischen 1915 und 1917 geschriebenen *Betrachtungen eines Unpolitischen*, einem Werk, das Mann seinem Schwager Peter Pringsheim gegenüber als Sache der „Selbsterforschung und Selbstbehauptung, eigentlich eine ‚Gewissenssache'" charakterisiert,[1] erklärt er: „Ich bekenne mich tief überzeugt, dass das deutsche Volk die politische Demokratie niemals wird lieben können, aus dem einfachen Grunde, weil es die Politik selbst nicht lieben kann".[2] Im Kapitel „Politik" sieht er die Sache so:

Die Demokratie nimmt, in gewissen Fällen, die besten deutschen Überlieferungen für sich in Anspruch, sie leitet sich her aus dem deutschen Humanismus, der Weltbürgerlichkeit unserer großen Literaturepoche. Aber deutscher Humanismus ist etwas anderes als demokratisches ‚Menschenrecht'; Weltbürgerlichkeit etwas anderes als Internationalismus; der deutsche Weltbürger ist kein politischer Bürger, er ist nicht politisch, - während die Demokratie nicht nur politisch, *sondern die Politik selber* ist. Politik aber, Demokratie, ist an und für sich etwas Undeutsches, Widerdeutsches (GKFA 13.1, S. 286f.).

Für Thomas Mann war der Sturz der Monarchie 1918 ein völlig unerwarteter Schock.[3] Während seine *Betrachtungen* zum Erzeugnis einer untergegangenen Epoche wurden, avancierte der Bruder Heinrich in den

---

[1] Mann, Thomas: Briefe II 1914-1923. Ausgewählt und herausgegeben von Thomas Sprecher, Hans R. Vaget und Cornelia Bernini (Große kommentierte Frankfurter Ausgabe, Band 22 [=GKFA 22]). Frankfurt a. M. 2004, S. 211.
[2] Mann, Thomas: Betrachtungen eines Unpolitischen. Hg. u. textkritisch durchgesehen von Hermann Kurzke, GKFA 13.1. Frankfurt a. M. 2009, S. 33.
[3] Görtemaker, Manfred: Thomas Mann und die Politik. Frankfurt am Main 2005, S. 45. Vgl. auch Zoltán Szendi: Seele und Bild: Weltbild und Komposition in den Erzählungen Thomas Manns. Pécs 1999, S. 109: „Der Krieg und die daraufffolgenden Geschehnisse haben das Sicherheitsgefühl des Bürgertums in ihren Grundlagen erschüttert."

ersten Nachkriegsjahren mit seinem zeitkritischen Erfolgsroman *Der Untertan* zum „aufgehenden Stern" der Weimarer Republik.[4] Am 15. Oktober 1922 hielt Thomas Mann jedoch im Beethovensaal in Berlin einen Vortrag mit dem Titel „Von Deutscher Republik", der die Antidemokraten überraschte. In diesem Vortrag zitiert er Novalis: „Wo junge Leute sind, da ist Republik" und wirbt bei der Jugend für die neue Republik: „Mein Vorsatz ist, ich sage es offen heraus, euch, sofern das nötig ist, für die Republik zu gewinnen und für das, was Demokratie genannt wird, und was ich Humanität nenne".[5] Er stellt fest, dass der Staat weiten Teilen der Jugend und des Bürgertums „in tiefster Seele verhaßt" sei, hauptsächlich, weil er ein Produkt „der Niederlage und des Kollapsus" sei und „mit Ohnmacht, Fremdherrschaft, Schande unlöslich verbunden scheint". Aber die Republik, so Mann weiter, sei kein Geschöpf der Niederlage und Schande, sondern „eines der Erhebung und der Ehre", das Produkt „begeistert totbereiten Aufbruchs". Er schließt seine Rede mit dem Ruf: „Es lebe die Republik!" (GKFA 15.1, 527f., 559) Der Vortrag hat in Manns eigenen Worten „viel Lärm auf der Gasse gemacht", indes betont der Schriftsteller, dass er weder eine Sinnesänderung darstelle – „Ich habe vielleicht meine Gedanken geändert - nicht meinen Sinn" – noch einen Widerspruch - höchstens „ein[en] Widerspruch von Gedanken untereinander, nicht ein solcher des Verfassers gegen sich selbst."[6] „Ich widerrufe nichts", erklärt er in dem Vortrag. „ Ich nehme nichts Wesentliches zurück. Ich gab meine Wahrheit und gebe sie heute."[7]

Was war inzwischen passiert? Vor allem das Attentat auf den deutschen Außenminister Walther Rathenau, das am 22. Juni 1922 von der rechtsradikalen terroristischen „Organisation Consul" verübt worden war, erwies sich als einschneidendes Ereignis im politischen Denken des Schriftstellers.[8] Mann begann wenige Tage später die Vorbereitung seines Vortrags

---

[4] Görtemaker, a.a.O., S. 46. Hermann Kurzke In Die Politisierung des Unpolitischen. Thomas Mann Jahrbuch 22, 2009, S. 64, erwähnt, dass *Der Untertan* in sechs Wochen auf 100 000 verkaufte Exemplare kam, „während die Betrachtungen zehn Jahre brauchten, um es auf 25 Tausend zu bringen".
[5] Mann, Thomas: Von deutscher Republik, Essays II: 1914–1926. Hg. v. Hermann Kurzke, GKFA 15.1, Frankfurt a. M. 2002, S. 522 f.; vgl. Görtemaker, a.a.O., S. 49.
[6] Mann, Thomas: Vorwort [zu Von deutscher Republik], GKFA 15.1, S. 583 f.
[7] Mann, Thomas: Von Deutscher Republik, GKFA 15.1, S. 533.
[8] Michael Neumann weist in seinem Kommentarband zum *Zauberberg* (GKFA 5.2, Frankfurt a. M. 2002, S. 40) auf die „Kontinuität" in den Texten *Betrachtungen eines Unpolitischen* und *Von Deutscher Republik* hin. T. J. Reed hingegen spricht von einem „total reversal in Mann's outlook" und behauptet, dass der im Juni 1922 ausgeübte Rathenau-Mord den Wendepunkt in Manns Wandel zum Verteidiger der Republik bilde: „June 1922. The decisive factor was the

„Von Deutscher Republik" und stand, wie Manfred Görtemaker es ausdrückt, „noch ganz unter dem Eindruck der Ermordung Rathenaus".[9] „Rathenaus Ende", schrieb er in einem Brief an Ernst Bertram vom 8. Juli 1922, bedeutete für ihn einen „schweren Choc".[10] Dies bezeugt auch Manns *Gedenkrede auf Rathenau* (1923), wo er Rathenau als einen „hochgesitteten und hochbemühten Mann" schildert, der ein Opfer der „wüsten anarchischratlosen Zeiten" wurde; einen Politiker, der, "da er Europa wohl gefiel, uns allen noch weitgehend hätte nützen können und der im Dienste der allgemeinen Sache ein sinnlos-gräßliches Ende fand."[11] Die Ermordung des Außenministers 1922 beschleunigte seinen Entschluss zu einem öffentlichen Bekenntnis zur Demokratie,[12] und erfolgte, so Görtemaker, „mit dem Verantwortungsbewusstsein eines Menschen, den die Gewaltbereitschaft derer, die sich seit Herausgabe der *Betrachtungen* zu seinen Anhängern zählten, zutiefst bestürzte."[13] Er war nun entschlossen, sich in den Dienst der Weimarer Republik zu stellen.[14]

In konservativen Kreisen galt Manns Sinneswandel als unverständlich. Am Anfang von Otto Werners Artikel „Mann über Bord" (Oktober 1922) steht eine Äußerung aus den *Betrachtungen*:

---

assassination of Walther Rathenau. [...] Rathenau's death shows Mann becoming a Vernunftrepublikaner "(T. J. Reed, Thomas Mann: The Uses of Tradition, Oxford University Press 1974, S. 287, 289, 292.) Hermann Kurzke, Essays II: 1914–1926: Kommentar (GKFA 15.2, Frankfurt a.M. 2002), vertritt die Ansicht, dass Mann sich in den Betrachtungen zwar „entschieden gegen die Demokratie" ausgesprochen habe, doch später versuche, mit der Hilfe des Begriffs sozialer Volksstaat, der „eine doppelte Frontstellung" ermögliche, „nicht im Widerspruch zu, sondern in Kontinuität mit den Betrachtungen zu argumentieren." (S. 130). In *Die Politisierung des Unpolitischen*, a.a.O., S. 62, sieht Kurzke ferner im „antidemokratischen Kriegsbuch" Manns „eine Menge demokratischer Stellen" und kommt zum Schluss: „Thomas Mann förderte die Demokratie durch die Art, in der er sie bekämpfte." (S. 64). Kurzke versinnbildlicht Manns Widersprüche so: „Thomas Mann wächst wie ein schiefer Baum. Denkt man sich den Stamm eines schiefen Baums in Scheiben geschnitten, liegen sie übereinander und doch irgendwann nicht mehr über ihrem Ausgangspunkt. [...] Die Scheiben schichten sich aufeinander und verrutschen dabei, jede hat mit der vorigen 90% ihrer Fläche gemein, aber jede bildet eine neue Mitte, und nach zehn Überlagerungen ist die einstige Mitte über den Rand gekippt." (S. 66).
[9] Görtemaker, a.a.O., S. 50 f.
[10] Thomas Mann an Ernst Bertram. Briefe aus den Jahren 1910-1955. Hg. v. Inge Jens, Pfullingen, Neske 1960, S. 112. Vgl. Görtemaker, a.a.O., S. 51. Nach Kurzke (GKFA 15.2, S. 422) bestand auch „ein schmaler persönlicher Kontakt" zwischen Mann und Rathenau.
[11] Mann, Thomas: Gedenkrede auf Rathenau, GKFA 15.1, S. 677.
[12] Gut, Philipp: Thomas Manns Idee einer deutschen Kultur, Frankfurt a.M. 2008, S. 142.
[13] Görtemaker, a.a.O., S. 51.
[14] Wysling, Hans: Der Zauberberg, in: Thomas-Mann-Handbuch, hg. v. Helmut Koopmann, Stuttgart 1990, S. 399.

Ich bekenne mich tief überzeugt, dass das deutsche Volk die politische Demokratie niemals wird lieben können" und dazu Werners Kommentar: „Freilich, was in dem Buche geschrieben steht, dem wir diese Worte entnehmen, klang anders, ganz anders als das, was Sie nunmehr im Jahre der Republik 1922 einem ehrenwerten Publikum zu sagen hatten."[15]

Werner wirft Thomas Mann vor, dass sein Gesinnungswandel vom nationaldeutschen Bekenntnis im Kriege zum demokratisch-humanitären Bekenntnis in Friedenszeiten „peinlichst der geforderten Notwendigkeit entbehrt"; ihm scheint, als ob „die blutige Gewalttat" des Attentates auf Rathenau „das weiche Herz des Dichters vergewaltige" und ihm Impressionen eingibt, die den Dichter ehren mögen, „den Politiker aber ein wenig lächerlich machen."[16] Friedrich Hussong geht noch weiter:

> Thomas Mann, der vor vier Jahren ein dickes Buch gegen Zivilisationsliteratur, Pacifisten, Aesthetiniker, Politik, Demokraten und Republikaner geschrieben hat [...] – Thomas Mann, der also aus einem weltbürgerlichen Saulus ein nationaler Paulus geworden war, nahm an diesem Abend wieder den Namen Saulus an.[17]

Solche Kritik war symptomatisch für die konservativen Kreise, die Thomas Manns Bekenntnis zur Republik als „Verrat" an den national-konservativen *Betrachtungen eines Unpolitischen* auffassten.[18]

Parallel zum Bekenntnis zur Republik verlief Manns Versöhnung mit seinem Bruder Heinrich, der ihm als Modell für den „Zivilisationsliteraten" in *Betrachtungen eines Unpolitischen* diente.[19] Manns problematisches Verhältnis zu Heinrich änderte sich, als dieser im Januar 1922 schwerkrank ins Krankenhaus eingeliefert wurde. Thomas schickte ihm Blumen mit der Nachricht: „Es waren schwere Tage, die hinter uns liegen, aber nun sind wir

---

[15] Werner, Otto: Mann über Bord. Zu Thomas Mann's [sic] Vortrag: Von deutscher Republik, Das Gewissen, 23. Oktober 1922, in: Thomas Mann im Urteil seiner Zeit: Dokumente 1891-1955, hg. v. Klaus Schröter (Thomas-Mann-Studien 22), Frankfurt a. M. 2000, S. 103.
[16] Werner (Anm. 15), S. 103 f.
[17] Friedrich Hussong, Saulus Mann, Der Tag, 15. Oktober 1922, in Werner, a.a.O., S. 99 f.
[18] Heißerer, Dirk: Thomas Manns Zauberberg: Einstieg, Etappen, Ausblick, Würzburg 2006, S. 117.
[19] Siehe Helmut Koopmann: Thomas Mann – Heinrich Mann: Die ungleichen Brüder, Munich, Beck 2005, S. 319 und 322; Heinz J. Armbrust und Gert Heine, Wer ist wer im Leben von Thomas Mann? Ein Personenlexikon, Frankfurt a. M. 2008, S. 176 f.; und Jochen Strobel, Entzauberung der Nation: Die Repräsentation Deutschlands im Werk Thomas Manns, Dresden 2000, S. 143.

über den Berg und werden besser gehen – zusammen, wenn Dir's ums Herz ist, wie mir."[20] Heinrich wohnte einer privaten Lesung von Thomas Manns Rede „Von deutscher Republik" eine Woche vor dem öffentlichen Vortrag in Berlin bei.[21] Manns „Zivilisationsliterat" Settembrini im *Zauberberg* wurde ursprünglich als Sprachrohr Heinrich Manns konzipiert, aber im Laufe der Schreibarbeit am Roman wurden seine Meinungen immer mehr in Einklang mit den Ansichten Thomas Manns gebracht.[22]

Der durch die Ermordung Rathenaus ausgelöste Sinneswandel lässt sich nicht nur in Manns Vorträgen, sondern auch in anderen Werken erkennen,[23] vor allem in seinem Roman *Der Zauberberg*, an dem er damals schrieb. Castorps wechselnde Ansichten gegenüber Naphta und Settembrini spiegeln den Wandel wider, der sich damals in Thomas Manns politischem Denken vollzog.[24] Die nach Juli 1922 geschriebenen Kapitel – die Kapitel, die im Roman nach „Jähzorn. Und noch etwas ganz Peinliches" der Reihe nach kommen[25] – zeigen neben subtilen Unterschieden in den Aussagen Naphtas und Settembrinis einen deutlichen Bruch vor allem in der Denkweise Castorps gegenüber der Polemik Naphtas und Settembrinis.

Im Kapitel „Vom Gottesstaat und von übler Erlösung", das Mann vor Juni 1922 schrieb,[26] ist der Terror, den Naphta für „das Gebot der Zeit" hält, unmittelbar mit dem Begriff der kommunistischen Revolution verbunden: „Aber wenn Sie glauben, daß das Ergebnis künftiger Revolutionen – Freiheit sein wird, so sind Sie im Irrtum. [...] Nicht Befreiung und Entfaltung des Ich sind das Geheimnis und das Gebot der Zeit. Was sie braucht, wonach sie verlangt, was sie sich schaffen wird, das ist – der Terror."[27] Die „Diktatur des Proletariats", fährt er fort,

---

[20] Thomas Mann an Heinrich Mann, 31.1.1922, GKFA 22, S. 422 f.; Hayman, a.a.O., S. 335.
[21] Hayman, a.a.O., S. 27.
[22] Koopmann, a.a.O., S. 324.
[23] Zoltán Szendi (a.a.O., S. 24) erklärt z.B., dass die Umdeutung von Thomas Manns Ironiebegriff in Betrachtungen eines Unpolitischen (1918) und Die Kunst des Romans (1939) dem „Anschauungswandel" genau entspricht, „der sich in dieser Zeit im Weltbild Thomas Manns vollzieht".
[24] Vgl. Hans Wysling, Ausgewählte Aufsätze 1963-1995, hg. v. Thomas Sprecher und Cornelia Bernini (Thomas-Mann-Studien 13), Frankfurt a. M. 1996, S. 235.
[25] Vgl. Jens Rieckmann, Der Zauberberg: Eine geistige Autobiographie Thomas Manns, Stuttgart 1979, S. 58.
[26] Bis Anfang Juli ist Der Zauberberg bis zum Kapitel „Jähzorn. Und noch etwas ganz Peinliches" gediehen. Vgl. Dichter über ihre Dichtungen: Thomas Mann, Teil II: 1918-1943, hg. v. Hans Wysling unter Mitwirkung von Marianne Fischer. 1979, S. 664.
[27] Thomas Mann, Der Zauberberg (GKFA 5.1, Frankfurt a. M. 2002), S. 603 f. Vgl. Heißerer, S. 64.

> diese politisch-wirtschaftliche Heilsforderung der Zeit, hat nicht den Sinn der Herrschaft um ihrer selbst willen und in Ewigkeit, sondern den einer zeitweiligen Aufhebung des Gegensatzes von Geist und Macht im Zeichen des Kreuzes, den Sinn der Weltüberwindung durch das Mittel der Weltherrschaft, den Sinn des Überganges, der Transzendenz, den Sinn des Reiches. Das Proletariat hat das Werk Gregors aufgenommen, sein Gotteseifer ist in ihm, und so wenig wie er wird es seine Hand zurückhalten dürfen vom Blute. Seine Aufgabe ist der Schrecken zum Heile der Welt und zur Gewinnung des Erlösungsziels, der staats- und klassenlosen Gotteskindschaft. (GKFA 5.1, 608f.)

Naptha fordert hier also im Grunde nicht weniger, als mit dem Mittel des Terrors – gegen die Entwicklungen des Kapitalismus – in kommunistischer Tendenz den ursprünglich gewaltlosen Zustand „der staats- und klassenlosen Gotteskindschaft" wiederherstellen.[28]

In den nach Juli 1922 geschriebenen Kapiteln sind Naphtas Anschauungen noch immer radikaler Art, aber die Reaktionen auf seine Forderung sind nun anders. In „Operationes spirituales" wird Naphta als „Revolutionär" und „Sozialist" beschrieben (GKFA 5.1, 668f.), aber Settembrini bezeichnet seine Umsturzfantasien als „Revolution des antihumanen Rückschlages"[29] und fügt eine Bemerkung hinzu, die in Manns *Von Deutscher Republik*-Rede genau hineingepasst hätte: „Mit solchem Fanatismus sei lichtsuchende Jugend unmöglich zu gewinnen." (GKFA 5.1, 694.) In diesem Kapitel wird Naphtas „Terror" ferner in Castorps Augen nicht mehr mit der „Diktatur des Proletariats" (GKFA 5.1, 608) sondern nunmehr mit dem konservativen preußischen Militarismus und dem Jesuitismus assoziiert:

> Herr Settembrini war gewiß ein eifriger Pädagog, eifrig bis zum Störenden und Lästigen; aber in Hinsicht auf asketisch ich-verächterische Sachlichkeit konnten seine Prinzipien mit denen Naphtas überhaupt keinen Wettstreit wagen. Absoluter Befehl! Eiserne Bindung! Vergewaltigung! Gehorsam! Der Terror! Das mochte wohl seine Ehre haben, aber auf die kritische Würde des Einzelwesens nahm es nur wenig Bedacht. Es war das Exerzierreglement des preußischen Friedrich und des spanischen Loyola, fromm und stramm bis aufs Blut". (GKFA 5.1, 703). Mit der Verknüpfung von zwei äußerst konservativen Verbänden

---

[28] Dirk Heißerer, Thomas Manns Zauberberg: Einstieg, Etappen, Ausblick, Würzburg 2006, S. 64.
[29] Vgl. Gut, a.a.O., S. 182.

– dem preußischen Militär und dem Jesuitenorden – mit dem Terrorismus hat sich, so Hans Wisskirchen, ein „wichtiger Bedeutungswandel vollzogen: „War der Terror zu Beginn bei Naphta im Rahmen der Diktatur des Proletariats ein streng in die revolutionäre Zweck-Mittel Relation eingebundenes Werkzeug zur Erlangung des vollkommenen Endzustandes der Menschheit, so ist er später im Roman ein Indiz für konservatives Denken."[30]

Im vorletzten Kapitel, „Die große Gereiztheit", spitzt sich Naphtas Argumentation zu, aber eine subtile Verlagerung seiner Ansichten ist feststellbar. Die Möglichkeit eines Terrors, der nicht sozialistischen Ursprungs ist, sondern auf konservativer Seite entsteht, wird von ihm zum ersten Mal erwähnt. Naphta betrachtet nämlich die Freiheitskriege als reaktionär: „Laut singend habe man ausgeholt, um die revolutionäre Tyrannei zugunsten der reaktionären Fürstenfuchtel zu zerschlagen, und das habe man für die Freiheit getan." (GKFA 5.1, 1053)[31] In einer möglichen verkappten Anspielung auf das Attentat auf Walther Rathenau schildert Mann Naphtas Argumente so: „Ob Naphtas Zuhörer wisse, was eine Tat sei? Eine Tat sei beispielsweise die Ermordung des Staatsrats Kotzebue durch den Burschenschaftler Sand gewesen. Was habe dem jungen Sand, kriminalistisch zu reden, ‚die Waffe in die Hand gedrückt'? Freiheitsbegeisterung, selbstverständlich. Sähe man jedoch näher hin, so sei es eigentlich nicht diese, es seien vielmehr Moralfanatismus und der Haß auf unvölkische Frivolität gewesen." (GKFA 5.1, 1054 f.) Naphta kommt zu dem Schluss: „Nur aus der radikalen Skepsis, dem moralischen Chaos geht das Unbedingte hervor, der heilige Terror, dessen die Zeit bedarf." (GKFA 5.1, 1057)

Naphtas Position steht hier zudem stellvertretend für die damalige gesellschaftliche Situation Deutschlands. Die Besetzung des Ruhrgebiets durch französische Truppen im Jahre 1923 löste generelle Empörung in der Republik aus, so dass Extremisten des linken und rechten Spektrums in ihrer Wut auf die Besatzer vereint waren. Die Möglichkeit des Terrors sowohl von

---

[30] Wisskirchen, Hans: Zeitgeschichte im Roman: Zu Thomas Manns Zauberberg und Doktor Faustus (Thomas-Mann-Studien 6), Bern 1986, S. 77.
[31] In Gedenkrede auf Rathenau (1923) vergleicht Mann die damalige Stimmung mit der, die nach den napoleonischen Kriegen herrschte: „eine Stimmung der Rückschlägigkeit und der depressiven Antihumanität, deren augenfälligste Auswirkungen der Bolschewismus in Russland, der Fascismus in Italien, die Reaktion in Ungarn und eben gewisse fixe und finstere Ideen in Frankreich sind" (GKFA 15.1, 683).

kommunistischer wie auch von konservativer Seite wird von Thomas Mann in seiner *Gedenkrede auf Rathenau* angedeutet:

> Was Frankreich heute im Ruhrgebiet mit seinen Soldaten thut, ist als Gesamtunternehmen wie in seinen Einzelheiten, vollkommen schlecht, es könnte nicht schlechter sein, und die Stumpfheit, mit der eine Welt, deren moralische Reizbarkeit vor neun Jahren so groß schien, diesem ausgemacht schlechten Thun regungslos zusieht, ist geeignet, jeden Cynismus und politischen Pessimismus, jede Philosophie der Brutalität in Deutschland zu kräftigen. (GKFA 15.1, 683)[32]

In Settembrinis Reaktion auf Naphta in „Die große Gereiztheit" sehen wir auch Manns eigenen Standpunkt, wie er ihn in *Von deutscher Republik* skizziert, indem er die Jugend für die Republik gewinnen und sie vor dem gefährlichen politischen Extremismus schützen will: „Mein Vorsatz ist, ich sage es offen heraus, euch, sofern das nötig ist, für die Republik zu gewinnen und für das, was Demokratie genannt wird und was ich Humanität nenne". (GKFA 15.1, 522) Bei Settembrini heißt es: „ich beliebe mich dahin auszudrücken, daß ich entschlossen bin, Sie daran zu hindern, eine ungeschützte Jugend noch länger mit Ihren Zweideutigkeiten zu behelligen!" (GKFA 5.1, 1055). Am Schluss des Kapitels greift Naphta zum letzten Mittel, um sich gegenüber Settembrinis „Humanität" durch Terror zu behaupten: Er fordert ihn zum Duell.[33] Settembrinis Versicherung Castorp gegenüber, dass er im Duell nicht töten wird, zeigt vor allem seine Humanität. Settembrini schießt in die Luft; Naphta nennt ihn einen „Feigling" und schießt sich in den Kopf. (GKFA 5.1, 1070) Symbolisch gesehen geht im Duell zwischen Settembrini und Naphta die Humanität als Sieger hervor.[34]

---

[32] Vgl. Anthony Grenville: ‚Linke Leute von rechts': Thomas Mann's Naphta and the Ideological Confluence of Radical Right and Radical Left in the Early Years of the Weimar Republic, in: Thomas Mann's The Magic Mountain: A Casebook, hg. v. Hans Rudolf Vaget, New York 2008, S. 151. Grenville sieht Naphta als Repräsentanten des Rechts- und Links-Extremismus und Settembrini als Vetreter der deutschen Mitte: „The crisis-ridden Republic, its economic foundations shaken by inflation, seemed on the verge of collapse in the face of attempted revolutions by both left and right in the autumn of 1923 – just as Settembrini, the beleaguered center, faces Naphta's onslaught from the extremes of revolutionary Marxism and theocratic absolutism."

[33] Heißerer, S. 103.

[34] Vgl. Grenville, a.a.O., S. 165: „As the novel proceeds, Castorp perceives Naphta ever more plainly as an inhuman, destructive figure who sows confusion and negation in his wake. [...] Hans Castorp's sympathies, and ours, have settled by the time of the duel more on the side of Settembrini than of Naphta. In the duel, the diseased nature of Naphta's ideas is demonstrated

Im Anfang Juni 1923 vollendeten „Schnee"-Kapitel,[35] das den philosophischen Kern des Romans bildet, führt Castorps Versuch, „Herr der Gegensätze" (GKFA 5.1, 748) zu werden und einen Kompromiss zwischen den Meinungen der beiden Pädagogen Naphta und Settembrini zu erzielen, auch zu einem Sieg der Humanität, und damit gelangt er zu einer Perspektive, die in Einklang mit Manns eigenen Äußerungen steht. Im 1920 geschriebenen Kapitel „Humaniora" stellt Castorp im Gespräch mit Behrens noch fest: „Und wenn man sich für das Leben interessiert, [...] so interessiert man sich namentlich für den Tod." (GKFA 5.1, 404) Im „Schnee"-Kapitel hingegen kommt Castorp zu dem Schluss: „Denn alles Interesse für Tod und Krankheit ist nichts als eine Art von Ausdruck für das am Leben, wie ja die humanistische Fakultät der Medizin beweist." (GKFA 5.1, 746) Diese Umkehrung wurde schon in der Rede *Von deutscher Republik* vorweggenommen:[36]

> Das Interesse für Tod und Krankheit, für das Pathologische, den Verfall ist nur eine Art von Ausdruck für das Interesse am Leben, am Menschen, wie die humanistische Fakultät der Medizin beweist; wer sich für das Organische, das Leben, interessiert, der interessiert sich namentlich für den Tod; und es könnte Gegenstand eines Bildungsromanes sein, zu zeigen, daß das Erlebnis des Todes zuletzt ein Erlebnis des Lebens ist, daß es zum *Menschen* führt. (GKFA 15.1, 558)

Wie Neumann darlegt, hätte Castorp das Prinzip, dass das Erlebnis des Todes zuletzt ein Erlebnis des Lebens sei, das „zum *Menschen* führt", weder von Naphta noch von Settembrini lernen können; dennoch wird diese Lehre mindestens von September 1922 an zum Ziel des Romans.[37] In seinem Brief vom 4. September 1922 an Arthur Schnitzler weist Mann auf seinen Aufsatz *Von deutscher Republik* hin, in welchem er „die renitenten Teile unserer Jugend und unseres Bürgertums [ermahnt,] sich endlich vorbehaltlos in den Dienst der Republik und der Humanität zu stellen", und fügt hinzu: „Und was die Verliebtheit in den Gedanken der Humanität betrifft, die ich seit einiger Zeit bei mir feststelle, so mag sie mit dem Roman zusammenhängen,

---

once and for all when he commits suicide in response to Settembrini's gesture of active humanism in firing into the air. Ultimately self-destructive, Naphta is a dual-purpose totalitarian, the representative of both left and right in the Weimar Republic, united by hatred of the center. For some Communists and radical nationalists had more in common than they cared to admit."

[35] Vgl. Wysling, Dichter über ihre Dichtungen, a.a.O., S. 665.
[36] Neumann, a.a.O., S. 318.
[37] Neumann, a.a.O., S. 42; cf. Kurzke, GKFA 15.2, S. 360.

an dem ich schon allzu lange schreibe, einer Art von Bildungsgeschichte und Wilhelm Meisteriade, worin ein junger Mensch (vor dem Kriege) durch das Erlebnis der Krankheit und des Todes zur Idee des Menschen und des Staates geführt wird."[38]

Castorps Gedanken im „Schnee"-Kapitel bilden den konzeptuellen Höhepunkt des Romans:

> Tod oder Leben – Krankheit, Gesundheit – Geist und Natur. Sind das wohl Widersprüche? Ich frage: sind das Fragen? Nein, es sind keine Fragen, und auch die Frage nach ihrer Vornehmheit ist keine. Die Durchgängerei des Todes ist im Leben, es wäre nicht Leben ohne sie, und in der Mitte ist des homo Dei Stand – inmitten zwischen Durchgängerei und Vernunft – wie auch sein Staat ist zwischen mystischer Gemeinschaft und windigem Einzeltum. Das sehe ich von meiner Säule aus. In diesem Stande soll er fein galant und freundlich ehrerbietig mit sich selber verkehren, – denn er allein ist vornehm, und nicht die Gegensätze. Der Mensch ist Herr der Gegensätze, sie sind durch ihn, und also ist er vornehmer als sie. Vornehmer als der Tod, zu vornehm für diesen, – das ist die Freiheit seines Kopfes. Vornehmer als das Leben, zu vornehm für dieses, – das ist die Frömmigkeit in seinem Herzen. [...] Lust, sagt mein Traum, nicht Liebe. Tod und Liebe, – das ist ein schlechter Reim, ein abgeschmackter, ein falscher Reim! Die Liebe steht dem Tode entgegen, nur sie, nicht die Vernunft, ist stärker als er. Nur sie, nicht die Vernunft, gibt gütige Gedanken. [...] *Der Mensch soll um der Güte und Liebe willen dem Tode keine Herrschaft einräumen über seine Gedanken.*" (GKFA 5.1, 747f.)[39]

Der direkte Bezug auf die Lage Deutschlands in den zwanziger Jahren kommt während Castorps Schneevision in der Schilderung der grässlichen Zerstückelung des blonden Kindes in der Tempelkammer zum Ausdruck, und zwar durch Hexen, die Castorp „im Volksdialekt von Hans Castorps Heimat" beschimpfen (GKFA 5.1, 745). Castorps Gedanke „Auch Form ist nur aus Liebe und Güte: Form und Gesittung verständig-freundlicher Ge-

---

[38] GKFA 22, 447.
[39] Manns Schlüsselbemerkung in *Von deutscher Republik* deckt sich auch völlig mit Castorps Denkweise: „Keine Metamorphose des Geistes ist uns besser vertraut, als die, an deren Anfang die Sympathie mit dem Tode, an deren Ende der Entschluss zum Lebensdienste steht." (GKFA 15.1, 558)

meinschaft und schönen Menschenstaats" (GKFA 5.1, 748) ist deshalb auch als Hinweis auf Manns Ideal einer Republik der Humanität zu verstehen. Diese Überzeugungen Castorps entsprechen genau dem Tenor des öffentlichen Vortrags zum Gedächtnis Walther Rathenaus, den Thomas Manns nach der Vollendung des *Schnee*-Kapitels hielt – *Gedenkrede auf Rathenau*.[40] Hier vertritt Mann die Ansicht, dass die Republik „die Vollendung deutscher Menschlichkeit bedeuten könne." Er definiert die Republik als „die *Einheit von Staat und Kultur*", in welcher sich die Politik darin zur „*Humanität*" erhebt (GKFA 15.1, 678). Der Vortrag schließt mit einem starken Appell an die Jugend, die Humanität als Idee der Zukunft zu adoptieren, um Europa eine Überlebenschance zu geben:

> Der lebenswidrige Mißbrauch, die reaktionäre Ausbeutung antiliberaler Ideen kann nicht siegreich sein; das Geist- und Gottverlassene, ohne Sukkurs aus der Sphäre des echten Gedankens, wird welken und fallen. Zuletzt sind wir das Land, in dem Geister wie Goethe, Hölderlin, Nietzsche gelebt haben. Das waren keine Liberalen, diese großen Deutschen, doch waren sie darum nicht eben Dunkelmänner, und ihr ‚Absolutes', es war: der Mensch. Was sie sahen und sangen, war das Dritte Reich einer religiösen Humanität, eine neue, jenseits von Optimismus und Pessimismus stehende Idee des Menschen, die mehr, als Idee, die Pathos und Liebe ist: eine wahrhaft *erzieherische* Liebe, welche ihren Trägern die Gefolgschaft einer ganzen Weltjugend sichert. Nein, diese Idee ist nichts Obsoletes, nichts Bürgerlich-Gestriges, wie manche meinen, indem sie ihr irgendeinen radikalistischen oder reaktionären Faszismus als zeitgemäß entgegenstellen. Die republikanische Jugend Deutschlands begreift, daß Humanität die Idee der Zukunft ist, diejenige, zu der Europa sich durchringen, mit der es sich beseelen und der es leben muß – wenn es nicht sterben will." (GKFA 15.1, 685)

Manns „dritte[s] Reich" der Humanität ist hier als Alternative zur von Arthur Moeller van den Bruck propagierten Vorstellung eines konservativen, antirepublikanischen und antidemokratischen Staates gedacht, die durch dessen Buch *Das dritte Reich* (1923) an Popularität gewann und den Nationalsozialisten ein Stichwort gab, das letztendlich zur historischen Bezeich-

---

[40] Der Vortrag Gedenkrede auf Rathenau wurde im Juni 1923 gehalten, nach der Vollendung des Schnee-Kapitels. Siehe Wysling, Dichter über ihre Dichtungen, a.a.O., S. 665.

nung für den totalitären Nazi-Staat wurde.[41] Der Begriff eines „dritten Reiches" basiert auf einer langen Tradition, die auf den mittelalterlichen Theologen Joachim von Fiore und auf den Dichter Dante zurückgeht.[42] Mann hatte Moeller van den Bruck zunächst bewundert,[43] doch im Kontrast zu der reaktionären Vision des deutschen Absolutismus, den Moeller van den Bruck befürwortete,[44] war das „dritte Reich" Manns als ein utopisches Ideal einer liberalen Humanität konzipiert, die die Zukunft der kommenden Generationen sichern sollte.

Manns Idee der Humanität verknüpft sich mit seiner Vorstellung der „deutschen Mitte", die er in *Von deutscher Republik* erörtert und befürwortet. In *Von deutscher Republik* skizziert er sie folgendermaßen:

> Was uns betrifft, wir werden gut tun, uns um uns zu sorgen und um das, was unsere Sache – ja, sagen wir es mit dünkelloser Freude, unsere nationale Sache ist. Ich nenne noch einmal ihren ein wenig altmodischen und heute doch wieder in Jugendglanz lockenden Namen: Humanität. Zwischen ästhetizistischer Vereinzelung und würdelosem Untergange des Individuums im Allgemeinen; zwischen Mystik und Ethik, Innerlichkeit und Staatlichkeit; zwischen totverbundener Verneinung des Ethischen, Bürgerlichen, des Wertes und einer nichts als wasserklar-ethischen Vernunftphilisterei ist sie in Wahrheit die deutsche Mitte, das Schön-Menschliche, wovon unsere Besten träumten." (GKFA 15.1, 559)

Hier meint er vor allem die Sonderstellung Deutschlands zwischen Ost und West, die es den Deutschen ermöglicht, die besten Ideen aus Ost- und Westeuropas aufzunehmen. Eine vergleichbare „Konstellation" wird im *Zauberberg* im Kapitel „Aufsteigende Angst. Von den beiden Großvätern und der Kahnfahrt im Zwielicht" in der Schilderung von Castorps abendlicher Kahnfahrt im Dämmerlicht versinnbildlicht: „Im Westen war heller Tag gewesen, ein glasig nüchternes, entschiedenes Tageslicht; aber wandte er den Kopf, so

---

[41] Stern, Fritz: The Politics of Cultural Despair: A Study in the Rise of the Germanic Ideology (Berkeley 1974), S. 253.
[42] Siehe Jeffrey C. Herndon: Eric Voegelin and the Problem of Christian Political Order (Columbia 2007), S. 89f., und Marjorie Reeves, Joachim of Fiore and the Prophetic Future (London: SPCK 1976), S. i-iii und 64f.
[43] Moeller van den Bruck hatte für die konservative Berliner Zeitschrift Das Gewissen geschrieben, die Mann regelmäßig las. Siehe GKFA 22, 885.
[44] Siehe Stern, a.a.O., S. 256-262.

hatte er in eine ebenso ausgemachte, höchst zauberhafte, von feuchten Nebeln durchsponnene Mondnacht geblickt." (GKFA 5.1, 236) In seiner Schnee-Vision führen Castorp die mit Ost und West bzw. Naphta und Settembrini assoziierten Vorstellungen zu einer neuen Erkenntnis.

Aus dem Streit zwischen den beiden Pädagogen im *Zauberberg* tritt nämlich eine Alternative hervor, ein Mittelweg, den Castorp so einführt: „Die beiden Pädagogen! Ihr Streit und ihre Gegensätze sind selber nur ein guazzabuglio und ein verworrener Schlachtenlärm, wovon sich niemand betäuben lässt, der nur ein bißchen frei im Kopfe ist und fromm im Herzen." (GKFA 5.1, 747), und der in den Schlüsselsatz mündet: „*Der Mensch soll um der Güte und Liebe willen dem Tode keine Herrschaft einräumen über seine Gedanken*". (GKFA 5.1, 748). Dieses Bekenntnis zur Humanität, das zugleich Manns Plädoyer für einen Mittelweg bildet, findet seinen Ursprung im Streit zwischen Naphta und Settembrini, doch ist es im Einklang mit den Ansichten Settembrinis, die in den letzten Kapiteln des Romans erörtert werden. Gegen Ende des Romans sind die Ansichten Settembrinis mit denen Manns fast identisch geworden. Hans Wysling erklärt dieses Phänomen so: „In Settembrinis Wertungen und Umwertungen zeichnen sich also alle Wandlungen ab, die Thomas Manns Denken zwischen 1909 und 1924 durchgemacht hat. Von einer Geschlossenheit dieser Figur kann nur die Rede sein, wenn man einen sehr weiten Rahmen wählt. Ein Thomas-Mann-Kenner wird an der Unterscheidung der historischen Positionen mehr Vergnügen finden als in der Bestätigung des Rahmens. Die Settembrini-Gestalt erhält wesentlich mehr Relief und Differenziertheit, wenn man sie auf dem Hintergrund der Werke betrachtet, die Thomas Mann zwischen 1909 und 1924 geschrieben hat."[45] Der Roman wurde also für Mann durch den Rückblick auf die Zeit vor dem Krieg und den Ausblick in die Zeit danach „zeitgeschichtlich immer aktueller";[46] bis Ende des Romans ist Settembrini zum zeitgenössischen Sprachrohr seines Autors geworden.[47]

---

[45] Wysling: Ausgewählte Aufsätze, a.a.O., S. 235. Vgl. Gut, S. 187, und vgl. Grenville, a.a.O., S. 164: „[Settembrini's] humanism and his ideal of a brother hood [sic] of mankind are ultimately closer to the message of love proclaimed in the vision in the snow than are Naphta's ideas"; und Martin Swales, Mann: Der Zauberberg, London, Grant & Cutler 2000, S. 26: „for all his intellectual flaccidity, Settembrini means well. His views may not always be convincing, but the human behaviour that flows from them deserves respect, even perhaps love."
[46] Heißerer, a.a.O., S. 77 f.
[47] Wysling: Thomas-Mann-Handbuch, a.a.O., S. 405. In seinem autobiographischen Vortrag vor den Studenten der Universität Princeton, On Myself, erklärt Mann selber, dass der Streit zwischen Naphta und Settembrini schon in seinen eigenen Aufsätzen zur Zeit der Niederschrift des

Der Zauberberg lässt sich also nicht nur als ein Beitrag zur Ursachenforschung des Krieges von 1914 sondern auch als Dokument zur Entwicklung und Akzeptanz der Weimarer Republik lesen.[48] In der Aussage „*Der Mensch soll um der Güte und Liebe willen dem Tode keine Herrschaft einräumen über seine Gedanken*" geht es nicht nur um die Todesthematik, die in Manns Werken vorherrscht. Es handelt sich dabei vor allem um eine politische Aussage, und zwar eine Warnung an diejenigen, die Manns „Sinnesänderung" nach der Ermordung Rathenaus verspottet haben. Wenn man an die Humanität glaubt, gibt es keine Rechtfertigung für den Terrorismus, denn der Terrorismus kann nur zum Blutbad, zum „Weltfest des Todes" (GKFA 5.1, 1085) führen. Im Hinblick auf die politischen Entwicklungen nach dem Erscheinen des Romans im Jahre 1924 ist es bedauerlich, dass so wenige diese Botschaft zum Herzen genommen haben.

Romans stattgefunden habe: „it was already in these essays that the duel between Naphta and Settembrini had been most passionately fought out." (Thomas Mann, On Myself and other Princeton Lectures; an Annotated Edition by James N. Bade based on Mann's Lecture Typescripts, 2., durchges. Ausgabe, Frankfurt a. M. 1997, S. 66.) Rieckmann (a.a.O., S. 1) hält den Zauberberg mit Recht für eine „übertragene Autobiographie des Verfassers"; allerdings scheint er die Wirkung der Ermordung Rathenaus unterschätzt zu haben, indem er Manns wachsende Beschäftigung mit dem Problem der Humanität vor allem seiner Annäherung an Goethe zuschreibt (S. 69 f.).

[48] Vaget, Hans Rudolf: 'Politisch verdächtig!' Die Musik in Thomas Manns ‚Zauberberg', Bonn, Bernstein 2009, S. 39; vgl. Michael Beddow, The Magic Mountain, in: Vaget, 2008 (a.a.O., S. 149), und Reed (a.a.O., S. 300), der den Begriff „Tod" in diesem Kontext als die irrelevant gewordenen Grundsätze der Vergangenheit interpretiert: „'Death' has come to have almost its literal meaning: those things which are past and should no longer hold men's minds in thrall."

JOHANN GEORG LUGHOFER

Wechselnde Perspektiven auf den Film bei Joseph Roth

Als Kulturpessimist wurde Joseph Roth mehrfach zu Recht bezeichnet und wohl weniger zu Recht als wütender Gegner technischer Erneuerungen wie den Film.[1] Er wetterte gegen die „Entmenschlichung der Zeit" und nahm deshalb nach Klaus Westermann „in seinen journalistischen Arbeiten bei jeder sich bietenden Gelegenheit die Symptome des neuen technischen Zeitalters aufs Korn".[2] Der Film stehe bei Roth als Symbol für die allgemeine Unkenntnis und Blindheit, meint Hugo Dittberner, nämlich dass „die Schwierigkeit des Sehens und des Sehenlehrens darin liegt, daß es in einem Zeitalter des Scheinsehens entdeckt und geübt werden muß. Die große Metapher Roths für diesen Tatbestand ist der Film. Mit geradezu kindlicher Wut verurteilt er den Film, weil dieser den Zuschauer durch raffinierte Perspektiven von der Erkenntnis der wahren Zusammenhänge der dargestellten Tatbestände, von der Erkenntnis ihres Sinns abhält."[3]

Westermann spricht von melancholischen Nachrufen auf Panoptikum – Wachsfigurenkabinette – und Panorama, denen skeptische Äußerungen über dem Film gegenüberstehen. Doch in Wirklichkeit taucht das Panoptikum weniger als heimeliges Stück in Roths Texten auf, sondern als Massenmedium, das eine grausame Realität konstruiert. In *Die Geschichte der 1002. Nacht* spielt das Panoptikum eine zentrale Rolle. Stellvertretend soll das bekannte Romanende erwähnt werden, die Gedanken des Wachsfigurenkünstlers Tino Percoli: „Ich könnte vielleicht Puppen herstellen, die Herz, Gewissen, Leidenschaft, Gefühl, Sittlichkeit haben. Aber nach dergleichen

---

[1] Z. B. Sternburg, Wilhelm von: Joseph Roth. Eine Biographie. Köln 2009, S. 368 oder 449.
[2] Westermann, Klaus: Joseph Roth, Journalist. Eine Karriere 1915-1939. Bonn 1987 (=Abhandlungen zur Kunst-, Musik- und Literaturwissenschaft 368), S. 173.
[3] Dittberner, Hugo: Über Joseph Roth. In: Joseph Roth. Text + Kritik. Sonderband. Hg. von Heinz Ludwig Arnold. München 1974, S. 10-31, hier S. 14.

fragt in der ganzen Welt niemand. Sie wollen nur Kuriositäten in der Welt; sie wollen Ungeheuer. Ungeheuer wollen sie!"[4]

Doch dieser Beitrag wird sich auf den Film konzentrieren und zeigen, dass Roths Einstellung zu diesem keineswegs so negativ war. Von einer Verurteilung des Films mit „kindlicher Wut" ist in seinem Gesamtwerk wenig zu finden. Schon der Filmhistoriker Wolfgang Jacobsen stellt aufgrund seiner Beschäftigung mit *Zipper und sein Vater* über das Verhältnis Roths zum Film fest: „Verstreut zwar und gleichsam mutwillig unsichtbar gemacht, unter der erzählerischen Oberfläche verborgen, finden sich Spuren, vielleicht auch nur Spurenelemente, einer anderen Faszination, einer unbestimmten und doch zielgerichteten Neugier des Romanciers Roth, einer faustischen Verführung, die ein öffentliches Bekenntnis scheut."[5]

Roth selbst dachte an Filmpläne und war an Vorstöße von der Filmindustrie nahe stehenden Agenten – wie Ben Huebsch 1935 und später Selma Alexander – durchaus interessiert. In der Literatur wird zwar mehrfach darauf hingewiesen, dass es sich bei dieser Hellhörigkeit Roths nur um die Notwendigkeit einer attraktiven Erwerbsquelle und um die Verzweiflung eines orientierungslosen Exilanten handelte. Doch Roth zeigte m.E. auf vielfache Weise ein genuines Interesse am Medium Film.

Auch von außen wurde Roth als erfolgsversprechender Autor für die Filmbranche wahrgenommen. Schnell wurden so in Hollywood die Filmrechte zu *Hiob* gekauft, aber sehr verfremdet verfilmt: Mendel Singer wird zum Tiroler Bauern und der Wunderrabbi zum Franziskanermönch.

Im Exil versuchte Roth sich denn auch mit Filmszenarien. Mit dem seit 1930 in Paris lebenden und für Paramount als Filmregisseur und Drehbuchautor tätigen Leo Mittler verfasste er *Der letzte Karneval von Wien*, eine Liebesgeschichte mit viel Charme des untergehenden Österreichs, sowie *Kinder des Bösen*, worin der Sohn des Adjutanten Franz Ferdinands I. im Ersten Weltkrieg sich als Leutnant in die Schwester des Attentäters von Sarajevo, der auch seinen Vater ermordet hat, verliebt. Ein weiteres Projekt wurde nicht einmal auf Papier ausgeführt: das Schicksal eines jüdischen Bauern, der von Deutschland nach Südamerika emigriert. Schon die Zahl der

---

[4] Roth, Joseph: Werke. 6 Bände. Hg. von Fritz Hackert und Klaus Westermann. Köln 1989-1991, hier Bd. VI, S. 514. Weitere Zitate aus der 6-bändigen Werkausgabe werden mit „W" abgekürzt, worauf Bandnummer in lateinischen Zahlen und Seitenangabe folgen.
[5] Jacobsen, Wolfgang: „Natürlich erzählte er das nicht bei Licht." Anmerkungen zu Joseph Roths filmischer Verführung. In: Im Prisma: Joseph Roths Romane. Hg. von Johann Georg Lughofer. Wien / St. Wolfgang 2009, S. 168-179, hier S. 168.

unrealisierten Filmprojekte ist nicht klein, hier ließ sich jemand nicht abschrecken.

Der heruntergekommene Exilant Roth wurde von seinem früheren Kollegen Max Winter, dem Pionier und Meister der österreichischen Sozialreportage, gefragt, ob er nach Amerika kommen könnte: „Kommen Sie nach Hollywood und werden Sie hier noch einmal gesund und energisch. Ich werde Ihnen dabei helfen. [...] Mit Ihrem Namen – Hollywood zahlt Namen – werden Sie bald eine Story [...] verkaufen und dann können Sie sich hier geborgen fühlen."[6] Dazu machte ihm Winter das Angebot, in seiner sozialdemokratisch gefärbten Nachrichtenagentur zu arbeiten, wohl um auch verstärkt die bürgerliche Presse anzusprechen.

Roth wollte gerne kommen, doch ihm musste die Reise bezahlt werden. Er hoffte dabei – vergeblich – auf die Protektion von Marlene Dietrich, denn sie hatte *Hiob* in einem Interview 1930 zu ihrem Lieblingsbuch erklärt.

Kurz vor seinem ersten Herzanfall im Sommer 1938 schickte er seinem New Yorker Agenten Barthold Fles einen wahren Hilferuf: „Ich habe keine Luft mehr. Verhelfen Sie mir sofort nach Amerika statt mir sentimentale Briefe zu schreiben."[7] Doch erst im Frühjahr 1939 wurde Roth von seiner Übersetzerin und zugleich der Präsidentin des amerikanischen PEN-Zentrums Dorothy Thompson zu einem internationalen Kongress im Mai eingeladen, an dem Roth nicht mehr teilnehmen konnte. Es war der Monat seines schmerzvollen Todes, der Tod eines vertriebenen Alkoholikers unter widrigsten Umständen.

Warum wurde Roth aber immer wieder als Filmhasser dargestellt? Ein zentraler Punkt dazu ist seine gnadenlose Darstellung der Filmindustrie, insbesondere in *Zipper und sein Vater*. In dem Roman heiratet Arnold Zipper seine Jugendliebe, die danach strebt, Schauspielerin zu werden, und folgt ihr nach Berlin. Allein brutaler, ungeduldiger Ehrgeiz treibt sie an: „Es ging zu langsam mit dem Theater. Es mußte im Film schneller gehn. Denn das Theater hatte viele Zentren, der Film nur ein einziges: Hollywood. Dort hinzukommen, Geld zu haben, Ruhm und Macht!"[8] Diese Einstellung genügt in Roths Filmwelt und Erna Wilder hat Erfolg.

Als langgedienter Journalist betrachtet Roth dabei genüsslich das Zusammenspiel der Massenmedien. Die Pressekritiken sind gekauft: „Denn die

---

[6] Westermann, Klaus: Nachwort. In: W, III, S. 1078.
[7] Westermann, Klaus: Nachwort. In: W, III, S. 1078.
[8] W, IV, S. 567.

Stimmen der Presse waren damals für die Maßgebenden der ‚Branche' keine Urteile, sondern ein Gegendienst für Inserate."[9] Ernas Karriere scheint nur aufgrund der vollkommen fehlenden Tiefe und Professionalität des Personals der Filmindustrie möglich. Roth zeigt den Dilettantismus der jungen Branche in allen Tätigkeitsbereichen auf:

> Es waren die Inflationsjahre der Filmindustrie. Da waren sie herbeigekommen aus allen Branchen, aus allen Randgebieten, aus allen Provinzen: die von der Manufaktur und die vom Gastgewebe, die aus den Drogerien und die von der Photographie, die aus den Modesalons und die von den Rennpferden, die Buchmacher und die Journalisten, die Reisenden von der Konfektion und die Hofphotographen, die Offiziere außer Dienst und die Gelegenheitsverdiener, die aus Kattowitz und die aus Budapest, die aus Galizien und aus Breslau, aus Berlin und der Slowakei. Der Film war ein Kalifornier. Alte Börsenmakler aus Czernowitz setzten sich mit deutschnationalen Großindustriellen zusammen und erfanden patriotische Filme. Reisende in Lampenschirmen rasten in den Ateliers herum, brüllten Mechaniker an und nannten sich Beleuchtungskünstler. Mittelmäßige Porträtzeichner wurden Architekten. Studenten, die akademische Dilettantenklubs geleitet hatten, wurden Hilfsregisseure. Gehilfen, die aus Möbellagern ausgeschieden waren, wurden Ausstattungskünstler, Photographen hießen Aufnahmeleiter, Devisenhändler Direktoren, Polizeispitzel Kriminalfachmänner, geschickte Dachdecker Bautenarrangeure, und alle, die kurzsichtig waren, Sekretäre. Mancher schlaue Wechselstubenbesitzer machte sich selbständig, mietete ein Büro in der Friedrichsstraße und nannte es ‚Direktion', einen Winkel am Tempelhofer Feld und nannte es ‚Atelier', verfaßte selbst seine Filme und war ein Autor, befahl einer Dilettantin zu weinen und ihrem Partner zu poltern und war ein Regisseur, leimte Pappendeckel zusammen und war ein Architekt, zündete ein Magnesiumslicht an und war ein Beleuchtungskünstler. Da war er und blieb er, selbst ist der Mann.[10]

Doch Roth stellt keinesfalls das traditionelle Theater über die Filmproduktion. Weitere Ausführungen vergleichen die beiden Arbeitsgeber. Die

---

[9] W, IV, S. 567.
[10] W, IV, S. 567 f.

Filmwelt ist eine Welt für schlaue Menschen, es ist „nicht mehr das Provinztheater mit den belesenen Sekretären, mit den empfindlichen, ungebildeten Regisseuren, den bedächtigen und furchtsamen und bedürftigen Direktoren, da war nicht mehr die ewige Furcht vor dem ‚Schließen' – sondern im Gegenteil: die ewige festliche Aufregung des Eröffnens. Beim Theater war es ein besonderes Glück, wenn der Regisseur etwas konnte und noch nicht in Berlin war, wenn er sie von Herzen liebte und noch nicht mit ihr geschlafen hatte und wenn er, nach drei Liebesstunden, immer noch überzeugt war, daß sie ‚Zukunft' habe. Beim Theater, das zu sterben anfing, nutzte ihr keine Klugheit."[11]

Die Filmindustrie ist für Roth ein Bereich, welche die Kälte der kapitalistischen Beziehungen besonders deutlich veranschaulicht. Doch andere Branchen kommen keineswegs besser weg, man denke nur an die im Werk mehrfach erwähnte Borstenreinigungsfabrik im Osten der Donaumonarchie, welche die Arbeiter mit Lungenblutungen sterben lässt.

Die Filmindustrie hingegen steht stellvertretend für einen modernen Kapitalismus, für amerikanische Erneuerungen wie die mechanische Fließbandfertigung. Als Tarabas im gleichnamigen Roman seiner Familie nach langem Schweigen ein paar Worte von seinen Jahren in Amerika erzählt, belügt er sie vielsagend: „Nikolaus erzählte von Amerika. Er erfand für den Augenblick eine Fabrik, in der er soeben zu arbeiten angefangen hatte, eine Fabrik. Dort stellte man Filme her. Eine recht amerikanische Fabrik."[12]

Roths Figuren sind auch modern und gehen ins Kino. Sie lesen nicht und gehen nur ungern ins Theater. Am Kino haben sie weniger auszusetzen oder sie lieben es sogar, wie eine der wenigen spannend, sympathisch und fast weise gezeichneten Figuren Roths, Nikolai Brandeis in *Rechts oder Links*, der mit Entsetzen daran denkt, dass man in den modernen Theatern schrie wie auf der Börse:

> Nein! Er ging lieber ins Kino. Er liebte die ahnungslose Dunkelheit des Zuschauerraums und den belichteten Schatten der Agierenden. Er liebte die primitive Spannung der Fiktion, die sich ehrlich zu sich selbst bekannte. Er liebte die Abgeschiedenheit, in der jeder einzelne saß, weil die anderen sich in Wirklichkeit hart vor der Leinwand befanden. Nur ihre Körper blieben auf den Plätzen, wie Kleider in einer Garderobe. Zweimal in der Woche ging Brandeis ins Kino. Er ruhte aus. Er redete

---

[11] W, IV, S. 569.
[12] W, V, S. 499.

nicht. Er hörte nichts. Mit Ungeduld ertrug er die kurzen Lichtpausen. Er haßte sie. Er dachte daran, gelegentlich Kinos einzurichten, in denen es niemals hell werden sollte.[13]

Roths Protagonisten leben intensiv den Film mit, werden in ihrem Tun sogar vom Film beeinflusst, so Tarabas nach seinem vermeintlichen Mord in Amerika. Auch der heilige Trinker Andreas erkennt im Kino seinen ehemaligen Schulkameraden Kanjak, nun erfolgreicher Fußballspieler, was ihm weitere Glücksfälle bescheren soll.

Es zeigt sich schon in der Darstellung der Filmindustrie v.a. im Vergleich zum Theater und der Funktion des Kinobesuches im Werk Roths, dass der Autor das Kino nicht so verachtet hat, wie gemeinhin angenommen. Er schrieb sogar vielfach Filmkritiken,[14] sogar eine Glosse für *Die Filmwelt*. Wie stark ihn Filmerlebnisse beeindruckten, zeigt sich aber genauso in einer Buchbesprechung zu Max Picard, bei dem er seine Gedanken wiederfindet, zum Beispiel „daß ich, noch stundenlang nach dem Verlassen eines Kinos, mich von der Körperlichkeit der Dinge, Menschen, Vorfälle, denen ich begegnete, keineswegs überzeugen konnte. Immer noch waren Straßen und Plätze ‚gestellt', Lokale ‚aufgenommen', Menschen geschminkte Schatten."[15]

Im Deutschland der Zwischenkriegszeit war es wohl unmöglich, sich dem Phänomen Film zu entziehen. Der Film konnte etwa in Berlin ein Massenpublikum begeistern und inszenierte sich selbstbewusst in pompösen Uraufführungskinos am Kurfürstendamm wie dem Marmorhaus, dem Alhambra oder dem Gloriapalast. Die großen Babelsberger Ateliers und die Ufa avancierten mit Stars wie Emil Jannings, Pola Negri und Conrad Veidt, mit Regisseuren wie Fritz Lang, Friedrich Wilhelm Murnau und Georg Wilhelm Pabst und mit Stummfilmen wie *Dr. Mabuse* (1922), *Die Nibelungen* (1924) und *Faust* (1926) zur direkten Konkurrenz für Hollywood. Doch auch Tonfilme wie *Der blaue Engel* (1930) mit Marlene Dietrich wurden internationale Erfolge.

Grosse kreative Köpfe gingen in die Filmbranche. Roths Werk und Leben weist übrigens eine Vielzahl an Parallelen z. B. zu Billy Wilder auf, der ebenso aus Galizien kommend in Wien und Berlin arbeitete. Auch die Themen ihrer Literatur und Filme decken sich erstaunlich. Gerade im ver-

---

[13] W, IV, S. 699.
[14] Eine detailreiche Analyse dieser Filmkritiken liefert leider nur in italienischer Sprache Carbone, Mirella: Joseph Roth e il Cinema. Roma 2004.
[15] W, III, S. 147.

meintlichen „Anti-Filmindustrie-Roman" *Zipper und sein Vater* steckt eine Vielzahl von offensichtlich filmischen Elementen, vom Drehpunkt Monte Carlo bis zum Clown, der Arnold Zipper am Romanende Ohrfeigen gibt.[16]

Doch vor allem Roths professionelle Filmkritiken zeigen Kennerschaft und Interesse: Er bespricht nicht nur die vermittelte Atmosphäre sowie die Adäquatheit von Inhalt und technischer Form, sondern er geht auf Details wie Misé en Scène, Bewegungen und Kameraeinstellungen ein, benennt Längen und überflüssige Details. Wenn man bedenkt, dass die bedeutendsten Filmtheoretiker wie Siegfried Kracauer oder André Bazin Filmkritiker waren, die mit ihren Stellungnahmen langsam eine Theorie entworfen, wieder verändert und weiterentwickelt haben, kann man Roth zwar noch nicht unter sie einreihen, aber wohl in ihre Nähe. Mit Kracauer verband Roth übrigens eine kollegiale Verbindung, der viel Respekt, aber auch Dissonanzen nicht fremd war: Kracauer war von 1921 bis 1933 Redakteur und Filmkritiker der *Frankfurter Zeitung*, bei der Roth als Starjournalist fungierte.

Kracauer fordert einen Realismus ein und insistiert auf die Eigenschaft des Films als Massenmedium der Moderne und nicht als Kunstform. Bei Roth finden sich inhaltliche Parallelen, wenn er z. B. einen befremdlichen, heute humorvoll-konservativ wirkenden Grundsatz äußert: „Man darf natürlich nicht den Film mit dem Roman vergleichen. Filme verlieren immer, wenn man sie mit ihren literarischen Urbildern vergleicht."[17]

In seinem Feuilleton äußert er sich auch filmtheoretisch, so seine *Bemerkungen zum Tonfilm* 1929 in der *Frankfurter Zeitung*, welche eine interessante Stellungnahme zur technischen Möglichkeit der Zeit darstellt:

Der sprechende Film verstärkt nicht etwa die Täuschung, daß die beweglichen Schatten lebendige Menschen sind, sondern überzeugt viel eher von der Tatsache, daß sie Schatten sind.[18] Der sprechende Mensch wird auf der Leinwand zur doppelten Existenz. Nur die Stimme kann die Zuseher direkt körperlich berühren. Die visuellen Eindrücke hinken dem Ton hinterher. Nicht die Stimme begleitet die Bewegung, sondern umgekehrt. Roth sehne sich nach der stimmungsvollen Begleitmusik:

> Und erst, da wir den Tonfilm haben, wissen wir, wieviel der Film der Begleitmusik zu verdanken hat. Sie macht nicht nur die Stimme über-

---

[16] Vgl. Jacobsen: Anmerkungen, S. 176.
[17] W, II, S. 303.
[18] W, III, S. 57.

flüssig, sie ersetzt gleichsam die dritte Dimension (im Verein mit unserer Phantasie) – weil sie aus einer ‚anderen Welt' kam, um eine nachbarliche zu unterstützen. Eine nachbarliche, aber doch eine fremde. Die Begleitmusik kommt also gewissermaßen aus einer solchen Fremde her, daß sie in der Tat ‚nur' begleiten kann und die wichtigste Funktion der Beweglichkeit und der Täuschungsfähigkeit des Schatten verbleibt. *Die Stimme aber ist die siegreiche Konkurrenz des Bildes.*[19]

Daraus leitet Roth eine zukunftsweisende Fragestellung ab:

Aktuell scheint also die Frage: Was muß der Film tun, um das Bild ebenso suggestiv zu machen wie seine akustische Äußerung? [...] Das Bild wird versuchen müssen, selbständig eine Perfektion zu erlangen, die ihm eine Konkurrenz, also eine Übereinstimmung mit seiner eigenen akustischen Äußerung gestattet. Vielleicht ist die Zeit gekommen, wo der Maler den Photographen zu ersetzen beginnt. Beziehungsweise, wo sich die Photographie die körperliche Wirkungskraft von der ‚Kunst' leihen muß.[20]

Roths Empfehlung ist „dem Bild" ohne Zweifel hervorragend gelungen, auch wenn dies erstmals durch die verbesserte Technik und nicht mit Hilfe der Maler passiert ist. Inwieweit die Beziehung zwischen Ton und Bild aber Thema geblieben ist und bleibt, zeigen die Filmessays Jean-Luc Godards *British Sounds* (1969) und *Vladimir et Rosa* (1971), wobei – eben ganz im Gegensatz zu Roths Analyse 40 Jahre zuvor – festgestellt wird, dass der Ton unter der Tyrannei des Bildes leidet und zwischen beiden ein ausgewogenes Verhältnis bestehen sollte.

Entscheidend für die Rezeption des Films bei Roth wurde sein wohl stärker an Nietzsches *Also sprach Zarathustra* als an die Bibel angelehnter Essay *Der Antichrist* (1934), in dem er die schon stattgefundene und nicht erkannten Ankunft des Antichrists kundtut. Vor allem erläutert er darin die unbewusste Blindheit der Zeitgenossen, das Bild des Schattens wird auch dabei zentral verwendet, wobei Roths Schattenreich den Leser nicht nur an die Unterwelt, sondern ebenso an Platons Höhlengleichnis erinnerte. Das dritte Kapitel *Hollywood, der Hades des modernen Menschen* entlarvt nämlich die Wunder der Technik als irreführend. Obwohl nur Teilaspekt wurde

---

[19] W, III, S. 58.
[20] W, III, S. 59.

diese Perspektive kurioser Weise schon von zeitgenössischen Lesern in den Mittelpunkt gerückt. So führt Walter Landauer den Abdruck des – wohl von ihm nicht zur Gänze gelesenen – Essays im *Prager Tagblatt* ein: „Roth hat ein neues Buch ‚Der Antichrist' geschrieben, in dem er sich mit bekannter Leidenschaftlichkeit hauptsächlich gegen das Kino wendet."[21] Dieses Missverständnis lebt bis heute weiter. Roth verurteilt keineswegs das Kino, sondern den Antichrist, der einen „Segen des Geistes" – nämlich den Film – in Gemeines verwandelt. Roth liefert als Teil des Essays eher eine hintergründige Medienanalyse, die durchaus an Günther Anders' *Welt als Phantom und Matrize* erinnert:

> Und wenn wir es zustande gebracht haben, daß sich Schatten auf der Leinwand der Kinotheater wie lebendige Menschen bewegen und sogar sprechen und singen, so sind doch keineswegs ihre Bewegungen, ihre Worte und ihr Gesang echt und ehrlich; vielmehr bedeuten diese Wunder der Leinwand das eine: daß die Wirklichkeit, die sie so täuschend nachahmen, deshalb gar nicht schwierig nachzuahmen war, weil sie keine ist. Ja, die wirklichen Menschen, die lebendigen, waren bereits so schattenhaft geworden, daß die Schatten der Leinwand wirklich erscheinen mußten.
>
> Begegnet mir zuweilen ein Schauspieler, dessen Gesicht und Körper mit aus den Schaustücken des Kinos bekannt sind, so scheint es mir, daß ich nicht ihm selber, sondern seinem Schatten begegne; wo es doch gewiß ist und meine Einsicht es mir sagt, daß er der Urheber jenes Schattens ist, den ich von der Leinwand her kenne. Denn wird er also, wenn er mir begegnet, wie er leibt und lebt, der Schatten seines eigenen Schattens.[22]

Der naive, einseitige Bezug zwischen Realität und Medien wird also bei Roth hinsichtlich des Films früh umgedreht, nicht nur hinterfragt. Die eigenen Schatten werden zu den Vorbildern. Der Erzähler des *Antichrists* betritt denn auch die „Heimat der Schatten" und findet seine Ideen bestätigt:

> Ich kam nach Hollywood, nach Hölle-Wut, nach dem Orte, wo die Hölle wütet, das heißt, wo die Menschen die Doppelgänger ihrer eigenen

---

[21] Zit. nach „Geschäft ist Geschäft. Seien Sie mir privat nicht böse. Ich brauche Geld." Der Briefwechsel zwischen Joseph Roth und den Exilverlagen Allert de Lange und Querido. 1933-1939. Hg. v. Madeleine Rietra. Köln 2005, S. 411.
[22] W, III, S. 572 f.

Schatten sind. Das ist der Ursprung aller Schatten der Welt, der Hades, der seine Schatten für Geld verkauft, die Schatten der Lebendigen und der Toten, an alle Leinwände der Welt. Dort kommen die Träger brauchbarer Schatten zusammen und verkaufen die Schatten für Geld und werden selig- und heiliggesprochen, je nach der Bedeutung ihrer Schatten.

Die lebendigen Mädchen und Knaben in der ganzen Welt, die diese Schatten sehen, nehmen den Gang, das Antlitz, die Gestalt und die Haltung dieser Schatten an. Daher kommt es, daß man manchmal Männer und Frauen, lebendige Menschen, in den Straßen trifft, die nicht selbst Doppelgänger ihrer Schatten sind wie die Schauspieler des Kinos, sondern noch weniger: nämlich die Doppelgänger fremder Schatten.

Es ist also ein Hades, der nicht nur seinen Schatten an die Oberfläche schickt, sondern auch aus den Lebendigen der Oberfläche, die ihre Schatten gar nicht verkaufen, Doppelgänger seiner Schatten macht.[23]

Die Nachahmung der Filmrealität kennt schon in Roths Theorie keine geographische Grenzen, die globale Dimension des visuellen Mediums wurde dabei früh erkannt. Die Vertreter der „Welt des Schatten" könnten so triumphal verlautbaren: „Wir wollen die Welt nicht mehr erobern, *wir haben sie nämlich schon erobert.* Wir sind das Land der Schatten."[24]

Diese Worte haben wohl – gerade von einem leidenden Exilanten niedergeschrieben – einen unangenehmen Klang, doch diese intellektuelle Pionierarbeit Roths stellt keineswegs ein Urteil gegen das Medium Film als solches dar, sondern gegen seine Zeit. Trotzdem wurde mit der tiefgründigen, aber kunstvoll und mythisch dargestellten Medienanalyse, die *Der Antichrist* u. a. darstellt, im Verbund mit negativen Darstellungen der Filmindustrie und ihres Personals im Romanwerk der Grundstein gelegt, Joseph Roth fälschlicher Weise als wütenden Gegner des Films und Kinos darzustellen, wobei er in Wirklichkeit wohl von dem Medium fasziniert war und seine Ausbreitung mit großem Interesse und großer Kennerschaft verfolgt hat.

---

[23] W, III, S. 614 f.
[24] W, III, S. 664.

LENKA MATUŠKOVÁ

Feste im Gewitter

Literarische Szenarien des Untergangs

Feste, Gewitter, Untergang und dreimal ist im folgenden Beitrag von Ungarn die Rede: Festliche Veranstaltungen bereiten bekanntlich nicht nur Freude. Dennoch verbindet sich mit ihnen die Hoffnung, dass sie gelingen, daher werden sie doch auch immer wieder veranstaltet. Vom alten Ägypten und der Bibel über die Antike bis in unsere Gegenwart reicht ihre Faszination. Aber sehr viele festliche Aktionen gehen nicht wie erwartet aus, sie enden sogar in einer Katastrophe. Die Plötzlichkeit einer nicht geplanten und unerwünschten Veränderung scheint ihnen und ihrem Verlauf von vornherein zu drohen. Diese Plötzlichkeit ist ebenfalls bereits Tradition. Wenn dabei die Festteilnehmer gerade nicht in den Untergang stürzen, so ist die Welt „post festum" auf alle Fälle nicht mehr dieselbe, die sie vor dem Ereignis war. Mit Festen und Festmählern hat sich im Laufe der Geschichte nicht nur die Vorstellung einer Wende verbunden, sondern gerade auch eines Endes mit Schrecken, wobei zum Beispiel das Naturgeschehen eines imposanten Gewitters die passende Begleitung dazu bieten konnte und immer noch bieten kann. Wetter und Fest vereinen sich und mit ihnen zusammen vollzieht sich eine Zeitenwende, Unheil droht, unberechenbare Kräfte greifen ins Diesseits ein, das Fest geht schließlich in Chaos über.[1]

Denken wir an dieser Stelle nur an den Moment des Todes, so könnte uns innerhalb der literarischen Festgeschichte vor allem Joseph Roths Roman *Radetzkymarsch* einfallen.[2] Eine seiner berühmten Szenen ereignet sich

---

[1] Schmidt-Dengler, Wendelin: Die Feste scheitern, wie sie fallen. Eine kleine Literaturgeschichte des Festes im 20. Jahrhundert. In: Feste feiern. In: Die Rampe. Hefte für Literatur. Linz o.J., S. 9-21. Es gilt also nicht nur das Sprichwort: Feste feiern, wie sie fallen. – Vgl. auch Haug, Walter und Warning, Rainer (Hg.): Das Fest. München 1989. – Schultz, Uwe (Hg.): Das Fest. Eine Kulturgeschichte von der Antike bis zur Gegenwart. München 1988.
[2] Bronsen, David: Joseph Roth. Eine Biographie. Gekürzte Fassung. Köln 1993. – Zum Roman ebd., S. 214 ff.

am Schluss des Werks, das bekannte Garnisonsfest des Grafen Chojnicki, gewidmet den Jubiläumsfeierlichkeiten des an der russischen Grenze in Galizien stehenden Regiments, immer wieder als Vorzeichen des Untergangs der Monarchie erwähnt. [3] Das Ereignis war in der literarischen Fiktion auf den Juni 1914 festgelegt, Schauplatz ist das Schloss des Grafen in Galizien, eine lange Hitzeperiode geht dem „Sommerfest" voraus. Am betreffenden Tag beginnt sich das Wetter zu ändern, die Windstille geht zu Ende, gegen Abend zieht in der Ferne ein Gewitter auf.[4] Diese Mitteilungen sind in der Forschung genauso beachtet worden wie der erste Satz im *Mann ohne Eigenschaften* von Robert Musil: „Es war ein schöner Augusttag des Jahres 1913."[5] Hier handelt es sich um das Jahr vor Kriegsbeginn und die Zahl dreizehn ist aussagekräftig genug.

Unsere Ausführungen beginnen geographisch gesehen also an der Ostgrenze des Reichs (Galizien, Russland), sie werden im letzten Abschnitt des Beitrags die Westgrenze (Westböhmen) erreichen, und zwar mit dem Roman *Die grüne Jungfer* von Bernhard Setzwein. In beiden Fällen handelt es sich nicht nur um Peripherien, sondern auch um die Vermutung, dass an Rändern die Zeitenwende beginnen kann (Sarajewo) oder zumindest besonders zu erkennen ist (galizische Garnisonsstadt, Hlavanice im Grenzstreifen des Eisernen Vorhangs). Soviel zur Spannweite der Geographie. Nicht ohne Bedeutung kann außerdem die literaturgeschichtliche Tatsache sein, dass die meisten großen Romane, die sich auf das Ende des Vielvölkerreiches Österreich-Ungarn beziehen, fünfzehn bis fast fünfzig Jahre später geschrieben worden sind, also nicht mehr als direkte Reaktionen gelten können und trotzdem vom Beginn des Untergangs der Monarchie handeln, in deren letzte Jahrzehnte die Kindheit und Jugend der betreffenden Autoren fällt. Der *Radetzkymarsch* kann als Beitrag zum Habsburgischen Komplex daher keine Dokumentation sein, sondern bietet eine spezielle Konstruktion als melancholische Trauer.[6] 1913 und 1914, die sogenannten letzten Jahre der Frie-

---

[3] Zu Galizien vgl. zum Beispiel Nüchtern, Klaus: Schwabyland ist abgebrannt. Literaturen. Nr. 6 (2009), S. 79-83. – Zum Grafen selber Curling, Maud. Joseph Roths ‚Radetzkymarsch'. Eine psycho-soziologische Interpretation. Frankfurt am Main u.a.1981, S. 104-109.
[4] Roth, Joseph: Radetzkymarsch. Roman. Berlin und Weimar 1976, S. 355 ff.
[5] Musil, Robert: Der Mann ohne Eigenschaften. Hg. von Adolf Frisé. Reinbek bei Hamburg 1996, S. 9.
[6] Vgl. auch Müller-Funk, Wolfgang: Der Mann ohne Eigenschaften: Erinnerungstextur und Medium kulturwissenschaftlicher Sondierung. In: Martens, Gunther u.a. (Hg.): Musil anders. Neue Erkundungen eines Autors zwischen den Diskursen. Bern u.a. 2005, S. 301-325. – Blahutková, Daniela: ‚Österreicher par excellence'. Joseph Roths Beamte und Offiziere. In: Brücken N. F. 9-10 (2001/2002), S. 315-327. – Magris, Claudio: Der habsburgische Mythos in

denszeit. Der Roman von Bernhard Setzwein ist dreizehn Jahre nach der politischen Wende erschienen und bezieht sich auf den Nachmittag und Abend eines Junitags 1991.

1. Meteorologie

Die bereits angesprochene bekannte Szene des Romans *Radetzkymarsch* ereignet sich, als das angekündigte Gewitter eintrifft und sich mit aller Kraft über dem Schloss des Grafen Chojnicki entladen und austoben will. Das Thema „Wetter" ist eigentlich banal, wenn man bedenkt, dass mit einem relativ geringen Aufwand an Einzelheiten (Blitz, Donner, Sturm, Regenguss) eine ziemlich große Wirkung auf die Leser ausgeübt wird.[7] Für Feste benötigt man eigentlich eine gute Atmosphäre, sprich einen ruhigen, einen günstig gestimmten Himmel. Gewitter vermögen freilich die Phantasie besonders anzuregen und Emotionen zu erwecken. Die Kulmination als meteorologisches Schauspiel (hier Gewitter) ist freilich nur der eine Teil der Handlung.

Denn parallel zum Unwetter tritt in der Romanfiktion plötzlich eine wichtige Wende der Handlung ein. Während Blitze den Abend durchzucken, schlägt nämlich eine ganz bestimmte tragische Meldung selber wie ein Blitz ein: Dass der österreichische Thronfolger in Sarajewo ermordet worden sei, also an einem fernen Ort. Die Information spricht sich zunächst als Gerücht herum, immer von der Plötzlichkeit der einen Mitteilung zur anderen. Nun wird es, so ist zu erwarten, nicht mehr lange dauern und das Fest beginnt .auf ein „Weltfest des Todes" vorauszudeuten, auf den Weltkrieg. Hierbei üben also Blitz und Donner eine wichtige Funktion aus, sozusagen im Blick auf den ersten Toten, über den und die von ihm repräsentierte Herrschaft eine der anwesenden Nationen (die Ungarn) gleich den Stab brechen wird.

> Durch seinen Einsatz lenkt das Wetter das Allgemeine auf das Besondere[...], stellt das Besondere in einen (fiktiven und trotzdem) totalen Zusammenhang. Mildes Wetter läßt auf milde Beurteilung der Toten schließen. Wildes Wetter kann auf eine negative Beurteilung dessen, der stirbt oder der einen zum Sterben bringt, hinweisen und

---

der österreichischen Literatur. Salzburg 1988.
[7] Vgl. zum Thema Delius, F. C.: Der Held und sein Wetter. Ein Kunstmittel und sein ideologischer Gebrauch im Roman des bürgerlichen Realismus. München 1971, S. 74 ff.

durch seine Präsenz, wenn sie als quasi-göttlichoperierende Natur konstruiert ist, die Verdammnis beim Jüngsten Gericht vorwegtäuschen.[8]

Im Roman deuten auf künftiges Geschehen bereits Bemerkungen hin, deren Inhalt die Vorbereitungen zum Fest sind. Vorahnungen und Vorausdeutungen einer bald eintretenden Katastrophe sind schon vorhanden, und zwar in der Verbindung mit dem sich anbahnenden Gewitter:

> Das Fest verdeckte den Horizont, ein mächtiger, feierlicher Berg. Alle waren überzeugt, dass es nicht nur eine Abwechslung war, sondern dass es auch eine völlige Veränderung ihres Lebens bedeutete. Im letzten Augenblick bekamen sie Angst vor ihrem eigenen Werk. Selbstständig begann das Fest, freundlich zu winken und gefährlich zu drohen. Es verfinsterte den Himmel, es erhellte ihn.[9]

Und dann geschieht es eben: Fest und meteorologisches Phänomen vermischen sich, das eine erscheint als das andere, als sich am Himmel abspielendes Ereignis. Und dieser Himmel verweist auf ein Drittes, auf die meteorologische Eschatologie.

„Das Fest verdeckte den Horizont" ist dabei noch einmal ein letzter Hinweis auf das Lebensgefühl der Habsburger Monarchie kurz vor ihrem Untergang,[10] wie es auch im Staat Kakanien des Romans *Der Mann ohne Eigenschaften* von Robert Musil seinen Ausdruck fand (vgl. den Zusammenhang mit der sogenannten Parallelaktion). Das Imperium des Kaisers war jahrhundertelang das auf seine Art funktionierende System multikultureller Art im deutschsprachigen Raum gewesen, doch nun stand dessen Ende unmittelbar bevor.[11]

2. Fest und Antifest

Das Ereignis eines Festes müsste sich eigentlich mit dem Feiern, mit Tanzen, Vergnügtsein, Gesprächen zwischen den anwesenden Vertretern ver-

---

[8] Delius, S. 76.
[9] Roth, S. 355.
[10] Schmidt-Dengler, Die Feste scheitern, a. a. O., S. 15.
[11] Zu Roths Monarchismus und den Beziehungen des Habsburger Mythos zu heutigen europäischen Demokratien vgl. Müller-Funk, Wolfgang: Joseph Roth. München 1989, S. 94-109.

schiedener Nationen, vor allem aber mit Essen und Trinken verbinden lassen, also mit einem Festmahl. Davon ist aber im *Radetzkymarsch* nicht die Rede, der gemeinsame Verzehr von Speisen und Getränken ist kein Thema mehr in einem Werk, das eigentlich vom Fest galanter Offiziere der Vielvölkermonarchie in Friedenszeiten handeln sollte. Damit entsteht eine ganz neue Frage – die nach der Identität der Veranstalter und der Gäste. Die Mahlzeit in der Gemeinschaft des Militärs wäre der Moment, in dem jeder einzelne uniformierte Teilnehmer das ist, was er tatsächlich ist im Zusammenleben der multikulturellen Armee des Kaisers: Angehöriger einer Schicksalsgemeinschaft, einer europäischen Macht, eines Reichs, das manchmal als Vorstufe der Europäischen Union gesehen und interpretiert wird. Über die einzelne Identität hinaus gibt es oder gab es also vor allem eine kollektive Identität.[12].

Hier möchten wir nicht auf die nationalen Unterschiede bei den Speisen hinweisen, auf typische Produktionen, auf Gemeinsamkeit beim Mahl, sondern darauf, dass gleich nach dem Eintreffen der Unglücksmeldung das Fest zerfällt: Die Gemeinsamkeit beim Feiern an diesem Juniabend des Schicksalsjahres 1914 bleibt nicht mehr erhalten. Die Relation und der Zusammenhang innerhalb der Gruppe der Feiernden hätte die unverzichtbare Voraussetzung für das Fest sein sollen, sie kommen bei der erstbesten Gelegenheit abhanden. Ein Fest ohne Gemeinschaft ist aber ein Widerspruch, denn man feiert zusammen oder überhaupt nicht. Verdächtig ist, dass die Schilderung des Ereignisses von Anfang an nicht auf die ausführliche Darstellung von Eß- und Trinkvorgängen, auf Trinksprüche, das Hochlebenlassen, markige Kurzansprachen, Gesänge, Ausrufe auf den Kaiser in Wien zielt, wie man erwarten möchte.

Bietet sich die Frage an, ob eine solche Welt noch in Ordnung sein kann. Vor allem gibt es kein Festmahl-Szenario, was wir im Blick auf sonstige Ereignisse der Kulturgeschichte beachten sollten. Im *Radetzkymarsch* erfolgt von Anfang an schon keine deutlich ausgeprägte Begründung von Identität durch gemeinsames Handeln und Genießen als Übereinstimmung aller Anwesenden.[13] Im Grunde erleben wir nur den Veranstalter (Chojnicki) und

---

[12] Zingerle, Arnold: Identitätsbildung bei Tische. Theoretische Vorüberlegungen aus kultursoziologischer Sicht. In: Teuteberg, Hans Jürgen u.a.: Essen und kulturelle Identität. Europäische Perspektiven. Berlin 1997, S. 69-86.
[13] Neumann, Gerhard: Das Gastmahl als Inszenierung kultureller Identität. Europäische Perspektiven. In: Teuteberg u.a., Essen und kulturelle Identität, a. a. O., S. 37-68.

die Offiziere, die mit der eingetroffenen Nachricht befasst sind und nicht recht wissen, wie sie mit ihr umgehen sollen. Die Ratlosigkeit ist allgemein, das Fest erweist sich immer mehr als Vorgang, der nicht mehr in die Zeit passt, die sich plötzlich verändert hat. Daher muss die einzige große gemeinsame Aktion des Abends auffallen. Die beiden Militärkapellen beginnen, nachdem auch sie von der Meldung erreicht worden waren, den Trauermarsch von Chopin zu spielen, und jetzt ist plötzlich die Gemeinsamkeit da, die noch nicht informierten Anwesenden drängen in den Tanzsaal:

> Ringsum wandelten ein paar Gäste im Kreis, im Kreis, zum Takt des Trauermarsches. Bunte Papierschlangen und Koriandolisterne lagen auf ihren Schultern und Haaren. Männer in Uniform und in Zivil führten die Frauen am Arm. Ihre Füße gehorchten schwankend dem makabren und stolpernden Rhythmus [...]. Die Gäste marschierten im Kreis rings um das leere spiegelnde Rund des Parketts. Sie kreisten so umeinander, jeder ein Leidtragender hinter der Leiche des Vordermanns, und in der Mitte die unsichtbaren Leichen des Thronfolgers und der Monarchie. Alle waren betrunken.[14]

Tanz und Tod und Totentanz. Ein solches Fest kann keine richtige Fröhlichkeit auf die Gesellschaft mehr ausstrahlen, von der vorher ausgesagt worden war, sie sei lachend in den Tanzsaal hereingekommen. Nur, die Gäste wurden bei ihrem Eintreffen ebenfalls augenblicklich über Sarajewo, also über das tödliche Ereignis informiert. Wo aber aus festlichen Anlässen nicht mehr tüchtig und vor allem echt gefeiert werden kann, ist das absolute Ende nicht mehr fern oder lässt nicht mehr lange auf sich warten:

‚Wir müssen das Fest abbrechen!' sagte Major Zoglauer.[15]

Er sagt es bereits, als die betreffende Todesnachricht gerade anfängt, nach und nach bekannt zu werden, nachdem sie eben bei währendem echtem meteorologischem Blitzgewitter selber wie ein Blitz eingeschlagen hatte, das heißt noch vor dem Tanzen und dem Trauermarsch. Und tatsächlich ist im Werk von diesem Moment an mehr die Rede vom Aufhören der festlichen Veranstaltung als von einem Verlauf und einem glücklichen Abschluss als Höhepunkt. Inhalt des Festes ist also sein Abbruch. Mit dem endenden Ereignis und dem langsam weiterziehenden Gewitter ist bereits das Vergehen

---

[14] Roth, S. 368 f.
[15] Roth, S. 362.

des Vielvölkerstaates verbunden, der noch im Rahmen des währenden Garnisonsfestes auseinander zu brechen droht.

3. Die Ungarn

In diesen Momenten allgemeiner Ratlosigkeit und anfänglichen Zweifelns an der Richtigkeit des nachrichtlichen Bescheids schlägt ihre Stunde. Sie ergreifen die Initiative als Vertreter der anderen Reichshälfte. Denn sie sind es, die jetzt nicht nur ihre Identität präsentieren, sondern auch aus der Gemeinschaft mit den Offizieren aus den anderen Nationen auszusteigen drohen, also den Zerfall der Interkulturalität der Monarchie demonstrieren.

Dies geschieht mit Hilfe der ungarischen Sprache, die auf einmal in Erscheinung tritt. Sie schafft die plötzliche Abgrenzung gegenüber den anderen, sie erreicht den Wechsel, den Durchbruch und die Wende. Ungarisch wird zum markanten, den Konflikt ankündigenden Alarmsignal.[16] Der Organismus der Monarchie beginnt damit in die einzelnen Nationen zu zerfallen, wie es ebenfalls im *Mann ohne Eigenschaften* heißt, dass Österreich-Ungarn der erste Staat gewesen sein soll, der „an einem Sprachfehler zugrunde gegangen ist"[17]:

> Der betrunkene Graf Battyjanyi begann hierauf, sich mit seinen Landsleuten auf ungarisch zu unterhalten. Man verstand kein Wort. Die anderen blieben still, sahen die Sprechenden der Reihe nach an und warteten, immerhin ein wenig bestürzt. Aber die Ungarn schienen munter fortfahren zu wollen, den ganzen Abend; also mochte es ihre nationale Sitte heischen. Man bemerkte, obwohl man weit davon entfernt war, auch nur eine Silbe zu begreifen, an ihren Mienen, dass sie allmählich anfingen, die Anwesenheit der andern zu vergessen. Manchmal lachten sie gemeinsam auf. Man fühlte sich beleidigt, weniger, weil das Gelächter in dieser Stunde unpassend erschien, als weil man seine Ursache nicht feststellen konnte. Jelačich, ein Slowene, geriet in Zorn. Er hasste die Ungarn ebenso, wie er die Serben verachtete. Er liebte die Monarchie. Er war ein Patriot. Aber er stand da, die

---

[16] Wertheimer, Jürgen: Grenzwissenschaft – zu den Aufgaben einer Komparatistik der Gegenwart. In: Turk, Horst u.a. (Hg.): Kulturelle Grenzziehungen im Spiegel der Literaturen: Nationalismus, Regionalismus, Feudalismus. Göttingen 1998, S. 122-135, besonders S. 125.
[17] Musil, S. 445.

Vaterlandsliebe in ausgebreiteten, ratlosen Händen, wie eine Fahne, die man irgendwo anbringen muss und für die man keinen Dachfirst findet Unmittelbar unter der ungarischen Herrschaft lebte ein Teil seiner Stammesgenossen, Slowenen und ihre Vettern, die Kroaten, ganz Ungarn trennte den Rittmeister Jelačich von Österreich und von Wien und vom Kaiser Franz Joseph. In Sarajevo, beinahe in seiner Heimat, vielleicht gar von der Hand eines Slowenen, wie der Rittmeister Jelačich selbst einer war, war der Thronfolger getötet worden. Wenn der Rittmeister nun anfing, den Ermordeten gegen die Schmähung der Ungarn zu verteidigen, (er allein in dieser Gesellschaft verstand Ungarisch), so konnte man ihm erwidern, seine Volksgenossen seien ja die Mörder. Er fühlte sich in der Tat ein bisschen mitschuldig.[18]

Dieses Fest ist gerade dabei zu misslingen und sofort zu einer Art vorauseilenden Begräbnisses der Monarchie umfunktioniert zu werden, deren Thronfolger als erster zu Grabe gehen wird. Von der meteorologischen Eschatologie gelangen wir zur religiösen und damit zur Zukunft. Die tote Person, die nicht anwesend ist, wird schließlich zum Thema eines Gerichts. Gezeigt werden aus der Reihe der Völker der Monarchie die Bewohner der anderen Reichshälfte, die Ungarn, wie sie ihre Befriedigung über das Ereignis von Sarajewo ausdrücken. Als die den Trauermarsch ohne Noten spielenden Musikanten ihr Tempo beschleunigten, gerät die phantastische Szene außer Rand und Band und erreicht einen neuen Höhepunkt:

,Das Schwein ist hin!' schrie der Graf auf Ungarisch. Aber alle verstanden es, als ob er deutsch gesprochen hätte. Plötzlich begannen einige zu hüpfen. Immer schneller schmetterten die Kapellen den Trauermarsch. Dazwischen lächelte der Triangel silbern, hell und betrunken.[19]

Damit ist der Abstand zur Monarchie, zum Herrscherhaus öffentlich formuliert und erreicht. Das karnevalistisch ausartende Fest macht die Schmähung des Toten von Sarajewo perfekt. Vorher, also noch vor dem Einzug der Tänzerinnen und Tänzer und damit verborgen vor der Allgemeinheit, hatte der Graf bereits die Offiziere darüber informiert, wie die Ungarn über das Ereignis in Serbien denken wollen und dabei angekündigt:

---

[18] Roth, S. 364 f.
[19] Roth, S. 369.

‚Ich will es auf Deutsch sagen: Wir sind übereingekommen, meine Landsleute und ich, daß wir froh sein können, wann das Schwein hin is!'[20]

Die Ungarn sprechen nur noch ungarisch, werden also von den sprachunkundigen Gästen und Offizierskollegen aus den anderen Nationen nicht mehr verstanden.

4. Performativität

Die Ungarn gestalten also zu diesem Zeitpunkt des Festes ihre eigene Aufführung, das heißt ihre Selbstpräsentation eben als Ungarn, während die Anderen ratlos sind. Und dies wird jetzt zum Höhepunkt des Festes, damit auch zum Thema des Romans im Rahmen des Scheiterns des Festes. Bei der sogenannten Performativität handelt es sich um ein kulturwissenschaftliches Konzept, das seit der zweiten Hälfte des 20.Jahrhunderts entwickelt wurde. Thema sind dabei organisierte kulturelle Ereignisse, Feste, theatrale Aufführungen von begrenzter Dauer, veranstaltet von Aufführenden, geboten einem Publikum, getrennt vom Alltag – es handelt sich allgemein um kulturelle Praktiken oder Geschehen. Das Interesse der Forschung hat sich dabei vom Text auf die Handlung selber verschoben, auf den Verlauf der Aufführung, gemeint ist die fließende Performance, ihr dynamischer Charakter.

Zu unterscheiden ist hier also zwischen „Performance" als dem einmaligen, sich in einer bestimmten Situation vollziehenden Geschehen und der „Performanz" im allgemein, dem Handlungscharakter von Sprache (vgl. die Trennung von speziellem Text und allgemeiner Textualität).[21] Performativität kann sich dabei auf die Performance als einzelne Darbietung oder Aufführung oder besonderes Geschehen, zugleich aber auch auf die allgemeine Performanz beziehen. Als Performance erscheinen Texte, Illustrationen, Bilder, Kunstwerke, Filme, Körper, also entsprechende Medien, sie ist aber nicht die Qualität selber (die Performativität). Performances können nicht als Texte untersucht werden, sondern eben als Aufführungen.

Dabei kommt es darauf an, ihre Wirkung in die Welt hinein zu sehen.

---

[20] Roth, S. 366.
[21] Vgl. dazu Benthien, Claudia/Velten, Hans Rudolf (Hg.): Germanistik als Kulturwissenschaft. Eine Einführung in neue Theoriekonzepte. Reinbek bei Hamburg 2002, S. 217 ff.

Als zu beachtende Phänomene kommen Stimme,[22] Körperlichkeit, Körperinszenierungen, körperliche Reaktionen, Rhythmen, Emotionen, Bewegungen, Spiel, Musik, der transitorische Raum, multisensorische Faktoren, physische Präsenz, Theatralität, intersubjektive Relationen, Interaktionen, Gesten, face-to-face- Kommunikationen in Frage. Der Körper spielt dabei die Hauptrolle, und damit kehren wir zum Roman *Radetzkymarsch* zurück, der in seinem Titel bereits einen Hinweis auf Musik und vor allem auf Körper in der Bewegung enthält, nämlich als marschierende, auch wenn das Musikstück selber von einer stehenden Kapelle dargeboten werden kann. Der Radetzkymarsch gehörte zur idealen Inszenierung der Monarchie, wie eine weitere vielzitierte Stelle des Romans zeigt:

> Das Vaterland der Trottas zerfiel und zersplitterte. Daheim, in der mährischen Bezirksstadt W., war vielleicht noch Österreich. Jeden Sonntag spielte die Kapelle Herrn Nechwals den Radetzkymarsch. Einmal in der Woche, am Sonntag, war Österreich.[23]

Nun kann hier von einer geplanten Aufführung, die sich nach bekannten Regeln vollzieht, nicht die Rede sein. Die Ungarn improvisieren ihr „Schauspiel", vorbereitet oder gar geübt ist es ja nicht. Zur Spontaneität gehört, dass sie als Vertreter der anderen Reichshälfte zur eigenen Sprache übergehen, sie distanzieren sich vom Herrscherhaus, sie gehören nicht mehr zum Garnisonsfest, sie gehen auf Distanz zu den Anwesenden. Und das zeigen sie mit den ihnen zur Verfügung stehenden Mitteln, auch mit Hilfe von Schimpfwörtern in der allen gemeinsamen deutschen Sprache.

5. Festtage hinter der Front

Und nun zum zweiten ungarischen Thema in diesem Beitrag: Vorzustellen ist .eine Novelle, die Handlung ereignet sich bereits im Weltkrieg. Es handelt sich um eine Frontgeschichte des Schriftstellers Andreas Latzko (geboren 1876 in Budapest, gestorben 1943 in Amsterdam), einem ungarischen Offizier, der aber nicht lange beim Militär blieb. Die Novelle ist 1917 er-

---

[22] Bogner, Andrea: Linguistik interkultureller Germanistik und das Phänomen der Stimme. In: Wierlacher, Alois/Bogner, Andrea (Hg.): Handbuch interkulturelle Germanistik. Stuttgart / Weimar 2003, S. 400–406.
[23] Roth, S. 366.

schienen, und zwar in dem Sammelband *Menschen im Kriege*, sie trägt den Titel *Der Sieger*. Andreas Latzko trat als deutsch schreibender expressionistischer Schriftsteller hervor, sein Novellenwerk verschaffte ihm literarische Bekanntheit und zählt zu den herausragendsten Werken pazifistischer Literatur des expressionistischen Jahrzehnts. Als der sogenannte *Sieger* tritt der kommandierende General eines Frontabschnitts auf, der den Krieg in der Etappe weit hinter der Front erlebt und aus sicherer Entfernung das Geschehen in den Schützengräben vorne. dirigiert. Selbstverständlich versteht er es, jeden Tag fern vom Kampf als Festtag zu gestalten, und dazu spielt auch wieder die k.u.k. Militärmusik. Die Menschen der Garnisonsstadt sind mitten im Krieg ausdrücklich „festlich" gestimmt:

> Kopf an Kopf wogte die Menge auch an diesem Wochentage an der Musik vorbei, festlich gekleidet und festlicher Laune, durchzuckt von den Rhythmen des Blauen-Donau-Walzers, den das Orchester mit Trommelwirbel und Tschinellenschlag hinreißend exekutierte [...].Wer da, im Schatten der alten Bäume sitzend, bei Kaffee und Zigarre diesem Treiben zusah, konnte leicht von der Illusion erfasst werden, auch das Drama, das vorne an der Front gespielt wird, sei nur ein lustiges Spektakelstück. Der ganze Krieg präsentierte sich, von hier aus gesehen, wie ein lebenspendender Strom, der Musikkapellen heranschwemmt, Geld und Frohsinn unter die Leute bringt und, von promenierenden Offizieren betrieben, von gemächlich verdauenden Generalstäblern dirigiert wird. Von seiner blutigen Seite war nichts zu sehen! Kein Geschützdonner schlug ans Ohr.[24]

Der General versteht es ausgezeichnet, sein Leben vor dem Krieg zu schützen und um sich herum eine Atmosphäre des Friedens, der Ruhe und Gemütlichkeit bei andauerndem Waffenlärm zu schaffen. Deswegen muss er vor dem eigentlich Frieden selber zurückschrecken, der nach der Zeit der Kämpfe kommen könnte und sein Dasein beenden würde. Denn ohne Kampf, dem alle anderen zum Opfer fallen, ist sein Leben sinnlos. Und deswegen ergreift es ihn, als eines Tages die feindliche Offensive beginnt und Wind und Wetter den Geschützdonner bis in die Garnisonsstadt tragen. Ein Gewitter kann hier ebenfalls als möglicher Vorbote des Unheils erkannt werden:

---

[24] Latzko, Andreas: Der Sieger. In: Rietzschel, Thomas (Hg.): Sekunde durch Hirn. 21 expressionistische Erzähler. Leipzig 1982, S. 209-222. – Zitat S. 211.

Ärgerlich lehnte sich der General in die Kissen zurück und fuhr erstaunt auf, als das Auto mit einem plötzlichen Ruck mitten auf der Landstraße hielt. Eben wollte er den Chauffeur fragen – da prasselten schon die ersten großen Tropfen auf sein Mützenschild. Es war dasselbe Gewitter, das denen an der Front eine kurze Feuerpause beschert hatte am Nachmittag [...].Der Exzellenzherr hatte sich aufgerichtet, hielt ein Ohr in den Wind und lauschte gespannt. In das Brausen mischte sich ganz deutlich, aber ganz, ganz leise, ein dumpfes Brummen, ein hohles, hörbares Pochen wie das ferne Echo der Holzfäller im Wald. Das Trommelfeuer![25]

Der General zeigt sich zwar befriedigt, dass es noch Krieg gab, nämlich vorne an der Front und nicht hier bei ihm in der Etappe. Der Text bricht bei dieser seiner Erkenntnis ab und der Leser kann sich selber die Frage vorstellen, was der eventuell bevorstehende Durchbruch des Feindes und das schnelle Näherrücken der Front für die Exzellenz bedeuten würden.

6. Das Fest nach der Wende

Ungarn begegnet noch einmal dem bayerischen Schriftsteller Bernhard Setzwein (geboren 1960 in München).[26] In den Poetikvorlesungen, die er im Jahre 2004 an der Universität Bamberg in Franken hielt, sagte er:

Ich rede jetzt davon, dass ich [...] auch und gerne Slawe bin. Ja, ich bekenne es, ich bin ein slawischer Schriftsteller (meine Urgroßmutter war Ungarin, eine geborene Horváth, ich bitt' Sie, Sie haben es mit einem Achtel Ungar zu tun).[27]

Und bei der Erklärung dessen, was ein slawischer Schriftsteller bedeutet, verweist er auf einen Autor, der sich gern aus den Werken anderer bedient.

---

[25] Ebd., S. 221 f.
[26] Dubova, Jindra: Bernhard Setzwein – ein Grenzgänger. In: Estudios Filológicos Alemanes. Revista del Grupo de Ivestigación Filología Alemana 18 (2009), S. 443-452. – Šťavíková, Veronika: Grenze und Grenzroman. Ein bayerischer Neubeginn mit Bernhard Setzweins Werk 'Die grüne Jungfer'. In: Ondráková, Jana und Vaňková, Lenka (Hg.): Germanistik an tschechischen Universitäten: Gegenwart und Zukunft. Referate der Konferenz des Tschechischen Germanistenverbands Hradec Králové 12-13. Oktober 2006. Hradec Králové / Ostrava 2007, S. 201-206.
[27] Setzwein, Bernhard: Herr Schriftsteller, vergessen Sie die Mütze nicht! Mitteleuropa und der gar nicht kalte Osten. Die Bamberger Poetikvorlesungen. Ms., S. 104.

In diesem Zusammenhang beruft er sich ebenfalls auf Péter Esterhazy, „Taschenbuchzitatendieb der absoluten Extraklasse."[28] Und so müssen wir also in seinem Werk mit den vielen Stimmen der Literatur vor allem aus Mitteleuropa rechnen.

Vom seinerzeitigen letzten Friedenssommer 1914 (Roth), von einem unbestimmten Kriegsjahr (Latzko) gelangen wir jetzt zum Datum 1991, also zur politischen Wende. Von der Ostgrenze der k.u.k. Monarchie zur einstigen Westgrenze des habsburgischen Reichs im Bereich Westböhmen, von der Ostzeit zur Westzeit. Und diesmal sind zusätzlich zur Kaiserzeit auch Hitler und Kommunismus in einem Gewitter gegenwärtig. Wieder wird gefeiert, wieder ist ein Fest angesagt, wieder ziehen Blitz und Regen auf, hält der Tod seinen Einzug, sind Nationen anwesend, und zwar in der Variante der Generationen. Es handelt sich bei Bernhard Setzwein um den Roman *Die grüne Jungfer* (2003),[29] der auch ins Tschechische übersetzt worden ist.[30] Aber wir befinden uns eben- dem letzten Moment in der erzählten Zeit entsprechend - in der Epoche der Wende, nach dem Fall des Eisernen Vorhangs, der bekanntlich an drei Grenzen beseitigt wurde: an der ungarischen, österreichischen und bayerischen. Nun gilt der 14.Juni 1991 als maßgeblicher Zeitpunkt für unsere Untersuchung, wobei sich die Handlung vom Mittag des betreffenden Tages an bis in die Abendstunden erstreckt, also bis ins Gewitter hinein, wie wir es bereits aus dem *Radetzkymarsch* und aus Latzkos Novelle *Der Sieger* kennen.

Und hatte in Roths Werk die erzählte Zeit mit der Schlacht von Solferino und der Niederlage der Österreicher sowie der „Beinahekatastrophe" für die Monarchie (verhinderter Tod des jungen Herrschers) begonnen, also mit dem Datum 24.6.1859, so kehren wir in der *Grünen Jungfer* ebenfalls noch einmal in jene Jahre zurück: Bei Cheb (Eger) in Nordwestböhmen steht ein Obelisk mit einer Gedenkinschrift, die auf den hier festgestellten nordöstlichsten Endpunkt der von den k.u.k. Offizieren des militärischen Geographischen Instituts (Wien) im Jahre 1873 gemessenen Grundlinien verweist.[31] Diese Angabe wirkte als Inspiration: Seit seinem Umzug aus der bayerischen Landeshauptstadt München in das Städtchen Waldmünchen an der bayeri-

---

[28] Ebd., S. 105. – Zum Geschlecht der Esterházy vgl. die Bamberger Poetikvorlesungen Ms., S. 57 f.
[29] Setzwein, Bernhard: Die grüne Jungfer. Roman. Innsbruck 2003.
[30] Setzwein, Bernhard: Zelená panna. Brno 2007.
[31] Šťavíková, Veronika: Der Roman von der Mitte Europas „Die grüne Jungfer" des Bernhard Setzwein. Bakk.Arb. Praha 2006, S. 58.

schen Grenze ist nämlich der Autor Bernhard Setzwein pausenlos auf der Suche nach der eigentlichen Mitte Europas.

Nach einer Formulierung von Karl Schlögel liegt die Mitte heute eigentlich schon ostwärts,[32] andererseits will man sie auch an der Peripherie zwischen Mittel- und Westeuropa finden, zum Beispiel geographisch genau auf dem Tillenberg-Dyleň an der bayerisch-tschechischen Grenze, vermerkt in einer Inschrift am dort befindlichen Gedächtnisstein mit der Jahresangabe 1865, die uns noch einmal auf den letzten großen Zeitraum der k.u. k. Monarchie verweist. Gemeint ist damit ein weiterer Grenzvertrag, eben aus jenem Jahr. Das Datum 1865 ging jedoch auch in Setzweins Roman ein, mit ihm verbindet sich künstlich die erwähnte kaiserlich-königlich österreichisch-ungarische Landvermessung. Und dieses Grenzsteinjahr markiert eben den frühesten Punkt der erzählten Zeit in der *Grünen Jungfer,* nicht der Obelisk. Das Ereignis der Landvermessung taucht übrigens kurz vor dem Ende des Werks auf, also noch vor dem sagenhaften Gewitter und dem Abtreten der Epochen des 20.Jahrhunderts.

Auf grenzübergreifende Lebenswege von Autoren, auf Themen wie Leben in Koexistenz oder Distanz sowie Trennung, auf Erfahrungen in Zonen und Regionen (hier Grenzen, Ränder, Peripherien) hat in seinem bereits erwähnten Beitrag auch Jürgen Wertheimer verwiesen und dabei von der „Grenzwissenschaft" im Sinne einer wichtigen komparatistischen Aufgabe gesprochen.[33] Als literarischer Ausdruck von Raumgrenzen und Zeitgrenzen erschien ihm unter anderem Joseph Roths *Radetzkymarsch,* in diesem speziellen Falle die Ostgrenze der Monarchie sowie ihr zeitliches Ende bezeichnend. „Grenzwissenschaftlich" bemerkenswert ist bestimmt auch Bernhard Setzweins *Grüne Jungfer.* Mit ihr gelangen wir in die auf die Monarchie folgenden Zeiträume, zugleich in einen anderen geographischen Raum, nämlich nach Böhmen, ins Gebiet, das später Sudetenland genannt wurde und heute nach einer treffenden tschechischen Formulierung als *Zmizelé Sudety-verschwundene Sudeten* gilt.

Es ist gerade elf Uhr zweiunddreißig mitteleuropäischer Zeit in der selbstverständlich typisch böhmischen Gastwirtschaft *Zur grünen Jungfer* des Grenzorts Hlavanice, und zwar genau am 14. Juni 1991, als der Stamm-

---

[32] Schlögel, Karl: Die Mitte liegt ostwärts. Europa im Übergang. Bundeszentrale für politische Bildung. München / Wien 2002, S. 14-64.
[33] Wertheimer, Grenzwissenschaft, a. a. O., S. 122-135.

gast Ladislav Vančura, selber von sich und seinem Einfall überrascht, die plötzliche Offenbarung äußert:

> Der Ort, an dem wir uns befinden, ist gar nicht nur der Ort, an dem wir uns befinden. Er ist auch der Ort, der schon war ohne uns, verstehen Sie, Gnädigste? [angesprochen ist die Frau Wirtin, Anm.d.Verf.]. Und der sein wird, wenn wir schon lange nicht mehr sind. Wenn man genau hinhorcht und genau hinschaut, dann öffnet er sein Fenster, so ein Ort. Und ein Anhauchen trifft uns.

Von diesem „Anhauchen" an entwickelt sich die Handlung des Junitages, eben in einem bestimmten Ort der genannten *Zmizelé Sudety- Verschwundene Sudeten,* in denen. dieses „Anhauchen" auf Schritt und Tritt begegnet. Hlavanice ist in diesem Zusammenhang die Hauptspur.

Zu unterscheiden haben wir bei der erzählten Zeit nach dem gemeinsamen Anfangsbuchstaben vier K-Zeiten: Kaiserzeit, Krieg, Kommunismus, Kapitalismus, die im Laufe der Entwicklung einander abwechselten, wobei unter Krieg hier der 2.Weltkrieg gemeint ist, nicht der Erste. Alle K-Zeiten kennzeichnen auch Generationen, besonders das Geschlecht der Grafen von Hlavanice, deren Schloss am Abend dieses 14.Juni 1991 nach einem Blitzschlag in einem Feuerinferno untergehen wird, so dass aus der Zeit von Österreich-Ungarn am Ende nichts mehr bleibt. Neben der Bezeichnung mit Hilfe von „K" bietet sich auch die Unterscheidung nach dem Buchstaben „H" an: Habsburger, Hitler, Husák, Havel und „Hühnerhitler". Deswegen sollten wir uns nicht wundern, wenn der Ort eben Hlavanice heißt und das Grafengeschlecht ebenso.

Die Szenerie in Hlavanice belebt sich an jenem Junitag des Jahres 1991 durch die Vorbereitungen auf ein Abendfest, bei dem ein respektabler Waller oder Wels (tschechisch *sumec*) verzehrt werden soll. Zwischendurch erfahren wir, dass der erwähnte Vančura in der Kommunistenzeit Dissident war und von der Staatssicherheit (Agent Lovec) überwacht wurde. An diesem Juninachmittag geschieht zusätzlich, dass ein bayerischer Unternehmer auftaucht, der im Ort eine Hühnerfarm errichten will. Sein Plan erinnert an ein Faktum der Bundesrepublik, wo eine solche Einrichtung entstehen sollte und in der Presse als Hühner- KZ bezeichnet wurde. Ihr Besitzer galt entsprechend als „Hühnerhitler". Durch den anreisenden Bayern und seinen abwesenden Vater – Wehrmachtssoldat unter Hitler genau in diesem Hlavanice – schafft Setzwein den Anschluss auch an die Zeit des Protektorats. Der letzte Graf von Hlavanice, der sich am tschechischen Widerstand gegen die Nazis beteiligte, verkörpert im Werk die Verbindung zu den längst vergangenen monarchischen Zeiten. Das abendliche Fest[34] steht nicht nur im Zeichen des als Ungeheuer gesehenen Wallerfisches, sondern auch unter dem Eindruck eines herannahenden Gewitters. Nun finden die Repräsentanten der einzelnen Epochen zusammen, zum gemeinsamen Gastmahl, zu dem es freilich nicht mehr kommen wird. Dabei wird der ehemalige Spitzel Lovec Selbstmord begehen. Inzwischen ist das angekündigte Gewitter eingetroffen.

> Vančura und Lovec streckten gleichzeitig das Gesicht in die Höhe. Sie spürten kirschkerngroße Tropfen auf Nasenrücken, Stirn und Augenlidern. Dann sahen sie wieder auf die Pivoňka. Deren Wasserfläche fing zu brodeln an. Aber er war nicht mehr schwarz, der Spiegel. Da war ein rötlicher Schein. Der ständig zersplitterte unter den aufschlagenden Wassertropfen. Das Prasseln wurde lauter. Dazu das Knacksen und Bersten von Holz. Lovec und Vančura hoben die Köpfe. Sahen hinüber zu dem Wäldchen beim Schloss. Da stoben bereits die Funken. Flammen züngelten über die gezackte Silhouette der Tannen und Fichten im Schlosspark heraus. Das Schloss brannte. Das heißt, der letzte Rest, den es vom Schloss noch gab. […]Vančura blickte Lovec lange an. Was war jetzt noch zu sagen? Nichts mehr? Oder alles? Es sollte ein reinigendes Gewitter werden.[35]

Mit dieser Bemerkung endet das Werk. Das Fest muss selbstverständlich abgebrochen werden. In der Schluss-Szene begegnen sich noch einmal Vančura, der jahrelang Beobachtete, und der Mitarbeiter der Staatssicherheit Lovec, sein Beobachter. Er wird den Abend nicht mehr überleben, denn er hatte vorher mit Absicht giftige Pilze genossen, dem seelischen Druck in den Monaten nach der Wende erliegend. Den letzten Satz des Romans können wir auch als Erkenntnis des *Radetzkymarsch* und der Novelle vom *Sieger* des ungarischen Schriftstellers Latzko gelten lassen.

---

[34] Vgl. dazu die Bemerkungen bei Setzwein, Die Bamberger Poetikvorlesungen. Ms., S. 103 ff.
[35] Setzwein, Die grüne Jungfer, S. 278 f.

JÜRGEN JOACHIMSTHALER

Interkulturelle Literatur im „Dritten Reich"?

Der Fall August Scholtis

Ursprünglich entstanden als Bezeichnung für aktuelle Literatur von Autoren mit Migrationshintergrund beansprucht der Begriff „interkulturelle Literatur" in der germanistischen Literaturwissenschaft gleichwohl, ein Phänomen zu erfassen, das nicht auf die Gegenwart eingeschränkt werden kann[1] – interkulturelle Erfahrungen sind ja nichts Neues, Menschen, die in und zwischen verschiedenen Kulturen leben, hat es immer schon gegeben, die Begegnung mit dem kulturell „Anderen" ist eine anthropologische Urerfahrung. Der Begriff „interkulturelle Literatur" bekommt vor diesem Hintergrund eine epochenunabhängig doppelte Bedeutungsdimension. Einerseits bezieht er sich im Sinne einer Genrebezeichnung *inhaltlich* auf Texte (oder Autoren), die von wie auch immer gearteter interkultureller Erfahrung gezeichnet sind, andererseits stellt sich für Literaturwissenschaft *in formaler Hinsicht* die Frage nach der zeitunabhängig spezifischen Poetik einer gattungsmäßig bestimmbaren „interkulturellen Literatur": Inwiefern gibt es literarische Merkmale, Stilmittel, Techniken oder Strukturen, die einen Text als „interkulturell" kennzeichnen? Die Antwort auf diese Frage ergibt sich aus dem Begriff „interkulturell" selbst: Interkulturelle Texte arbeiten mit sprachlichen Mitteln, die es entweder erlauben, unterschiedlichen Kulturen zugeschriebene Signifikanten innerhalb eines Textes nebeneinanderzustellen, sei es als Gegensatz und Opposition, sei es im Sinne der Synthese eines Neuen und Dritten, oder aber sie sind in ihrer textuellen Beschaffenheit erkennbar geprägt vom Ausschluss als „fremd" geltender Signifikanten, deren Ausschluss als den Text mitkonstituierendes Merkmal innerhalb der

---

[1] Vgl. Hofmann, Michael: Interkulturelle Literaturwissenschaft. Eine Einführung. Paderborn 2006; Schmitz, Helmut (Hg.): Von der nationalen zur internationalen Literatur. Transkulturelle deutschsprachige Literatur und Kultur im Zeitalter globaler Migration. Amsterdam 2009.

Text-Ränder durch entsprechende Zeichensetzung zweifelsfrei markiert sein muss[2] – in allen Fällen ergibt sich die sprachliche Form interkultureller Texte aus dem Mit- oder dem Gegeneinander von Kulturen, die auf Textebene in Form unterschiedlicher sprachlicher Codes aufeinander treffen, wobei die verschiedenen Codes unterschiedlich angewandt, im Text gleichberechtigt zugelassen oder einem Hierarchisierungs- oder gar Auswahl- und Ausschlussverfahren unterworfen werden können. Da nun kaum ein Text geschrieben werden kann ohne das Wissen um die Existenz auch anderer als der von ihm repräsentierten Kultur, hat wohl nahezu jeder Text seine interkulturelle Dimension wie jeder Text seine intertextuelle Dimension hat. Ein explizit interkultureller Text aber wird er, wenn diese latent immer vorhandene Dimension für sein konkretes Beschaffensein bedeutsam wird, der Text also sich als Reaktion auf kulturelle Vielfalt im Spannungsfeld von Kulturen bewusst platziert und eine wie auch immer geartete Stellungahme dazu bedeutet.

„Interkulturelle Literatur im ‚Dritten Reich'" – diese Formulierung wirkt auf den ersten Blick befremdlich. Kulturelle Vielfalt ist ja das Gegenteil des auf unvermischte „Reinheit" bedachten nationalsozialistischen Kulturmodells. Natürlich könnten große Teile der im nationalsozialistischen Deutschland entstandenen Literatur, die unter dem Diktat solch kultureller Einheits- und „Reinheits"-Vorstellungen alles Nicht-Deutsche zu vermeiden aufgefordert war (sofern es nicht zu einem feindlich „Anderen" perhorresziert wurde), als „interkulturell" insofern gedeutet werden, als sie den Ausschluss alles „Anderen" aus sich selbst als bewussten Akt der Absonderung und Alterisierung betrieb, also sehr wohl auf das verschwiegene „Andere" reagierte, doch dürfte in vielen Fällen nur schwer zu unterscheiden sein, inwiefern in ihnen ein „Anderes" gezielt ausgeschlossen ist und inwieweit es nur nicht vorkommt. Erkennbar interkulturelle Texte, die unter den Schreibbedingungen des NS-Staates Signifikanten aus der Sprachwelt eines kulturell „Anderen" in sich hereinholen und kulturelle Vielfalt und „Mischung" evozieren, ja sie vielleicht sogar als positiv darstellen, waren mit dem im „Dritten Reich" herrschenden Rassismus jedenfalls schwer vereinbar.

Dennoch gab es sie. Und sie hatten eine lange Vorgeschichte. Preußen war seit der Vereinigung des in einst slawischem Gebiet entstandenen Kurfürstentums Brandenburg mit dem auf baltischem Gebiet errichteten

---

[2] Vgl. Joachimsthaler, Jürgen: Text-Ränder. Die kulturelle Vielfalt in Mitteleuropa als Darstellungsproblem deutscher Literatur. Heidelberg 2011.

INTERKULTURELLE LITERATUR IM „DRITTEN REICH"?

Missionsstaat Preußen ein Vielvölkerstaat; die Eroberung des seinerseits kulturell bunten Schlesien und die Teilungen Polens verstärkten dies – der aus machtpolitischen Gründen nationaldeutsche Kurs Preußens im 19. Jahrhundert war gegen die ethnisch vielfältige Wirklichkeit der eigenen Bevölkerung gerichtet und deshalb begleitet von einer strikten Germanisierungspolitik, die die Bewohner national vereinheitlichen und „eindeutschen" sollte. Im Zuge der damit einhergehenden nationalen Auseinandersetzungen entstand eine Literatur, die die reale kulturelle Vielfalt meist unter der Maßgabe thematisierte, die verschiedenen Völker und Ethnien sollten sich durch freiwillige Assimilation einfügen in das unter Preußens Führung entstandene „Deutsche Reich", ihre Angehörigen sollten zu Deutschen werden. Die nationalen Konflikte nach Ende des Ersten Weltkrieges führten bei einigen Autoren zu einer Modifikation dieses Ausgangsmodells: Kulturelle Abweichung erschien nun in zumindest einigen Texten nicht mehr als zu überwindendes Hindernis auf dem Weg zu einem erstrebten Deutschtum, sondern konnte dargestellt werden als kulturelle Eigenheit eigenen Wertes, die auch vom deutschen Staat anerkannt werden sollte. Insbesondere in Oberschlesien entstand während der Weimarer Republik eine Literatur, die zwar strikt an der Zugehörigkeit der Region zum Deutschen Reich festhielt und deshalb explizit gegen den neuen polnischen Staat gerichtet war, dabei aber nun den Menschen polnischer bzw. gemischter („wasserpolnischer") Sprache zumindest innerhalb des Deutschen Reiches ihre kulturelle Eigenart als für sich wertvolle Besonderheit sichern wollte (etwa im Rahmen einer Art Minderheitenstatus oder regionaler Autonomie).

Literarisch besonders hervorzuheben ist August Scholtis[3], dessen im Spätsommer 1932 erschienener und 1933 wegen „[t]endenziöse[r] Darstellung der Kämpfe um Oberschlesien"[4] auf eine Verbotsliste gestellter Roman *Ostwind*[5] gegen deutschen wie polnischen Nationalismus gerichtet ist und bei deutlichem Bekenntnis für Deutschland zugleich die für die Region typische deutsch-polnische Mischkultur jeder nationalistischen Einseitigkeit gerade auch auf deutscher Seite entgegenstellt. Zu diesem Zweck entwirft Scholtis eine Sprache, die die Eigentümlichkeiten des deutsch-polnisch ge-

---

[3] Zu diesem vgl. insbesondere Zybura, Marek: August Scholtis. Untersuchungen zu Leben, Werk und Wirkung. Paderborn u. a. 1997.
[4] Zit. nach Kunicki, Wojciech: „"...auf dem Weg in dieses Reich". NS-Kulturpolitik und Literatur in Schlesien 1933 bis 1945. Leipzig 2006, S. 59.
[5] Scholtis, August: Ostwind. Roman. München 1986 [EA 1932].

mischten oberschlesischen („wasserpolnischen") Idioms detailliert wiedergibt und diese zugleich zugunsten einer ironisch schillernden hochreflektierten Sprachkunst zu nutzen weiß, in der die Sprachlichkeit menschlicher Existenz sich selbst thematisiert. Der von den wenigen Zeitgenossen, die ihn vor seinem Verbot noch wahrnehmen konnten, als „Sensation"[6] empfundene Roman ist vergleichsweise gut erforscht, so dass ich hier nur ein besonders deutliches Beispiel für seine zugleich interkulturelle und poetisch experimentelle Sprachverwendung anbringen möchte, das außerhalb seines Kontextes noch verwirrender wirken mag als im Buch selbst, in dem solche, dort allerdings geschickt in die Handlung eingebundene Stellen nicht selten sind:

,Allonsch Allonsch. A bah ... Jednemu Kuba drugemu Matusch. Sedan. Pieruna hei ruck zuck. Pieruna.' Ein Hoftor reizte ihn. Einbiegen, Sefflik! Feste einbiegen! Pieruna bei Gleiwitz: Dideldumdei. Dideldumdei. Plumplumplum. Plimplimplim. ,Serdeczna Matko Krista Spasitela.' Plomplomplom. Plemplemplem. Dideldumdei. ,Jesce Polka nie sginela.' Plaumplaumplaum. ,Komm, Heilger Geist, kehr bei uns ein. Knetknetknet. Plamplamplam.[7]

Der Roman konnte aufgrund der Publikationsumstände nur begrenzte Wirkung entfalten, inspirierte aber andere Schriftsteller aus den kulturell vielfältigen Regionen im Osten des damaligen Staatsgebietes noch während des „Dritten Reiches" zu strukturell ähnlichen, in der konkreten Durchführung aber etwas abgeschwächten Sprachexperimenten. Bei eindeutig deutscher Gesinnung nutzten einige Nachahmer den poetischen Mehrwert dieser Sprache für literarische Entwürfe der jeweiligen multikulturellen Region. Formal an Scholtis angelehnt, standen sie inhaltlich in der Tradition älterer, durchaus nationalistischer Literatur, die bereits im Kaiserreich die kulturelle Vielfalt der Region dargestellt hatte[8], um als Gegner derselben zu deren Überwindung beizutragen. Einige Schriftsteller (wie Scholtis selbst) sahen sich aber auch als Verteidiger kultureller Abweichung unter der Maßgabe nicht in Frage gestellter Zugehörigkeit zum Deutschen Reich. Die nationalistisch oder gar völkisch eingestellten Autoren sahen sich oft im Einklang mit dem

---

[6] Koeppen, Wolfgang: Mein Freund August Scholtis. In: August Scholtis: Jas der Flieger. Roman. Mit einem Nachwort von Wolfgang Koeppen. Frankfurt a. M. 1987 [EA Berlin 1935], S. 197-202; hier S. 197.
[7] Scholtis (Anm. 5), S. 13.
[8] Besonders gewichtig war Kurpiun, Robert: Der Mutter Blut. Roman aus Oberschlesien. Kattowitz 1909.

Nationalsozialismus, von dessen Kulturpolitik sie zu profitieren hofften. Doch zeigte sich rasch, dass der letztlich auf kulturelle Integration des „Anderen" abgestimmte kulturassimilatorische Ansatz dieser Literatur nicht mit dem nationalsozialistischen Rassismus vereinbar war. Selbst Texte von Autoren, die einst als Speerspitze des nationalistischen Kampfes tätig waren, konnten nun von den Nationalsozialisten aus dem Verkehr gezogen werden, weil sie die deutschen Grenzgebiete im Osten als Regionen mit gemischter Bevölkerung darstellten, anstatt zu behaupten, diese Regionen wären immer schon deutsch gewesen. Ähnlich erging es Texten, die sich mit anderer politischer Stoßrichtung formal an Scholtis anlehnten.[9]

Für Scholtis selbst stellte sich nach dem Verbot von *Ostwind* die Frage, wie er sich zum „Dritten Reich" verhalten sollte. „Entgegen der Schreib- und Druckverbot-Legende, zu der Scholtis nach dem Krieg das *Ostwind*-Verbot geschickt umstilisierte, muß die Zeit des Dritten Reiches als die produktivste Phase in seiner ganzen schriftstellerischen Laufbahn bezeichnet werden"[10] – zumindest in quantitativer Hinsicht. Im Folgenden soll der Blick auf seine literarischen Texte konzentriert bleiben und gefragt werden, inwieweit Scholtis seine schon vom sprachlichen Grundansatz her nicht mit dem Nationalsozialismus vereinbare „interkulturelle" Art des Schreibens nach 1933 zu wahren, inwieweit er sie in die neuen politischen Rahmenbedingungen einzupassen versucht hat.

Strukturell ähnlich aufgebaut wie *Ostwind* ist der 1934 auf Vermittlung des deutsch-jüdischen Lektors Max Tau[11] bei Bruno Cassirer (und allein wegen des jüdischen Verlegers im „Dritten Reich" kaum noch wirkungsfähige), von Stanisław Reymonts *Bauern*[12] angeregte Roman *Baba und ihre Kinder*,[13] in dem eine ins Mythische überhöhte matriarchale Muttergestalt im Mittelpunkt der Handlung steht, eine Witwe mit reicher Kinderschar am unteren Ende der sozialen Skala, die es als Magd auf einem erst zu Deutschland, dann, nach dem Ersten Weltkrieg, zu Polen gehörenden Gutshof schafft, zwischen den Nationen zu überleben. In Scholtis' Autobiographie erscheint diese Gestalt als Fortsetzung der antinationalistischen

---

[9] Beispiele werden genannt in Kunicki, „...auf dem Weg in dieses Reich" (Anm. 4).
[10] Zybura, Marek: August Scholtis. [Loseblattlieferung]. In: Ingeborg Fiala-Fürst u.a. (Hg.): Lexikon deutschmährischer Autoren. Olomouc 2002, S. 6 f.
[11] Tau, Max: Das Land das ich verlassen musste. Gütersloh o. J. [EA 1961], S. 277.
[12] Reymont, Władysław Stanisław: Die polnischen Bauern. Vier Bde. Übertragen von Jean Paul d'Ardeschah. Jena 1912.
[13] Scholtis, August: Baba und ihre Kinder. Roman. Berlin 1934.

Tendenz von *Ostwind*: „Grundtendenz war Hohn auf die völkische Theorie."[14] Durch Bachofen[15] matriarchatstheoretisch inspiriert verkörpert Baba in teilweise durchaus gefährlicher Nähe zum nationalsozialistischen Zeitgeist[16] jedoch in erster Linie „die Mütterlichkeit schlechthin, die ursprünglich und ewig ist".[17] Chthonische Mythologeme werden der Hauptfigur unterlegt, ein Kapitel heißt gar *Aufstand der Erde*, Baba wird mit dieser assoziiert, so dass sie als verharrende Kraft gegenüber aller Modernisierung erscheint und die Ansprüche gewachsener Lebensweisen gegenüber den Staaten, der Wirtschaft, den Ideologien, der Technik und den Nationalismen verkörpern soll, die diese Welt unter sich aufteilen. Das Buch ist eine „Beschwörung oder vielmehr mythische Beglaubigung elementarer Immer-Gleichheit"[18] und zugleich eine Klage über Verlust und Zerstörung von Lebenswelten im Zuge der Modernisierung: Industrie und Erster Weltkrieg zehren die Erde aus.[19] Auch Baba selbst gerät in Not, die Aufteilung der Region im Zuge der Neugründung Polens bringt für sie viele Probleme mit sich und erscheint – dies ist natürlich gegen den wiedererrichteten polnischen Staat gerichtet – als absurd: „Soll sie auf deutscher Seite stehlen oder auf polnischer."[20] Der Aufforderung des neuen polnischen Staates, in dem sie lebt, ihren Kindern ‚richtiges' Polnisch beizubringen (sie haben Schwierigkeiten in der Schule) begegnet sie mit der Bemerkung „[s]ie spreche mit ihren Kindern jakschä träffy, wie sichs trifft."[21] Galt Scholtis' Kritik im *Ostwind* der deutschen Schule, so zeichnet er nun ein negatives Bild der polnischen, nicht zuletzt, indem er zeigt, wie der neue polnische Staat die Insignien der deutschen Herrschaft, die Bilder national wichtiger Persönlichkeiten in den Klassenräumen nur austauscht, prinzipiell aber nicht anders mit der Mischbevölkerung der Region umgeht als zuvor der deutsche. „Da-

---

[14] Scholtis, August: Ein Herr aus Bolatitz. Lebenserinnerungen. München 1959, S. 329.
[15] Bachofen, Johann Jakob: Das Mutterrecht. Eine Untersuchung über die Gynokraitie der alten Welt nach ihrer religiösen und rechtlichen Natur. Stuttgart 1861.
[16] Haas, Olaf: Max Tau und sein Kreis. Zur Ideologiegeschichte „oberschlesischer" Literatur in der Weimarer Republik. Paderborn 1988, S. 82-88; Zybura (Anm. 3), S. 71-74.
[17] Dampc-Jarosz, Renata: Im Kreis des Alten und Neuen – Frauenfiguren in „Ostwind" und „Baba und ihre Kinder". In: Witte, Bernd / Szewczyk Grażyna B. (Hg.): August Scholtis 1901-1969. Modernität und Regionalität im Werk von August Scholtis. Frankfurt a. M. 2004, S. 171-182; hier S. 178.
[18] Egyptien, Jürgen: Märchen und Mythos im erzählerischen Werk von August Scholtis. In: Ebd., S. 105-115; hier S. 114.
[19] Scholtis (Anm. 13), S. 198 f.
[20] Ebd., S. 209.
[21] Ebd., S. 224.

mit erweist sich die nationale Ideologie als austauschbar und erlernbar."[22] Auffällig freilich bleibt, dass in diesem Roman die „Kritik von Scholtis an der Wirklichkeitsfremdheit von Ideologien [...] sich ausschließlich an Beispielen fest[macht], bei denen die aus der Ideologie erwachsende Aggressivität von der polnischen Seite ausgeht".[23] Die deutsche Seite wird nun, anders als in *Ostwind*, nicht mehr kritisiert.

Dieses Buch, mag auch „jeder Satz Rebellion"[24] sein, ist vordergründig weniger politisch als *Ostwind* und kündigt bereits Scholtis' von materieller Not diktiertes später stärkeres Nachgeben gegenüber nationalsozialistischen Gestaltungsvorgaben an,[25] es verzichtet weitgehend auf Proklamationen und konzentriert sich auf eine figurennahe Darstellung. Die interkulturelle Dimension bleibt thematisch explizit – schließlich muss sich Baba zwischen den Nationalismen behaupten –, doch die Sprache des Romans ist größtenteils keine interkulturelle ‚wasserpolnische' Mischung aus deutschen und polnischen Elementen mehr. Zwar heißt es – auf Deutsch – dass Baba „polnisch fluchte"[26], doch die polnischen Sprachelemente sind im Vergleich zu *Ostwind* sehr stark zurückgenommen und werden, wo sie doch noch auftauchen, geradezu versteckt in orthographisch eigenwillig verstörender Wiedergabe der Mundart in direkter Figurenrede insbesondere Babas und ihrer Kinder: „Väfluchtä Sack ja cy tu dam ty Kocyndrä, wärdä dyr gäbän vädammtä Taugänychts, dortä sytzt ja dayn Vatär bay Fänstär un rächnät ymmär fästä, soll sych kymmärn läck Dupp".[27] Viele dieser Schreibbesonderheiten sind nicht nötig für die graphematische Umsetzung phonetischer Besonderheiten, der Unterschied zwischen „dayn" und „dein" findet ohne phonetische Entsprechung auf rein graphemischer Ebene statt und erschwert das Lesen, eine Technik, die die polnischen Einsprengsel mit in den Bereich des schwer Verständlichen nimmt und sie so oberflächlich rascher Lektüre verbirgt. „Säfflyk varstästä ... rozumjaläsch..."[28] – doch sind solche Stellen nun deutlich seltener als im „Ostwind", Scholtis' Sprache verliert ihre Ei-

---

[22] Rduch, Robert: Europäisches Denken in Scholtis' Werk. In: Witte / Szewczyk (Hg.), August Scholtis (Anm. 17), S. 73-84; hier S. 77.
[23] Haas (Anm. 16), S. 85.
[24] Ebd., S. 277.
[25] Vgl. dazu Rduch (Anm. 22), S. 79-81.
[26] Scholtis (Anm. 13), S.34.
[27] Ebd., S. 35.
[28] Ebd., S. 204.

gentümlichkeit nicht völlig, passt sich aber doch weitgehend an herrschende Sprachgepflogenheiten an.

Baba erleidet die Folgen der industriellen Landschaftszerstörung und der Nationalitätenkämpfe, sie irrt zwischen den Ländern und zieht schließlich ins Unbekannte weiter auf der Suche nach neuer Anstellung, nachdem sie zuvor im Traum einen Aufstand der Toten, der Opfer der nationalen Auseinandersetzung, „[d]eren Blut im Dorf noch rauscht"[29] erlebt hatte. In diesen Traum seiner Hauptfigur schreibt der Erzähler eine politische Vision ein: „Mitteleuropa wird frei sein von kleinen Prügelhelden, die Menschen werden sich die Hände reichen, über die Oder, über die Weichsel, über die Donau. In der Schule wird nur ein Bild hängen, das Bild des allumfassenden Menschen, und kein Nachtvogel wird fortan im Turme krächzen."[30]

Baba wurde während der NS-Zeit zwar nicht verboten, aber doch aus einigen staats- und parteinahen Büchereien entfernt, weil der Roman wie Scholtis' Werk insgesamt „eine höchst einseitige und zum großen Teil falsche Darstellung der oberschlesischen Verhältnisse"[31] gebe. Scholtis selbst, „der von dem Amt Schrifttumspflege nur nicht so weit bekämpft wurde, um nicht aus der Schrifttumskammer ausgeschlossen zu werden, um überhaupt existieren zu können",[32] wurde behindert, aber nicht zerstört und lavierte sich, materieller Bedrängnis ausgesetzt, durch die NS-Zeit halb störrisch, halb opportunistisch hindurch. Deutlich macht seine innere Widersprüchlichkeit nach 1933 eine Äußerung bereits aus dem Jahre 1935, die das obligatorische Bekenntnis zum „deutschen Kulturgedanken" gehorsam vollzieht und doch inmitten einer interkulturellen Landschaft der Mischung platziert, als sollte dieser „Kulturgedanke" sogleich wieder relativiert werden: „Es ist das besondere Kennzeichen dieser Landschaft, daß Deutsche, Mähren und Polen unauflösbar ineinander verwachsen sind und diese dreidimensionale Aufteilung macht hier den deutschen Kulturgedanken besonders wichtig."[33] Dieser Stelle folgt dann unmittelbar das enthusiastische Lob eines tschechischen Dichters. Auffällig ist die eigenartige Mischung aus nachgeplapperter Phrase („deutscher Kulturgedanke") und widerspenstiger Betonung dazu

---

[29] Ebd., S. 221.
[30] Ebd., S. 222.
[31] Zit. nach Kunicki (Anm. 4), S. 170 f.
[32] Schreiben des NSDAP-Gauschrifttumsbeauftragten Hintermeier an den Landeshauptmann von Schlesien am 22. 4. 1939, zit. ebd., S. 448.
[33] Scholtis, August: Dreiunddreißig Lieder aus Hultschin. Berlin 1935, S. 7.

nicht passender „Mischung". Diese Widersprüchlichkeit sollte Scholtis' Werk während der NS-Jahre kennzeichnen.

In der Erzählung *Friedrich in Kamenz*[34] greift er 1939 auf eine auch von den Nationalsozialisten gerne in Anspruch genommene mythische Gründungsfigur des modernen Preußen zurück. Friedrich der Große gerät, so die Handlung, während der Eroberung Schlesiens in Not und wird in einem katholischen Kloster versteckt und vor österreichischen Verfolgern gerettet. Schlesien wird dabei mit sehr wenigen, aber eindeutigen Formulierungen als multikulturelles Land gezeichnet. Friedrich selbst bezeichnet es als „Polackei"[35], geschäftiger Lärm im Klosterhof ist „von drohenden slawischen Fluchworten durchwirkt"[36], der Mettner des Klosters wird durch „heißes Grenzerblut von der polnischen Seite her"[37] gekennzeichnet, er hat eine polnische Mutter und ist sprachlich so unbeholfen, dass er „die deutschen Begriffe oft verwechsel[t]".[38] Ausgerechnet dieser nicht gerade „deutschen" Gestalt jedoch verdankt Friedrich sein Überleben. Und damit nicht genug: Versteckt im Kloster erinnert Friedrich in einem Traum die multikulturelle Verankerung Preußens: „Mächte zerfallener Bindungen sind es, mit dem Kassubischen, mit dem pommerschen Fürstenstamm, der westlich seine Zweige spreizte zu den Herzögen von Liegnitz, Brieg und Wohlau, zu den Königen von Polen sowohl, als auch zu Kaiser Carola magno und der Heiligen Hedwig, östlich zu den Dunkelheiten der Pruteni, der Littaven, der Finnen, der Scandus und Indogermanen und sonstigem, das nicht verzeichnet ist in preußischen Chroniken... "[39]

Die beiden Romane *Das Eisenwerk*[40] (1939) und *Die mährische Hochzeit*[41] (1940) siedeln die für Scholtis typische national vieldeutige Bevölkerung nun in Mähren, also knapp jenseits der deutschen Grenze in dörflicher Armut an, aus deren Perspektive Preußen und Deutschland als eine bessere Welt erscheinen, wobei Scholtis' Darstellungsweise die Glorifizierung Preußens auch als ironisch gebrochen interpretierbar macht – die Texte sind, typisch für in einer Diktatur entstandene Literatur, ambivalent genug,

---

[34] Scholtis, August: Friedrich in Kamenz. Erzählung. Karlsbad 1939.
[35] Ebd., S. 12.
[36] Ebd., S. 46.
[37] Ebd., S. 20.
[38] Ebd., S. 21.
[39] Ebd., S. 81 f.
[40] Scholtis, August: Das Eisenwerk. Roman. Berlin 1939.
[41] Scholtis, August: Die mährische Hochzeit. Braunschweig 1940.

einander widerstreitende Interpretationen zuzulassen. Die in beiden Büchern geschilderte Landschaft ist in ähnlicher Weise durch kulturelle Mischung gekennzeichnet, wie in Scholtis bisherigem Werk: „Das ist mitteleuropäische Erde [...]. Das ist südliches Schlesien mit seinen politischen Umkreisungen ins Mährische... Polnische... Deutsche... und Preußische. Das ist das Quellgebiet der Oder, erhabener Fuß deutscher Sudeten und polnischer Beskiden"[42] heißt es im *Eisenwerk*, die Bevölkerung erscheint als eine in gemeinsamem Brauchtum integrierte harmonische Synthese diverser Herkunft: „Mit wehenden Fahnen strömt es aus den Tälern die Höhen hinauf, dem Oderfluß entgegen, aus mährischen, polnischen und preußischen Fernen, zu Chören vereinigt, zum Dreiklang von Heimat und Glaube."[43] Analog dazu heißt es in der *Mährischen Hochzeit*:

> Fünfzig Musikanten aus polnischen ... mährischen ... und deutschen Umkreisen waren beieinander. Und so wie ihre drei Sprachen friedlich zusammenschmolzen in der Zeit, zu einer Gebärde des ewigen Daseinsgesetzes, so bliesen sie das Wohlgefallen allen Menschen auf Erden, die eines guten Willens sind.[44]

Immer wieder wird die Zusammengehörigkeit des kulturell Verschiedenen[45] betont und dass jenes „Mitteleuropa", das zu dieser Zeit so gerne als Raum deutscher Eroberungen imaginiert wurde, aus dem Miteinander verschiedener Kulturen besteht: „Drei Sprachen knoten sich in Bitkowitz zusammen, dem Brennpunkt Mitteleuropas."[46] Die *Mährische Hochzeit* beginnt geradezu mit einer Apotheose kultureller Vielfalt:

> Im wundersamen Land der Mähren, wo alle irdischen Dinge auf verkehrten Plätzen liegen, so herrlich ausgetauscht und verwunschen und gesegnet durchgerüttelt, heißt das tägliche Brot ‚Chlebitschek' oder der Vater ‚Tatschitschek'. Das wäre ins deutsche übertragen etwa ‚Brotuleinchen' oder ‚Väterleinchen'. [...] eine liebenswerte Kennzeichnung der scheuen Seele dieses Landes mit österreichischer und deutscher Vergangenheit, mit Spuren preußischer und böhmischer An-

---

[42] Scholtis (Anm. 40), S. 289.
[43] Ebd., S. 215.
[44] Ebd., S. 146.
[45] Explizit jüdische Figuren tauchen, kein Wunder in der NS-Zeit, nicht auf, immerhin sagt einmal eine im Dorf sozial angesehene Figur, ihr Großvater habe die Kabbala „auswendig [...] deklamiert" [Scholtis (Anm. 41), S. 190].
[46] Scholtis (Anm. 40), S. 212.

strengung, slowakischer und polnischer Einmischung, nicht minder aber auch der ungarischen Bedrängnis. Hier kreuzen sich die Himmelsrichtungen Mitteleuropas, und selbst die geringsten Haustiere verstehen mehrere Sprachen, der Gaul das Hüh, die Kuh das Hott, die Henne das Husch, die Katze das ‚Pschczc', letzteres ein unnachahmlicher Konsonant in seinen Vokal verstrickt.[47]

Beide Romane spielen in der „guten alten Zeit" vor dem Ersten Weltkrieg, wobei insbesondere das *Eisenwerk* mit der Industrialisierung Probleme aufgreift, die nach wie vor aktuell waren. Erzählt wird die Entstehungsgeschichte des titelgebenden Eisenwerkes aus Sicht vorrangig der Menschen, deren Dorf der Industrieanlage schließlich weichen muss.[48] Dabei steht das Eisenwerk für deutsche Technik und Überlegenheit, die die kulturell vielfältige Dorfwelt Mitteleuropas radikal verändert, modernisiert und zerstört. Die Bevölkerung spricht „das gebrechliche Grenzlanddeutsch"[49] mit seinen polnischen Diminutiva im Nominativ und gelegentlichen wasserpolnischen Einsprengseln („Oh muj Boschä"[50]), die im Vergleich zu *Ostwind* und selbst zu *Baba* jedoch noch einmal sehr stark reduziert sind und sich auf einige wenige Beispiele beschränken. In erster Linie sind es die vielen slawischen Figurennamen, die auf sprachlicher Ebene noch Interkulturalität implizieren. Die Figurenzeichnung ist dabei ambivalent, Scholtis folklorisiert dieses „Volk" nun so sehr, dass es deutschen Stereotypen über „die Slawen" zu entsprechen beginnt, etwa wenn den Dorfbewohnern in den Mund gelegt wird, „Baden sei auch eine deutsche Erfindung".[51] Für soziale Aufsteiger ist es hier selbstverständlich, sich selbst zu germanisieren, eine tschechische oder polnische Nationalbewegung existieren nicht, kulturelle Entwicklung geht allein in Richtung des mit dem Fortschritt gleichgesetzten Deutschtums: „Der Sohn des erschlagenen Pferdeknechts Grefhka ist Herr geworden. [...] Sein Verhältnis zur eigenen Herkunft gestaltet sich von Tag

---

[47] Scholtis (Anm. 41), S. 5.
[48] „Direktor Unmögl hat wichtige Vorschläge zu unterbreiten. Er sagt es dem Geistlichen also, daß das Dorf Boloto mit einem Schlage wohlhabend werden könnte, wenn es von hier verschwände. Wenn es sich vielleicht etwas östlicher zurückzöge. Boloto könnte enorm reich werden, wenn es den Absichten der Industrie sich fügte." Scholtis (Anm. 40), S. 201.
[49] Ebd., S. 20.
[50] Ebd., S. 22.
[51] Ebd., S. 51.

zu Tag kühler, ja feindseliger."[52] Sein schließlich „umgeänderter Name"[53] soll ihn zum Deutschen machen.

Dies ist freilich nur ein kleines, aber bezeichnendes Detail innerhalb der größeren Vorgänge, die die Industrialisierung mit sich bringt. Diese ist von großräumigen Plänen gekennzeichnet:

> Man plane ferner einen Kanal, der Donau und Oder verbinde, folglich den Balkan mit dem Baltikum vereinige. Denn die Zukunft dieses industriellen Zentrums erstrecke sich zu einer Herrschaft über Balkan und Baltikum. Man überlege auch eine unterirdische Ölleitung von den Küsten des Schwarzen Meeres durch die Karpato-Ukraine und Slowakei bis nach Preußen. [...] Der alte Reichsgedanke soll neu geboren werden aus diesen Planungen und Konzeptionen! All das [...] solle [...] einer neuen Mission des Reiches im Osten die Grundlage stellen.[54]

Einher damit soll eine Migration von Arbeitskräften gehen, wie sie im Zuge der Industrialisierung tatsächlich stattgefunden hatte und doch in der konkreten Formulierung zugleich als hellsichtige Vorwegnahme der nationalsozialistischen Politik der Verschleppung von Zwangsarbeitern aus besetzten Gebieten erscheinen kann:

> Das viele fremde Volk, das durch das enorme Wachstum der Dinge nötig wäre, käme aus östlichen Regionen. [...] Es sei fremdes Volk, das in deutscher Sprache radebreche, unter sich aber eine andere Sprache rede, eine Sprache, deren letzte Bestandteile slawisch abklängen. Diese Menschen zeichneten sich durch große Bedürfnislosigkeit aus. Ihr Dasein tendiere tief unter den Lebensgrundlagen der Knechtsgefolgschaft.[55]

Insgesamt bleibt das Bild, das Scholtis von als „deutsch" ausgewiesener Industrialisierung und Modernisierung zeichnet, eher negativ: Sie zerstören die kulturell vielfältige Dorfwelt Mitteleuropas. Der Held selbst wird tragisches Opfer seines eigenen Werks, das Ende des Romans beschwört noch einmal Mitteleuropa, diesmal aber als apokalyptische, zerstörte Landschaft: „Dies ist die Ebene, in der alle vergangenen Dinge verwischt

---

[52] Ebd., S. 293.
[53] Ebd.
[54] Ebd., S. 290 f.
[55] Ebd., S. 291.

sind und ausgelöscht, das Schloß und der Park und das Dorf, zergangen in einen einzigen Wald von Schornsteinen und in ein einziges Häusermeer [...]. Das ist Mitteleuropa."[56]

Nur auf das dörfliche „Volk" in kulturell vielfältiger Landschaft konzentriert sich *Die mährische Hochzeit*, in der die langsame Integration und der wirtschaftliche Aufstieg eines nach Mähren gekommenen Zuwanderers aus „dem Südosten der Donaumonarchie, wo Ungarn, Slowaken, Ruthenen und Gott weiß was noch für Völkerschaften lebten"[57], evoziert wird. Diese Gestalt macht es möglich, das Problem nationaler Zugehörigkeit zu thematisieren, wobei die Handlung selbst die eher liberale Integrationsoffenheit in Österreich-Ungarn vor 1914 vorführt: „wenn er freiwillig die deutsche Sprache spräche, sei das Ausweis genug, ihn als Deutschen zu betrachten."[58] Natürlich wird der Wert solcher Assimilation an die deutsche Kultur vom Erzähler nicht in Frage gestellt (von einigen Figuren jedoch sehr wohl) – im Kontext der herrschenden nationalsozialistischen Rassenlehre fällt auf, dass nationale Zugehörigkeit hier eben nicht rassisch, sondern kulturell definiert wird und damit in letzter Konsequenz dem Einzelnen überlassen wird, wozu er zugehören will. Der Zuwanderer wird zum Muster deutscher Lebensführung im Dorf, mit seinen Söhnen „redete er nur in deutscher Sprache [...]. ‚Die deutsche Sprache hat die Zukunft' sprach Tartar [...] und nötigte auch seine Bediensteten zu einer ähnlichen Entscheidung."[59] Dass dieser Roman in erster Linie den Assimilations- und Integrationsprozess in all seinen Schattierungen ausleuchtet, ohne ihn anzupreisen oder anzuklagen, verdeutlicht noch einmal der letzte Satz des Buches: „Mit seinen Kindern und mit seinem Gesinde spricht er ausschließlich die deutsche Sprache, mit hartem östlichen Ausdruck."[60]

Steht das Thema Assimilation in unverkennbarer Spannung zum Nationalsozialismus, so gibt es in dem Buch doch Zugeständnisse an die herrschende Ideologie, angefangen bei der der Hauptperson fraglos innewohnenden Überzeugung von der Höherwertigkeit deutscher Kultur (die freilich auch als ironisch dargestellt gedeutet werden kann – vieles bleibt ambivalent) bis hin zu einer eigenartigen Befürwortung der nationalsozialistischen

---

[56] Ebd., S. 305.
[57] Scholtis (Anm. 41), S. 84.
[58] Ebd., S. 148.
[59] Ebd., S. 214.
[60] Ebd., S. 266.

Eroberungspolitik in einer handlungstechnisch unnötigen Bemerkung des Erzählers: „Damals lag eine morsche Brücke über den Oppafluß, führte einstens von Polen nach Böhmern, dann von Mähren nach Schlesien, später aus dem Kaiserlichen Österreich in das Königliche Preußen [......]; in unseren Tagen führte sie aus der Tschechei nach Preußen, von Prag nach Krakau, und nunmehr wieder von dem Alten in das Neue Reich, da gottlob langsam alles wieder so wird, wie es jahrhundertelang war, wo alle beengenden Grenzen verlöschten."[61] Das von den Nationalsozialisten besetzte Mitteleuropa erscheint so als eine geradezu ‚befreite' Landschaft ohne „beengende Grenzen", als ein Raum freien Sich-Bewegens, was er doch real nur für die war, die sich der „Herrenrasse" zurechnen durften, nicht für die Besiegten, die „Anderen" und „Nicht-Deutschen", die Deportierten, Eingesperrten oder Ermordeten. Der schrecklichen Wirklichkeit unterlegt Scholtis das fast idyllisch anmutende Bild einer interkulturellen Landschaft: Die Oppa ist ein „Fluß, der [...] auch mehrere Sprachen spricht, einer urdeutschen Wiege entspringt, fränkische Kinderlieder singt, mährische Kirchenlieder, traurige slawische Domestikenweisen mit etwas polnischem und gar slowakischem Beigeschmack"[62], wobei die Behauptung einer „urdeutschen Wiege" der Oder deutschnationale territoriale Ansprüche und Geschichtskonstruktionen bestätigt. Geht man von Scholtis' Umgang mit solchen Phrasen im *Ostwind* aus und von seinen eigenen Formulierungen in der Zeit vor 1933 und nach 1945, handelt es sich hier um opportunistische Lippenbekenntnisse, um Zugeständnisse an den Zeitgeist wider besseres eigenes Wissen.

Literarisch gravierend ist Scholtis' Verlust an poetisch sprachkritischer Substanz: Nicht verzichtet er auf ‚sein' gegennationales Handlungspersonal, doch reduziert er seine experimentelle Sprache völlig und verzichtet zunehmend auf deren den Sprachleib selbst aufbrechende Widerständigkeit; sogar die Hybridisierung der Sprachen wird weitgehend zurückgenommen. Während der NS-Zeit verlor er so seine poetische Eigenart. Er hat sich nach 1945 literarisch nicht mehr davon erholt – mit dem Bericht *Reise nach Polen*[63] und seiner Autobiographie *Ein Herr aus Bolatitz*[64] gelangen ihm noch zwei bedeutsame und noch heute lesenswerte Bücher über ‚sein' von kultureller Vielfalt gekennzeichnetes Mitteleuropa, doch einen wirklich

---

[61] Ebd., S. 6.
[62] Ebd., S. 8.
[63] Scholtis, August: Reise nach Polen. Ein Bericht. München 1962.
[64] Scholtis (Anm. 14).

bedeutsamen Erzähltext konnte er trotz steter Versuche nicht mehr zu Stande bringen. Seine eigenwillig interkulturelle Sprache, die Sprache des *Ostwind*, war ihm während des „Dritten Reiches" abhandengekommen – nicht zuletzt weil er selbst darauf verzichtet hat, unter den gegebenen Umständen wohl auch darauf hat verzichten müssen, sie weiter zu entwickeln. Nach 1945 war sie ihm nicht mehr zugänglich. Sie lebt jedoch weiter in den Werken von Günter Grass[65], Horst Bienek[66], Janosch[67] und Leszek Libera.[68]

---

[65] Vgl. Lipinsky-Gottersdorf, Hans: Vom Ulenspiegel zum Oskar Matzerath. In: Deutsche Studien 9 (1971), S. 154-156.
[66] Bienek, Horst: Gleiwitz. Eine oberschlesische Chronik in vier Romanen. München 2000.
[67] Janosch: Von dem Glück, Hrdlak gekannt zu haben. München 1994.
[68] Libera, Leszek: Der Utopek. Roman. Dresden 2011.

NEVA ŠLIBAR

Mittendrin und zugleich am Rande

Zwei Reiseschriftstellerinnen: Alma M. Karlin aus Slowenien und Annemarie Schwarzenbach aus der Schweiz

*Die Sehnsucht nach dem Absoluten ist ja wohl
der eigentliche Antrieb jedes echten Reisenden.*[1]

Auf den ersten Blick könnten die Unterschiede nicht größer sein: zum einen ein unscheinbares, kleines, gleichsam altersloses weibliches Wesen, aus Celje, deutsch Cilli, einer zwar historisch bedeutsamen slowenischen, ehemals k.u.k. Provinzstadt stammend, das sein ganzes Leben lang die eigene Existenz sichern musste und sich mit Ausnahme einiger weniger erfolgreicher Jahre gleichsam durchs Leben hungerte, aber mit einem eisernen Willen und unerschöpflicher Energie begnadet war. Zum anderen eine strahlend schöne junge Frau mit ebenmäßigen Zügen und knabenhafter Figur aus einer der reichsten Schweizer Industriellenfamilien und mit allen erdenklichen Privilegien ausgestattet, aber immer auf der Flucht vor dem Leben, vor der Familie, auch wegen ihrer gleichgeschlechtlichen Präferenzen und den wechselhaften Gefühlslagen. Es handelt sich einerseits um Alma Maximiliana Karlin und andererseits um Annemarie Schwarzenbach. Der Altersunterschied ist beachtlich, denn Karlin wurde 1889 geboren, Schwarzenbach fast zwanzig Jahre später, 1908. Sie wurden beide nicht alt, Schwarzenbach starb bereits 1942, kaum vierunddreißigjährig, Karlin 1950, mit einundsechzig Jahren, beide, könnte man/frau sagen, an den Folgen ihres rebellischen, ihres unangepassten

---

[1] Schwarzenbach, Annemarie: Afghanistan. Typoskript, Mai 1940. Nachlass AS. Schweizer Literaturarchiv Bern. Zit. Nach Roger Perret: »Meine ins Ferne und Abenteuerliche verbannte Existenz«. In: Schwarzenbach, Annemarie: Alle Wege sind offen. Die Reise nach Afghanistan 1939/1940. Basel 2003, S. 139-157. S. 154.

Lebens: Karlin gesundheitlich zerstört durch jahrzehntelange Überstrapazierung ihres Körpers, Schwarzenbach zwar in Folge eines Radunfalls mit schwerer Kopfverletzung. Aber davor war sie mehrfach krank, auch in psychiatrischer Behandlung wegen Depressionen und Drogenentzugs gewesen.

Die Gegenüberstellung dieses ungleichen Paares stellt einen erneuten Forschungsversuch dar, Alma M. Karlin auf einem anderen Wege als den bereits in einigen publizierten Untersuchungen begangenen näher zu kommen, sie in ihren Widersprüchen und Ambivalenzen zu fassen und ihr und ihren Büchern Gerechtigkeit widerfahren zu lassen ohne unkritisch und apologetisch zu werden, wie es häufig, gerade in jüngster Zeit, bei Karlin-„Fans", anzutreffen ist.[2] Als Spiegel und Kontrast wurde deswegen eine Autorin gewählt, die über alles zu verfügen schien, was Karlin deutlich fehlte; die beobachteten Abhebungen sollten die Karlin-Gestalt klarer konturieren und vielleicht auch einige Antworten auf zentrale Fragen der literaturwissenschaftlichen Karlin-Forschung bieten. Von der Gegenwart ausgehend, sollte überprüft werden, ob und wie sich das Erleben fremder Kulturen, die europäische Voreingenommenheit in der Schreibweise einer deutlich unterprivilegierten und einer überprivilegierten Reisenden manifestiert. Direkte Wechselwirkungen zwischen den beiden Autorinnen gab es vermutlich nicht, sie dürften einander nicht wahrgenommen haben, jedoch stellten sie sich im Laufe der Untersuchung ein: Erstaunlicherweise zeigten sich mehr Korrespondenzen als erwartet. Sowohl die unübersehbaren Differenzen als auch die Gemeinsamkeiten erlaubten es, Aufwertungen bei beiden Autorinnen vorzunehmen und beide in ihrer Spezifik hervortreten zu lassen.

I. Reisen

Die beiden so unterschiedlichen Frauen verband zunächst ihre Passion für das Reisen, für die Fremde: Alma Karlin bricht 1919, dreißigjährig und fast mittellos – die Ersparnisse verschlangen der Krieg und seine Folgen – , auf

---

[2] Ein beredtes Zeichen für diese manchmal fragwürdige Begeisterung nach jahrzehntelangem Übersehen ist die Anzahl der Veröffentlichungen ihrer Reisebeschreibungen, aber auch fiktionaler Texte, einiger aus dem Nachlass, in slowenischer Übersetzung: in den letzten 15 Jahren an die fünfzehn Bücher, wovon es manche noch nicht im deutschen Original gibt.

ihre bis 1928 dauernde Weltreise auf, auf der sie sich mit verschiedenen Jobs, als Übersetzerin, Sprachlehrerin, aber vor allem als freie „Journalistin", ihren Unterhalt verdient und hin und wieder auch auf Hilfe seitens des Theosophennetzwerks rechnen darf, dem sie wohl seit ihrem Studien- und Arbeitsaufenthalt in London[3] angehört. Sie reist allein, ohne Unterstützung durch PartnerInnen, als in vielerlei Hinsicht Unterprivilegierte. Sie wählt bewusst schwer zugängliche, unerforschte und geheimnisumwobene Gebiete, zunächst Mittel- und Südamerikas, danach den Fernen Osten, die Südseeinseln, den Malaiischen Archipelen und Indonesien. Sie weiß um die Bedeutung von Erstmaligkeit, Originalität und Neuwert für das Anerkannt- und Publiziertwerden und stellt die Singularität ihrer Welteroberung folgendermaßen heraus:

> [Ich] gelangte allmählich zur überheblichen Ansicht, daß ich da draußen in der weiten Welt etwas entdecken würde, was anderen entgangen war: Daß ich als Weib anders sehen, anders empfinden, anders beobachten und folglich den Leuten, die daheim geblieben waren meine Eindrücke anders vermitteln würde. Ich sehne mich darnach die verwickelte Art eines fremden Volkes wie ein kostbares Juwel aus den Schlacken des Unverständlichen zu lösen und dem Volke meiner Muttersprache, dem deutschen Volke zu schenken. Was scheint einem angehenden Schriftsteller unmöglich? Ich träumte davon, meinem Volke das zu werden, was Kipling oder Stevenson den Engländern geworden…meine Kolumbusfahrt…[4]

Annemarie Schwarzenbach hingegen reiste meist in Begleitung, zu zweit; sie wurde durch ihre Bekanntschaften und den ihr selbstverständlichen Zugang zu „höheren" Kreisen im Ausland in den jeweiligen Gesellschaften aufgenommen, auch wenn sie sich auf gefährlichen Routen durchaus selbst zurechtfand und mit primitiven Lebensbedingungen umzugehen wusste.

Beide geben in ihren Schriften den Eindruck selbstbewusster, selbstbestimmter, aber letztlich einsamer und trauriger Menschen, die an sich

---

[3] In London lebte Karlin von 1908 bis 1914 und beendete dort ein entbehrungsreiches, da selbstfinanziertes Sprachenstudium. Sie beherrschte mehr als zehn Sprachen.
[4] Entnommen der Vorlage für einen Rundfunkvortrag, vermutlich noch aus der Nazizeit – der Schluss lässt darauf schließen – aufbewahrt im Nachlass, Mappe I, in der National- und Universitätsbibliothek Ljubljana.

ebenso schwer tragen wie an der Überwältigung und Faszination durch die Fremde. Und die Fremde ist nicht nur die unwirtliche, die abweisende Natur etwa eines Afghanistan oder Neuguineas,[5] sondern in erster Linie das menschenunwürdige, menschenverachtende mancher Industrie- und Baumwollanbaugebiete der USA, wie sie Schwarzenbach in ihrem Reportagen *Jenseits von New York* beschreibt, oder Karlin etwa in Südamerika sieht. Es ist nach Kristeva die „Fremde in uns selbst",[6] die sich in den Fremdheiten gegenüber der Umwelt, ihren Erwartungen, Vorstellungen und Normen, sowie des In-der-Welt-Seins spiegelt. Das Andere zu sein und zu repräsentieren, es zwar auch zu lieben und davon eingenommen zu sein, macht Leben zur permanenten Zumutung. Annemarie Schwarzenbach resümiert desillusionierend und stereotype Vorstellungen des Abenteurertums dekonstruierend, was wohl auch Alma Karlins Erfahrung war: „Die Reise aber, die vielen als ein leichter Traum, als ein verlockendes Spiel, als die Befreiung vom Alltag, als Freiheit schlechthin erscheinen mag, ist in Wirklichkeit gnadenlos, eine Schule, dazu geeignet, uns an den unvermeidlichen Ablauf zu gewöhnen, an Begegnen und Verlieren, hart auf hart."[7]

Die Stationen von Alma Karlins Weltumrundung sind heute ziemlich genau erforscht.[8] Sie fuhr von Celje über Genua nach Brasilien, dann durch den Panamakanal nach Peru. Von Nordamerika interessierte sie vor allem Mexiko; Los Angeles und San Francisco waren die einzigen Städte der USA, die sie besuchte, bevor sie über Honolulu nach Japan und China aufbrach. Zu Japan hatte sie bereits in London, wo sie auch die Sprache lernte, eine besondere Zuneigung entwickelt. Danach bereiste sie Australien und Neufundland, besah sich intensiv und ausführlich die Südseeinseln und fuhr über Indonesien und Indien, Ägypten und den Suezkanal zurück nach

---

[5] Karlins Aufenthalt bei den »Kopfjägern« in Neuguinea wurde mehrfach »ausgeschlachtet«: vgl. Einsame Weltreise. Erlebnisse und Abenteuer einer Frau im Reich der Inkas und im fernen Osten. Freiburg i. Br. 1996. S. 355; Unter Kopfjägern. Eos 1956; Als Gefangene bei den Kopfjägern auf Neu-Guinea. Klein 1960; Gefangene der Kopfjäger. Bastei 1965.
Annemarie Schwarzenbach zogen Persien und Afghanistan besonders an, sie schrieb darüber außer der bereits erwähnten Reisebeschreibung (Anm. 1): Tod in Persien. Basel 2008; Winter in Vorderasien. Basel 2008.
[6] Vgl. Kristeva, Julia: Fremde sind wir uns selbst. Frankfurt a.M. 1990.
[7] Schwarzenbach, Afghanistan, S. 34.
[8] Da Karlins eigene Beschreibungen in manchen Veröffentlichungen recht freizügig mit Zeit- und Ortsangaben umgehen, rekonstruierte die slowenische Ethnologin Barbara Trnovec genau ihre Reiseroute. Vgl. Trnovec, Barbara: Kolumbova hči. Življenje in delo Alme M. Karlin. Celje 2011. S. 28 f.

Venedig. Nicht nur aus einer inneren Affinität, sondern auch aus den oben genannten Gründen galt Alma Karlins Vorliebe der Lebensweise der Völker, ihren Mythen, Ritualen und Bräuchen, ihrem Glauben und Aberglauben, vor allem auch ihren magischen Praktiken. Ihre Spezifik bestand neben dem „weiblichen Blick" und dem höheren Einsatz (tatsächlich sind ihre Unerschrockenheit, ihre Zähigkeit, Ausdauer, Disziplin, Energie und ihre Geduld im Ertragen jeglichen Unbehagens und jeglicher Widerwärtigkeit höchst bewundernswert) aufgrund ihres Geschlechts gerade in der viel breiteren und intimeren „Kontaktzone", um mit Mary Louise Pratt[9] zu sprechen. Da sie inmitten der Ärmsten und Benachteiligten reiste und sich ihre Reise auf ihren Aufenthalten neben dem Schreiben durch Verrichtung verschiedenster Hilfsdienste erarbeiten musste, lernte sie die verschiedensten Kulturen aus unmittelbarerer Perspektive als eine dreifach Unterprivilegierte (Frau, Fremde und Mittellose) kennen, wessen sie sich auch bewusst war. Das stärkere Ausgesetztsein und die vereinnahmende Nähe bewirkten eine Reihe von Abwehr- und Identitätserhaltungsmechanismen, die sich manchmal bis zur Irritation in den von Karlin verwendeten Diskursen niederschlagen.

Als Alma Karlin bereits ihre Reisebücher mit großem Erfolg veröffentlicht – die *Einsame Weltreise* erscheint 1929, bis 1938 folgen noch zwei Reisebücher und fünf Bände „exotischer" Erzählungen sowie ein eher ethnologisch orientierter Band über magische Praktiken der SüdseebewohnerInnen,[10] – beginnt Annemarie Schwarzenbach mit ihren Reisen. Nach der Promotion in Geschichte zum Dr. phil. 1931 hält sie sich in Berlin auf; sie ist eng mit Erika und Klaus Mann befreundet, unterstützt auch finanziell deren antifaschistische Projekte, reist mit der geliebten Erika[11] und der verwandten Seele Klaus und lebt ab 1933, wegen ihres Engagements

---

[9] Pratt, Mary Louise: Imperial Eyes. Travel Writing and Transculturation. London/New York 1992. S. 6 f.
[10] Karlin, Alma M.: Im Banne der Südsee. Die Tragödie einer Frau. Minden i. W. 1930; Erlebte Welt, das Schicksal einer Frau: durch Insulinde und das Reich des weißen Elefanten, durch Indiens Wunderwelt und durch das Tor der Tränen. Minden i. W. 1933; Drachen und Geister: Novellen aus China, Insulinde und der Südsee. Berlin 1930; O Joni San: Zwei japanische Novellen. Breslau 1936; Kleiner Frühling: drei Erzählungen. Leipzig 1937; Becher des Vergessens: zwei Erzählungen. Leipzig 1938; Der blaue Mond: eine Erzählung für Jung und Alt. Leipzig 1938; Mystik der Südsee. Liebeszauber, Todeszauber, Götterglaube seltsame Bräuche bei Geburten usw. Berlin-Lichterfelde 1931.
[11] Die viel treuere ‚Reisebegleiterin' Alma M. Karlins hieß ironischerweise auch Erika und war deren Schreibmaschine; sie ist in einer sehenswerten Ausstellung zu ihren Leben und ihren ethnologischen Funden im Regionalmuseum Celje (Pokrajinski muzej, Celje) ausgestellt.

gegen den Nationalsozialismus, gleichsam das Leben einer Migrantin – sie ist in der pronazistischen Schwarzenbach-Familie aus mehreren Gründen ein schwarzes Schaf, nicht nur wegen ihrer Haltung, sondern auch wegen ihrer lesbischen Präferenzen und ihrer Drogensucht. 1933 fährt sie mit der bekannten Fotografin Marianne Breslauer nach Spanien und danach nach Persien, 1934 nimmt sie zusammen mit Klaus Mann am ersten Allunionskongress sowjetischer Schriftsteller teil. 1935 besucht sie wieder Persien und heiratet dort den ebenfalls homosexuellen französischen Diplomaten Claude Clarac. 1937 findet man sie erneut in Moskau, wo sie über einen Schweizer Expeditionsbergsteiger recherchiert.[12] Mit Ella Maillart, einer Schweizer Fotografin und Journalistin, reist sie 1939, bereits nach mehrfachem Drogenentzug stark geschwächt und nachdem sie ihr Testament geschrieben hatte, in einem Ford-Kleinauto nach Afghanistan.[13] Davor und danach folgen USA-Aufenthalte, wo sie mit 1937 die erste Reportagetour durch die Industriegebiete des Nordens mit Barbara Hamilton-Wright unternimmt, und im Herbst die Südstaaten bereist.[14] Während des dritten USA-Aufenthalts, der 1939 erfolgt, lebt sie eine Zeit lang mit Margot von Opel und landet – wohl auch durch die Belastungen, denen sie durch die „amour fou" seitens der jungen, begabten amerikanischen Schriftstellerin Carson McCullers ausgesetzt ist – in einigen psychiatrischen Kliniken, zuletzt in einer, in der sie gänzlich der Willkür der Umgebung ausgeliefert ist. Ihre letzte Reise nach Afrika, in den Kongo, wird ihr mehr oder weniger von der Mutter aufgezwungen, jedoch entstehen gerade in dieser Zeit eindringliche poetische Texte.[15] Nach ihrer Rückkehr kommt es am 7. September 1942 zum fatalen Sturz; sie stirbt Mitte November allein, ohne ihre Umwelt bewusst wahrnehmen zu können.

Alma Karlin hingegen lebt ab 1933 mit ihrer Schwesternseele, der schwedischen aber gleichfalls deutschsprachigen Malerin Thea Schreiber-Gamelin, die bei ihr bis zu ihrem Tod 1950 bleibt und ihren Nachlass in Slowenien bis zum eigenen Ableben 1982 betreut. Die Flucht vor den nationalsozialistischen Besetzern führt sie während des Krieges zunächst wieder ins „Reich" und danach zu den Partisanen, deren befreites

---

[12] Vgl. Schwarzenbach, Annemarie: Lorenz Saladin: Ein Leben für die Berge. Basel 2007 (1938).
[13] Vgl. Anm. 30 und Maillart, Ella: Der bittere Weg. Mit Annemarie Schwarzenbach unterwegs nach Afghanistan. Basel 2003.
[14] Besonders lesenswert ist diesbezüglich der Band: Schwarzenbach, Annemarie: Jenseits von New York. Reportagen und Fotografien 1936-1938. Basel 1992.
[15] Vgl. Schwarzenbach, Annemarie: Kongo-Ufer / Aus Tetouan. Noville-sur-Mehaigne 2005.

Territorium ihr als Transitgebiet dienen sollte, um sie zu den Engländern zu bringen, was ihr jedoch nicht gelingt.[16] Nach dem Krieg und bis zum Tod lebt sie mit Thea in arger Bedürftigkeit in einem Weinberghäuschen oberhalb von Celje.

II. Ambivalenzen

Bis ins Widersprüchliche gehende Ambivalenzen bestimmen Leben und Erfahrungen, Motivationen und Reaktionen, Wünsche, Ängste und das Reflektieren darüber beider Reisenden und Schriftstellerinnen. Die Zerrissenheit zwischen Unvereinbarem lässt sich auch sprachlich häufig nicht einholen, spiegelt sich jedoch darin und macht in hohem Maße die seit ihrer Wiederentdeckung[17] anhaltende Faszination mit Leben und Werk beider Frauen aus, da sie sich der eindeutigen Einordnung entziehen und den Lesenden ein Enigma bleiben. Wie stark Alma M. Karlin gerade durch uneindeutige Positionen geprägt wurde trotz oder gerade wegen ihres Strebens nach Klarheit, die bis zur „Reinrassigkeit" geht und sich dem vorgeschriebenen gestuften Weg der Theosophie verschreibt, ist ausführlich bereits andernorts erörtert worden.[18] Hier sei lediglich zusammengefasst und mit den Verortungen Schwarzenbachs verglichen:

Räumlich gesehen stammen beide Autorinnen von den Rändern deutschsprachiger Kultur. Karlin identifiziert sich damit, weil im Celje der

---

[16] Aus der Zeit der Okkupation Jugoslawiens und ihres Heimatorts Celje sowie dem Zweiten Weltkrieg stammen einige mehr als ungewöhnliche literarische Texte (Gedichte und Erzählungen) sowie autobiographische Schilderungen: vgl. Šlibar, Neva: Alma M. Karlins Erzählen als Überlebensstrategie und Identitätskonstruktion, dargestellt anhand von Texten über die Mühen des Überlebens im Dritten Reich und im Zweiten Weltkrieg. In: Kondrič Horvat, Vesna (Hg.): Nekoč se bodo vendarle morale sesuti okostenele pregrade med ljudstvi. Gedenkschrift zum 70. Geburtstag von Drago Grah. Ljubljana 2007, S. 100-127.

[17] Beide Autorinnen wurden Anfang der neunziger Jahre wiederentdeckt; vermutlich hängt das auch mit dem erhöhten Interesse für weibliche Reisende zusammen. Alma M. Karlin Reisebücher wurden auch von deutschsprachigen Forscherinnen und Publizistinnen erwähnt oder umfassender behandelt, und zwar von: Inge Buck, Katharina Ferro und Margit Wolfsberger, Helga Grubitzsch, Gabriele Habinger, Annegret Pelz und Sabine Reinecke, Ursula Rütten und Kerstin Schlieker. Zur Wiederentdeckung Schwarzenbachs s. Linsmayer, Charles: Annemarie Schwarzenbach. Ein Kapitel tragische Schweizer Literaturgeschichte. Frauenfeld u.a. 2008.

[18] Vgl. Šlibar, Neva: Alma Kolumbus auf Weltreise: Problematik und Potenzial der geobiographischen Bücher und exotischen Erzählungen der „Staatsbürgerin eines fremden Staates". In: Osolnik-Kunc, Viktorija / Hudelja, Niko / Šetinc Salzmann, Madita (Hgg.): Transkulturell: Berlin, Ljubljana, Zabočevo. Festschrift für Käthe Grah zum 70. Geburtstag. Ljubljana 2006, S. 319-337.

Jahrhundertwende und dann, zwar in geringerem Maße, auch in der Zwischenkriegszeit ein großer Teil der Einwohnerschaft nicht nur im offiziellen Verkehr, sondern auch zu Hause deutsch sprach,[19] sogar dann, wenn, wie in ihrem Fall, durchaus slowenische Vorfahren nachzuweisen sind (ihre Mutter war die Tochter des ersten slowenischen Notars von Celje). Das dürfte zwei Gründe gehabt haben: zum einen waren beide Elternteile im Staatsdienst, die Mutter als Lehrerin, der Vater als k.u.k. Offizier tätig; außerdem gab es ihr später, als sie, wie sie es selbst formulierte „Staatsbürgerin eines fremden Staates",[20] d.h. Altjugoslawiens wurde, größere Publikationsmöglichkeiten. Der Schwarzenbach-Clan hingegen hielt viel von seiner preußischen Abstammung, denn die energische und herrische Mutter, Renée Schwarzenbach, war eine geborene Wille und damit eine Enkelin Bismarcks. (Sie war derart stolz auf ihre Generalsherkunft, dass sie immer auch mit ihrem Mädchennamen unterschrieb, was ihr den Spitznamen „die Geborene" einbrachte.)[21] Auch Annemarie Schwarzenbachs „Deutschtum" war mehrfach gebrochen: sie kritisierte und lehnte viele "Traditionen" ihrer Familie ab, vor allem war sie entsetzt über deren politische Haltung, jedoch gänzlich lösen konnte sie sich davon nicht, auch wenn sie eine klare antifaschistische Linie vertrat und sehr früh – auch durch ihre journalistische Tätigkeit, ihre Reisen nach Deutschland und Österreich, die Hitler-Diktatur und was sie in den Massen anrichtete, sehr bald durchschaute.[22] Ihr Schweizer Pass und später, nach ihrer Heirat mit Clarac, vor allem um der belastenden Abhängigkeit von der Familie zu entkommen, ihr französischer Diplomatenpass, sicherten ihr Privilegien, vor allem jenes, freier und unbelasteter reisen zu können. Aber – wie es bei Schwarzenbach die Regel zu sein scheint – die Sonderrechte und Begünstigungen, die ihr in die Wiege gelegt wurden, ihre Intelligenz, ihre Schönheit, die Zugehörigkeit zur höheren sozialen Schichte, verkehrten sich letztlich ins Gegenteil. In der Einschätzung ihrer liebsten Freunde und Bezugspersonen, etwa der Mann-Geschwister, gehörte sie durch die nationale Sonderstellung – trotz

---

[19] Celje war im 19. Jahrhundert und um 1900 ein Zentrum der Austragung deutsch-slowenischer Konflikte. Bei der Volkszählung von 1910 wiesen sich über 65% als „Deutsche" aus.
[20] Karlin, Einsame Weltreise, S. 20.
[21] Vgl. Schwarzenbach, Alexis: Die Geborene. Renée Schwarzenbach-Wille und ihre Familie. Zürich 2004.
[22] Vgl. Einige Texte im Band: Schwarzenbach, Annemarie: Insel Europa. Reportagen und Feuilletons 1930-1942. Basel 2005. Besonders eindringlich: S. 181-201.

Einreiseverbots nach Deutschland ab 1934 – zu den nicht Bedrohten und wurde dadurch auch weniger ge- und beachtet.

Obwohl von Haus aus derart unterschiedlich begütert – die Schwarzenbachs gehörten zu den größten Seidenfabrikanten weltweit – kämpften Karlin wie Schwarzenbach um finanzielle Unabhängigkeit, freilich von ganz unterschiedlichen Positionen aus. Karlin erbte zwar ein Haus in Celje, was ihr aber mehr Kosten als Nutzen einbrachte, und sicherte sich ihre Existenz – mehr oder minder erfolgreich – mit verschiedenen Anstellungen und danach mit ihren Texten. Prekär wurde die Not dann ab 1938 als sie auf keine Tantiemen mehr hoffen konnte, während des Krieges und danach. Ihre gleichsam manische Buchproduktion, die letztlich im Schrank statt in der Schublade landete (vermutlich wäre eine Schublade viel zu klein gewesen), hätte ihr ein ruhiges Alter gewährleisten sollen, führte jedoch zu einer fragwürdigen literarischen Qualität. Schwarzenbach war indes von der Familie, d.h. später, nach dem Tod ihres Vaters, von ihrer Mutter finanziell abhängig, die ihr vieles verbot. Trotzdem war sie auch im Vergleich zu ihren Geschwistern privilegiert; so wurden die meisten ihrer Reisen und Aufenthalte finanziert, vermutlich auch das Haus in Sils-Bergaglia gemietet und erhalten, Autos geschenkt und Krankenhausaufenthalte bezahlt. Sie dürfte indes keine eigenen, von der Familie unabhängigen Einkünfte bezogen haben, was ihren gänzlichen Bruch mit der Familie wohl vereitelt haben dürfte. Das Erbe der Großmutter kam bereits im Todesjahr; sie bemühte sich also, Bücher und Artikel zu publizieren, war jedoch aus verschiedenen Gründen dabei nur teilweise erfolgreich[23] ebenso wie Karlin, die bereits in ihren Reisebüchern viel Bitteres über Verleger und Zeitungsherausgeber zu berichten weiß.[24]

Eklatant ist freilich der Unterschied in ihrer sozialen Stellung und Integration in die aktuelle Kulturszene: Während Karlin eine Unterprivilegierte bleibt, die kaum Zugang zur intellektuellen und literarischen Elite ihrer Zeit hat, diese meist auch gar nicht wahrnimmt, öffnen sich Schwarzenbach, auch durch ihren Charme und die familiären Kontakte, später durch die Bekanntschaft mit den Manns und eigene

---

[23] Einsicht in die Vielzahl ihrer journalistischen Arbeiten und in das Verhältnis von Produktion und Publikation gibt die Übersicht des Nachlasses, vgl. http://ead.nb.admin.ch/html/schwarzenbach_B.html, alle Zugriffe: 20. 8. 2010. Zahlreiche Informationen dazu bietet auch Roger Perret in seinen hilfreichen und kundigen editorischen Notizen, Kommentaren und vor allem Nachwörtern.

[24] Vgl. Karlin, Im Banne der Südsee, S. 88, 155, 210, 282, 345.

Aktivitäten, die Tore zur Spitzenkultur, die sie zum einen herausfordern, möglichst hohe Qualität bei Artikeln und literarischen Texten anzustreben.

III. Außenseiterinnen

Trotz der unterschiedlichen sozialen Ausgangspunkte ähneln sich beide Autorinnen in ihrer sich intensivierenden Rand- und Außenseiterposition. Beide verbindet die Tatsache längerer Krankheiten im Kindesalter, sie werden zum Teil auch zu Hause unterrichtet und durch ihre Sonderstellungen auch innerhalb der Familie emarginiert. Beide flüchten sich, Karlin als unerwarteter Spätnachkommin, Schwarzenbach vor der übermächtigen Mutter fliehend, in eine von ihnen geschaffene Phantasiewelt: Beide beginnen im Kindesalter kleine Texte, Gedichte und Geschichten zu erfinden. Die akute Erfahrung eigenen Fremdseins, der Isolation und Einsamkeit wird nicht nur auf Reisen erlebt, wo sie gleichsam natürlich ist und man/frau sich von Anfang an darauf eingestellt hat. Das Gefühl des Ausgeschlossenseins, des Alleinseins, wird wohl von Schwarzenbach zunehmend im Familien- und Freundeskreis erlitten, es wird verstärkt durch Depressionen und das Unvermögen, die Drogenabhängigkeit zu überwinden. Bei Karlin ist es bedingt durch ihre mangelnden Anpassungswillen und auch durch die Tatsache, dass sie in so vielerlei Hinsicht nicht den gesellschaftlichen Normen entspricht. Fernweh und Heimweh, Sehnsucht nach Liebe und Akzeptanz wird bei Annemarie Schwarzenbach konterkariert durch permanenten Aufbruchswillen, das Bedürfnis nach Ruhe und Stille aufgelöst in der Bewegung. Die Widersprüchlichkeit der Wünsche, Ängste und Bedürfnisse sowie der ungebrochene Wille zur Grenz- und Selbstüberschreitung vereiteln bei ihr jegliche dauerhaften Bindungen, gerade auch weil sich viele, Männer und Frauen, zu ihr hingezogen fühlen und ihr Zuneigung mit großer Regelmäßigkeit in den Schoß fällt.

Obwohl in den zwanziger und dreißiger Jahre die gleichgeschlechtliche Liebe weniger tabuisiert war als davor, die Androgynität in bestimmten Kreisen zumindest in Mode und Image gepflegt wurde, empfand man das Ausleben und Zur-Schau-Stellen solcher Beziehungen gerade in den „besseren" Kreisen noch immer als skandalös und inakzeptabel; man ahndete sie häufig mit gesellschaftlichem Ausschluss.

Dies trug zu Annemarie Schwarzenbachs Außenseitertum und Unstetigkeit beträchtlich bei, vor allem, weil ihr seit der Kindheit (vermutlich vergleichbar mit Klaus Mann) von der Mutter ein Auftrag vermittelt wurde, und zwar jene Homoerotik zu leben, die „sie selbst nur im Geheimen leben kann" und „offiziell ablehnen muß".[25] Karlin und sie vermittelten den Eindruck eines dritten Geschlechts, eines Es – sogar Thomas Mann nannte Annemarie Schwarzenbach „Engel", zwar einen verödeten[26]–, was auf beide Geschlechter anziehend und zugleich distanzierend wirkte. Die Strategien, als hilfsbedürftiges Kind die Beschützerinstinkte des Gegenüber zu aktivieren, bewährten sich so manches Mal auf Karlins Reisen und auch danach, bei Schwarzenbach dürften sich diese Verhaltensweisen auf die lange Dauer gegen sie selbst gekehrt haben.

IV. Schreiben

Die hier angeführten und erörterten lebensbedingten Diskrepanzen geben den Rahmen ab, in dem sich das für beide Autorinnen wie auch für die heutigen RezipientInnen Zentrale abspielte und es auch bedingte: das Schreiben nämlich. Schreiben nahm für beide eine existenzielle Dimension an, es war schlechtweg DAS Existenzial.[27] Es war nicht nur identitätskonstituierend – Karlin verbürgte mit ihrem Körper, was an Leben sie über die Schrift konstruierte,[28] Schwarzenbach floh ins Beobachten und Reflektieren und entzog sich damit der unaushaltbaren Aktualität – , sondern wurde als Auftrag und Glück zugleich empfunden. Sinnsuche und Sinngebung gelang im und durch den Schreibprozess, auch wenn er sich unterschiedlich manifestierte. Bei Karlin gewährleistet die traditionalistisch-teleologische Einstellung und Schreibweise jene konsolativen Momente, die trotz ständig empfundener Selbstüberwindung und dem dauernden Leiden, gerade auch in den Schriften über ihre Inhaftierung und ihr Herumirren in

---

[25] Georgiadou, Areti: Das Leben zerfetzt sich mir in tausend Stücke. Annemarie Schwarzenbach: eine Biographie. Frankfurt a. M. u. a. 1996. S. 35.
[26] Vgl. Müller, Nicole und Grente, Dominique: Der untröstliche Engel. München 1995.
[27] Alle Biographen heben die existenzielle Bedeutung des Schreibens für Schwarzenbach hervor; Linsmayer stellt etwa einige Funktionen des Schreibens fest: therapeutische, konsolative, aufbauende u. a. Vgl. S. 60-74.
[28] Vgl. Šlibar, Alma Kolumbus.

Kriegszeiten besonders akut und penetrant sind, für das Überleben notwendig waren.

Es ist deswegen nicht erstaunlich, dass beide zu ähnlichen Textsorten und Genres greifen: Sie begannen ihre schriftstellerische Laufbahn mit Büchern, die das ins Fiktionale umgestaltete Autobiographische in den Vordergrund stellen. Alma Karlin thematisiert ihren Londonaufenthalt und ihre Beziehungen von 1908-1914 in *Mein kleiner Chinese* (1921), Annemarie Schwarzenbach entwirft in *Freunde um Bernhard* bereits jene effeminierte Knabenfigur, die ihr als „alter ego" dient und die ihre androgyne Doppelrolle gleichsam verbirgt und enthüllt. Der Bogen vom Faktischen zum Fiktiven setzt mit faktenorientierten Zeitungsartikeln und Reiseberichten ein. Karlin überhäuft in ihrer Schreibmanie bereits auf der Reise vor allem kleinere, lokale Zeitungen und überfordert deren Herausgeber, später veröffentlicht sie in allen möglichen Zeitschriften – eine klare Übersicht scheint bis heute nicht möglich zu sein –, Annemarie Schwarzenbach hingegen publiziert einiges in renommierten Schweizer Zeitungen, etwa der Neuen Zürcher Zeitung, mit deren Herausgebern sie häufig bereits vor der Abreise Absprachen trifft. Nicht immer stößt sie mit ihren kritischen und sozial eindeutigen Reisereportagen – auch Fotografien kommen etwa in den USA hinzu – auf Begeisterung; nicht selten werden Veröffentlichungen abgelehnt, weil sie politisch und zeitungspolitisch in jenem Augenblick nicht opportun sind. Die Nachlässe – bei Karlin sind diejenigen vermuteten außerhalb Sloweniens noch gar nicht zur Gänze gelichtet – ermöglichen einen vollständigeren Einblick, viele Artikel liegen im Druck erst jetzt vor und vieles bleibt noch bei beiden Autorinnen zu recherchieren und zu publizieren.[29]

Den Gegenpol dazu bilden Karlins und Schwarzenbachs fiktionale Texte: nach einer Reihe von exotischen Erzählungen und Novellen,[30] widmet sich Alma Karlin ihren theosophischen Interessen folgend, okkulten, mythischen Themen und vorhistorischen Zivilisationen. Viele davon sind noch unpubliziert und auch von problematischer Qualität, was vermutlich mit Karlins Schaffensprozess zusammenhängt, der keine Überarbeitungen zu

---

[29] Über alle Reisen schreibt Schwarzenbach Zeitungsartikel und später Bücher. Vieles wurde posthum, nach ihrer Wiederentdeckung, von Roger Perret herausgegeben, aber es liegt, so wie bei Karlin, auch vieles noch im Archiv, in Bern. Zur Erstinformation können zwei Internetseiten dienen: Alma M. Karlin: www.almakarlin.si/index.php?lang=de&cat=6 und www.teozofija.info/Biografija_Karlin.htm; Schwarzenbach, (Anm. 23).
[30] Vgl. Anm. 10.

kennen scheint.[31] Ganz anders Annemarie Schwarzenbach: obwohl sie mit großer Intensität schreibt, bleiben oft nur wenige Zeilen erhalten.[32] Ihre fiktionalen Texte, die wie bei Karlins Prosa und auch Gedichten immer autobiographisch unterfüttert sind, weisen häufig eine hohe lyrische Dichte und Intensität auf, etwa die *Lyrische Novelle*, der Bergroman „Flucht nach oben", die Persienerfahrungen in „Tod in Persien" bzw. *Das glückliche Tal* und schließlich das Afrika-Buch *Das Wunder des Baums*.

Das vermutlich interessanteste Zwischengenre bilden tagebuchartige Reiseberichte oder Reiseerzählungen, wozu auch Karlins nachgeholter Bericht über die Zeit von 1941 bis 1945 gehört. Sie heben stark das Individuelle, die eigene Erlebniswelt und Reflexionen anhand des Erfahrenen in den Vordergrund: auf durchaus unterschiedliche Weise schreibt sich die Fremde in den Körper der beiden Reisenden ein. Existenz erhaltend wirkt Alma M. Karlins teleologische Lebens- und Schreibweise. Sie konzentriert sich auf drei Ziele: Erstens Zeugenschaft abzulegen und dadurch auf eine gerechtere und friedlichere Welt hinzuarbeiten, zweitens in ihrer Berufung als Vermittlerin des geistigen Lebens, als erfolgreiche und auch zukünftige Generationen stimulierende Schriftstellerin tätig zu sein und drittens als religiöses Lebewesen zu leben, das sich durch seine Handlungs- und Denkweise auf dem theosophischen Pfad zu den höchsten Lebens- und Geistesformen emporzuheben vermag. Die Notwendigkeit der permanenten Sinnstiftung, die sie durch das Formulieren, durch Erzählen und Dichten erreicht, erscheint umso dringlicher, je intensiver Leben und Welt als unverständlich, inkohärent, fragmentiert, willkürlich und letztlich absurd wahrgenommen werden. Versuchte man eine tentative psychologische Deutung ihrer fast manisch anmutenden Schreibintensität, die letztlich auch im Fehlen nachträglichen Durchgestaltens abzulesen ist, so drängt sich die Erklärung auf, dass das Formulieren für Alma M. Karlin die täglich notwendige Identitätskonstruktion darstellt, die bei den meisten Menschen zumeist unbewusst oder halb bewusst, jedoch nicht in derart konkret artikulierter Form stattfindet. Da ihre Art des In-der-Welt-Seins durch zahlreiche Widersprüche und Grenzsituationen, denen sie sich aussetzt,

---

[31] Bisher sind keine Vorstufen ihrer fiktionalen Texte bekannt; es gibt einige Hinweise, etwa beim noch unveröffentlichten Roman „Die fremde Frau", dass die Umarbeitungen etwa von faktischen Briefen minimal sind.

[32] „Ich habe gesehen, wie sie sieben Bogen in die Schreibmaschine spannte, bevor ein bestimmter Satz die Vollkommenheit erlangt hatte, die allein sie befriedigen konnte. Schreiben war der Gottesdienst ihres Lebens, er beherrschte sie ganz und gar." Maillart, Der bittere Weg, S. 10.

geprägt ist, kann die daraus resultierende Orientierungslosigkeit nur bewältigt werden, indem sie in eine ihr bekannte literarische, soziale, wissenschaftliche und/oder religiöse Ordnung eingebunden wird. Die „Verfabelung" des Gelebten und Gedachten dürfte indes nicht lediglich nachträglich geschehen. Laut Paul Ricoeur haben die menschlichen Ereignisse als Produkte menschlicher Handlungen die Struktur narrativer Texte: „Ein sinnvolles Leben ist ein Leben, das mittels einer Fabel die Kohärenz einer Erzählung anstrebt. Historische Akteure präfigurieren ihr Leben als Erzählungen mit einem plot."[33] Wir haben es folglich bei Alma M. Karlin mit einer singulären simultanen Durchdringung von Leben und Schreiben zu tun: Das in den Körper eingeschriebene Leiden wird zum Anlass, Stoff und Garanten des Geschriebenen, die Verschriftlichung, Narrativierung liefert indes die Lebensmuster und die Lebensbegründung. Dieser Befund erscheint umso wichtiger, weil damit auch eine literaturhistorische und ästhetische Positionierung ermöglicht wird.

Roger Perret, der sich bei der Recherchearbeit und Herausgabe der Bücher Annemarie Schwarzenbachs im letzten Jahrzehnt besondere Verdienste erworben hat, erklärt indes die Schreibweise und ihr Reflektieren darüber als Suchbewegung in Körper und Sprache, einer Sprache an deren Macht – ganz im Gegensatz zum Sprachvertrauen Alma Karlins – Annemarie Schwarzenbach oft zu verzweifeln glaubt. „Müsste nicht ein Bericht darüber [die totenähnliche Erstarrung angesichts des Krieges im Inneren und in der Ferne] nicht die bis zum Selbstverlust führende Entfremdung, die leidenschaftlichen Suchbewegungen, die immer wieder ins Leere laufen, wiedergeben? Müssten die monumental-eindringlichen Landschaften und Gefühle nicht als Ausdruck der allumfassenden Verunsicherung und Leere dargestellt werden? Müsste die Unermesslichkeit der asiatischen Weiten nicht mit derjenigen des weissen Papiers korrespondieren? Um dadurch eine Art ‚Asien des Schreibens' zu erschaffen?"[34]

Klar ist, dass professionellen Lesenden Annemarie Schwarzenbachs viel fragmentarischere, behutsam formulierende, Verdichtung praktizierende, in Frage stellende, metasprachlich reflektierende und camus-esk offene

---

[33] Paul Ricoeur, Narrative Time. In: Critical Inquiry, VII, 1 (1980). S. 169-190. Deutsche Übersetzung zit. nach Hayden White, Die Bedeutung der Form. Erzählstrukturen in der Geschichtsschreibung, Frankfurt a. M. 1990, S. 69.
[34] Perret, Afghanistan, S. 155.

Schreibweise (ich denke da besonders an die Texte aus *Bei diesem Regen*) vom heutigen Standpunkt, von der heutigen Ästhetik her, viel näher sind und überzeugender funktionieren. Ertragreich wäre gewiss auch ein Vergleich verschiedener Fassungen derselben Erfahrungen und der unterschiedlichen Fiktionalisierungsstrategien, der hier unterlassen werden muss.

Freilich hat Karlin immer für ein breites Publikum schreiben wollen – auch heute noch kommen ihre neu veröffentlichten Texte bei den Durchschnittslesenden gut an. Der deutliche Qualitätsunterschied zugunsten Schwarzenbachs hängt auch mit ihrer unterschiedlichen literarischen Sozialisation, mit ihrem unvergleichlichen Zugang zur damals aktuellen Literatur und zu literarischen Kreisen, die Karlin verschlossen waren, zusammen. Es wäre indes unfair, die eine gegen die andere ausspielen zu wollen. Trotzdem fasziniert bei Schwarzenbach ihr akutes Sozialempfinden, ihre Empathie, ihre moderne Sicht und Haltung; Karlin indes erschreckt mit rassistischen Aussagen[35] und mit oft klischeehaften Bildern, die in der Regel jedoch durch ihre an jeder Ecke hervorscheinende Ironie subvertiert wird. Schwarzenbach bleibt durchgehend – in Leben und Werk – humorlos, sie verfügt nicht über die Strategie des karnevalistischen, befreienden Lachens, ein Manko, das nicht nur von ihren Geliebten, Freunden, Mitreisenden und LeserInnen bedauert wird.[36]

Sie bannte indes die Essenz des Reisens für sich und Karlin in eine Formulierung, die über den Schluss dieses Beitrags über zwei faszinierende, uneinholbare Autorinnen hinaus nachklingen möge: „Ich zog aus, nicht um das Fürchten zu lernen, sondern um den Gehalt der Namen zu prüfen und ihre Magie am eigenen Leib zu spüren, wie man die wunderbare Kraft der Sonne im offenen Fenster spürt, die man doch schon lange auf fernen Hügeln sich spiegeln und auf taufrischen Wiesen liegen sah."[37]

---

[35] Vgl. Karlin, Einsame Weltreise, S. 215, 324, 342 u.a.; Im Banne der Südsee, S. 15, 149, 190 u. a.
[36] Vgl. Georgiadou, Biographie, S. 90: „Von Annemaries Schwermut und ihrer Humorlosigkeit, die das Zusammensein mit ihr später so schwer machen sollten".
[37] Schwarzenbach, Afghanistan, S. 55.

PAVEL KNÁPEK

Hugo von Hofmannsthals und Thomas Manns Beziehung zu Henrik Ibsen bzw. Norwegen

Einleitung

Hugo von Hofmannsthal hat schon sehr früh Ibsens Werk kennen gelernt. Zeugnis davon liefert der Essay des Zwanzigjährigen *Menschen in Ibsens Dramen* (1893), der Hofmannsthals umfangreichste Stellungnahme zu Ibsen bleiben sollte. Sein ganzes Leben lang hat Hofmannsthal jedoch immer wieder schriftliche Äußerungen zum Thema Ibsen und sein Werk getan, die wir in seinen Notizen, Briefen und Essays finden. In Ibsen sah Hofmannsthal ohne Zweifel einen literarischen Meister. Mit der Zeit kam an die Stelle früherer Bewunderung jedoch eher Distanzierung und zuweilen Beunruhigung, die das Werk des großen Norwegers in ihm erweckte. Hofmannsthals Beunruhigung bezieht sich im Besonderen auf Ibsens Kunstauffassung (die Opposition der Kunst zum Leben in Ibsens Spätwerk), weiter auf Ibsens Einstellung zum Leben selbst, die sich in seinem Pessimismus und Fatalismus zeigt.

Im gleichen Jahr wie Hofmannsthals Ibsen-Essay erschien die Rezension des 18-jährigen Thomas Mann über Ibsens Altersstück *Baumeister Sollnes*. Der Autor „hatte [dort] den Namen Ibsens [...] als Qualitätsbegriff verwendet."[1] Im Unterschied zu den meisten anderen Rezensenten soll er die Bedeutung des Spiels richtig erkannt haben: nämlich als Kritik am Ästhetizismus.[2] Fest steht, dass Thomas Manns Kritik am isolierten und dem Leben entfremdeten Künstler hervorragend mit Ibsens Altersstücken harmoniert.

---

[1] Marx, Leonie: Thomas Mann und die skandinavischen Literaturen. In: Thomas-Mann-Handbuch, Hg. von Helmut Koopmann. Stuttgart 1995, S. 171.
[2] Bronsen, David: The artist against himself. Henrik Ibsen's Master Builder and Thomas Mann's Death in Venice". In: Neohelicon 11. (1984), 1. S. 323.

Auch Thomas Mann kam in seinen schriftlichen Äußerungen immer wieder auf das Thema Ibsen zurück. Im Allgemeinen bewertete er Ibsens Kunst sehr hoch. In einer Notiz aus dem Jahre 1908 schrieb er zum Beispiel, als er „jenes überspannte [...] Verlangen [...] nach dem Großen, Dichterischen, Überliterarischen [...]"[3] kritisierte: „Das Größte, was heutzutage gemacht werden konnte, war die bürgerliche Symbolik Ibsens."[4] Wichtige Aspekte der Beziehung Thomas Manns zu Ibsens Werk und ihre Entwicklung werden in diesem Artikel skizziert.

Hofmannsthals Essay ‚Die Menschen in Ibsens Dramen' (1893)

Der Essay *Die Menschen in Ibsens Dramen* (1893), den der Autor im Alter von 19 Jahren verfasste, sollte Hofmannsthals umfangreichste Stellungnahme zu Ibsen bleiben. Der junge Autor kommt hier zu dem Schluss, dass Ibsen praktisch immer wieder den gleichen Menschentypus schildert. Es ist der so genannte Dilettant – ein ewig reflektierender künstlernaher Mensch –, der sich selbst und seine eigenen Stimmungen beobachtet. Er grübelt und analysiert dort, wo er erleben und empfinden sollte. Hofmannsthal sieht alle Figuren Ibsens in ihrem Leben scheitern. Die Neigung zum Dilettantismus sah Hofmannsthal als typisch für die Zeit in der er lebte, wie seine Schriften belegen – z. B. der Essay *Gabriele d'Annunzio* (1893).[5]

Ibsen war in Hofmannsthals Augen also ein Autor, der die problematischen Seiten des modernen Lebens hervorragend darzustellen vermochte. Andererseits spürt man schon in diesem Essay eine Andeutung der Kritik, denn Ibsen vertritt hier das schlechthin Moderne – nicht das Überzeitliche. Der Essay *Menschen in Ibsens Dramen* lässt wichtige Werke Ibsens unerwähnt, die in Hofmannsthals Schema der Ibsenschen Figuren nicht hineinpassen und die Hofmannsthal jedoch am meisten schätzte – *Peer Gynt* (1867) und *Brand* (1866). Manche Stellen aus Hofmannsthals Schriften belegen, dass seine Einstellung zu Ibsen facettenreicher ist, als in diesem Essay angedeutet.

---

[3] Mann, Thomas: Notizbuch 9. In: Notizbücher 7-14. Hg. von Hans Wysling, Yvonne Schmidlin. Frankfurt am Main 1992, S. 131.
[4] Ebd.
[5] Vgl. Hofmannsthal, Hugo von: Gesammelte Werke in zehn Einzelbänden. Hg. von Bernd Schoeller in Beratung mit Rudolf Hirsch. Frankfurt a. M. 1979/80. Reden und Aufsätze I. 1891-1913. Bd. 8.

Hofmannsthals und Thomas Manns Beziehung zu Henrik Ibsen

Persönliches Treffen zwischen Hofmannsthal und Ibsen (18. 4. 1891)

Menschen in Ibsens Dramen (1893) ist die erste aussagekräftige schriftliche Äußerung Hofmannsthals, die das Verhältnis des Autors zu Ibsen beleuchtet. Diesem Aufsatz ging allerdings das erste und letzte persönliche Treffen zwischen Ibsen und Hofmannsthal bevor. Der kaum 17-jährige Hofmannsthal hat den 63-jährigen Ibsen im April 1891 in Wien getroffen. Wie dieses Treffen verlaufen ist, hat Hofmannsthal in einer Notiz niedergeschrieben. Zunächst habe er Ibsen gegenüber die Bewunderung im Namen seiner ganzen Generation vorgetragen, wobei er Ibsen als den „Führer zur Selbstbefreiung"[6] dieser Generation bezeichnete. Ibsen antwortete auf diese Bewunderungsbekundung in dem Sinne, dass es wichtiger sei, „seine Individualität auszubilden"[7] als mit Verehrung zu fremden Vorbildern hinaufzublicken. Zum Austausch wichtiger Gedanken sei es während dieses Gesprächs nicht gekommen. Ibsen hätte das weitere Gespräch auf „äußere[-] Verhältnisse [-]"[8] gelenkt, so dass es zu keinem wirklichen Verständnis zwischen den beiden Autoren gekommen sei.

An dieser Stelle möchte ich erklären, warum der junge Hofmannsthals Ibsen als den „Führer zur Selbstbefreiung"[9] seiner Generation bezeichnete. Das Werk, durch welches Ibsen in deutschsprachigen Ländern berühmt wurde, hat zur damaligen Zeit für viel Aufsehen, oft für Empörung, gesorgt. Ibsen hat auf provokative Art und Weise viele aktuelle Probleme angesprochen (die Stellung der Frau, die Doppelmoral der Ehe, die Macht des Geldes u.a.). Schlimmer noch als diese heiklen Themen war für seine empörten Kritiker, dass seine Dramen nicht gerade darauf angelegt waren, das Gefühl des Sieges der allgemein gültigen moralischen Werte im Inneren des Zuschauers auszulösen. In der Regel hinterlassen Ibsens Dramen beim Zuschauer unangenehme Zweifel, Verständnislosigkeit oder sogar Empörung.[10]

---

[6] Hofmannsthal, Hugo von: Gesammelte Werke in zehn Einzelbänden. Hg. von Bernd Schoeller in Beratung mit Rudolf Hirsch. Frankfurt a. M. 1979/80. Reden und Aufsätze III. 1925-1929. Bd. 10. S. 327.
[7] Ebd., S. 327.
[8] Ebd.
[9] Ebd.
[10] Ibsen schafft absichtlich solche geschmackwidrige Szenen wie die Abschlussszene seines Stückes Gespenster, in der die todkranke Sohn seine Mutter darum bittet, ihn zu töten. Seine Mutter hat dabei keine „andere" Möglichkeit ihm zu helfen.

Die einst unanfechtbaren Werte wie Wahrheit und Moral werden in Ibsens Dramen angezweifelt.

Im Gegensatz dazu fühlten sich der junge Hofmannsthal und der Teil seiner Generation, in deren Namen er sich bei Ibsen bedankt, von dieser undogmatischen, undidaktischen und provokativen Kunstauffassung angezogen. Deshalb bezeichnete Hofmannsthal Ibsen als den „Führer zur Selbstbefreiung".[11] Dabei muss aber gesagt werden, dass Ibsen die Rolle des „Führer[s] zur Selbstbefreiung"[12] für Hofmannsthal nur in der Zeit seiner frühen Jugend wahrnehmen konnte, bis diese Rolle andere Persönlichkeiten übernommen haben. Hervorzuheben hierin sind vielleicht George, Nietzsche, Goethe und Kierkegaard.

Weitere Äußerungen Hofmannsthals zu Ibsen bis 1906. Die Kunstauffassung Ibsens als Problem in Hofmannsthals Augen.

Die ersten schriftlichen, wenn auch indirekten und stilisierten Vorbehalte Hofmannsthals gegen Ibsen finden wir in seinem Aufsatz über die hochbegabte Schauspielerin Eleonora Duse von 1903. Hier spricht Hofmannsthal von Ibsen u. a. als von einem „gedrungenen, mächtigen Dämon[-][und] Zauberer[-] in Filzpantoffeln".[13] Das Theaterstück *Hedda Gabler* beschreibt er als die „bösartige kleine Welt"[14] und seine Figuren als „in Zauberschlägen eingefangene[-] Menschen und Halbmenschen".[15] Seine Lieblingsschauspielerin in diesem Stück mitwirken zu sehen, hält Hofmannsthal in diesem Aufsatz für einen „bösen Traum".[16]

Eine der komplexesten Äußerungen des Autors zu Ibsen finden wir in seinem Brief an Otto Brahm aus dem Jahre 1906 – also nur 3 Jahre nach dem zitierten Duse-Aufsatz. Hier äußert sich Hofmannsthal zu Ibsen im

---

[11] Hofmannsthal, Hugo von: Gesammelte Werke in zehn Einzelbänden. Hg. von Bernd Schoeller in Beratung mit Rudolf Hirsch. Frankfurt a. M. 1979/80. Reden und Aufsätze III. 1925-1929. Bd. 10. S. 327.
[12] Ebd.
[13] Hofmannsthal, Hugo von: Gesammelte Werke in zehn Einzelbänden. Hg. von Bernd Schoeller in Beratung mit Rudolf Hirsch. Frankfurt a. M. 1979/80. Reden und Aufsätze I. 1891 - 1913. Bd. 8. S 486.
[14] Ebd.
[15] Ebd.
[16] Ebd.

Hinblick auf die Kunstkonzeption des Norwegers. Gerade Ibsens Verhältnis zur Kunst fand Hofmannsthal am problematischsten.

An Ibsen ist manches unklare, was auf den ersten Blick klar scheinen möchte, so die wiederkehrende Antithese zwischen Beruf und Leben, in welcher das Leben immer geopfert wird (Ella Rentheim Treue). Denn ist nicht der Beruf für immer Symbol der Künstlerschaft und wie wäre denn zwischen Poesie und Dasein eine Feindschaft, da Poesie gesteigertes Dasein ist?[17]

Hofmannsthal war sein ganzes Leben lang von der Meisterschaft einiger Werke Ibsens überzeugt. Er glaubte daran, dass die Qualität eines Kunstwerks durch die Verankerung des Autors im realen Leben bedingt ist. In diesem Zusammenhang spricht er von der „Poesie" als vom „gesteigerten Dasein" und lehnt es ab, die Kluft zwischen dem Leben eines dichterischen Meisters und seinem Werk zu sehen. Ein wahrer Dichter sollte ebenfalls im Stande sein, „das Ungeheure als verwandt"[18] zu empfinden. Ein wahrer Dichter sollte das Dichtertum mit der festen Verankerung im Leben in seiner Persönlichkeit vereinigen. Ibsens literarische Dichter-Figuren sind dagegen in ihrer Jugend ausschließlich der Kunst ergeben, um dies im Alter bitter zu bereuen. Eine glückliche Verbindung zwischen Kunst und Leben kommt hier sehr selten zustande. In seinem Alterswerk scheint Ibsen die Kunst zugunsten des Lebens zu verdammen, was Hofmannsthal beunruhigte.

Thomas Manns Kunstauffassung. Der Ursprung der Kunst bei Ibsen, Hofmannsthal und Thomas Mann.

Thomas Mann konnte Ibsens Gegensatz zwischen Leben und Kunst leichter akzeptieren als Hofmannsthal, obwohl auch er die Symbiose zwischen dem künstlerischen Schaffen und dem vollwertigen Leben für anstrebenswert hielt. Trotzdem finden wir in seinem dichterischen Werk immer wieder geniale Künstlerfiguren, die im Leben scheitern – z.B. Gustav Aschenbach

---

[17] Schmid, Martin E.: Hugo von Hofmannsthal Brief-Chronik. Regest-Ausgabe. Heidelberg 2003. Bd. 1. 1874-1911, S. 982.
[18] Diese Vorstellung gründet auf Nietzsches früher Kunstphilosophie, die Hofmannsthals eigenes Kunstverständnis in seiner Jugend maßgeblich beeinflusst hat. (Vgl. Streim, Gregor: Das ‚Leben' in der Kunst. Würzburg 1996, S. 173.)

in *Tod in Venedig* oder Adrian Leverkühn in *Doktor Faustus*. Ibsens Pessimismus bezüglich der Kunst war Thomas Mann wesensnah.

An dieser Stelle möchte ich auf einen gemeinsamen charakteristischen Zug aufmerksam machen, der die Kunstauffassung aller drei hier behandelten Autoren betrifft. Ibsen, Hofmannsthal und Thomas Mann stimmten in ihrer Definition des Ursprungs der Kunst überein. Diesen sahen sie nämlich einstimmig im menschlichen Leiden. Thomas Mann selbst weist auf Ibsens Stück *Kronprätendenten* hin, wo dieser Gedanke formuliert wird. Mann sowie Hofmannsthal maßen dieser Erkenntnis eine große Bedeutung zu und das äußert sich auch in ihrem dichterischen Werk. Erwähnen kann man in diesem Zusammenhang Thomas Manns Aschenbach, Tonio Kröger, Adrian Leverkühn oder auch Goethe (*Lotte in Weimar*) und Schiller (*Schwere Stunde*). In Hofmannsthals Werk können wir dieses Phänomen beispielsweise an der Sängerin Vittoria in *Der Abenteurer und die Sängerin* beobachten.

Ibsens Pessimismus in Hofmannsthals und Manns Auffassung

Hofmannsthal sowie Thomas Mann äußerten sich zum Thema Ibsens Pessimismus, der vor allem in den späten Stücken des norwegischen Dramatikers zum Ausdruck kommt. Im Spätwerk lässt Ibsen alle seine zum Idealismus oder Heroismus neigenden Figuren scheitern. Er scheint davon überzeugt zu sein, dass der menschliche Wille, welcher nach der Adelung des Charakters trachtet, im Konflikt mit den vererbten primitiveren Anlagen und Trieben des Menschen unterliegen muss. Hofmannsthal äußert dies in der folgenden Formel: „Trübung fällt auf [Ibsens] heroische Welt durch das Hereinragen, Hereindräuen des Überpersönlichen, Unfreiheit als Gesetz, versinnlicht durch die Erblichkeit als Heimsuchung"[19] Von Ibsens Pessimismus scheint sich Hofmannsthal zu distanzieren. Im Gegensatz dazu hebt er *Goethes* Vertrauen ins Leben und in die Natur hervor, das Sittlichkeit mit einbezieht, und das er als „Frömmigkeit" bezeichnet.[20]

---

[19] Hofmannsthal, Hugo von: Gesammelte Werke in zehn Einzelbänden. Hg. v. Bernd Schoeller in Beratung mit Rudolf Hirsch. Frankfurt a. M. 1979/80. Reden und Aufsätze II. 1914-1924, Bd. 9. S. 29.
[20] Vgl. Ebd., S. 38.

Während Hofmannsthal Ibsens Pessimismus als „Sackgasse" empfindet, scheint Thomas Mann eher das Positive und Verdienstvolle daran zu unterstreichen. Er bewundert die Schärfe von Ibsens Blick, der jede Art von Lebenslüge zu entlarven vermag und auch nicht vor der Erkenntnis zurückschreckt, dass Menschen Lebenslüge zum Überleben brauchen. Ibsens Sehnsucht nach der Wahrheit, aber auch seine Liebe zu menschlichen Schwächen, findet Thomas Mann bewundernswert. Thomas Mann betont auch, dass ein Künstler keineswegs Optimist sein muss, um künstlerisch wertvolle Werke zu schaffen. Er zieht Parallele zwischen Ibsen und Wagner, wenn er schreibt:

> Als Feuerbachianer hatte er [=Wagner] einer humanen Religion angehangen u. ‚den Menschen' geglaubt. Dann, unter Schopenhauer, verwandelte sich ihm sein Christentum in einen pessimistischen Buddhismus – u. daraus schuf er sein Größtes. Ebenso Ibsen. ....[21]

Doch ähnlich wie Hofmannsthal betrachtet auch Thomas Mann Ibsens Pessimismus im Spätwerk als etwas, das überwunden werden soll. Den Pessimismus und die „musikalische[-] Nacht- und Todverbundenheit"[22] bezeichnet er im Essay *Leiden und Größe Richard Wagners* als das wohl typischste Phänomen des 19. Jahrhunderts. Im Essay *Über die Kunst Richard Wagners* beschreibt Thomas Mann das 19. Jahrhundert als eine Epoche, „die vielleicht als groß und gewiß als unglückselig im Gedächtnis der Menschheit fortleben wird".[23] Im Gegensatz dazu träumt er (1911) vom 20. Jahrhundert als von einer glücklicheren Epoche. Das 20. Jahrhundert stellt er sich vor als eine Epoche „[…] von vornehmerer und selbst gesunderer Geistigkeit, etwas das seine Größe nicht im Barock-Kolossalischen und seine Schönheit nicht im Rausche sucht".[24] Der Autor erwünscht die Zeit einer neuen Klassizität.

---

[21] Mann, Thomas: Notizbuch 12. In: Notizbücher 7-14. Hg. von Hans Wysling, Yvonne Schmidlin. Frankfurt a. M. 1992, S. 305-306.
[22] Mann, Thomas: Leiden und Größe Richard Wagners. In: Leiden und Größe der Meister. Frankfurt a. M. 1982, S. 716-717.
[23] Mann, Thomas: Über die Kunst Richard Wagners. In: Altes und Neues. Kleine Prosa aus fünf Jahrzehnten. Berlin 1956, S. 662.
[24] Ebd.

PAVEL KNÁPEK

Hofmannsthals Konzentrierung auf Österreich und seine Bedeutung im Zusammenhang mit der Bewertung Ibsens

Die teilweise Distanzierung des späten Hofmannsthal von Ibsen kann noch mit einem Phänomen zusammenhängen, das sich bei Hofmannsthal seit dem ersten Weltkrieg bemerkbar macht – mit seiner Konzentrierung auf das Wesen und die Bedeutung Österreichs – auf die so genannte „österreichische Idee". Besonders unter dem Eindruck der Enttäuschung über die Politik Deutschlands im ersten Weltkrieg beschäftigte sich Hofmannsthal seit dieser Zeit zunehmend mit den Charakterunterschieden, die Österreich gegenüber (Nord)deutschland prägen. Die stichpunktartige Zusammenfassung dieser Unterschiede findet man im Aufsatz *Preusse und Österreicher* (1917).[25] Der von Hofmannsthal entwickelte Gegensatz zwischen Preußen und Österreich kann auch sein Verhältnis zu Skandinavien beeinflusst haben. So spricht Hofmannsthal 1928 (Aufsatz *Gedanken über das höhere Schauspiel in München*) von „der Mainlinie des Geschmacks"[26] im Zusammenhang mit Ibsen. In Bezug auf das Theater in München schreibt er:

> Die Freude am ‚Wie' des Gesprächs ist hier stark, wie im Norden die Freude am zergliedernden ‚Was'. Hier läuft auch eine solche Mainlinie des Geschmacks, an welcher der übermäßige Einfluß Ibsens, später Strindbergs haltgemacht hat.[27]

Der Einfluss „der österreichischen Idee" bei Hofmannsthal zeigt sich jedenfalls in seinem stärkeren Unterscheiden zwischen dem Österreichischen und dem Fremden. 1918 schreibt er:

> Nichts ist auf den ersten Blick seltsamer, als einen bizarren nordländischen Autor, wie Strindberg, und das Wiener Publikum, das Publikum

---

[25] Den Gegensatz des ideal-typischen preußischen und österreichischen Geistes sieht Hofmannsthal folgendermaßen: „mehr Tugend, mehr Tüchtigkeit – mehr Frömmigkeit, mehr Menschlichkeit. / Selbstgefühl – Selbstironie. / Scheinbar männlich – Scheinbar unmündig. / Stärke der Abstraktion – Geringe Begabung für Abstraktion. / Stärke der Dialektik – Ablehnung der Dialektik. / Größere Gewandtheit des Ausdrucks - Balance. / Mehr Kampf ums Recht - Lässigkeit. / Drängt zu Krisen – Weicht den Krisen aus." Hofmannsthal, Hugo von: Gesammelte Werke in zehn Einzelbänden. Hg. v. Bernd Schoeller in Beratung mit Rudolf Hirsch. Frankfurt a. M. 1979/80. Reden und Aufsätze II. 1914-1924, Bd. 9. S. 459-461.
[26] Hofmannsthal, Hugo von: Gesammelte Werke in zehn Einzelbänden. Hg. von Bernd Schoeller in Beratung mit Rudolf Hirsch. Frankfurt a. M. 1979/80. Reden und Aufsätze III. 1925-1929. Bd. 10. S. 181.
[27] Ebd.

des Josefstädter Theaters, übereinbringen zu wollen. In diesen Dingen aber ist Geduld, ein fester Vorsatz und die Dauer der Zeit über alle. [28]

Man muss ausdrücklich sagen, dass die Anzeichen dieser Distanzierung bei Hofmannsthal auf keinem feindlichen Nationalismus gründen. Vielmehr will sich der Autor selbst auf positive - befestigende - Art und Weise auf seine eigenen Wurzeln zurückbesinnen. Sein Werk dreht sich schließlich um die Suche nach der eigenen Identität. Wenn der moderne Mensch seine Identität finden soll, muss er sich zunächst mit seiner unmittelbaren Umgebung identifizieren können. Dabei soll er es lernen, die Traditionen, aus denen er hervorgegangen ist, als sinnvoll und lebendig zu betrachten. Hofmannsthal Besinnung auf das Österreichische muss deshalb besonders aus dieser Perspektive gesehen werden.

Obwohl sich Hofmannsthals (schriftliche) Kritik an Ibsen schon mindestens seit etwa 1903 datieren lässt, kann sie mit dem neu gebildeten Gegensatz „Preuße – Österreicher" einen neuen Antrieb angenommen haben. Besonders Hofmannsthals Kritik an Ibsen im fiktiven Gespräch mit Strauss *Die ägyptische Helena* (1928) stimmt mit seiner Kritik am preußischen Geist größtenteils überein. Dort wirft Hofmannsthal Ibsen „zweckhafte, ausgeklügelte Rede"[29] vor, die diesem als das „Vehikel[s]"[30] seines Schaffens diene. Im Aufsatz *Preusse und Österreicher* (1917) stellt Hofmannsthal beim Preußen u. a. Folgendes fest: die „Stärke der Dialektik", „Stärke der Abstraktion", „Größere[-] Gewandtheit des Ausdrucks [als die des Österreichers]" und scheinbare Männlichkeit. [31] Der holsteinische Baron Neuhoff – der Repräsentant des Preußentums in Hofmannsthal Komödie *Der Schwierige* – fällt gerade durch unaufrichtiges streberhaftes Verhalten und ausgeklügeltes Reden auf. Hofmannsthals Kritik in diesem Sinne kann primär andere Gründe haben, trotzdem ist es möglich, dass auch dieser „österreichische" Einfluss seine Rolle gespielt hat. Dass Hofmannsthals späte Kritik an Ibsen

---

[28] Hofmannsthal, Hugo von: Gesammelte Werke in zehn Einzelbänden. Hg. v. Bernd Schoeller in Beratung mit Rudolf Hirsch. Frankfurt a. M. 1979/80. Reden und Aufsätze II. 1914-1924, Bd. 9. S. 241.
[29] Coghlan, Brian: Ibsen und Hofmannsthal. In: Stern, Martin: Hugo-von-Hofmannsthal-Gesellschaft: Referate der 2. Tagung der Hugo von Hofmannsthal Gesellschaft: Wien 10. - 13. Juni 1971. [verantwortlich für d. Gesamtherstellung: Martin Stern]. Wien 1971, (Hofmannsthal-Forschungen 1). S. 38.
[30] Ebd.
[31] Hofmannsthal, Hugo von: Gesammelte Werke in zehn Einzelbänden. Hg. v. Bernd Schoeller in Beratung mit Rudolf Hirsch. Frankfurt a. M. 1979/80. Reden und Aufsätze II. 1914-1924, Bd. 9. S. 460.

manchmal etwas schematisch und weniger feinfühlig als früher ausklingt, kann außerdem seinen Grund einfach darin haben, dass sich Hofmannsthal mit Ibsens Werk im späteren Alter weniger als in seiner Jugend beschäftigt hat.

Zusammenfassung

Im Unterschied zu Hofmannsthal besuchte Thomas Mann Norwegen niemals. (In Dänemark und Schweden hielt er sich jedoch mehrmals auf). Als gebürtiger Lübecker hatte er eine nähere Beziehung zum europäischen Norden und seinen Schriftstellern als Hofmannsthal. Zu Manns erster Lektüre gehörten beispielsweise norwegische realistische Familienromane. Eine noch nähere Beziehung hatte er zu den dänischen Schriftstellern Jacobsen und Bang. Für Hofmannsthal wiederum spielte der dänische Philosoph Kierkegaard eine wichtige Rolle.

Der Gegensatz zwischen dem europäischen Norden und Süden spielt in Thomas Manns Werk eine wichtige Rolle. Er selbst glaubte die nördliche und südliche Wesensart in seiner Persönlichkeit auf eine einzigartige und fruchtbare Weise zu vereinigen, da seine Eltern bekanntlich den Nord-Süd Gegensatz repräsentierten – der Vater die nördliche Strenge und Festigkeit, die in Brasilien geborene Mutter die südliche Lässigkeit.

Mit Ibsens Werk hat sich Thomas Mann am intensivsten im Essay *Ibsen und Wagner* (1928) beschäftigt.[32] Wagner und Ibsen erscheinen hier als stark wesensverwandt. Thomas Mann betont die gemeinsamen Züge in ihren Werken – vor allem in Bezug auf die schriftstellerische Technik und ihre Wirkung. Er spricht von der faszinierenden Komposition und dem „tiefsinnig-virtuosen System",[33] das „psychologische Anspielungen, Vertiefungen, Bezugnahmen"[34] ermöglicht.
Zugleich erscheinen Wagner und Ibsen in Thomas Manns Essay als typische Repräsentanten des neunzehnten Jahrhunderts. Der Autor meint: „Sie werden in ihrer Größe und ihrem Raffinement, ihrer titanischen Morbidität un-

---

[32] Bzw. im Essay: Leiden und Größe Richard Wagners (1933). In den letztgenannten Essay wurden nämlich Teile des ersteren (in leicht veränderter Form) eingegliedert.
[33] Mann, Thomas: Leiden und Größe Richard Wagners. In: Leiden und Größe der Meister. Frankfurt a. M. 1982, S. 722.
[34] Ebd.

endlich kennzeichnend bleiben für die Epoche, die sie zeitigte, eben das neunzehnte Jahrhundert."[35] Im Essay *Über die Kunst Richard Wagners* beschreibt Thomas Mann das 19. Jahrhundert als eine Epoche, „die vielleicht groß und gewiß als unglückselig im Gedächtnis der Menschheit fortleben wird."[36] Diese und ähnliche Äußerungen belegen Manns Hochschätzung für Ibsens Werk, doch gleichzeitig erklingen hier auch Zweifel des Autors hinsichtlich der Größe der Epoche, deren Repräsentanten Ibsen (und Wagner) sind. Einigermaßen stehen diese Äußerungen des späten Thomas Mann im Einklang mit spätem Hofmannsthal – trotz allen Respekts kommt bei beiden Autoren im unterschiedlichen Grad ein gewisser Abstand zu Tage. Hofmannsthals Vorbehalte gegenüber Ibsen sind jedoch konkreter und persönlicher, während Thomas Manns Beziehung zu Ibsen relativ unbeschwert bleibt.

Thomas Mann äußert sich seltener zu einzelnen Stücken Ibsens und überhaupt zum Inhalt und Gedanken in Ibsens Werk. Umso größere Aufmerksamkeit widmet er der formalen Seite von Ibsens Stücken – ihrer meisterlichen Komposition und der Vernetzung einzelner Motive und Symbole in Ibsens Werk. Diese Technik erinnert Thomas Mann an die Komposition musikalischer Werke und stellt Ibsen – in Manns Augen – an die Seite von Richard Wagner. Die Fülle und oftmals Widersprüchlichkeit von Gedanken, die in Ibsens Dramen ausgesprochen werden, machen Ibsen zu Thomas Manns Doppelgänger und zum Repräsentanten der Jahrhundertwende.

---

[35] Mann, Thomas: Ibsen und Wagner. In: Altes und Neues. Berlin 1956, S. 181.
[36] Mann, Thomas: Über die Kunst Richard Wagners. In: Altes und Neues. Berlin 1956, S. 662.

NANULI KAKAURIDSE

Thomas Mann-Rezeption in der georgischen Germanistik

Seit Jahrhunderten existiert in Georgien eine tiefe Neigung zur europäischen Literatur und Kultur. Die Übersetzungen und wissenschaftlichen Forschungen auf diesem Gebiet bereichern die nationale Literatur, Literaturwissenschaft und Kultur. Dies betrifft auch die Thomas Mann-Forschung in Georgien, die in den 40er Jahren des 20. Jahrhunderts beginnt.

Die erste im Jahre 1948 veröffentlichte Arbeit über Th. Mann gehört dem berühmten georgischen Schriftsteller Konstantine Gamsachurdia, der in seinem Aufsatz die Wirkungen von Schopenhauer, Nietzsche und Wagner auf Th. Mann sowie weltanschauliche und ästhetische Stellungnahmen des Schriftstellers in den verschiedenen Perioden seines Schaffens analysiert.

Die fundamentale Th. Mann-Forschung ist in Georgien mit den wissenschaftlichen Forschungen von Prof. Dr. Nodar Kakabadse verbunden, der seine Doktorarbeit Thomas Manns Frühwerk gewidmet hat. Ihm gehören auch die Monographien: *Thomas Mann* (1973), *Die Romanpoetik von Thomas Mann* (1983), *Thomas Mann. Aspekte seines Schaffens* (1985) sowie zahlreiche Aufsätze zu Th. Manns Werk.

Um die genetischen Wurzeln des Spätwerks des Schriftstellers zu bestimmen, erforscht N. Kakabadse in seiner Dissertationsarbeit das Frühwerk (1893-1900) von Th. Mann im Sinne seines Verhältnisses zur deutschen epischen und philosophischen Tradition. Das Frühwerk von Manns, oder das „leis-psychologisches Präludieren" seines Schaffens zeige viele künstlerisch-stilistische Merkmale des Spätwerks. Es stehe der klassischen, traditionellen Prosa näher als das späte, weil dort der Schriftsteller die konventionellen Formen und Technik des Erzählens benutze. Im Zentrum stehe aber, wie im Spätwerk, die intellektuell-emotionale Welt des Menschen. Die essayistischen Ströme im Erzählen sind für das Frühwerk nicht charakteristisch; da treten die Symbole auf, die nach den Antithesen gegeben sind. Diese Antithesen sind schematischer als im Spätwerk. Im Frühwerk hat das Erzählen

(Narrativ) chronologischen Charakter, ohne „Sprünge" und Zeitverwirrungen. Die frühen Novellen und Erzählungen mit ihren empirischen und symbolischen Aspekten sind die so genannten realistischen „poetischen Introspektionen", die teilweise jene Wirkungen der Ästhetik von Naturalismus und Impressionismus zeigen.

N. Kakabadse zeichnet in seinen wissenschaftlichen Forschungen ein klares Bild der Spezifik auch des Spätwerks von Th. Mann. Nach seiner Meinung sei sein Roman kein traditioneller, sozial-panoramer Roman. Im ihm erscheinen die Tendenzen des Intellektualismus, der Abstraktheit, der Antipathetik, des Antisentimentalismus. Th. Mann zerstört die traditionellen epischen Formen, aber nicht in solchem Maße wie Joyce oder Kafka. Bei ihm existieren nebeneinander traditionelle und moderne Elemente der Epik. Anstatt der empirischen Handlung treten bei ihm in erster Linie das Beschreiben des Bewusstseins der Personen, Verinnerlichungen und Betrachtungen des Autors auf. Zeit und Raum werden auch intensiv, aber nicht so extrem wie bei den Modernisten. Defabulisierung, Symbole und Abstraktheit verbinden sich mit der konkreten Schilderung der Realität. Die Komposition der Romane unterscheidet sich von den „Sprüngen", von den chaotischen Veränderungen der Themen und Probleme wie es für die Prosa des „Bewusstseinstroms" charakteristisch ist. In das epische Erzählen dringen essayistische Betrachtungen, breite Reflexionen, Meditationen und Kommentare des Schriftstellers. Die Kommentare haben ethischen, philosophischen, psychologischen Charakter. Das sind die so genannten „Erzählereingriffe" des Autors.

Um ein einheitliches Bild der Evolution des Schriftstellers vorzustellen analysiert der Autor die Wirkungen von Nietzsche, Schopenhauer, Wagner, Dostojevski, Hans Pfitzner, Ernst Bertram, Goethe und Schiller auf Th. Mann. Nach Meinung des Autors ist es notwendig zu unterscheiden: einerseits Nietzsches Einfluss auf die essayistischen Arbeiten des Schriftstellers und andererseits die „Verwendung" Nietzsches in den künstlerischen Werken von Th. Mann.

Das Thema der Dissertationsarbeit von Prof. Dr. Dali Pandjikidse, die als erfolgreiche Übersetzerin von Thomas Manns Werk ins Georgische bekannt geworden ist, lautet: *Die Fragen der komparativen Stilistik und Probleme der literarischen Übersetzung nach dem Roman von Th. Mann „Buddenbrooks"* (1970).

Die Autorin setzt sich darin zum Ziel die Bedeutung der komparativen Stilistik hinsichtlich der Übersetzungsproblematik zu klären und die stilistischen Probleme abzuhandeln. Nach der Meinung der Autorin hat die Lösung dieser Probleme eine große Bedeutung bei der Stilerhaltung des authentischen Textes. Dieselben Probleme werden in den späteren Behandlungen von Dali Pandjikidse hervorgehoben.

Die nächste Doktorarbeit gehört Frau Prof. Dr. Nino Pirzchalawa. Das Thema der Arbeit ist: *Weltmodell in Thomas Manns Schaffen im Lichte seiner kultur-philosophischen Ideen* (1994). Die Autorin stellt sich zum Ziel dieses Weltmodell nach Manns theoretischen, essayistischen und kulturphilosophischen Arbeiten zu klären und die philosophischen Wurzeln zu untersuchen, die die theoretische Basis für das Schaffen des Schriftstellers gebildet haben.

Die Autorin analysiert hierbei die Transformation des astronomischen Kosmos hin zum ethischen Kosmos in Thomas Manns „Zauberberg". Nach ihrer Meinung treten im Roman zwei kulturelle Welten auf: es handelt sich dabei um die westliche und östliche, die sich einander diametral entgegenstehen. Th. Mann vermischt aber bewusst die Perspektiven der räumlichen Orientierung, die zur Folge zwei sich verschiedene, gegenüberstehende seelische und ethische Welten hat, die auf unterschiedlichen Prinzipien – auf der aktiven westlichen und der passiven östlichen – aufgebaut sind.

Die spezifischen zeit-räumlichen Verhältnisse bilden im Roman ein eigenartiges Weltmodell. Aber dieses Modell kann nicht vollkommen sein, ohne die Funktion der Ziffermagie zu bestimmen. Im *Zauberberg* sind alle wichtigen Ereignisse mit der Ziffer 7 verbunden. Sie ist Orientierungsziffer in Zeit und Raum; sie modelliert zeit-räumliche Perspektiven im Roman. In die ethische Sphäre transzendierte zeit-räumliche Kategorien überschneiden sich in den Ziffern.

N. Pirzchalawa betrachtet in der Dissertationsarbeit das Problem der These – Antithese – Synthese in Thomas Manns *Zauberberg* im Vergleich zu Hegelschen Schrift *Zur Philosophie der Weltgeschichte*. Sie meint, dass im Roman nicht nur einzelne Nationen, sondern die ganzen Epochen und Kulturwelten gegenübergestellt werden. Die Prinzipien dieser unterschiedlichen Epochen und Welten verkörpern im Roman die Personen verschiedener Nationalitäten. Pirzchalawa betrachtet in der Arbeit zwei gegenüberstehende seelische Traditionen: die nördlich-protestantische und südlich-katholische, die voneinander getrennt sind. Thomas Mann könne der ersten zugerechnet werden. Das deutsche Bürgertum verkörperte das Prinzip der Mitte, seine seelische „Transmutation" geschah in der Sphäre des Geistes, hier bekam es sein metaphysisch-aristokratisches Selbstbewusstsein, das mit der Sphäre der Ideen verknüpft war.

N. Pirzchalawa beurteilt die Morphologie des kosmischen Baumes und die Ästhetik des Lichtes, auch die Idee der „echten Deutschheit" und des Kultes des „guten" Europäertums. Der ewige Kampf der „echten" Deutschen (Luther, Bismarck) mit dem Kult des „guten" Europäers (Nietzsche) ist in Idee des Weltbürgers aufgelöst. Für Th. Mann war die seelische Heimat" diese humanistisch-weltbürgerliche Welt.

Hans Kastorp ist im Roman anthropomorphes Zentrum der modellierten Welt. Diese im Werk gezeigte Welt ist nur sein Wille und seine Vorstellung. Davon ausgehend ist er selbst die Welt, oder der Makrokosmos im Schopenhauerschem Sinne. Durch die „hermetische Pädagogik" wird er zum „Lichtsucher".

In der Arbeit werden das synkretisch-diakretische Problem der Begriffe von Kultur und Zivilisation und Th. Manns kulturphilosophische Ansichten im Aspekt der Kulturphilosophie betrachtet. Die Autorin unterscheidet zwei Linien in der Antike-Rezeption in Deutschland: die Goethe-Winkelmannische und die Nietzsche-Burckhard Linie. Nach Meinung der Wissenschaftlerin führt Th. Mann die Tendenzen der beiden Richtungen fort.

Das Dissertationsthema von Dr. Maia Tscholadse heißt *Zeit als Held in Thomas Manns Zauberberg* (2002), in der sich die Autorin zum Ziel setzt, die Analyse der Zeit, die ihr als wichtigste poetologische Kategorie im Werk erscheint, zu geben. M. Tscholadze erforscht die Einheit der Struktur des Romans durch die Verwendung der Zyklentheorie der Zeit, die die Wirkung der Zeit auf die handelnden Personen des Werks, die Verschiebung des Kompositionszentrums von dem Kastorpthemas auf das Zeitthema lenkt. Zu diesem Zweck erfasst M. Tscholadse das Problem der Zeit in der Ästhetik und der Kulturphilosophie in der ersten Hälfte des XX Jahrhunderts; erforscht objektive, erzählte und quasiobjektive Zeiten im Roman; zeigt Mittel zur Überwindung der subjektiven Zeit auf; untersucht das „asiatische" Verhältnis von Klaudia Schauscha zur Zeit und unterstreicht das Thema von Mynheer Peeperkorn und der subjektiven Zeit; dabei analysiert sie auch die Bedeutung von Schuberts „Lindenbaum" und der supersubjektiven Zeit.

Die Autorin fasst zusammen, dass der *Zauberberg* die spezifischen Merkmale des deutschen Romans des 20. Jahrhunderts zeigt: „Verinnerlichung", Intellektualismus, Verwandlung der extensiven Zeit in die intensive, das Streben zur Zeitaufhebung und zum magischen „nunc stans".

Die zyklische Zeittheorie verbindet Prolog und Finale des Werks miteinander. Die Sublimation aller Themen-Motive geht im Finale, im so genannten „Coda" auf. In der offenen Zeitstruktur endet das Thema der Zeit nicht, was auf die zyklische Komposition des Romans hinweist.

Im Unterschied zu Wissenschaftlern, die das Zeitproblem im „Zauberberg" erforschen, klassifiziert die Autorin im Roman folgende Zeitarten: objektive Zeit, quasiobjektive Zeit, subjektive und supersubjektive Zeiten Das Erzählen im Roman findet meistens in der quasiobjektiven Zeit statt. Im Sinne der Komposition spielt sie eine wichtige Rolle im Roman, weil sie gleichzeitig die objektive Zeit aufhebt. Im hermetischen Raum entstehen komplizierte Reflexionen. Die Zeit wird unmateriell, es ist schwer sie zu messen, die Verbindung zwischen Raum und Zeit ist zerrissen, was man besonders stark in der supersubjektiven Zeit fühlt. Die übersubjektive Zeit ist die Zeit, die durch die Musik bedingt ist. Unter dem Druck der Musik werden objektive, quasiobjektive und subjektive Zeiten aufgehoben. Die supersubjektive Zeit ist mit der Krankheit und der „Sympathie mit dem Tode" verbunden. Die Überwindung dieser Zeit bedeutet die Überwindung der Schopenhauerschen „Sympathie mit dem Tode". Zeit als Held bestimmt die Änderungen im Denken von Hans Kastorp, hier beginnt die Kreisbewegung der Zeit, die endlos dauert.

Das Dissertationsthema von Dr. Natia Nassaridse lautet: *Goethe- und Wagner-Rezeption in Thomas Manns Essayistik* (2005).

Nach der Meinung der Autorin sei das essayistische Werk von Thomas Mann kaum weniger umfangreich als sein fiktionales, zudem ist es Zeit seines Lebens eng mit seinen ästhetischen Ansichten verknüpft, die es begleiten, kommentieren und deuten.

N. Nassaridse interessiert sich für die Essays, die Wagner und Goethe gewidmet sind, um die Veränderungen der Ästhetischen und gesellschaftlich-politischen Ansichten des Schriftstellers zu zeigen.

Die Autorin meint, dass das Verhalten Th. Manns zu Wagner zeitlebens durch zwei heterogene Prinzipien bedingt war: 1. durch die Aufgeschlossenheit und Liebe zu Wagners Schaffen und 2. durch seine kritischpolemische Haltung ihm gegenüber. Wagners Werke wirkten stimulierend wie sonst nichts auf seinen jugendlichen Kunsttrieb. Allmählich aber macht sich der Einfluss der Nietzsche-Kritik bemerkbar. Die so genannte „Wagner-Krise" führt ihn zu einer relativen Distanzierung von Wagner und gleichzeitig zu einer entscheidenden Annäherung an Goethe.

Th. Manns Weg zu Goethe kennzeichnet die Autorin als Prozess der Identifizierung und Anverwandlung. Indem er sich Goethe zuwendet, entfernt er sich, halb noch unwillig, von den Sternbildern seiner Jugend. In den Jahren 1934-1955 identifiziert sich Th. Mann schon mit Goethe. Es geht dabei nicht um das „Genaumachen", sondern um Darstellung von „unio mystica mit dem Vater". Der Versuch Th. Manns, Goethe als Vorbild anzurufen, wird zur Verteidigung der eigenen Position gegenüber den Dunkelmännern der nationalsozialistischen Bewegung. Mit Hilfe des Goethebildes versucht Thomas Mann den Deutschen den richtigen Weg hin zum europäischen Humanismus zu deuten. Goethes mystische Gestalt vereinigte in sich Deutsch-Volkstümliches und Mediterran-Europäisches. Goethe ist der „integrale Mensch", der eine glückliche Synthese von Erasmus und Luther, eine Verbindung des „Geniehaften mit dem Vernunftvollen" darstellt.

Prof. Dr. Nanuli Kakauridse schrieb die Monographie *Thomas Mann und die musikalische Romantik* (2001), in der die Bedeutung der musikalischen Romantik aufgrund einer weltanschaulich-ästhetischen Stellungnahme des Schriftstellers mit Hilfe seiner Tagebücher, Essays und Kunstprosa untersucht wird.

Die Autorin betont, dass im Verhältnis zur Musik Th. Mann die Tradition der deutschen Romantiker (Wackenroder, Tieck, Hoffmann) fortsetzt. In der Arbeit wird das Interesse des Schriftstellers an der romantischen Kunsttheorie von Friedrich und A. W. Schlegel, von J. Schelling und an der „Dissonanzenkeimtheorie" von Novalis gezeigt. Der Schriftsteller verwende dabei die Kritik, die Nietzsche über Wagner äußerte, um die Dekadenzkünstler oder Dekadenzmusikwerke zu schaffen. „Musikalität" und „Krankheit" sind für Th. Mann mit der deutschen Romantik verbundene Motive.

Die Autorin unterstreicht, dass sich Th. Manns Schaffensmethode, ungeachtet seiner Sympathie für die Früh- und Spätromantik, wesentlich von der romantischen Ästhetik unterscheide. Die romantische Musik wird ihm als Mittel zur Verallgemeinerung des allumfassenden künstlerischen Systems. Ihr kommt modellhafte Bedeutung zu. In Manns Schaffen verflechten sich allmählich Musik und erzählte Geschichte miteinander. Manchmal spielt die Musik im Prozess des Erzählens eine führende Rolle, oder musikalische und erzählte Handlungen entwickeln sich parallel im Werk.

Im *Zauberberg* tritt die Musikalität als Symptom von Krankheit auf. Der Tod erscheint hier als transzendiertes Phänomen des Lebens. Die Autorin weist im Roman sowohl auf „Todesmusik", „Todessehnsucht", „Todessympathie" als auch auf den symptomatischen Dualismus der Krankheit und des Todes hin. Hier ist die musikalische Zeit das Erlebnis des Inhalts. Im Roman erklingt nicht mehr Wagners Musik. Im Roman wird der „Lindenbaum" des Romantikers Schubert zur „seelischen Heimat" des Helden und gleichzeitig ist dieses Lied die Quelle des Leidens und der Verzweiflung für Hans Kastorp. Der „Lindenbaum" stellt „Deutschtum" und die „Romantik" dar. Die „dialektischen Modulationen" von Themen, die in den Theorien von Settembrini, Naphta und anderen Personen auftreten, bewirken Hans Kastorps Bewusstsein. Wie der Held, so überwindet auch der Autor die romantische Ästhetik.

Die ästhetische Welt des Romans *Doktor Faustus* ist mit der Geschichte der postwagnerischen deutschen Musik verbunden, auf deren Grund eine neue, moderne musikalische Ästhetik entsteht. Leverkühns schöpferische Krise in der Anfangsphase seines Lebens ist die Krise der musikalischen Spätromantik, der europäische Musik der postwagnerischen Zeit. Die Romantik übt auf Adrian einen tiefen Einfluss aus und er strebt danach, diese Krise zu überwinden. Er kämpft gegen den spätromantischen Stil in der Musik. Leverkühn kritisiert Wagners „Meistersinger" wegen der „Schönheit" der Musik. Er ist ein ganz neuer Künstlertyp, der die romantische Kunst des 19. Jahrhunderts durch „Ars Nova" überwinden muss. Für ihn ist ein romantisches Orchester keine Quintessenz der musikalischen Möglichkeiten. Er verzichtet auf das Pathos der romantischen Musik, auf ihre orchestralen Formen und deswegen erscheinen in seinem Schaffen Ironie, Parodie, Karikatur und Groteske. Leverkühn entfernt sich von der romantischen Musik aus der Position der Harmonie gesehen und verwendet das Prinzip der freien Atonalität.

Die Autorin fasst zusammen, dass Th. Mann die Gesetze der musikalischen Komposition für die Konstruktion seiner Romane benutzt. Er gebraucht musikalische Symbolik, organische Unendlichkeit der Melodie der romantischen Musik, „organische Totalität", die Technologie des Schaffens von „Artefakten", Kontrapunktik, Leitmotive und Fuga-Technik. Durch

Wagners romantische Musik erforscht Th. Mann ein für sich interessantes Thema – die Zusammenhänge zwischen Psychologie, Mythos und Musik. Die Autorin analysiert Th. Manns Stellungnahme zur romantischen Musik auch anhand seiner Rede „Deutschland und die Deutschen", wo Thomas Mann schon der Meinung ist, dass das Verstehen des tragischen Schicksals des deutschen Volkes im Begriff „Innerlichkeit" liegt. Die Grundlage für diesen Begriff bilden Musik und Religion. Die Begriffe wie „Innerlichkeit", „Musikalität", „Deutschheit", „Tiefe", oder mit der Romantik verbundene Begriffe entfaltet der Autor weiter in seinen Werken. Musikalität bedeutet für Th. Mann Irrationalismus, Abstraktheit, Tiefe, Verbundenheit mit dem „Dämonischen". Er akzentuiert das Wort „Tiefe", das auch das Verhältnis der Deutschen zur Welt charakterisiert und mit der Musikalität der deutschen Seele verbunden ist. Das alles zusammengenommen verursachte nach der Meinung des Schriftstellers das „Deutsche" in Reinkultur, die nationale Katastrophe und der physisch-psychische Kollaps der Deutschen.

Die georgischen Germanisten haben in den Dissertationsarbeiten, Monographien und zahlreichen wissenschaftlichen Beiträgen die aktuellen Probleme von Th. Manns Werk erforscht. Junge Wissenschaftler und Doktoranten führen die Forschung fort. Um das Bild der Veröffentlichungstätigkeit der georgischen Germanisten hinsichtlich Th. Mann zu vervollständigen, füge ich dem Beitrag die Veröffentlichungen der georgischen Germanisten zu Thomas Manns Werk hinzu:

Literaturverzeichnis zur georgischen Thomas Mann-Forschung

1. Dshinoria, Othar: Der junge Thomas Mann-Kritiker des bürgerlichen Ästhetitizismus. In: Ziskari 7 (1959), S. 140-147.
2. Dshinoria, Othar: Das Wesen und der Wert des Modernismus nach Thomas Manns *Doktor Faustus*. In: Mnatobi 3 (1969), S. 134-163.
3. Chuchua, Anna: Die Funktion des inneren Monologs in Thomas Manns Roman *Lotte in Weimar*. In: Goethe-250. Hg. v. Guram Tschochonelidse. Tbilisi 2001. S. 78-83.
4. Chuchua, Anna: Goethe und Deutschland in Thomas Manns Roman *Lotte in Weimar*. In: Wissenschaftliche Beiträge der geisteswissenschaftlichen Fakultät der Zereteli-Universität Kutaissi 5 (2004), S. 337-343.

5. Chuchua, Anna: Zur Frage der Authentizität eines Goethe-Zitats in Thomas Manns Roman *Lotte in Weimar*. In: Wissenschaftliche Beiträge der geisteswissenschaftlichen Fakultät der Zereteli-Universität Kutaissi 6 (2005), S. 333-341.
6. Chuchua, Anna: Historischer, biographischer und literarischer Kontext in Thomas Manns Roman *Lotte in Weimar*. In: Goethe-Tage 2008. Hg. v. Nanuli Kakauridse und Daniel Schäf. Kutaissi 2008. S. 18-22.
7. Kakabadse, Nodar: Thomas Manns Frühwerk. Diss. Tbilisi 1967.
8. Kakabadse, Nodar: Thomas Mann. Tbilisi 1967.
9. Kakabadse, Nodar: Thomas Mann. Tbilisi 1973.
10. Kakabadse, Nodar: Die Romanpoetik von Thomas Mann. Tbilissi 1983.
11. Kakabadse, Nodar: Thomas Mann. Aspekte seines Schaffens. Tbilisi 1985.
12. Kakabadse, Nodar: Thomas Mann. In: Saundje 4 (1975), S. 121-122.
13. Kakabadse, Nodar: Ein Versuch über die Grundeigentümlichkeiten der Romane Thomas Manns. In: Erzählte Welt. Studien zur Epik des XX Jh. Hg. v. Helmut Brandt und Nodar Kakabadse. Berlin und Weimar 1978. S. 36-54.
14. Kakabadse, Nodar: Antithese: Bürger-Künstler in Thomas Manns Werk. In: Wissenschaftliche Beiträge der Tbilisser Universität. 101.(1962), S. 139-161.
15. Kakabadse, Nodar: Thomas Mann. In: Mnatobi 8 (1955), S. 140-147.
16. Kakabadse, Nodar: Thomas Mann und Dostojewski. In: Mnatobi 6 (1975), S. 169-174.
17. Kakabadse, Nodar: Der junge Thomas Mann und Nietzsche. In: Wissenschaftliche Beiträge der Tbilisser Universität. 111 (1971), S. 203-212.
18. Kakabadse, Nodar: Thomas Mann und Schiller. In: Ziskari 7 (1973), S. 151-154.
19. Kakabadse, Nodar: Thomas Mann und Franz Kafka. In: Ziskari 1 (1969), S. 109-114.
20. Kakabadse, Nodar: Die unbekannten Schriften von Thomas Mann. In: Saundshe 3 (1986), S. 300-306.
21. Kakabadse, Nodar: Thomas Mann. In: Kakabadse, Nodar: Studien zur Geschichte der deutschen Literatur des 20. Jahrhunderts. Tbilisi 1964. S. 56-89.
22. Kakabadse, Nodar: Silhouette von Thomas Mann. In: Kakabadse, Nodar: Portraits und Silhouetten. Tbilisi 1971. S. 29-31.
23. Kakabadse, Nodar: Joyce in Thomas Manns Essays. In: Joyce-100. Hg. v. Niko Khiassaschwili. Tbilisi 1984. S. 67-71.

24. Kakauridse, Nanuli: Die musikalische Architektonik des Romans von Thomas Mann *Doktor Faustus*. In: Sabtschota Chelowneba 7 (1984), S. 85-95.
25. Kakauridse, Nanuli: Thomas Mann und Wagnersche musikalische Romantik. In: Gelatis Moambe 2 (1997), S. 38-43.
26. Kakauridse, Nanuli: Die Musik in Thomas Manns *Zauberberg*. In: Gelatis Moambe 3. (1998), S. 37-43.
27. Kakauridse, Nanuli: Thomas Mann und Richard Wagner. In: Wissenschaftliche Beiträge der Staatlichen Zereteli-Universität Kutaissi 1 (35) (1999), S. 61-63.
28. Kakauridse, Nanuli: Thomas Mann und die musikalische Romantik. Kutaissi 2001.
29. Kakauridse, Nanuli: Thomas Mann, die Musik und „Dreigestirn". In: Wissenschaftliche Beiträge der Fakultät für europäische Sprachen und Literatur der Zereteli-Universität Kutaissi 1 (2001), S. 182-197.
30. Kakauridse, Nanuli: Thomas Manns *Leiden und Größe Richard Wagners*. In: Khandzta 1 (2002), S. 3-11.
31. Kakauridse, Nanuli: Zum Begriff „Romantik" in Thomas Manns Essays. In: Wissenschaftliche Beiträge der Akademie der Literaturwissenschaften Georgiens. 3 (2004), S. 71-83.
32. Kakauridse, Nanuli: „Das Antifaustische" in Thomas Manns *Doktor Faustus*. In: Wissenschaftliche Beiträge der geisteswissenschaftlichen Fakultät der Zereteli-Universität Kutaissi. 8 (2006), S. 150-157.
33. Kakauridse, Nanuli: USA in Thomas Manns Werk *Die Entstehung des Doktor Faustus. Roman eines Romans*. In: Georgisch-amerikanische literarische Beziehungen. Hg. v. Wachtang Amaglobeli. Kutaissi 2006. S. 73-79.
34. Kakauridse, Nanuli: Musik in der Montagetechnik von Thomas Manns *Doktor Faustus*. In: Die Probleme der Poetik des westeuropäischen und amerikanischen Romans des 20. Jahrhunderts. Hg. v. Nanuli Kakauridse. Kutaissi 2007. S. 148-167.
35. Kakauridse, Nanuli: Thomas Manns *Die Entstehung des Doktor Faustus. Roman eines Romans*. In: Wissenschaftliche Beiträge der geisteswissenschaftlichen Fakultät der Zereteli-Universität Kutaissi 9 (2007), S. 89-91.
36. Kakauridse, Nanuli: Zur Genrespezifik von Thomas Manns Werk *Die Entstehung des Doktor Faustus. Roman eines Romans*. In: Die aktuellen Probleme der Literatur und Kultur. Eriwan 2007. S. 200-206.

37. Kakauridse, Nanuli: Von dem Postmodernismus bis zu der Dodekaphonie. (Nach Th. Manns *Doktor Faustus.)* In: Language-Interkultural Mediatore. Hg. v. Nino Chikhladze. Kutaissi 2010. S. 278-287.
38. Kakauridse, Nanuli: Thomas Mann über Franklin D. Roosevelt. In: Georgisch-amerikanische literarische Beziehungen. Hg. v. Wachtang Amaglobeli. Kutaissi 2008. S. 251-255.
39. Kakauridse, Nanuli: Mythosrezeption in Thomas Manns Essays. In: Language und Culture. Hg. v. Manana Mikadze. 1 (2009), S. 132-136.
40. Kakauridse, Nanuli: Thomas Mann: „Darin nahe bei Joyce". In: Kakauridse, Nanuli: Studien zu Thomas Manns Werk. Kutaissi 2009. S. 112-123.
41. Kakauridse, Nanuli: Einige Symbolchiffren zum Deutschlandbild in Thomas Manns *Doktor Faustus.* In: Goethe-Tage 2009. Hg. v. Nanuli Kakauridse, Elisso Koridse und Daniel Schäf. Kutaissi 2009. S. 76-84.
42. Kakauridse, Nanuli: Tolstoj-Rezeption in Thomas Manns Essay *Goethe und Tolstoj.* In: Russische Literatur im Kultur- und Bildungsraum der Welt. Sankt-Petersburg 2008. S. 158-162.
43. Kakauridse, Nanuli: Thomas Manns Essay *Tolstoj.* In: Literarischer Nachlass von L. N. Tolstoj. Istanbul 2008. S. 90-94.
44. Kakauridse, Nanuli: Thomas Manns *Doktor Faustus* und Richard Wagner. In: Kakauridse, Nanuli: Studien zu Thomas Manns Werk. Kutaissi 2009. S. 152- 170.
45. Kakauridse, Nanuli: Erziehungsprobleme in Thomas Manns Essay *Goethe und Tolstoj.* In: Slawistik im fremden nationalen Raum. 2 (2009), S. 105-109.
46. Kakauridse, Nanuli: Antifaschistisches in Essays bei Thomas Mann. In: Jura Sojfer und die alte Welt. Wien 2009. S. 138-141.
47. Kakauridse, Nanuli: Studien zu Thomas Manns Werk. Kutaissi 2009.
48. Kwirikadse, Nino: Naturdetails in Thomas Manns *Buddenbrooks.* In: Wissenschaftliche Beiträge der Fakultät für europäische Sprachen und Literatur der Zereteli-Universität Kutaissi 1 (2001), S. 198-210.
49. Kwirikadse, Nino: Zur Spezifik der einigen Farbendetails in Thomas Manns *Buddenbrooks.* In: Wissenschaftliche Beiträge der Fakultät für europäische Sprachen und Literatur der Zereteli-Universität Kutaissi 3 (2003), S. 155-161.
50. Kwirikadse, Nino: Zur Funktion des Details und Leitmotivs in Thomas Manns *Buddenbrooks.* In: Wissenschaftliche Beiträge der Fakultät für euro-

päische Sprachen und Literatur der Zereteli-Universität Kutaissi 6 (2004), S. 236-252.

51. Kwirikadse, Nino: Die leitmotivischen Farbendetails des Verfalls in Thomas Manns *Buddenbrooks*. In: Wissenschaftliche Beiträge der geisteswissenschaftlichen Fakultät der Zereteli-Universität Kutaissi 7 (2005), S. 173-185.

52. Kwirikadse, Nino: Die romantische Färbung der Musikdetails in Thomas Manns *Buddenbrooks*. In: Die Romantik: Kunst. Philosophie. Literatur. Eriwan 2006. S. 72-78.

53. Kwirikadse, Nino: Die Semantik der Verfallsdetails in Thomas Manns *Buddenbrooks*. In: Die Probleme der Poetik des westeuropäischen und amerikanischen Romans des 20. Jahrhunderts. Hg. v. Nanuli Kakauridse. Kutaissi 2006. S. 250-269.

54. Kwirikadse, Nino: Zur Funktion der Gegenstandsdetails in Thomas Manns *Buddenbrooks*. In: Wissenschaftliche Beiträge der geisteswissenschaftlichen Fakultät der Zereteli-Universität Kutaissi. 9 (2007) S. 92-98.

55. Kwirikadse, Nino: Verfall und Wagnersche Musik in Thomas Manns *Buddenbrooks*. In: Deutsche Romantik: Ästhetik und Rezeption. Hg. v. Rainer Hillenbrand, Gertrud Maria Rösch und Maja Tscholadse. München 2008. S. 187-194.

56. Kwirikadse, Nino: Zur strukturell-semantischen Analyse der Thomas Manns *Buddenbrooks* (am Beispiel der Details und Leitmotive). In: Die aktuellen Probleme der Literatur und Kultur. Eriwan 2007. S. 207-218.

57. Kwirikadse, Nino: Zum Unterricht der Textanalyse in der Hochschule (nach Thomas Manns *Buddenbrooks*). In: Die aktuellen Probleme des Unterrichts und Erziehung. Kutaissi 2007. S. 209-212.

58. Kwirikadse, Nino: Verhaltungsdetails der Personen in Thomas Manns *Buddenbrooks*. In: Wissenschaftliche Beiträge der geisteswissenschaftlichen Fakultät der Zereteli-Universität Kutaissi 10 (2008-2009), S. 96-100.

59. Kwirikadse, Nino: Zum Unterricht der Textanalyse der „Wortreihe" als einer der Textkomponenten (nach Thomas Manns *Buddenbrooks*). In: Die aktuellen Probleme des Unterrichts und Erziehung. Kutaissi 2008. S. 160-164.

60. Kwirikadse, Nino: Zur Frage der Wechselwirkung des Details und Leitmotivs in Thomas Manns *Buddenbrooks*. In: Die Internationalen Akmulla-Lesungen. Hg. v. Nasija Shanpeisowa. Aktobe 2008. S. 305-308.

61. Kwirikadse, Nino: Zur Verwandlung eines Details ins Leitmotiv (nach Thomas Manns *Buddenbrooks*). In: Die Sprache und Kultur. 11. (123). Kiew 2009. S. 308-313.

62. Kwirikadse, Nino: Zur Frage der Polyfunktionalität der grauen Farbe in der Struktur der *Buddenbrooks* von Thomas Mann. In: Die Kultur der Völker am Schwarzen Meer. 142 (1) Simferopol 2008. S. 336-339.

63. Kwirikadse, Nino: Der textinnere Sinn des Titels von L. Tolstois *Anna Karenina* und seine Rezeption in Thomas Manns *Buddenbrooks*. In: Lew Tolstois literarischer Nachlass. (Zum 180. Jahrestag von L. Tolstoi). Istanbul 2008. S. 102-107.

64. Kwirikadse, Nino: Die drei Farben des Verfalls in Thomas Manns *Buddenbrooks*. In: Die modernen Probleme der Literatuwissenschaft. Hg. v. Irma Ratiani. Tbilissi 2009. S. 315-319.

65. Kwirikadse, Nino: Thomas Manns Essay „Tschechow". In: Russische Literatur im Kultur- und Bildungsraum der Welt. Sankt-Petersburg 2008. S. 310-314.

66. Kwirikadse, Nino: Zur Funktion des Tränen-Details in Thomas Manns *Doktor Faustus*. In: Goethe-Tage 2008. Hg. v. Nanuli Kakauridse und Daniel Schäf. Kutaissi 2008. S. 129-139.

67. Kwirikadse, Nino: Zur Frage der Titelsemantik von Thomas Manns *Buddenbrooks*. In: Goethe-Tage 2009. Hg. v. Nanuli Kakauridse, Elisso Koridse und Daniel Schäf. Kutaissi 2009. S. 164-174.

68. Kwirikadse, Nino: Die religiöse Färbung der Kolorativen in Thomas Manns *Buddenbrooks*. In: Die Puschkin-Lesungen – 2009: Der Stil und Traditionen der künstlerischen Rede. Sank-Petersburg 2009. S. 98-104.

69. Kwirikadse, Nino. Die Polyfunktionalität der Landschaftsdetails in Thomas Manns *Buddenbrooks*. In: Die Sprache und die Kultur. 8 (133). Kiew 2009. S. 205-212.

70. Kwirikadse, Nino: Die Landschaftsdetails bei Lew Tolstoi und Thomas Mann (*Anna Karenina* und *Buddenbrooks*). In: Die Slawistik im fremden nationalen Raum. Kutaissi 2009. S. 114-125.

71. Kwirikadse, Nino: Der Untertitel als Detail in der Textstruktur von Thomas Manns *Buddenbrooks*. In: Die Kultur der Völker am Schwarzen Meer.168 (1) Simferopol. 2009. S. 350-353.

72. Kwirikadse, Nino: Einige Aspekte der strukturell-semantischen Analyse der Thomas Manns *Buddenbrooks*. In: Sprache und die interkulturelle Kommunikationen. Vilnius 2009. S. 104-107.

73. Kwirikadse, Nino: Das Detail bei Edgar Allan Poe und Thomas Mann (*Der Fall des Hauses von Ascher* und *Buddenbrooks*). In:Edgar Allan Poe: Tradition und Aktualität. Eriwan 2010. S. 23-40.
74. Kwirikadse, Nino: Thomas Mann über die Genese des deutschen Totalitarismus nach dem Essay *Deutschland und die Deutschen*. In: Totalitarismus und literarischer Diskurs im XX Jahrhundert. Hg. v. Irma Ratiani. Tbilisi 2010. S. 211-216.
75. Nassaridse, Natia: Goethe-Rezeption in Thomas Manns Essay *Goethe und Tolstoi*. In: Wissenschaftliche Beiträge der Fakultät für europäische Sprachen und Literatur der Zereteli-Univeresität Kutaissi 2 (2001), S. 74-80.
76. Nassaridse, Natia: Wagner-Rezeption in Thomas Manns Essay *Leiden und Größe Richard Wagners*. In: Wissenschaftliche Beiträge der Fakultät für europäische Sprachen und Literatur der Zereteli-Univeresität Kutaissi 4 (2003), S. 3-7.
77. Nassaridse, Natia: Zum Verständnis des „Artefaktes" in Thomas Manns Essay *Geist und Kunst*. In: Wissenschaftliche Beiträge der Fakultät für europäische Sprachen und Literatur der Zereteli-Universität Kutaissi. 5 (2004), S. 25-28.
78. Nassaridse, Natia: Goethe- und Wagner-Rezeption in Thomas Manns Essaystik. In: Wissenschaftliche Beiträge der Zereteli-Universität Kutaissi. 4 (2004), S. 145-152.
79. Nassaridse, Natia: Goethe in Thomas Manns Essays *Goethe als Repräsentant des bürgerlichen Zeitalters* und *Goethes Laufbahn als Schriftsteller*. In: Wissenschaftliche Beiträge der geisteswissenschaftlichen Fakultät der Zereteli-Universität Kutaissi. 7 (2005), S. 201-206.
80. Nassaridse, Natia: Goethe in Thomas Manns Essays in den Jahren 1934-1955.In: Wissenschaftliche Beiträge der geisteswissenschaftlichen Fakultät der Zereteli-Universität Kutaissi. 7 (2005), S. 207-215.
81. Nassaridse, Natia: Goethe in Tagebüchern und Essays des jungen Thomas Mann. In: Wissenschaftliche Beiträge der geisteswissenschaftlichen Fakultät der Zereteli-Universität Kutaissi. 9 (2007), S. 150-153.
82. Nassaridse, Natia: Wagner-Bild in den früheren Essays des jungen Thomas Mann. In: Wissenschaftliche Beiträge der geisteswissenschaftlichen Fakultät der Zereteli-Universität Kutaissi 10 (2008), S. 146-150.
83. Nassaridse, Natia: Das Goethe-Bild in Thomas Manns Essay „Phantasie über Goethe". In: Goethe-Tage 2008. Hg. v. Nanuli Kakauridse und Daniel Schäf. Kutaissi 2008. S. 23-27.

84. Nassaridse, Natia: Goethe- und Wagner-Rezeption in Thomas Manns Essayistik. Kutaissi 2005.

85. Pandjikidse, Dalila: *Buddenbrooks*-Roman der deutschen Klassik. In: Dalila Pandjikidse: Briefe. Tbilisi 1980. S. 82-110.

86. Pandjikidse, Dalila: Die Fragen der komparativen Stilistik und Probleme der literarischen Übersetzung nach dem Roman von Th. Mann *Buddenbrooks*. Diss. Tbilisi 1970.

87. Pandjikidse, Dalila: Die Funktion des Leitmotivs in Thomas Manns *Buddenbrooks*. In: Dalila Pandjikidse: Briefe. Tbilisi 1980. S. 111-133.

88. Pandjikidse, Dalila: Mein Thomas Mann. In: Dalila Pandjikidse: Sprache, Übersetzung, Leser. Tbilisi 2002. S. 124-147.

89. Pandjikidse, Dalila: Thomas Mann und sein Roman *Der Zauberberg*. In: Dalila Pandjikidse: Briefe. Tbilisi 1980. S. 134-171.

90. Pirzchalawa, Nino: Der Versuch der Verwandlung des astronomischen Kosmos zum ethischen Kosmos im *Zauberberg*. In: Mnatobi 12 (1990), S. 130-138.

91. Pirzchalawa, Nino: Das Problem von These-Antithese-Synthese in Thomas Manns *Zauberberg*. In: Literatura da Chelovneba 5 (1991), S. 127-153.

92. Pirzchalawa, Nino: Thomas Mann und Marcel Proust – zwei Möglichkeiten des abendländischen Geistes. In: Literatura da Chelovneba 2 (1992), S. 176-220.

93. Pirzchalawa, Nino: Osten und Westen im Weltmodell des *Zauberbergs* von Thomas Mann (Bezüge zu *West-Östlichem Divan* von Goethe). In: Wechselwirkungen von Kulturen des Ostens und Westens. Moskau 1991. S. 120-131.

94. Pirzchalawa, Nino: Thomas Mann gegen Spengler. In: Achali Paradigmebi 2 (1999), S. 22-40.

95. Pirzchalawa, Nino: Morphologie des kosmischen Baumes und Ästhetik des Lichtes. In: Literatura da Chelovneba 1 (2001), S. 51-111.

96. Pirzchalawa, Nino: Karneval-Antikarneval. In: Mnatobi 3-4 (2002), S. 108-112.

97. Tscholadse, Maja: Clawdia Chauchat und der „asiatische" Umgang mit der Zeit in Thomas Manns *Der Zauberberg*. In: Wissenschaftliche Beiträge der Fakultät für europäische Sprachen und Literatur der Zereteli-Universität Kutaissi 2 (2001), S. 263-274.

98. Tscholadse, Maja: Die Verfassungsgeschichte des *Zauberbergs* von Thomas Mann. In: Wissenschaftliche Beiträge der Fakultät für westeuropäi-

sche Sprachen und Literatur der Tbilisser Universität. 339 (2) (2001), S. 299-308.

99. Tscholadse, Maja: Mynheer Peeperkorn und die Überwindung der subjektiven Zeit von Hans Castorp (Nach Thomas Manns *Der Zauberberg*). Gantiadi 1 (2001), S. 199-204.

100. Tscholadse, Maja: Die Zeit als Held in Thomas Manns *Der Zauberberg*. Diss. Tbilissi 2002.

101. Tscholadse, Maja: Das Problem der Zeit im westeuropäischen Roman der ersten Hälfte des XX. Jh.-s. In: Wissenschaftliche Beiträge der Fakultät für europäische Sprachen und Literatur der Zereteli-Universität Kutaissi 5 (2004), S. 163-168.

102. Tscholadse, Maja: „Die Erzählzeit" und „die erzählte Zeit" in Thomas Manns *Der Zauberberg*. In: Wissenschaftliche Beiträge der Fakultät für europäische Sprachen und Literatur der Zereteli-Universität Kutaissi 4 (2003), S. 159-163.

103. Tscholadse, Maja: *Die Bekenntnisse des Hochstaplers Felix Krull* - Parodie über Goethes *Dichtung und Wahrheit*. In: Wissenschaftliche Beiträge der Fakultät für europäische Sprachen und Literatur der Zereteli-Universität Kutaissi 8 (2006), S. 241-250.

104. Tscholadse, Maja: Chronotopos in Thomas Manns *Der Zauberberg*. In: Die Probleme der Poetik des westeuropäischen und amerikanischen Romans des 20. Jahrhunderts. Hg. v. Nanuli Kakauridse. Kutaissi 2007. S. 133-147.

105. Tscholadse, Maja: Die Schillerrezeption in Thomas Manns Essay *Versuch über Schiller*. In: Kulturelle Vielfalt deutscher Literatur, Sprache und Medien. Hg. v. Hiltraud Caspar-Hehne/Irmy Schweiger. Göttingen 2009. S. 167-172.

106. Tscholadse, Maja: Thomas Mann und Alfred Döblin – Geschichte der schweren Verhältnisse. In: Intellekt 2 (34) (2009), S. 204-207.

YELENA ETARYAN

Literarische Wechselbeziehungen zwischen *Ein weites Feld* von Günter Grass und *Doktor Faustus* von Thomas Mann

Der ungarische Germanist Ferenc Szász zeigt in seinem Aufsatz „Der entdämonisierte Künster und sein entteufelter Teufel"[1] die folgenden Wechselbeziehungen zwischen *Ein weites Feld* und *Doktor Faustus*:
- beide Hauptfiguren sind Künstler;[2]
- sie tragen „zwei Seelen in einer Brust" nach dem Vorbild des Goetheschen *Faust*: Adrian Leverkühn und Serenus Zeitblom sowie Fonty und sein Tagundnachtschatten, der Geheimpolizisten Ludwig Hoftaller;
- beide Texte verwenden eine Montage-Technik als wesentlichen Bestandteil ihrer Grundkonzeption;
- die Hauptfiguren Leverkühn/Fonty werden mit Nietzsche bzw. Theodor Fontane identifiziert, jedoch ohne Erwähnung ihrer Namen im Text, was Mehrdeutigkeit schafft.

Unser Beitag setzt sich zur Aufgabe, die genannten Wechselbeziehungen der beiden Texte um einiges zu erweitern und sich dabei auf ein Problem zu konzentrieren. Im Zentrum steht die Frage, wie und inwiefern der thematische Kern der Faust-Legende die Textgestaltung von *Ein weites Feld* und *Doktor Faustus* bestimmt. Unser Vorhaben ist zu untersuchen, auf welche Weise Thomas Mann und Günter Grass auf das Volksbuch referieren und wie sie die intertextuellen Bezüge in den Roman einbauen.

Um die Reihe der Gemeinsamkeiten zwischen den beiden Werke fortzusetzten, wenden wir uns zunächst ihrer Aufnahme durch die Kritik zu. Die Parallelsetzung der im *Doktor Faustus* symbolisierten Tragödie des

---

[1] Szász, Ferenc: Der entdämonisierte Künstler und sein entteufelter Teufel. In: Jahrbuch der ungarischen Germanistik. Hg.v. Antal Mádl, Wolfgang Schmitt. Budapest 1996, S. 13-32.
[2] Der Protagonist des Romans Ein weites Feld, Fonty, entwickelt sich allerdings erst im Verlauf des Romans zum Schriftsteller.

deutschen Geistes und der Tragödie der deutschen Geschichte stieß auf heftige Ablehnung, weil sie Deutschland in ein schlechtes Licht rückte und die These der Kollektivschuld in den Vordergrund schob. Getrieben vom Bedürfnis nach Rechtfertigung übersah man, genau wie im Fall von *Ein weites Feld*, dass es sich hier um „ein Bekenntnis, eine identifizierende Rechtfertigung Thomas Manns, eine radikale Autobiographie"[3] handelte. *Ein weites Feld* löste schließlich einen literarischen Skandal ohnegleichen aus. Der Roman wurde sowohl in politischer als auch in ästhetischer Hinsicht scharf kritisiert und als politisches Pamphlet gebrandtmarkt. Sein literarischer Wert wurde jedoch vom Gros der Kritiker verkannt[4].

Seit 1933 erwog Thomas Mann immer wieder die Möglichkeit, eine Faust-oder Goethe-Novelle zu schreiben, deren deutsche Problematik" ihm zu dieser Zeit aktueller als je vorkam. Ein Tagebucheintrag vom 11.2.1934 zeugt davon, dass Adrian Leverkühn schon zu dieser Zeit als Symbolfigur konzipiert worden war: „Auf dem Abendspaziergang dachte ich wieder an die Faust-Novelle und sprach zu R.[eisiger] davon. Ein solches freies Symbol für die Verfassung und das Schicksal Europa's wäre vielleicht nicht nur glücklicher, sondern auch richtiger u. angemessener als redend-richtendes Bekenntnis."[5] Es sind die politischen Ereignisse, die den Autor Mann nötigen, den ursprünglichen Plan seines Romans und sein damaliges Geschichtsverstehen neu zu überdenken und der politischen Zeitsituation anzupassen. Faust als syphilitischer Künstler, der alte Plan, nun angereichert um die Erfahrung von vierzig Jahren deutscher Geschichte und neu dargeboten als die Geschichte des deutschen Geistes, stellt die durch die historische Lage bedingten psychologischen Schwierigkeiten des produktiven Geistes dar. Dieselbe Erscheinung läßt sich im Falle von Günter Grass' Roman beobachten. Die Entstehungsgeschichte geht auf Grass` Indienaufenthalt im Jahre 1988 zurück, bei dem seine Frau Ute Werke von Fontane als Lektüre mitgenommen hatte. Utes Vorliebe für Fontane mündete in einen Alptraum für Grass, auf den die eigentliche Widmung des Romans zurückgeht: „Für Ute, die es mit F. hat ..." Die „Anwesenheit" des „vielzitierten Kollegen"

---

[3] Heftrich, Eckhard: Doktor Faustus: Die radikale Autobiographie. In: Thomas Mann: Neue Wege der Forschung. Hg. v. Heinrich Detering und Stephan Stachorski. Darmstadt 2008, S. 13-31.
[4] Siehe dazu Negt, Oskar. (Hg.): Der Fall Fonty. Ein weites Feld von Günter Grass im Spiegel der Kritik. Göttingen 1996, eine Dokumentation von über den Roman erschienenen zahlreichen Artikel, Rezensionen, Kommentare, Interviews.
[5] Mann, Thomas: Gesammelte Werke in dreizehn Bänden. Frankfurt a. M. 1990. Tagebücher. Band II. S. 321.

wurde später zur Vorlage seiner neuen Hauptfigur, durch deren Leben auch Fontane zu einer lebendigen Gestalt wurde. Die damit verbundene deutsche Einheit ist es gewesen, die der in *Zunge zeigen* angelegten Grundidee Substanz verlieh und einen realen Rahmen schuf.

Thomas Mann selbst nennt seinen *Doktor Faustus* eine Art Nietzsche-Roman[6]. Schon am Anfang des Romans wird durch ein verstecktes Zitat Nietzsche indirekt eingeführt, obwohl sein Name nirgends direkt genannt wird. So steht am Beginn der Niederschrift, am 23. Mai 1943: „[...] zwei Jahre nach Leverkühns Tode, will sagen: zwei Jahre nachdem er aus tiefer Nacht in die tiefste gegangen".[7] Dasselbe lässt sich über die Einführung des Namens von Theodor Fontane gleich im ersten Satz des Romans sagen: „Wir vom Archiv nannten ihn Fonty"[8].

Bereits in der ersten Zeile wird die Hauptfigur vom Erzähler sogleich mit seinem Spitznamen „Fonty" genannt; sein bürgerlicher Name „Theo Wuttke" erscheint erst später mit der Anführung seines Geburtsdatums- und orts, womit der Leser an die bekannten Daten erinnert wird (lediglich mit einem Abstand von 100 Jahren), ohne dabei die Bezugsperson beim Namen zu nennen. Damit ist die lebenslange Identifikation mit Fontane angedeutet, von der sich Fonty erst gegen Ende des Romans verabschiedet. Da er das Leben seines Vorgängers bis ins Detail nachlebte und immer „eine Fülle von Zitaten auf Abruf hatte" (9), entstand beim Fontane-Archiv des Öfteren der Eindruck, dass Fonty der eigentliche „Urheber" sei.

Das Zitat dient in beiden Romanen nicht nur der Einführung der Identifikationsfiguren (Nietzsche/Fonatne) der Hauptthelden; beide Werke leben buchstäblich vom Zitat, was eine ästhetische Provokation für die Leser ist. *Ein weites Feld* strotzt von Doppelgängern der Figuren aus Fontanes Werken. Schon der Titel ist ein Indikator referentieller Intertextualität, da er ein Zitat aus Fontanes Roman *Effi Briest* darstellt. Das Modell für den ewigen Spitzel Hoftaller ist die titelgebende Hauptfigur Tallhover aus dem Roman *Tallhover* von Hans Joachim Schädlich, der am Anfang von *Ein weites Feld*

---

[6] In einem Brief vom 26. Dezember 1947 an Maximilian Brantl heißt es etwa im Zusammenhang des Essays *Nietzsche's Philosophie im Lichte unserer Erfahrung*: „Ich schreib ja immer 'Verfalls'geschichten; mein erster Roman gleich war eine solche – herkommend vom Nietzsche-Erlebnis, und der ‚Doktor Faustus', den Sie bald lesen werden, ist erst der richtige Nietzsche-Roman, gegen den jeder Aufsatz nur small talk, ein kleines Geplauder ist". In: Mann, Thomas: GW II. Briefe. S. 580.
[7] Mann, Thomas: Doktor Faustus. In: Ders.: GW VI. S. 9.
[8] Grass, Günter: Ein weites Feld. Göttingen 1995, S. 9. (Bei allen folgenden Zitaten werden die Seitenzahlen in Klammern im Text selbst angegeben).

vorgestellt wird. Als Erzähler tritt in Grass' Roman das aus mehreren Personen zusammengesetzte Potsdamer Fontane-Archiv auf. Es stellt sich als eine beobachtende Instanz dar, die recherchiert und sammelt, sowie entsprechende Materialien zusammenstellt. Gleichzeichtig bietet es reichlichen Stoff für Reflexionen, die, wie im *Doktor Faustus*, einen zentralen Platz im Roman haben und damit den Rahmen des Geschehens sprengen.[9] Fonty ist ein perfekter Kenner seiner Werke, zitiert reichlich aus ihnen, lebt in ihrem Kosmos, wandelt auf Fontanes Spuren, arrangiert seine eigenen Verhaltensweisen nach Fontanes Mustern. Die Handlung des Romans setzt am 17. Dezember 1989, einem „frostklirrenden Wintertag", ein, an dem die beiden Haupthelden einen Spaziergang von Ost- nach Westberlin machen. Sie bewegen sich nämlich in Richtung Brandenburger Tor und schauen durch eine Mauerlücke. Der Anblick des Brandenburger Tors ruft in Fonty Erinnerungen an Fontanes säbelrasselndes Gedicht *Einzug* hervor, dessen Reime das siegreiche Ende des Krieges gegen Frankreich sowie die Reichsgründung und die Krönung des preußischen Königs zum Kaiser der Deutschen feiern. Schon am Anfang des Romans, durch das bloße Zitat, wird ein Bezug zum vergangenen Jahrhundert hergestellt, nämlich zur Vereinigung Deutschlands im Jahre 1871.

Immer wieder kommt der Roman auf das in den preußischen Einigungskriegen erfolgreiche, 1918 gescheiterte, zwischen 1933 und 1945 wiederum erfolglos erprobte und trotz allem nicht aufgegebene Verhaltsmuster der Gewalt zurück. Sinnbild dieser Zeiten überdauernden staatlichen Gewalt ist der Paternoster im „Haus der Ministerien", dem früheren Reichsluftfahrtministerium und späteren Sitz der „Treuhand", in dem Göring, Ulbricht und der „Chef der Treuhand" (565) auf- und abstiegen. Von daher wird „der unter jedem System seinen Dienst leistende" (577) Personenaufzug von Wuttke als „Symbol der ewigen Wiederkehr" (526) bezeichnet. Wenn im *Doktor Faustus* die Montage-Technik der Vermittlung der seit dem Mittelalter[10] bestehenden geheimen Verbindung der Deutschen mit dem Bereich des Dämonischen sowie der Ausdehnung des gesellschaftlichen Panoramas

---

[9] Bossmann, Timm: Der Dichter im Schussfeld. Geschichte und Versagen der Literaturkritik am Beispiel Günter Grass. Marburg 1997, S. 136.
[10] Neben der Zeit des Berichtens und der des Berichteten erscheint noch eine Zeitebene im Werk. Sie reicht in das Mittelalter zurück und ermöglicht so die Darstellung eines Prozesses, der von der Reformationszeit ausging und zur Katastrophe im 20. Jahrhundert führte. Auch in Ein weites Feld reicht die dritte Zeitebene durch den Vergleich des Priesters Bruno Matull mit Luther in das 16. Jahrhundert zurück.

dient, verhilft sie im Roman von Grass, so Szász, zur historischen Ausdehnung der Gegenwart, während die Zukunft als erneute Bestätigung der Geschichte angesehen wird.

Im *Doktor Faustus*, dem „Palimpsest[11] von Zitaten und Montagen"[12] figurieren, ebenso wie in *Ein weites Feld* deutsche Autoren[13] des Barock, der Klassik und der Romantik, englische Autoren der Neuzeit und der Romantik neben Klageliedern des Jeremias aus dem Alten Testament. Thomas Mann integriert derart „faktische, historische, persönliche, ja literarische Gegebenheiten" in ein Romangefüge, dass das „handgreiflich Reale" schwer unterscheidbar „ins pesrpektivisch Gemalte und Illusionäre übergeht."[14] An der gleichen Stelle bezeichnet Mann seine Grundidee einerseits als „bedenklich anmutendes Montage-Prinzip" und ist andererseits auch stolz auf die „verwischten Konturen" und das „kaum einem Leser bemerkliche Zitat" in seinem Netz der intertextuellen Bezüge.[15] Fast alle einmontierten Textstellen werden im Roman wortgetreu wiedergegeben und dienen mehrheitlich der Darstellung und Charakterisierung des Protagonisten Leverkühn und dessen Welt. Thomas Mann legt diese Zitate vor allem Leverkühn selbst in den Mund, aber auch einigen anderen Romanfiguren, die in einem besonderen Beziehungsgeflecht zu ihm stehen. Im Roman erhalten die Zitate eine Doppelfunktion, je nachdem, ob sie dem inneren oder dem äußeren Kommunikationssystem zugerechnet werden. Im inneren System dienen sie der Beschreibung von Leverkühns Leben und ganz konkret seinem Schaffen: sie bilden die Libretti für seine Vertonungen. Im äußeren Kommunikationssystem werden die eingefügten Textstellen zu Segmenten einer Parabel über ein faustisches Schicksal, die den Verlauf des Romans begleiten. Im Roman wird der Faust-Stoff dreimal vorgeführt: im Einzelschicksal von Adrian Leverkühn, im Nationalschicksal Deutschlands und in der Thematisierung von Fausts Schicksal in Leverkühns Hauptwerk „Doktor Fausti Weheklag".

---

[11] Demselben Vorwurf war Grass' Roman ausgesetzt.
[12] Brinkemper, P. V.: Spiegel & Echo. Intermedialität und Musikphilosophie im Doktor Faustus. Würzburg 1997, S. 14.
[13] Neben Fontane treten in Ein weites Feld sowohl Fontanes als auch Grass' Zeitgenossen auf: Herwegh, Freiligrath, Strom, Uwe Johnson, Heiner Müller, Christa Wolf, Ingeborg Bachmann, Wolf Biermann, Bohumil Hrabal u.a. Darüber hinaus führte Fonty wie sein Vorgänger Briefwechsel mit vielen zeitgenössischen Autoren: mit Fühmann, ab Mitte der sechziger Jahre mit Bobrowski, Hermlin und Strittmatter, Kant, Seghers, sogar mit Johnson.
[14] Mann, Thomas: Die Entstehung des ‚Doktor Faustus'. In: GW XI. S. 165.
[15] Ebd., S. 166.

Titel und Thematik des *Doktor Faustus* resultieren primär jedoch weder aus der Darstellung des Erzählers Zeitbloom, noch aus der Sichtweise des Lesers. Es ist der Protagonist Leverkühn selbst, der die Nähe zu seinem mythischen Vorbild herstellt. Wie Assmann feststellt, heißt der Roman „*Doktor Faustus*, weil der aus Hoffart kalte Adrian Leverkühn sein Leben als mythische Wiederkehr des sündigen Lebens jenes Johann Faust sieht."[16] Obwohl Thomas Mann alle Verweise auf Goethes *Faust* bewusst zu verbergen versucht sowie bei jeder Gelegenheit jeglichen Bezug beharrlich abstreitet, wie z. B. „Mit Goethe's *Faust* – das will auch gesagt sein – hat mein Roman *nichts* gemein, außer der gemeinsamen Quelle, dem alten Volksbuch."[17], muss seine Behauptung jedoch angezweifelt werden, schon allein wegen seiner intensiven Auseinandersetzung mit Goethe[18].

Auch eine Distanzierung vom Werk Goethes kann eine Art Bezugnahme bedeuten – eine Abgrenzung in Form einer Umgestaltung oder Umkehrung. Beispielsweise bemerkt Thomas Mann in *Über Goethe's ‚Faust'* folgendes: „Clavigo und Carlos sind ein und dieselbe Person in dichterischer Rollenverteilung, ebenso wie Tasso und Antonio, Faust und Mephistopheles *dialektische* Auseinanderlegungen der Dichterpersönlichkeit sind [...]."[19] Damit hatte Thomas Mann in seinem Vortrag von 1938 schon das Prinzip der Doppelung[20] beschrieben, das im *Doktor Faustus* tragende Bedeutung hat. Was dort für Goethe gelten soll, gilt hier für Zeitblooms und Leverkühns Identität: Die bei Goethe in Szene gesetzte Zweiteilung in Faust und Mephisto findet ihre Entsprechung bei Thomas Mann durch die Zweiteilung des Autors in die beiden Protagonisten – sie steht hier wie dort für die Identität des Autors mit seinen Helden.[21] Präzisiert hat Thomas Mann diesen Zusammenhang in seiner *Ansprache im Goethejahr 1949*, in der es heißt: „Nichts und alles sind das eins, wie Mephistopheles und Faust eins sind in der Person ihres Schöpfers, der sie ihren Pakt schließen lässt auf dem Grund

---

[16] Assmann, Dietrich: Thomas Manns Faustus-Roman und das Volksbuch von 1587. In: Neuphilologische Mitteilungen Bd. 68. H. 2 (1967). S. 130-139, hier S. 135.
[17] Thomas Mann: Dichter über ihre Dichtungen. Hg. v. Wysling, Hans. Teil III: 1944-1955. O.O. 1981, S. 278.
[18] Wysling, H.: Thomas Manns Goethe-Nachfolge. In: Jahrbuch des Freien Deutschen Hochstifts (1978). S. 498-551.
[19] Mann, Thomas: GW VI, S. 651.
[20] Diese Doppelung manifestiert sich ebenfalls im Leben von Thomas Mann selbst, der sein Leben lang versuchte, Künstlertum und Bürgertum zu vereinigen.
[21] Gockel, Heinz: Faust im Faustus. In: Thomas Mann Jahrbuch Bd. 1 (1988). S. 133-148, hier S. 140 f.

einer totalen, das Höllische ins Allmenschliche umdeutenden Lebenshingegebenheit."[22] Das Medium, das zugleich die Form des Werkes bestimmt, ist nicht Zeitbloom als Erzähler, sondern es ist die geheime Identität der Protagonisten Zeitbloom und Leverkühn. Diese Doppelung ermöglicht es Thomas Mann, die Ambivalenz seines eigenen Daseins, aus der sein ganzes bisheriges Werk zehrt und dessen durch Popularität banal gewordene Formel „Bürger-Künstler-Problematik"[23] lautet, zur konstellativen Figuration zu machen, in die er auch die wahre Geschichte seines Lebens einbringen konnte, ohne etwas von dieser Geschichte verleugnen zu müssen. Mit Leverkühn setzt Thomas Mann einen Faust ein, der als Held seiner Epoche gelten soll, bei aller Komplexität, jedoch bewusst darauf verzichtet, dem Protagonisten ein individuelles Gesicht zu verleihen. Stattdessen montiert er seine Hauptfigur aus verschiedenen Biographien – einschließlich seiner eigenen! – und kompiliert damit gewissenmaßen einen neuen Faust. Leverkühn präsentiert somit die Summe des „wirklichen" Umfeldes des Autors Thomas Mann.

Das Bündnis mit dem Teufel erscheint im Roman *Ein weites Feld* als ein Paktieren mit der jeweiligen Macht, wodurch es seine Einmaligkeit verliert. Denn das so ungleiche wie unzertrennlich anmutende Figurenpaar Fonty und Hoftaller, mit welchem der Autor die im Zuge der deutschen Einheit heftig diskutierte Stasi-Verstrickung zahlreicher DDR-Schriftsteller thematisiert, ist nicht als Einzelfall, sondern als exemplarisch für die Situation der Schriftsteller in der DDR zu deuten, nach der eigenen Aussage von Grass: „Die Verdoppelung und Multiplizierung dieses Paares, Objekt und Spitzel im Verhältnis zueinander, entsprach auch der Situation der DDR, ein Thema landesweit".[24] Die Charakterisierung Hoftallers legt eine dauerhafte und komplizenhafte Beziehung zu Fonty dar, die auf die Gespaltenheit hinweist, nämlich auf eine Mischung aus Haß, Resigantion und Abhängigkeit.[25] Sprachlich äußert sie sich in widersprüchlichen Begriffen, mit denen der Erzähler Hoftaller vorstellt, und zwar als „Tagundnachtschatten", „altvertrauter Kumpan" oder als „Schutzengel" (599, 496, 515, 561). Fonty schildert die miserable Situation der Schriftsteller vom Fontane-Denkmal herab mittels Fontanes Aufsatz *Zur gesellschaftlichen Stellung der Schriftsteller*

---

[22] Mann, Thomas: GW XI, S. 497.
[23] Dieselbe Problematik bestimmte sowohl Fontanes als auch Fontys Leben.
[24] Der Autor als fragwürdiger Zeuge. Hg. v. Daniela Hermes. München 1997, S. 295.
[25] Hoftaller pflegt knapp drei Wochen lang rund um die Uhr die ganze Familie Wutke, als sie krank ist (692 ff.)

(1891): Der „Tintensklave" arbeitet für die „Freiheit" und kommt dadurch eben in „Unfreiheit" (597). Das gilt sowohl für Fontane als auch für Fonty selbst. Beide hatten zu überleben und dafür mussten sie des Öfteren nachgeben. Fonty ist wie Fontane Überlebenskünstler und hat dank seiner Nachgiebigkeit verschiedene Regierungen und Epochen überlebt. Jedoch gerieten sie ihrer Unbotmäßigkeit wegen als „catilinarische Existenzen" (596) unter Verdacht und mussten observiert werden. Dadurch entstand die Gegenmacht, das „Prinzip Tallhover" (596). „Fortan sind beide aneinander gekettet und beweisen in jeder einzelnen Facette ihrer Persönlichkeit und ihrer Geschichte die Mechanik einer fatalen *Dialektik* von Freiheit und Ordnung, Individuum und Staatsmacht, die sich nur durch vollständig gegenseitige Verneinung definieren können."[26] Diese Dialektik schlägt sich im Roman in einer den ganzen Roman durchziehenden Antithesenkette nieder: Der eine ist Raucher, der andere Nichtraucher; der eine kann schwimmen, der andere nicht; der eine trägt Schnürschuhe, der andere Schnallenschuhe etc. Beide sind jedoch ohne den anderen nicht denkbar, sind „miteinander verwachsen und von einer Gestalt" (13), „der zur Einheit gekoppelte Gegensatz" (688). Der dämonische Züge entbehrende Hoftaller wird im Roman, wie sein „Objekt" Fonty, als Mittelmaß dargestellt: Er versagt im Jahre 1953 in den Augen seiner Auftraggeber und wird strafversetzt. Dadurch wird er depressiv, verlässt den Arbeiter- und Bauern-Staat, wird aber auch im Westen nicht erfolgreich. Immerhin droht er Fonty permanent mit der Behauptung: „Für uns gibt's kein Ende", womit er auf die durch die Verknüpfung mit der Tallhover-Figur schon gesichtete Unsterblichkeit hinweist, die ihn in die Nähe der ewig wirkenden infernalischen Kräfte rückt. Hoftallers an Allwissenheit grenzendes Wissen und die auffällige Unauffälligkeit seiner Erscheinung korrespondieren zwar mit der gewöhnlichen Charakterisierung der Mephisto-Gestalten, sind aber gleichzeitig ihre Parodie. Hoftaller ist klein, dick und ungeschickt, er misstraut dem Paternoster und stolpert manchmal beim Ein- oder Ausstieg (78), er kann nicht einmal rudern (408) und im Boot sitzt er ängstlich als Nichtschwimmer. Er hinterlässt nicht den üblichen Schwefelgestank (auch in dieser Hinsicht ist er entteufelt und vermenschlicht worden), sondern des öfteren den üblen Gestank der Zigarre (133f., 137). Während Leverkühn die Entscheidung des Bündnisses mit dem Teufel selbst trifft, erbt Fonty seinen Begleiter. Im Unterschied zu Leverkühn gewährt Fontys

---

[26] Heinz, Jutta: Günter Grass: Ein weites Feld. „Bilderbögen" und oral history. In: Gegenwartsliteratur Bd. 1 (2002). S. 21-38, hier S. 29.

Bündnis mit seinem Agenten Hoftaller bloss eine gesicherte Existenz ohne Luxus, das heißt den grauen Alltag. Die Frage nach dem Seelenheil wird nicht gestellt, denn es handelt sich fast ausschließlich um irdische Leistungen und Gegenleistungen. Die in den Faust-Bearbeitungen öfters wiederkehrenden Fluchtversuche werden auch vom Haupthelden unternommen. Die Erpressungen halten aber Wuttke zurück, er kann nicht einmal Deutschland verlassen. Trotz seines kraftlosen Widerstandes bleibt er im Banne des Bösen, wie es die Erzähler zugeben: „Fonty stand weiterhin unter Zwang, Er hing am Haken. Und wir, die im Archiv wie unter Hausarrest saßen, sahen ihn zappeln" (109).

Trotz der Rolle des objektiven Beobachters gelingt es beiden Figuren nicht, bei den Geschehnissen unbeteiligt zu bleiben. Es ergeht ihnen ähnlich wie Serenus Zeitblom in Thomas Manns *Doktor Faustus*, der auch seine Schuld zugeben musste. Die Chronisten im Roman *Ein weites Feld* teilen das Schicksal mit Fonty insofern, dass sie ebenso wie Wuttke unter Aufsicht stehen. Dies kommt auch im folgenden Bekenntnis zum Ausdruck: „So ängstlich wir versucht haben, Hoftaller zu meiden, Wegducken half nicht: Mit Fonty saßen wir in der Falle [...]" (108f.). Hier, wie in anderen Werken des Autors Grass, bestimmt abermals "die leise tickende Schuld" (535–536) den Verlauf des Romans, genauso wie die Geschichte von biblischer Schuld und Sühne die Fabel des *Doktor Faustus* prägt. Beide Werke sind vom Grundthema aller modernen Literatur, nämlich der Rechtfertigung der Kunst durch die Kunst selbst bestimmt, jedoch in ihrer spezifisch deutschen Variante präsentiert. Beide Romane greifen zum Faust-Mythos, dem deutschesten aller Mythen, kehren und gestalten ihn um und tun dies im Lichte des jeweiligen Geschichtsverständnisses.

Für Grass ist die Erkenntnis, dass menschliche Schuld sich nicht mit einem „Pfund aus zweiter Hand"[27] bestimmen lässt, gewiss alles andere als neu. Schließlich führt schon sein böser ‚Märchen'-Erzähler Oskar Matzerath vor, dass nur ein *entdämonisierender Blick* die humane Verantwortlichkeit kenntlich machen kann. Insofern verwundert es nicht, dass er den „sekundären Aufklärern", die sich nicht zuletzt den Spitzel-Fällen unter Grass' ostdeutschen Schriftstellerkollegen (darunter Christa Wolf) mit besonderem Interesse widmen, weitgehend gelassen begegnet. Diese Stellungnahme seines Schöpfers formuliert Fonty wie folgt aus: „Hingegen zählt zu meinen

---

[27] Grass, Günter: Über das sekundäre aus primärer Sicht. In: Ders. Werkausgabe. Bd. 16. S. 410.

Tugenden die, den Menschen nicht ändern zu wollen" (727). Es lag dem Autor Grass vielmehr daran, eine verständnisvolle Haltung in Bezug auf diejenigen seiner Kollegen in der DDR einzunehmen, die der Zusammenarbeit mit der Stasi angeklagt waren. Von daher rückte er dieses Verhältnis in eine breitere geschichtliche Dimension, nämlich ins Licht der komplexen Beziehung zwischen Schriftsteller und Macht.

In Bezug auf die Schuldproblematik in *Doktor Faustus* sieht Eva Bauer Lucca in der Faustgestalt von Thomas Mann die Koexistenz von Verdammnis und Gnade:

> Nach außen suggeriert *Doktor Faustus* das Versagen von Leverkühn (und Deutschland) und der Hauptfigur seiner Komposition. Insgeheim aber hält Thomas Mann mit Nachdruck an der Möglichkeit der Gnade fest. Es ist dies eine innere Auseinandersetzung mit Goethes ‚Faust', die Mann in Anbetracht der ‚Verhunzung' aller deutschen Werte nicht offen führen konnte oder wollte.[28]

Aufgrund der ästhetischen Größe bleiben beide Werke, trotz der zahlreichen sekundären Aufarbeitungen des Materials, weiterhin eine Provokation für Interpreten und Leser. Im Rahmen dieses Beitrags haben wir lediglich versucht, weitere Wechselbeziehungen zwischen den beiden Werken zu erschließen, die noch erweitert werden könnten.[29]

---

[28] Bauer Lucca, Eva: Intertextualität und Zeitkritik in Thomas Manns Doktor Faustus. In: Text und Welt. Hg. v. Parry, Christoph. Vaasa/Germesheim 2002. S. 99-107, hier S. 107.

[29] Das Verhältnis von Fakten und Fiktion und das damit verbundenes Versteckspiel, die Erzählerfunktion (die Problematik des biographischen Ichs), Motivverknüpfungen, stilistische Eigenschaften der Werke in Bezug auf die drei Stilhöhen, die Formen des Komischen (die Stellung von Humor, Ironie, Parodie darin) usw.

MARIANA-VIRGINIA LĂZĂRESCU

Die Tätigkeit von Immanuel Weissglas als Mittler zwischen der deutschen und rumänischen Literatur

Wenn die rumänische Literatur auch im Ausland lebt und die deutsche Literatur in Rumänien bestens vertreten ist, so ist das auch dem Dichter und Übersetzer Immanuel Weissglas (1920-1979) zu verdanken. Dass er einerseits Tudor Arghezi, Mihai Eminescu, zahlreiche rumänische Dichter des 20. Jahrhunderts wie Octavian Goga, Miron Radu Paraschivescu, Vasile Voiculescu, Nichita Stănescu, Nina Cassian u.v.a. ins Deutsche, andererseits Johann Wolfgang von Goethe, Adalbert Stifter, Lion Feuchtwanger, Paul Schuster ins Rumänische übersetzte, ist heute leider nur Germanisten und Fachleuten bekannt. Offensichtlich ist es das Schicksal des Übersetzers, für eine breite Öffentlichkeit unbekannt, gar „anonym" zu bleiben. Dabei sind sie diejenigen, die Weltliteratur überhaupt möglich machen. Es sind Texte, die sich durch komplizierte Ausdrücke und Wendungen, durch eine besondere Wortwahl kennzeichnen, die einen Übersetzer oft zwischen Verzweiflung und Glückseligkeit pendeln lassen. Immanuel Weissglas war selber auch Schriftsteller und das hat ihm bestimmt den Transfer von Inhalten und Bildern aus einer Sprache in ein ebenso komplexes, neues Sprachgerüst, das von anderen grammatischen Regeln zusammengehalten wird, erleichtert. Die von Weissglas übersetzten Texte sind offensichtlich ein Stück Weltliteratur, doch spielt dieses Etikett heutzutage noch eine Rolle für die Rezeption, wo man sich immer mehr von nationalen Kategorien distanziert und sich stattdessen an Kultur- und Sprachräume orientiert? Für die Leserschaft in Deutschland ist Paul Schuster ein deutschsprachiger Autor. Dass er im siebenbürgischen Hermannstadt in Rumänien geboren wurde, wissen die Leser nur aus dem Vor- oder Nachwort eines Buches.

Immanuel Weissglas ist einer jener Übersetzer, die den Prozess des Übersetzens als eine ständige Herausforderung betrachten, mit der er es versteht, reflektierend umzugehen. Er arbeitet gründlich und genau an der

Textstruktur und dem daraus hervorgehenden Stil. Er trifft meistens den richtigen Ton, was die festen Regeln und Konventionen der Zielsprache anbelangt, auch wenn die Unterschiede zur Ausgangssprache groß sind. Eine Erklärung dafür wäre sein ausgeprägtes Sprachgefühl, sein inniges Verhältnis zur deutschen bzw. rumänischen Sprache. Er entdeckt die deutsche oder rumänische Sprache immer wieder aufs Neue. Talent, Kreativität, Akribie, sprachschöpferische Begabung und eiserne Disziplin vereinen sich harmonisch in dem Übersetzer Weissglas. Es ist erwähnenswert, dass die Übersetzungen unter einem anderen Namen und zwar dem Pseudonym Ion Iordan erschienen. Immanuel Weissglas und Ion Iordan kann man als zwei Hälften verstehen, die einander zu einer Einheit ergänzen.

Eine weitere Erklärung wäre seine intellektuelle Neugier, seine gründliche philologische Ausbildung und Belesenheit, mit der er die Welt der Bücher erforscht. Der Austausch ist für Weissglas wichtig, im Besonderen mit dem zu übersetzenden Autor, mit der jeweiligen Kultur generell. Ihn interessiert der Stoff, der Stil, der Klang des Textes. Er übersetzt nicht für den Fachexperten, sondern für den Literaturliebhaber. Er wählt sich qualitativ herausragende Autoren, die in ihrer Sprachheimat ein Lesepublikum haben. Auch so gesehen, ist er ein Mittler.

Ein Mittler ist laut Definition (s. Duden Deutsches Universalwörterbuch von A-Z, Mannheim u.a. 1996, S. 1026) ein helfender Vermittler, ein Mittelsmann (ohne geschäftliche Eigeninteressen), jmd., der vermittelnd zwischen verschiedenen Personen, Parteien o.Ä. auftritt. Wenn wir diese Definitionen auf das Schaffen von Weissglas anwenden, erhalten wir aufschlussreiche Ergebnisse.

„Man kannte und schätzte ihn als kenntnisreichen, gebildeten, dem Tagesgeschehen zugewandten Journalisten mit ausgeprägten Aktualitätssinn, der nahezu drei Jahrzehnte hindurch in den verschiedensten Arbeitsbereichen bei der Bukarester Tageszeitung *România Liberă* tätig war."[1] Von dieser Aussage Alfred Kittners, einem engen Freund von Immanuel Weissglas ausgehend, lässt sich auch sein Mittlertum verstehen.

Wenn man sich auf Heinz Stănescus Behauptungen verlassen sollte, so war Weissglas „ab 1948, nachdem das gesamte Buchwesen verstaatlicht wurde, Redakteur der Zeitung *România Liberă* (*Freies Rumänien*), wobei er sich hauptsächlich als Übersetzer und Bearbeiter ausländischer Nachrichten,

---

[1] Kittner, Alfred: Abschied von Immanuel Weissglas. In: Neue Literatur, Heft 7 (1979), S. 33-36.

als Korrektor und ‚zweibeiniges Lexikon' betätigte und so wenig wie nur möglich signierte; trotzdem wurde er ein Vierteljahrhundert später mit einer großen staatlichen Auszeichnung geehrt."[2]

Wenn man die zahlreichen hervorragenden Übersetzungen aus dem Rumänischen ins Deutsche und umgekehrt liest, so entdeckt man den feinfühligen, musikalisch begabten, tiefgründigen Dichter, der sich dem Studium der Philologie leidenschaftlich hingab und der Nachwelt seinen unermüdlichen grüblerischen, schöpferischen und kritischen Geist unter Beweis stellte.

Einige wenige Belege für die Übersetzertätigkeit des Dichters Weissglas erhält man, wenn man die zu Tudor Arghezis Zeit angesehenste Zeitschrift *Viaţa Românească* (*Rumänisches Leben*) durchblättert. Darin wird man die Übersetzung der Gedichte *Regen* (Originaltitel: *Ploaie* aus dem Band *Stihuri de seară/Abendverse*) und *Das Trauertor* (Originaltitel *Poarta cernită* aus dem Band *Cuvinte potrivite/Passende Worte*)[3] finden. Die Übersetzung lässt den klassisch geschulten Literaturliebhaber Weissglas erkennen, der ein neues Gedicht im Stil Arghezis schafft.

Die Auswahl der aus dem Rumänischen ins Deutsche übersetzten Dichter und Gedichte, die in der *Rumänischen Rundschau* erschienen, besagt vieles über die Zeiten, in denen Weissglas und viele seiner Dichterkollegen lebten und schrieben.[4]

Die Tatsache, dass Weissglas Mihai Eminescus berühmtes Gedicht *Mai am un singur dor* unter dem Titel *Ich trag noch ein Verlangen* kongenial ins Deutsche übertrug, lässt ihn als hochkarätigen literarischen Übersetzer auftreten. Dieter Fuhrmann, ebenfalls ein hervorragender Übersetzer Eminescus, bezeichnete die Eminescu-Übersetzungen von Weissglas als die anspruchsvollsten.

Beginnend mit den 60er Jahren des 20. Jahrhunderts intensivierte Weissglas seine Tätigkeit als Kulturmittler, indem er bis zu seinem Tod für die Literaturzeitschrift *Rumänische Rundschau* Gedichte, Prosa und Theater aus dem Rumänischen ins Deutsche übersetzte. In den 50er Jahren waren in

---

[2] Stănescu, Heinz: Der Dichter des Nobiskruges, Immanuel Weissglas. In: German Life and Letters 39 (1985/86), S. 21-64. Hier S. 31.
[3] Viaţa Românească, XXIX Jg., Nr. 11 (1937), S. 17-18.
[4] Vgl. auch Lăzărescu, Mariana-Virginia: Die Tätigkeit von Immanuel Weissglas als Dokumentarist und Übersetzer. In: Immanuel Weissglas (1920-1979). Studien zum Leben und Werk, hrsg. von Andrei Corbea-Hoişie, Grigore Marcu und Joachim Jordan, Jassy: Editura Universităţii „Al. I. Cuza" / Konstanz. 2010, (Jassyer Beiträge zur Germanistik / Contribuţii ieşene de germanistică, Band XIV), S. 195-209.

der *Rumänische Rundschau* auch schon viele Übersetzungen aus dem Rumänischen ins Deutsche zu lesen, doch die Namen der Übersetzer wurden nicht genannt. Vielleicht hat Weissglas auch damals schon für die Zeitschrift übersetzt, doch erst ab den 60er Jahren kann man seinen Namen fast in jeder Nummer der *Rumänische Rundschau* antreffen.

Das so genannte Doppelleben, das er im guten Sinne des Wortes führte, geht aus seiner Tätigkeit als Dichter und Übersetzer hervor. Einerseits schrieb er über Mythen, Symbole, Erlebtes, andererseits übersetzte er aus dem Rumänischen linientreue Gedichte, die streng der Parteiideologie folgten.

Die Übersetzungen von Weissglas stellen meines Erachtens eine Form seiner grenzenlosen Bewunderung für die deutsche Literatur mit ihrer lyrischen Tradition dar, eine Art lyrische Meditation über die zeitgenössischen rumänischen Dichter. Es sind in der Regel nicht nur Übertragungen im eigentlichen Sinn, sondern auch Neuschöpfungen. Die Erfahrungen, die Weissglas mit mittelhochdeutschen Schriften während seines philologischen Studiums gemacht hatte, finden sich in seinen Anfangsgedichten wieder und manchmal auch im Tenor seiner übersetzten Gedichte. „Seine Dichtungen reflektieren vielfach den Leser der Weltliteratur, und der Leser Weissglas entfaltet sein schaffendes Vermögen."[5]

Es ist das große Verdienst des Übersetzers Weissglas, dass er wie viele andere Übersetzer aus Rumänien, beispielsweise Else Kornis, Lotte Berg, Alfred Margul-Sperber, Alfred Kittner, Dieter Roth, Wolf von Aichelburg, Dieter Fuhrmann, Oskar Pastior, Paul Schuster u.v.a.m. zu einer besseren Kenntnis der rumänischen Lyrik in den deutschsprachigen Ländern wesentlich beitrug. In der *Rumänischen Rundschau* erschien in der Zeitspanne 1960-1985 eine Vielzahl der gelungensten Übertragungen rumänischer Lyrik ins Deutsche, viele davon stammen von Immanuel Weissglas. Bemerkenswert ist, dass man bei der Lektüre der Nachdichtungen von Weissglas seine intime Vertrautheit mit einigen rumänischen Dichtern, seine Anteilnahme an den übersetzten Texten nachempfindet. In seinen geschriebenen sowie übersetzten Gedichten war Weissglas zwar eher traditionalistisch, in seinen Übersetzungen aber experimentierfreudig und modernistisch orientiert. Mit

---

[5] Baumann, Gerhart: Dank an die Sprache: Erinnerung an Immanuel Weissglas. In: Tradition und Entwicklung: Festschrift Eugen Thurnher zum 60. Geburtstag. Hg. v. Werner M. Bauer. Innsbruck 1982, S. 443-452. Hier S. 449 f.

seinen Übersetzungen erwies er sich als erfahrener Literaturkenner und hellhöriger Deuter der gesamten literarischen Szene seiner Zeit in Rumänien. Der Übersetzer ist laut Andrei Pleşu weit mehr als ein Träger von Zeichen zwischen zwei Kulturen.[6] Er steht nicht einfach im Dienste des Werkes, das er übersetzt, oder der Sprache, in die er übersetzt. Jeder Übersetzer kümmert sich um den globalen Metabolismus des menschlichen Sprechens, so Pleşu. Obwohl die Kompetenz des Übersetzers weder der Philologie noch dem Talent angehört, auch wenn sie beides einbezieht, hängt die wirkliche Kompetenz des Übersetzers von seiner Liebe zu einer Legende ab, meint Pleşu sehr treffend. Im Falle von Weissglas trifft diese Aussage zu, denn seine Dichtung fußt auf Mythen, Symbolen, Metaphern, denen er auch als Übersetzer treu bleibt. Er konstruiert eine/seine Welt, wenn er dichtet, aber auch wenn er übersetzt. Er strebt, um wiederum Pleşu zu zitieren, nach dem Gral der Sprache, zum ursprünglichen Konvergenzpunkt aller irdischen Sprachen hin. Er ist zwar Vermittler zwischen den Sprachen, gleichzeitig strebt er aber nach Verständigung ohne irgendwelche Vermittlung. Um Pleşu zu zitieren und zu paraphrasieren, fasst Weissglas in seinem Bemühen, den Genius zweier Sprachen gegeneinander zu halten, das tiefere Bedürfnis zusammen, aus der Beschränkung der Sprachen auszubrechen, um sich in der Utopie einer Welt ohne Wörterbücher auszuruhen.

Man kann diese Behauptungen an der Übersetzung des Gedichts *Die Glucke mit den Goldküken* von Ion Gheorghe am besten veranschaulichen. Das Gedicht ist dem Band *Zoosophia* entnommen und kann als Meisterstück der übersetzerischen Kunst von Immanuel Weissglas bezeichnet werden. Das Buch ist ein Einstieg in die Kultur und Geschichte, um den Prozess der Herausbildung einiger Mentalitäten und Traditionen zu rekonstruieren, die im kollektiven Gedächtnis durch Sagen, Rituale, Patronyme und Toponyme erhalten geblieben sind. Es werden Namen von Persönlichkeiten heraufbeschwört, die Interpretation der einheimischen Tiersymbolik, die Wiedergabe von biblischen Motiven, linguistische Neuschöpfungen geschaffen, was zu einem wunderbar-fantastischen Ergebnis führt, aus dem Naivität und Einfachheit nicht fehlen. Geschichte und Folklore sind die Stichworte des Bandes von Ion Gheorghe. Die Geschichte bietet ihm ein weites Feld der Erfindung, die Folklore das Material für das Experimentieren.

---

[6] Pleşu, Andrei: Das natürliche Wunder der Übersetzung. In: Rumänische Rundschau, XXXIX Jg., Nr. 11 (1985), S. 87-88.

Mircea Martin hat in einer Nummer der *Rumänischen Rundschau* den Gedichtband von Ion Gheorghe treffend kommentiert.[7] Das Buch ist das Ergebnis der ungewöhnlichen, gar paradoxalen Begegnung zwischen Folklore und Surrealismus, der erste Eindruck, so Martin, ist der des willkürlich Zusammengewürfelten, eines Sammelsuriums von Zitaten aus der klassischen oder volkstümlichen rumänischen Poesie, von Zaubersprüchen, Märchenausdrücken, Parallelismen folkloristischen Ursprungs. Das Gedicht *Die Glucke mit den Goldküken* ist ein Beispiel für unerschöpfliche Wortakrobatik, für originelle Wortfindungen. Martin betont, dass das Buch von Gheorghe von der sprachlichen Gestalt her besondere Aufmerksamkeit verdient. Nur jemand mit wortschöpferischer Begabung und mit einem Sinn für das Mythische, für die Vergangenheit und die Gegenwart wie Weissglas es war, konnte das Gedicht so gut ins Deutsche übersetzen. Erinnern wir uns an Goethes Worte: „Beim Übersetzen muss man bis ans Unübersetzliche herangehen; alsdann wird man aber erst die fremde Nation und die fremde Sprache gewahr."[8]

Das Verdienst von Weissglas ist scheinbar Unübersetzbares doch zu übersetzen und zwar so, dass die Übersetzung dem Original gleichgestellt werden kann.

Wie sprachgewandt und erfinderisch Weissglas war, zeigen die Synonyme, die er für den Begriff des Geldes findet. Die rumänischen Ausdrücke dafür sind: bănişor, parauţa, irmilic, banu, marcă, pitac, comoară, domnul Băncuţă, rubiele, cocoşei, Movila Banului, sfanţ, florionţi, zloţi, taleri, icuşari (icosari), grivine (grivnă), groşi, mahmudele, lovele, talanţi, creiţarii, ruble, franci, guldeni, drahma, lira, bani, dota, dinari, bolivari, Bănescu, Băneaţă, odoare.

Die deutschen Entsprechungen lauten: Kopf oder Wappen, Gold, Pinkemännchen, Pinkemann, Mammon-Muhme, Zwanzigpiaster-Münzen, eine Münzehoch, Weißgoldstück, Rappen, Zwanzig-Bani-Baron, Rupien, Napoleondore, Hellerhang, Geldschrein, Groschen, Dukatenmöhren, Zloty-Zaster, Goldmarkpflaster, Joachimstaler, Ikosare, Goldguldenglast, Kreuzerkopf, Rubel, Kupfereier, Gulden, Nickel, Mammonmist, Drachma, Schilling, Silberlinge, Mitgiftmoos, Denare, Bolivare, Güldenpink, Zechin.

---

[7] Siehe Rumänischer Rundschau XXII. Jg., Nr. 3 (1968), S. 122-123.
[8] http://www.wissen-im-netz.info/literatur/goethe/maximen/1-11.htm (Stand April 2011).

Die zahlreichen Redewendungen wie: „au spart Banca", „la spartul mitocului", „li s-a încercat glagoria" u.a. haben auch immer wieder mit dem Geld zu tun.

Ausdrücke aus dem Rumänischen werden ins Deutsche witzig und humorvoll übertragen: „rublele de la tătucoțarii / din Slavoforia" lautet im Deutschen „Väterchen-Zaren-Rubel / Aus Slawenlandtrubel".

Ion Gheorghes Gedicht beschwört märchenhafte Visionen. Es entsteht ein merkwürdiges Gemisch von Motiven und wechselnder Funktionalität.[9] Die Zoosophie wurde als Buch alter Weisheiten mit Anthologiecharakter definiert, das sich in einem modern-surrealistischen Gewand gibt und damit eine surrealistische Dimension aufdeckt, die der Volksliteratur nach Meinung des Autors innewohnt.

Mircea Martin behauptet, dass der Dichter nicht immer billigen Klangreizen entgeht, im Allgemeinen aber Außergewöhnliches leistet für die Schmeidigung der poetischen Sprache. Ich füge hinzu, dass der Lesende nicht minder von der deutschen Übersetzung fasziniert ist.

Sicherlich stellt man sich als Germanist die Frage, ob Weissglas nach einer gewissen Theorie des Übersetzens vorgeht. Das Gedicht kann exemplarisch für die Situation verwendet werden, in der ein deutscher Leser einiges über Klang, Wortwahl und Archetypen der rumänischen Kultur erfahren will. Wenn er die Sprache des Verfassers nicht versteht, ist eine Übersetzung notwendig. Somit wird diese Tätigkeit zu einem Kulturakt und der Übersetzer zu einem Mittler zwischen den Sprachen und Kulturen. Die Übersetzung erscheint als eine Interpretation, als eine mögliche Lesart. Sie ist eine Nachdichtung, die nach dem Geschmack und den Regeln des Übersetzers erfolgt. „Du sollst nicht übersetzen, was dir nicht behagt, du sollst nicht gegen dein Gewissen übersetzen; du sollst aus keiner Sprache übersetzen, die du nicht kennst. [...]" Man sollte immer die Unterschiede zwischen der Zielsprache und der Ausgangssprache berücksichtigen, dabei als Übersetzer alles mit der größtmöglichen Treue wiedergeben, ohne der eigenen Sprache Gewalt anzutun, so die Meinung von Marie-Thérèse Kerschbaumer.[10]

---

[9] Bucur, Marin: Ion Gheorghe. In: Literatur Rumäniens 1944 bis 1980. Einzeldarstellungen. Von einem Autorenkollektiv unter Leitung von Zoe Dumitrescu-Bușulenga und Marin Bucur. Redaktion Eva Behring und Hannelore Prosche. Bibliographie und Personenregister: Anke Pfeifer. Berlin 1983, (Literatur sozialistischer Länder, hrsg. von Kurt Böttcher und Gerhard Ziegengeist). S. 366-374.
[10] Kerschbaumer, Marie-Thérèse: Zum Handwerk des Übersetzens. In: Rumänische Rundschau XXIII. Jg., Nr. 2 (1969), S. 122-123.

Das umgangssprachliche Rumänisch ist nicht immer leicht zu übersetzen, Weissglas löst die Erscheinungen phonologischer Art tadellos. Das Gedicht *Die Glucke mit den Goldküken* kennzeichnet sich durch einen besonders dynamischen Rhythmus im Rumänischen, der von Weissglas meisterhaft ins Deutsche übertragen wird:

La Pietroasele copiii joacă babaroasele, rişcă şi gioale unde se mişcă multe parale.	Im Pietroasa-Graben Knöcheln die Knaben, Spielen die Kaulquappen Kopf- oder- Wappen, Hin und her rollt Ein Haufen Gold.
Băniţă Bănişor cu tanti Parauţa şi-au păpat boii de la pluguşor carul şi căruţa – boi cu coarne coşcove de colaci şi roşcove, ochii mici de irmilici – potcoviţi cu Ieiţe legaţi cu nojiţe.	Pinkemännchen, Pinkemann Mitsamt der Mammon-Muhme, Vertilgten das Ochsengespann, Neujahrskarren und -krume, Ochsen mit Hörnergeringel Voller Johannisbrot und Kringel, Die winzigen Augen blinzen, Wie Zwanzigpiaster-Münzen, Beschlagen mit Leupfriemen, Gebunden mit Bundschuhriemen.

Weissglas gelingt es, das Zusammenspiel zwischen geschichtlicher Wirklichkeit und mythologisierter, übernatürlicher, sogar metaphysischer Realität im Deutschen wiederzugeben. Alles klingt wie ein geistreiches Spiel, im Rumänischen und im Deutschen gleichwohl.

Die einmalige Entschlüsselung des folkloristischen Materials und seiner neuerlichen Kodifizierung stellt den spezifischen und originären Beitrag Gheorghes zur rumänischen Lyrik der 70er Jahre dar Ion Gheorghe, so der Kritiker Marin Bucur, findet seine Identifizierung als Dichter nicht im Surrealismus, sondern in diesem autochthonen Fundus, den er einem neuen künstlerischen Empfinden anverwandelt hat.

Weissglas gehört zu den Übersetzern, die danach trachten, den Platz herauszufinden, in dem die deutsche und die rumänische Sprache das Vorgefühl einer gemeinsamen Zugehörigkeit zur uranfänglichen Unverschiedenheit der Ausdrucksweise empfinden, um wiederum Anrei Pleşu zu paraphrasieren. Wie Ştefan Augustin Doinaş u.a. namhafte Übersetzer beweist auch Weissglas, dass das Wunder der dichterischen Übersetzung tatsächlich existiert. Einer ähnlichen Ansicht war auch Goethe, als er am 20. Juli 1827 an seinen englischen Übersetzer Thomas Carlyle schrieb, der *Wilhelm Meisters Wanderjahre* ins Englische übersetzt hatte:

> Und so ist jeder Übersetzer anzusehen, dass er sich als Vermittler dieses allgemein geistigen Handels bemüht und den Wechseltausch zu befördern sich zum Geschäft macht. Denn, was man auch von der Unzulänglichkeit des Übersetzens sagen mag, so ist und bleibt es doch eines der wichtigsten und würdigsten Geschäfte in dem allgemeinen Weltwesen. Der Koran sagt: ,Gott hat jedem Volke einen Propheten gegeben in seiner eigenen Sprache.' So ist jeder Übersetzer ein Prophet in seinem Volke. Luthers Bibelübersetzung hat die größten Wirkungen hervorgebracht, wennschon die Kritik daran bis auf den heutigen Tag immerfort bedingt und mäkelt. Und was ist denn das ganze ungeheure Geschäft der Bibelgesellschaft anders, als das Evangelium einem jeden Volke in seine Sprache und Art gebracht zu überliefern?[11]

In seiner Totenrede über Wieland 1813 meinte ebenfalls Goethe:

> Es gibt zwei Übersetzungsmaximen: die eine verlangt, dass ein Autor einer fremden Nation zu uns herüber gebracht werde, dergestalt, dass wir ihn als den unsrigen ansehen können; die andere hingegen macht an uns die Forderung, dass wir uns zu dem Fremden hinüber begeben und uns in seine Zustände, seine Sprachweise, seine Eigenheiten finden sollen.[12]

Goethe neigt der ersteren Maxime zu, heißt es in der Laudatio, darin ganz Kind der Aufklärung, und andere, weniger Aufgeklärte, haben sich das zu Herzen genommen. Es ist viel einfacher, ein fremdes Werk kurzerhand einzubürgern, indem man von den sprachlichen Eigentümlichkeiten der Aus-

---

[11] Goethe, Johann Wolfgang von: Berliner Ausgabe. Kunsttheoretische Schriften und Übersetzungen [Band 17–22], Bd. 18, Berlin 1960, ff. http://www.zeno.org/Literatur/M/Goethe,+Johann+Wolfgang/Theoretische+Schriften/%C2%BBGerman+romance%C2%AB (Stand: August 2010).
[12] http://www. goethe.de/prs/pro//Goethe-Medaille/Laudatio%20auf%20Sverre%20Dahl.pdf (Stand: April 2011).

gangssprache absieht und einfach in der eigenen Sprache drauflos schreibt. Das war früher üblicher als heute, wurde und wird oft gar nicht entdeckt – denn man hält ja ein gut lesbares Buch in Händen und kennt das Original nicht. Und bei Lichte besehen sind die zwei Maximen auch nicht auseinander zu halten: Man überträgt einen Autor oder eine Autorin, verpflanzt ein fremdes Werk; aber es muss das fremde Werk bleiben, sonst ergäbe eine Verpflanzung keinen Sinn, dann sollte man lieber seinen eigenen Ziergarten anlegen, so der Autor der Ansprache. Nachahmung – dieser Anspruch macht Übersetzung fast zum Symbol, wiederum im Goetheschen Sinne: „Eine Übersetzung ist das Werk ohne das Werk zu sein und doch das Werk."

Im Falle von Weissglas als Mittler zwischen der deutschen und rumänischen Sprache, Literatur und Kultur kann man mit Claus-Dieter Krohn folgende Schlussfolgerung ziehen:

> Dem [...] Fremden entgegenzustellen ist die Figur des Übersetzers, der die Erfahrung von Liminalität und kultureller Hybridität aushalten und die verzeichneten Brüche und Interferenzen von kulturellen Mustern zu einem neuen Ganzen zusammenfügen kann. Als ‚Grenzgänger' zwischen Sprach- und Kulturfeldern vermittelt er nicht nur zwischen ‚Fremdem' und ‚Eigenem', indem er durch die geschaffene Äquivalenz des Nicht-Identischen kulturelle Unterschiede kenntlich macht. Vielmehr gründet er seine eigene Existenz auf die schöpferische Ausfüllung jenes ‚Dazwischen', auf jenen in der Überlappung von Kulturfeldern geschaffenen imaginären ‚Dritten Raum', der ihm die Verortung seiner transkulturellen Identität gestattet.[13]

---

[13] Krohn, Claus-Dieter u. a. (Hg.): Exilforschung. Ein internationales Jahrbuch, Bd. 25 (2007). Übersetzung als transkultureller Prozess. Vgl. http://www.hanschristianoeser.com (Stand: August 2010).

ANDREI CORBEA-HOISIE

Celan, Weißglas und Margul-Sperber im Jahre 1947

Aus dem dokumentarischen Puzzle, das den Weg zum Debüt Paul Celans im deutschsprachigen Raum rekonstituieren sollte, fehlten nur noch wenige Stücke. Schon die biographische Notiz, die die viel beachtete Veröffentlichung in der 6. Nummer des 2. Jahrgangs der Wiener Zeitschrift *Plan*[1] von 17 Gedichten des jungen, aus Czernowitz stammenden und damals nach Wien frisch emigrierten Dichters begleitete, zitierte aus dem heute als zentral betrachteten Element dieser Materialien: es handelt sich um den Brief des in Bukarest ansässigen Dichters Alfred Margul Sperber an den Herausgeber Otto Basil, wo er Celan den „Dichter unserer west-östlichen Landschaft" nannte, „den ich ein halbes Menschenalter von ihr erwartet habe und der diese Gläubigkeit reichlich lohnt". Diesen Brief hat Sperber, wie später bekannt wurde, am 9. Oktober 1947 zusammen mit einem Konvolut Celanscher Texte geschickt, das 106 Gedichte enthielt und für deren Erscheinung in Buchform er emphatisch plädierte: „Ich [...] glaube, daß ‚Der Sand aus den Urnen' das wichtigste deutsche Gedichtbuch dieser letzten Dezennien ist, das einzige lyrische Pendant des Kafkaschen Werkes".[2] Die Folge ist bekannt: Otto Basil antwortete am 14. November in einem Brief, in dem er sich gleichzeitig auf zwei Briefe Sperbers bezog[3] und wo er – unter Höflichkeitsformeln als Dank für die Kontaktaufnahme, Informationen zum *Plan*

---

[1] Vgl. Wendelin Schmidt-Dengler: Bruchlinien. Vorlesungen zur deutschen Literatur 1945-1990. Salzburg 1995, S. 23-32; Otto Basil und die Literatur um 1945. Tradition – Kontinuität – Neubeginn. Hg. v. Volker Kaukoreit und Wendelin Schmid-Dengler. Wien 1998.
[2] Alfred Margul-Sperber an Otto Basil. Brief vom 9. Oktober 1947, ebd., S. 56 f. Vgl. auch die „Notizen" in: Plan, H. 6 (1947), S. 423.
[3] Am 13. Oktober 1947 schrieb Sperber noch einen Brief an Otto Basil, um ihn zu benachrichtigen, dass die Schauspielerin Edith Prager diesem ein Buch von Sperber überbringen wird. Zu dem vorigen Brief notiert er: „Ich schickte Ihnen vor einigen Tagen einen [sic!] Gedichtbandmanuskript [sic!] von Paul Celan und schrieb Ihnen bei dieser Gelegenheit." Der Brief befindet sich im Nachlass Otto Basils im Österreichischen Literaturarchiv und wurde bisher noch nicht veröffentlicht.

und zu den eigenen Aktivitäten oder zu einer ebenso von Sperber empfohlenen Schauspielerin – ziemlich lakonisch vermerkte, dass „was die Gedichte Paul Celans betrifft, so finde ich sie [...] außerordentlich schön und bedeutend,"[4] um gleich hinzuzufügen, dass eine Buchausgabe wegen der Nachkriegsschwierigkeiten damals undenkbar wäre. Die von Celan und Sperber mit Spannung erwartete Nachricht stand aber auch da: Otto Basil versprach die Publikation etlicher Gedichte schon in der nächsten Nummer seiner Zeitschrift. Ob diese Meldung eine gewisse Rolle in der endgültigen Entscheidung des Dichters, rasch und um jeden Preis Rumänien Richtung Wien zu verlassen, gespielt hat, lässt sich heute nur vermuten.[5] Als der *Plan* mit den Celanschen Texten im Februar 1948 erschien, befand sich dieser bereits in Wien und stand in Verbindung mit Otto Basil, wobei die Gedichte noch vor

---

[4] Der Brief, der im Sperber-Archiv des Rumänischen Literaturmuseums Bukarest von George Guțu entdeckt wurde, wurde von diesem in George Guțu: Linien zu einem Schriftstellerportrait. Zum Briefbestand des Bukarester Sperber-Nachlasses. In: Kulturlandschaft Bukowina. Studien zur deutschsprachigen Literatur des Buchenlandes nach 1918 [Jassyer Beiträge zur Germanistik 5]. Hg. v. Andrei Corbea, Michael Astner. Iași 1990. S. 194 f. veröffentlicht. Basils Ton verrät in diesem Brief keinesfalls die Begeisterung gegenüber den Gedichten Celans, die er später in seinen Erinnerungen vorgibt: „Seit Trakl hatte kaum mehr ein Dichter einen so grossen Eindruck auf mich gemacht". Vgl. Otto Basil: Wir leben unter finsteren Himmeln. In: Literatur und Kritik, H. 52 (1971), S. 103.

[5] In einem Brief von 24. Oktober 1948 an Max Rychner erklärte Celan in Bezug auf seine abenteuerliche Flucht über die rumänische und ungarische Grenze nach Wien im Dezember 1947: „Eines hatte er mir jedoch unberührt von all den Windstössen erhofft: meine Gedichte. Um ihretwillen ging ich nach Wien. In: der Hoffnung, sie veröffentlichen zu können", apud Joachim Seng: „Und ist die Poesie mein Schicksal...". Paul Celans Gedichtband „Der Sand aus den Urnen". In: Displaced. Paul Celan in Wien 1947-1948. Hg. v. Peter Gossens, Markus G. Patka. Frankfurt am Main 2001, S. 99. Schon am 21. Dezember 1947 – und nicht am 27. Dezember, wie Joachim Seng aufgrund einer irrtümlichen Entzifferung der in dem Band: In der Sprache der Mörder. Eine Literatur aus Czernowitz, Bukowina. Hg. v. Ernest Wichner, Herbert Wiesner. Berlin 1993, S. 260, reproduzierten Postkarte von Celan behauptete, vgl. Joachim Seng: „Dem Haupte des Zeus entsprungen". Wie Otto Basil vom Dichter Paul Celan erfuhr. In: Kukoreit, Schmidt-Dengler (Anm. 1), S. 61 – wusste Celan, der erst vor wenigen Tagen in Wien angekommen war, direkt aus dem Munde Basils, dass seine Gedichte für die Publikation im Januar-Heft vom Plan fest vorgesehen waren, vgl. seine Postkarte an Sperber in Guțu (Anm. 4), S. 195. Allerdings meint Basil, Celan erst im Januar 1948 zum ersten Mal begegnet zu sein, vgl. Basil (Anm. 4), S. 102. Andererseits glaubt Peter Gossens zu wissen, dass in dem Augenblick, als Sperber den Brief von Basil erhielt, Celan sich schon auf den Weg nach Wien gemacht habe, – obwohl die Quellen weder das genaue Datum des Eingangs des Briefes bei Sperber noch den Tag der Abreise Celans aus Bukarest vermerken, vgl. Peter Gossens: „Herr Basil ist sehr nett zu mir". Ernst Schönwiese, Otto Basil und der „Plan". In: Gossens: Patka, ebd., S. 60. Dagegen würde gerade ein Satz aus der besagten Postkarte Celans an Sperber von 21. Dezember 1947 sprechen: „Wie ich ja wissen, erscheint eine grössere [...] Auswahl meiner Gedichte im Januarheft des ‚Plan'"; wenn Celan nur von Otto Basil von der Benachrichtigung Sperbers über die bevorstehende Publikation gewusst hätte, wäre er nicht so erstaunt gewesen, dass Sperber schon darüber informiert war, vgl. Guțu (Anm. 4), S. 195.

der Veröffentlichung in gewissen Wiener Kreisen zirkulierten.[6] Die Weichen des dichterischen Schicksals Paul Celans waren damit gestellt.[7]

Besonders auffällig ist in Otto Basils Brief an Sperber u.a. der Hinweis auf Ernst Schönwiese und seine Salzburger Zeitschrift *Das Silberboot* – eine Publikation, die ähnlich wie der *Plan*, auch wenn mit einem unterschiedlichen Programm, einen beträchtlichen Einfluss auf das literarische Leben im Nachkriegs-Österreich ausübte.[8] Basil ist vermutlich 1946 die dortige Veröffentlichung eines älteren, aus dem Redaktionsarchiv der 30er Jahre stammenden Artikels von Sperber,[9] (von dem übrigens man beim *Silberboot* noch keine Ahnung hatte, wo er lebte und ob er überhaupt den Krieg und die antisemitische Hetze in Rumänien überstanden hatte),[10] nicht entgangen. Die Tatsache aber, dass Basil genau in diesem Brief seinen ‚Konkurrenten' Schönwiese erwähnte, sollte vielleicht gerade auf Sperbers Projekte in Bezug auf Celan anspielen. Basil ahnte jedoch nicht, dass Schönwiese und Sperber sich schon seit Monaten im brieflichen Kontakt befanden: der erstere beeilte sich in einem Schreiben von 19. Mai 1947 den alten Bekannten aus Rumänien über den „Nachtrag" der Texte „vor 1938" zu unterrichten und ihn gleichzeitig zur erneuten Mitarbeit „als Dichter, Übersetzer und Essaist" einzuladen.[11]

---

[6] Vgl. den Brief Celans an Sperber von 11. Februar 1948. In: Petre Solomon: Paul Celan. Dimensiunea românească. București 1987, S. 242 ff. Der Brief wurde zum ersten Mal in der Bukarester Zeitschrift: Neue Literatur, H. 7 (1975), S. 50 f. veröffentlicht.

[7] Symptomatisch wirkt die von Celan in seinem Brief an Sperber von 6. Juli 1948 berichtete Geschichte von seinem ersten Treffen mit Klaus Demus in Wien, der seine Gedichte im Plan gelesen hatte und ihm begegnen wollte: „So befangen war er, daß ich denke, ich selber wäre es nicht in diesem Maße gewesen, wäre ich zu ... ich weiß selber nicht zu wem gekommen". In: Solomon (Anm. 6), S. 252, und in: Neue Literatur (Anm. 6), S. 53. Vgl. auch Gossens (Anm. 5), S. 61.

[8] Vgl. Rüdiger Wischenbart: Literarischer Wiederaufbau in Österreich. Königsstein 1983; Ursula Weyrer: „Das Silberboot". Eine österreichische Literaturzeitschrift (1935-36, 1946-52). [Innsbrucker Beiträge zur Kulturwissenschaft. Germanistische Reihe Band 22]. Innsbruck 1984; Gossens (Anm. 5), S. 53-61; Joseph Peter Strelka: Ernst Schönwiese. Werk und Leben [New Yorker Beiträge zur Literaturwissenschaft 6]. Frankfurt a. M. u.a. 2005.

[9] Margul-Sperber, Alfred: Nachträgliches zum Fall Piehovicz. In: Silberboot, H. 1 (März 1946), S. 43-44. Zur Vorgeschichte dieser Publikation vgl. Weyrer (Anm. 8), S. 172. Im Heft 4 von Juni 1946 (S. 203-205) wird auch eine Sperbersche, in den 30er Jahren zur Publikation angebotene Übersetzung von Victor Hugos Gedicht *Boas im Schlaf* veröffentlicht.

[10] Im Nachlass von Ernst Schönwiese im Österreichischen Literaturarchiv wird das Konzept eines Briefes von September 1946 an den aus der Bukowina stammenden Dichter Isaac Schreyer (1890-1948) nach New York bewahrt, wo Schönwiese diesen um Nachrichten über Sperber („was aus Margul-Sperber geworden ist") bittet. In seiner Antwort von 27. Oktober 1946, die sich ebenfalls im ÖLA befindet, kann ihm Schreyer noch nichts Genaues zu Sperber berichten.

[11] Ebd., S. 191.

Aus dem von George Guțu und später von Peter Gossens teilweise dokumentierten Briefwechsel zwischen Ernst Schönwiese und Alfred Margul-Sperber[12] wird deutlich, dass auch diesmal der Bukarester Dichter sich zu einem der Hauptziele machte, Celans Gedichte in den Vordergrund der gemeinsamen Agenda zu schieben.[13] Die Celan-Forschung hielt besonders den Brief von 20. Juli 1947 für wichtig, wo Schönwiese mit einer deutlichen Zurückhaltung auf die ihm von Sperber geschickten Texte Celans reagierte, indem er gestand, zu denen „keinen rechten Zugang gefunden" zu haben; trotz der allerdings vorsichtig und milde formulierten Ablehnung ihrer Publikation im *Silberboot* („Aber vielleicht muss man länger mit den Gedichten leben und öfter, in verschiedenen Stimmungen, darin lesen"), endet der Absatz mit der Empfehlung, dass Sperber sich an den ... *Plan*-Herausgeber Otto Basil wenden soll, der „sich für Celan begeistern und einsetzen würde,"[14] – was Sperber einige Monate später auch tat. Symptomatisch für das Engagement Sperbers für die *causa* seines jungen Schützlings, von dessen Genie er überzeugt war und auch andere überzeugen wollte, klingt auch dessen Bemühung, ebenfalls in den folgenden (bereits bekannten) Briefen an Schönwiese Celan ständig zu erwähnen: etwa am 8. November 1947, als von Basil noch keine Antwort gekommen war, so dass er in einem versöhnlichen Ton bemerkt, dass es ihm bei der ersten Lektüre der Celanschen Gedichten gleich wie Schönwiese ergangen sei,[15] dann am 21. März 1948, indem er prahlend mitteilt, dass „Paul Celan [...] nun 'lanciert' [ist]"[16], und ebenfalls

---

[12] George Guțu veröffentlichte 1990 Ernst Schönwieses Briefe, die er im Sperber-Archiv des Rumänischen Literaturmuseums in Bukarest gefunden hatte, vgl. Guțu (Anm. 4), S. 191-194. Als einige Briefe von Sperber an Schönwiese in dessen Nachlass im Österreichischen Literaturarchiv entdeckt wurden, hat Peter Gossens den gesamten bis zu jenem Zeitpunkt bekannten Briefwechsel der beiden, d.h. inklusive die schon von Guțu publizierten Briefe, veröffentlicht, vgl. Peter Gossens: „so etwas wie eine Bukowiner Dichterschule [...]". Ernst Schönwieses Briefwechsel mit Dichtern aus der Bukowina. In: Sichtungen, Jhg. 4/5 (2001/2002), S. 69-101.
[13] „Überhaupt: vergessen Sie, bitte, über die Lust andre Dichter zu entdecken [...] nicht den Dichter Margul-Sperber. Schicken Sie mir möglichst alles, was mir einen *umfassenden* Überblick über Ihr eignes Oeuvre ermöglicht", verlangt Schönwiese von Sperber am 20. Juli 1947, vgl. Guțu (Anm. 4), S. 192 und Gossens (Anm. 13), S. 79. Allerdings hat Schönwiese nur noch einmal einen Text von Sperber (u. z. die Übersetzung Emily Dickinsons Gedicht „Erwartung"). In: Silberboot, H. 7 (November 1947), veröffentlicht. Auch die ihm am 24. Februar 1948 von Schönwiese feierlich angekündigte Absicht, seinen 50. Geburtstag im September 1948 in der Zeitschrift zu markieren – vgl. Guțu (Anm. 4), S. 192 und Gossens (Anm. 13), S. 89, wurde nie verwirklicht.
[14] Guțu (Anm. 4), S. 193 und Gossens (Anm. 13), S. 80.
[15] Ebd., S. 85.
[16] Ebd., S. 91. Zehn Tage vorher (am 10. März 1948) hatte Schönwiese selbst Otto Basil zu der Veröffentlichung der Gedichte Celans im Plan gratuliert: „Auch möchte ich Ihnen sagen, dass

fünf Monate später, als, obwohl von Schönwiese – mutmaßlich wegen der immer aktiveren Postzensur im inzwischen zur Volksrepublik gewordenen Rumänien – seit langem kein Zeichen mehr kam,[17] Sperber seiner nicht zu überhörenden Enttäuschung über Celans Weggang nach Paris Luft macht : „Jedenfalls ist der Einbruch in die deutsche Literatur von Paris aus nicht so einfach."[18]

In dem im Österreichischen Literaturarchiv bewahrten Nachlass von Ernst Schönwiese gelang es uns, die ersten, bisher unbekannten zwei Briefe von Alfred Margul-Sperber an Ernst Schönwiese zu entdecken, die er dem Herausgeber des *Silberboots* als Antwort auf dessen Schreiben von 19. Mai 1947 schickte ; somit wird auch die bestehende Lücke in der der Forschung verfügbaren Korrespondenz der beiden bis zum zweiten Brief von Schönwiese am 20. Juli 1947 gefüllt.

Sie lauten wie folgt:

Bukarest, den 6. Juni 1947
Str. Buzeşti 98.

Lieber und sehr geehrter Herr Dr. Schönwiese,

Meinen herzlichen und wirklich ergriffenen Dank für Ihr so freundliches Schreiben und Ihr Interesse an meinem Schicksal; eine gleichzeitig mit Ihrem Brief verspätet an mich gelangte Nachricht Joseph Kalmers[19] *enthielt ebenfalls die Aufforderung, an Sie zu schreiben. Auch die 5 Hefte Ihrer prachtvollen Zeitschrift habe ich pünktlich erhalten und bewundernd feststellen müssen, daß Sie nicht nur das hohe Niveau des "Silberboots" von 1936 zu erhalten gewußt haben, sondern es womöglich noch überbieten.*

Gerne leiste ich Ihrer Aufforderung folge, mich in den Stromkreis des "Silberboots" einzuschalten, und sende Ihnen von mir 3 Übersetzungen und

---

ich Heft 6 des Plan für eines der besten Hefte halte, die Sie bisher herausgegeben haben. [...] Paul Celans Gedichte kannte ich. Ich wusste, dass es etwas für den Plan ist [...] Ich bin nicht einseitig genug, um mich nicht aufrichtig darüber zu freuen, dass Sie Celan herausgestellt haben", apud Seng. In: Kukoreit, Schmidt-Dengler (Anm. 1), S. 60.

[17] Entweder wurden die Sendungen aus dem ‚westlichen' Ausland von der rumänischen Post nicht mehr zugestellt, oder Schönwiese selbst schickte nichts mehr, um seine Korrespondenten – von denen er schon beunruhigende Signale bekommen hatte, wie z. B. von Immanuel Weissglas, der ihm Manuskripte mit der Bitte schickte, diese zu bewahren aber nicht zu veröffentlichen, vgl. Gossens (Anm. 13), S. 87 – nicht in Gefahr zu bringen. Damit kann auch der Verzicht Schönwiese auf jegliche Veröffentlichung eines Manuskriptes von Sperber erklärt werden.

[18] Ebd., S. 92.

[19] Der aus der Bukowina stammende Wiener Journalist und Dichter Joseph Kalmer (1898-1959), mit dem Sperber seit Jahrzehnten befreundet war, lebte seit 1939 in Großbritannien.

8 Gedichte. Außerdem aber, und das macht wohl das eigentliche Gewicht meiner Sendung aus, schicke ich Ihnen eine Auswahl aus dem Gedichtbande eines "Jungen", und was für eines! Sie haben mir vor vielen Jahren geschrieben, daß ich ein besonderes Flair für literarische Entdeckungen hätte; wenn jemals, so trifft Ihre Behauptung in diesem Falle zu. Die Gedichte sind ganz wahllos herausgegriffen, und der ganze Band ist von dieser Klasse. Ich stehe nicht an zu glauben, daß Paul Celan die stärkste dichterische Kraft der jungen Generation deutscher Dichtung ist; und er ist noch jung und hat so vieles vor sich! Ich werde nicht ruhen, bis ich seinem Gedichtband "Der Sand aus den Urnen" einen Verleger gefunden haben werde. Schreiben Sie mir sofort Ihre Meinung zu diesen Gedichten.

Ich schreibe diesen Brief in großer Hast weil er gleich fort muß, um die Post nicht zu versäumen (?) in ein paar Tagen schreibe ich wieder und sende Ihnen noch mehr, und sehr Interessantes. Von den Gedichten Celans gehören die <u>gereimten</u> einem älteren Zyklus an, mit dem der Dichter schon nicht mehr ganz einverstanden ist; aber ich liebe diese Gedichte sehr.

Senden Sie mir, bitte, <u>auch die Hefte 2, 3, 6, 8*</u> und die laufenden Hefte des neuen Jahrgangs.

Mit den guten Wünschen und den herzlichsten Grüssen Ihres

Alfred Margul-Sperber

*erl. 27.8.47 Sc.

Bukarest, 2. Juli 1947
Str. Buzeşti <u>98</u>.

Sehr geehrter und lieber Herr Schönwiese!
Ich muß Ihnen zunächst vom Herzen danken für Ihre <u>zweite</u> Sendung, die mir heute zugegangen ist. Außer den mir noch fehlenden Heften des 2. Jahrgangs und den beiden erschienenen des dritten fand ich darin den ausgezeichneten Almanach des Silberboots. Er, ebenso wie ausnahmslos alle Hefte Ihrer Zeitschrift sind über alles Lob vorbildlich in geistigem Format und Niveau, Vielseitigkeit, Auswahl und Geschmack und Fülle des Interessanten und Anregenden. Das Silberboot ist, in einem europäischen Sinne, beispielhaft für eine Literaturzeitschrift höchster Qualität. Ich kann Ihnen zu dieser

Ihrer Leistung nur vom Herzen gratulieren und den Wunsch hinzufügen, der äußere Erfolg Ihres Unternehmens – ich denke dabei nur an die materielle Möglichkeit, das Erscheinen der Zeitschrift auf längere Sicht gesichert zu wissen – möge dem inneren Wert entsprechen. Denn, sprechen wir es nur ruhig aus: so etwas haben die Deutschen noch nicht gehabt!

Ich vermute, daß Sie, als Sie diese Sendung abgeben liessen, mir auch geschrieben haben. Ich habe Ihre Antwort aber noch nicht in Händen und weiß darum auch nicht, ob Ihnen das von mir übersandte Material zugesagt hat. Insbesondere wird mir sehr lieb, zu erfahren, was Sie von den Gedichten <u>Paul Celans</u> denken. Schade, daß die Übertragung des Mallarmé- Fauns zu spät für Ihre Gedenknummer bei Ihnen einlief.

Ich weiss also, wie gesagt, noch nicht, ob Ihnen meine Sendung behagt hat und trotzdem lasse ich, ohne Ihre Antwort abzuwarten, eine zweite vom Stapel. Diesmal erhalten Sie, außer einem wohl gerüttelten Maß von Übertragungen meiner Provenienz, Originallyrik von zwei gegenwärtig in Bukarest lebenden Bukowiner Dichtern, Alfred Kittner und E. R. Korn. Ich bin sehr neugierig, was Sie zu diesen Gedichten sagen werden. Für ein nächstes Mal halte ich für Sie Gedichte von Martin Brant[20], Immanuel Weißglas, Rose Ausländer, Fanny Rath, Wolf von Aichelburg u. a. in petto. An eigenen Übertragungen besitze ich noch: sehr schöne und interessante Nachdichtungen rumänischer Volkslieder und Balladen, der rumänischen Lyriker Eminescu, Pillat und Teofil Lianu, Vachel Lindsseys (sic) "Kongo", T.S. Eliots "Ödland" und "Prufrock", Gedichte von Robert Frost, Paul Valéry, Gérard de Nerval, Jules Romains, Jessenin, Cowpers "John Gilpin", ausgewählte Balladen und Lieder des prachtvollen jiddischen Dichters Itzik Manger, u.v.a.m. Schreiben Sie mir, bitte, was Sie von diesen Dingen besonders interessiert.

Und lassen Sie mich auch etwas über Sie persönlich wissen. Wie und wo haben Sie jenes Grauen überstanden? Ich weiss es ja aus eigener Erfahrung, daß man eine "schwere Sprache und schwer Zunge" hat nach der Rückkehr vom Hades, aber sagen Sie mir wenigstens soviel, als Sie sagen können.

---

[20] Unter diesem Pseudonym wurde von Freunden, darunter Alfred Margul Sperber und Immanuel Weissglas, der Gedichtband des Bukowiners Moses Rosenkranz *Gedichte 1947* in Bukarest herausgegeben; Rosenkranz (1904-2003) wurde im April 1947 von sowjetischen Agenten in Rumänien verhaftet und dann in der Sowjetunion zur Zwangsarbeit in sibirischen Arbeitslagern verurteilt. Erst 1957 wurde er befreit und durfte einige Jahre später von Rumänien in die Bundesrepublik auswandern.

ANDREI CORBEA-HOISIE

Können Sie mir, bitte, Dr. Waldingers Adresse mitteilen? – denn ich habe ihm nur einmal c/o Aufbau mein Buch geschickt. Apropos: haben Sie seinerzeit, Sommer 1939, dieses Gedichtbuch "Geheimnis und Verzicht,"[21] von mir erhalten? Wenn nicht, sende ich Ihnen jetzt eines.
    Schreiben Sie bald
      Ihrem Ihnen aufrichtig ergebenen
        Alfred M Sperber
Alle guten Grüße und Wünsche.

Die beiden Briefe zeugen nochmals von dem festen Glauben des Bukarester Dichters, dass es sich bei Celan um eine außerordentliche Begabung handelt, gegenüber der er sich verpflichtet fühlte, sie in der deutschsprachigen Öffentlichkeit als solche darzustellen, durchzusetzen und sie durch eine Publikation anerkannt zu machen.[22] Sperbers Strategie bestand darin, ihm bekannte Literaten, die damals Schlüsselpositionen in deutschsprachigen Redaktionen bekleideten, dafür zu gewinnen und einzusetzen. Den Anfang machte er schon 1946, als er die Gedichte Celans dem einflussreichen Feuilleton-Chef der Züricher Zeitung *Die Tat*, Max Rychner, empfahl; erst Anfang 1948, parallel zu der *Plan*-Publikation, wird dieser sieben Texte erscheinen lassen.[23] Der Brief an Ernst Schönwiese von 6. Juni 1947, wo Sperber von sich

---

[21] Sperbers zweiter Gedichtband Geheimnis und Verzicht erschien 1939 im Selbstverlag (unter der Ägide der Buchhandlung „Litteraria") in Czernowitz.
[22] Eine solche Verpflichtung definierte Sperber selbst in seinem Brief an Schönwiese von 21. März 1948 durch die „Aufgabe [...], das orphische, das syllabische Wort an Jüngere weiterzugeben – vielleicht dass sie's erfüllen". In: Gossens (Anm. 13), S. 90.
[23] Ein Briefwechsel zwischen Sperber und Max Rychner begann schon im Jahre 1931, als Rychner Redakteur der Neuen Schweizer Rundschau in Zürich war [vgl. Wichner, Wiesner (Anm. 5), S. 237]. Im November 1946 hat Sperber ein Typoskript und einen Monat später eine neue Reihe von Gedichten Celans an Rychner geschickt, wobei im Rychner-Nachlass nur der zweite Begleitbrief Sperbers gefunden wurde. Parallel hat auch Celan selbst dem Schweizer Kritiker geschrieben, vgl. Beda Allemann: Max Rychner – Entdecker Paul Celans. Aus den Anfängen der Wirkungsgeschichte Celans im deutschen Sprachbereich in „Wir tragen den Zettelkasten mit den Steckbriefen unserer Freunde". Acta-Band zum Symposion „Beiträge jüdischer Autoren zur deutschen Literatur seit 1945" (Universität Osnabrück 2.-5. 6. 1991). Hg. v. Jens Stüben und Winfried Woesler in Zusammenarbeit mit Ernst Loewy. Darmstadt 1993, S. 280-292. Rychners Auswahl aus den Gedichten Celans erschien in der Literaturbeilage der Züricher Zeitung Die Tat erst am 7. Februar 1948. In einem Brief an Celan von 24. Februar 1948 erklärte Rychner diese Verspätung dadurch, dass er eigentlich einen Verleger für den Band gesucht hätte; erst nachdem sich keiner interessiert zeigte, habe er sich „zur Flucht in die Öffentlichkeit" entschlossen, vgl. Max Rychner: „Bei mir laufen Fäden zusammen". Literarische Aufsätze, Briefe, Kritiken. Hg. v. Roman Bucheli. Göttingen 1998, S. 316.

selbst kaum spricht, ist an sich (fast nur) ein Plädoyer für Celans Dichtung, dessen weniger emotionale, dazu aber stilistisch einfachere und bündigere Diktion als diejenige des späteren Briefes an Otto Basil authentisch und einsichtig wirkt. Die angekündigte Folge der Sendungen von Texten seiner damaligen Jünger zur eventuellen Veröffentlichung im *Silberboot* stellte implizit eine Werthierarchie mit Celan an der Spitze auf, dem einzigen eigentlich, mit dessen dichterischer Bestimmung Sperber, der gerade an der Ergänzung jener *Anthologie deutschsprachiger Judendichtung aus der Bukowina* arbeitete, die er unter dem Titel *Die Buche* noch vor dem Krieg vorbereitet hatte,[24] sich völlig zu identifizieren verstand.[25]

Die Frage, wie Celan sich gegenüber diesen Bemühungen Sperbers verhielt, scheint durchaus legitim zu sein, denn seine Bukarester Existenz seit 1945 ist meistens unter der Perspektive einer vermeintlichen Anpassung an ein von seinen sprachlichen und literarischen Wurzeln ziemlich entferntes intellektuelles Milieu wahrgenommen worden. Die neuen rumänischen Freunde waren jedenfalls von dem jungen Czernowitzer, der russische Literatur ins Rumänische übersetzte[26] und, was Ihnen besonders imponierte, sowohl deutsche als auch rumänische Gedichte schrieb, durchaus beeindruckt.[27] Auch wenn Alfred Kittner sich an regelmäßige Sonntagsbesuche Celans bei Sperber zu erinnern glaubt,[28] weiß man heute von seinen Kontakten zu ehemaligen Czernowitzern in der rumänischen Hauptstadt viel weniger als von den Beziehungen, die er in den damaligen linken Literatenkrei-

---

[24] Die Geschichte des Unternehmens „Die Buche", das sich über fünfzehn Jahre erstreckte, wird in dem Nachwort von George Guțu und Peter Motzan zu dem Band: Die Buche. Eine Anthologie deutschsprachiger Judendichtung aus der Bukowina. Zusammengestellt von Alfred Margul-Sperber. Aus dem Nachlass herausgegeben von George Guțu, Peter Motzan und Stefan Sienerth. München 2009, S. 425-469, ausführlich dargestellt.
[25] In dem Nachlass von Ernst Schönwiese im Österreichischen Literaturarchiv haben wir außer zahlreichen Manuskripten von Originalgedichten und Übersetzungen Sperbers (aus Mallarmé, Verlaine, Paul Valéry, Yeats, Robert Frost, Wallace Stevens, Rachel Lindsay, Tudor Arghezi, Vasile Voiculescu usw.) Texte von Alfred Kittner, Immanuel Weissglas, Martin Brant (Moses Rosenkranz), Wolf (von Aichelburg), Ewald Ruprecht Korn, Gerty Rath, Dusza Czara entdeckt. Unter den vielen anonymen Manuskripten des Silberboot-Archivs ist durchaus möglich, dass es auch andere von Sperber vermittelte Texte befinden. Ebenfalls gibt es im Nachlass einige von Sperber handgeschriebene biographische Notizen zu Martin Brant, Ewald Ruprecht Korn, Immanuel Wahnschaffe (Weissglas) und zu sich selbst.
[26] Vgl. Barbara Wiedemann: Grischas Apfel und bitteres Staunen. Paul Celans Übertragungen ins Rumänische. In: Celan-Jahrbuch, Bd. 5 (1993), S. 139-163.
[27] Vgl. u.a. Solomon (Anm. 6), S. 49-78; vgl. auch Barbara Wiedemann-Wolf: Antschel Paul-Paul Celan. Studien zum Frühwerk. Tübingen 1985.
[28] Kittner, Alfred: Erinnerungen an den jungen Paul Celan. In: Zeitschrift für Kulturaustausch, 32. Jg., H. 3 (1982), S. 217-219.

sen pflegte, von denen er sich ideologisch und menschlich angezogen fühlte[29] und in deren Mitte er sich anscheinend ganz anders verhielt und äußerte als in den kleinbürgerlichen Häusern der Bukowiner Bekannten;[30] in der Tat verkehrte Celan, wie auch später in seiner Pariser Zeit, in den verschiedensten Zirkeln, die überhaupt nichts miteinander zu schaffen hatten.[31] Im überraschenden Gegensatz zum üblichen Bild des exzentrisch lebenslustigen jungen Dichters jener Jahre spricht jedoch der Brief, den er im November 1946 an Max Rychner nach Zürich schickte, vor allem von Isolation und Einsamkeit.[32] Eine gewisse Wirklichkeitsentfremdung in Celans alltäglichem Verhalten will – aber erst in der zweiten Hälfte des Jahres 1947 – auch sein damaliger Freund Petre Solomon beobachtet haben, wobei er sich an dessen wiederholten Bezug auf zwei Verse aus einem Gedicht Benjamin Fondanes, des nach Frankreich emigrierten und in Auschwitz ermordeten rumänisch-französischen Dichters, erinnerte: „Şi va veni o seară cînd voi

---

[29] Vgl. die Beiträge von Maria Banuş, Ion Caraion, Nina Cassian, Ovid. S. Crohmălniceanu, Horia Deleanu, die in den ersten Nachkriegsjahren zu den im Umfeld der Kommunistischen Partei agierenden Intellektuellengruppen gehörten. In: Ebd., Die Anstellung des aus der Bukowina stammenden jungen Emigranten Paul Antschel im Lektorat des Bukarester Verlags „Cartea Rusă" lag selbstverständlich an seinen hervorragenden Russischkenntnissen, aber die Tatsache, dass es sich zusammen mit der (gerade von Horia Deleanu geleiteten) Zeitung Veac Nou um eine Gründung des ARLUS (des Rumänischen Vereins zur Entwicklung der Beziehungen mit der Sowjetunion) handelte, der letztendlich ein Arm des Propagandaapparats der KP war, setzte bei der Auswahl der Mitarbeiter auch einen politisch-ideologischen Filter voraus. Allerdings soll Celan gelegentlich aus dem Russischen auch für die Parteizeitung Scânteia und für Veac Nou übersetzt haben, vgl. Solomon (Anm. 6), S. 71 f. Zu ARLUS und „Cartea Rusă" vgl. Adrian Cioroianu: Pe umerii lui Marx. O introducere in istoria comunismului românesc. Bucureşti 2006, S. 126 ff. Es ist Celan in jenen Jahren dennoch gelungen, von den aktuellen politischen Themen meistens fern zu bleiben, wobei er vor den Freunden keinen Hehl aus seiner unbotmäßigen Gedankenfreiheit machte – wie zum Beispiel von seiner Sympathie für die bei den strammen Kommunisten verpönten Anarchisten und deren literarischen Anhänger unter den französischen Surrealisten, vgl. Ov. S. Crohmălniceanu: Amintiri deghizate. Bucureşti 1994, S. 114.
[30] Ilana Shmueli notierte die von Celan empfundene „Fremdheit" am 15. Oktober 1969, als er vor einem ‚Czernowitzer' Publikum in Tel-Aviv aus seinem Werk vorlas: „Die fordernde Hautnähe, Bekanntes und nicht mehr Bekanntes, Pseudointimität, wohlwollendes Miss- und Unverständnis. Sie saßen vor ihm, zu nah und sehr fern. [...] Er wusste, dass er auch hier nich dazugehören konnte, und es traf ihn aufs schmerzlichste, fast flüchtete er", vgl. Ilana Shmueli: Sag, dass Jerusalem ist. Über Paul Celan: Oktober 1969-April 1970. Eggingen 2000, S. 29.
[31] Laut Israel Chalfen soll Celan eine enge Beziehung zu den Bukarester Surrealisten trotz des gegenseitigen Misstrauens zwischen jenen und seinen linken Kommilitonen unterhalten haben, vgl. Israel Chalfen: Paul Celan. Eine Biographie seiner Jugend. Frankfurt am Main 1983, S. 150 f. Chalfen ist allerdings der einzige, der behauptet, es auch bezeugen zu können, während Petre Solomon eher geneigt ist, diese vermeintliche Afiliation Celans zu der rumänischen Surrealisten-Gruppe mit grosser Skepsis zu behandeln, vgl. Solomon (Anm. 6), S. 94 ff.
[32] Allemann (Anm. 23), S. 283 f.

pleca de-aici / fără să știu prea bine unde mă duc și nici / de vine putrezirea, sau încolțirea vine…".[33]

Ein fast unerträglicher Druck, weiter zu ziehen, kam damit zum Vorschein. Er gründete vorerst in einem Gemisch von Sorgen vor den immer deutlicheren Zeichen einer bevorstehenden stalinistischen Diktatur in Rumänien, die Celan schon in Czernowitz unter der sowjetischen Besatzung der Nordbukowina zwischen 1940-1941 erlebte,[34] und einem obsessiven Streben, unbedingt das Land zu verlassen, bei den aus der Bukowina 1944-1945 übersiedelten und von der Erfahrung des Ghettos in Czernowitz oder der Transnistrien-Deportation tief geprägten Juden.[35] Ausschlaggebend war aber zweifelsohne jene paradoxe Triebkraft, von der in seinem pathetischen Brief von 3. November 1946 an Max Rychner die Rede war: „ich will Ihnen sagen, wie schwer es ist als Jude Gedichte in deutscher Sprache zu schreiben. Wenn meine Gedichte erscheinen, kommen sie wohl auch nach Deutschland und – lassen sie mich das Entsetzliche sagen – die Hand, die mein Buch aufschlägt, hat vielleicht die Hand dessen gedrückt, der der Mörder meiner Mutter war … Und es könnte noch furchtbarer kommen … Aber mein Schicksal ist dieses: Deutsche Gedichte schreiben zu müssen. Und ist die Poesie mein Schicksal – [...] – so bin ich froh."[36] Im Lichte solcher Aussagen wird überaus deutlich, dass für Celan Bukarest und das Dichten in der rumänischen Sprache nur eine Zwischenstation bedeuteten[37] und dass für ihn weder die Erscheinung der rumänischen Version der *Todesfuge* in der Wochenzeitung *Contemporanul* im Mai 1947, wo er als „deutscher Poet" vorgestellt wurde, noch seine erste Veröffentlichung deutscher Gedichte in der kurzlebigen Bukarester Zeitschrift *Agora* als Argumente für die Option,

---

[33] „Und es wird ein Abend kommen, an dem ich von hier geh / ohne zu wissen, wohin und ohne/ zu wissen, ob Fäulnis kommen wird oder Keimen…" , vgl. Petre Solomon: Paul Celans Bukarester Aufenthalt. In: Neue Literatur, H. 11 (1980), S. 55 ff. [wieder gedruckt in: Zeitschrift für Kulturaustausch (Anm. 28), S. 223 f.]. Dem Kollegen Leonid Miller im Verlag soll Celan kurz vor der Abreise aus Bukarest gesagt haben, er gehe „auf und davon", apud Chalfen (Anm. 30), S. 153.
[34] Zu dem so genannten „Russenjahr" 1940-1941 in Czernowitz vgl. Manfred Reifer: Menschen und Ideen. Erinnerungen. Tel-Aviv 1952, S. 222-237.
[35] Vgl. Edith Silbermann: Begegnung mit Paul Celan. Aachen 1995, S. 66.
[36] Apud Seng in Gossens, Patka (Anm. 5), S. 101. Vgl. Allemann (Anm. 23), S. 288 f.
[37] Als Celan seinen Bukarester Aufenthalt als „cette belle saison des calembours" in dem bekannten Wiener Brief vom 12. März 1948 an Petre Solomon nannte, schien er damit auch eine schicksalhaft vorbestimmte Beschränkung dieses Zeitabschnitts seines Lebens suggerieren zu wollen, vgl. Solomon (Anm. 6), S. 210. Vgl. u. a. auch Michael Jakob: Das ‚Andere' Paul Celans oder Von den Paradoxen relationalen Dichtens. München 1993; Andrei Corbea-Hoisie: Czernowitzer Geschichten. Über eine städtische Kultur in Mittel(Ost)-Europa. Wien / Köln / Weimar 2003, S. 199-219.

„rumäniendeutscher" Dichter zu werden,[38] ausreichen konnten.[39] In diesem Sinne gehörten die beinahe Flaschenpost-Sendungen Sperbers zu einem von den beiden allmählich und geduldig gestalteten Szenario des neuen Anfangs Celans im Westen, im Dienste dessen Verwirklichung der ‚Meister' sich anbot, ohne weiteres und mit Begeisterung in der Rolle des Wegbereiters die volle Verantwortung dafür zu übernehmen.

Auch für den Celans einstigen Schulkollegen und ebenfalls dichterisch sehr begabten Immanuel Weissglas sollte die Übersiedlung nach Rumänien 1945, wie auch im Falle vieler anderer „bürgerlich" gesinnter Czernowitzer Juden nur eine Station auf dem Weg in den Westen bedeuten.[40] Im Gegensatz zu Celan, dessen soziale Wurzeln ihn „autonomer", offener und mobiler einstimmten, verkehrte der aus einer wohlhabenden Czernowitzer Familie stammende Weissglas meistens in Kreisen Bukowiner jüdischer Emigranten, in denen man sich trotz der Transnistrien-Erfahrung eben noch als Träger des deutschen Kulturerbes empfand. Seine Anstellung als Korrektor an dem Bukarester „Europolis"-Verlag (und vielleicht auch die alte Bekanntschaft mit dem Dichter Tudor Arghezi) verhalf ihm, 1947 den schmalen Lyrikband *Kariera am Bug* in demselben – jetzt politisch neutralen und von der kommunistischen Presse zeitweilig scharf kritisierten[41] – Bukarester Verlag „Cartea Românească" zu veröffentlichen, wo er 1940 auch die deutsche Übersetzung des Gedichtes *Luceafarul* von Mihai Eminescu herausbrachte.[42] Auch ein Band mit dem Titel *Gottes Mühlen in Berlin* sollte folgen, aber, wie Weißglas Ernst Schönwiese im Januar 1948 schrieb, nachdem dieser „bereits im Druck war [...], plötzlich nicht mehr ist"; er versprach, dem Herausgeber des Silberboots über den mutmaßlichen Zwischen-

---

[38] Zum Begriff einer „rumäniendeutschen" Literatur, der eigentlich erst in den 60er Jahren in Rumänien entworfen wurde vgl. Andrei Corbea-Hoisie: Erneute Anmerkungen zum Begriff „Rumänien-deutsche Literatur". Versuch einer ideologiekritischen Dekonstruktion. In: Pluralität. Eine interdisziplinäre Annäherung. Festschrift für Moritz Csáky. Hg. v. Gotthart Wunberg, Dieter A. Binder. Wien/Köln/Weimar 1996, S. 81-99.

[39] Auch die ‚legale' Auswanderung von Rose Ausländer, die vor ihrer Amerikafahrt 1946 von Alfred Margul-Sperber und den Bukarester Exilbukowinern als hervorragende deutschsprachige Dichterin gefeiert wurde, hat ihn vermutlich als Ansporn zu einer Entscheidung beschäftigt, vgl. Rose Ausländer. Materialien zu Leben und Werk. Hg. v. Helmut Braun, Frankfurt am Main 1991, S. 22 f. Der Band enthält auch die Ansprache Alfred Margul-Sperbers bei der öffentlichen Feier, der Dichterin im Bukarester Dalles-Saal. S. 71-73.

[40] Silbermann (Anm. 35), S. 66.

[41] Vgl. u.a. Marian Popa: Istoria literaturii române de azi pe mâine. București 2001, S. 159 ff.

[42] Eminescu, Mihai: Hyperion. Übers. von Immanuel Weissglas. Bukarest 1940. Laut Edith Silbermann soll es Tudor Arghezi gewesen sein, der ds Manuskript des jungen Czernowitzers beim Verlag vermittelt hatte. Vgl. Silbermann (Anm. 35), S. 49.

fall „ein andermal und auf anderem Wege" zu berichten.[43] Diese fieberhafte literarische Präsenz Weißglas', die ihn zum deutschsprachigen Dichter in mitten einer zumindest gleichgültigen – wenn nicht feindlichen – Öffentlichkeit küren sollte, ist jedoch gerade im Vergleich zu der Bescheidenheit jener von Celan erstaunlich. Wenn die beiden ehemaligen Czernowitzer Kommilitonen sich für eine dichterische Karriere außerhalb Rumäniens vorbereiteten, stimmten jedoch ihre Strategien diesbezüglich kaum. Weißglas wollte allenfalls als ein durch veröffentlichte Bücher ausgewiesener Dichter auftreten und nicht als jemand, der noch um die allererste Anerkennung in dieser Eigenschaft rang, wobei der erhoffte Erfolg außerhalb Rumäniens – wie auch im Rumänien jener Zeit – in den politisch-ökonomischen Wirren der Nachkriegsjahre nicht anders als mäßig sein konnte. Celan wählte – höchstwahrscheinlich im Einvernehmen mit Alfred Margul-Sperber, der die Aufgabe der Fürsprache nur zu gerne übernommen hatte – den anderen, heute bekannten Weg der Sendung von Gedichtkonvoluten an einflussreiche Literaten im deutschsprachigen Raum, die in der damaligen Öffentlichkeit in der Lage waren, für Neulinge effektiv zu bürgen.

Jenseits der von Sperber sehr früh begriffenen Sonderstellung Celans in der dichterischen Konstellation der „west-östlichen Landschaft", setzte dieser damit auch im Falle der Korrespondenz mit Schönwiese eine eigentlich von ihm und von seinen Freunden schon lange praktizierte Bemühung fort, sich in der literarischen Öffentlichkeit im deutschsprachigen Raum bemerkbar zu machen und von ihr akzeptiert zu werden. Es handelte sich um einen Reflex, der noch in dem Gefühl vieler dieser meist jüdischen Literaten aus Czernowitz wurzelte, zu einem ‚zentralen' Kulturfeld trotz der von den Folgen des 1. Weltkriegs aufgezwungenen geographischen ‚Peripherisierung' zu gehören.[44] Noch bis 1940 schickten die Autoren, die im Selbstverlag in der Bukowina ihre Gedichte drucken ließen, fleißig ihre Bücher an Zeitungsredaktionen und an eventuelle Rezensenten oder mögliche Gönner nach Deutschland, Österreich oder in die Schweiz.[45] Mangels ermutigender Beispiele von hinreißenden Einzelerfolgen[46] hegte Sperber in den späten 20er

---

[43] Gossens (Anm. 12), S. 87.
[44] Corbea-Hoisie (Anm. 37), S. 149-184.
[45] Corbea-Hoisie, Andrei: *Ein Literatenstreit in Czernowitz (1939-1940)*. In: Études germaniques, 58e année, 2 (2003), S. 363-377.
[46] Keiner der von Alfred Margul-Sperber in seiner Artikelserie mit dem Titel *Der unsichtbare Chor. Entwurf eines Grundrisses des deutschen Schrifttums in der Bukowina* – In: Czernowitzer Morgenblatt, Jg. 11 (1928), Nr. 2983/25. Juli - Nr. 2990/5. August, – erwähnten Literaten hatte

Jahren die Hoffnung, diese dichterische Produktion eher in ‚kollektiver' Weise durch eine umfassende Anthologie von einem deutschen Publikum wahrnehmen zu lassen, – jene bereits erwähnte Anthologie, die verschiedene Phasen in ihrer Gestaltung durchmachte und endlich vor dem 2. Weltkrieg wegen des siegreichen antisemitischen Sogs zum Scheitern verurteilt war.[47]

Eine erneute Chance für den gemeinsamen Durchbruch glaubte Sperber in den grundsätzlich geänderten politischen Bedingungen nach 1945 erst recht ergreifen zu dürfen. Zwar bedeutete die Bukowina als gemeinsamer Nenner einer geographisch-geistigen Zugehörigkeit nur noch eine Art ‚Gedächtnisort', denn auch diejenigen Dichter, die in den 30er Jahren noch in der alten Heimat lebten, wurden – Sperber einschließlich – von den sukzessiven Widrigkeiten gezwungen, davor zu flüchten; fast alle Autoren der Anthologie wurden von der Erfahrung der unmittelbaren Verfolgung gezeichnet, die sie überall in Europa durchmachen mussten und der einige von denen auch zum Opfer fielen.[48] Sperber rechnete daher nicht nur im Falle der mit neuen Namen – darunter auch Celans – ergänzten Anthologie,[49] sondern vorwiegend in Hinblick auf die jungeren, in Bukarest um ihn gescharten Dichter mit einem besonderen Interesse der wieder erwachenden Öffentlichkeit in Österreich oder Deutschland für die poetische Aussage dieser deutsch schreibenden jüdischen Literaten,[50] was ihnen endlich einen

---

weder in der Bukowina noch in den Zentren Europas, wo viele von ihnen sich vorübergehend oder definitiv niederließen, die volle Anerkennung der Literaturkritik erreichte. Der einzige, der sich im deutschen Literaturbetrieb einen Namen machte, – aber eher als Chefredakteur der Berliner Zeitschrift Querschnitt –, war bis zu jenem Zeitpunkt Victor Wittner. In seinem Brief an Schönwiese von 21. März 1948, als er sich beim Herausgeber des Silberboots für die Absicht bedankte, seinen 50jährigen Geburtstag in der Zeitschrift zu würdigen, bedauerte Sperber den „Leerlauf" seiner „besten Jahre". „Nun verhält sich die Sache so, dass dieser Margul-Sperber es beklagt, dass er gar nicht der Margul-Sperber geworden ist...". In: Gossens (Anm. 12), S. 90. Die Erklärung aus dem Brief an Otto Basil, dass er in Celan jenen Dichter „der west-östlichen Landschaft" erkannte, auf den er „ein halbes Menschenalter" gewartet habe (vgl. Anm. 2), muss in Verbindung damit gelesen werden.

[47] Die Pläne, die Anthologie in dem Berliner Schocken Verlag, dem letzten in Nazi-Deutschland tolerierten jüdischen Verlag, veröffentlichen zu können, versagten endgültig, nachdem dieser im Dezember 1938 schließen musste. Vgl. Die Buche (Anm. 24), S. 464.

[48] Artur Kraft und Heinrich Schaffer starben in deutschen Konzentrationslagern, Alfred Kittner und Salome Mischel wurden nach Transnistrien deportiert, Paul Celan und Moses Rosenkranz waren in rumänischen Zwangsarbeitbataillonen mobilisiert, Zeno Einhorn, Josef Kalmer, Kamillo Lauer, Isaac Schreyer, Erich Singer, Victor Wittner mussten vor den Nazis ins Exil fliehen, vgl. den von Peter Motzan besorgten bibliographischen Anhang in ebd., S. 365-424.

[49] Vgl. die editorische Notiz von George Guțu in ebd., S. 35 ff.

[50] Während die Anthologie Die Buche unter dem Zwang der damaligen Umstände nur die Bukowiner „Judendichtung" in Betracht zog, zeigte sich Sperber immer bereit. In seinen persönlichen Beziehungen besonders mit Literaten das konfessionelle Kriterium gar nicht zu

sicheren Zugang zum fernen ‚Zentrum' öffnen sollte.[51] Es fällt gerade in der Korrespondenz mit Ernst Schönwiese auf, mit welchem missionarischen Eifer und aller von dem Eisernen Vorhang politisch bedingten Hindernisse zum Trotz er diesen sich selbst erteilten Auftrag auszuführen wusste, indem ihn weder das Schweigen des Briefpartners[52] noch der fast offen ausgesprochene Verdacht, dass die Post kontrolliert wird, aufhielten, für die Veröffentlichung der Texte eines Paul Celan, Alfred Kittner, Immanuel Weissglas, Wolf von Aichelburg oder selbst des damals schon von den Sowjets verhafteten Moses Rosenkranz[53] weiterhin zu werben und zu bürgen.

Ob Alfred Margul-Sperber bereit war, sich für Weißglas in ähnlicher Weise wie für Celan einzusetzen, ist aufgrund der derzeit bekannten Materi-

---

beachten. Er schätzte zum Beispiel unter den Bukowiner Dichtern den Nicht-Juden Georg Drozdowski, und in den ersten Nachkriegsjahren in Bukarest befreundete er sich u. a. mit Oskar Walter Cisek und Wolf von Aichelburg. Später wurde er zum Entdecker und Protektor junger siebenbürgisch-sächsischer und Banater deutscher Dichter in Rumänien, vgl. Paul Schuster: Das ostpannonische Vögelein. Über rumäniendeutsche Literatur. Ein Vexierspiel. Berlin 1987, S. 34.

[51] Aus der Transnistrien-Deportation vorerst nach Czernowitz zurückgekehrt, durfte Alfred Kittner schon im September 1944 drei Gedichte in der Moskauer deutschsprachigen Exil-Zeitschrift der kommunistischen Literaten veröffentlichen, die von Johannes R. Becher und Willi Bredel herausgegeben wurde: *Abschied vom Lager Kariera am Bug, Moloczna*, „Die Ballade vom Kossoutzer Wald". In: Internationale Literatur, 14. Jg., Nr. 9 (1944), S. 48-50. Diese Publikation blieb trotzdem ohne direkte Folgen für die weitere Karriere des Dichters. Allerdings hat Kittner schon 1940 kurz nach der Besetzung der Nord-Bukowina durch die Sowjets einen Artikel in derselben Zeitschrift unter dem Titel *Der Dichter an der Zeitenwende* – vgl. 10. Jg., Nr. 12 (1940), S. 10.

[52] Den westlichen Korrespondenten Sperbers und seinen Freunden war es schon bewusst, dass die brieflichen Kontakte mit Rumänien nicht nur der Post-Zensur ausgesetzt waren, sondern dass sie auch die Leute dort gefährden konnten. Als Otto Basil am 25. März 1948 Sperber fragt, ob dieser bereit wäre, die Redaktion des Plans für die Balkanländer zu übernehmen, fügt er hinzu, dass dieser sich „die Sache gut überlegen" soll, „denn ich weiss natürlich nicht, ob es derzeit für Sie opportun ist, Redakteur einer ausländischen Zeitschrift zu sein, das vielleicht da oder dort anecken könnte", vgl. Guțu (Anm. 4), S. 195. Seinerseits freute sich Max Rychner am 24. Februar 1948, dass die Erscheinung der Gedichte Celans in der Tat diesem nicht mehr schaden konnte, da er damals schon in Wien war, und fragte gleich, ob Sperber sich noch in Bukarest befinde und ob eine Veröffentlichung etlicher Texte von ihm nicht schlimme Folgen haben könnte, denn, fügte Rychner hinzu, „ich habe in diesen Dingen Erfahrung genug, um Vorsicht bei den Unbedenklichkeiten vorzuziehen", vgl. Rychner (Anm. 23), S. 316. Schönwiese konnte aufgrund derselben Logik agiert haben, als er nach einem letzten Brief an Sperber am 24. Februar 1948 die Korrespondenz unterbrochen hatte, vgl. auch Anm. 17.

[53] Die von Sperber verfasste biographische Notiz über Rosenkranz, die sich in dem Nachlass Schönwiese befindet, lautet wie folgt: „<u>Martin Brant</u>: Pseudonym eines aus der Nordbukowina stammenden Dichters, der seit einiger Zeit rätselhaft verschollen ist. Er hat mich autorisiert, sein gesamtes Werk zu veröffentlichen, mit dem ausdrücklichen Vorbehalt, <u>nie</u> etwas über seine Person oder Biographie öffentlich verlauten zu lassen." Es war Sperber sicherlich nicht bewusst, was für ein Risiko er damit einging. Indem er das Werk eines politisch und sozial Ausgestoßenen befürwortete.

alien mehr als fraglich. Man kann sich gut vorstellen, dass auf Sperbers poetischer Wertskala Weißglas weit unter Celan platziert war; die persönlichen Beziehungen zwischen Sperber und Weißglas scheinen ebenfalls nicht auf demselben Niveau der Wärme und Intimität des Verhältnisses Sperbers zu Celan gelegen zu haben. Die Widmung Weißglas' auf dem Sperber geschenkten Exemplar des Bandes *Kariera am Bug* [„Für Alfred Sperber, wie gesagt: dem widerspenstigen Freunde meiner Kunst .../ James Weißglas"][54] verrät eine vormalige Verstimmtheit ihrer Verbindung; sollte sie die Ursache oder die Konsequenz der Abwesenheit von Weißglas aus der letzten Fassung der *Anthologie jüdischer Dichtung aus der Bukowina* darstellen, die Sperber nach dem Krieg nur noch mit Gedichten von Paul Antschel [Celan] und Ewald Ruprecht Korn ergänzt hatte?[55] Soll sie anderer (politischer?) Natur gewesen sein? Immerhin hat Sperber in das Konvolut der ersten Fassung der Anthologie eine 244. Seite eingeschoben, auf der kurze biobibliographische Angaben zu Ewald Ruprecht Korn und Immanuel Wahnschaffe [James Immanuel Weißglas][56] notiert wurden[57] – eine Seite, die zumindest die Absicht belegt, auch Gedichte Weißglas' für die Anthologie zu berücksichtigen. Dieselbe Notiz über Weißglas, die geringe und unwichtige Differenzen zu jener aufweist, steht zusammen mit ähnlichen Notizen zu Ewald Ruprecht Korn, Martin Brant und zu Sperber selbst auf einem Blatt, das Sperber zusammen mit („mehreren") Gedichten von Alfred Kittner, wie auch mit Texten von Korn, Wahnschaffe [Weißglas] und Brant [Rosenkranz] in demselben Umschlag mit dem Brief an Ernst Schönwiese von 8. November 1947 absandte. Im Falle von Weißglas könnte es sich sehr wohl um drei Gedichte (*Die Muscheln, Ein Herkules, Die Erzählung der Königin von Saba*) auf den ersten Blättern der Weißglas-Mappe im ÖLA handeln. Sperber soll jedenfalls über die weiteren Kontakte und Gedichtsendungen Weißglas' an Schönwiese genau informiert gewesen sein.[58] Die konstante Erwähnung von Weißglas in den nächsten Briefen Sperbers an Schönwiese, wo jener stets

---

[54] Vgl. Wichner, Wiesner (Anm. 5), S. 168.
[55] Vgl. den editorischen Bericht von George Guțu und Peter Motzan zu Die Buche, vgl. Anm. 24, S. 35.
[56] Die schon vorher erwähnte Überschrift „Immanuel Wahnschaffe=Weißglas" könnte von Sperber stammen, denn er nennt Weißglas unter diesem Pseudonym auch in seiner Korrespondenz mit Schönwiese. Der Name erinnert an den Titelhelden des 1919 erschienenen Romans Christian Wahnschaffe von Jakob Wassermann.
[57] Die Buche (Anm. 24), S. 30.
[58] „Von letzterem trafen inzwischen vier Sendungen ein, die ich zu treuen Händen empfangen habe, und deren Inhalt mich stark beeindruckt hat", schrieb Ernst Schönwiese an Sperber am 24. Februar 1948. In: Guțu (Anm. 4), S. 193; wie auch in Gossens (Anm. 12), S. 89.

unter seinen Vertrauten aus jener „Bukowiner Dichterschule" erscheint, „deren Opitz zu sein ich mich wohl oder übel bequemen muß,"[59] lässt ahnen, dass die beiden (allerdings nachdem Celan Bukarest verlassen hatte) sich um die Jahreswende 1947-48 und zumindest während des ganzen Jahres 1948 viel näher als bisher kamen; in demselben Brief an Schönwiese, wo er ihm berichtet, dass Celan „lanciert" und in Wien sei, teilt ihm Sperber ebenso mit, dass „Weißglas […] jetzt einen Bergsturz lyrischer Produktion" habe.[60] Die Aufgabe ihrer Übermittlung in den Westen, jedoch nicht zur Publikation, sondern ausschliesslich „zur dringenden Aufbewahrung" übernahm aber der Dichter selbst; die Bitte, die „verstreuten Sendungen", die „je 10-20 Stücke" enthalten sollten, „zu sammeln und zu bewahren", aber nichts davon zu veröffentlichen, wird unterstrichen, obwohl Weißglas zwei „christliche" Gedichte aus dem Zyklus Ikonographie für eine Erscheinung im *Silberboot* trotzdem anbietet.[61]

Für die sonderbare Forderung von Weißglas scheint uns eher eine Begründung plausibler, die zu jener Zeit weniger mit einem literarischen Kalkül zu tun haben könnte. Die politischen Ereignisse in Rumänien im Jahre 1947 zeigten deutlich, dass die totale Übernahme der Macht durch die Kommunistische Partei nicht mehr zu bremsen war; ein Satz aus dem Brief an Rose Ausländer im März 1947 ist überaus symptomatisch für den damaligen psychischen Zustand des jungen Dichters: „Den inneren Verlauf des Lebens entnehmen Sie wohl den Gedichten: das äussere Leben ist aber unnachgiebig, voller Drohung, Bedenklichkeit und Anfechtung."[62] Das Beispiel der Dichterin, die nach dem Verlassen der Bukowina nicht zögerte, um jeden Preis weiter in den Westen zu ziehen,[63] kam deshalb auch für Immanuel Weißglas als einzige Alternative in Betracht: „Unsere Freunde sind

---

[59] Ebd., S. 85.
[60] Ebd., S. 91.
[61] Vgl. Gossens (Anm. 2), S. 87.
[62] Braun, Helmut: „Vergessen Sie nicht Europa und Ihren alten James Imm. Weissglas". Rose Ausländers Kontakte zu Immanuel Weissglas. In: Immanuel Weißglas (1920-1979). Studien zum Leben und Werk [Jassyer Beiträge zur Germanistik 14]. Hg. v. Andrei Corbea-Hoisie, Grigore Marcu, Joachim Jordan. Iași/Konstanz 2010, S. 155.
[63] Rose Ausländer, die mit der ganzen Familie Czernowitz im August 1946 verlassen hatte, bekam in Rumänien das Angebot, allein in die Vereinigten Staaten auszureisen. Sie zauderte keinen Augenblick und nahm es an, obwohl dies die Trennung von ihrer alten Mutter und von dem Bruder bedeutete, so dass sie nur einen Monat später weiter nach Marseille und dann nach Amerika fahren durfte. Vgl. Helmut Braun: „Es bleibt noch viel zu sagen". Zur Biographie von Rose Ausländer. In: Rose Ausländer. Materialien zu Leben und Werk. Hg. v. Helmut Braun. Frankfurt am Main 1992, S. 22 f.

noch alle beisammen, in der Expektative und abwartenden, andauernd nach aussen lugenden Gewöhnung der letzten Jahre."[64] Er soll sich damit ebenfalls auf die Pläne Celans bezogen haben, der laut Edith Silbermann zusammen mit den Freunden und Bekannten aus Czernowitz auf die nächste Gelegenheit wartete, über die rumänische Grenze zu gelangen. „Sie [...] hielten zu diesem Zweck Geld bereit, leiteten in dieser Richtung Maßnahmen in die Wege."[65] Für Weißglas scheint die Episode eine dramatisch überraschende Wendung genommen zu haben: er „wartete mit gepacktem Rucksack, um geholt zu werden, doch Paul [Celan] hatte eine Möglichkeit ausfindig gemacht, ohne ihn schwarz über die Grenze zu gehen und nutzte sie; ohne Anhang war die Flucht leichter."[66] Die Frustration des auf diese Weise „Hintergangenen" dürfte riesig und im Gegensatz zu sanfteren Behauptungen[67] in solchem Ausmaß unvergesslich gewesen sein, dass sie einen definitiven Bruch zwischen den beiden vollzog.[68]

Während Celan sich schon in die surrealistischen Kreise Wiens einen Namen zu machen begann, optierte Weißglas inmitten jenes „epochalen" Übergangs für eine Reserve, die letztendlich den Dichter aus dem von außen her wahrnehmbaren Vordergrund zurückdrängen sollte. In den ersten Monaten des Jahres 1948 verschwand der „Europolis"-Verlag, der in den neuen Machtverhältnissen für seine Besitzer überflüssig geworden war;[69] ob Weißglas unmittelbar in die Redaktion der Tageszeitung *România liberă* dann aufgenommen wurde, bleibt ungewiss. Er fügte sich allerdings den Zwängen des Brotberufs und bemühte sich, so unauffällig wie möglich zu bleiben.

Die Lektüre der Sperberschen Briefe an Ernst Schönwiese, an Otto Basil oder an Max Rychner legitimiert nicht zuletzt eine erneute Reflexion

---

[64] Vgl. Braun (Anm. 62), S. 155.
[65] Silbermann (Anm. 35), S. 66.
[66] Ebd.
[67] [Wir] „fühlten [...] uns im ersten Augenblick freilich wie hintergangen, waren aber dann doch froh, dass wenigstens er das ersehnte Ziel erreicht hatte", kommentierte Edith Silbermann retrospektiv den Vorfall. Vgl. ebd.
[68] Eine Postkarte Weißglas' an Celan von 13. Juni 1964, die er als Reaktion auf ein Gespräch zwischen Celan und Arghezi in Paris schrieb, das ihm Arghezi nach der Rückkehr schilderte und in dem der erstere angeblich einen Dissens zwischen ihnen erwähnte, soll Vorwürfe Weißglas' gerade wegen des Alleingangs Celans im Dezember 1947 enthalten. In zwei nicht abgesandten Briefen an einen gemeinsamen Schulkollegen aus Czernowitz von Februar und Mai 1962 drückt sich Celan allerdings sehr kritisch über Weißglas aus, dem er „alles Unsaubere-Mimetische, das ihn schon in früheren Jahren auszeichnete" vorwirft, um hinzuzufügen, dass „Charakter [...] nicht gerade sein hervorstechendster Wesenszug [war]". Apud Barbara Wiedemann: Paul Celan – Die Goll-Affäre. Dokumente zu einer „Infamie". Frankfurt am Main 2000, S. 692 f.
[69] Mușatescu, Vlad: Aventuri aproximative. București 2008, S. 198 ff.

über den Sinn der Begriffe „Widerstand" und „Anpassung" im Falle des jüdischen bürgerlichen Dichters, der, nachdem er die antisemitische, lebensbedrohliche Verfolgung seitens der faschistischen Diktaturen in Rumänien überleben durfte, sich im Bukarest der Jahre 1946-1948 wiederholt einem unheilvollen politischen Druck ausgesetzt fühlte. Das außergewöhnlich umfangreiche Angebot an eigener literarischer und übersetzerischer Produktion, das er Schönwiese zur Publikation zur Verfügung stellte, belegt die Vermutung, dass das literarische Schaffen ihm wiederum als Zuflucht vor dem besorgniserregenden Alltag diente. Man darf sich nun fragen, ob die Rhetorik der Briefe mit ihrem von all den Zeichen der Intoleranz unbeirrten Redefluss über Bücher und Dichter, – wo er in einem vorgeblich neutralen Ton immerhin auch von der „schönsten Windstille" berichtet, die in Rumänien nach dem „Verschwinden aller periodischen Druckschriften in deutscher Sprache" herrsche, so dass seine Freunde „für den Schreibtisch" schreiben müssten,[70] – in letzter Instanz eine grundsätzliche Realitätsferne des Literaten oder eigentlich ein gespieltes Hinwegschauen von der erschreckenden Wirklichkeit, in der für ihn akute Risiken lauerten, verrät. In diesem Sinne kann vielleicht Sperbers obsessives Bestreben, die eigene Dichtung, wie auch diejenige der Freunde und vor allem Paul Celans durch die Anerkennung des deutschsprachigen Auslands zu ‚retten', im rückblickenden Urteil einer eher faktenbezogenen als moralisierenden Literaturgeschichtsschreibung mehr als seine spätere vermeintliche ‚Konversion' zum stalinistischen Barden gelten.[71]

---

[70] Vgl. den Brief Sperbers an Ernst Schönwiese von 1. August 1948. In: Gossens (Anm. 12), S. 91.
[71] Alfred Kittner spricht von einer „unglaubwürdigen, furchtbaren Verdächtigung", die Anfang der 50er Jahre die Existenz Sperbers bis zur Gefahr der Verhaftung bedroht habe, und infolge derer man „an ihn gewisse Forderungen herangetragen" habe, „denen er unterlegen ist", vgl. Diskussionsbeitrag Alfred Kittner. In: Nachruf auf die rumäniendeutsche Literatur. Hrsg. von Wilhelm Solms. Marburg 1990, S. 117. Vgl. auch Peter Motzan: Alfred Margul-Sperber 1898-1967. Eine Portraitskizze, und Markus Bauer: Verzicht und Geheimnis? Alfred Margul-Sperbers sozialistische Lyrik. In: Stundenwechsel. Neue Perspektiven zu Alfred Margul-Sperber, Rose Ausländer, Paul Celan, Immanuel Weissglas [Jassyer Beiträge zur Germanistik 9]. Hrsg. von Andrei Corbea-Hoisie, George Guțu, Martin A. Hainz. Iași/Konstanz 2002, S. 10-42 und 68-78.

ÁRPÁD BERNÁTH

Versetzte Landschaften

Über Heinrich Bölls Fragmente *Die Verwundung* und *Am Rande*
aus dem Jahr 1948

Heinrich Böll war nach einem in der Literaturkritik vielgebrauchten Klischee ein Chronist seiner Zeit. Eine Zeit, die mit dem Ausbruch des Zweiten Weltkriegs begann und mit dem Tod des Autors ihr Ende fand. Durch das Erleben des Kriegs sei er Schriftsteller geworden und von diesem Erlebnis geprägt sollte er in seinen Büchern die jeweilige Gegenwart bewerten bis zu seinem letzten, kurz nach seinem Tod im August 1985 erschienenen Roman *Frauen vor Flußlandschaft*. In der Tat, Böll machte als Infanterist den ganzen Zweiten Weltkrieg mit. Er wurde im August 1939 einberufen und diente bei der Wehrmacht bis er kurz vor Kriegsende in Gefangenschaft geriet. Erst im Herbst 1945 konnte er in das zivile Leben zurückkehren. Dementsprechend gibt es unter den erst seit Mai 1947 veröffentlichten Schriften des Autors kaum eine, in der das Thema Krieg nicht in irgendeiner Form erscheinen würde. Doch wehrte sich Böll gegen die Auffassung, er sei ein Chronist, ein Historiker subjektiver Erlebnisse. Und er hatte recht: Das Miterleben „großer Zeiten" ist weder ein notwendiger, noch ein hinreichender Grund um Schriftsteller zu werden. Und auch wenn Böll über den Krieg schrieb, schrieb er nicht über „Helden" oder „Frontkämpfer" wie Ernst Jünger in seinem Tagebuch *In Stahlgewittern* oder Erich Maria Remarque in seinem Roman *Im Westen nichts Neues*.[1] Böll als Autor war eher bemüht, Grenzsituationen zu konstruieren, in denen der verborgene Grund der menschlichen Existenz plötzlich in Erscheinung tritt, in denen sich die Me-

---

[1] Bezeichnenderweise werden diese „Chroniken" auch von Historikern als Quellen verwendet. Siehe z. B. das Werk von Niall Fergusson (The Pity of War 1914-1918. London 1999, S. 381), der die hier erwähnten Werke von Remarque und Jünger bei der Darstellung der Praxis der Gefangennahme im Ersten Weltkrieg als Dokumente dieser Problematik zitiert.

tamorphose des alltäglichen menschlichen Daseins in ein außerordentliches, höheres und zugleich Dauerhaftes vollzieht. In diesem Sinne war er ein Schriftsteller religiöser Werke existenzialistischer Prägung. In diesem Sinne war sein Hauptthema die Suche nach der Antwort auf die Frage, wie und wodurch diese Verwandlung ausgelöst wird. Was der angehende Autor dabei fand ist nicht besonders überraschend: es ist die Liebe, und zwar in jener spezifischen Art, die die Umgangsprache „Liebe auf den ersten Blick" nennt. Jener Augenblick, in dem die Verwandlung plötzlich eintritt, wohingegen alles Vorherige monoton, wesenlos, eben *langweilig* erscheint. Von diesem Konstruktionswillen her ist es verständlich, warum Böll als Romancier nicht die literaturhistorische Tradition der deutschen Entwicklungs- und Bildungsromane fortsetzen wollte und konnte, die – mindestens in ihrer reinen Form – weder diesen jähen Sprung zwischen den Seinsweisen, noch den irrationalen Weg der Umbildung kannten.

Dass Böll bereits vor seiner Einberufung zu schreiben begann, dokumentiert am ausführlichsten der erste Band der *Kölner Ausgabe* seiner Werke. Dieser gibt zugleich einen Einblick ins Werden eines Schriftstellers, in die Art seiner Herausbildung und Entwicklung. Keine von diesen Schriften im ersten Band, die zwischen 1936 und Anfang 1940 entstanden sind – Gedichte, Erzählungen, Romanfragmente, Essays – wurde vor dem Krieg veröffentlicht, und auch keine davon zu Lebzeiten des Autors, denn es sind Frühwerke eines jungen Mannes, die noch vor den eigentlichen, den publikationsreifen Werken entstanden sind. Sie markieren aber mit ziemlicher Eindeutigkeit die Richtung des Weges, durch den Böll seine Reife als Schriftsteller erreichte – und auch ohne die Erfahrung des Krieges erreicht hätte! Auch jene Bücher und Autoren, die diesen Weg prägen, stammen aus einer Zeit vor dem Ausbruch des Zweiten Weltkrieges.

Nähern wir uns den Frühwerken von der Konzeption der Grenzsituation her als Kern Böllscher Erzählwerke, stoßen wir auf das Problem, das Böll in seinen Arbeiten eminent beschäftigt, nämlich das Problem, welche Eigenschaften jene Gestalten haben sollten, die zu einer Metamorphose fähig sind. Die Antwort zeigt den Einfluss der *Bergpredigt Christi*, den Einfluss der Werke von Fjodor Dostojewskij und vor allem den von Léon Bloys *Das Blut des Armen*. Denn die Auserwählten sind die Armen und die Liebenden, die künstlerisch empfindsam „Brennenden", die potenzielle Mitglieder eines noch zu gründenden Vereins „der Freunde des Absoluten"[2] sein könnten, wie es eben die drei Liebespaare in der Erzählung *Die Brennenden*, in einer der frühesten Schriften des Abiturienten Böll, sind. Sie sind diejenigen, die am Rande der Städte und der Gesellschaft leben, die leiden und entbehren, die keine Sicherheit kennen, die aus dem erhaltenden Rahmen der bürgerlichen Gesellschaft herausgefallen sind.

Ich komme nun zu meinem eigentlichen Thema: Die Erfahrung des Krieges *erweiterte* nur den Kreis an möglichen Kandidaten in Grenzsituationen, die fähig sind, unter besonderen Bedingungen die ihnen gesetzte Grenze zu durchbrechen. Es sind die Soldaten, und zwar die aus den untersten Dienstgraden. Jenes Werk an der Grenze Frühwerk/Werk, in dem Böll zum ersten Mal das Problem löst, ausgehend von einer Grenzsituationskonzeption - die eigentlich nur eine Kurzgeschichte ergibt - ein längeres Erzählwerk zu konstruieren, ist die Erzählung *Der Zug war pünktlich*. In dieser Erzählung, die Böll oft als Roman apostrophierte, werden die Soldaten auch ausdrücklich in die Reihe der Auserwählten aufgenommen: neben den „Liebenden", den „Todgeweihten" und denen, „die von der kosmischen Gewalt des Lebens erfüllt sind", werden eben die „Soldaten" genannt, die „manchmal unversehens" „mit einer plötzlichen Erleuchtung [...] beschenkt und belastet"[3] werden.

Der „unbekannte Soldat", wie dieser Typ der Existenz in mehreren frühen Erzählungen heißt,[4] soll genauso durch eine plötzliche Veränderung in einen anderen, sinnhaften Zustand geraten, wie einer durch die Liebe auf den ersten Blick in einen solchen übertreten kann - wobei der Soldat nicht nur *per se* ein Todgeweihter ist, sondern auch verliebt, und von der kosmischen Gewalt des Lebens erfüllt werden kann. Die Erweiterung des Eigenschaftsbereichs der zentralen Gestalt einer potenziellen Erzählung ersetzte aber noch nicht die fehlende Formel für den Aufbau eines Gerüstes, das einen Roman tragen kann. Erst beim Schreiben des Romans *Und sagte kein einziges Wort* im Jahre 1952 werden die Erfahrungen, die Böll bei seinen früheren Versuchen gesammelt hat, bewusst bewertet und auch in öffentlichen Gesprächen reflektiert, wie die Diskussion seines Essays *Bekenntnis*

---

[2] Böll, Heinrich: Werke. (Kölner Ausgabe.) Hg. v. Árpád Bernáth et al. [Im weiteren: *KA*] Bd. 1. 1936-1945. Hg. v. J. H. Reid. Köln 2004, S. 67.
[3] *KA*, Bd. 4. 1949-1950. Hg. v. Hans Joachim Bernhard. 2003, S. 295.
[4] Siehe unter anderem die Kurzgeschichte Denkmal für den unbekannten Soldaten, der tot vor einem Bahnhof lag. (1948) in *KA*, Bd. 3, S. 323-326.

ÁRPÁD BERNÁTH

zur *Trümmerliteratur* an einem der berühmten Mittwochsgespräche im Wartesaal des Kölner Hauptbahnhofs am 23. Juli 1952 und seine Interviews zu seinem Roman im Frühjahr 1953 dokumentieren. Alles was vor diesem Werk entstanden ist, und zwar auch ganze Romane, wie *Kreuz ohne Liebe* und *Der Engel schwieg* sowie zahlreiche Romanfragmente aus der „Vorzeit" – in doppelter Bedeutung, nämlich aus der Zeit vor dem Krieg und aus der Zeit vor der Erzählung *Der Zug war pünktlich* – zeigen, dass der Durchbruch in Bölls Schaffen nicht durch die Verwertung seiner Kriegserfahrungen ermöglicht wurden, sondern durch das Er- oder Auffinden der Formel eines bestimmten Roman-Typus, dessen Kern eine Grenzsituation ist.

Die zwei Erzählwerke, die ich hier zur Unterstützung dieser These kurz behandeln möchte, sind die Erzählung *Die Verwundung* und das Romanfragment *Am Rande,* die unmittelbar vor *Der Zug war pünktlich* entstanden sind. Böll arbeitete an diesen Schriften *parallel*: beide wurden nach seinen Arbeitsnotizen am selben Tag, am 16. Januar 1948, begonnen und die Arbeit an beiden wurde mit dem Beginn der Arbeit an *Der Zug war pünktlich* im April 1948 abgebrochen. Die Erzählung *Die Verwundung* wurde erst 1983 in einem Sammelband veröffentlicht,[5] das Romanfragment *Am Rande* erst postum im 3. Bd. der Kölner Ausgabe 2003.[6] Sie zu vergleichen ist auch unter dem Aspekt aufschlussreich, dass es sich hier um zwei parallel entstandene Erzählwerke mit Kriegsthematik handelt. Die Handlung der Erzählung *Die Verwundung* trägt autobiographische Züge, und zwar in einem Maße, wie in sonst kaum einem anderen fiktionalen Werk von Böll. Das Romanfragment *Am Rande* ist dagegen eine reine Konstruktion aus versetzten Landschaften und Produkten der Phantasie in historischem Rahmen. Dies kann auch nicht anders sein, weil bestimmte, historisch interpretierbare Kriegshandlungen, die in beiden Erzählungen konstitutiv sind, von den Gestalten des Fragments *Die Verwundung* in Ungarn, von denen des Fragments *Am Rande* in Frankreich erlebt werden. Aus Bölls Briefen, die er als Soldat an seine Familie schrieb, wissen wir genau, dass Böll in der Zeit, in der die beiden hier besprochenen Geschichten spielen, im Juni 1944, in Ungarn war.[7] In Ungarn und nicht in Frankreich hörte er in einem Lazarett – wie sein Soldat in *Die Verwandlung* mit dem Namen Hans – die Sondermeldung

---

[5] Böll, Heinrich: Die Verwundung und andere frühe Erzählungen. Bornheim-Merten 1983, S. 303.
[6] *KA*, Bd. 3. 1947-1948. Hg. v. Frank Finlay und Jochen Schubert. 2003, S. 209-272.
[7] Böll, Heinrich: Briefe aus dem Krieg, 1939-1945. Bd. 1-2. Hg. u. kommentiert v. Jochen Schubert. Mit e. Vorw. v. Annemarie Böll u. e. Nachwort v. J. H. Reid. Köln 2001, S. 1652.

des Oberkommandos der Wehrmacht, dass „die vereinten englischamerikanischen Streitkräfte an der Westküste Frankreichs gelandet"[8] sind. Vergleichen wir nun Bölls Kriegsbriefe und die Erzählung, dann können wir feststellen, dass der raumzeitlich bestimmbare Verlauf der Erzählung im Ganzen dem entspricht, den wir in Bölls Briefen an seine Familie verfolgen können; wobei die meisten Erfahrungen jenes jungen Soldaten, der im Zentrum der Erzählung steht, mit denen von Böll identisch sind. Es gibt zwischen Böll und dem Lebenslauf seines „Helden" nur einen Unterschied von Belang, dass nämlich Hans etwa um sechs Jahre jünger ist, als der Autor selbst es zu dieser Zeit war – oder anders formuliert: er war in der Schlussphase des Krieges so alt, wie Böll zu Anfang des Krieges. Die Erzählung beginnt mit der Verwundung des jungen Soldaten in den Kämpfen vor der rumänischen Frontstadt Jassy. Er wird am Rücken von einem Granatsplitter verwundet, genauso wie Böll am 31. Mai 1944 bei Iaşi. Er kommt in einen Verwundetenzug, der nach Ungarn fährt, genauso wie Böll am 2. Juni 1944. Über die Karpaten erreichen sie Sepsiszentgyörgy, wo auch Böll am 5. Juni 1944 ankam. Böll wird bis zum 15. Juni 1944 in Sepsiszentgyörgy in einem Lazarett bleiben, um dann nach Debrecen weiter transportiert zu werden. An diesem Punkt erst tritt eine Verschiebung zwischen der Zeitstruktur der Erzählung und dem zeitlichen Verlauf des Rücktransports des Autors von der Front ins Hinterland ein: Der Verwundetenzug der Erzählung erreicht um einige Tage später Sepsiszentgyörgy, als der von Böll. Die Landung der alliierten Truppen in Nordfrankreich begann am 6. Juni 1944, als Böll bereits in Sepsiszentgyörgy war. In der Erzählung erreicht diese Nachricht die deutschen Soldaten nicht im Lazarett, sondern im Verwundetenzug, als dieser an einem kleinen Bahnhof eines namenlosen Dorfes in der Nähe von Sepsiszentgyörgy festsitzt. Die Leichtverletzen feiern die Landung der feindlichen Truppen, die sie als Zeichen des nahen Kriegsendes interpretieren, zusammen mit ungarischen Zivilisten in der Dorfkneipe. Als der Zug wieder fahrtüchtig wird und Sepsiszentgyörgy erreicht, bleibt Hans im Gegensatz zu Böll im Zug, und fährt ohne Unterbrechung weiter nach Debrecen. Und damit schließt die Erzählung, oder bricht eher ab, gleich dem Roman *Am Rande,* nach dem 4. Kapitel. Denn das Ende der Erzählung tritt keinesfalls notwendig ein – mit Hilfe von Bölls Kriegsbriefen könnten wir sogar die Geschichte des Reisenden bis Szentes fortsetzen, wo Böll am 10. Juli 1944

---

[8] *KA*, Bd. 3, S. 304.

ankam. Hier wird ihn dann die Nachricht über das Attentat auf Adolf Hitler am 20. Juli 1944 erreichen, parallel mit dem Vorschlag eines ungarischen Zigeuners, der beinhaltet den genesenden deutschen Soldaten dazu zu bewegen, mit ihm zusammen in der Puszta das Weite zu suchen. Böll verarbeitete einzelne Elemente dieser Erfahrungen in anderen Werken. Die Lockung der ungarischen Puszta erscheint zum Beispiel in der Kurzgeschichte *Aufenthalt in X*, die noch nach der *Verwundung* im Jahr 1948 entstand. Auch der Roman *Wo warst du, Adam?*, der zwei Jahre später geschrieben wurde, zeigt uns, wie Böll die „Erfahrungsmasse: Balkaneinsatz mit Verwundung" zu einem echten Roman mit einem notwendigen Abschluss formte.

Was nun die autobiographische Erzählung *Die Verwundung* betrifft, kennt sie zwar eine plötzliche Veränderung des Seinsstatus der zentralen Gestalt, die mit einer Veränderung ihres Verhältnisses zur Welt einhergeht, die aber mit der Metamorphose in dem hier eingeführten Sinn nicht gleichzusetzen ist. Die Veränderung, die durch die Verwundung am Anfang der Erzählung eintritt, ist nicht radikal genug. Der Verwundete, wenn auch in einem neuen Status, bleibt weiterhin Soldat. Zwar können alle Vorgesetzten, meint Hans wiederholt, ihm, dem Verwundeten „nichts anhaben", ihm „nichts wollen", denn er war ganz vorne an der Front verwundet, war „vielleicht sogar ein Held [...] also der unbekannte Soldat"[9] in der Wehrmacht, und doch bleibt er noch im Bereich des Militärs. Dieser veränderte Status ist kein bleibender: Er ist von der Angst vor der Genesung durchtränkt: die Wunde am Rücken sollte bis zum Ende des Krieges „aushalten". Der Verwundete hat nur wenige Mittel in der Hand diesen Status aufrecht zu erhalten. Er kann zwar mit allen Tricks den Genesungsprozess verlangsamen, die Fahrt in Richtung Heimat verlängern, und darauf hoffen, dass am anderen Ende Europas der Krieg rasch zu Ende geführt wird: aber einzig eine Desertion im Alleingang oder ein Aufstand aller Soldaten könnten dem neuen Status Dauerhaftigkeit verleihen.

Bölls Kriegserfahrungen und seine mit der Haltung des „unbekannten" Soldaten verbundenen Hoffnungen finden im Romanfragment *Am Rande* in einer ganz anderen raumzeitlichen Struktur Verwendung. Die konstruierte Handlung der Geschichte, die Christoph, die zentrale Gestalt des Fragments, rückblickend erzählt, spielt nicht nur in der Zeit, sondern auch in der Gegend, in der die entscheidende Wende des Krieges im Sommer 1944 ein-

---

[9] *KA*, Bd. 3, S. 281.

trat. Christoph beschreibt einer Frau seine Situation als deutscher Soldat in Frankreich im Sommer 1944 erst nach dem Krieg: „Ich war einige Wochen vorher an der Schulter verwundet worden und lag in einem westfranzösischen Städtchen im Feldlazarett, es war im Spätsommer, sehr heiß [...] die Straße, ein seltsames, fast aufgelöstes Mittelding zwischen Boulevard und Allee, fast an den Balkan erinnernd"[10] usw. usf. In einer Nacht, als die Generäle und Offiziere bereits geflüchtet waren und im Lazarett und in seiner Umgebung nur Soldaten der untersten Dienstgrade zurückgeblieben sind, und bevor die alliierten Truppen das westfranzösische Nest – mit an den Balkan und an Ungarn erinnernden Alleen – erreicht hätten,[11] – erfolgte eine massenhafte Vernichtung der Waffen durch die deutschen Soldaten in einem Rausch, den das Erlebnis der absoluten Freiheit mit sich brachte. Ein Augenblick wird hier beschrieben, der Christophs Verhältnis zur Welt endgültig verändert, ein Augenblick, der mit dem verglichen werden kann, den Bölls Freund, Alfred Andersch vier Jahre später am Ende seines Berichtes über seine eigene Desertion – *Die Kirschen der Freiheit* – beschreiben wird.[12] „Ich habe etwas Unbeschreibliches bekommen", sagt Christoph der Frau in Bölls Romanfragment,

> den Geschmack von der Lust der Freiheit, nur für eine Zehntelsekunde habe ich diesen Geschmack gehabt, aber es dünkt mich manchmal, als könne ich mein Leben lang daran zehren – geschenkt bekommen habe

---

[10] *KA*, Bd. 3, S. 247.
[11] Eine ähnliche Situation wird im 3. Kapitel des Romans *Wo warst du, Adam?* (1950) dargestellt, das in Südungarn in einem deutschen Lazarett zwischen den Fronten spielt. Auch diese Geschichte hat keinen historischen Hintergrund.
[12] Vgl. Andersch, Alfred: *Kirschen der Freiheit. Ein Bericht.* (1952). Andersch erlebt in Italien als Deserteur zwischen den Fronten die Freiheit im Niemandsland, wo er zuletzt frisch und herb schmeckende Kirschen aß: „Aus dem Nu der Freiheit – ich wiederhole: niemals kann Freiheit in unserem Leben länger dauern als ein paar Atemzüge lang, aber für sie leben wir –, aus ihm allein gewinnen wir die Härte des Bewusstseins, die sich gegen das Schicksal wendet und neues Schicksal setzt." (Zürich 1968, S. 126.) Bemerkenswert ist, dass Böll seiner Rezension über Anderschs Bericht für die Welt der Arbeit einen Titel gibt, der diesen Text mit seinem eigenen, damals unveröffentlichten, Romanfragment verbindet: *Trompetenstoß in schwüler Stille.* (In: *KA*, Bd. 5. 1952-1953. Hg. v. Árpád Bernáth in Zusammenarbeit mit Annamária Gyurácz. 2007, S. 195-196.) In seinem Romanfragment verwendet Böll den biblischen Ausdruck „Trompetenstoß" für die Beschreibung der befreienden und zugleich gemeinschaftsstiftenden Waffenvernichtung der deutschen Soldaten in Frankreich: „Das Geräusch klang wie ein heller köstlicher Trompetenstoß in die wunderbare Nacht, in den strahlenden Himmel; es war das herrliche Klirren zerbrochener Ketten darin und das Bersten eingetretener Gefängnistüren, hingeschleudertes Metall und zerbrochenes Holz, und obwohl es völlig, völlig unwahrscheinlich war, es war wirklich das Geräusch zerschlagener Gewehre." (*KA*, Bd. 3, S. 249.)

ich ihn sogar eigentlich, diesen Geschmack von einem unbekannten Soldaten, einem ganz unscheinbaren Burschen[13] der sein Gewehr dem Verwundeten übergab, damit er an dem Fest der Waffenvernichtung teilnehmen kann.

Bemerkenswerk ist, dass Christoph die Geschichte dieser sonderbaren Nacht als Häftling erzählt, der auf dem Bau am Rande einer deutschen Großstadt arbeitet – Heimkehr und Befreiung wird also hier nicht als etwas identisches gedacht, wie noch in der gleichzeitig entstandenen Erzählung *Die Verwundung*. Und damit zeichnet sich eine neue Struktur ab, die erst in *Und sagte kein einziges Wort*, in Bölls ersten veröffentlichten Roman mit einer Nachkriegsgegenwartshandlung voll verwirklicht wird.

---

[13] *KA*, Bd. 3, S. 241.

LEHEL SATA

Glaubensbekenntnisse als Ich- und Weltkonstruktionen

Der Einfluss von Jakob Böhmes mystischem Blick auf Martin Walsers Novelle *Mein Jenseits*

Einleitung

Sowohl das attributive Possessivpronomen im Titel der Novelle wie auch das von Jakob Böhme entlehnte Motto – „Ich habe für mich geschrieben"[1] – betonen ein Verhältnis des Autors bzw. des Ich-Erzählers zu seiner Umwelt, das auf einen Objektivitätsanspruch nicht nur ganz bewusst verzichtet, sondern intendiert in der Subjektivität verharrt, um gerade auf diese Weise Glaubwürdigkeit zu erlangen. Diese Subjektivitätsrhetorik, deren Gegenstand gerade der Glaube ist, verlangt vom Adressaten eine ähnliche Grundhaltung des Vertrauens gegenüber dem Redenden, die der Ich-Erzähler dem Jenseits bzw. dem Jenseitigen gegenüber einnimmt und zu beschreiben versucht. In seinem Vokabular handelt es sich nicht um eine verbal und argumentativ hergestellte Überzeugung, sondern um eine „Gefühlsdeutlichkeit" (MJ, 42), die er beim Berühren des wiedergefundenen Hutes im Flugzeug von Rom nach Hause fühlt. „Das sollte ich spüren" (MJ, 42), heißt es im Anschluss, und so sollte auch die entsprechende, vom Leser erwartete Rezeptionshaltung heißen. Diese Gefühlsdeutlichkeit wird auch mit dem geistigen Zustand assoziiert, „du bist unerreichbar" (MJ, 42), d.h., abgeschirmt von den Einflüssen der Außenwelt und auch der eigenen Phantasiebilder. Es ist wiederum eine Art Subjektivität, die, besonders im Kontext der Novelle, die mystischen Begriffe „Abgeschiedenheit" bzw. „Gelassenheit" heraufbeschwört, auch wenn die beiden schließlich sogar die Selbstaufgabe im Sinne

---

[1] Walser, Martin: Mein Jenseits. Berlin 2010. Die Seitenangaben werden des Weiteren im laufenden Text in Klammern folgenderweise nachgewiesen: (MJ, Seitenzahl).

von ‚Abschied vom eigenen Willen, vom eigenen Selbst' mit enthalten. An diesem Punkt unterscheidet sich die Haltung eines traditionellen Mystikers vielleicht am wesentlichsten von der des Ich-Erzählers der Novelle. Während der erste versucht, durch Selbstverleugnung und Auslöschung des eigenen Willens einen Hohlraum für das Einströmen des Jenseits zu schaffen, konstruiert Professor Augustin Feinlein, die erzählende Hauptfigur, sein Jenseits als das eigene Ich, indem er vor allem persönliche Erlebnisse und Gegenstände aus der Vergangenheit narrativ miteinander verbindet. Doch die beiden Haltungen, d.h., „die Glaubensleistungen vergangener Jahrhunderte" (MJ, 57) und den Jenseitsdiskurs der Novelle verbinden am Ende die Erkenntnis der Sprachnot und die Erfahrung der Grenzen der menschlichen Sprache. Die Anstrengung, „Wörter zu suchen für ein Glaubensgefühl" (MJ, 58) wird von Walsers Ich-Erzähler, der sich auf seinen Vorfahr, den letzten Scherblinger Abt beruft, als „Fehler" (MJ, 58) bezeichnet. Auch in Böhmes Werk kehrt das Motiv der Unsagbarkeit des göttlichen Wesens bzw. der religiösen Erfahrungen an zahlreichen Stellen wieder, seiner Meinung nach ist der Mensch höchstens zu einem Wiederaussprechen[2] des bereits von Gott Ausgesprochenem fähig. So heißt es bei Böhme:

> Darum ist mein ganzes Schreiben als eines Schülers, der zur Schule gehet; Gott hat meine Seele in eine wunderliche Schule geführet, und ich kann mir in Wahrheit nichts zumessen, dass meine Ichheit etwas wäre oder verstünde. (SB, 19)[3]

Der Hang zur Auslöschung des Ichs durch dessen Erklärung zu einem passiven Werkzeug scheint einem starken Hang zum Subjektivismus („mein Jenseits") gegenüber zu stehen. Bei Walser scheint die objektive Wirklichkeit oder die Welt des Absoluten nur als durch die subjektive Wahrnehmung konstruierte, nur durch sie existierende möglich.

In meiner Untersuchung geht es darum, auf einige Aspekte einzugehen, unter denen die – vor allem literarischen – Techniken der Konstitution des eigenen Ichs bzw. „Jenseits" mit Hilfe einer durch die Zeit kontinuierlich erzählten Geschichte sichtbar gemacht werden können. Dabei werden sowohl biographische und weltanschauliche Berührungspunkte zwischen

---

[2] Vgl. Bohnheim, Günter: Zeichendeutung und Natursprache. Ein Versuch über Jacob Böhme. Würzburg 1992 (= Epistemata: Reihe Literaturwissenschaft; Bd. 87), S. 339 ff.
[3] Böhme, Jakob: Theosophische Sendbriefe. Hg. v. Gerhard Wehr. Des Weiteren zitiert im fließenden Text wie folgt: (SB, Absatz).

Walsers Ich-Erzähler und der Gestalt Jakob Böhmes erörtert, als auch der Frage nachgegangen, welche Rolle intertextuelle Phänomene bzw. das zentrale Motiv der Reliquie in der narrativen Ich-Konstruktion spielen können.

Schreiben als existentielle Notsituation – Augustin Feinlein und Jacob Böhme

Das Motto, welches der Novelle Walsers vorangestellt ist, stammt aus dem 12. Sendbrief Jacob Böhmes vom 10. Mai 1622 oder 1621, der an Caspar Lindnern, einen Zöllner zu Beuthen adressiert ist.[4] Dieser Brief wird in der Fachliteratur häufig zitiert, denn es beinhaltet eines der wichtigsten Bekenntnisse Böhmes über sein durchbruchartiges Werden zum Schriftsteller. Sein erstes Werk *Aurora oder Morgenröte im Aufgang* ist zwölf Jahre nach seiner mystischen Erfahrung des göttlichen Wesens wie ein „Platzregen" (SB, 10) entstanden. Diese nicht kommunizierbare Einsicht in die Totalität erscheint der menschlichen Vernunft als ein „Chaos" (SB, 9), das nur durch den göttlichen Eingriff geordnet und verstanden werden kann, wobei der Schriftsteller lediglich als Werkzeug der Offenbarung dienen kann. „So habe ich wohl auch meine eigene Arbeit kaum verstanden" (SB, 11), heißt es im Sendbrief. Obwohl er seine Erstlingsschrift nicht veröffentlichen wollte – also auch in diesem Sinne für sich geschrieben habe – sieht Böhme in ihrem zufälligen Gelangen in die Öffentlichkeit eine göttliche Fügung, auch wenn es ihm ernsthafte Schwierigkeiten verursacht hat. Auf Betreiben des Görlitzer Pfarrers Richter verhängt der Bürgermeister Scultetus ein Schreibverbot über Böhme, das er erst nach langen Jahren zu missachten wagt, was zugleich den eigentlichen Durchbruch zum mystisch-philosophischen Schriftsteller bedeutet.

Auch der Ich-Erzähler der Novelle *Mein Jenseits* hat einen Kontrahenten, verkörpert durch Dr. Bruderhofer, den ärztlichen Direktor des Krankenhauses in Scherblingen, dessen Chef Augustin Feinlein ist. Im Unterschied zu Böhme will er seine Schrift veröffentlichen, aber Bruderhofer verhängt diesmal ein Schweigeverbot:

> Seine [Dr. Bruderhofers] Spione haben herausgefunden, dass ich ein Buch schreibe zur Verteidigung aller Reliquien. In der Ärzteversamm-

---

[4] Vgl. Anm. 3.

lung hat er jetzt alle Ärzte aufgefordert, dafür zu sorgen, dass Herrn Professor Feinleins Reliquienforschung [...] mit keiner Silbe über das PLK hinausdringen dürfe. (MJ, 98)

Dem Außenseitertum des Theosophen und Mystikers Böhme entspricht in gewisser Weise der Status, der einem komisch werdenden alten Menschen zugewiesen wird. Der Ich-Erzähler stellt am Anfang der Novelle die Geschichte des in seinem Heimatdorf Letztlingen lebenden Bauern Konrad dar, dessen Gewohnheiten, nicht mit den Menschen, sondern angeblich nur mit den Tieren zu sprechen, auf dem Heuboden zu schlafen und barfuß zu gehen, von der Umgebung als „Mödelen" (MJ, 17) im Sinne von Skurrilitäten oder Verschrobenheit angesehen werden. Diese Gestalt steht mit dem Ich-Erzähler in einer Typus-Antitypus-Relation: Der Unterschied zwischen den beiden hat seine Wurzeln in der jeweiligen existentiellen Situation bzw. im Umgang der Außenwelt mit den beiden Gestalten. Während der Bauer Konrad eine Art Verehrung im Dorf genießt und sein Komisch-Werden mit einer Art – aus dem Unverständniß quellenden – Wohlwollen und „Verklärungsbereitschaft" (MJ, 18) hingenommen und schließlich wie eine Reliquie behandelt wird, fühlt sich Augustin Feinlein von seinem Konkurrenten bedroht. Dr. Bruderhofer, so wie es einzelne Szenen der Novelle zeigen (Verlust der großen Liebe Eva-Maria; Verlust der Sekretärin in der Sylvesternacht; der allmähliche Abkehr seiner Mitarbeiter und Kollegen), macht allmählich die sozialen Kontakte des Ich-Erzählers unmöglich und ihn zum Außenseiter. Dies führt dazu, dass er – genauso wie Böhme – unter widrigen Umständen arbeiten muss, um in seinem bahnbrechenden und zugleich enthüllenden Werk die These zu belegen, dass es nicht wichtig sei, ob Reliquien echt sind oder nicht, entscheidend sei der Glaube daran und an ihre Wirkungen.[5] Auch in diesem Fall handelt es sich um eine Art Wiederaussprechen, denn dieses Werk kann als eine moderne Adaption der *Gemeinnützigen Schriften* des letzten Scherblinger Abtes Eusebius (Franz) Feinlein, des Vorfahrs des Ich-Erzählers vom Anfang des 19. Jahrhunderts gesehen werden, welche auf dieselbe Schlussfolgerung hinauslaufen. Somit lassen sich die beiden Verwandten ebenfalls in eine typologische Gegenüberstellung einordnen. Dass dieses Typus-Antitypus-Motiv kein zufälliges ist, zeigt auch die Tatsache, dass das Stehlen des Reliquiars mit dem heiligen Blut – übri-

---

[5] Vgl. MJ, 57 und MJ, 107.

gens die ‚unerhörte Begebenheit' der Novelle – eine Wiederholung von Rettungsaktionen aus früheren Zeiten ist:[6]

> Ich habe das Reliquiar gestohlen. So würde es ein weltlicher Richter nennen. Ich sage: Ich habe es in Sicherheit gebracht. Mein Vorfahr hat es vor der Gier des Staates gerettet. Ich habe es gerettet vor der herablassenden Verlogenheit der Gebildeten, seien sie geistlich oder weltlich. (MJ, 97f.)

Auch der Schauplatz dieser Rettungstaten ist Typus und Antitypus in einem, denn es handelt sich um dasselbe Kloster, welches jetzt die Klinik beherbergt, in der die beiden Rivalen arbeiten.

Ähnliche Züge besitzt auch die Gestalt von Eva Maria, der Frau, in die Feinlein sein Leben lang unglücklich verliebt ist. Sie wird vom Ich-Erzähler wie eine Reliquie behandelt, indem sie mit Werken eines Malermönches in Aichhalden assoziativ verbunden wird: „Noch wichtiger [...] ist mir der Malermönch durch zwei Zeichnungen geworden, in denen er Eva und Maria jedes Mal in EIN Bild zeigt. Das hat außer ihm in 2000 Jahren, glaube ich, keiner vermocht." (MJ, 40)

Noch eine wichtige Gemeinsamkeit zwischen Böhme und Feinlein ist die starke Abneigung gegenüber der Welt der Gelehrten. Wie das vorangehende Zitat es auch zeigt, wird die Kritik an die „herablassende Verlogenheit der Gebildeten" (MJ, 98) gerade an einem Höhe- bzw. Wendepunkt der Novelle geäußert. Neben der Verlogenheit bedeutet die Gleichgültigkeit die größte Gefahr für die Reliquien:

> Die herablassende Duldung, mit der die Gebildeten, egal ob kirchlich oder weltlich, die Reliquie als ein Relikt behandeln, das nur noch Peinlichkeiten bereitet, wann immer es irgendwo genannt werden muss. Für Theologen eine Torheit, für den aufgeklärten Zeitgenossen ein Ärgernis. (MJ, 104)

Dasselbe Schicksal des Zum-Relikt-Werdens wird auch dem Ich-Erzähler zuteil, der von Eva Maria zweimal im Stich gelassen wird, indem sie nacheinander zwei andere Männer heiratet: „Am Tag der Hochzeit mit Dr. Bruderhofer eine Karte, allerdings in einem Kuvert, vorne Gustav Klimt, *Danae*, 1907, hinten Text: IN LIEBE EVA MARIA." (MJ, 65)

---

[6] Vgl. MJ, 49 und MJ, 105.

Bei Böhme wird der rein äußerliche, nicht verinnerlichte Charakter des Buchstabenwissens kritisiert. Seiner Meinung nach führen Schulweisheit und theologisches Studium zu keiner eigentlichen Einsicht und Erkenntnis, wenn die innere göttliche Erleuchtung fehlt. So ist dieses Wissen nach dem Böhmeschen Vokabular nur „Meynung" und „Babel".[7] „Wer mag die göttlichen Sachen richten/ in dem nicht der Geist der HErrn ist" (SB, 23) – lautet die Frage im 12. Sendbrief. Hier wird auch eine starke Vernunft-Kritik geäußert, indem äußerliches Wissen und geistgeleitete mystische Erkenntnis einander gegenüber gestellt werden: „Gebe euch (…) zur Antwort/ daß die eigene Vernunft/ welche ohne Gottes Geist nur bloß vom Buchstaben gelehret ist/ alles tadelt und verachtet/ was nicht schnur-recht nach dem Gesetze der hohen Schulen eintrift." (SB, 22). Damit reimt sich der Bericht des Novellenerzählers über „Dr. Bruderhofers aggressives Leiden unter der Feinleinschen Mißachtung der europäischen Verstandes-Kultur" (MJ, 99), was der ärztliche Direktor als „paranoid" (MJ, 99) einstuft.

In *Mein Jenseits* stehen also zwei Weltanschauungen einander gegenüber, metaphorisch-metonymisch verkörpert durch Dr. Bruderhofers „Neuroleptika" gegen das „Johanniskraut" (MJ, 69) von Augustin Feinlein. Meiner Meinung nach geht es hier nicht nur um die melancholisch klingende Kritik gegen eine chemiebasierte, medizinische Wissenschaft, die allmählich die alte Naturheilkunde verdrängt, sondern das Johanniskraut kann zugleich als Anspielung auf die paracelsische Signaturenlehre gedeutet werden, die auch auf Böhmes Werk eine bedeutende Wirkung ausgeübt hat. Das Johanniskraut nannte man früher „Fuga daemonum" (Teufelsflucht). Laut Paracelsus ist es eine Universalmedizin für den ganzen Menschen.

> Weiter seine Adern auf den Blättern: ist ein signatum, daß perforata alle phantasmata im Menschen austreibt, auch die außerhalb. [...] Von diesen merke einen solchen Unterricht: daß phantasma ist eine krankheit ohne ein corpus und Substanz; sondern allein im Geist der Contemplation wird ein anderer Geist geboren, von welchem der Mensch regiert wird. So nun der selbige Geist geboren wird, so gibt er dem

---

[7] „Dass aber die Kinder Gottes so mancherlei Gaben haben zu schreiben/ reden und richten/ und nicht alle einen stylum führen/ daraus die eigene Vernunft hernach das ihre aussauget und eine Babel machet/ daraus so vielerley Meynung ist entstanden…" (SB, 24) Vgl. auch SB, 31 bzw. Bohnheim: Zeichendeutung, S. 8.

Menschen andere Gedanken, andere Gebärden, ganz wider die Natur und angeborene Gesinnung.[8]

Auch wenn diese Stelle in keiner expliziten intertextuellen Beziehung zur Novelle steht, passt es kontextuell in deren psychiatrischen Diskurs hinein, vor allem wenn man bedenkt, dass Paracelsus von den „vier Kräften"[9] der Pflanze diejenige als erste erwähnt, die gegen solche Krankheiten wirksam ist, wie „daß der Mensch Geister, Gespenster sieht" oder solche, „welche die Leut zwingen, sich selbst zu töten, auch dass sie von sinnen kommen".[10] Gegen so eine gespensterhafte Gestalt kämpft auch der Ich-Erzähler im 2. Kapitel der Novelle, als er sich auf der Reise nach Rom im Flugzeug und später auf der Straße die – wie er es nennt – „Dr. Bruderhofer-Imitation", den „Bruderhofer-Darsteller", den „Dr. Bruderhofer-Bub" oder „Statuen-Darsteller" (MJ, 24) erblickt. Das Johanniskraut symbolisiert außerdem eine bereits als veraltet und aus diesem Grund für die sich modern verstehende Welt komisch gewordene naturmedizinische Ethik, zu deren Verfechtern auch Paracelsus gehörte.

Bruderhofers Weltgefühl stört vor allem, dass er unter einem Chef arbeiten muss, „an dem die europäische Aufklärung spurlos vorübergegangen sei." (MJ, 99) In den beiden Gestalten stoßen die aufgeklärte, praktisch-rationalistische Weltdeutung und ein bereits zur Reliquie oder sogar Relikt gewordener (natur-)mystischer Blick auf die Welt als Offenbarung eines verborgenen Wesens aufeinander. Ähnlich zu Jakob Böhme, der sich in der Einleitung zu seinen Sendbriefen als ein „von Gott in Gnaden erleuchteter Mann Gottes"[11] definiert, der einen „einfältigen Bericht vom hochwürdigen Erkenntnis göttlicher und natürlicher Weisheit"[12] in die Öffentlichkeit schicken will, sieht sich auch der Reliquienforscher Augustin Feinlein in der Rolle eine Verkünders von göttlichen, esoterischen Geheimnissen. Dies zeigt eine der nicht wenigen autoreferentiellen Äußerungen des Ich-Erzählers:

Mein Ehrgeiz muss sein, so zu schreiben, dass Dr. Bruderhofer, wenn es ihm gelingen sollte, an das Mauskript zu kommen, ratlos wäre. Beim Titel Mein Jenseits, da würde er noch barmherzig grinsen. Dann die

---

[8] Paracelsus, Theophrastus: Werke. Bd. 1: Medizinische Schriften. Hg. v. Will-Erich Peuckert. Darmstadt 1965, S. 312.
[9] Ebd.
[10] Ebd.
[11] Böhme, Jakob: Sämtliche Werke. Hg. v. Karl Wilhelm Schiebler. Bd. 7. Leipzig 1847, S. 363.
[12] Ebd.

> Überschrift auf Seite eins: Urim Thumim. Diese Wörter verlieren, wenn ich sie aus dem Hebräischen und Griechischen übersetze, die Kraft, die sie mir geben, so lange ich sie unübersetzt lasse. Und ihre abweisende, verschließende Kraft verlieren sie auch. Sie sagen soviel wie Vollkommene Erleuchtung oder Göttliche Leitung. Ins Trivialtheologische übersetzt: Offenbarung. Aber auch das nur, wenn man Kierkegaard mitdenkt: Die Offenbarung ist das Geheimnis. (MJ, 70)

Nach Exodus 28,30 sind „Urim" und „Thummim" Los- und Orakelsteine des Hohepriesters der Israeliten und bedeuten „die Lichtenden" und „die Schlichtenden" oder „Lichter und Vollkommenheiten" bzw. nach der Lutherschen Übersetzung „Licht und Recht".[13] Zugleich bilden sie einen möglichen Zugang zum Numinosen, weil Gott durch sie angeblich Fragen beantwortet hatte. Die Attribute „abweisend" und „verschließend" wie auch der Hinweis auf Kierkegaard deuten darauf hin, dass Feinleins schriftstellerische Attitüde sich mit der paradoxen Situation eines Mystikers reimt, der in seinen bzw. durch seine Schriften mehr zu verbergen als zu offenbaren vermag. Zu diesem dichterischen Selbstverständnis gehört auch die Betonung der Einfalt im Sinne von Auslöschung des eigenwilligen Ichs und des empirisch-spekulativ erworbenen äußerlichen Wissens, wodurch ein leerer Raum geschaffen wird für das Einströmen von göttlichen Erkenntnisimpulsen. Im Herkunftsort des Walserschen Mottos, also im 12. Sendbrief Jakob Böhmes spricht der Autor von einem „einfältigen Kinderweg" (SB, 5), der zu einer Erkenntnistotalität führen kann: „Denn ich kann von mir nichts anders schreiben, als von einem Kinde, das nichts weiß und verstehet, auch niemals gelernet hat, als nur dieses, was der Herr in mir wissen will, nach dem Maaß, als er sich in mir offenbaret." (SB, 5) Walsers Ich-Erzähler wird von seinen existentiellen Erfahrungen dazu gezwungen, sich bewusst in die Einfalt einzuüben.

> Du nimmst zur Hilfe, was es gibt. Psychologie, Logik, Astrologie, Philosophie, Religion. Je mehr du redest, desto weniger kommt, was du redest, in Frage. Deine Niederlagen sind die Siege des Unerklärlichen [...]. Die Erlösungsvorstellungen aller Märchen, aller Religionen bebildern die Unerklärlichkeit. Sich kaputtphantasieren. Das ist das Ziel. Glauben lernt man nur, wenn einem nichts anderes übrig bleibt. (MJ, 66)

---

[13] Exod 28, 29-35. Vgl. Zedler, Johann Heinrich u.a.: Grosses vollständiges Universal-Lexikon Aller Wissenschaften und Künste. Bd. 51: Vri-Vz. Halle / Leipzig 1747, Sp. 15.

Zum Diskursfeld der Einfalt gehört noch das puer-senex-Motiv.[14] Im einleitenden Kapitel der Novelle bedient sich der Ich-Erzähler des Mittels der Selbstironie, als er sich selbst als jemanden präsentiert, der aufgehört hat, seine Lebensjahre zu zählen und nicht verraten will, „seit wie vielen Jahren ich jetzt schon sechsunddreißig bin" (MJ, 19). Zugleich gelingt es ihm, Dr. Bruderhofers „Alter Knabe"-Vorwurf im Sinne von Torheit, Unwissenheit bzw. geistiger Schwäche doch positiv umzudeuten und dem puer-senex-Motiv seinen ursprünglichen Status eines Lobtopos zurückzugeben. „Also mache ich das Beste aus dieser Bezeichnung. Dass ich dreiundsechzig bin und bleibe, ist nur möglich, weil ich ein alter Knabe bin. Ich sehe so aus. Ich selber glaube, das Knabenhafte sei in mir und an mir noch deutlicher als das Alte." (MJ, 20) Neben der Jugendkraft beansprucht Feinlein für sich auch Lebenserfahrung in Form der Altersweisheit, dass es Torheit sei zu glauben, „recht zu haben sei möglich". (MJ, 20) Er lässt sich nicht von anderen überzeugen, er will sich selbst überzeugen. Dr. Bruderhofers Kampf um sein Recht bzw. sein karrieristisches Denken sieht Augustin Feinlein eher als Unwissenheit, deshalb nennt er ihn einen „Alten Bub", und meint diese Schwäche auch in seiner physischen Erscheinung zu entdecken: „Er hat doch total den Vierzehnjährigen im Gesicht." (MJ, 20f.)

Auf Grund dieser Zusammenhänge wird erkennbar, dass das Böhme-Zitat als Motto in einer wirklichen paratextuellen Beziehung zum Novellentext steht, indem es vermag, dessen Lektüre in eine gewisse Richtung zu steuern. Zwar beschränkte sich die Analyse auf den Vergleich lediglich des 12. Sendbriefes mit Walsers Novelle, trotzdem sind die Parallelen hinsichtlich der Schaffensbedingungen, bzw. der schriftstellerischen Intentionen und Attitüden offensichtlich. Diese geistige Verwandtschaft darf jedoch weder über die möglichen Unterschiede hinwegtäuschen noch zu einer einseitigen Lektüre verleiten. Der Novellentext enthält nicht nur Anspielungen auf Jakob Böhme, sondern fügt sich aus mosaikartig verbundenen Zitaten und früheren Textfragmenten zusammen, die z.T. real, z.T. fiktional, außerdem markiert oder unmarkiert sind. Zu diesen Prätexten, die die Grundlage der Identität eines narrativ konstruierten, erinnerten Ichs bilden, gehören u.a. Bibelzitate (Offenbarungen, Paulus-Briefe), lateinische Sprüche (z.B. der vom 2. Timotheusbrief 3,17 abgeleitete Prämonstratenser-Spruch „Ad omne

---

[14] Vgl. dazu: Curtius, Ernst Robert: Europäische Literatur und lateinisches Mittelalter. 11. Aufl. Tübingen / Basel 1993, S. 108 ff.; Ders.: Gesammelte Aufsätze zur romanischen Philologie. Bern / München 1960, S. 12 ff.

opus bonus paratus"), Fragmente aus Augustins *Bekenntnissen* (MJ, 74) oder Kierkegaards *Philosophischen Schriften*[15], aber auch eine Kantate von Bach („Aus der Tiefen rufe ich, Herr, zu Dir"), liturgische Lieder („Maria durch ein Dornwald ging" – Musik und Text überliefert seit dem 16. Jahrhundert) und Gemälden mit religiöser Thematik (Caravaggios bzw. Klimts Marien-Darstellungen). Einen anderen wesentlichen Teil bilden die als fiktional geltenden Klostertagebücher und die bereits erwähnte *Gemeinnützige Schrift* des Eusebius Feinlein, die aus der Sicht des Erzählers nicht nur eine erinnerungs- und identitätsstiftende Funktion besitzen, sondern eine Tradition bzw. einen Diskurs darstellen, in die der Erzähler mit seinem Buch über die Reliquien sich bewusst einordnen will.

Gerade in dieser Hinsicht scheint der wesentlichste Unterschied zwischen Feinlein und Böhme zu bestehen. Die traditionelle mystische Haltung – und eine solche vertritt auch Jakob Böhme – versucht sich durch die Berufung auf die ausschließliche erkenntnisstiftende Einwirkung des Numinosen zu legitimieren, deshalb negiert sie jeglichen Einfluss von fremden Schriften. Walsers Ich-Erzähler bekennt sich zu seinen schriftlichen Quellen nicht nur durch die Markierung von mehreren Vorlagen, sondern auch ganz explizit, als er über seine am Ende ebenfalls ihm fremd gewordene Sekretärin

---

[15] Vgl. Kubsch, Ron: Kierkegaards Sprung. (MBS Texte 144. /Martin Bucer Seminar/ 7. Jg. 2010: „Schon früh lässt sich im Werk Kierkegaards das alles durchdringende Leitmotiv seines Lebens erkennen. Nicht „Theorie und bloßes Wissen, sondern Tun und Leben, nicht teilnahmslose, neutrale Objektivität, sondern Einsatz und Entscheidung", sind seine Themen. Kierkegaard vertritt einen strengen Fideismus und hat damit die Bahnen für den europäischen Existentialismus vorgezeichnet. Der in Bonn lehrende Theologe Hans Emil Weber (1882–1950) beschrieb 1917 den dänischen Philosophen euphorisch als einen Irrationalisten: Kein Ausdruck scheint Kierkegaard zu stark zu sein für die Irrationalität des Glaubens. Hier gibt es kein „Wissen", kein „Beweisen"; der Glaube ist keine „Erkenntnis". Die Gründe, mit denen man das Christliche beweisen wollte, haben gerade den Zweifel aus sich erzeugt. Man „beweist Gottes Dasein durch Anbetung", und „in der absoluten Anbetung der Unwissenheit" „stürzt" der Unterschied zwischen Wissen und Nichtwissen „zusammen". Wir hören scharfe Worte reden wider die „Anmaßung" der „Erweckten", die sich „des Schauens" oder eines „höheren Verstandes" rühmen. Der Gegenstand des Glaubens ist ein Geheimnis, ja mehr, die „Unwahrscheinlichkeit", das (absolute) „Paradox", Kreuzigung des Verstandes, „das Absurde". Nach Kierkegaard haben sich Vernunft und Glaube gegenseitig nichts zu sagen. Religiöser Glaube kann weder bewiesen noch widerlegt werden, er ist vernunftblindes Vertrauen. Kierkegaard schreibt: Wäre es nicht doch am besten, beim Glauben stehenzubleiben, und ist es nicht empörend, dass ein jeder weitergehen will? ... Wäre es nicht besser, dass man beim Glauben stehen bliebe und dass der, der dort steht, zusähe, dass er nicht falle; denn die Bewegung des Glaubens muss ständig kraft des Absurden gemacht werden." (http://www.bucer.org/uploads/media/mbstexte144.pdf; S. 4 f. – 30.3.2011)

sagt: „Sie selber kennt, was ich arbeite, weil sie mir die Bücher beschafft, die ich brauche [...]." (MJ, 99)

Doch auch dieser Unterschied ist eher ein scheinbarer. Wilfried Barner hat nachgewiesen, dass, obwohl Böhme ein Bild der intertextuellen Unabhängigkeit seiner Schriften entwerfen möchte, indem er betont, „daß er bestimmte Gebiete ‚nicht studdired' habe und sich auch sonst in die ‚Kunst' (ars) der ‚Doctores' nicht hineinwage", er doch eingestehen muss, „daß er etwa pansophische, theosophische, astrologische Schriften [...] sehr wohl ‚gelesen' habe."[16]

Doch diese Verwobenheit mit dem Universum der Texte bedeutet im Falle der beiden Autoren keinesfalls eine sklavische Unterordnung. Das Bewusstsein über die intertextuellen Verflechtungen dient eher dem Zweck der Positionierung des Ichs und des eigenen Werkes. Die Aufwertung des sich durch Textbezüge konstruierenden und über diese sich zugleich erhebenden Subjekts scheint die These von der subjektlosen Produktivität der Texte in Frage zu stellen. Dies kann an einem Beispiel, am eindeutigsten intertextuellen Bezug zu Böhme exemplifiziert werden. Es handelt sich um einen indirekten Hinweis, der im Zusammenhang mit der literarischen Rezeption seines Werkes steht. Im meditativen Selbstbekenntnis des Walserschen Ich-Erzählers, das in einem toposhaft arrangierten Milieu, in der Stiftskirche in Scherblingen, geäußert wird, kann man trotz der Nicht-Markiertheit unschwer zwei Epigramme des Angelus Silesius erkennen. Es handelt sich um die Sprüche *I 80* und *IV 32*:

> Der Vogel in der Luft / der Stein ruht auff dem Land /
> Jm Wasser lebt der Fisch / mein Geist in GOttes Hand[17],

bzw.

> Jm Wasser lebt der Fisch / die Pflantzen in der Erden /
> Der Vogel in der Lufft / die Sonn im Firmament:
> Der Salamander muß im Feur erhalten werden:
> Jm Hertzen JESU ich / als meinem Element.[18]

---

[16] Barner, Wilfried: Über das „Einfeltige" in Jacob Böhmes Aurora. In: Breuer, Dieter (Hg.): Religion und Religiosität im Zeitalter des Barock. Teil II. Wiesbaden 1995 (= Wolfenbütteler Arbeiten zur Barockforschung; 25), S. 441-453; hier S. 443.
[17] Silesius, Angelus: Cherubinischer Wandersmann. Kritische Ausgabe. Hg. v. Louise Gnädinger. Stuttgart 1995, S. 39.
[18] Ebd., S. 156.

Nach Louise Gnädinger kann der zweite Sinnspruch als der Folgetext eines Vierzeilers bewertet werden, den Scheffler *Unter einem Bildnis Jakob Böhmens* verfasst hat:

> Im Wasser lebt der Fisch, die Pflanzen in der Erden,
> Der Vogel in der Luft, die Sonn im Firmament.
> Der Salamander muß im Feur erhalten werden:
> Und Gottes Herz ist Jakob Böhmens Element.[19]

Dieselben Verarbeitungsstrategien, wie z.B. das Wiederholen oder das Aufnehmen von Fragmenten aus früheren Varianten, das Weiter- bzw. Umschreiben, denen Angelus Silesius die eigenen Texte unterzieht, kann man auch in Walsers Novelle erkennen. Das erwähnte Bekenntnis ist das Ergebnis einer ähnlichen Umarbeitung: „Wenn die Luft das Element ist, das Vögel und Flugzeuge trägt, wenn das Wasser das Element ist, in dem die Fische leben, dann ist die Kirche mein Element." (MJ, 47) Dass der Name „Jakob Böhme" bei Silesius gegen „ich" / „mein" ausgetauscht und in dieser Form von Walser übernommen wurde, zeugt von der Gleichzeitigkeit eines Individualitätsanspruches bzw. der bewussten Identifikation mit den Vorgängern. Die drei Künstler – den nur zum Wiederaussprechen fähigen Böhme, den nur in „seltzame[n] *paradoxa* oder widersinnische[n] Reden"[20] sich äußern könnenden Silesius und den ausschließlich nach Gefühlsdeutlichkeit trachtenden Walser – verbindet die Erfahrung mit der sich selbst widersprechenden Sprache.

> Gäbe es Gott, könnten wir nicht von ihm sprechen. Dann gäbe es das Wort nicht. Das Wort gibt es, weil es ihn nicht gibt. [...] Andererseits. [...] Wenn es Gott nicht gäbe, könnte man nicht sagen, dass es ihn nicht gibt. Wer sagt, es gebe ihn nicht, hat doch schon von ihm gesprochen. (MJ, 112)

Als letzte Konsequenz bleibt die auch von Kierkegaard geteilte Erkenntnis, dass „sich Vernunft und Glaube gegenseitig nichts zu sagen [haben]. Religiöser Glaube kann weder bewiesen noch widerlegt werden, er ist vernunftblindes Vertrauen."[21]

---

[19] Ebd., S. 347.
[20] Ebd., S. 13.
[21] Kubsch: Kierkegaards Sprung, S. 4.

III.

Kultur, Politik, Geschichte und die Literatur

TEREZA PAVLÍČKOVÁ

Deutsches Erbe und die deutsch-tschechische „Konfliktgemeinschaft"[1]

Belletristik und die liberale deutsche Presse Südmährens 1897-1914[2]

„Ich will nach einem böhmischen Dorfe!"[3] Diese Ankündigung macht Dr. Otto Sagan, außerordentlicher Professor der Geschichte an einer süddeutschen Universität, nachdem ihn seine Mutter gefragt hat, wo er den Sommer zu verbringen gedenke. Sagan, einer der zentralen Protagonisten des Romans *Deutsches Erbe*, will nämlich in dem nordböhmischen Ort Bergel seine Forschungen über einen Dominikaner des 15. Jahrhunderts fortsetzen. Wissenschaft führt den deutschen Akademiker in eine national heterogene Gegend Österreich-Ungarns und bietet ihm Gelegenheit, die „nationalen Verhältnisse Böhmens" kennenzulernen, wie der Untertitel des Romans verspricht.

Der „neueste[.] Roman ‚Deutsches Erbe' des gefeiertesten, nationalen Dichters neuerer Zeit Anton Ohorn" ist „zur großen Freude"[4] der Redaktion des *Znaimer Sonntagsblattes* – das sich als ein liberales Periodikum verstand – neu verlegt und gedruckt worden und zwar gerade in Znaim von Karl Bor-

---

[1] Vgl. Křen, Jan: Die Konfliktgemeinschaft: Tschechen und Deutsche 1780-1918. München 1996.
[2] 1897 stellt einen wichtigen Wendepunkt in der Geschichte der böhmischen Länder dar (vgl. z. B. Mommsen, Hans: 1897: Die Badeni-Krise als Wendepunkt in den deutsch-tschechischen Beziehungen. In: Wendepunkte in den Beziehungen zwischen Deutschen, Tschechen und Slowaken 1848-1989. Hg. v. Detlef Brandes, Dušan Kováč, Jiří Pešek. Essen 2007, S. 111-117). 1897 wurde in Znaim der liberale Niederösterreichische Grenzbote ins Leben gerufen, der bereits 1898 zu einem Tagblatt wurde (Znaimer Tagblatt und Niederösterreichischer Grenzbote) und den Tag der Einführung der Verordnungen Badenis in Böhmen den „Geburtstag des unerbittlichen Widerstandes der Deutschen" (N. N.: Kling, klang, gloria! In: Znaimer Tagblatt und Niederösterreichischer Grenzbote, 1. 4. 1898) nannte.
[3] Ohorn, Anton: Deutsches Erbe. Roman aus den nationalen Verhältnissen Böhmens. Znaim 1903, S. 5.
[4] Die Schriftleitung: An unsere geehrten Leser! In: Znaimer Sonntagsblatt, 29. 3. 1903.

nemann, dem Herausgeber dieser Zeitung. Die Abonnenten sollen den Roman „in Form besonderer unentgeltlicher Romanbeilagen" im *Znaimer Sonntagsblatt* finden. Da in der Zeitung der „beliebte Verfasser" des Romans als „Deutschböhme von Geburt" vorgestellt wird, dürften die Leser erwartet haben, dass Ohorn mit den „nationalen Verhältnissen Böhmens" tatsächlich vertraut war und sie im Roman wiedergegeben hat. Wer von den Lesern außerdem wusste, dass Ohorn (1846-1924) in Theresienstadt zur Welt kam (somit direkt in Nordböhmen, dem Handlungsort des Romans), der wird umso wahrscheinlicher eine kundige Schilderung der „nationalen Verhältnisse Böhmens" erwartet haben.

Deshalb lohnt sich zunächst ein kurzer Blick auf die Zustände, die der Protagonist Sagan in Nordböhmen vorfindet:

Zwar ist Sagan Protestant, dennoch wird er von dem Dominikanerprior in Bergel aufs herzlichste empfangen und für unbefristete Zeit im Kloster beherbergt. Etliche Deutsche, allen voran der Prior und Baronesse Magdalene von Brauneck, welche zusammen mit ihrem Vater ein Schloss unweit des Dominikanerklosters bewohnt, weihen Sagan in das deutschtschechische Zusammenleben in der Region ein. Gleich nach seiner Ankunft in Bergel erfährt Sagan in der hiesigen Gaststätte, dass „die benachbarte Herrschaft Brunngut" „ein tschechischer Holzspekulant gekauft" hätte. Dieser sei im Begriff, „die Deutschen, die in seinem Dienst sind, aus[zu]merzen":[5] Baronesse von Brauneck weiß Weiteres zu berichten:

> Heute ist die Sache so, daß [sich] [...] der Wirt, der Krämer, der Schuster und andere Deutsche zu den Tschechen aus Geschäftsrücksichten [schlagen]. In Brunngut wird die Sache nun ganz ähnlich. Das Gut ist in tschechischen Besitz übergegangen und dem alten, schwachen und kränklichen deutschen Pfarrer in Ullersdorf ist ein tschechischer Kaplan beigegeben worden. Der ist nun hier die Seele der tschechischen Agitation geworden, [...] und so bröckelt Stück um Stück von der deutschen Sache und dem deutschen Erbe ab.[6]

Es sei aber „nicht überall so in Böhmen". Vielmehr rege sich, so die Baronesse,

---

[5] Ohorn, Deutsches Erbe, S. 17.
[6] Ebd., S. 33.

> an vielen Orten [...] der deutsche Geist kräftig und verständig und auch hier tun wir jetzt, soviel irgend möglich ist. Unser alter Lehrer, Herr Hartner und Papa haben für Brauneck und Umgebung eine Ortsgruppe des deutschen Schulvereins gegründet, die auch hier in Ullersdorf und Brunngut ihre Mitglieder hat, in Ullersdorf ist durch unsern tapfern und unermüdlichen Pater Prior ein deutscher Lese- und Gesangverein, in Brunngut ein deutscher Turnverein ins Leben gerufen worden, in Brauneck und Bergel bestehen solche selbstverständlich – und ich selbst habe eine Frauen- und Mädchen-Ortsgruppe des deutschen Schulvereins zusammengebracht.[7]

Nach diesen Worten küsst Sagan die Hand der Baronesse mit der Begründung, er „huldige dem deutschen Geist in seiner schönsten Verkörperung!"[8]

Der Dominikanerprior sucht der deklarierten Tschechisierung dermaßen emsig Einhalt zu gebieten, dass ihn ein deutscher Lehrer „die beste Säule des Deutschtums" nennt und diese Anerkennung sogar mit dem Wunsch „Gott erhalte ihn"[9] verbindet, der sonst primär den österreichischen Herrschern vorbehalten war. Der „stattliche" Körperbau des deutschen Dominikaners und sein „feste[r] Schritt[.]"[10] kontrastieren scharf mit der „gespreizte[n] Haltung"[11] des tschechischen Kaplans von Ullersdorf. Solche Kontraste unterstreichen im gesamten Roman die duale Einteilung der Protagonisten nach dem Gesichtspunkt der Nationalität (deutsche versus tschechische), die sich mit der Unterscheidung positiv versus negativ deckt. Während etwa die deutschen Inhaber des Schlosses Brauneck Lebrecht von Brauneck heißen, lautet der Nachname des neugebackenen tschechischen Eigentümers des Schlosses Brunngut – des zuvor erwähnten tschechischen „Holzspekulant[en]"[12] – Zoufal. „Zoufal" ist eine tschechische Verbform im Präteritum und bedeutet „(er) verzweifelte". Die Gleichung tschechisch – negativ kennt so gut wie keine Nuancierungen und die Einstufung als positiv oder negativ wird überdies durch das Äußere der Protagonisten signalisiert.

So stehen die „kleinen grauen Augen" Bohuslav Zoufals, die „von List und Verschlagenheit redeten", sein „völlig kahl[es]", verschwitztes

---

[7] Ebd., S. 33 f.
[8] Ebd., S. 34.
[9] Ebd., S. 42.
[10] Ebd., S. 22.
[11] Ebd., S. 16.
[12] Ebd., S. 17.

„Vorderhaupt", die „etwas breite Nase" und „hervortretende[n] Backenknochen"[13] in eklatantem Gegensatz etwa zu dem „weiße[n] Haar" des Priors, seinem „frische[n], fast jugendliche[n] Gesicht [...], aus dem klar und mild ein Paar blauer Augen schauten",[14] oder zu dem „prächtigen blonden Kopf"[15] Sagans und seiner „edle[n], weiße[n] Stirn", die „von energischer Gedankenarbeit"[16] zeugte. Kleine Augen und hervortretende Backenknochen glaubte der Verfasser des Romans auch an vielen nicht-fiktiven Tschechen zu bemerken: Beispielsweise in Kapitel acht seiner *Wanderungen in Böhmen*, die rund dreißig Jahre vor dem Roman *Deutsches Erbe* entstanden sind, schildert Ohorn die tschechischen Gäste eines kleinstädtischen Lokals als „bieder[e] Spießbürger, geistlose Alltagsgesichter mit meist stark hervortretenden Backenknochen und kleinen Augen".[17]

Aus der bipolaren Darstellung im Roman gehen keine plastischen, komplexen Charaktere hervor, sondern schematische Figuren, die „stereotypen Mustern" folgen, und auf die „eindeutige, durch Reflexion nicht hinterfragte Wertvorstellungen" übertragen wurden. Eine solche „bipolare Anordnung von Figuren bzw. Figurengruppen"[18] identifiziert Peter Nusser als ein typisches Merkmal der Trivialliteratur.

Die im Roman bevorstehenden Landtagswahlen veranlassen die Tschechen zur Veranstaltung einer Wählerversammlung. Ihren Widerwillen bezeugen lediglich wenige Deutsche, ihr Protest ist aber trotzdem so wirksam, dass er die tschechische Veranstaltung lahmlegt. Besonderen Anstoß erregt bei den Deutschen das Erscheinen des Landtagskandidaten Naprstek und zwar nicht nur, weil er für die Tschechen kandidiert und auf der Versammlung tschechisch sprechen will, sondern weil er „ja von Geburt auch Deutscher" sei und allein „aus ‚politischen' Gründen vorgezogen" habe, „seinen Namen zu tschechisieren und sich selbst als Vollbluttschechen aufzuspielen."[19] Die Romanfigur Naprstek weist einige Parallelen mit Vojtěch Náprstek (1826-1894) auf, einem Prager „fortschrittlichen tschech. Liberalen"[20] und „tschechischen Unternehmer und Mäzen"[21] des 19. Jahrhunderts,

---

[13] Ebd., S. 43.
[14] Ebd., S. 19.
[15] Ebd., S. 256.
[16] Ebd., S. 3.
[17] Ohorn, Anton: Wanderungen in Böhmen. Chemnitz 1879, S. 125.
[18] Nusser, Peter: Trivialliteratur. Stuttgart 1991, S. 127.
[19] Ohorn, Deutsches Erbe, S. 127.
[20] Příruční slovník naučný, Bd. III, Praha 1966, S. 264: „pokrokový čes. liberál".

der „ein patriotisches Kulturzentrum mit einer Bibliothek und einem Lesesaal (heute Náprstek-Museum)"²² gründete, bzw. der „in sein Haus (Brauerei u Halánků) [in Prag] tschechische patriotische Gesellschaft einlud und hier das spätere völkerkundliche Museum gründete, welchem er sein Vermögen hinterließ."²³ Die Familie Vojtěch Náprsteks soll – wie auch diejenige des Romanprotagonisten Naprstek – ursprünglich Fingerhut geheißen haben.²⁴

In mancher Hinsicht eine nichtfiktive tschechisch-deutsche Parallele zu dem deutsch-tschechischen Romanprotagonisten und „Renegaten"²⁵ Naprstek bildet der Znaimer Bürgermeister Heinrich Homma. Während der Böhme Naprstek ursprünglich Fingerhut hieß, seine Muttersprache Deutsch war²⁶ und er den Nachnamen um seiner politischen Karriere willen geändert habe,²⁷ soll der Mährer Heinrich Homma als seiner Karriere dienlich im Gegenteil eine deutsche Identität erachtet haben. Aus einem Bericht der *Znojemské listy* (Znaimer Blätter) über dessen Wahl zum Bürgermeister erfahren die Leser, „dr. Jindřich Homma" sei als Tscheche geboren worden, aber sei nunmehr „ein Großdeutscher, der im Landtag in einer höchst beleidigenden Art über tschechische Angehörige in Znaim"²⁸ gesprochen habe. Im Herbst 1905 engagierte sich Heinrich Homma bei den deutschen Demonstrationen gegen die Gründung einer tschechischen Universität in Brünn: Nachdem der Znaimer Gemeindeausschuss in einer Sitzung „sofort nach Einlangen der Nachricht von der Abhaltung des Volkstages [...] den Betrag von 500 K bewilligt und eine Sammlung freiwilliger Spenden angeregt [hatte], um Sonderzüge beistellen zu können, welche eine Massenbeteiligung ermöglichen"²⁹ würden, trug Bürgermeister Homma zu dem Ertrag

---

²¹ Všeobecná encyklopedie v osmi svazcích, Band 5, Praha 1999, S. 296: „český podnikatel a mecenáš".
²² Příruční slovník naučný, Band III, S. 264: „založil vlastenecké kulturní středisko U Halánků s knihovnou a čítárnou (nyní Náprstkovo muzeum)."
²³ Všeobecná encyklopedie v osmi svazcích, Band 5, S. 296: „Do svého domu (pivovar u Halánků) zval českou vlasteneckou společnost a založil zde pozdější národopisné muzeum, jemuž odkázal svůj majetek."
²⁴ Vgl. Schneibergová, Martina: Anna Fingerhutova (Naprstkova) und das Haus „U Halanku". (http://www.radio.cz/de/artikel/7220)
²⁵ Ohorn, Deutsches Erbe, S. 127.
²⁶ Ebd., S. 159.
²⁷ Ebd., S. 127.
²⁸ N. N.: [ohne Titel]. In: Znojemské listy, 2. 9. 1904: „Purkmistrem ve Znojmě zvolen byl dne 29. srpna dr. Jindřich Homma, rodem čech [sic!] ze Stanoviště u Náměště, nyní velkoněmec, jenž nejurážlivějším způsobem mluvil na zemském sněmu o českých příslušnících ve Znojmě."
²⁹ N. N.: Deutscher Volkstag in Brünn. In: Znaimer Wochenblatt, 16. 9. 1905.

der Sammlung unter den ersten bei. Sein Betrag war zweimal so hoch wie die höchste gespendete Summe.[30]

Als ein außerordentlich wirksames Mittel zur Vereitelung der tschechischen Wählerversammlung in Ohorns Roman erweist sich der Gesang der Deutschen. Die Tschechen sind zwar dabei, durch Gesang ihr Übergewicht zu behaupten, aber das tschechische „Brüllen"[31] des Liedes „Hej, Slované" vermag sich gegen den deutschen „Gesang"[32] der „kräftigen und gutgeschulten Stimmen"[33] nicht durchzusetzen. In der liberalen deutschen sowie der tschechischen Presse Südmährens finden wir uns mit einer identischen Diffamierungsstrategie konfrontiert. Während also bei der Darstellung einer tschechischen Demonstration und der deutschen Gegendemonstration das liberale deutsche *Znaimer Wochenblatt* von „brausenden Heilrufen"[34] der Deutschen berichtet, bezeichnen die tschechischen *Znojemské listy* (Znaimer Blätter) eben diese Heilrufe als Lärm, der zudem „mit betrunkener Stimme"[35] produziert worden sei. Die in dem Roman *Deutsches Erbe* sowie in den deutschsprachigen Znaimer Zeitungen den Tschechen zugeschriebene Tendenz zu „brüllen" erweist sich bei der Lektüre der Presse als eine langfristige, die nicht lediglich bei großen Demonstrationen zum Vorschein trat. Der deutschvölkische *Deutsche Mahnruf* beispielsweise kritisierte „das Bedürfnis" der Tschechen, „in deutschen Gegenden zu lustwandeln" und dabei „den Deutschen [„tschechische Hetzlieder"] in die Ohren [zu] [.]brüll[en]".[36]

Bezüglich der Lieder, die von den Deutschen und den Tschechen gesungen wurden, gehen der Roman *Deutsches Erbe* und die südmährische Presse teilweise auseinander: Von den tschechischen Protagonisten sowie von den nicht-fiktiven Tschechen, über welche die Presse berichtet, wird stets das Lied „Hej, Slované" gesungen. Während jedoch der Presse zu entnehmen ist, dass die Deutschen die „Wacht am Rhein" zu singen pflegen, stimmen die Deutschen im Roman dieses Lied kein einziges Mal an. Viel-

---

[30] „[...] Dr. Heinrich Homma, Bürgermeister 20 K [...]" (N. N.: Deutscher Volkstag in Brünn. In: Znaimer Wochenblatt, 16. 9. 1905).
[31] Vgl. Ohorn, Deutsches Erbe, S. 157 f.: „Auch die Tschechen begannen nun zu singen, oder richtiger zu brüllen: Hej Slovane, ještě naše / Slovanská je země..."
[32] Ebd., S. 157.
[33] Ebd., S. 154 f.
[34] N. N.: Der deutsche Volkstag in Brünn. In: Znaimer Wochenblatt, 4. 10. 1905.
[35] N. N.: Krvavý 1. říjen. In: Znojemské listy, 6. 10. 1905: „Tisíce a tisíce lidu proudilo ulicemi, tu zpitým hlasem povykujíce ‚hajl', tu zas bujarým rykem hřmíce ‚Na zdar!' a ‚sláva'."
[36] N. N.: Die Abwehr des Tschecheneinfalles in das deutsche Sprachgebiet Südmährens. In: Deutscher Mahnruf, 4. 9. 1909.

mehr besitzt für sie einen hohen kollektiven Identifikationswert „das deutsche Lied von Kalliwoda",[37] was angesichts der Persönlichkeit Kalliwodas nahezu merkwürdig anmutet: Über Johann Wenzel Kalliwoda findet sich ein Eintrag ausgerechnet in einem Nachschlagewerk, das 1963 in der ČSSR erschienen ist, einem totalitären und nationalistischen Staat also, in dem antideutsche Ressentiments keineswegs verpönt waren. „Kalivoda Jan Václav, 1801-1866" wird hier als „tschech. Komponist, Geiger und Dirigent" vorgestellt, der „Symphonien, Ouvertüren, Lieder u. a."[38] komponierte. Obzwar Kalliwoda seine musikalische Tätigkeit jahrelang in Donaueschingen entfaltete,[39] war seine Abstammung – gemessen an den nationalistischen Kriterien der Jahrhundertwende – eine solche, dass die rein positive Aufnahme in Ohorns alldeutschem Roman inkonsequent wirkt. Undenkbar wäre es schließlich gewesen, wenn im Roman nicht nur Kalliwodas tschechischer Nachname, sondern auch seine Vornamen angeführt würden. Deren deutsche Form – Johann Wenzel – hätte wohl bei den deutschen Lesern nicht minder Anstoß erregt als die tschechische – Jan Václav. Der Name Wenzel erhielt in deutschliberalen Periodika in den letzten vier Jahrzehnten des 19. Jahrhunderts zunehmend eine negative Konnotation und erschien meist als Teil von spöttischen Neologismen wie „Wenzelssöhne" (zur Bezeichnung der Tschechen) oder „Verwenzelung" (als Synonym für den häufigeren Begriff „Tschechisierung"). Die negative Konnotation ist insbesondere darauf zurückzuführen, dass sich die Tschechen bei ihren politischen Forderungen etwa wiederholt auf die Wenzelskrone beriefen und durch Zeremonien zur Verehrung des heiligen Wenzels diesen Landespatron in ihre politischen Forderungen mit einbezogen.

Die größte Freude scheint „das deutsche Lied von Kalliwoda" im Roman dem deutschen Geschichtsprofessor Sagan zu bereiten, der sich ebenfalls etwa an dem Anblick mehrerer „stattlicher alter Eichbäume" erfreut. Mit dem glücklichen Seufzer „Der Baum Wodans – der deutsche Baum...."[40] äußert er seine Hoffnung, dass die nordböhmische Gegend um Bergel doch eine überwiegend deutsche sei. Gerade Sagan ist es auch, der „dasselbe Blut und dasselbe Empfinden"[41] der reichsdeutschen und der

---

[37] Ohorn, Deutsches Erbe, S. 154.
[38] Příruční slovník naučný, Band II, Praha 1963, S. 425: „Kalivoda Jan Václav, 1801-1866, čes. skladatel, houslista a dirigent. Působil v Donaueschingen. Složil symfonie, ouvertury, písně aj."
[39] Vgl. auch www.blb-karlsruhe.de/ blb/blbhtml/ besondere-bestaende/ musik/ kalliwoda.html.
[40] Ohorn, Deutsches Erbe, S. 16.
[41] Ebd., S. 75.

böhmischen Deutschen betont. Auf Wladimir Zoufals Einwand, es gebe seit 1866 „doch eine schärfere Scheidung zwischen Deutschland und Österreich",[42] erwidert Sagan:

> In politischer Hinsicht, aber in nationaler gewiß nicht. Wir Deutschen im Reiche haben mit den Deutschösterreichern noch manche Berührungspunkte, die gerade unter den neuen Verhältnissen erst bedeutsam werden. Beider Kulturentwickelung baut sich auf denselben Grundlagen auf und führende Geister gehören ihnen diesseits und jenseits der Grenzpfähle gemeinsam. Auch werden wir das deutsche Blut in Oesterreich in keinem Streite um seine Existenz und sein Recht völlig im Stiche lassen, auch wenn wir es nur moralisch und materiell, nicht politisch, unterstützen könnten; aber solche Hilfeleistung ist selbstverständlich.[43]

Mit einem vergleichbaren Pathos, wie es jenem Seufzer anhaftet, der sich der Brust Sagans beim Anblick der Eichen entrang, erscheinen Eichbäume ebenfalls in einigen Gedichten, die in der deutschliberalen und deutschvölkischen Presse Südmährens veröffentlicht wurden. Darüber hinaus war „Eiche" der Name eines „deutsch-volklichen Arbeiterbundes",[44] über dessen Tätigkeit etwa das liberale *Znaimer Sonntagsblatt* berichtete. Nachdem die Stellenvermittlung der Eiche vom Bund der Deutschen Südmährens[45] übernommen worden war, engagierte sich bei der Vermittlung von Arbeitsstellen[46] nicht zuletzt Karl Bornemann, der Herausgeber der liberalen Zeitungen *Znaimer Tagblatt* und *Znaimer Sonntagsblatt*.

Die Tschechen in dem Roman *Deutsches Erbe* entbehren jeglicher positiver Charaktereigenschaften (parallel dazu ermangeln sie auch physischer Attraktivität) und alle ihre Bemühungen zielen auf ökonomische und soziale Dominanz hin, schließlich sogar auf Vernichtung der Deutschen. Einer vergleichbaren bipolaren Darstellung begegnen wir in publizistischen

---

[42] Ebd., S. 75.
[43] Ebd., S. 75.
[44] N. N.: Bund der Deutschen Südmährens. In: Znaimer Sonntagsblatt, 16. 11. 1902.
[45] Einem der sog. Schutzvereine, die mit einer Reihe wirtschaftlicher Maßnahmen oder diverser gesellschaftlicher Veranstaltungen als Verfechter der Interessen der Deutschen auftraten. Als Mitglieder des Bundes der Deutschen Südmährens wurden nur „Deutsche **arischer Abkunft**" (N. N.: [ohne Titel]. In: Znaimer Sonntagsblatt, 4. 12. 1904. Hervorhebung im Original) akzeptiert.
[46] Die Stellenvermittlung war „**nur** für **Deutsche** und in erster Linie wieder für Mitglieder des Bundes oder der ‚Eiche'" (N. N.: Bund der Deutschen Südmährens. In: Znaimer Sonntagsblatt, 16. 11. 1902. Hervorhebung im Original) bestimmt.

sowie literarischen Texten der deutschliberalen Presse Südmährens zwischen 1897-1914. Das einzige positive Werturteil über die Tschechen, das sich in Ohorns Roman finden lässt – das aber für die Deutschen negative Konsequenzen bringt – ist das nationale Engagement (genauer: die unermüdliche nationalistische Agitation) tschechischer Geistlicher. In den Zeitungen, den darin veröffentlichten oder zur Lektüre empfohlenen Gedichten und Prosatexten wird unmissverständlich die Botschaft kommuniziert, den Deutschen in Mähren bzw. Böhmen würden vonseiten der Tschechen ernste Gefahren drohen. Zieht man schließlich auch die tschechische Presse Znaims des Zeitraums 1897-1914 in Betracht und darüber hinaus die Znaimer Presse von ihren Anfängen 1850 bis zum Jahre 1938, so wird deutlich, dass Bedrohung des eigenen Volkes (durch die jeweils andere Nation) nicht nur im Roman *Deutsches Erbe*, in der deutschliberalen und deutschvölkischen Presse, sondern auch in tschechischen Zeitungen einen der „Propagandainhalte[.][darstellt], die über lange Zeit, womöglich über Generationen und gesellschaftliche und politische Systeme hinweg, mit Erfolg kommuniziert wurden". Solche „Konstanten"[47] nennt Rainer Gries „Propageme".[48] Das Propagem „Bedrohung" wird überdies in deutschen und in tschechischen literarischen sowie publizistischen Texten mit Hilfe von zahlreichen sprachlichen und inhaltlichen Analogien kommuniziert: Während beispielsweise der tschechische Protagonist Wladimir Zoufal wegen seiner „slavischen Krallen"[49] für die Deutschen eine Gefahr darstelle, bedauert V. J. Charvát in *Znojemské listy*, dass die tschechischen Schutzvereine wegen unzureichender finanzieller Mittel nicht genügend tschechische „Seelen" den „deutschen Krallen" entreißen konnten.[50]

Die Intention, die Deutschen zu vernichten, unterstellt Anton Ohorn den Tschechen in seinem Roman *Deutsches Erbe* nicht zuletzt durch die Uminterpretation und falsche Übersetzung eines Teils des Liedes „Hej, Slované", indem er den Ausruf „Hrom a peklo" – „Donner und Hölle" – fälschlich als „Tod und Hölle den Deutschen!"[51] wiedergibt. „Hrom a peklo"

---

[47] Gries, Rainer: Zur Ästhetik und Architektur von Propagemen. In: Kultur der Propaganda. Hg. v. Rainer Gries, Wolfgang Schmale. Bochum 2005, S. 13.
[48] Gries, Zur Ästhetik und Architektur von Propagemen, S. 13, 24.
[49] Ohorn, Deutsches Erbe, S. 77.
[50] Charvát, V. J.: Poněmčení jihozápadní Moravy. In: Znojemské listy, 6. 10. 1905: „Co dobra by mohla [Národní Jednota pro jihozápadní Moravu] působiti, kolik duší vyrvati z drápů německých, kdyby zámožnější kruhy aspoň poněkud byly Nár. jedn. nápomocny."
[51] Ohorn, Deutsches Erbe, S. 239.

scheinen in dem Lied als Vokativ zu stehen (trotz der fehlenden Endung in „hrom") und als Sinnbild für alles Negative und alle den Slawen feindlich Gesinnten. Damit ist es aber keineswegs schlichtweg mit den Deutschen gleichzusetzen, obschon die Deutschen von den Singenden sicher zu den feindlich Gesinnten gerechnet wurden. Ohorns Übersetzung „Tod und Hölle den Deutschen!" verfehlt die Bedeutung des tschechischen Textes gänzlich. Ob hier „Tod" statt „Donner" deshalb steht, weil Letzterer von Ohorn eventuell als Metapher für Tod interpretiert wurde, ist unklar; weder „Tod" noch die Bestimmung „den Deutschen" sind jedoch als Übersetzung zu rechtfertigen.

Gerade eine Uminterpretation wie diese, die raffiniert das Propagem „Bedrohung" vermittelte, sowie die erwähnten Diffamierungsstrategien der deutschen als auch der tschechischen Presse sind dafür verantwortlich, dass sich das Zusammenleben der Deutschen und Tschechen in den böhmischen Ländern von den 60. Jahren des 19. Jahrhunderts an zu einer „Konfliktgemeinschaft" entwickelte – so der berühmt gewordene Begriff des Historikers Jan Křen – und dass nicht etwa ein relativ friedliches Zusammenleben stattgefunden hat, wie es vor der zweiten Wählerversammlung im Roman *Deutsches Erbe* zustande kam:

> Schon lange vor dem Beginn des Tabor [der tschechischen Wählerversammlung] begann seine [des Wirtes] Tätigkeit und um seine Schankstätte her klangen noch im Allgemeinen die ‚Prosit!' und ‚Na zdar!' friedlich durcheinander.[52]

---

[52] Ohorn, Deutsches Erbe, S. 231.

ZSUZSA BOGNÁR

Kriegsvorahnung im Feuilletonteil des *Pester Lloyd* in den 1910er Jahren

Einführung

Die literaturgeschichtlichen Darstellungen des frühen 20. Jahrhunderts stellen oft fest, dass seit 1900 in den literarischen Werken die Endzeitstimmung dominiert; dies zeigt sich, wie bekannt, gleich in der Epochenbezeichnung Fin de siècle. Man kann auch einzelne konkrete literarische Erscheinungsformen der Endzeitstimmung nennen, wie Untergangsmotive und -symbole, z. B. das sezessionistische Motiv des Feuers bei Hofmannsthal, die „Faszination der Vernichtung" bei Robert Walser und eine „Ästhetik des Grauens" bei Gustav Meyrink unmittelbar vor und nach der Jahrhundertwende.[1] Seit den 1910er Jahren zeigt sich das Phänomen bei den Expressionisten in ihren apokalyptischen Visionen und ihrer Zerstörungswut weiter gesteigert. Diese aufgezählten Themen und Motive werden in den Literaturgeschichten als literarische Manifestationen der „Vorahnung des Weltkriegs" oft als „prophetisch" gewürdigt.[2]

Das Ziel des vorliegenden Beitrags ist, die prominenteste deutschsprachige Tageszeitung Ungarns, den *Pester Lloyd* der Vorkriegszeit, auf diesen prophetischen Charakter hin zu befragen. Mein Interesse richtet sich dabei in erster Linie auf den Feuilletonteil, es scheint jedoch unerlässlich zu sein, die Untersuchung kontrastiv, d.h. im Hinblick auf die gleichzeitigen politischen Äußerungen in der Zeitung durchzuführen.

Im Zentrum der Untersuchung steht die mediale Produktion im Jahre 1912. Der Grund für die Wahl liegt darin, sich dass, dieses Jahr sowohl in innen- als auch in außenpolitischer Hinsicht konfliktschwer genug zeigt, um auf kommende Katastrophen hinzudeuten, gleichzeitig kann man aber in

---

[1] Sprengel, Peter: Geschichte der deutschsprachigen Literatur 1900-1918. München 2004, S. 65-67.
[2] Ebd., S. 61.

großer Anzahl auch auf solche Bestrebungen stoßen, welche sich in den Dienst der Kriegsprävention stellen.

Nach einer kurzen Vorstellung des Blattes werde ich zunächst durch den Hinweis auf die Leitartikel das politische Profil des *Pester Lloyd* entwerfen bzw. einen Überblick über die politischen Meinungsäußerungen bieten und danach im zweiten Schritt untersuchen, inwieweit die aktuelle politische Situation die kulturelle Rubrik dominieren konnte. Die Frage richtet sich vor allem danach, in welchem Maße die Zeitung imstande war, ein mediales Reflexionsfeld der Zeit zu sein und welche Diskrepanzen sich dabei zwischen den politischen und den kulturellen Rubriken ergeben.

Kurz über das Blatt

Der *Pester Lloyd* ist die langlebigste und bedeutendste deutschsprachige Zeitung Ungarns. Die Verwendung der Präsensform ist deshalb berechtigt, weil die Zeitung seit 1854, wenn auch mit Unterbrechungen, bis heute besteht. Allerdings besitzt der heutige *Pester Lloyd* bei weitem nicht das Niveau und Prestige, das er bis 1944, in seiner klassischen Periode, 90 Jahre lang besaß. (Ab 2009 existiert nur noch eine online-Ausgabe von ihm.)

Als ein Zeichen der Konsolidierung wurde der *Pester Lloyd* fünf Jahre nach der Niederlage des ungarischen Freiheitskrieges 1848/49 unter den Rahmen der von jüdischen Kaufleuten gegründeten Pester Lloyd-Gesellschaft ins Leben gerufen. Die Tageszeitung hatte ursprünglich die Aufgabe, Börsennachrichten zu vermitteln und dadurch die Entwicklung der ungarischen Wirtschaft voranzutreiben. Seit dem Anschluss 1867, als die Redaktion von der legendären Lichtgestalt der ungarischen Presse, Max Falk übernommen wurde, galt er als das wichtigste halboffizielle Informationsorgan der ungarischen Regierung. Das Zielpublikum war dabei das gebildete Großbürgertum der Hauptstadt. Der *Pester Lloyd* verpflichtete sich der Verbreitung der liberalen Ökonomie und der ungarischen Kultur, sowie der Vertretung der offiziellen ungarischen politischen Interessen im Ausland. Da die hinter ihm stehende finanzielle Basis viel größer war, als die hinter den ungarischsprachigen Tageszeitungen, konnte sich der *Pester Lloyd* beim bürgerlichen Lesepublikum sehr erfolgreich durchsetzen. Er erschien in Ungarn in der größten Auflagenhöhe, wurde mit der neuesten Drucktechnik hergestellt und enthielt jeden Tag so viele Druckzeilen wie ein Buch von 100

Seiten, allerdings hatte er das Format des *New York Times*. Mit einer Morgen- und einer Abendausgabe erschien der *Pester Lloyd* zweimal am Tag, darüber hinaus konnte er sich auch ausländische Berichterstatter leisten, im Gegensatz zu seinen ungarischen Rivalen, welche oft nur aus zweiter Hand ihre Auslandsinformationen besorgen konnten. Nach dem Tode von Max Falk, war zwischen 1906 und 1913 der Chefredakteur Sigmund Singer, der früher ständiger Mitarbeiter des Blattes war.

Was den Aufbau des *Pester Lloyd* betrifft, hatte die erste Seite gleich zwei Schwerpunkte. Oben befand sich der Leitartikel, der meistens eine Zusammenfassung und Bewertung der letzten innenpolitischen Ereignisse darstellte, und darunter unter dem Strich wurde der Feuilleton untergebracht. Berichte über die Außenpolitik fand man auf der nächsten Seite, aber es gab auch noch weitere kulturelle Rubriken. In den 1910er Jahren existierte eine kulturelle Rubrik extra für die Neuerungen in den Theatern, Kabaretts und im Opernhaus sowie eine extra für die Rezensionen und Buchkritiken, die verschiedenste Neuerscheinungen behandelte. Für den breiten Horizont des *Pester Lloyd* war charakteristisch, dass dabei philosophische, populärwissenschaftliche, kulturtheoretische Bücher gleichermaßen rezipiert werden konnten. Alles, was dem Zeitgeist entsprach, wie überhaupt dieses Wort „Zeitgeist" sozusagen als ein terminus technicus dieser Jahre galt.

Der kulturelle Teil war zwischen 1900 und 1913 vom konservativen Theaterkritiker Max Rothauser redigiert, der selber zu seiner Zeit ein ziemlich populärer, allerdings sehr mittelmäßiger Lustspielautor und Operettendichter war. Dass der *Pester Lloyd* trotz des ästhetischen Konservativismus des führenden Kritikers sein Lesepublikum mit allen, zum Teil erst nachträglich kanonisierten weltliterarischen Größen in den ersten anderthalb Jahrzehnten nach 1900 bekannt machen konnte, ist ein Beweis für die Offenheit und den hohen Qualitätssinn des Blattes.[3]

Das politische Profil des Pester Lloyd

Wie schon angedeutet, war in politischer Hinsicht die unbedingte Loyalität mit der Habsburger-Dynastie maßgebend. Dies zeigte sich 1912 am prägnantesten in der Vermittlung der Gedenkschrift von Franz Kossuth, dem

---

[3] Vgl. Bognár, Zsuzsa: Irodalomkritikai gondolkodás a Pester Lloydban (1900-1914) [Literaturkritisches Denken im Pester Lloyd]. Budapest 2001.

Vorsitzenden der Kossuth (Unabhängigkeits)partei an seinen Vater Lajos Kossuth zum Nationalfeiertag 15. März. Franz Kossuths Antwort auf die an sich gestellte Titelfrage, was von den ehemaligen Bestrebungen von Ludwig Kossuth, dem geistigen Führer des Freiheitskrieges 1848/49 in der Gegenwart wohl weiter bestehen könne, lautet in dieser Gedenkschrift folgendermaßen:

> Der Monarch wurde im Jahre 1867 mit der traditionellen Krone Stefans des Heiligen gekrönt und legte den traditionellen Krönungseid ab. Er stellte die zerstörte Rechtskontinuität wieder her und sicherte der Nation, auf Grund der Gesetzschaffung des Parlaments, mit königlicher Sanktion, eine weite, wenn auch nicht vollkommene Verfassung. Seit dieser Zeit herrscht der Monarch weise und konstitutionell, und die Erinnerung an den Kampf von 1848/49 hat schon seit langem aufgehört, in Ungarn ein antidynastisches zu sein, doch blieb der Kampf ein nationaler Ruhm, denn die Erinnerung an die nationalen Heldentaten hat ihn geweiht. Im Gegenteil, die Idee der staatlichen Unabhängigkeit Ungarns, die mit dem erwähnten Kampf im engen Zusammenhang steht, wurde heute schon zu einer dynastie-erhaltenden Idee; denn die ungarische Nation ist in den zwei Staaten der Habsburg-Monarchie die einzige, welche keinem auswärtigen Knotenpunkte zustrebt. Sie ist stets bereit, die Stefanskrone der Habsburger zu beschützen, die das Pragmatische Gesetz von 1723 dem weiblichen Zweig [...] aufsetzte.[4]

Der gleichen dynastischen Gesinnung kann man im *Pester Lloyd* auch in der scheinbar so unpolitischen Textsorte wie der Rezension auf die Spur kommen. So heißt es in einer Buchbesprechung über eine neu erschienene Monographie der Geschichte Ungarns, welche von dem namhaften Historiker Heinrich Marczali verfasst wurde:

> Die Geschichte, richtiger die Vorgänge des letzten Jahrzehnts dünken Marczali ein weiterer Beweis, dass die Nation der Führung von oben noch immer bedarf, daß sie, sich selber überlassen, den Weg zu ihrem Heil nicht finden würde. An diesem Punkt fände Marczali unzweifelhaft Gegner seiner Auffassung, wenn er nicht diese Verkündigung notwendiger Abhängigkeit in einer Form begründen würde, die der Zustimmung aller Einsichtigen sicher sein darf. Was er aus den Lehren

---

[4] Kossuth, Franz: Was lebt von Ludwig Kossuth? In: Pester Lloyd, 11. März Abendblatt 1912. 58, S. 1-2.

der neueren Geschichte Ungarns folgert, ist die Unerläßlichkeit des Einvernehmens mit der Krone, ist die Schaffung einer nationalen Kultur, die sich über die Gegensätze von Ständen und Konfessionen erhebt.[5]

Wie es sich hier zeigt, kann durch die mediale Praxis der Rezension politische Überzeugung eine doppelte Unterstützung bekommen: erstens durch die Berufung auf eine wissenschaftlich erwiesene Autorität und zweitens durch den affirmativen Begleitton, dessen sich der Rezensent bedient, indem er seine Aufgabe tut. Ansonsten sind in beiden Zitaten auch die politischen Gegner angedeutet, wobei es freilich paradox erscheint, dass Franz Kossuth gerade in der Gedenkschrift an den Freiheitskrieg versucht, durch den Hinweis auf die Sonderstellung Ungarns allerlei Unabhängigkeitsbestrebung in der Gegenwart für illegitim zu erklären. Immerhin kommt in beiden Texten die Harmonie suchende, Konflikte vermeidende Grundattitüde des *Pester Lloyd* klar zum Ausdruck.

Politische Debatten erscheinen in dem Blatt höchstens als die Wiedergabe von Wortgefechten aus dem Abgeordnetenhaus, diese jedoch regelmäßig. Solche Parlamentsreden füllen beinahe jeden ersten Leitartikel der Morgenausgabe aus.

Mediale Wahrnehmung der tagespolitischen Situation

Die Objektivität in politischen Äußerungen scheint also eine Verpflichtung zu sein; in diesem Jahr lässt man sich nie zu schovinistischen Äußerungen anderen Ländern gegenüber hinreißen. Trotzdessen ist durch die tagespolitischen Ereignisse sowie deren Kommentare bereits in der ersten Jahreshälfte spürbar, dass das Verhältnis der Monarchie zu den anderen Großmächten mit Spannungen beladen sei und dass auch die durch den Ausgleich erkämpfte Position Ungarns innerhalb der Monarchie nicht die erwünschte Stabilität besitze. Eine Verschärfung der politischen Kontroversen kommt aber immer nur als Zitat und nie als Meinungsäußerung des eigenen Publizisten vor. So wird im Februar von dem sehr populären Schriftsteller, Franz Herczeg, der an der Seite der Regierungspartei auch Mitglied des Abgeordnetenhauses war, ein merkwürdiger Aufsatz unter dem unheilverkündenden

---

[5] R: Marczali, Heinrich: Geschichte Ungarns. In: Pester Lloyd, 14. Januar 1912, S. 12.

Titel *Ungarns Feinde im Auslande* als zweiter Leitartikel ohne Kommentar veröffentlicht. Zwar stellt es sich bald heraus, dass der Verfasser unter den ‚Feinden' expressis verbis einen voreingenommenen englischen Schriftsteller meint, der über Ungarn falsche Gerüchte verbreitet haben soll, laut Herczeg habe aber Ungarn auch innerhalb der Grenzen seine Feinde, siehe weiter. Immerhin wird durch den Artikel klar, dass sich die Beurteilung Ungarns im Auslande im Vergleich zu den früheren Zeiten zu seinem Nachteil geändert habe. Während das unterdrückte Land in der Vergangenheit mit allgemeiner Sympathie angesehen wurde, sei es „im romantischen Sinne des Wortes kein interessantes Volk mehr".[6] Wenn Herczeg dann im Weiteren die Grundzüge der aktuellen ungarischen Politik skizziert, so sind darin die Hegemonieansprüche den Nachbarländern gegenüber und die Legitimierung der historischen Gewalt miteinbegriffen.

> Seitdem die ungarische Politik am Werke ist, die Grundlagen der nationalen Existenz zu vertiefen und zu befestigen, ist sie notwendigerweise mit den Interessen und Ambitionen anderer Rassen in Konflikt geraten, und es sind ihr notwendigerweise Feinde erstanden innerhalb und außerhalb der Grenzen der österreichisch-ungarischen Monarchie. Diese Politik kann sich heute von der Tatsache nicht emanzipieren, daß die Ungarn durch Eroberung die Herren des Kessels der Karpathen wurden. Wer aus dem Leben der Menschheit alle Gewalt ausschließen und die Herrschaft irgendwelcher höherer Moralgesetze an ihre Stelle setzen will, der mag in der vor einem Jahrtausend vollzogenen Eroberung ein Unrecht erblicken und leicht zu dem Schlusse gelangen, daß die ganze Existenz des ungarischen Staates eine fortlaufende Kette von Rechtswidrigkeiten sei.[7]

Herczeg zeichnet für die Politik einen „dreifachen Endzweck" als Folge dieser geschichtlich bedingten ungarischen Situation aus – „die Verteidigung der nationalen Autonomie, der staatlichen Einheit und des freien Weges ans Meer"[8] – und gleichzeitig expliziert er die damit verbundenen Konfliktquellen:

---

[6] Herczeg, Franz: Ungarns Feinde im Auslande. In: Pester Lloyd, 15. Februar 1912, S. 2.
[7] Ebd.
[8] Ebd.

Das zähe Festhalten an unserer Autonomie hat uns mit einigen österreichischen Zentralisten in Konflikt gebracht, die aus der Tatsache, daß Ungarn einst höchst klugerweise das österreichische Herrscherhaus auf den ungarischen Königsthron berufen hat, den Schluß ziehen, daß nicht die Dynastie allein, sondern auch Österreich Rechte über Ungarn erlangt habe. Die staatliche Einheit ist naturgemäß für jene partikularistischen Interessen abträglich, die unter den im Lande seßhaften fremden Natonalitäten einzelne Verfechter finden. Das Prinzip des freien Weges ans Meer endlich hat das sogenannte kroatische Problem ins Leben gerufen.[9]

Allerdings verhält sich die eigene *Pester Lloyd*-Publizistik in dem Konflikt mit Kroatien zurückhaltend. Im Mai versucht Kroatien-Slawonien eine Revision des Ausgleichs durchzusetzen, um eine besondere Staatlichkeit zu erreichen. Der Kommentar dazu wird im Blatt sehr diplomatisch formuliert. Der *Pester Lloyd* veröffentlicht eine Mitteilung des Präsidenten des Abgeordnetenhauses, welche an der Suprematie der ungarischen Krone bei der Aufrechterhaltung der Autonomie von Kroatien-Slawonien festhält, aber die Unabhängigkeitsbestrebungen als solche werden nicht als politisches – oder wie es in der Presse öfters der Fall ist – als moralisches Verbrechen gebrandmarkt, sondern aus dem konkreten Fall wird eine Lehre gezogen, nämlich: ein so verwickelter staatsrechtlicher Verband erfordert die „doppelte Vorsicht und Umsicht".[10]

Ende Mai wird der Tisza-Putsch zur Niederwerfung der jahrzehntelangen Obstruktion mit Ruhe hingenommen und Graf István Tisza gleich als talentierter und viel versprechender Staatsmann begrüßt. Ende Dezember wird dann als Leitartikel eine Rede von ihm veröffentlicht, welche gegen die Verbreitung des Wahlrechts gehalten wurde, und zwar gerade unter Berufung auf die Gefahr, die eine Teilnahme der Nationalitäten an der ungarischen Politik mit sich bringen könnte.[11] Ausnahmsweise meldet sich diesmal die Redaktion zu Worte. Unter dem Leitartikel steht ein kurzer Kommentar, in dem diese mitteilt, dass der *Pester Lloyd* die Rede „mit Rücksicht auf die Persönlichkeit des Schriftstellers mit der größten Bereitwilligkeit" veröffent-

---

[9] Ebd.
[10] Návay, Ludwig von: Ungarn und Kroatien. In: Pester Lloyd, 14. Mai 1912, S. 1-2.
[11] Tisza, Stefan: Das allgemeine Wahlrecht und die Dynastie. In: Pester Lloyd, 29. Dezember 1912, S. 1-2.

lichte, jedoch mit der Bemerkung, dass die Anschauungen von Tisza mit denen der Redaktion „nicht kongruent sind."[12]

Die zweite Jahreshälfte vergeht sonst im Zeichen der verschiedensten militärischen Aktivitäten. Sehr lange folgt der Nachrichtendienst den Verhandlungen mit Österreich über die Durchsetzung einer Wehrreform, und der *Pester Lloyd* ist wochenlang voll mit den Berichterstattungen von den verschiedenen Schauplätzen eines großen Manövers, welches die Zuversichtlichkeit der Heereskräfte beweisen sollte. Anfang Oktober beginnt die Mobilisierung in den Balkanstaaten, und von nun an kann man, dank den ausgezeichneten finanziellen Möglichkeiten des *Pester Lloyd*, die Ereignisse des Balkankrieges Tag für Tag verfolgen, wobei in der Zeitung auch die Spezialkarten mit Verzeichnung der verschiedenen Kampfplätze nicht ausbleiben dürfen.

Der Gedanke an einen europäischen Krieg taucht zwar manchmal auf, er löst aber noch lange keine großen Befürchtungen aus. Im August erwägt man die Chance der österreich-ungarischen Flotte im Falle eines eventuellen Krieges zwischen Deutschland und England, und der Verfasser des Artikels kommt zu der Schlussfolgerung, dass die Monarchie um ihre winzige Meeresküste nicht besorgt sein müsse, es sei doch evident, dass diese Flotte nur der Verteidigung diene.[13]

Ernsthaft beginnt man Anfang Dezember mit der Kriegsgefahr zu rechnen, aus dem Anlass der Eingebung eines Gesetzentwurfes, welcher bei einem konkreten Kriegsfall Ausnahmsverfügungen treffen sollte. Der Verfasser des Leitartikels scheint auch diesmal mit den zu erwartenden Maßnahmen völlig einverstanden zu sein, sein Hauptargument ist die unerlässliche Berücksichtigung der Doppelstaatlichkeit:

> Erbaut wird freilich niemand von der Notwendigkeit sein, auch im zwanzigsten Jahrhundert noch den Staat für den Kriegsfall auf solche Art wappnen zu müssen. Aber so wie der Krieg selbst ein ungebetener Gast ist, ebenso ist auch die Nötigung, an seine Möglichkeit zu denken und sich darauf vorzubereiten, eine Pflicht, die, so unwillkommen sie auch sei, rechtzeitig und in gewissenhafter Weise erfüllt werden muß.

---

[12] Pester Lloyd, 29. Dezember 1912, S. 1.
[13] Pester Lloyd, 1. August 1912, S. 2.

Die Pflicht ist vielfach potenziert in einem Doppelstaate, der ethnisch so mannigfaltig ist wie die österreichisch-ungarische Monarchie.[14]

Zusammenfassend kann man feststellen, dass der politische Teil des *Pester Lloyd* zunächst danach trachtet, den aktuellen Anforderungen des Tages zu entsprechen. Das ständige Lavieren zwischen der Vertretung der dynastischen und der spezifisch ungarischen Interessen lässt perspektivische Überlegungen nicht zu, demnach kann man in dem politischen Bereich des Blattes von keiner richtigen Kriegsvorahnung sprechen. In dieser Hinsicht scheint der kulturelle Teil viel mehr imstande zu sein, auf die eigene Zeit sensibel zu reagieren.

Felix Salten als Repräsentant der Kulturkritik im Pester Lloyd

Im Weiteren wird die vorhin kurz vorgestellte politische Tendenz des *Pester Lloyd* mit der geistig-kulturellen des Feuilletons konfrontiert. Da hier innerhalb eines Jahres Dutzende von Mitarbeitern in die Rede kommen müssten, habe ich mich dafür entschieden, einen einzigen, Felix Salten auszuwählen und durch sein Schrifttum zu veranschaulichen, in welcher Hinsicht um diese Zeit politische und kulturelle Publizistik im *Pester Lloyd* verschieden sind. Der Grund für diese Wahl liegt darin, dass bei Salten Lebens- und Wahrheitsverbundenheit, und literarisches Schaffen auf eine eigenartige Weise verknüpft sind. Wie kein anderer Feuilletonist des *Pester Lloyd*, verlangt er von der Literatur, eine authentische Wiedergabe der Gegenwartsproblematik zu bieten, und auf den Spalten der Zeitung versucht er dann selbst nach diesem Leitprinzip vorzugehen.

Der Schriftsteller und Literaturkritiker Felix Salten (1869-1945) war von ungarischer Abstammung, aber er lebte zunehmend in Wien. Er gehörte zur Wiener Moderne, war also in der zeitgenössischen Kunst bewandert und er selbst hat mehrere historische Novellen und Zeitromane geschrieben, daneben aber in mehreren Zeitungen und Zeitschriften auch Feuilletons veröffentlicht.[15] Im *Pester Lloyd* ist er als Wiener Berichterstatter der Nachfolger des legendären Kunstkritikers Ludwig Hevesi, der sich 1910 das Le-

---

[14] Budapest, der 30. November. In: Pester Lloyd, 1. Dezember 1912, S. 2.
[15] U. a. in Fremdenblatt, Wiener Allgemeine Zeitung, Neue Freie Presse, Die Neue Rundschau

ben genommen hat.[16] Trotz seiner Verbundenheit mit dem Jungen Wien vertritt Salten den Typ des nicht-literarischen Schriftstellers, ein „bloß-Literat" erscheint für ihn als verdächtig:

> Unter den Literaten kam die Erkenntnis nach und nach zum Durchbruch, daß die Literatur an und für sich doch nicht das Wichtigste und Erste ist. In dieser fabelhaften Gegenwart, die an Wundern, an Ereignissen, an phantastisch großartigen Daseinsformen reicher ist als jede andere Zeit vorher, haben es die Schriftsteller begreifen gelernt, dass ein gut gesehenes, gut dargestelltes Stück Welt wertvoller sein kann als ein halbes Hundert psychologisierender Romane.[17]

Nach diesem ästhetischen Grundsatz ist sein Maßstab das Leben und die bevorzugten Schriftsteller von ihm sind solche, die Entdecker des Lebens sind: 1910 Mark Twain, 1912 Arthur Holitscher.

In seinem Nekrolog über Mark Twain würdigt er zum Beispiel, dass dieser „der Vorstellung von Amerika das Lederstumpfmäßige [...], das Sentimentale, das falsch Feierliche und das schwindelhaft Abenteuerliche [genommen habe]".[18] Salten rechnet Twain positiv an, dass dieser

> der geistige Vermittler zwischen zwei Erdteilen, zwischen zwei Kulturen [sei]. Zwischen der jungen, noch frischen, aus dem Barbarischen hervortauchenden harten amerikanischen Kultur, die nach Urwalde und nach Maschinenöl und Kohlenkampf riecht, und zwischen der alten, über und über parfümierten und verfeinerten europäischen Kultur.[19]

Wie die letzteren Worte beweisen, sei auch für ihn der allgemeine Kulturpessimismus charakteristisch, den man in den Feuilletons des *Pester Lloyd* seit den 1910er Jahren bei den verschiedensten Verfassern bemerken kann. Allein die Tatsache des technischen Fortschritts und der Modernisierung begeistert diese Publizisten nicht mehr, denn sie erahnen, dass die Unaufhaltsamkeit der Entwicklung auf anderen – meistens mit dem Humanen zusammenhängenden – Gebieten negative Folgen haben kann.

---

[16] Ausführliche Darstellung der kritischen Tätigkeit von Ludwig Hevesi und Felix Salten im Pester Lloyd: Bognár, Zsuzsa: Irodalomkritikai gondolkodás a Pester Lloydban (1900-1914), S. 108-133. (Anm. 3.)
[17] Salten Felix: Neuer Weg. In: Pester Lloyd, 20. Oktober 1912, S. 1-2.
[18] Salten, Felix: Mark Twain. In: Pester Lloyd, 23. April 1910, S. 1-2.
[19] Ebd.

Salten betrachtet z. B. den Besuch des Zeppelin in Wien – mit seinen eigenen Worten – nicht mehr als einen „Sieg" der Menschheit, sondern nur als „eine angenehme Sensation", was er selber bedauert.[20] Während für seinen Vorgänger, Ludwig Hevesi solche Erlebnisse noch als Höhepunkte eines Menschenlebens erfasst wurden,[21] sieht darin Salten vielmehr die Beschämung Österreichs durch das viel entwickeltere Deutschland, er erkennt also gleich die wirtschaftlichen und politischen Zusammenhänge, die sich hinter der großartigen Attraktion verbergen.

Von den zeitgenössischen Autoren repräsentiert für ihn Arthur Holitscher mit dem Reiseroman *Amerika. Heute und Morgen* den ‚neuen Weg' der Literatur. Dieser bedeutet eine Abwendung von der traditionellen Bestimmung, dass Literatur ein stilistisches Problem sei. Das Wort habe nicht mehr die Bedeutung wie früher, denn das Primäre sei die Erscheinung. Neue Problemstellungen, Stoffgebiete sollen entdeckt werden, die unmittelbar an die Wurzeln des modernen Lebens anknüpfen. Nach Salten habe der zeitgenössische Journalismus einen großen Anteil an der Umgestaltung der literarischen Szene allein dadurch, dass er „mit einer niemals noch bewunderten Bravour die ungeheure Entwicklung dieser Gegenwart begleitet, gefördert, verstanden und dargestellt hat".[22] Die Anerkennung der Rolle des Journalismus bedeutet jedoch nicht, dass Salten dessen Bedeutung überschätzen würde. Im Gegenteil: er ist der Überzeugung, „ein Feuilleton darf nicht die höchste und stärkste Möglichkeit eines schreibenden Menschen bedeuten. Es muß der Überschuß seiner Kraft sein."[23]

Gleichzeitig verlangt Salten auch von dem Kunstkritiker künstlerische Fähigkeiten. In einem langen programmatischen Aufsatz setzt er 1911 seine diesbezüglichen Prinzipien aus dem Anlass fest, dass sich der schon oben erwähnte Politiker, Graf István Tisza über die moderne Kunst öffentlich hinreißen lässt. Offensichtlich gilt für Salten diese Aktion von Tisza bloß als Vorwand, die Eigengesetzlichkeit der modernen Kunst zu beleuchten und jeden autoritären Eingriff in die Kunst für illegitim zu erklären.

---

[20] Salten, Felix: Zeppelin-Betrachtungen. In: Pester Lloyd, 15. Juni 1913, S. 1-2.
[21] „Natürlich! Ich Feuilletonister mache Scherze, in solchem Augenblick. Scherze, obgleich ich selbst förmlich ergriffen und begeistert war von dieser unermeßlich großartigen Bekundung menschlicher Gehirnkraft. Der Mensch ist ein Gott! rief ich mir zu in meiner freudigen Not, um mich nur zu entlasten. Es gibt also wirklich noch ganz neue Hochgefühle, die im menschlichen Gemüt plötzlich aufblitzen." Hevesi, Ludwig: Zeppelintage. In: Pester Lloyd, 4. August 1909, S. 1-2.
[22] Ebd.
[23] Salten, Felix: Der wilde Mann. Buch von Adolf Latzkó. In: Pester Lloyd, 4. Juni 1913, S. 1.

Trotzdem scheut er auch davor nicht zurück, gleichzeitig über die politischen Ambitionen von Tisza ironische Bemerkungen zu machen:

> Graf Tisza hat ein Herz für die Kunst. Wer möchte solch edler Eigenschaft die Achtung weigern? Nur eines müssen wir bedenken: daß in der Kunst das Herz allein nicht genügt. Nicht, wenn man es unternimmt, mit lauter Stimme ein Urteil auszusprechen. Nicht, wenn man es unternimmt, der Kunst Gesetze vorzuschreiben und ihr die Wege zu weisen. Aber gerade das ist es, was der Graf Tisza so gerne tut. Er urteilt mit lauter Stimme, er schreibt Gesetze vor, er gibt die Richtung an und er möchte Tafeln aufrichten mit der Inschrift: Verbotener Weg![24]

Die Pikanterie dieser Worte wird übrigens dadurch erhöht, dass in derselben *Pester Lloyd*-Ausgabe ‚ober dem Strich', Tisza als Vorsitzender der Partei der Nationalen Arbeit wegen seiner agressiven politischen Angriffe von dem eigenen Parteigenossen und Reichstagsabgeordneten Paul Sándor öffentlich attackiert wird, insofern er sich stets darum bemüht, die Einführung des allgemeinen Wahlrechts zu verhindern, und die Andersdenkenden in dem eigenen Lager als Vaterlandsfeinde brandmarkt.[25]

Worauf es aber in diesem Feuilleton Salten in der Tat ankommt, ist weniger der in Kunstsachen unbefugte Tisza als sein Selbstverständnis als Kritiker, seine Überzeugung von der Verwandschaft künstlerischer und kunstkritischer Produktion. Wenn er den obigen Gedankengang fortsetzt, scheint in seiner Bestimmung der kritischen Tätigkeit das normative Prinzip keine Wichtigkeit mehr zu haben:

> Zum Urteilen gehört jenes göttliche Auge, das zugleich schauen, denken und formen kann. Gehört jener Geist, der mit aller anderen Menschenklugheit nichts gemeinsam hat, sondern seine tiefsten Erkenntnisse aus der Ahnung, aus der Intuition, aus dem Erfassen ohne Wissenschaft holt. Gehört jene geheimnisvolle Gabe der Instinkte, der sich die Geheimnisse des Schaffens entschleiern. Gehört das Erlebnis der Empfängnis, der Sturm und das Fieber der Arbeit.[26]

---

[24] Salten, Felix: Graf Tisza und die Kunst. Beiläufige Bemerkungen. In: Pester Lloyd, 5. März 1911, S. 1.
[25] Sándor, Paul: Das allgemeine Wahlrecht und die Partei der nationalen Arbeit. In: Pester Lloyd, 5. März 1911, S. 2.
[26] Ebd.

Nicht nur kritische Normen, sondern auch rationale Erkenntnis werden also von Salten in dem Bereich der Kunst und Kunstkritik verabschiedet; er will allein die früher verpönten irrationalen Sphären als adäquate Mittel der diesbezüglichen Erkenntnis akzeptieren. Wenn er sich auf die Intuition beruft, kann er für einen Bergson-Schüler gehalten werden, wenn er die Instinkte erwähnt, dann für einen Anhänger von Freud, und aus der Aufzählung der geistigen Väter Saltens kann auf Grund seiner oben hevorgehobenen direkten Lebensbezogenheit auch Nietzsche natürlich nicht ausgelassen werden. Die neuesten geistigen Strömungen, welche der Vernunft skeptisch gegenüberstanden, sind ihm offensichtlich auch bei der Orientierung in der kunstfreien Wirklichkeit behilflich. Indem er sich 1912 in einem anderen Feuilleton bei der Beurteilung der aktuellen weltpolitischen Situation auf den eigenen Spürsinn verlässt, scheint er mit einer hellseherischen Gabe ausgestattet zu sein.

Kriegsvorahnung in Saltens Publizistik

Im November 1912 erscheint von ihm unter dem Titel *Schwere Tage* ein längerer Text, in dem er hinter die diplomatischen Kulissen schaut und schließlich zu solchen Zusammenhängen kommt, die nicht einmal in den politischen Rubriken des *Pester Lloyd* behandelt werden. Der Text ist in mehrere, durch Sternchen abgesonderte Absätze von ungefähr gleicher Länge aufgeteilt, wobei – mit Ausnahme der Einführung – die einzelnen Einheiten Kontrapunkte zueinander darstellen. Verglichen werden dabei die politische Situation auf dem Balkan von früher und heute, die Technik der Kriegsführung von einst und jetzt, schließlich die Kunst der Diplomatie in einer ähnlichen temporalen Gegenüberstellung.

Salten beginnt den Feuilleton mit dem Balkankrieg, jedoch spricht er über ihn im Gegensatz zu den sonstigen politischen Rubriken des *Pester Lloyd* nicht objektiv-kommentierend, sondern entsetzt, vorwurfsvoll und voll mit schlechten Vorahnungen. Bei den Erwägungen der Rolle und Bedeutung der europäischen Kultur in diesem Krieg verfällt er allerdings zunächst einer gängigen kulturanthropologischen Simplifizierung. Er behauptet, es sei kulturell bedingt, dass die Balkanvölker „die alte Rauflust vergangener Zeiten" haben und „deshalb gehen sie auch so nervenlos und frisch in den Krieg".[27]

Die angebliche Kultiviertheit des Europäers – wie es ausgedrückt wird: „Der europäische aber hat Nerven. Er hat Erkenntnisse und hat in seinen Erkenntnissen die stärksten Hemmungen."[28] – geht jedoch für Salten nicht mit dessen Vorrangstellung einher. Im Gegenteil: er macht diesem gerade deshalb bittere Vorwürfe, weil seine zivilisatorische Fortschrittlichkeit die Entwicklung der Kriegstechnik vorangetrieben hat:

> Der moderne europäische Mensch hat diesem modernen Krieg die furchtbaren Waffen geschmiedet und geschärft. Er hat die entsetzliche Wirkung seiner Waffen mitangesehen, im Krieg der Japaner gegen die Russen. Er sieht sie jetzt wieder mit an, im Krieg der Balkanvölker gegen die Türken. Harmlose Rauferei war alles, was die Menschen in vergangenen Jahrhunderten Krieg genannt haben, wenn es diesem Morden verglichen wird, das mit allem Komfort der neuzeitlichen Technik ausgestattet ist.[29]

Die Kontradiktionen des Aufsatzes implizieren weitere Kontradiktionen und die temporale Logik des Textes überführt den Leser schließlich in die Zukunft, welche nur noch Schlimmeres ahnen lassen könne. Wenn Salten in dem abschließenden langen Absatz beginnt, über den Bewegungsraum der Diplomatie in der Zukunft nachzudenken, dann kommt man darauf, es ist einfach unvorsehbar, wohin die Eigendynamik der Modernisierung die Menschheit führen wird.

> Denn die Welt ist eben anders geworden. Intrigen von Hof zu Hof, Abneigung oder Zwist von Prinzenhaus zu Prinzenhaus können die Beziehungen zwischen den Völkern längst nicht mehr trüben. Aber Rohprodukte und Einfuhrzölle, Bahnkonzessionen und Getreidekartelle und hundert andere Dinge noch, von denen ein kreuzfideler, tadellos eleganter Attaché nichts weiß.[30]

---

[27] Salten, Felix: Schwere Tage. In: Pester Lloyd, 12. November 1912, S. 1.
[28] Ebd.
[29] Ebd.
[30] Ebd.

Fazit

Schwere Tage von Felix Salten ist freilich mehr als ein üblicher Feuilleton in dem *Pester Lloyd*: die vorher besprochene antithetische Struktur und die Kontingenz der explizierten Problematik machen ihn zu einem richtigen Essay. Durch seine eingehende Darstellung kann man im medialen Bereich weitere Konsequenzen ziehen: der Unterschied in der Informationsbreite und Informationstiefe zwischen dem politischen und dem kulturellen Teil einer Tageszeitung kann signifikant sein. Während die politischen Rubriken stets der Aktualität oder sogar den Anforderungen der Aktualpolitik unterstellt sind, ist dies bei den Feuilletons einer Zeitung weniger der Fall. Diese liefern gewöhnlich weniger aktuelle Informationen, dafür können sie jedoch mehr Perspektive zeigen. Diese Unterschiedlichkeit der Informationsinhalte muss freilich nicht mit qualitativem Werturteil verbunden sein, insofern auch die Lesererwartungen anders sind. Dass in dem *Pester Lloyd* Saltens Essay 1912 erscheinen konnte, ist immerhin ein Beweis für die Freigeistigkeit und Offenheit der Redaktion.

CSILLA DÖMÖK

Das altösterreichische Nationalitätenrecht und die deutschen Volksgruppen

Zweimal innerhalb von kaum eineinhalb Jahrzehnten ist der natürliche Zusammenhang des historischen Bewusstseins der deutschen Nation in Frage gestellt worden. Das erste Mal durch die unduldsamen totalitären Elemente des NS-Regimes. Zum zweiten Mal durch die re-education-Politik der Sieger des Zweiten Weltkrieges,[1] unter denen nur die Sowjets ein klares Bewusstsein von der Natur und den Zielen ihrer Deutschland-Politik besaßen. Unsicherheit und Hilflosigkeit der Deutschen gegenüber ihrer jüngeren Vergangenheit sind die „unbewältigten" Folgen dieser zerstörenden Eingriffe.

Zu den fast völlig verschütteten geschichtlichen Bereichen gehört im besonderen das Kapitel der deutschen Volksgruppen in Europa, ihrer Gedanken und Ziele, insbesondere zwischen 1919 und 1933. Hier fehlt es vielfach schon an den einfachsten Kenntnissen der geschichtlichen und soziologischen Gegebenheiten. Dabei steht hier der binnendeutschen Unkenntnis und Passivität eine gerade in den letzten Jahren gesteigerte, gezielte Aktivität im kommunistischen Lager gegenüber. Polnische wie tschechische Stellen wetteifern in Publikationen, die unermüdlich gewisse abwertende Thesen an die Adresse der deutschen Volksgruppen im ganzen oder an bestimmte von ihnen verbreiteten. Aber Leitgedanken und Zielsetzungen staats- und rechtstheoretischer Vorstellungen und Forderungen der deutschen Volksgruppen haben tiefere Wurzeln. Nur von diesen aus ist ein adäquates Verständnis ihrer Rechtspolitik möglich. Daher muß auch in einer summarischen Darstellung, wie der vorliegenden, dem Mutterboden, nämlich der rechtspolitischen Gedankenwelt Altösterreichs ein verhältnismäßig großer Raum eingeräumt werden. Gewiß variieren konkrete, besonders verfassungs-

---

[1] Schrenck-Notzinkg, Caspar: Charakterwäsche – die amerikanische Besatzung in Deutschland und ihre Folgen. Stuttgart 1965.

rechtliche Ziele, bedingt durch die verschiedenen Gegebenheiten ihrer Umwelt. Aber unverkennbar gibt es wesentliche gemeinsame Vorstellungen und Rechtspositionen, die sich nicht übersehen lassen.

Die folgende Skizze will versuchen, die größeren Zusammenhänge aufzuzeigen, in denen Leitgedanken der Politik der deutschen Volksgruppen nach 1919 gründeten. Sie werden nur in geschichtlicher Perspektive und Verbindung verständlich, insbesondere in der Verbindung zu staats- und rechtstheoretischen Problemstellungen des altösterreichischen Nationalitätenstaates und deren Fernwirkungen.[2]

Nötig erscheint zunächst eine Verständigung über den Terminus: Volksgruppenpolitik. Darunter sollen jene politischen Bestrebungen der Repräsentanten einer in volklich-nationaler Hinsicht von der Mehrheit der Staatsbevölkerung sich unterscheidenden Gruppe verstanden werden, deren Ziel auf rechtliche Anerkennung und Sicherung des Daseins dieser Gruppe und ihrer angemessenen Entwicklung und Betätigung gerichtet ist. Den gegebenen Rahmen der Verwirklichung solcher Ziele bildet der Staat, dem sie angehört. Damit handelt es sich primär um innerstaatliche Politik. Aber die Entwicklung des Völkerrechts seit dem Ersten Weltkrieg hat darüberhinaus einen zweiten legitimen, und zwar internationalen Raum für die Volksgruppenpolitik geschaffen. Eine doppelte Entwicklung im Bereich der internationalen Politik und des Völkerrechts war dafür wesentlich. Einmal der Aufstieg des Grundsatzes des Selbstbestimmungsrechts gegen Ende des Ersten Weltkriegs; zum anderen die auf der Pariser Friedenskonferenz neu geformte Institution eines völkerrechtlichen „Schutzes der Minderheiten". Bei beiden handelt es sich um rechtliche Erscheinungen nicht regionalen, sondern universalen Charakters. Der moderne Grundsatz politischer Selbstbestimmung ist von Natur aus universal gerichtet. Eine Begrenzung seiner Anwendbarkeit auf Europa war nirgend ausgesprochen; im Gegenteil: er war sowohl von den Vereinigten Staaten wie von der Sowjetunion als allgemein gültiger Grundsatz verkündet worden.[3]

Für die Volksgruppenpolitik in dem hier behandelten Zeitraum steht aber an Bedeutung die Institution des internationalen Minderheitenschutzes

---

[2] Raschhofer, H.: Volksgruppenrecht. Wien 1980, S. 53-66.

[3] Leoncini: Das Problem der deutschen Minderheit in Böhmen in der internationalen Politik der Jahre 1918/19, der „den Effekt, das politische Gesicht" der Selbstbestimmungsdoktrin Wilsons ermitteln will (Bohemia, Jahrbuch des Collegium Carolinum 1972, S. 106) wird aber gerade ihrer objektiven Wirkung in Mitteleuropa nicht gerecht.

bei weitem im Vordergrund. Auch sie kann formalrechtlich nicht als eine spezifisch europäisch-regionale Rechtsschutzform verstanden werden. Gewiß wollte sie sich als eine Fortbildung des europäischen Völkerrechts verstanden wissen. Auf der Friedenskonferenz wurde – zuletzt in der ausführlichen Note Clemencaus an Polen vom 27. Juni 1918 – offensichtlich Wert darauf gelegt, das Minderheitenschutzsystem nicht als Neuschöpfung, sondern als Fortentwicklung und Anpassung bestehender Rechtstraditionen an geänderte Verhältnisse verstanden zu wissen.[4] Es wurde auf die Tradition des „Droit Publique Européen" verwiesen, wonach die Anerkennung neuer Staaten, worunter man die Aufnahme neuer Staaten in die europäische Staatenfamilie verstand, an ihre Bereitschaft gebunden sei, gewisse fundamentale Freiheitsrecht der Person zu garantieren. In diesen Kreis der geschützten Güter bezog man jetzt ausdrücklich auch die nationale Freiheit ein. Der europäische Sitz des Völkerbunds (Genf), das Überwiegen der europäischen Großmächte nach dem Nichtbeitritt der Vereinigten Staaten, schließlich die Entstehung besonderer internationaler Verbände, besonders die Organisation der europäischen Volksgruppen als *europäischer* Nationalitäten-Kongreß, rechtfertigen es daher unterhistorisch-politischem Gesichtspunkt von einem europäischen Rahmen der deutschen Volksgruppenpolitik zu sprechen.

Die „Nationalitätenbewegung", die sich im Kongreß der europäischen Nationalitäten in Genf ein Forum geschaffen hatte, stand durch das Übergewicht der deutschen Volksgruppen unter deutscher Führung. Die volksdeutsche Kritik des Genfer Minderheitenschutzes, die Grundlegung eines Nationalitätenrechts samt seinen wissenschaftlichen und, bis zu einem gewissen Grade, auch politischen Voraussetzungen, wurden von nichtdeutschen Nationalitäten unterstützt. So entwickelten sich gewisse Gemeinsamkeiten der Auffassung zwischen den Tendenzen der amtlichen deutschen Ost- und Mitteleuropapolitik (die an der Minderheitenfrage naturgemäß nicht vorbeigehen konnte), und den Völkern und Nationalitäten Ostmitteleuropas. Man kann vereinfachend den Kern dieser Gemeinsamkeiten auf den Nenner bringen: Deutschland schien von der etatistischen Politik, einer Politik der Allein- und Überbewertung des Staates, auf eine volklich zentrierte Politik einzuschwenken.

Nach dem Zweiten Weltkrieg ist die politische Aktivität der deutschen Volksgruppen in Bausch und Bogen verurteilt worden. Man hat die

---

[4] Kraus, H.: Das Recht der Minderheiten. Berlin 1927, S. 43.

offen gepflegten, in nicht seltenen Fällen auf Empfehlung und mit Unterstützung der heimischen Regierungen unterhalten Kontakte deutscher Volksgruppenführer zur Berliner Reichsregierung einerseits, die Unterstützung, die die deutsche Außenpolitik ihren Grundsatzforderungen bereits vor Hitler angedeihen ließ, andererseits, zu einem Abhängigkeitsverhältnis simplifiziert oder die deutschen Volksgruppen schlechthin zur „fünften Kolonne" gestempelt. So hat man auf polnischer Seite den Begriff des Volksgruppenrechts als bewußt reichsdeutsche Zweckkonstruktion nach dem Ersten Weltkrieg bezeichnet, dazu erfunden, die umstürzlerischen Absichten der Berliner Außenpolitik zu tarnen.

Die wirklichen Ursachen dieser von Hitler erst anscheinend aufgenommenen und dann so ins Gegenteil verkehrten politischen Wendung liegen jedoch in tieferen historischen Schichten. Das gilt sowohl von den gedanklichen Fundamenten der deutschen Volksgruppenpolitik wie für die Reichsaußenpolitik. Fassen wir diese zuerst ins Auge, so ist daran zu erinnern, daß mit dem Ende der Dynastien 1918 die Problematik des deutschen Nationalstaates, als den die öffentliche Meinung und die staatsrechtliche Theorie das Reich von 1870 verstand, mit einem Schlage wieder hervortrat. Es ist erstaunlich, wie wenig bis heute ins Bewußtsein getreten ist, daß öffentliche Meinung und staatsrechtliche Theorie über die Interpretation hinweggingen, die Bismarck seinem Verfassungswerk gab. Denn Bismarck hat die Sinngebung des Reiches von 1871 als deutschen Nationalstaat strikt und konsequent abgelehnt. Er hat immer wieder als die eigentliche Kraft der neuen bündischen Einheit die dynastische Solidarität auf der festen Grundlage der preußischen Hegemonie gesehen. Gerade von hier aus konnte er auch eine institutionelle Brücke zum Habsburger Staat schlagen, den er im übrigen stets als eine europäische Notwendigkeit bejaht hat. Damit war aber von vornherein eine von Nationalstaatsprinzip aus mögliche, wenn nicht geradezu geforderte Ausdehnung des neuen Bundes auf das Gebiet der Österreich-Deutschen ausgeschlossen. Wenn sich freilich Bismarcks Auffassung von der Natur und damit den Grenzen des Integrationsbereiches des neuen Bundes nicht durchsetzte, so mag dazu beigetragen haben, daß die Kategorie eines „preußischen Volkes", die er etwa den polnischen Repräsentanten im neuen Reichstag entgegenhielt, als zu diesem Zeitpunkt schon konstruiert und wirklichkeitsfern erscheinen mußte. In der großen Debatte vom April 1871 hatte der polnische Redner „den durch die Vorsehung den Völkern aufgedrückten Stempel der Nationalität" als ein „untilgbares Merkmal" bezeichnet, „das weder durch Jahrhunderte fremder Herrschaft verjähren noch durch den Willen des einzelnen Menschen verleugnet werden könne".[5] Bismarck entgegnete darauf, daß die Polen zu keinem anderen Staat und zu keinem anderen Volk gehören als „zu dem der Preußen, zu dem ich selbst zähle".

Das Ende des Deutschen Bundes (1866), von dem noch staatsrechtliche Verbindungen zum römisch-deutschen Reich gingen, hatte die Deutschen der Habsburger Monarchie in eine neue, zunächst verwirrende Lage gebracht. Grillparzers Tagebuchnotiz „als Deutscher bin ich geboren, bin ich's heute noch" drückt sie anschaulich aus. Die Errichtung des Reiches von 1871 bedeutet für sie dann eine indirekte Stärkung. Zugleich verstärkte, wie Heinrich v. Sribk betont hat, das eigentliche Ringen dieser Außendeutschen in den Alpen- und Sudetenländern, in Ungarn und Siebenbürgen mit den anderssprachigen Bürgern des Doppelstaates um das Recht der Muttersprache, den Boden, das Heim, die Familie, ihr Volksbewußtsein. Diese Lebensbedingungen der Deutschen in Österreich-Ungarn, die ein stetes Eintreten für ihr Volk voraussetzten, ließen ein kräftigeres deutsches Volksbewußtsein wachwerden und wachbleiben als im Reich. Aber die neuen Lebensbedingungen der Binnendeutschen nach 1918 forderten und zeitigten ein Verständnis und bis zu einem gewissen Grade eine Angleichung an diese nationalpolitische Haltung, für die der Dualismus von Volk und Staat eine historisch und staatstheoretisch fundierte Evidenz war.

Wir müssen noch einen Vorgang erwähnen, dessen Auswirkung auf die deutsche Volksgruppenpolitik nach dem Ersten Weltkrieg von großer Bedeutung geworden ist. In Österreich-Ungarn hat sich um die Jahrhundertwende eine aus verschiedenen Lagern kommende Reformbewegungen erhoben. Sie erstrebte eine durchgreifende Modernisierung des alten dynastischen Reichsbaues, seine Anpassung an die modernen Formen des Nationalbewußtseins im Zeitalter der beginnenden technischen Revolution. Diese Gedanken wurden sowohl von Angehörigen des deutschen Volksstammes wie nichtdeutscher Volksstämme formuliert und verfochten. Sie waren auch nicht reine Gedankenkonstruktion, sondern beriefen sich auch auf geschichtliche Formen und Erfahrungen. So hat Karl Renner sein nationales Personalitätsprinzip unter Verweis auf den personalrechtlicher Charakter der frühen deutschen Stammesrechte wie gewisser kanonischer Rechtsstrukturen ver-

---

[5] Schieder, Theodor: Das deutsche Kaisserreich von 1871 als Nationalstaat, Köln 1961, S. 19.

teidigt. So konnten ferner die Deutschen wie die Nichtdeutschen der Monarchie auf uralte, bewährte Rechtsformen der Autonomie verweisen, die es etwa den Siebenbürger Sachsen oder den Szeklern oder den vor den Türken nach Ungarn geflohenen Raizen (Serben) ermöglicht hatten, ihr Volksdasein in nationalen Verbänden zu erhalten und zu entwickeln. Für die slawischen Völker waren auch die Ansätze eines Nationalitätenrechts bedeutsam, das sich innerhalb des osmanischen Reiches für die Balkanchristen entwickelt hatte. Für die nationalitätenstaatlichen Theorien, wie sie im Habsburger Reich um die Jahrhundertwende entwickelt wurden, sind diese historischen Voraussetzungen ebenso von Bedeutung wie umgekehrt wieder gerade nach 1918 diese Theorien auf deutsche und nichtdeutsche Volksgruppen einen starken Eifnluß gehabt haben.

In seinem instruktiven Buch über den *Föderalismus im Donauraum* ist der tschechische Rechtshistoriker Rudolf Wierer[6] auf einige der wichtigsten Richtungen und Vertreter dieser „großösterreichischen" Reformbewegung,[7] wie man sie auch genannt hat, eingegangen. Sie erstrebte eine grundlegende Staats- und Reichsreform, ihr Ausgangspunkt sollten die „nationalen Individualitäten" der Monarchie sein. Die Anhänger der Reform standen in den verschiedensten politischen Lagern. Bewusst oder unbewusst war ihnen aber eines gemeinsam: die Ablehnung des Nationalstaates. Ignaz Seipel, den man dieser Richtung zurechnen kann, hat das Wesen des Nationalstaates darin gesehen, daß der Staat überhaupt die vollkommenste Form nationaler Organisation sein wolle, daß er die Forderung der Kongruenz von Nationalgrenzen und Staatsgrenzen erhob; daß er ferner die Unterordnung der wirtschaftlichen Interessen unter die Nationalinteressen verlangte Diese Staatsauffassung wurde abgelehnt. Seipel, der christlich-soziale Parteimann, und ein anderer bedeutender deutsch-österreichischer Repräsentant dieser Reformrichtung, der Sozialdemokrat Karl Renner, waren sich dabei in der Auffassung einig, daß das bestehende Habsburger Reich zwar einen aus älteren Schichten der Geschichte stammenden Staatstyp darstelle, sie waren aber davon überzeugt, daß er nur scheinbar veraltet sei, in Wirklichkeit jedoch die heraufkommenden staatlich politischen Organisationsformen der Zukunft vorwegnehme. „Es wäre zu wenig", schrieb Seipel 1916, „wollte man das

---

[6] Wierer, Rudolf: Der Föderalismus im Donauraum. Graz und Köln 1960, insbesondere S. 116.
[7] Dazu Robert A. Kann: Erzherzog Franz Ferdinand. Wien 1976, insbesondere Kapitel 2, Großösterreich.

übernationale Österreich-Ungarn nur als durch die tatsächlich gegebenen Verhältnisse notwendig gemacht und dabei für die beteiligten Nationen erträglich hinstellen."[8] Ein übernationales Reich, wie Österreich-Ungarn habe vielmehr für die heraufkommenden Organisationsformen der Menschheit selbst eine exemplarische Bedeutung. Seipel verteidigte damals schon entschieden die Auffassung, „daß das Nationalitätsprinzip wenigstens den Höhepunkt seines Ansehens bereits überschritten habe". Und nach 1918 sprach er vom „scheinbaren Sieg des nationalstaatlichen Gedankens", eine inzwischen reichlich bestätigte Auffassung. Sein späterer innenpolitischer Gegner, Renner, entwickelte in den beiden Auflagen seines *Selbstbestimmungsrechts* (1902 und 1918) ähnliche Auffassungen. Auch er war der Meinung, daß der Nationalstaat in Europa seinem geschichtlichen Ende entgegengehe und sah im Habsburgischen Nationalitätenstaat eine „Vorstufe und Experimentieranstalt" für künftige umfassendere Ordnungen. Auf sie führe die weltpolitische Gesamtentwicklung hin; sie habe sich in den bestehenden Nationalitätenstaaten gleichsam Versuchsstätten geschaffen, sie hätten die Rechtsformen zu finden und fortzubilden, unter denen viele Völker sich miteinander ein übernationales und „somit ein Staatswesen höherer Ordnung als der Nationalstaat erschaffen. Galt bisher der Nationalstaat als höchste Form des Staates ... so erhebt sich heute dem Range und dem allgemeinen Interesse ... nach der Nationalitätenstaat über ihn". Für die Volksgruppenbewegung nach 1918 ist bedeutsam gewesen, daß nicht nur Vertreter des deutschen Elements im alten Österreich diese Auffassung verkündeten, sie vielmehr auch bedeutende Wortführer im nichtdeutschen Lager hatte. Als Beispiel nennen wir den siebenbürgischen Rumänen Aurel Popovici, der nach der Jahrhundertwende ein Buch unter dem Titel *Die Vereinigten Staaten von Großösterreich* erscheinen ließ. Sein Verfassungsentwurf, der 15 neue Gliedstaaten auf nationaler Basis vorsah, ging von einem streng ethnisch nationalen Programm des erstrebten bundesstaatlichen Neubaus der Donaumonarchie aus. Den nationalen Minderheiten, die in den neuen Nationalteilgliedstaaten verblieben, sollten die Verfassungen der betreffenden Gliedstaaten ihren Schutz durch freiheitliche Maßnahmen verbürgen. So hat das Nationalitätenproblem der Donaumonarchie gerade in den ersten beiden Jahrzehnten des 20. Jahrhunderts eine eigentümlich Doktrin des Nationalitätenstaates entwickelt, deren längst nicht gewürdigte große Bedeutung viel-

---

[8] Seipel, Ignaz: Nation und Staat, Wien 1916, Kapitel 1

leicht erst heute verständlich wird. Sie hat die geschichtliche Relativität des Nationalstaates in Europa zu einem Zeitpunkt klar erkannt, wo in den Nationalstaaten selbst, besonders in Deutschland, die Kathederwissenschaft diesen Staatstyp für den Schlußpunkt der geschichtlichen Entwicklung hielt. Daran hat gedanklich die deutsche Volksgruppenpolitik nach dem Ersten Weltkrieg angeknüpft und auch nichtdeutsche Volksgruppen haben sich daran geistig orientiert.

Den Nachfolgestaaten des Habsburger-Reiches lag der Nationalstaaatstyp zugrunde, wie er sich auch im „national homogenen" europäischen Westen entwickelt hatte. Seine Übernahme erfolgte zu einem Zeitpunkt, wo die weltpolitische Gesamtentwicklung dabei war, diesen Typ, jedenfalls in Europa, zu überholen – darauf hatte die österreichische Nationalitätenstaatsdoktrin vergeblich aufmerksam gemacht. Die rein formalistische Anwendung des parlamentarischen Mehrheitsprinzips brachte die politischen Repräsentanten der Volksgruppen in den Parlamenten in eine aussichtslose Lage. Gerade aus ihr heraus ist verständlich, wenn die Forderung auf Ausbau des Minderheitenrechts zum korporativen Volksgruppenrecht auf das Arsenal des altösterreichischen Nationalitätenstaats zurückgriff.

Die Rechtsfigur des Volksgruppenrechts stammt aus der Mitte des 19. Jahrhunderts. Sie ist daher nicht von deutschen Autoren nach dem Ersten Weltkrieg erfunden worden. Sie gehört vielmehr in den Bereich des altösterreichischen Nationalitätenrechts. Dieses ruht auf Art. 19 des Staatsgrundgesetzes vom 21.12.1867. Der Artikel selbst hat seinen Vorläufer in den Verfassungen der Revolution von 1848 und bezweckte die verfassungsrechtliche Inartikulierung der Volksstämme des alten Österreich. Er hat, wie man schon seinerzeit formulierte, die Idee der individuellen Freiheit und Gleichheit zu einer „höheren Potenz" erhoben. Diese Anerkennung bezieht sich offenbar auf die Wahrung und Pflege dieser Güter durch die Volksstämme bzw. ihre Angehörigen selbst.

Die zeitgenössische österreichische Staatsrechtswissenschaft hat gerade aus der Einreihung dieses Artikels in das Gesetz über die individuellen Rechte der Staatsbürger seinen strukturell davon abweichenden Gehalt umso schärfer betont. Hugelmann hat seinerzeit auf die „Unstimmigkeit von großer prinzipieller Tragweite" hingewiesen, die sich daraus ergab, daß Art. 19 seinem Wortlaut nach ein Recht der Volksstämme konstituierte. Die Spruchpraxis der obersten Gerichte hat die damit verbundenen Schwierigkeiten zum Teil ausgleichen können.

DAS ALTÖSTERREICHISCHE NATIONALITÄTENRECHT

Nach 1918 spricht man nun statt vom Nationalitätenrecht oder von einem Recht der Volksstämme, vom Volksgruppenrecht. Es handelt sich also um einen terminologischen Wande, aber nicht um einen Sachwandel. Beide Begriffe meinen im Kern dasselbe. Die Nationalitäten wie die Volksgruppen erfassen sich als korporative Größen.

Auf der Grundlage dieser Verfassungsbestimmung war im alten Österreich von den Kronländern ebenfalls eine Reihe von Nationalitätengesetzen erlassen worden, deren wichtigste der mährische Ausgleich von 1905 bildet.[9] Mit dem Untergang der Habsburger Monarchie endete die Geltung des Art. 19 außerhalb der Grenzen des neuen Österreich. Es endete aber nicht die ausstrahlende Kraft dieser Nationalitätenordnung, die den nunmehr zu „Minderheiten" gewordenen deutschen Volksgruppen eine rechtspolitische Orientierung bot.

Dieser Einfluß des altösterreichischen Nationalitätenrechts und der nationalitätenpolitischen Theorien des Habsburger Reiches auf die deutsche Volksgruppenpolitik ist ein natürlicher, ja fast zwangsläufiger Vorgang. Wenn auch seit 1867 die Entwicklung des Nationalitätenrechts auf die österreichische Reichshälfte beschränkt war, und wenn sich auch nach dem Ausgleich die ungarische Entwicklung in entgegengesetzter Richtung bewegte, so gab es einmal auch in der ungarischen Reichshälfte nationalitätenrechtliche Positionen (Siebenbürgen, Kroatien). Sodann nahm an der nie abreißenden Diskussion dieser jagesamtstaatlichen Probleme, wie wir am Beispiel Popovici´s sahen, auch die ungarische Reichshälfte teil.

Der größte Teil der deutschen Volksgruppen Ostmitteleuropas hatte bis 1918 der Habsburger Monarchie angehört. Sie waren Träger der Nationalitätenrechtlichen Institutionen dieses Reiches. Ein orientierender Vergleich der neuen internationalen wie innerstaatlichen minderheitenrechtlichen Ordnung am Standard der bis 1918 in Österreich geltenden Nationalitätenordnung war daher nur selbstverständlich. Dass auch deutsche Volksgruppen, die nicht dem Habsburger Reich angehört hatten, nun diese Fragestellungen aufgriffen, ist umso weniger überraschend, als bereits um die Jahrhundertwende etwa die Nationalitäten-Rechtstheorien der sozialistischen Theoretiker Österreichs über die österreichischen Grenzen hinausgewirkt und insbesondere in der russischen Sozialdemokratie Einfluß hatten.

---

[9] Glassl, Horst: Der mährische Ausgleich (Veröffentlichungen des sudetendeutschen Archivs). München 1967. Dazu auch H. Raschhofer: Hauptprobleme des Nationalitätenrechts. Stuttgart 1932.

In unserem Zusammenhang interessiert nun die konkrete Bemessung der den nationalen Gemeinschaften, den Volksgruppen zustehenden Rechte im Staat im einzelnen nicht. Halten wir fest, dass sie für Renner ein aktiver *öffentlich-rechtlicher Verband* ist, den er als in zwei Sphären stehend sieht. Einmal in der Sphäre der Staatsfreiheit, darin übe er das relative Selbstbestimmungsrecht aus. Sodann in der Sphäre der staatlichen Mitbestimmung: die Pflicht der Nationalität zur Untertanenschaft einerseits und die Pflicht der Staatsgewalt, sich auf das Selbst- und Mitbestimmungsrecht der Nationen andererseits einzurichten, sind für ihn einander bedingte Teilstücke.

Nationalitätenrechtliche Institutionen Altösterreichs wie die nationalen Kurien des mährischen Ausgleichs, der Begriff des gleichberechtigten Volksstammes nach Art. 19 StGG von 1867, die Theorie des Nationalitätenstaates mit ihrem Kernstück: Der Erhebung der personalrechtlich erfassten nationalen Gruppen eines Staates zu staatsrechtlichen Potenzen, waren von 1914 über Österreichs Grenzen hinaus von großem Einfluß. Es kann daher keine Rede davon sein, daß die Begriffe des Volksgruppenrechts, der Kulturautonomie u.a. ad-hoc Konstruktionen der deutschen Rechtswissenschaft nach 1919 sind. Sowohl die rechtspolitischen Ausgangspositionen der deutschen Volksgruppenpolitik wie der objektive Maßstab für ihre Kritik des Minderheitenschutzes stammen theoretisch aus dem großen Arsenal des altösterreichischen Nationalitätenrechts, und der altösterreichischen, insbesondere der sozialistischen Nationalitäten-Theorie, politisch aus Anschauung und Vergegenwärtigung dieser altösterreichischen Verhältnisse.

Die erste gesetzliche Maßnahme, die aus staatlicher Initiative ohne völkerrechtliche Verpflichtung erfolgte, das estnische Autonomiegesetz vom 5.2.1925, geht aus Überlegungen hervor, die auch dem altösterreichischen Nationalitäenrecht zugrunde lagen.[10] Das Gesetz richtete „völkische Kulturselbstverwaltungsinstitutionen" ein. Dazu wurden gerechnet die Organisation, Verwaltung und Überwachung der öffentlichen und privaten Lehranstalten der entsprechenden völkischen Minorität und die Verwaltung der hierzu ins Leben gerufenen Anstalten und Unternehmungen.

Das Jahr 1918 brachte die große Zäsur im europäischen Gefüge, deren Folgen sich erst heute ganz überschauen lassen. Die Nachfolgestaaten Österreich-Ungarns glaubten Nationalstaat und Souveränität spielen zu können. Aber, wie Seipel voraussah, war es ein kurzlebiger Sieg. Auch der

---

[10] Text: Kraus, a. a. O., S. 191.

Schweizer Carl J. Burckhardt hat neuerdings in seiner *Danziger Mission* auf die Folgen der Zerschlagung der Habsburger Monarchie hingewiesen, die eben doch im Wesen ein föderalistisches Staatsgebilde war. Da die neuen „Nationalstaaten" fast sämtliche nationalitätenrechtlichen Institutionen beseitigten, mußten die nationalen Spannungen in unerhörtem Maße steigen. Die Institutionen, vor allem aber die Praxis des internationalen Minderheitenschutzes waren kein genügender Ersatz. Wenn die deutschen Volksgruppen eine systematische Kritik des neuen Minderheitenschutzes und seiner Praxis (sowohl seiner völkerrechtlichen wie seiner landesrechtlichen Formen) vorlegten und gegen ihn die Parole der kulturellen Autonomie und Selbstverwaltung setzten, so waren sie damit weder die ersten, noch standen sie damit allein.

Suchen wir Grundlagen und Ziele der europäischen Volksgruppenpolitik in ihren wichtigsten Punkten zu fassen, so ist von ihrer Grundbestimmung der „Eigenständigkeit" des Volkstums auszugehen. „Volk, Nation und Staat", so hatte das Seipel 1916 formuliert, „sind einander nicht über- oder unter-, sondern nebengeordnet. Sie sind verschiedene Organisationsformen, weil sie aus verschiedenen Wurzeln, wenn auch aufgrund des gleichen Gesetzes, hervorgewachsen sind". Und weiter:

> Hat ein Volk mehrere Staaten hervorgebracht, dann werden diese leicht, ohne daß sie ihre Selbständigkeit aufgeben müßten, in einen engen natürlichen Verband treten, der ihnen in der Weltpolitik größeres Gewicht gibt, als sie einzeln besäßen. Die einheitliche Nationalität vermag sogar über weite Entfernungen hinweg nicht nur Sympathien, sondern selbst politische Bündnisse zu begründen. Enthalten mehrere Staaten neben anderen Bruchteile derselben Nation, so sind diese die natürliche Brücke zwischen ihnen, die ein beiden nützliches Zusammengehen bei sich ergebender Interessengemeinschaft bedeutend erleichtert.[11]

1931 hat er diesen Gedanken weitergeführt und eine bedeutsame Konsequenz daraus entwickelt, nämlich, den Status einer mehrfachen „Bürgerschaft des Menschen in nationalen Mischgebieten". Er unterschied eine Staatsbürgerschaft von der Volksbürgerschaft: daß die gleichzeitige Zugehörigkeit und Treue zu mehreren in ihrer Art obersten Gemeinschaften möglich

---

[11] Text: Kraus, a.a.O., S. 199.

ist, wußte man vorher nur von Kirche und Staat. „Nun lernten wir Österreich dasselbe in Bezug auf Staat und Nation. Die Erkenntnis und Anerkennung der Volksbürgerschaft neben der Staatsbürgerschaft hatte und hat den größten praktischen Wert."[12]

Dieser Gedanke der Eigenständigkeit des volklichen Bereiches findet sich in Erklärungen und Schriften führender deutscher Volksgruppenpolitiker immer wieder. Die Betonung der Eigenständigkeit des volklichen Elements führte zu zwei Hauptfolgerungen, deren Konsequenzen einmal auf innerpolitischem, zum anderen auf zwischenstaatlichem Gebiet lagen. Als innerpolitische Hauptlinie der Volksgruppenpolitik ergab sich die Bekämpfung des Nationalstaatsklischees, das in der Form der parlamentarischen Demokratie nur auf eine schlecht verbrämte Majorisierung der nationaleigenständigen Teilelemente und Gruppen durch die Mehrheitsnation hinauslief und eine Assimilierung auf kaltem Weg möglich machte. Demgegenüber betonten die Volksgruppen ihren Charakter als natürliche Verbände oder Korporationen innerhalb des Staates. Daraus wurde die Forderung nach staatlicher Zuerkennung national-korporativer Rechte abgeleitet, die vor allem die Volksgruppe in die Lage setzen sollte, im Bereich des nationalkulturellen Lebens eigenverantwortlich ihr Leben gestalten zu können. Aus der Kategorie der Volksbürgerschaft war die Forderung nach freien kulturellen Beziehungen zwischen den verschiedenen Teilen der volksbürgerlichen Einheit abgeleitet, die vielleicht weniger in den Vordergrund trag, aber ebenfalls prinzipiell vertreten wurde. Adressaten der Autonomieforderungen waren in erster Linie die einheimischen Parlamente, andererseits bot die Internationalisierung des Minderheitenschutzsystems weitere Plattformen, um diese rechtspolitischen Forderungen, verbunden mit einer Kritik der Unzulänglichkeiten dieser Institution zu benutzen. Da die Volksgruppen in den Völkerbund-Gremien selbst als solche nicht auftreten konnten, waren es offiziöse Vereinigungen, wie die Völkerbund-Ligen oder die interparlamentarische Union, in deren Rahmen besonders die deutschen Volksgruppenvertreter ihr rechtspolitisches Programm entwickelten. Sie wurden dabei vielfältig durch Vertreter von Nationen unterstützt, die selbst direkt am Minderheitenproblem nicht interessiert waren.

---

[12] Seipel, Ignaz: Österreich wie es wirklich ist, Stifterbibliothek Bd. 25, 1953, S. 18. f.

Die drei Resolutionen des ersten Kongresses der organisierten nationalen Gruppen Europas von 1952 können auch als leitende Gedanken der deutschen Volksgruppenpolitik gelten. Sie lauten:

1. „Die national-kulturelle Freiheit ist ebenso ein geistiges Gut der Kulturwelt, wie die religiöse Freiheit. Dieser Grundsatz soll als ein ethisches Prinzip für die Völkerbeziehungen anerkannt werden und soll seinen wirksamen Ausdruck und seine tatsächliche Geltung in positiven Rechtsnormen und gesetzlichen Maßnahmen finden. Dementsprechend soll jeder Staat, in dessen Grenzen auch andere nationale Volksgruppen leben, gehalten sein, diesen als Gemeinschaften die freie kulturelle und wirtschaftliche Entwicklung und ihren Angehörigen den freien und ungekürzten Genuss aller ihrer staatsbürgerlichen Recht zu gewährleisten. Die Anerkennung und praktische Durchführung dieser Prinzipien schaffen die Voraussetzung für eine Verständigung der Völker und damit für den Frieden Europas.
2. In den Staaten Europas, in deren Grenzen auch andere nationale Volksgruppen leben, soll jede nationale Volksgruppe berechtigt sein, in eigenen öffentlich-rechtlichen Körperschaften, je nach den besonderen Verhältnissen, territorial oder personell organisiert, ihr Volkstum zu pflegen und zu entwickeln. In diesem Recht der Selbstverwaltung erblicken die Delegierten einen Weg, um in den bezeichneten Staaten die loyale Zusammenarbeit aller, der Minderheiten und Mehrheiten, reibungslos zu gestalten und um auch die Beziehungen der Völker Europas untereinander zu bessern.
3. Da ein Friede in Europa nur unter der Voraussetzung eines wirklichen Verständigungswillens der Nationalitäten möglich ist, wird der Völkerbund, entsprechen seiner klar formulierten Aufgabe und im Sinne seiner Erklärung vom 21. September 1922, sich besonders eingehend mit der Lösung des Problems auf dem Wege durch Durchsetzung der in den obigen Resolutionen formulierten Rechte der Minderheiten zu beschäftigen haben. Es ist der feste Wille der organisierten nationalen Gruppen Europas, im Bereich ihrer Kräfte beizutragen, daß der Völkerbund dieses Ziel erreiche...".

Die Ablehnung des Nationalstaates, die Begründung ihrer Politik auf den für bleibend angesehenen Dualismus von Volk und Staat, hatte eine Konsequenz, deren ganze Bedeutung vielleicht auch erst heute sichtbar wird. Die deutsche Volksgruppenpolitik zeigte im Ganzen einen ernsthaften Weg zur politischen Gesundung, damit aber auch zur Konsolidierung des neuen Europas ohne Grenzrevision und Krieg. Gewiss lagen in der Konsequenz des Programms wesentliche Staats- und Verfassungsreformen. Aber weil eben die deutschen Volksgruppen von der bleibenden Verschiedenheit volklicher und staatlicher Ordnung ausgingen, und da glücklicherweise damals der Gedanke zwangsweiser Vertreibung eingewurzelter Volksgruppen unvorstellbar war, sahen sie die Lösung des Nationalitätenproblems prinzipiell nicht im Mittel neuer Grenzziehung, sondern im Strukturwandel des Staatsgefüges. Es war ein Programm des nationalen „Ausgleichs", nicht der Revolution. Es war die bewusste Methode des „peaceful change", der ein Strukturwandel des Staates wichtiger erschien als Grenzänderung. Natürlich war dadurch das Problem der Angemessenheit der neuen Grenzen nicht beseitigt. Aber es hing in den ersten 15 Jahren nach Versailles fast ausschließlich von den neuen Staaten und von den Genfer Instanzen ab, ob diese Haltung der deutschen Volksgruppen zu der notwendigen Anpassung des starren Statuts an die verändernde Wirkung der Zeit genutzt wurde.

Geschichtlich gesehen, ist die deutsche Volksgruppenpolitik gescheitert. Aber sie hat gegenüber allen Versuchen verleumderischer Verzerrung den Anspruch auf wahre und angemessene Würdigung ihres Charakters als eines ersten und weitblickenden Versuchs, konstruktive Lösungen für die schwächsten Stellen des europäischen Statuts von 1919 geboten zu haben.

SIGURD PAUL SCHEICHL

Das Zusammenleben vieler Völker in Mitteleuropa

Spannungen und Bereicherung im Spiegel deutschsprachiger Literatur seit dem 19. Jahrhundert

Das Zusammenleben von Nationen verschiedener Kultur, verschiedener Religion und vor allem verschiedener Sprache war in den meisten Kronländern der österreichisch-ungarischen Monarchie Alltag; auf gesamtstaatlicher Ebene war es mit allen seinen Konflikten identitätsbestimmend: Die Deutschsprachigen des Habsburgerstaats nannten sich ja, ohne sich dessen ganz bewusst zu sein, ‚Deutsche' nicht so sehr wegen ihrer Affinität zu den Bewohnern anderer Staaten des Deutschen Bundes (später zu den Bürgern des Deutschen Reichs), sondern zur Abgrenzung von Ungarn, Italienern, Tschechen, Polen, Rumänen, Serben. Die gerade den besonders national Gesinnten unter den Deutschen des Vielvölkerstaats und der aus ihm hervor gegangenen Länder sehr bewussten Unterschiede zu den so genannten ‚Reichsdeutschen' lassen sich eben mit dieser Bestimmung der eigenen Identität durch den ständigen Umgang mit anderen Völkern erklären. Ein später Reflex dieser Prägung ist eine Bemerkung Eginald Schlattners in einem Interview von 2004: „Ich glaube, der Identitätsverlust jener 220.000 Sachsen, die ausgewandert sind, ist auch darauf zurückzuführen, dass sie die anderen nicht mehr um sich haben."[1] Dieses kluge Wort gilt auch für die Identität der Österreicher nach 1918 und erst recht nach 1945. Anders ausgedrückt: Die ‚österreichische Nation' im heutigen Sinn konnte sich erst bilden, als sich die Österreicher nicht mehr von andersprachigen Völkern abgrenzen wollten, sondern, vor allem aufgrund der Erfahrungen nach 1938, glaubten sich von den ‚Deutschen' (den ehemaligen ‚Reichsdeutschen') abgrenzen zu müssen.

---

[1] Rumänien ist zwar nicht das Land meiner Väter, aber mein Vaterland. Jan Koneffke im Gespräch mit Eginald Schlattner. In: Wespennest (Wien) Nr. 136 (2004), S. 80-84, hier S. 81.

SIGURD PAUL SCHEICHL

Trotz dem spannungsreichen Nebeneinander der Nationen, das im ‚Kronprinzenwerk' (1885-1902), auch mit literarischen Mitteln und von Literaten, als Einheit in der Vielheit harmonisierend dargestellt wurde,[2] scheint dieses Zusammenleben vor 1914 nur recht selten Thema der Literatur geworden zu sein – zumindest was die Literatur in deutscher Sprache betrifft. Man beachte das völlige Fehlen dieser Fragestellung in Stifters doch in Ungarn angesiedelter *Brigitta*, in der zwar einige aus Wiener Sicht exotische Details vorkommen, deren Figuren aber völlig a-national sind; selbst der *Witiko* hat wenig mit dem politischen Umfeld der 1860er Jahre zu tun. In Ansätzen mag *Weh dem der lügt* den deutsch-tschechischen Konflikt spiegeln, doch wenn, dann nur sehr indirekt. Auch in der Schnitzler-Zeit fehlt das Thema; dabei waren die bekannten Wiener Autoren der Jahrhundertwende, soweit sie oder ihre Eltern nicht ohnehin aus anders- oder gemischtsprachigen Gebieten zugewandert waren, spätestens in ihrem Einjährigfreiwilligenjahr mit Offizierskameraden und Mannschaften aus den anderen Nationen in Berührung gekommen, hatten oft in gemischtsprachigen Gebieten gedient. Bei Schnitzler reduziert sich dieses Wissen darauf, dass er einigen Kameraden Gustls, die erwähnt werden, nicht-deutsche Namen gibt. Die Kenntnis der ‚anderen' Sprachen (mit Ausnahme des Italienischen) dürfte bei den deutschsprachigen Intellektuellen nicht verbreitet gewesen sein; der im Wiener Raum aufgewachsenen Germanist August Sauer gestand nach 34jähriger Tätigkeit an der (deutschen) Universität Prag seine „mangelnde Sprachkompetenz" im Tschechischen ein.[3] Selbst Marie von Ebner-Eschenbach, an sich in dieser Hinsicht eine Ausnahme unter den kanonisierten deutschsprachigen Autoren, siedelt *Das Gemeindekind* zwar in einem tschechischen Milieu an, betont das aber nicht besonders und vermeidet vor allem jeden Ausblick auf die nationalen Konflikte in Mähren.

Ich möchte nicht ausschließen, dass Autoren aus Österreich diese zentrale Frage des Staates, in dem sie lebten, aus ihren Werken unter anderem deshalb ausgespart haben, weil sie im Deutschen Reich rezipiert werden wollten, wo diese Thematik kaum auf Interesse gestoßen wäre; sie mag

---

[2] Vgl. Stachel, Peter: Die Harmonisierung national-politischer Gegensätze und die Anfänge der Ethnographie in Österreich. In: Geschichte der österreichischen Humanwissenschaften. Band 4: Geschichte und fremde Kulturen. Hg. v. Karl Acham. Wien 2002, S. 323–368.
[3] Höhne, Steffen: August Sauer – ein Intellektueller in Prag im Spannungsfeld von Kultur- und Wissenschaftspolitik. In: August Sauer (1855-1926). Ein Intellektueller in Prag zwischen Kultur- und Wissenschaftspolitik. Hg. v. Steffen Höhne (= Intellektuelles Prag im 19. und 20. Jahrhundert 1). Wien 2011, S. 9-38, hier S. 28.

ihnen sogar von den Berliner oder Leipziger Verlegern ausgeredet worden sein. (Vielleicht gibt es bei Theodor Storm, der unter der dänischen Verwaltung in Schleswig zu leiden hatte, aus dem gleichen Grund keine dänischen Figuren.)

In deutschnationaler politischer Tendenzliteratur kommen die ‚anderen' Nationen allerdings vor, da sie Szenarios der ‚Bedrohung' der bisher dominierenden Nation entwirft. Der damals in Ungarn tätige Germanist Karl Kurt Klein spricht in seinem, sehr vom Entstehungsjahr 1940/41 geprägten, Aufsatz „Der gesamtdeutsche Gedanke in der Deutschen Dichtung des 19. Jahrhunderts" ausdrücklich von der großen Bedeutung unterhaltender oder trivialer Romane dieser Tendenz für das Bewusstwerden der nationalen Konflikte bei deutschen Lesern in Österreich-Ungarn: „Aber haben wir, Hand aufs Herz, den Kampf der Südmark Österreichs gegen die steigende Slawenflut nicht zuerst aus Rudolf Hans Bartschs ‚Deutschem Leid' kennen lernen?"[4] Allzu viele Texte dieses Genres[5] fallen mir freilich nicht ein.

Der mehr antikatholische als antislowenische, in Marburg an der Drau (Maribor) – also wie das genannte Buch Bartsch' in der Untersteiermark – spielende Roman *Die Hungerglocke* von Ludwig Mahnert[6] (1912), einem in Österreich tätigen ‚Reichsdeutschen',[7] lässt zwar einen alten Kanonikus zu einem jungen slowenischen Amtsbruder sagen: „‚Ich bin der letzte deutsche Priester dieser Stadt'" und einige nationalistische Exzesse von Slowenen aufzählen, stellt aber den slowenischen Priester recht positiv dar.

---

[4] Klein, Karl Kurt: Der gesamtdeutsche Gedanke in der Deutschen Dichtung des 19. Jahrhunderts. In: Von deutscher Art in Sprache und Dichtung. Band 4. Stuttgart 1941, S. 316-366, hier S. 338. Zu dieser problematischen Schrift des bedeutenden Gelehrten vgl. Scheichl, Sigurd Paul: Karl Kurt Klein (1897-1971). Aspekte eines vielfältigen germanistischen Lebenswerks. In: Karl Kurt Klein (1897-1971). Stationen des Lebens – Aspekte des Werkes – Spuren der Wirkung. Hg. v. Peter Motzan, Stefan Sienerth, Anton Schwob (= Veröffentlichungen des Südostdeutschen Kulturwerks B 87). München 2001, S. 21-69, hier S. 48 f. Mein speziellerer Aufsatz dazu, u. d. T. „Irrwege eines Literaturhistorikers. Karl Kurt Kleins Beitrag zum Kriegseinsatz der deutschen Geisteswissenschaften", wird in näherer Zukunft erscheinen.

[5] Der von Klein erwähnte Roman – Bartsch, Rudolph-Hans: Das deutsche Leid. Ein Landschaftsroman. Leipzig 1912 – war recht erfolgreich und erlebte noch in den 20er Jahren Neuauflagen.

[6] Mahnert, Ludwig: Die Hungerglocke. Ein Roman aus der steirischen Los von Rom-Bewegung. 4. Aufl. Duisburg 1912. Zitate S. 31 f., 34, 57. Immerhin erschien das Buch 1912 in 4 Auflagen, 1922 erlebte es noch eine 5. Auflage (in Stuttgart).

[7] Über den literarisch an sich bedeutungslosen und selbst in den langen Namenslisten von Klein fehlenden Ludwig Mahnert vgl. den recht unkritischen Aufsatz von Trauner, Karl-Reinhart: Biograph seiner Zeit: Pfarrer Ludwig Mahnert (1874-1943). In: protestantismus & literatur. ein kulturwissenschaftlicher dialog. Hg v. Michael Bünker u. Karl W. Schwarz (= Protestantische Beiträge zu Kultur und Gesellschaft 1). Wien 2007, S. 213-257.

Obwohl der Roman davon spricht, dass „an der Drau [...] die deutsche Sprache und Art im Nahkampf liegt mit dem windischen Feind", und diesen „Nahkampf" auch beschreibt, bleiben die „Windischen", wie sie hier häufig genannt werden, ein unbestimmtes, gefährliches, vor allem katholisches Kollektiv. Vom Zusammenleben der beiden Völker im früher rein deutschsprachigen Marburg ist relativ wenig die Rede; von ethnografischem – und sei es kolonialistischem – Interesse am Nachbarvolk keine Spur, sieht man einmal davon ab, dass gelegentlich der gescheiterte slowenische Reformator Primos Troubar genannt wird. Das Programm des Schutzes des Deutschtums, damit die Abwertung der Slowenen und das geringe Interesse an ihnen als Slowenen sind eindeutig.

Texte ähnlicher Qualität und ähnlicher Tendenz dürften sich in größerer Zahl in den Veröffentlichungen der Schulvereine[8] (denen Mahnert nahe stand) finden. Diese im Dienst einer politischen Absicht stehenden, mehr oder minder propagandistischen Arbeiten verdienen zwar Interesse (mehr historisches als literarisches), doch sind sie nicht Gegenstand dieser Überlegungen.

Ein Sonderfall ist die Literatur aus Galizien und der Bukowina, den aus Wiener Sicht entlegensten, sozusagen exotischesten Kronländern mit besonders bunten ethnischen Verhältnissen. Dort lebten neben den dominierenden Ukrainern, Polen und Rumänen aufgrund habsburgischer Kolonisierungsbemühungen auch kleine (in der Bukowina sogar größere) Gruppen von Deutschen und Ungarn und vor allem zahlreiche orthodoxe Juden, deren Lebensweise von jener der anderen Völker besonders stark abwich; in den Städten hatten sich die Juden zum Teil bereits akkulturiert. In diesen Kronländern war die nationale Situation so vielfältig, dass sie von einigen Schriftstellern schon vor der Bildung der neuen Nationalstaaten (die ja keineswegs Nationalstaaten gewesen sind) als literarische Herausforderung oder als besonders attraktives Motiv empfunden wurde. Der wichtigste unter ihnen ist selbstverständlich der, trotz berechtigter Kritik an manchen sprachlichen Fehlleistungen und noch mehr an seinem Wertsystem, bis heute unterschätzte Karl Emil Franzos, der sich mit dieser Region, aus der er stammte, sowohl publizistisch als auch in fiktionalen Texten beschäftigt hat.

---

[8] Zu diesen vgl. Dedryvère, Laurent: Culture politique du nationalisme allemand en Autriche. Les associations de défense nationale et leurs almanachs illustrés (1880-1918). Thèse de doctorat de l'université Paris 3. 2010.

DAS ZUSAMMENLEBEN VIELER VÖLKER IN MITTELEUROPA

Die Tendenz zur ethnografischen Information ist selbstverständlich in seinen (auf fiktionale Abschnitte keineswegs verzichtenden) Reisebüchern besonders ausgeprägt, von denen das erste, *Aus Halbasien* (1876), das berühmteste geworden und geblieben ist. Auch in vielen seiner Erzählungen kommt dieses ethnografische Interesse zum Ausdruck, etwa in der Passage aus dem späten *Pojaz* (1893 bzw. 1905) über gegensätzliche Richtungen im ostmitteleuropäischen Judentum (Beginn des 4. Kapitels):

> Die Juden von Barnow sind „Chassidim", Mucker und Schwärmer, wilde, phantastische Fanatiker, die zwischen grausamer Aszese und üppiger Schwelgerei seltsam hin und her schwanken. Sie halten sich – daher ihr Name – für die „Begnadeten" unter den Juden, weil ihnen andere tiefere Quellen der Offenbarung fließen: jene der „Kaballa", namentlich des Buches „Sohar". In Buczacz hingegen wohnen „Misnagdim", harte, nüchterne Leute, die vor allem die Bibel ehren, den Talmud aber nur insoweit, als er die Bibel erläutert, wie denn überhaupt die Geltung dieses Konversationslexikons bei keiner Sekte eine bindende ist, ja nicht einmal sein kann, weil es nicht viele Fragen gibt, über die der Talmud nicht sehr verschiedene Ansichten enthielte. Praktische, kühle Menschen, leben die Misnagdim schlecht und recht den Gesetzen ihres Glaubens nach, halten aber die zehn Gebote für wichtiger als alles andere, erklären sich die Wunder in möglichst natürlicher Art, sind jedoch im übrigen jeder überflüssigen Grübelei abgeneigt. Jedes Gleichnis hinkt, vielleicht darf hier gleichwohl an den Gegensatz zwischen den protestantischen „Stillen im Lande" und den Rationalisten derselben Konfession erinnert werden – es ist aber eben nur ein entfernt ähnliches Verhältnis.

Der Unterschied zwischen den beiden Städten hat zwar eine Funktion für die Handlung des Romans, doch im Vordergrund des Abschnitts steht offenbar die Absicht (mehr oder minder genau) über unterschiedliche Strömungen im Judentum dieses Raums zu informieren. Keine Frage, dass dem ‚Aufklärer' Franzos die Misnagdim von Buczacz weit sympathischer sind als die Chassidim im Heimatort seines Helden, der letztlich zum Opfer dieser seiner Umgebung wird.

Spannungen zwischen polnischen Aristokraten und gläubigen Juden sind Motiv mehrerer Novellen des frühen Zyklus *Die Juden von Barnow* (1877), wobei die Sympathien des Erzählers sowohl den einen wie den anderen gehören können. Eine ausgeprägt ethnografische, in der Bukowina spielende und über sie informierende Erzählung ist *Ein Opfer*[9] (1893), mehr oder minder eine Kriminalgeschichte, in der eine nächtliche Fahrt zu einer Gerichtsverhandlung in Czernowitz Gelegenheit bietet verschiedene Nationen in der Bukowina kurz vorzuführen – übrigens gerade nicht die größte Sprachgruppe, die Rumänen, und, bei Franzos fast noch auffälliger, auch nicht die bei ihm sonst sehr (allerdings nach etwa 1893 weniger[10]) präsenten Juden. Dass hingegen, soweit ich sehe ohne Funktion für die Handlung oder für das Thema, ein Kloster der Lipowaner vorkommt, ist vielleicht der beste Beweis für Franzos' dominantes ethnografisches Interesse, zumindest in dieser Erzählung.

In Überlegungen zum Geschworenenprozess werden im *Opfer* die Schwierigkeiten thematisiert, auf die diese Form der Rechtssprechung in national gemischten Gebieten stoßen kann:[11]

> Die Geschworenenbank wurde durch das Los gebildet. Der Staatsanwalt wies zwei Ruthenen zurück, der Verteidiger einen Ungar. Und doch handelte es sich keineswegs um ein politisches Verbrechen. Aber die traurigen Erfahrungen, die man im österreichischen Osten allüberall da, wo verschiedene Völkerschaften beisammen wohnen, mit den Geschworenengerichten gemacht hat, zwingen zu solcher Vorsicht.[12]

Von Vorurteilen bei der Darstellung der nicht-deutschen Bewohner der Bukowina ist Franzos übrigens nicht frei, etwa gegenüber den Rumänen[13] und immer wieder gegenüber den orthodoxen Juden. Man kann ihm

---

[9] Franzos, Karl Emil: Ein Opfer. In: KEF: Ein Opfer. Erzählung (= Engelhorns Allgemeine Romanbibliothek. 10. Jahrgang. Band 8). Stuttgart 1893, S. 3-110. Vgl. Scheichl, Sigurd Paul: Karl Emil Franzos. Ein unterschätzter Novellist des bürgerlichen Realismus. Zu den Novellen „Victorine" und „Ein Opfer". In: Storm-Blätter aus Heiligenstadt 10 (2004), S. 52-68.
[10] Kessler, Dieter: Ich bin vielleicht kein genügend moderner Mensch. Notizen zu Karl Emil Franzos (1848-1904) (= Veröffentlichungen des Südostdeutschen Kulturwerks D 14). München 1984, S. 11.
[11] Es mag durchaus sein, dass der in Czernowitz geborene und dort lehrende Jurist Eugen Ehrlich (1862-1922) u. a. durch vergleichbare Erfahrungen zu seinen grundlegenden rechtssoziologischen Arbeiten angeregt worden ist; im Übrigen war Franzos ausgebildeter Jurist.
[12] Franzos, Opfer, S. 88.
[13] Vgl. die Zusammenstellung von Klischees Franzos' besonders über die Rumäninnen bei Corbea-Hoisie, Andrei: Deutschnationalismus und österreichische „Mission" in „Halb-Asien." Karl Emil Franzos und die Rumänen. In: Spuren eines Europäers. Karl Emil Franzos als Mittler zwischen den Kulturen. Hg. v. Amy-Diana Colin; Elke-Vera Kotowski; Anna-Dorothea Ludewig (= Haskala. Wissenschaftliche Abhandlungen 36). Hildesheim 2008, S. 127-136. Zu Franzos siehe auch Karl Emil Franzos. Schriftsteller zwischen den Kulturen. Hg. v. Petra Ernst (= Schriften des Centrums für Jüdische Studien 12). Innsbruck 2007.

sehr wohl einen (deutschen) kolonialistischen Blick auf die anderen Nationen vorwerfen; in Hinblick auf die Juden sollte man vielleicht besser von einem missionarischen Blick sprechen, wenn auch nicht im religiösen Sinn, wollte er aus ihnen doch nicht Christen, sehr wohl aber Deutsche machen.

Gerade im *Opfer* kommt allerdings die männliche Hauptfigur, ein Deutscher, nicht besonders gut weg – insbesondere im Vergleich zur weiblichen Hauptgestalt, der Ukrainerin („Ruthenin") Hanusia, deren Edelmut und adeliger Sinn, gerade im Gegensatz zu dem Deutschen aus der Bukowina, explizit gerühmt wird.

Der Konflikt im *Opfer* ist in hohem Maß ein Konflikt zwischen den Nationen in der Bukowina. In anderen Werken neigt Franzos zur Idealisierung eines möglichen harmonischen Zusammenlebens zwischen den Völkern. Die frühe Erzählung *Schiller in Barnow* (1876)[14] zumal führt einen Juden, einen Polen[15] und einen Ukrainer zu einem idealen geistigen Bündnis zusammen – durch die gemeinsame Schiller-Lektüre: „und es ist kaum zu sagen, was der Dichter diesen armen Menschen geworden."[16] Die klassische deutsche Kultur wird sozusagen zu dem Band, das die Nationen – und die Religionen bzw. Konfessionen – zusammenführen könnte, die auf jeden Fall alle anderen Nationen bereichern würde.

Vom Kaiser in Wien und vom habsburgischen Gesamtstaat ist bei Franzos kaum die Rede.

Nationale Spannungen und Gegensätze in der Bukowina nach dem Ende Österreich-Ungarns tauchen nach dem Zweiten Weltkrieg gelegentlich bei dem in Czernowitz geborenen Gregor von Rezzori (1914-1998) auf – allerdings als Reminiszenzen an eine mit viel Humor dargestellte schönere Vergangenheit und weder unter dem Aspekt politischer Aktualität noch unter dem des ethnografischen Interesses. Zumal *Ein Hermelin in Tschernopol* (1958) behandelt Konflikte zwischen Deutschen, Rumänen und Juden im Königreich Rumänien, in eher spielerischer Weise, wobei zumal die Vertreter des Deutschtums sehr satirisch gezeichnet werden. Allenfalls in dieser Absage an den Deutschnationalismus könnte man einen aktualisierenden

---

[14] Franzos, Karl Emil: Schiller in Barnow (1876). In: KEF: Halb-Asien. Hg. v. Ernst Josef Görlich (= Das österreichische Wort 36). Graz 1958, S. 31-46.

[15] Dieser Dominikaner ist die national am wenigsten eindeutige Figur; bei ihr könnte es sich auch um einen Deutschen handeln.

[16] Franzos, Schiller (Anm. 14), S. 46.

Zug erblicken, doch dominiert auch bei diesen Figuren die Freude am Grotesken.

Idealisierung des Zusammenlebens der Völker wird nach dessen faktischem Ende – und über ein Jahrzehnt nach diesem Ende – zum Thema mehrerer österreichischer Autoren, so Franz Theodor Csokors (1885-1969) und noch mehr Joseph Roths, der zweifellos ein wichtigerer Schriftsteller ist als Csokor.

Csokors Drama *3. November 1918* von 1936 spielt am Tag des Waffenstillstands mit Italien, der das Auseinanderbrechen des Habsburgerreichs besiegelt hat, in einem Heim für schwer verletzte Offiziere – eine etwas aufdringliche Parallele zum ‚kranken' Staat – ; alle diese Offiziere bekennen sich in diesem historischen Augenblick zu ‚ihrer' Nation. Nur einer, der Oberst Radosin, bekennt sich als Österreicher:

> Wir waren doch mehr schon als eine Nation! Gerade weil es uns immer gemischt hat, weil wir uns immer nur ausgleichen müssen: […] eins sind wir aus sieben gewesen, – und ihr wollt das zerhacken, zerreißen, wollt euer fröhliches Menschentum wechseln in Worte von Stämmen, von Völkern und Rassen, – ihr wollt aus der hellen Wohnung zurück in den Zuchtstall?
> […]
> Ja, dann sollen die Herren unter sich halt entscheiden, wohin sie sich sehnen, – dorthin, wo man vielleicht noch ein Mensch bleiben darf für sich, oder hinüber in ihre Nationen, […][17]

Radosin, dessen Zugehörigkeit zu einem der habsburgischen Völker unbestimmt bleibt – sein Name ist nicht eindeutig – , nimmt sich am Ende das Leben. Der jüdische Arzt wirft als Einziger in Radosins Grab nicht „tschechische" oder „römische" Erde, sondern „– Erde aus – Österreich!"[18] Csokor stellt damit die Juden, historisch richtig, als besonders loyale Untertanen des alten Kaiserstaats dar.[19]

In der Elegie auf den untergehenden Staat wird dieser zur rückwärts gewandten Utopie, zu einer dem Nationalismus geopferten besseren Lebens-

---

[17] Csokor, Franz Theodor: 3. November 1918. In: Dichtung aus Österreich. Drama. Hg. v. Heinz Kindermann u. Margret Dietrich. Wien 1966, S. 589-615, hier S. 605.
[18] Ebd., S. 607.
[19] Eben diese Stelle soll bei der Uraufführung 1937 gestrichen worden sein.

form.[20] Vom konkreten Zusammenleben Menschen verschiedener Sprache in einem bestimmten Kronland kann hier freilich nicht die Rede sein; die Utopie bleibt abstrakt.

Leo Perutz' zwar erst 1953, im Exil, abgeschlossener, aber in den 20er Jahren konzipierter und begonnener historischer Roman (oder Novellenzyklus) *Nachts unter der steinernen Brücke* spielt zwar um 1600 in Prag, doch ist eines seiner Themen, das Zusammenleben von Tschechen, Juden und Deutschen / Protestanten, Juden und Katholiken in der Hauptstadt Böhmens, ein aktualisierbares Motiv, was etwa durch die sonst kaum begründete Wahl eines Kroaten als Nebenfigur bestätigt wird. Einige Aspekte der Erzählungen – insbesondere die Einführung der habsburgischen Bluturteile von 1620 über den tschechischen Adel und die durch die Figur Wallensteins gegebene Reminiszenz an den 30jährigen Krieg – zeigen, dass es dem Autor hier nicht um eine Verklärung der Vergangenheit (und erst recht nicht oder nicht nur um ein poetisches Bild des alten Prag) geht, sondern dass er jenes Zusammenleben der Völker als ein stets gefährdetes vor Augen führt. Wieweit die Erfahrungen der 30er Jahre und der Flucht die anfängliche Konzeption des Buchs gerade in dieser Hinsicht verändert haben, ist bislang nicht untersucht worden.

Am bekanntesten sind Joseph Roths Ansätze zur Verklärung des Habsburger-Staates in einem Teil seines Werks, vor allem seine Tendenz zur idealisierenden Darstellung des Lebens in den slawischen Kronländern. Der Journalist Roth hat schon früh, etwa in den (der ungarischen Politik gegenüber kritischen) Berichten über die Konflikte um das Burgenland, 1919/20, und in späterer Prosa über seine Reisen ‚ethnografisch' geschrieben; in den Werken aus den dreißiger Jahren hat sich dieses ethnografische Interesse fast verflüchtigt.

Das Bild der Polen, der Ukrainer, der Slowenen, der Juden in *Radetzkymarsch* und *Kapuzinergruft* ist wenig konkret: Die Juden sind Lohnkutscher, die Slowenen Wanderhändler mit Edelkastanien, die Polen Aristokraten. Nicht um Menschen dieser Völker und um ihre realen Lebensumstände geht es in den Romanen Roths, sondern die Figuren aus verschie-

---

[20] Csokors den alten Staat im Sinne der Schuschnigg-Diktatur verklärendes, in der Zeit von Hitlers Triumfen durchaus aktuelles Stück könnte übrigens eine Replik auf Karl Kraus' radikal antihabsburgische Letzte Tage der Menschheit sein, insbesondere auf die so genannte Liebesmahlszene (V, 55), in der ebenfalls k. u. k. Offiziere aus den verschiedenen Nationen auftreten, durch deren Gegensätzlichkeit aber die Widersprüche des Habsburgerreichs verdeutlicht werden.

denen Nationen – und zumal die aus Slowenien stammenden, aber übernational-österreichisch gewordenen Trotta – sollen zeigen, wie der Deutschnationalismus in den westlichen Kronländern[21] die Monarchie zerstört hat, deren treueste Bürger die slawischen Völker (und die Juden) gewesen seien. Bekannt ist das Zitat aus *Kapuzinergruft* (Kapitel 26):

> Ihr habt nicht sehen wollen, daß diese Alpentrottel und die Sudetenböhmen, diese kretinischen Nibelungen, unsere Nationalitäten so lange beleidigt und geschändet haben, bis sie anfingen, die Monarchie zu hassen und zu verraten. Nicht unsere Tschechen, nicht unsere Serben, nicht unsere Polen, nicht unsere Ruthenen haben verraten, sondern nur unsere Deutschen, das Staatsvolk.

Die Stelle ist zwar Figurensprache, aber ohne Zweifel ist der Graf Chojnicki hier das Sprachrohr des Autors. Dass diese Flucht in die Vorstellung der unter und durch Franz Joseph garantierten relativen Sicherheit mit der Gefährdung des Juden Roth seit 1933 zu tun hat, versteht sich. Jedenfalls schließt der Aufbau einer Utopie in der Vergangenheit bei Csokor und Roth ethnografische Details aus.

Nicht im Werk, doch in der Biografie gibt es eine ähnliche Rückwendung auf den Habsburgerstaat bei Perutz, Spuren davon selbst bei dem von der Republik enttäuschten Karl Kraus, wenn auch nicht in Hinblick auf das Zusammenleben der Völker.

So sehr die Zweite Republik Österreich insgesamt sich an der k. u. k. Monarchie orientiert – viel mehr als die Erste – und sich, zum Teil auf der Ebene des Trivialfilms (etwa der Sissi-Filme Marischkas mit Romy Schneider), aber auch auf jener der Politik und der Kulturpolitik, um die Herstellung der Kontinuität zu ihr bemüht hat und bemüht, so selten sind konkrete Evokationen von Franz Josephs Reich und insbesondere des Nebeneinander der Völker in der Literatur nach 1945.

Sehr präsent ist das assimilierte Judentum Altösterreichs und des Wien der Zwischenkriegszeit in Friedrich Torbergs erfolgreicher *Tante Jolesch* (1975), aber eben fast nur das Judentum. Im größtenteils vor 1938 abgeschlossenen, erst in den 50er Jahren bekannt und beliebt gewordenen Werk

---

[21] Dadurch dass Roth einen ungarischen Offizier sich (in Radetzkymarsch) über die Ermordung des Erzherzog-Thronfolgers freuen lässt, wird auch das zweite Staatsvolk des Habsburgerstaats für dessen Untergang verantwortlich gemacht.

Fritz von Herzmanovsky-Orlandos ist zwar die „Tarockei"[22] omnipräsent, aber in dieser verspielten, anachronistischen und apolitischen Wiener Welt haben unterschiedliche Nationen und die Spannungen zwischen ihnen keinen Raum. Der Rückblick auf die vertane historische Chance des übernationalen Staats artikuliert sich so in der Zweiten Republik, selbstverständlich auch wegen der biografischen Erfahrung der Autorinnen und Autoren, stärker in der (erst in den späten fünfziger Jahren einsetzenden) Rezeption Roths und zunächst auch Csokors, dessen *3. November 1918*, regelmäßig vom Burgtheater aufgeführt, lange geradezu ein Staatsdrama war, auch in der Popularität Herzmanovskys wie der *Tante Jolesch*, als in neuen Werken; zumindest fehlt in diesen – selbst bei Doderer – weitgehend die Darstellung anderer Nationen als der deutschsprachigen Österreicher.

Das Thema des multiethnischen Zusammenlebens – ohne den ganz anderen, aktuellen Akzent, den es seit etwa zwei Jahrzehnten durch die Migration bekommen hat – findet sich nicht mehr in Literatur aus Österreich und nicht mehr im Rückblick auf die Donaumonarchie. Heute behandeln es Autoren, die nicht in der unmittelbar österreichischen Tradition stehen, gleichwohl in der mitteleuropäischen, die auch einen Joseph Roth und einen Leo Perutz geprägt hat.

Ich nenne zuerst den Deutsch und Serbokroatisch schreibenden Serben Ivan Ivanji (* 1929 in Zrenjanin, dem früheren Großbetschkerek, einem bis 1945 mehrsprachigen Ort). Ivanji, Überlebender der Konzentrationslager, wohnt und arbeitet seit etwa zwei Jahrzehnten zum Teil in Wien und kann mit Vorbehalten der Literatur aus Österreich zugerechnet, jedenfalls als (auch) deutschsprachiger Autor angesehen werden – so anders sein biografischer Hintergrund ist.

Seine Autofiktion *Geister aus einer kleinen Stadt*, 2008 im Wiener Picus Verlag erschienen, beschwört die 30er und 40er Jahre in einer mittelgroßen Stadt der Vojvodina herauf, aus der Perspektive eines Autor-nahen Ich-Erzählers der Gegenwart – dessen Verhältnis zum Autor am Schluss explizit diskutiert wird. Dieser Erzähler hebt aus der Idylle scharf die Züge des beginnenden Endes, vor allem die schleichende Ausgrenzung der Juden heraus. Der kleine Roman ist im Verhältnis zu seiner Kürze außerordentlich vielfigurig – aber dieser Figurenreichtum ist kein Mangel, sondern macht die effektvolle Konstruktion des Ganzen aus. Denn es kommt weniger auf die

---

[22] Die bekannt gewordene Formulierung „Tarockanien" geht auf den Herausgeber Torberg zurück.

einzelnen Figuren an als auf ihre parallelen Schicksale: Die meisten Figuren sind Juden und für die wird das Jahr 1941, in dem das Deutsche Reich Jugoslawien angegriffen hat, auf je verschiedene Art zum Schicksalsjahr; die wenigsten von ihnen kehren 1945 zurück. „Ivan Ivanjis ebenso lakonisch wie distanziert geschriebener Roman macht auf berührende und beklemmende Weise deutlich, dass nach dem Holocaust nichts mehr so ist, wie es war."[23]

Neben den Juden kommen Serben, Roma und ‚Schwaben' vor – wobei diese nicht als Individuen, aber als Gruppe insgesamt wegen ihrer Kollaboration mit den Nationalsozialisten und ihres Profitierens von deren Judenpolitik negativ gezeichnet sind. Zwar liegt dem unpathetischen Buch jede Heroisierung fern, doch ist die Sympathie des Autors für jene, die Widerstand geleistet haben, unverkennbar.

Auf den Kontrast zwischen der noch idyllischen serbischen Stadt der 30er Jahre, in denen die Erinnerungen des erzählenden Ich einsetzen, und dem nationalen Kahlschlag, der die wenigen Rückkehrer 1945 erwartet, den Gespenstern, als welche dem um das Jahr 2000 wieder einmal in die Geburtsstadt kommenden (jüdischen) Ich-Erzähler deren einstige Bewohner erscheinen, kommt es Ivanji an. Ich möchte den kleinen Roman ästhetisch nicht über-, aber auch nicht unterschätzen. Eine – scheinbare? – strukturelle Inkonsequenz etwa, der plötzlich ganz dokumentarische Einschub über die verspätete und zu milde Verurteilung des österreichischen Kriegsverbrechers Andorfer (1911 – ca. 2008), ist als Ausdruck der Empörung fast mehr des Autors als des Erzählers doch ein wichtiges Element des Romans.

Reminiszenzen an das Zusammenleben der Völker unter Franz Joseph finden sich bei Ivanji kaum, allenfalls taucht der alte Staat in Beziehung zur Biografie von Figuren und in deren Erinnerungen auf. Friedliche oder zumindest zeitweise nicht feindliche Kontakte zwischen verschiedenen Sprachgruppen hat es auch in den so genannten ‚Nachfolgestaaten' gegeben, sie sind nicht allein ein habsburgisches Fänomen.

Ivanjis Buch hat weder den ethnografischen Aspekt, der in vielen Büchern mit ähnlichen Motiven zu finden ist, noch ist es im Mindesten eine rückwärts gewandte Utopie. Es ist vielmehr die Konstatierung eines Endes.

Auch der letzte hier zu nennende Autor, Eginald Schlattner (* 1933), kommt aus einem der 1918 entstandenen oder wesentlich vergrößerten und

---

[23] Gürtler, Christa: Missglückte Heimkehr. Ivan Ivanji erinnert schreibend an die Toten. In: Die Furche 2008/Nr. 45. (auch www.furche.at/system/downloads.php?do=file&id=1104, 2011-04-13).

notwendiger Weise multiethnischen Staaten. In seinen Romanen, die als sehr autobiografisch rezipiert worden sind, ist, entgegen dieser Rezeption, mit Ausnahme der *Roten Handschuhe*, der autofiktionale Charakter viel weniger ausgeprägt als bei Ivanji. Die Möglichkeiten des Zusammenlebens verschiedener Völker in einer Gesellschaft – und die Veränderungen durch die Gewaltherrschaft in den Kriegsjahren – sind auch bei Schlattner ein wesentliches Thema, er erinnert wie der Autor aus Serbien heutige deutsche und österreichische Leser an eine Welt, die sie weitgehend vergessen haben. Insgesamt ist bei ihm, einem leidenschaftlichen Geschichten-Erzähler, ein ethnografisches Interesse an der Welt der siebenbürgisch-sächsischen Stadtbürger und Bauern, der rumänischen Hirten, insbesondere auch der Zigeuner – an der ethnischen und konfessionellen Vielfalt einer untergegangenen oder untergehenden Welt – stärker ausgeprägt als bei den meisten Autoren seit Franzos.

Während im *Geköpften Hahn*, dem ersten von Schlattners drei Romanen, einerseits Reminiszenzen an das Habsburger-Reich, zumal durch die Biografie mancher Figuren, recht präsent sind, andererseits das vielsprachige Fogarasch, in dem jeder zumindest die Grußformeln aller relevanten Sprachen zu beherrschen bemüht ist, etwas idealisiert dargestellt wird,[24] steht in Schlattners letztem Buch, dem *Klavier im Nebel*,[25] das Zusammenleben verschiedener Völker im multiethnischen Rumänien unter einem anderen Zeichen.

Entscheidend ist, dass hier die Hauptfigur aus der Schässburger sächsischen Welt austritt, ja auszutreten gezwungen wird. Die veränderten politischen Verhältnisse, die Schlattner im *Geköpften Hahn* im Wesentlichen als eine Katastrofe dargestellt hat, verlieren in diesem letzten Buch zwar nichts von ihren Schrecken[26] – es sei denn, dass diese manchmal durch Komik abgemildert werden –, aber es gibt im *Klavier im Nebel* neben der sehr deutlichen Schuldzuweisung an die Deutschen auch einen anderen Aspekt: Das Verlassen der eigenen ‚Nation' erscheint als positive Erfahrung. Die Hauptfigur Clemens lernt, aus dem Elternhaus vertrieben, das Leben der rumäni-

---

[24] Zum Bild des multikulturellen Fogarasch in diesem Roman vgl. Kory, Beate Petra: Fogarasch als Abbild der Civitas Dei. Eginald Schlattners Debütroman: Der geköpfte Hahn im Zeichen der Multikulturalität. In: Temeswarer Beiträge zur Germanistik 6 (2008), S. 387-400.

[25] Zu diesem Roman: Predoiu, Grazziella: In den Zwängen der Zeit. Überleben und Leben in Schlattners Roman Das Klavier im Nebel. In: Temeswarer Beiträge zur Germanistik 6 (2008), S. 401-412. Predoiu konzentriert sich auf andere Aspekte des Romans als die hier behandelten.

[26] Vgl. dazu Predoiu, ebd.

schen Hirten kennen, begegnet den archaischen Zigeunern (deren Bild auch *Der geköpfte Hahn* fern von allen Klischees gezeichnet hatte) und verlässt schließlich Siebenbürgen. Der Roman beginnt schon mit einer Reise aus Siebenbürgen hinaus, zu den Schwaben im Banat; das wichtigere Motiv ist aber die Reise ans Schwarze Meer mit der geliebten Rumänin Rodica.

Gewiss ist die Öffnung zu den anderen Nationen Folge politischen Zwangs, aber wie in keinem anderen der von mir gelesenen Bücher mit dieser Thematik erscheint diese Öffnung auch als Bereicherung.

Beispiele für die Darstellung multiethnischen Zusammenlebens in Mitteleuropa gibt es wahrscheinlich noch viele – besonders ist an Günter Grass, an Johannes Bobrowski und an Horst Bienek zu denken, Autoren, die außerhalb der ehemaligen k. u. k. Welt stehen[27] –, und es sollte sich lohnen, speziell die Autoren aus den so genannten ‚volksdeutschen' Minderheiten nach 1918 nach ihrem Bild von den Nationen, unter denen sie leb(t)en, zu befragen. Das Programm der Öffnung, das ich im *Klavier im Nebel* zu erkennen glaube, wäre ein guter Leitfaden für eine solche Untersuchung.

---

[27] Vgl. zu diesen nördlichen Kontaktzonen das soeben erschienene Werk von Jürgen Joachimsthaler: Text-Ränder. Die kulturelle Vielfalt in Mitteleuropa als Darstellungsproblem deutscher Literatur. 3 Bände. Heidelberg 2011.

GÉZA HORVÁTH

Visionen eines einheitlichen Europas aus der Sicht österreichischer und ungarischer Autoren in der ersten Hälfte des 20. Jahrhunderts

Vorbemerkung

Wenn man die europäische Dimension in der Entwicklung der österreichischen und ungarischen Literatur in der ersten Hälfte des 20. Jahrhunderts betrachtet, fällt auf, dass diese Dimension oder der Europa-Gedanke überhaupt – sei er nun paneuropäisch oder mitteleuropäisch – in der literarischen Diskussion von Schriftstellern und Dichtern nicht in der Belletristik thematisiert wird, sondern viel eher in essayistischen Äußerungen, in öffentlichen Reden, in Briefen, oder wenn doch in literarischen Werken, dann in neuen Versuchsformen wie z.b. im Essay-Roman, wie etwa in Hermann Brochs *Die Schlafwandler* (1930/1932, im Kapitel *Zerfall der Werte*). Deutschsprachige Schriftsteller wie Heinrich Mann, Thomas Mann – Mitglied des Ehrenkomitees der Paneuropäischen Union –, Hermann Hesse oder Hermann Broch, Roberts Musil, Hugo von Hofmannsthal, Stefan Zweig und viele andere behandelten das Europa-Thema selten unmittelbar in ihren literarischen Werken. Ein Grund dafür mag gewesen sein, dass das aktuelle politische Thema „Pan-Europa" oder „geeintes Europa", besonders in der Zwischenkriegszeit eine schnelle, politisch oft heikle Reaktion hervorrief und ein voreiliges politisches Engagement in dieser Frage hätte schwere Folgen für die Schriftsteller haben können. Umso mehr, als dieser Gedanke auf einer äußerst breiten politischen Palette diskutiert wurde: von den Linksradikalen über die humanistisch gesinnten Bürgerlich-Liberalen und Bürgerlich-Konservativen bis hin zu den Rechtsextremisten. Anderseits braucht die Kunst und der Künstler Distanz, in einem Kunstwerk zeitgeschichtliche Phänomene mit Weitblick und Überblick wahrhaft darzustellen. Das Verhältnis zwischen Literatur (Kunst überhaupt), Wissenschaft und Politik ist sowieso ein gefährliches Terrain: es gibt zahlreiche Beispiele dafür, dass künstlerische und wissenschaftliche Produkte von der Politik verfälscht und missbraucht wurden und werden oder Künstler und Wissenschaftler sich für radikale politische Bewegungen tendenziös einsetzen, was ihrem Schaffen in nicht geringem Maße schaden kann.

Es besteht aber auch ein großer Unterschied in der historischen Situation einzelner Länder und Nationen nach dem Ersten Weltkrieg in Europa. Der österreichische Romancier und Dramatiker Ödön von Horváth (1901-1938) veranschaulicht diesen Unterschied zwischen Siegern und Besiegten, die im privaten Bereich, in der Ehe eine Einigung eingehen und scheitern, sehr plausibel in seinem Roman *Der ewige Spießer* (1930), in dem der zum Paneuropäer bekehrte ewige Spießer, Alfons Kobler, auf der Rückfahrt aus Barcelona auf deutschem Boden endlich mal einem älteren reichsdeutschen Herrn begegnet, den er hinsichtlich der „bolschewistischen Gefahr"[1] von der Notwendigkeit des Zusammenschlusses Europas überzeugen will. Dieser überflutet hingegen unseren Helden mit einem nationalistischen Wortschwall, denn:

> um die Jahrhundertwende hatte dieser Herr eine pikante Französin aus Metz geheiratet, die aber schon knapp vor dem Weltkrieg so bedenklich in die Breite zu gehen begann, daß er anfing, sich vor der romanischen Rasse zu ekeln. Es war keine glückliche Ehe. Er war ein richtiger Haustyrann, und sie freute sich heimlich über den Versailler Vertrag.[2]

Ähnlich reflektiert Ödön von Horváth in seinem Roman ironisch über die Auffassungen einer möglichen künftigen Weltmacht; eine Position die u. a. zwischen Europa und Amerika entschieden werden sollte. Er lässt seinen Helden sich skeptisch darüber äußern, nachdem dieser von dem missglückten Heiratsabenteuer auf der Weltausstellung in Barcelona, wo er nach einer „Ägypterin" als reicher Gattin Ausschau gehalten hat, enttäuscht nach Hause zurückkehrt, weil seine erkorene Europa-Braut von einem Amerika-Stier geraubt wurde:

> Sie nahm direkt politische Formen an, diese Braut, in deren Papas Firma er (nämlich Kobler, der ewige Spießer) nicht einheiraten durfte,

---

[1] Horváth, Ödön von: Der ewige Spießer. In: Ödön von Horváth: Gesammelte Werke. Bd. 3. Lyrik, Prosa, Romane. 2. Aufl. Frankfurt am Main 1972. S. 237. (Des Weiteren zitiert: Horváth und Seitenzahl)
[2] Horváth, S. 237.

weil Papa unbedingt nordamerikanisches Kapital zum Dahinvegetieren benötigt – diese verarmte Europäerin, die sich nach Übersee verkaufen muß, wurde allmählich zu einem deprimierenden Symbol. Über Europa fiel der Schatten des Mister A. Kaufmann mit der unordentlichen Libido."[3]

Dieses Zitat erinnert an die Gedanken des Gründers der Paneuropäischen Union, Richard Nicolaus von Coudenhove-Kalergi, der im Vorwort zu seinem Pan-Europa-Buch (1923) Folgendes schreibt: „Durch diese Skylla der russischen Militärdiktatur und die Charybdis der amerikanischen Finanzdiktatur führt nur ein schmaler Weg in eine bessere Zukunft. Dieser Weg heißt *Pan-Europa* und bedeutet: Selbsthilfe durch *Zusammenschluss Europas zu einem politisch-wirtschaftlichen Zweckverband.*"[4]

Da der Schwerpunkt dieses Beitrags auf der österreichischen und ungarischen Literatur in der ersten Hälfte des 20. Jahrhunderts liegt, muss hier ein kurzer historisch-kulturhistorischer Überblick der Epoche stehen. Auf die Österreich-Ungarische Monarchie, die seit ihrer Gründung nach dem österreichisch-ungarischen Ausgleich von 1867 bis zum Ersten Weltkrieg eine mitteleuropäische Großmacht darstellte und die der Wiener Publizist Karl Kraus wegen ihrem äußeren Glanz und ihrer inneren Labilität als die „Probestation Weltuntergang" bezeichnete und in der um die Jahrhundertwende, dem Fin de siècle, das Wunder der Wiener Moderne mit seiner kulturellen Vielfalt und seinem Stilpluralismus entstand, folgten nach den Pariser (Versailler) Friedensschlüssen von 1919-1921 Kleinstaaten: die junge Republik Österreich, sowie Ungarn als Königreich – ohne König –, obgleich das politische System grundsätzlich demokratisch war. „Der Weltkrieg hat die österreich-ungarische Großmacht vernichtet, die deutsche verstümmelt. In der Weltpolitik spielen weder Deutschland noch die Erben Österreichs irgendeine führende Rolle,"[5] heißt es bei Coudenhove-Kalergi.

Nach dem Ersten Weltkrieg ist besonders Ungarn zu kurz gekommen: Es musste zwei Drittel seines Staatsgebiets an die Nachbarländer abtreten und es hat ein Drittel seiner Bevölkerung verloren. Während in der Ersten Republik – im „Reststaat" Österreich – die Wirtschaft darnieder lag und die politischen Gegensätze groß waren (Sozialdemokraten und Christlichsoziale

---

[3] Horváth, S. 237.
[4] Coudenhove-Kalergi, Richard N.: Pan-Europa. Wien/Leipzig 1924, S. XI. (Des Weiteren zitiert: Coudenhove-Kalergi und Seitenzahl).
[5] Coudenhove-Calergi, S. 16.

waren die beiden wichtigsten politischen Faktoren und auf beiden Seiten bildeten sich bald paramilitärische Einheiten, was schließlich zu einer christlichsozialen Diktatur und bürgerkriegsartigen Zuständen führte), kam es nach der kommunistischen Diktatur der Räterepublik in Ungarn (21. März 1919 bis 1. August 1919) zur sog. „Gegenrevolution" in der Horthy-Ära, in der die Zerstückelung des Landes (Rumpfungarn) durch die Versailler Friedensverträge eine latente politische Explosionsgefahr bedeutete. Umso mehr, weil sich Ungarn unter dem Druck der Kleinen Entente (der Tschechoslowakei, des südslawischen Königreichs und Rumäniens) befand. In dieser Situation hatten es die Vertreter des Paneuropa-Gedankens in Ungarn, die u. a. das friedliche Zusammenwirken der benachbarten Länder und der Länder auf dem Balkan zu propagieren hatten, besonders schwer.[6]

Es darf auch nicht vergessen werden, dass im Anschluss an die allgemeine Untergangsstimmung des Fin de siècle nach dem Ersten Weltkrieg in Europa ein allgemeiner Kulturpessimismus verbreitet war, der das Ende des alten Erdteils Europa prophezeite. Es genügt hier an Thomas Manns weltberühmte Meisternovelle *Der Tod in Venedig* von 1911/1912 zu erinnern, die alle Topoi dieser Epoche, wie Krankheit, Todessehnsucht, (Homo) Erotik und Sexualität, pervertierte Kunst, Todesästhetik etc. thematisiert. Ein eklatantes Beispiel dafür ist das umstrittene Werk *Der Untergang des Abendlandes. Umrisse einer Morphologie der Weltgeschichte* (1918/1922) von Oswald Spengler, der einen fast so großen Einfluss auf die geistige Entwicklung Europas in der Weimarer Republik ausübte, wie Friedrich Nietzsche – unter anderem mit seinen Vorstellungen von einem geeinten Europa.

In diesem politisch-geistigen Milieu wurde 1922 die Paneuropa-Union von Richard Nicolaus Graf von Coudenhove-Kalergi (1894-1972) gegründet, die für ein politisch und wirtschaftlich geeintes, demokratisches und friedliches Europa auf Grundlage des christlich-abendländischen Wertefundaments eintrat. In dieser Union sollte eine Hegemonie verhindert und eine Kooperation zwischen den Verbündeten gesichert werden, denn in der Hegemonie ist ein Verbündeter immer stärker als alle anderen zusammen – wie in Sowjetrussland –, während in der Kooperation kein einzelnes Mitglied stärker ist als die anderen – wie in der Schweiz. Nur in einer politisch

---

[6] Vgl. Zöllner, Erich: Geschichte Österreichs. Wien 1990. Kap. X. 70 Jahre von der Ersten zur Zweiten Republik (1918-1988). bes. S. 492-524.

und moralisch korrekten und kontrollierten kooperativen Union kann das Gleichgewicht und das Bündnis aufrechterhalten werden.[7]
Die Paneuropa-Union hatte zwischen 1926 und 1932 sechzehn Sektionen in Ungarn. Zu ihren Mitgliedern gehörten u. a. der Komponist Béla Bartók, der Romancier, Erzähler, Dramatiker und Essayist Zsigmond Móricz, der marxistisch-kommunistische Ästhet György (Georg) Lukács (er war der Vorsitzende der Ungarischen Paneuropäischen Sektion) und viele andere, die eine geistig-humanistische Einheit Europas willkommen hießen. 1922 wurde der Ungarische Cobden Verein gegründet, eine Organisation liberaler Intellektueller – benannt nach dem englischen Ökonom und Politiker aus dem 19. Jahrhundert, Richard Cobden. Zielsetzungen waren die Aufrechterhaltung des Friedens und die Abrüstung, sowie eine einheitliche Zollunion. Die meisten Vorträge der Ungarischen Paneuropäischen Union wurden im Cobden Verein gehalten. Die bürgerlich-humanistischen und die liberal-demokratisch gesinnten Intellektuellen in den Großstädten, sowie die sozialdemokratische Bewegung bildeten die soziale Basis eines geeinten Europas.

Wichtig sind als Organe des Pan-Europa-Gedankens vor allem die in Wien herausgegebene Zeitschrift *Paneuropa*, der Budapester *Páneurópai Értesítő* (Paneuropäischer Bericht), der zwischen 1854 und 1945 als führende deutschsprachige Tageszeitung erschienene unabhängige, pluralistische und traditionsreiche *Pester Lloyd*, in dem u. a. Thomas Mann, Dezső Kosztolányi, Ferenc (Franz) Molnár, Stefan Zweig, Alfred Polgar, Ricarda Huch, aber auch Benito Mussolini, Leo Trotzki und Franz Werfel publizierten.[8]

Österreich

In der österreichischen Literatur sind vor allem Robert Musil, Hugo von Hofmannsthal, Hermann Broch und Stefan Zweig zu nennen, die sich mit der Europa-Idee auseinander setzten. Von diesen Autoren sei hier nur Stefan

---

[7] Vgl. Coudenhove-Kalergi, S. 92-93.
[8] Von Stefan Zweig sind u. a. Der richtige Goethe (1923), Die Hochzeit zu Lyon (1928), sowie Kleine erlebte Lektion über Vergänglichkeit (1933) in der Budapester Zeitschrift erschienen. Mussolini publizierte seinen Aufsatz Paneuropa 1930 im Pester Lloyd, aber auch Thomas Manns Rede *Der Humanismus in Europa* v. 9. Juni 1936 wurde hier gedruckt.

Zweig hervorzuheben, der als überzeugter Pazifist und Weltbürger alten Schlages bis in die dreißiger Jahre an die Vernunft der Intellektuellen glaubt und auf eine bessere Zukunft hofft, in der ein geeintes Europa statt der Selbstzerstörung die Selbsterhaltung wählt.

1932 veröffentlicht Stefan Zweig (1881-1942) zwei Aufsätze, in denen die Vision eines geeinten Europas aus einer geistig-moralischen und humanistischen Perspektive zum Ausdruck kommt. Im einen, der den Titel trägt *Der europäische Gedanke in seiner historischen Entwicklung*, überblickt Zweig in großen Zügen den Werdegang des einheitlichen Europas vom Imperium Romanum, über das lateinische Mittelalter, die Neuzeit bis hin zu seiner Gegenwart und blickt mit einer gewissen Hoffnung auf eine glückliche Zukunft, wobei er betont, dass sich die Geschichte immer zwischen zwei Polen, zwischen Ebbe und Flut, zwischen Egoismus und Altruismus, zwischen Nationalismen und Übernationalismen bewegt – und er tut das von einem humanistischen (groß)bürgerlichen Standpunkt aus. Der große Wunschtraum der Menschheit von einer friedlichen Koexistenz, einer großen Einheit manifestiert sich nach Zweig in der tiefsinnigen Legende vom Turmbau zu Babel, in der alle Menschen eine Sprache sprachen und gemeinsam zum Himmel, zu Gott, emporstrebten. In der europäischen Geschichte verwirklicht sich die Einheit – die Einheit der Verwaltung, des Geldwesens, der Kriegskunst, der Rechtspflege, der Sitte, der Wissenschaft – zuerst in Rom, wo die lebendige lateinische Sprache als Lingua franca alle Sprachen beherrschte. Nach dem Sturz des Römischen Reiches lebt der Geist in lateinischer Sprache, in der „Muttersprache aller europäischen Kulturen" in der römischen Kirche und in den Wissenschaften fort, obzwar nicht mehr so lebendig wie im alten Rom, um erst in der Renaissance und in der „Gelehrtenrepublik"[9] im Humanismus, „in dieser Herrschaft einer internationalen Elite"[10] wieder aufzublühen. Auf diese Flut folgt die Ebbe der Reformation, die die Renaissance und damit die letzte europäische Einheitssprache zerstört, und in den einzelnen Nationalsprachen den literarischen Nationalismus etabliert. Im 17. und 18. Jahrhundert übernimmt die Musik als eine „neue Sprache über den Sprachen"[11] die Funktion der lateinischen Sprache, bis die Revolution und die Napoleonischen Kriege das Volk in die

---

[9] Zweig, Stefan: *Der europäische Gedanke in seiner historischen Entwicklung*. In: Stefan Zweig: Zeit und Welt. Frankfurt a. M. 1981, S. 124. (Des Weiteren zitiert: Zweig 1 und Seitenzahl)
[10] Ebd.
[11] Zweig 1, S. 126.

Politik miteinbeziehen und dadurch die Idee des Vaterlandes als eine Angelegenheit der Völker – statt der Fürsten – ins Leben rufen. Kunst und Denken werden völlig national, bis mit Goethe die Weltliteratur die Zeiten der Nationalliteraturen verdrängt. Goethe meint: „In dem Augenblick, wo man überall beschäftigt ist, neue Vaterländer zu schaffen, ist für den unbefangen Denkenden, für den, der sich über seine Zeit erheben kann, das Vaterland nirgends und überall."[12]

Nach Goethe kämpft Friedrich Nietzsche als Nächster gegen die „Vaterländerei" und er setzt sich für ein künftiges einheitliches Europa ein. Auch in der Zeit des großen Nationalhasses und eines vom Untergang bedrohten Europas nach dem Ersten Weltkrieg gibt es Fackelträger des Geistes, die an die Vitalität und die Führungskraft Europas glauben – und zwar in einer Zeit, wo in der europäischen Geschichte nach der lateinischen Sprache, nach der Musik, nach der Weltliteratur die Technik als die neue und künftige, Länder und Nationen verbindende Einheitssprache erscheint. 1932 hofft Stefan Zweig noch darauf, dass Europa nicht den Weg der Selbstzerstörung, sondern den Weg der friedlichen Einigung wählt – auch wenn er diese Hoffnung bloß als „private Freiheit" einer unsinnigen Zeit gegenüber hegt.

Im selben Jahr hielt Stefan Zweig im faschistischen Italien einen Vortrag für die Europatagung der Accademia di Roma mit dem Titel *Die moralische Entgiftung Europas*. Europa ist nach dem Weltkrieg moralisch vergiftet. Es herrscht überall kollektiver Völkerhass, der nur durch eine allmähliche Entwöhnungskur vernichtet werden kann. Eine neue Generation muss herangezogen werden, bis die Instinkte des Hasses und des Zornes verschwinden. Dazu muss die Auffassung der Geschichte verändert werden: statt Kriegsgeschichte sollte Kulturgeschichte vermittelt werden, d.h. die Völker müssten die Errungenschaften der Vernunft, die großen Erfindungen, Entdeckungen, die Fortschritte in Sitte, Wissenschaft und Technik anderer Völker kennen und dadurch schätzen lernen. Statt Xerxes und Darius müssten der neuen Jugend Leonardo, Volta und Gutenberg beigebracht werden:

> Würde die Kulturgeschichte in den Mittelpunkt der Erziehung gestellt statt der politischen Geschichte, so wäre mehr Ehrfurcht unter den Nationen voreinander und weniger Misstrauen zur Gewalt in der kommenden Generation, und vor allem stärkte sich jener so notwendige Optimismus, dass wir, welcher Nation immer wir zugehören, durch

---

[12] Zweig 1, S. 128.

gemeinsame Leistung in Europa alle politischen, alle wirtschaftlichen, alle sozialen Schwierigkeiten schließlich doch bemeistern können und die Vorherrschaft behalten, die wir seit zweitausend Jahren auf dieser 'kleinen Halbinsel Asiens', wie sie Nietzsche nennt, vor der Geschichte behauptet haben."[13]

Dazu bedarf es eines neuen Bildungssystems, das eine neue Elite, eine „geistige Armee" heranbildet, die Fremdsprachen kennt, viel reist und sich die lebendige Sprache und Kultur anderer Völker aus eigener Erfahrung aneignet und an einer europäischen Universität studiert. Und es muss auch eine europäische Akademie errichtet werden, die einzelne Akademien der Länder umfasst. Und die Verantwortung der Intellektuellen ist es, ein gemeinsames europäisches Organ, eine Zeitschrift herauszugeben, die frei von den Unwahrheiten der Politiker ist und immer nur authentische Nachrichten veröffentlicht. Das ist also der Weg nach Stefan Zweig zur moralischen Entgiftung Europas: eine „langfristige, sehr sorgsam und liebevoll zu beginnende Kur", nach der die neue Jugend „Europa neben dem eigenen Vaterland als gemeinsame Heimat betrachten wird"[14] – So sieht die Vision eines österreichischen Weltbürgers einer untergegangenen Zeit aus, der noch auf die Kraft der Humanität des Geistes und der Moral hofft. Und so bleibt seine Vision eine Vision und Utopie, weil die Macht, die von Gewalt lebt, keine Vernunft und Moral kennt. 1942 wählt Stefan Zweig in Petrópolis bei Rio de Janeiro den Freitod: aus Schwermut über die Zerstörung seiner „geistigen Heimat Europa."

Ungarn

In der ungarischen Literatur und im Geistesleben seien in diesem Zusammenhang vier Namen dieser Epoche hervorzuheben: die Dichter, Schriftsteller, Essayisten und Übersetzer Mihály Babits und Dezső Kosztolányi, der Komponist Béla Bartók und der Dichter Attila József. In seinem Essay *Nemzet és Európa* (Nation und Europa, 1934) reflektiert Babits über Julien Bendas *Reden an die europäische Nation* (1932) und ähnlich wie Stefan Zweig

---

[13] Zweig, Stefan: Die moralische Entgiftung Europas. In: Stefan Zweig: Zeit und Welt. Frankfurt am Main 1981, S. 109. (Des Weiteren zitiert: Zweig 2 und Seitenzahl)
[14] Zweig 2, S. 113.

betont er im Gegensatz zu Benda: „Aber wir glauben nicht, dass die europäischen Nationen der künftigen, europäischen Nation nichts schenken oder vererben könnten und dass wir alle Schätze unserer Nationalkulturen auf dem Altar der europäischen Einheit aufopfern müssten."[15] Babits gibt zwar zu, dass man gewisse Opfer bringen muss, aber diese Opfer können nur nützlich sein, wenn sie im Namen der Wahrheit für die Wahrheit und nicht aus manipulativen politischen Interessen dargebracht werden. 1941 veröffentlicht Babits *Die Geschichte der europäischen Literatur*, in der er von Homer bis zum II. Weltkrieg die europäische Literatur im Sinne des Goetheschen Weltliteratur-Begriffs behandelt, und zur Schlussfolgerung kommt, dass nach dem Fin de siècle die „Weltliteratur" gefährdet und sogar bedroht ist, zerstört zu werden.

Neben Mihály Babits ist wohl sein Freund Dezső Kosztolányi jener Dichter, der sich als humanistischer Bürger engagiert für die Idee eines einheitlichen Europas eingesetzt hat, aber es muss wieder betont werden, dass er als Künstler und nicht als Politiker oder politisch engagierter Dichter diese Idee vertreten hat. Kosztolányi sieht auch, dass die reine und wahre Idee eines einheitlichen Europas nur eine Illusion sein kann, weil die Politik keine Angelegenheit des Künstlers sei. Davon zeugt sein Gedicht *Europa*, das 1930 in der Literaturzeitschrift *Nyugat* veröffentlicht wurde.

Europa, an dich,
nach dir, zu dir fliegt mein Ruf
in blinder Verwirrung des Jahrhunderts,
und während andre Nachtglocken läutend Tote begraben,
begrüß ich dich mit schallenden Dithyramben:
„Guten Morgen".

Ah, du uralter Erdteil,
du altes, raues, heiliges und erhabenes,
Erzieher der Seelen, Wohlgeruch und Geschmack
filterndes, wundertätiges, hochstirniges, buchspendendes,
uraltes Europa.

Bist du auch wie eine Stiefmutter zu mir, ich kämpfe um dich

---

[15] Babits, Mihály: Nemzet és Európa. In: Babits Mihály: Esszék és tanulmányok. Bd. 2. Budapest 1978, S. 432. Deutsch von G. H.

und schlage dich mit Mund und beschwöre dich mit Küssen
und unterjoche dich mit Worten, dass du mich endlich lieb gewinnst.

Wer könnte mich von hier wegreißen,
wegreißen von deiner Brust?
War ich vielleicht nicht ein treuer Sohn deiner schon immer;
hockte ich nicht nachts beim Lampenlicht
von meiner frühen Kindheit an über deiner Lektion und lernte, die du mir gegeben,
und achtete, bewunderte deine Rede in hundert Zungen,
dass all ihre Worte in mein Herz hineingeschlichen sind?

Seitdem wird mein Lallen verstanden,
ich habe Hunderte von Verwandten, wohin ich auch getrieben,
und habe Tausende von Brüdern, wohin ich auch gerissen werde.
Sah ich die nette Tante nicht in Köln
im Regen schlurfen und in Paris
die leichten Sprünge entzückender französischer Mädchen
und das silbern schillernde Haar der Lords in London
und aß und trank ich nicht in Arbeitervierteln,
in Familienstuben mit lauten Italienern?
Und tat mir nicht weh bis ins Mark hinein die
Langeweile der blassen Slawen, der müde, goldene
Schimmer ihres Trübsinns?
All die Völker dieser Erde gehören mir lieb,
mein Herz weitet sich aus und nimmt sie alle auf.

Nehmt auch ihr mich auf
In eurem Herzen
Und ihr, Hornbläser
ferner Länder, ihr Dichter,
rechtet um uns zu Haus mit denen,
die mit uns rechten, um unsere Mütter – und wir rechten
dann um euch bei uns zu Haus, dass eure Mütter leben können.
Ruft gemeinsam,
Ihr mutigen Geister Europas, ihr Dichter,
dass nur feige Bestien auf ihrem Lager versteckt liegen

und nur blinde Maulwürfe Tunnel in der Erde graben.
Singt und verkündet gemeinsam,
ihr, Lichter, Fürsten, Geistes-Fürsten,
dass die Seele unser Schloss ist, ein Luftschloss ist unser Schloss,
an dem bauen wir mit harter Liebe und Luftworten,
dass es in den Himmel ragt.
Beginnt, ihr Dichter, Soldaten des Luftschlosses,
vom Grund auf wieder zu bauen.
(Deutsch von Géza Horváth)

Kosztolányis Gedicht *Europa* ist eine Hymne auf die Liebe, aber kein feierliches, kein religiöses Festlied, sondern ein lebensfroher, ekstatischer, schwärmerischer und hoffnungsvoller Lobgesang, ein Dithyrambus – ein leidenschaftliches und freudetrunkenes Loblied, wie der Dithyrambus ursprünglich eines war auf Dionysos, den Gott des Rausches und der Verwandlung. Der Dichter ruft in Ich-Form als treues Kind die „Stiefmutter" Europa an. Er trotzt der „Verwirrung des Jahrhunderts", einer dunklen und verzweifelten Zeit, wo überall nur Tod und Verwesung spuken und Tote begraben werden, und er begrüßt den alten Kontinent mit frischem und lautem Jauchzen. Er kümmert sich nicht um Nacht und Tod, er heißt den hellen Morgen, den Neuanfang, die Wiedergeburt willkommen, indem er den uralten Erdteil mit seinen, für den Dichter wichtigen, Geist und Kultur fördernden Attributen („Erzieher der Seelen", „wundertätig", „hochstirnig", „buchspendend") evoziert. Das Kind-Stiefmutter-Verhältnis zwischen dem Dichter und Europa versucht der Ich-Dichter durch Treue und fleißiges Lernen, Kennenlernen von Hunderten Zungen anderer Nationen in ein Liebesverhältnis umzuwandeln und er appelliert immer wieder an die Seele und das Herz. Als kleiner Stiefsohn kommt er sich vor, weil er sich als Ungar und Dichter mit seiner ungarischen Dichter-Zunge unter den germanischen (unter Deutschen: Tante in Köln und Engländern: Lords in London), unter romanischen (unter französischen Mädchen und lauten Italienern) und unter slawischen Sprachen und Nationen – unter „Indoeuropäern" also als Kleinkind fremd und vereinsamt fühlt. Er lernt sie aber langsam – wie das Kind allmählich seine Umgebung – kennen und lieben und wird ihr Verwandter und Bruder. Und nun werden Nationalcharakteristika eingeblendet: die alte und nette Tante im regnerischen Köln, junge und feenhaft-entzückende französische Mädchen, reiche und elegant-kühle Lords in London, arme und laute Italiener und trübsinnige Slawen.

Und jetzt wendet sich der Dichter an seine Gefährten aus anderen Sprachen und Nationen, die gemeinsam als „Hornbläser", „mutige Geister", „Lichter", „Fürsten", „Geistesfürsten" und „Soldaten des Luftschlosses" zu einer gemeinsamen – übernationalen – Heimat mit einer einzigen Sprache der Kunst und der Liebe gehören.

Beginnt das Gedicht mit einer allgemeinen Todesstimmung anderer / Nicht-Dichter, so endet es mit der Apotheose einer geistigen Gemeinschaft der Dichter, wo Herz, Seele, Liebe die Schlüsselbegriffe sind, wo es nicht auf die vielen Einzelsprachen, auf die vielen Nationen ankommt, wo sie überwunden und in einer höheren Gemeinschaft aufgehoben werden, wo nur eine gemeinsame Sprache – die Liebe – zählt, die mit „Luftworten" ein neues, gemeinsames „Luftschloss" erbaut, eine neue, imaginäre Heimat in der Höhe. Es handelt sich um eine Rücknahme der Zersplitterung der Sprachen und Nationen beim Bau des Turms von Babel. Es handelt sich um einen neuen Turmbau, wobei alle Menschen unter Obhut der geistigen Elite der Intellektuellen wieder eine Sprache sprechen und in einer gemeinsamen und paradiesischen Heimat leben, zum Himmel strebend, wenn sie bloß ihre bösen Eigenschaften wie Hass, Übermut, Habgier loszuwerden vermögen.

In der Musikgeschichte ist es üblich, dass Komponisten auf ihre Vorfahren oder auf Elemente der Volksmusik zurückgreifen (wie z. B. J. S. Bach, F. Liszt, F. Chopin etc.). Weltweit ist aber Béla Bartók der erste am Anfang des 20sten Jahrhunderts, der bemerkt hat, dass Liszt beispielsweise die sog. „Volksmusik" aus mittelbaren urbanisiert-, vereinfacht- und dekorierten Bearbeitungen kennt und er entschließt sich deshalb (zusammen mit Zoltán Kodály) die Volksmusik, d.h. die Bauernmusik unmittelbar vor Ort, d.h. „aus reiner Quelle" zu schöpfen.

Am Anfang des 20. Jahrhunderts fangen die Auswüchse der Spätromantik an unerträglich zu werden [...] Wir haben das Gefühl: auf diesem Wege geht es nicht weiter; es gibt keinen anderen Ausweg, als eine schroffe Abkehr vom 19. Jahrhundert. In dieser Abkehr, oder sagen wir Renaissance, fanden einige Komponisten eine unschätzbare Hilfe in der bis zu jener Zeit fast unbekannten Bauernmusik im engsten Sinne des Wortes. Die Bauernmusik ist, was die Formgebung anbetrifft, das vollkommenste und mannigfaltigste, was man sich vorstellen kann; ihre Ausdruckskraft ist unglaublich stark, dabei ist sie gänzlich frei von jeder Art Sentimentalität und von jedem überflüssigen Dekorationswerk. Oft ist sie bis zur Primitivität einfach, aber niemals einfältig. Ein geeigneterer Ausgangspunkt zu einer Renaissance der Musik ist kaum vorstellbar. Die Hauptbedingung ist, dass der Komponist die Bauernmusik seines Landes in demselben Maße kennenlernt und die Ausdrucksweise derselben ebenso beherrscht wie der Dichter seine Muttersprache.[16]

Es kommt Bartók also nicht auf eine Nachahmung der Bauernmusik an, sondern auf eine schöpferische Aneignung und auf den Ausdruck derselben – ähnlich, wie Goethe auf seiner ersten italienischen Reise in den Bauwerken des Renaissance-Architekten Palladio die Antike entdeckt hat: sie sind keine Nachahmungen, sondern organisches Einverleiben (Bartóks Begriff dafür!) in das eigene künstlerische Schaffen. Das Reine – Unversehrte und Unverdorbene – in seiner Reinheit ergreifen und sie in eine neue Sprache übersetzt neu beleben lassen, das sei die Aufgabe des wahren Künstlers, denn:

> Ein jeder künstlerisch Schaffender hat das Recht, seine Kunst aus einer bereits dagewesenen Kunst erwachen zu lassen. Ja, es ist eine Kunst sogar undenkbar, die ihre Wurzeln nicht in einer vorhergehenden Epoche hätte. Weshalb sollte es denn gerade der Bauernmusik des Ostens, einem der wertvollsten Dokumente der Musik, versagt sein, als Ausgangspunkt einer neuen Kunst zu dienen? Es kommt ja nicht darauf an, was man benützt, sondern wie man es benützt. Denn das wichtigste im künstlerischen Schaffen – nicht nur in der Musik, sondern in jeder Kunst – ist nicht das Erfinden des Materials, sondern die Gestaltungskraft.[17]

Nach Bartóks Meinung verhalten sich z. B. Igor Strawinski und auch Frédéric Chopin in diesem Sinne zur Volksmusik, auch wenn sie wohl keinen unmittelbaren Kontakt zur sog. „Bauernmusik" hatten. Dank ihrer Quellen und ihrem Genius haben sie jedoch das Wesen der reinen Bauernmusik und nicht ihr Dekorationswerk ergriffen. Das ist also Bartóks Antwort auf

---

[16] Bartók, Béla: Volksmusik und ihre Bedeutung für die neuzeitliche Komposition. In: Bartók Béla írásai 1. Budapest 1989, S. 254. (Des Weiteren zitiert: Bartók und Seitenzahl) Der Aufsatz wurde von Bartók in deutscher Sprache abgefasst, und er erschien zuerst 1932.
[17] Bartók, S. 259-260. Nach Bartók gibt es in dieser Hinsicht einen wesentlichen Unterschied zwischen Ost- und Westeuropa, weil sich in letzterem die Kultur der sog. Stadtbevölkerung von der Kultur der Bauern infolge historischer Entwicklung nicht in dem Maße unterscheidet, wie im ersteren.

die Krise der Künste und auf den „Verfall der Werte" um die Jahrhundertwende – mindestens in Ost- und Südeuropa –: aus der Volkskunst schöpfend (sei sie nun ungarisch, serbisch, polnisch, rumänisch oder russisch) eine neue Sprache schaffen. Bartók übersetzt eine alte – und unberührte – „Nationalsprache" in eine moderne „übernationale Sprache". Und weil er das in der Sprache der Musik geleistet hat, sind er und seine Musik weltweit bekannt geworden und geblieben.

Zur nächsten Dichter-Generation gehört einer der bedeutendsten ungarischen Dichter des Jahrhunderts und der gesamten ungarischen Literatur schlechthin, der früh verstorbene Attila József, der sich in seinem Gedicht *Thomas Mann zum Gruss* (1937) auch wenn nicht unmittelbar mit der Idee eines einheitlichen Europas, aber mit dem Phänomen des Europäertums auseinandergesetzt hat. Das Gedicht ist eine Hommage an den deutschen Schriftsteller Thomas Mann, der mehrmals Ungarn besuchte und gute Kontakte zu ungarischen Künstlern und Mäzenen hatte. In mehreren seiner literarischen Werke kommen Bezüge zu Ungarn vor (Naphta – Georg Lukács – In *Der Zauberberg*, Madame Tolna in *Doktor Faustus*, etc.) Thomas Mann hat auch ein Vorwort zu Dezső Kosztolányis Roman *Nero, der blutige Dichter* geschrieben.[18]

> Dem Kinde gleich, das sich nach Ruhe sehnt
> und sich schon müde in den Kissen dehnt
> und bettelt: Ach, erzähl mir was, bleib da...
> (dann ist das böse Dunkel nicht so nah)
> und das – sein kleines Herz schlägt hart und heiß –,
> was es sich eigentlich da wünscht, nicht weiß:

---

[18] Auf Einladung der Literaturzeitschrift Szép Szó (Schönes Wort), dessen Chefredakteur Attila József war, kam Thomas Mann am 13. Januar 1937 nach Ungarn. Er hielt einen Vortrag im Magyar Színház (Ungarisches Theater). Aus diesem Anlass schrieb Attila József ein Gedicht, das Baron Lajos Hatvany ins Deutsche übertrug. Das Gedicht konnte allerdings nicht verlesen werden, weil die Genehmigungsabteilung des Polizeipräsidiums, die Abteilung für Staatsordnung es nicht für geeignet hielt, das Gedicht vor der Öffentlichkeit in einer unpolitischen Sitzung vorzutragen. Die ungarische Leserschaft kannte Mann sehr gut, fast alle seiner Werke sind in ungarischer Übersetzung erschienen, ein Kapitel aus dem Roman *Der Zauberberg* wurde sogar in der Literaturzeitschrift Nyugat (Westen) vor dem deutschen Erscheinen des Romans publiziert (10 Seiten aus dem Kapitel Das Thermometer in der Übersetzung von Dezső Kosztolányi, Nyugat, 1922. Nr. 2.). Thomas Manns Äußerung über diese Begebenheit erschien am 14. Januar im Magyar Hírlap (Ungarisches Nachrichtenblatt). „Als Gast habe ich kein Recht, die Maßnahmen der Behörden zu kritisieren. Dem Dichter, der mich mit einem Gedicht beehrt hat, bin ich aber durchaus dankbar. Dieses Gedicht wurde mir ins Deutsche übersetzt, so konnte ich seine Schönheit genießen."

das Märchen oder daß du bei ihm bist –
so bitten wir: Bleib eine kurze Frist!
Erzähl uns was, selbst wenn wir es schon kennen!
Sag, daß wir uns mit Recht die Deinen nennen!
Daß wir, mit dir vereint, deine Gemeinde,
des Menschen wert sind und des Menschen Freunde.
Du weißt selbst, daß die Dichter niemals lügen.
So laß die Wahrheit, nicht die Fakten siegen,
die Helle, die dem Herzen du gebracht –
denn unsre Einsamkeit, das ist die Nacht.
Laßt heut uns, Freunde, uns durchschaun! So sah
Hans Castorp einst den Leib der Frau Chauchat.
Kein Lärm, der durch des Wortes Vorhang dringt...
Erzähl, was schön ist und was Tränen bringt.
Laß, nach der Trauer, endlich Hoffnung haben
uns, die wir Kosztolányi grad begraben...
Ihn fraß der Krebs nur. An der Menschheit Saat
frißt tödlich schrecklicher der Dschungelstaat.
Was hält die Zukunft noch in ihrem Schoß?
Wann bricht das Wolfsgeschmeiß gegen uns los?
Kocht schon das neue Gift, das uns entzweit?
Wie lang noch steht ein Saal für dich bereit?
Das ist's: Wenn du sprichst, brennt noch unser Licht,
es leisten auf ihr Mannsein nicht Verzicht
die Männer, Frauen lächeln wunderbar,
noch gibt es Menschen (doch sie wurden rar...)
Setz dich! Fang an! Laß uns dein Märchen hören!
Und manche – doch sie werden dich nicht stören –
schauen dich nur an. Sie wollten zu dir gehn,
den Europäer unter Weißen sehn...
(Deutsch von Stephan Hermlin)

Attila Józsefs Gedicht ist 1937 entstanden – sieben Jahre nach Kosztolányis Europa-Gedicht, sechs Jahre nach Stefan Zweigs Essays und zwei Jahre vor dem Ausbruch des Zweiten Weltkriegs. Die zeitgeschichtliche Situation ist noch zugespitzter als nach dem Ersten Weltkrieg und während der Weltwirtschaftskrise vor Hitlers Machtergreifung. Die Position des Dichters ist ähnlich der im Kosztolányi-Gedicht: Wie ein verwaistes, müdes Kind, das keine Ruhe vor dem Schlafengehen findet, bittet er in seinem eigenen Namen und im Namen der Zuhörerschaft, die genauso angsterfüllt und der düsteren Zeit ausgeliefert ist, wie der Dichter, ihn, ihm und dem Publikum einem Vater gleich, Geborgenheit zu geben. In der dunklen und traurigen Einsamkeit der Nacht sehnt er sich nach Helligkeit und Wahrheit und Bestätigung, dass der Dichter und die wenigen, die sich versammelt haben, um den großen Erwachsenen zu hören, zu den immer raren werdenden und wahren Menschen gehören. Das Licht des Dichters erhellt die Dunkelheit, durchstrahlt die „Fakten" (die Wirklichkeit) und entlarvt die Wahrheit hinter dem Schein der Wirklichkeit, so wie in Thomas Manns Roman *Der Zauberberg* Madame Chauchats Brustkorb mit Röntgenstrahlen durchleuchtet wird. Der Märchenerzähler, dessen bloße Gegenwart beruhigend wirkt, hat also neben der Funktion des Vaters auch die des Arztes, der die Symptome einer unsichtbar herumschleichenden, infektiösen und tödlichen Krankheit feststellt. Durch eine Verallgemeinerung und Steigerung der konkreten Krebskrankheit des Dichterfreundes Kosztolányi gewinnt die tödliche Krankheit der Zeit, an der die ganze Menschheit leidet, eine globale Dimension. In der freien Übertragung von Stephan Hermlin vernichtet der „Dschungelstaat" (Wildnis) die vom Menschen kultivierte Erde – also die Kultur (im Original frisst der Krebs am Körper der ganzen Menschheit). An einen blassen Hoffnungsschimmer geklammert bittet der Dichter am Ende des Gedichts den Redner, den Verwahrer humanistischer Werte, den wahrsagenden Dichter, Vater und Arzt, „den Europäer unter Weißen" sein Märchen zu erzählen, das beruhigen und Mut einflössen soll – um so mehr, weil es vielleicht die letzte Chance zum Märchenerzählen, d.h. zum Wahrsagen ist. Der Dichter gehört also auch bei József zu einer geistigen Elite, einer übernationalen Gemeinschaft, deren Mitglieder verpflichtet sind, die Wahrheit, die hinter der politisch manipulierten Wirklichkeit verhüllt wird, zu enthüllen, auch wenn er durch sein Wahrsagen und Entlarven der tödlichen Krankheit „nur" eine moralische Reinigung und Bestätigung humanistischer Werte inmitten des Schmutzes politischer Lügen herbeiführen kann.

    Die im Aufsatz behandelten Persönlichkeiten der geistigen Elite in Österreich und Ungarn, die sich mit dem Europa-Gedanken auseinander gesetzt haben, sind sich voll bewusst, dass der Dichter in einer verwilderten Zeit der Macht und Gewalt, die im schmutzigen Strom der Geschichte hin und her gerissen wird, verantwortungsvoll, ehrlich und offen nur die Wahrheit verkünden und vertreten kann, auch wenn seine Bestrebungen als Sisyphusarbeit erscheinen. Am Anfang der dreißiger Jahre hatte die Hoffnung auf eine vernünftige, menschenwürdige, friedliche Lösung – auch im politischen Sinne – in Europa eine größere Chance als kurz vor dem Zweiten Weltkrieg – die Position des Dichters kann sich aber nicht ändern, auch wenn sie notgedrungen immer aussichtsloser und düsterer wird.

PETER KLIMCZAK

„Alle Polen tragen Schnurrbärte"

Zum Umgang mit Abweichungen in Kultur und Literatur und der besonderen semantischen Funktion der Metatilgung in Lotmans Grenzüberschreitungstheorie

Steffen Möller leitet seinen Bestseller *Viva Polonia. Als deutscher Gastarbeiter in Polen* mit folgenden Worten ein:

> Als Kind habe ich eine Zeit lang Briefmarken gesammelt. Obwohl ich die Sache eher halbherzig betrieb, verdanke ich diesem Hobby doch meine erste Begegnung mit Polen. An den wenigen polnischen Marken, die ich ergattern konnte, faszinierte mich nämlich der Aufdruck „Poczta Polska", zu deutsch: Polnische Post. Der Stabreim ging mir so ein, dass ich stundenlang vor mich hinsagen konnte: „Potsta polska, potsta polska". Kurze Zeit später stellte ich dann die erste allgemeingültige Behauptung über die Polen auf: Es war Anfang der achtziger Jahre, und ich sah im Fernsehen, wie Wojtek Fibak Tennis spielte und Lech Walesa Werften besetzte. „Alle Polen tragen Schnurrbärte". Schon bald musste ich den Satz differenzieren. Der böse General Jaruzelski, der 1981 das Kriegsrecht ausrief, trug nämlich leider keinen Schnurrbart. Ich reformulierte meine These so: „Alle guten Polen tragen einen Schnurrbart." Doch auch diese neue Aussage schrie förmlich nach einer weiteren Verfeinerung, da ja auch Papst Johannes Paul II., der so gut Deutsch konnte, keinen Schnurrbart trug. Ich grübelte lange und fand schließlich eine Lösung: „Päpste zählen nicht." Im vorliegenden Buch mache ich eigentlich genau das Gleiche. Ich stelle Behauptungen über Polen und die Polen auf, deren Grundlage sehr subjektive Beobachtun-

gen sind, aus denen ich höchst allgemeingültig klingende Schlüsse ziehe. Darf man das?[1]

Im Folgenden wird es mir – wie übrigens auch Steffen Möller – nicht um diese bedeutende, letztendlich aber wohl nicht beantwortbare Frage gehen, sondern um den Umgang mit Abweichungen in Literatur und Kultur. Das beschriebene Verhalten von Klein-Steffen soll mir dazu als Beispiel dienen, weshalb sein Gedankengang zunächst auch expliziert und abstrahiert werden soll.[2]

I.

Klein-Steffens erster Schritt ist – wie Groß-Steffen an dieser Stelle noch explizit ausführt – das Aufstellen einer „allgemeingültige[n] Behauptung", nämlich der, dass alle Polen Schnurrbärte tragen. Zu dieser These gelangt Klein-Steffen durch induktives Schließen. Er lernt zwei Polen kennen und beobachtet, dass beide Schnurrbärte tragen. Und da es die zwei einzigen Polen sind, die er zu jener Zeit kennt, er also keinen Polen kennt, der keinen Schnurrbart trägt, schließt er daraus das bereits Gesagte. Dieses Vorgehen ist genau jenes, das der Autor infrage stellt: das Aufstellen von „Behauptungen [...] [auf] Grundlage sehr subjektive[r] Beobachtungen". In dieser Hinsicht könnte und müsste an jener Stelle die Beschreibung der Gedankengänge Klein-Steffens dann auch enden. Bekanntermaßen tut sie das aber nicht; sie wird erweitert und zwar um zwei weitere analoge Gedankenschritte. Diese Erweiterung und insbesondere die durch die Analogie zustande kommende Redundanz ist es, weshalb ich das Ganze eben nicht als Beispiel für die Konstruktion von Klischees oder Stereotypen ansehe, sondern als Beispiel für die eintretende Problemsituation im Anschluss an eine derartige Konstruktion.

---

[1] Zitiert nach: Möller, Steffen: Viva Polonia. Als deutscher Gastarbeiter in Polen. Frankfurt a. M. 2009, S. 5 f. Doppelte Anführungszeichen markieren im Folgenden Zitate aus diesem Textausschnitt.
[2] Um keine Missverständnisse aufkommen zu lassen, sei bereits an dieser Stelle gesagt, dass ich mir im Klaren bin, dass das beschriebene Vorgehen von Klein-Steffen nur bedingt dem eines Kindes entspricht – vielmehr ist es das Vorgehen des großen Steffen, der ein Buch geschrieben hat und – vielleicht noch wichtiger – Philosophie studierte. Maximal handelt es sich also um das Vorgehen eines Kindes, das auf (popularisierte) Art und Weise eines in der formalen Logik geschulten Philosophen wiedergegeben wird. Und dennoch – ja geradezu deswegen – eignet es sich für mein Unterfangen.

„ALLE POLEN TRAGEN SCHNURRBÄRTE"

Kurze Zeit später lernt Klein-Steffen nämlich einen dritten Polen kennen und der trägt auffälligerweise keinen Schnurrbart mehr. Diese empirische/ontologische Evidenz steht damit aber im Widerspruch zu seiner These, die ihm im Falle des Gegebenseins eines Polen durch nun deduktives Schließen die Vorhersage machen lässt, dass dieser einen Schnurrbart trägt resp. tragen würde, resp. tragen müsste. Induktion und Deduktion sowie Ideologie – wertfrei verstanden als das Weltbild Klein-Steffens über die Polen – und Empirie/Ontologie (also das evidente Gegebensein eines Polens, der keinen Schnurrbart trägt) stehen in Widerspruch zueinander. Dieses Problem löst er durch Reformulierung, also Modifizierung seiner These und zwar in Form einer Differenzierung.

Es heißt nun nicht mehr ‚Alle Polen tragen Schnurrbärte', diese These ist ja nicht mehr haltbar, sondern ‚nur' noch „Alle guten [!] Polen tragen einen Schnurrbart". Möglich wird die Modifikation dadurch, dass Jaruzelski als böser Mensch angesehen wird und dieses [BÖSE-SEIN] beim Differenzieren zwischen [BÖSE-SEIN] und [NICHT-BÖSE-SEIN] resp. [BÖSE-SEIN] und [GUT-SEIN] ihn in Opposition bringt – nicht nur zu Lech Walesa, sondern eben auch zu Wojtek Fibak. Mit anderen Worten: Mittels Differenzierung bleibt auch weiterhin eine bestimmte Menge an Personen mit dem ursprünglichen Merkmal charakterisierbar/semantisierbar. Das jedoch nur solange bis Karol Wojtyła Papst wurde und damit auch Klein-Steffen bekannt wird. Auch jetzt kollidiert seine Ideologie mit der gegebenen Empirie/Ontologie. Wojtyła als Pole und guter Mensch müsste eigentlich einen Schnurrbart tragen. Doch das tut er nicht. Es bedarf also „einer weiteren Verfeinerung", was nichts anderes heißt, als dass nun mittels der trivialen Differenzierung zwischen [PAPST-SEIN] und [NICHT-PAPST-SEIN] folgende These gilt:[3] ‚Alle guten Polen, die nicht Papst sind, tragen Schnurrbär-

---

[3] Wenn man präziser sein wollen würde, dann müsste man einen Konjunktiv anstatt eines Indikativs verwenden. Die These ‚Alle guten Polen, die nicht Papst sind, tragen Schnurrbärte' wird explizit ja so nicht gesagt. Es heißt nur, dass er ‚lange grübelte' („Ich grübelte lange") und dann die folgende „Lösung" fand: „Päpste zählen nicht". Es besteht also durchaus die Möglichkeit, dass dies nicht in dem oben verstandenen Sinne zu deuten/formalisieren ist, sondern derart, dass die Existenz des Papstes ignoriert und damit quasi neutralisiert wird und damit auch die These unverändert bleibt, also auch weiterhin ‚Alle guten Polen tragen Schnurrbärte' heißt. Meines Erachtens sprechen gegen diese Interpretationen aber zwei Fakten: Erstens heißt es ja nicht ‚Der Papst zählt nicht', sondern ‚Päpste zählen nicht'. Explizit damit nicht nur der empirisch gegebene polnische Papst, sondern alle Päpste gemeint, also eine Kategorie. Mit anderen Worten: Referenzobjekt ist nicht mehr die konkrete Person – und nur diese stellt das Problem dar – sondern eine abstrakte Kategorie. Die Wiedergabe/Formalisierung des ‚Päpste zählen nicht' mittels eines Merkmals [NICHT-PAPST-SEIN] sollte vor diesem Hintergrund

625

te'. Zwei mal kommt Klein-Steffen also in die Situation, dass etwas empirisch/ontologisch gegeben ist, was es ideologisch nicht geben sollte.[4]

II.

Und genau in dieser Hinsicht besteht eine Parallele zur Lotman-Rennerschen *Grenzüberschreitungstheorie*.[5] Dabei handelt es sich nicht um eine kulturwissenschaftliche, sondern eine primär literatur- und medienwissenschaftliche Theorie der Narration. Das Besondere an ihr ist, dass sie ein *Ereignis* als das Zustandekommen eines *ereignishaften Zustandes* definiert und einen ereignishaften Zustand als Inkonsistenz zwischen einer gegebenen *Grundordnung* und einer tatsächlichen *Merkmalskombination*.

---

damit nicht mehr als so verkehrt erscheinen. Zweitens, und meiner Meinung nach entscheidender, ist folgende, direkt vor der Angabe der ‚Lösung' angebrachte, Textstelle: „Doch auch diese neue Aussage schrie förmlich nach einer weiteren Verfeinerung". Damit wird recht explizit angeführt, dass die These ‚Alle guten Polen tragen Schnurrbärte' zu modifizieren ist. Wenn aber nun die ‚Lösung' derart verstanden werden soll, dass die Existenz Karol Wojtylas ignoriert wird, dann bestünde ja auch kein Bedarf mehr die These zu reformulieren, d.h. weiter zu verfeinern. Das aber wird kurz zuvor noch als Notwendigkeit angeführt. Zwar könnte man dagegen einwenden, dass das Ignorieren der Existenz des Papstes nicht nur die Lösung für das Problem darstellen soll, dass Empirie/Ontologie und Theorie nicht übereinstimmen, sondern, falls die notwendige ‚Verfeinerung' als das Problem angesehen wird, das Ignorieren eine Möglichkeit darstellt diese ‚Verfeinerung' nicht vornehmen zu müssen. Dagegen spricht m.E. aber die Unsicherheit, ob die nötige ‚Verfeinerung' auch tatsächlich als Problem angesehen werden kann/muss und zudem die sich in einem solchen Fall ergebende recht beachtliche Leistung an Wirklichkeitsverdrängung: Klein-Steffen müsste ja nicht nur die Existenz des Papstes verdrängen, sondern auch die Notwendigkeit der ‚Verfeinerung' seiner These. (Und sogar wenn all das zutreffen sollte, dann gilt nach wie vor das erste gegen diese Interpretation angeführte Argument).
[4] Und in beiden Fällen löst er den damit entstandenen Widerspruch durch Anpassung seiner Ideologie an die gegebene Ontologie/Empirie.
[5] Die Vorstellung der Theorie kann und muss im Folgenden nicht vollständig erfolgen. Sie beschränkt sich v.a. auf die Aspekte, die zum Verständnis notwendig sind. Will man mehr erfahren, so ist die ausführliche und gut verständliche Einführung von Hans Krah die erste Wahl: Krah, Hans: Einführung in die Literaturwissenschaft/Textanalyse. Kiel 2006, S. 280-374. Ursprünglich entwickelt wurde die Theorie in folgenden Texten: Lotman, Jurij: Zur Metasprache typologischer Kultur-Beschreibungen. In: Aufsätze zur Theorie und Methodologie der Literatur und Kultur. Hg. v. Karl Eimermacher. Kronberg 1974, S. 338-377; ders.: Die Entstehung des Sujets typologisch gesehen. In: Aufsätze, S. 30-65; ders.: Die Struktur literarischer Texte. München [4]1993, S. 300-401 sowie Renner, Karl N.: Der Findling. Eine Erzählung von Heinrich von Kleist und ein Film von George Moorse. Prinzipien einer adäquaten Wiedergabe narrativer Strukturen. München 1983; ders.: Zu den Brennpunkten des Geschehens. Erweiterung der Grenzüberschreitungstheorie: Die Extrempunktregel. In: Strategien der Filmanalyse. Hg. v. Ludwig Bauer, Elfriede Ledig, Michael Schaudig. München 1987, S. 115-130.

„ALLE POLEN TRAGEN SCHNURRBÄRTE"

Während ‚Merkmalskombination' trivial zu verstehen ist, nämlich als eine zu einem bestimmten Zeitpunkt gegebene Merkmalskombination, eben die Kombination von [POLE-SEIN] und [NICHT-SCHNURRBARTTRÄGER-SEIN] in Form eines Polen, der keinen Schnurrbart trägt, wird als ‚Grundordnung' eine bestimmte Anzahl an *Ordnungssätzen* verstanden, formuliert in Form von (allquantifizierten Implikationen bzw.) *Allsätzen* – wie eben ‚Alle Polen tragen Schurrbärte'. Die Grundordnung stellt das Weltbild, die Ideologie des Textes resp. einer Figurengruppe oder Figur dar und die Merkmalskombination wiederum wird durch die zum jeweiligen Zeitpunkt vorherrschende empirische/ontologische Situation bestimmt.

Die Parallelen zwischen der Lotman-Rennerschen Grenzüberschreitungstheorie und dem hier vorliegenden Beispiel sind damit aber noch nicht erschöpft. Wie im Beispiel auch geht es in der Theorie nicht primär darum, wie es zu einer inkonsistenten/ereignishaften Situation, also zum Widerspruch zwischen Ideologie und Empirie/Ontologie gekommen ist, sondern darum, wie dieser Widerspruch behoben werden kann, d.h. also wie die inkonsistente/ereignishafte Situation in eine konsistente ereignislose Situation überführt werden kann. Mit anderen Worten: Obwohl es sich bei der Lotman-Rennerschen Grenzüberschreitungstheorie um eine primär literatur- und medienwissenschaftliche Theorie handelt, ergeben sich mit dem hier vorliegenden kulturellen Beispiel genügend Schnittpunkte, sodass eine Betrachtung/Reflexion dieses Beispiels mittels des durch die Grenzüberschreitungstheorie bereitgestellten Modells lohnenswert, zumindest aber möglich, erscheint.

Wie bereits beschrieben löst Klein-Steffen den Widerspruch zwischen Ideologie und Empirie/Ontologie in beiden Fällen dadurch, dass er die Ideologie an die Empirie/Ontologie anpasst. In der Terminologie des Lotman-Rennerschen Modells erfolgt damit eine *Ereignistilgung mittels Änderung der Grundordnung*. Die ereignisverursachende Merkmalskombination [POLE-SEIN] und [KEINEN-SCHNURRBART-TRAGEN] im ersten Fall und [POLE-SEIN] und [GUT-SEIN] und [KEINEN-SCHNURRBART-TRAGEN] im zweiten Fall bleibt jeweils erhalten. Was sich ändert, sind die jeweiligen Ordnungssätze/Thesen und zwar derart, dass die genannten Merkmalskombinationen von diesen nicht mehr ausgeschlossen werden.

Diese Art und Weise der Ereignistilgung – die sog. *Metatilgung* – stellt jedoch nur eine von zwei möglichen Varianten der Auflösung von Inkonsistenzen bzw. Tilgung von ereignishaften Situationen dar. Modellogisch kann die Tilgung eines ereignishaften Zustandes auch dadurch erfolgen, dass sich nicht die Grundordnung ändert, sondern die jeweilige ereignisverursachende Merkmalskombination wechselt und zwar derart, dass kein Widerspruch mehr zwischen Ideologie und Empirie/Ontologie besteht. In diesem Falle passt sich sozusagen die Empirie/Ontologie an die Ideologie an. Bezeichnet werden kann diese Ereignistilgungsart als *Ereignistilgung mittels Merkmalsveränderung* bzw. analog zur Terminologie der Ereignistypologie[6] als *normale/gewöhnliche Ereignistilgung*.

III.

Was aber ist damit gewonnen, d.h. mit der Anwendung der Lotman-Rennerschen Grenzüberschreitungstheorie auf das Vorgehen von Klein-Steffen? Zunächst einmal, dass die im konkreten Beispiel vorhandene resp. gewählte Art und Weise der Auflösung des Widerspruchs nicht die einzig mögliche ist, also zumindest theoretisch die Auflösung des Widerspruches auch anders zustande hätte kommen können; konkret also dadurch, dass Jaruzelski sich zeitnah einen Schnurrbart hätte wachsen lassen oder das Zeitliche gesegnet hätte. Gleiches gilt natürlich auch für Karol Wojtyła, wobei in diesem Falle noch die zusätzliche Möglichkeit zur normalen Ereignistilgung darin bestanden hätte, dass er sich doch als böse entlarvt hätte bzw. böse geworden wäre. Jedenfalls würde in diesem Fall keine Merkmalskombination mehr vorliegen, die im Widerspruch zur Ideologie, zur Grundordnung stehen würde.

An dieser Stelle muss man nun aber einwenden, dass es sich hierbei eigentlich um keine wirklichen Alternativen handelt, da sich weder Jaruzelski noch Wojtyła einen Schnurrbart haben wachsen lassen und auch nicht

---

[6] Wie bei der Tilgung von ereignishaften Situationen kann man auch bei der Entstehung von Ereignissen zwei Varianten unterscheiden: das eine Mal durch (Sich-)Ändern der Merkmalskombination und das andere Mal durch (Sich-)Ändern der Grundordnung. Der zweite Fall wird konventionell als *Metaereignis* bezeichnet, der andere zumeist als *normales* oder *gewöhnliches Ereignis*. Diese Benennung ist dabei durchaus aufschlussreich: Da das Gelten des Axioms der *asymmetrischen Opposition* bei einer struktural-semiotischen Theorie (als welche die Lotman-Rennersche Grenzüberschreitungstheorie gelten muss) angenommen werden kann, müsste geschlussfolgert werden, dass das Metaereignis ein ‚nicht-normales'/‚nicht-gewöhnliches' Ereignis darstellt. Hier wäre wiederum zu fragen, was unter normal bzw. gewöhnlich zu verstehen ist, d.h. ist es als normal/gewöhnlich im quantitativen Sinne oder im qualitativen Sinne zu verstehen oder in beiden?

bzw. erst geraume Zeit später gestorben sind. Die von der Theorie her postulierte andere Möglichkeit ist demnach rein kontrafaktisch und daher auch eine nur abstrakt-theoretische, aber nicht in Wirklichkeit mögliche. Mit anderen Worten: Bei der Art und Weise der Ereignistilgung kann man im Falle von Klein-Steffen nicht – wie von mir noch kurz zuvor – von der ‚gewählten' (!) Ereignistilgung sprechen. Die Ereignistilgung mittels Änderung der Grundordnung war aufgrund des Faktischen die einzig mögliche Art und Weise der Ereignistilgung und es bestand daher gerade keine Wahl.

Die Frage, die sich damit aber aufdrängt, ist nun jene, ob diese Nicht-Existenz einer Wahlmöglichkeit (A) nur für diesen konkreten Fall, (B) für alle faktischen Fälle oder (C) auch für fiktionale Fälle gilt. In Bezug auf alle faktischen Fälle muss diese Frage wohl verneint werden, was am einfachsten am Beispiel eines Lehrers oder Erziehers zu verstehen ist: Dieser löst eine auftretende Inkonsistenz zwischen dem Verhalten seines Zöglings und den von ihm vertretenen (normativen) Vorgaben nicht dadurch, dass er diese verändert, sondern indem er auf den Zögling einzuwirken versucht, damit dieser sein Verhalten ändert. Der Lehrer muss aber nicht zwingend so handeln, er könnte natürlich auch seine Vorstellung über das richtige Verhalten ändern. Eine Quasi-Notwendigkeit zu Letzterem besteht nur dann, wenn der Versuch das Verhalten seines Zöglings zu ändern scheitert.

Dass Klein-Steffen also keine andere Wahl hatte, liegt daran, dass das entsprechende Verändern der entsprechenden Merkmalskombinationen nicht in seinem Einflussbereich lag: Er konnte ja weder Jaruzelski noch Wojtyła dazu bringen sich einen Schnurrbart wachsen zu lassen und noch weniger stand es in seiner potenziellen Macht beide zu liquidieren. An dieser Stelle wird auch deutlich, dass es eigentlich nicht so sehr um das Faktische geht, also nicht darum, was getan wurde, sondern darum, ob das Ausüben oder Eintreten der abstrakt-theoretischen Alternative konkret-praktisch im Bereich des Möglichen lag: im Falle Klein-Steffens eben nicht, im Falle des angedachten Pädagogen dagegen schon.

Diese Unterscheidung ist auch deshalb wichtig, da mit ihr nun der Frage im Falle der nicht mehr faktualen, sondern nur noch fiktionalen Situationen nachgegangen werden kann. Und um das Problem nicht übermäßig groß werden zu lassen, sollen nicht alle denkbar möglichen fiktionalen Situationen, sondern nur jene inkonsistente Situationen, die Element von fiktionalen (narrativen) Texten sind, durchdacht werden: Auch in diesen kann nämlich die realisierte Ereignistilgungsart als die faktisch existente angesehen werden. Die Lösung der Inkonsistenz ist schließlich auf diese und nicht jene Art und Weise vorgenommen worden. Doch das Entscheidende ist, dass sie nicht vorgenommen hätte werden müssen. Und das ist nun völlig unabhängig davon, ob die alternative Ereignistilgung im potenziellen Realisierungsbereich der *Dargestellten Welt* lag oder nicht. Die Dargestellte Welt und der Möglichkeitsraum der Realisierungen einer Figur sind nämlich nur bloße Konstrukte. Die Figur hätte zwar in der faktisch realisierten Welt keine Wahl gehabt, aber der Produzent dieser Dargestellten Welt hatte die Wahl, der Figur diese Wahlmöglichkeit zuzugestehen oder aber auch die Wahl, die entsprechende Veränderung der entsprechenden Merkmalskombination ganz unabhängig von den Möglichkeiten der entsprechenden Figur herbeizuführen, einfach geschehen zu lassen, also selbst herbeizuführen.

Würde man also beispielsweise annehmen, dass es sich beim gegebenen Beispiel von Klein-Steffen nicht um ein faktuales Geschehen (bzw. um ein fiktionales Geschehen in einer ansonsten auf Faktualität angelegten Dargestellten Welt) handelt, sondern dieses ein vollständig (!) fiktionales wäre, dann hätte die Ereignistilgung auch dadurch zustande kommen können, dass sich Jaruzelski einen Schnurrbart hätte wachsen lassen oder Wojtyła sich doch als böser Mensch entpuppt hätte. Das Argument, dass dies nicht geschehen kann, weil dies nicht geschehen ist, gilt in diesem konstruierten Falle natürlich nicht, weil ich ja vorausgesetzt habe, dass es sich um eine in dieser Hinsicht komplett fiktionale Dargestellte Welt handelt, es also in der außertextuellen, faktisch gegebenen Welt keinen Jaruzelski und keinen Wojtyła gegeben hat.[7]

Dieser Unterschied zwischen faktischen Situationen, also Situationen in faktischen Texten sowie Situationen in der außertextuellen Wirklichkeit,

---

[7] Explizit möchte ich darauf hinweisen, dass es in dem von mir konstruierten Fall nur diese Möglichkeit gibt, also die Nicht-Existenz von Jaruzelski und Wojtyła in der außertextuellen faktischen Welt. Angenommen, man würde auf diese Notwendigkeit der Nicht-Existenz verzichten, dann wäre zwar in der fiktionalen Dargestellten Welt ein Schnurrbart-Wachsen bei Jaruzelski in der Dargestellten Welt notwendigerweise als möglich gesetzt, da alles, was existiert, auch möglich ist, doch würde diese Situation nicht mit der oben beschriebenen äquivalent sein. Denn man geht in dieser scheinbar adäquaten Situation ja von einem Ändern der Merkmale aus und in der beschriebenen Situation von einem Nicht-Ändern der Merkmale. Wenn aber ein Nicht-Ändern der Merkmalskombination vonstattengeht und gleichzeitig dieses Nicht-Ändern der Merkmalskombination dem faktisch Geschehenen in der außertextuellen Welt entspricht, dann wird ja damit gerade der Faktualitätscharakter indiziert und der für das Vorhandensein einer Wahlmöglichkeit eigentlich notwendige Fiktionalitätscharakter negiert. Im Falle der scheinbar adäquaten Situation wird aber gerade durch das Auftreten des Kontrafaktischen in der Dargestellten Welt der Fiktionalitätscharakter der Dargestellten Welt ermöglicht.

und fiktionalen Situationen, hier also Situationen in fiktionalen Texten, bringt vor dem Hintergrund der Lotman-Rennerschen Grenzüberschreitungstheorie vielleicht aber auch noch einen weiteren interessanten Aspekt mit sich: Die gewählte Art und Weise der Ereignistilgung wird nämlich als bedeutungshaltig angesehen. Die Ursache für die Bedeutungshaltigkeit wiederum wird in der Existenz von Alternativen gesehen, d.h. bedeutungshaltig ist die konkrete Realisierung nur deshalb, weil die Tilgung des Ereignisses prinzipiell auch anders zustande hätte kommen können. Diese Annahme stellt beim ‚normalen' literaturwissenschaftlichen Untersuchungsgegenstand, den fiktionalen Texten, kein Problem dar; doch was heißt das in Bezug auf faktische inkonsistente resp. ereignishafte Situationen – in Fällen also, die Bestandteil der gängigen Betrachtungsgegenstände der Kultur- und eingeschränkt auch der Medienwissenschaften sind? Geht mit der dortigen Nicht-Existenz von Wahlmöglichkeiten bezüglich der Ereignistilgung – wenn auch nur hinsichtlich der Art und Weise der Ereignistilgung – auch die Nicht-Existenz von Bedeutungspotenzialen einher? Oder ist das Bedeutungspotenzial allein schon dadurch existent, dass abstrakt-theoretisch die Möglichkeit bestand, dass die inkonsistente Situation auch anders aufgelöst hätte werden können – ganz unabhängig davon, dass sie faktisch so und nicht anders zustande gekommen ist?

IV.

Ganz unabhängig von diesen möglichen Problemen kann die Anwendung der Lotman-Rennerschen Grenzüberschreitungstheorie auf den Gedankengang Klein-Steffens auch noch weitere Erkenntnisse zutage fördern. Wie angesprochen geht mit der jeweiligen Ereignistilgungsart ein entsprechendes Bedeutungspotenzial einher. Zwar ist die konkrete Bedeutung natürlich auch weiterhin von der jeweils konkreten Situation abhängig, doch prädisponiert die Differenzierung von zwei Ereignistilgungsarten modelllogisch eine bestimmte Bedeutungsrichtung.

Die Metatilgung als Ereignistilgung mittels Änderung der Grundordnung bedeutet ja nichts anderes, als dass sich die Ideologie geändert hat, womit diese Art und Weise der Ereignistilgung in Bezug auf den ideologischen Zustand, vor dessen Hintergrund die Inkonsistenz bestanden hat, als ordnungsnegierend gelten muss. Die normale/gewöhnliche Ereignistilgung als Komplement der Metatilgung muss demnach modelllogisch als ordnungsbestätigend angesehen werden. In ihrem Falle ändert sich ja die Ideologie gerade nicht, sondern die Empirie/Ontologie. Konkret in Bezug auf das hier verwendete Beispiel müsste das heißen, dass Klein-Steffens Ereignistilgungen als Metatilgungen ordnungsnegierenden Grundcharakter haben bzw. haben sollten, d.h. also dass mit den zwei Reformulierungen die ursprüngliche These, dass alle Polen Schnurrbärte tragen, explizit negiert bzw. fallen gelassen wurde.

Doch trifft das wirklich zu? Die Intuition lässt zumindest daran zweifeln und auch die Oberflächenstruktur des Textes, d.h. die verwendeten Lexeme, stützen eher das Gegenteil: An keiner Stelle ist von ‚Negieren' oder ‚Fallen lassen' die Rede, sondern von „Differenzieren" und „Verfeinerung". Diese Ausdrücke implizieren aber nicht so sehr ‚Negieren', sondern viel eher das auch von mir verwendete ‚Modifizieren', was wiederum nur eine teilweise Veränderung, eine Abwandlung und keine komplette Negation impliziert. Für die Lösung dieses Problems empfiehlt sich die logische Formalisierung dieses Falles.[8]

‚Alle Polen tragen Schnurrbärte' müsste dabei als *allquantifizierte Implikation*, also als Konditionalsatz mit einem *Allquantor* und damit im System der *Prädikatenlogik* formalisiert werden: ‚Für alle X gilt, wenn X ein Pole ist, dann hat X einen Schnurrbart'. *Aussagenlogisch* – also um eine Formalisierungsebene niedriger – ließe sich das symbolisch als ‚P→S' schreiben, wobei ‚→' die *Implikation* ausdrückt und ‚P' für [POLE-SEIN] und ‚S' für [SCHNURRBART-TRAGEN] steht, was dann paraphrasiert als ‚Wenn Pole-Sein, dann Schnurrbart-Tragen' wiedergegeben werden könnte. ‚Alle guten Polen tragen Schnurrbärte' dürfte hingegen als: ‚Für alle X gilt, wenn X ein Pole ist und gut ist, dann ist X ein Schnurrbartträger' zu formalisieren sein. Aussagenlogisch symbolisiert müsste das dann unter der Bedingung, dass ‚G' für [GUT-SEIN] steht und ‚∧' die *Konjunktion* zwischen ‚P' und ‚G' abbildet, folgendermaßen wiedergegeben werden: ‚P∧G→S'.

Auch wenn die prädikatenlogische Schreibweise (formal gesehen) die korrektere darstellt, lohnt sich die aussagenlogische deshalb, weil mit ihr die Überprüfung der Relationen zwischen beiden Thesen (technisch gesehen, handelt es sich um sog. *zusammengesetzte Aussagen*) leichter möglich ist.

---

[8] Zu den formallogischen Ausführungen vgl. bspw. Copi, Irving M.: Einführung in die Logik. München 1998 oder Bucher, Theodor G.: Einführung in die angewandte Logik. Berlin / New York ²1998.

Am einfachsten und anschaulichsten ist dabei das Arbeiten mit den sog. *Wahrheitstafeln*. Zunächst sind dabei die jeweiligen Wahrheitswert-Verteilungen der beiden Thesen zu konstruieren. Das geschieht dadurch, dass man sie Schritt für Schritt aus den Wahrheitswerten der *einfachen Aussagen*, aus welchen sie zusammengesetzt sind, rekonstruiert. These Nr. 1 besteht aus zwei einfachen Aussagen: ‚P' und ‚S', also [POLE-SEIN] und [SCHNURRBART-TRAGEN]. These Nr. 2 setzt sich aus drei einfachen Aussagen zusammen, wobei zwei (‚P' sowie ‚S') bereits Bestandteil der These Nr. 1 sind, d.h. dass nur ‚G', also [GUT-SEIN], neu dazukommt. Insgesamt setzen sich damit beide Thesen aus höchstens drei unterschiedlichen einfachen Aussagen zusammen. Für die Wahrheitstafel folgt daraus, dass sie aus drei sog. *richtungsweisenden Spalten* und acht Zeilen bestehen muss, da jede einfache Aussage zwei *Wahrheitswerte* annehmen kann (Wahr [=‚W'] oder Falsch [=‚F']) und alle möglichen Kombinationen der Wahrheitswerte der drei Aussagen vorkommen müssen ($2^3 = 8$).

P	G	S
W	W	W
W	W	F
W	F	W
W	F	F
F	W	W
F	W	F
F	F	W
F	F	F

In jeweils eigenen zusätzlichen Spalten sind daraus nun die Wahrheitswerte der beiden aus diesen einfachen Aussagen zusammengesetzten Thesen abzuleiten. Dabei gilt wiederum, dass man schrittweise vorgeht, was im Falle der zweiten These zwei Schritte resp. Spalten erfordert, da die These Nr. 2 mittels zweier *wahrheitsfunktionaler Verknüpfungen* zusammengesetzt ist. Zunächst müssen dabei die Wahrheitswerte der Konjunktion von ‚P' ([POLE-SEIN]) und ‚G' ([GUT-SEIN]) abgeleitet werden und erst danach die Wahrheitswerte der Implikation dieser Konjunktion mit ‚S' ([SCHNURRBART-TRAGEN]). Im Falle der ersten These ist hingegen nur ein Schritt notwendig: die Ableitung der Wahrheitswerte für die Implikation von ‚P' ([POLE-SEIN]) mit ‚S' ([SCHNURRBART-TRAGEN]).

Die Wahrheitswerte für die entsprechenden wahrheitsfunktionalen Verknüpfungen ergeben sich dabei aus den jeweiligen Werten der einfachen Aussagen unter Berücksichtigung der jeweils spezifischen Definition der wahrheitsfunktionalen Verknüpfung. Eine Konjunktion hat definitionsgemäß nur dann den Wahrheitswert ‚W', wenn ihre beiden *Konjunkte* den Wahrheitswert ‚W' haben, ansonsten ist der Wahrheitswert einer Konjunktion immer ‚F'. Die hier verwendete materielle Implikation hat dagegen nur dann denn Wahrheitswert ‚F', wenn das *Antezedens* (also der Teil vor dem Implikationszeichen, bzw. falls man die Implikation als Konditional paraphrasieren möchte: der ‚Wenn'-Teil) den Wahrheitswert ‚W' und das *Sukzedens* (entsprechend also der Teil nach dem Implikationszeichen, der ‚Dann'-Teil im Konditionalsatz) den Wahrheitswert ‚F'. In allen anderen Fällen hat die Implikation hingegen den Wahrheitswert ‚W'.

P	G	S	P→S	P∧G	P∧G→S
W	W	W	W	W	W
W	W	F	F	W	F
W	F	W	W	F	W
W	F	F	F	F	W
F	W	W	W	F	W
F	W	F	W	F	W
F	F	W	W	F	W
F	F	F	W	F	W

Mit den nun vorhandenen Wahrheitswert-Verteilungen für die beiden Thesen kann die Existenz bzw. Nicht-Existenz von möglichen Relationen unter diesen überprüft werden. Aufgrund der Fragestellung muss es dabei zunächst darum gehen, ob zwischen der ersten und der zweiten These eine Implikationsrelation besteht, konkret also, ob die These Nr. 2 die These Nr. 1 impliziert. Das ist deshalb zu überprüfen, weil von der Frage ausgegangen wurde, ob mit dem Ersetzen der ersten These durch die zweite These die erste These tatsächlich fallen gelassen wurde. Mit anderen Worten: Es ist zu prüfen, ob mit dem Gelten der zweiten These, die erste These ihre Gültigkeit tatsächlich verloren hat. Falls nun aber die These Nr. 2 die These Nr. 1 implizieren sollte, wäre genau das nicht der Fall, da ja eine Implikation mit der These Nr. 2 im Antezedens und der Aussage Nr. 1 im Sukzedens paraphrasiert nichts anderes bedeuten würde als: ‚Wenn P∧G→S gilt, dann gilt auch P→S'.

Das Zutreffen der entsprechenden Relation wird überprüft, indem die Wahrheitswert-Verteilung der entsprechenden Relation (hier also der Implikation) in Abhängigkeit von den Wahrheitswerten der jeweiligen Aussagen (hier also der beiden Thesen) ermittelt wird. Sind im Ergebnis alle (!) Wahrheitswerte der entsprechenden Relation ‚W', so ist die Relation *logisch wahr*, d.h. gültig. Ist hingegen nur ein einziges ‚F' in der entsprechenden Spalte vertreten, so ist die jeweilige Relation nicht logisch wahr, d.h. nicht gültig. Die hier gesuchte Relation ‚(P∧G→S)→(P→S)' bringt folgendes Ergebnis mit sich:

P	G	S	P→S	P∧G	P∧G→S	(P∧G→S)→(P→S)
W	W	W	W	W	W	W
W	W	F	F	W	F	W
W	F	W	W	F	W	W
W	F	F	F	F	W	F
F	W	W	W	F	W	W
F	W	F	W	F	W	W
F	F	W	W	F	W	W
F	F	F	W	F	W	W

Es stimmt also nicht, dass mit dem Gelten der zweiten These, die erste These noch gültig wäre. Mit anderen Worten: Das Ersetzen der ersten durch die zweite These stellt ein Ersetzen i.e.S. dar – die erste These ist in der zweiten nicht implizit enthalten; die These Nr. 1 wurde mit Inkrafttreten der These Nr. 2 tatsächlich fallen gelassen.

Damit wäre die erste eingangs gestellte Frage geklärt. Nun ist aber danach zu fragen, ob Ersetztes und Ersetzendes nicht vielleicht doch in irgendeiner anderen Hinsicht in Relation zueinander stehen, sodass die Ersetzung der ersten durch die zweite These zwar aus technischer Sicht ein Fallen-Lassen bedeutet, interpretativ aber doch auch anders aufgefasst werden könnte.

Zu diesem Zwecke empfiehlt es sich die beiden Thesen wiederum formal mittels Wahrheitstafel nach anderen möglichen Relationen zu durchsuchen, d.h. zu überprüfen, ob nicht vielleicht die zweite These in der ersten implizit enthalten ist, also die erste These nicht die zweite impliziert. Konkret ist also zu überprüfen, ob ‚(P→S)→(P∧G→S)' logisch wahr ist:

P	G	S	P→S	P∧G	P∧G→S	(P→S)→(P∧G→S)
W	W	W	W	W	W	W
W	W	F	F	W	F	W
W	F	W	W	F	W	W
W	F	F	F	F	W	W
F	W	W	W	F	W	W
F	W	F	W	F	W	W
F	F	W	W	F	W	W
F	F	F	W	F	W	W

Wie der letzten Spalte leicht entnommen werden kann, ist diese Implikation gültig, was nicht anderes bedeutet, als das die zweite These in der ersten implizit enthalten ist. Für das Ersetzen der ersten These durch die zweite bedeutet dies, dass die erste These durch eine These ersetzt wurde, die in ihr implizit bereits enthalten war, also faktisch nur die Gültigkeit verkleinert wurde. Besonders gut ist das dann zu verstehen, wenn nicht die Relation der beiden Thesen betrachtet wird, sondern die Relation der Antezedenzien der beiden Thesen. Das ist deshalb möglich und sinnvoll, weil die Sukzedenzien beider Thesen ja gleich sind: ‚S' – [SCHNURRBART-TRAGEN]. Was die Wahrheitstafel angeht, genügt für diesen Fall eine Tafel mit nur vier Zeilen, da nicht mehr die Wahrheitswerte von drei, sondern nur noch zwei richtungsweisenden einfachen Aussagen kombiniert werden müssen: ‚P' und ‚G'. Das Vorgehen ist hingegen das Gleiche.

P	G	P∧G	(P∧G)→(P)	(P)→(P∧G)
W	W	W	W	W
W	F	F	W	F
F	W	F	W	W
F	F	F	W	W

Um keine missverständlichen Interpretationen entstehen zu lassen, empfiehlt sich die *mengentheoretische Lesart* der Implikation. Hierbei werden die jeweiligen Aussagen als *Mengen* und das Antezedens stets als *Teilmenge* der

Sukzedens-Menge angesehen. Da zudem das Antezedens einer Implikation als *Objektbereich* interpretiert werden kann und das Sukzedens als der diesem Objektbereich zugeschriebene *Eigenschaftenbereich*, heißt das, dass die obigen Relationen zwischen den Antezedenzien der beiden ursprünglichen Thesen, das Teilmengenverhältnis der Objektbereiche dieser beiden Thesen wiedergeben. Der Wahrheitstafel zufolge gilt demnach, dass der Objektbereich der zweiten These Teilmenge des Objektbereiches der ersten These ist.

Mit anderen Worten: Trotz der Ersetzung der ersten These durch die zweite, gilt auch weiterhin ein exklusives Verhältnis zwischen [POLE-SEIN] und [SCHNURRBART-TRAGEN]. Der Unterschied ist nur der, dass die Eigenschaft [SCHNURRBART-TRAGEN] nicht mehr für alle Polen, also Elemente mit dem Merkmal [POLE-SEIN], gilt, sondern nur noch für eine bestimmte Teilmenge, also nur noch für einen Teil der Polen. Die Änderung, die zwischen der ersten und der zweiten These vonstatten ging, ist also eine Verkleinerung des Objektbereiches, vulgo eine Reduzierung der Elemente auf die die Zuschreibung mit dem Merkmal [SCHNURRBART-TRAGEN] zutrifft. Das, was also intuitiv vermutet worden ist, gilt auch tatsächlich.[9]

Was heißt das aber über den konkreten Fall von Klein-Steffen hinaus? – Nichts Geringeres, als dass mit der Metatilgung, also der Ereignistilgung mittels Änderung der Grundordnung, nicht in jedem Fall auch eine ordnungsnegierende Prädisposition einhergeht. Wenn die Änderung der Grundordnung in der Form vonstattengeht, dass das Sukzedens des Ordnungssatzes unverändert bleibt und das Antezedens des Ordnungssatzes sich nur derart verändert, dass ihm zusätzliche Merkmale konjugiert werden (also aus ‚A→Z', ‚A∧B→Z' oder ‚A∧B∧C→Z' oder Entsprechendes wird), dann stellt das technisch gesehen eine Ordnungsnegation, faktisch aber eine Ordnungsaffirmation dar.

---

[9] Gleiches gilt übrigens auch für den Wechsel von der zweiten zur dritten These, da die Veränderungen dieselben sind: Dem Antezedens der ersetzenden These wird im Vergleich zur ersetzten These eine zusätzliche einfache Aussage beigefügt/konjugiert: [NICHT-PAPST-SEIN]. Ein Unterschied würde sich nur dahin gehend ergeben, dass bei gleichem Beweisverfahren, also dem mittels Wahrheitstafeln, nun nicht mehr 8 Zeilen nötig wären, sondern 16, da die dritte These ‚Alle guten Polen, die nicht Papst sind, tragen einen Schnurrbart' sich aus vier einfachen Aussagen zusammensetzt: ‚P' ([POLE-SEIN]), ‚G' ([GUT-SEIN]), ‚¬PM' ([NICHT-PAPST-SEIN]) und ‚S' ([SCHNURRBART-TRAGEN]): $2^4 = 16$.

ANNA REBECCA HOFFMANN

Typen literarischer Museen als kulturelle Gedächtnisorte

Literarische Museen können als die institutionell eingerichteten Gedächtnisorte schlechthin gelten. Doch wie sind diese praktisch ausgestaltet, mit welchen Konzepten versuchen sie, dem Gedenken zu dienen? Sind sie dabei an ihre Örtlichkeit gebunden? Welche Auswirkungen haben Museen auf ihre direkte Umwelt? Im Folgenden soll geklärt werden, wie literarische Museen ihre Aufgaben und Funktionen als kulturelle Gedächtnisorte wahrnehmen, welche Rolle dabei ihre Spezifika als explizit literarische Museen spielen und wie die erinnerungskulturellen Ziele anhand der Konzeptionen umgesetzt werden. Diese Fragen sollen anhand von drei verschiedenen Typen literarischer Museen als Gedächtnisorte geklärt werden.

Ein Museum, definiert nach dem ICOM,[1] ist eine

> gemeinnützige, ständige, der Öffentlichkeit zugängliche Einrichtung im Dienst der Gesellschaft und ihrer Entwicklung, die zu Studien-, Bildungs- und Unterhaltungszwecken materielle Zeugnisse von Menschen und ihrer Umwelt beschafft, bewahrt, erforscht, bekannt macht und ausstellt.[2]

Damit sind die zentralen Aufgaben von Museen das Sammeln, Bewahren, Forschen, Vermitteln und Präsentieren. Zum einen dienen Museen somit der Bewahrung und Sicherung einer gemeinsamen – oder zumindest gemeinsam geglaubten – Vergangenheit, zum anderen der Vermittlung und dem Weitergeben dieser an die potenziellen Besucher der Museen.

---

[1] ICOM: International Council of Museums.
[2] Übersetzung der Definition von ‚Museen' nach dem ICOM http://www.museumsbund.de/cms/index.php?id=135&L=0&STIL=0%2Findex.php%3Fpage, abgerufen am 20.08.10.

ANNA REBECCA HOFFMANN

Die Spezifika literarischer Museen sind vor allem inhaltlicher Natur: Ihre zentralen Konstanten sind Epochen, Werke und Autoren,[3] zudem die Rezeptions- und Wirkungsgeschichte literarischer Werke bzw. der Dichter. Im Wesentlichen lassen sich nach Wolfgang Barthel[4] zwei Formen von literarischen ‚Museen' unterscheiden:[5] das Literaturmuseum und das literarische Memorial. Das literarische Memorial ist die ältere der beiden Formen. Sie entstand bereits im 19. Jahrhundert und war als Gedenkort für bedeutende Autoren gedacht. Kennzeichnend für das literarische Memorial ist, dass es in „Schriftstellerhäusern, dem Geburts- oder Sterbeort, der Wirkungsstätte von einzelnen Dichtern"[6] eingerichtet wird. Das Memorial zeugt von der die Autoren umgebenden Lebenswelt und gibt Einblicke in die Umstände ihres Schaffens und Wirkens. Dadurch, dass die literarischen Memorials sich an den originalen Schauplätzen befinden, haben sie eine auratische Wirkung, die durch die Authentizität entsteht. Im Literaturmuseum hingegen wird „des Werkes oder eines Teils davon sowie seiner Wirkung gedacht, teils in quellengeschichtlichen, teils in bio-bibliographischen oder wirkungsbezogenen Präsentationen bzw. Kombinationen aus diesen."[7] Beide Typen von ‚Museen' weisen spezifische Eigenschaften auf: während das literarische Memorial ein authentischer Ort ist, an dem ein Schriftsteller gelebt, geschrieben, gearbeitet hat oder geboren wurde bzw. gestorben ist, wodurch dem Memorial eine authentische, auratische[8] Wirkmacht zuteil wird, bietet das Literaturmu-

---

[3] Im Sinne besserer Lesbarkeit wird hier und im Folgenden ausschließlich die maskuline Form verwendet; weibliche Personen werden hierin eingeschlossen.
[4] Barthel, Wolfgang: Literaturausstellungen im Visier. In: Neue Museumskunde 33 (1990), S. 187-189.
[5] Weitere mögliche Unterscheidungsformen finden sich bei Frank Rudolf Zankl in das Themen- oder Personalmuseum (vgl.: Zankl, Frank Rudolf: Das Personalmuseum. Untersuchung zu einem Museumstypus. Berlin / New York 1975, S. 1 ff.) sowie im Wörterbuch Literaturmusealer Kommunikation in Galerieform, Gedenkstättenform und Museumsform (vgl.: Wörterbuch Literaturmusealer Kommunikation, Autorenkollektiv in Nitra (CSSR). 1981, S. 26 f.)
[6] Kunze, Max: Literaturausstellungen im Vergleich. In: Lüttge, Dieter (Hg.): Kunst-Praxis-Wissenschaft. Bezugspunkte kulturpädagogischer Arbeit. Tagungsbericht und Arbeitsmaterialien. Hildesheim / Zürich / New York 1989, S. 224.
[7] Barthel, Wolfgang: Probleme, Chancen und Grenzen des Literaturmuseums. In: Barthel, Wolfgang (Hg.): Literaturmuseum – Facetten. Visionen. Frankfurt (Oder) 1996, S. 71.
[8] Unter ‚Aura' wird zuallererst die Ausstrahlung des Authentischen verstanden. Verbunden ist damit ein sakrales Moment, welches auf die Museumsbesucher am Originalschauplatz seine spezielle, fast mythische Wirkung entfaltet. Der Besucher fühlt sich bspw. in dem originalen Wohnhaus eines Autors diesem viel näher, mit dem Gefühl, nacherleben zu können, was der Autor dort erlebte, und dies nun ‚nachzuempfinden'. Die Schriftstellerhäuser werden oftmals zu einer Art ‚Pilgerstätte'. Ähnliche Wirkungen können auch einzelne Gegenstände in Ausstellungen entfalten, z.B. der Füller eines Autors, mit dem er seine Werke geschrieben hat.

seum viel breitere Informationen zu einem Autor, dessen Leben, Wirken und Werken. Aufgrund dieser unterschiedlichen, sich aber ergänzenden Merkmale handelt es sich bei den literarischen Museen (wo dies möglich ist) zumeist um eine Mischform aus beidem. So wird den Besuchern ein auratisches Erlebnis geboten; zugleich finden sie tiefgehende Informationen und sorgfältig aufbereitete Präsentationen zu den Autoren, ihren Werken und deren Rezeption vor.

Literarische Museen als Institutionen des kulturellen Gedächtnisses

Die Assmannsche Erinnerungstheorie ist die derzeit gängigste und soll daher als Grundlage zur Beantwortung der Frage dienen, welche Formen und Funktionen literarische Museen als kulturelle Gedächtnisorte aufweisen. Aleida und Jan Assmann definieren Kultur ‚als' Gedächtnis, in dem gesellschaftlich relevante Traditionen, Normen und Werte gespeichert und institutionell abgesichert weitergegeben werden. Im Folgenden steht die Frage im Mittelpunkt, welchen Platz die literarischen Museen in der Theorie des kulturellen Gedächtnisses nach Assmann/ Assmann einnehmen und ob sie die ihnen in der Theorie zugeschriebenen Aufgaben und Funktionen so auch in der Praxis wahrnehmen. Um dies zu überprüfen, wurde eine empirische Untersuchung durchgeführt, in der verschiedene literarische Museen mit qualitativen Methoden untersucht wurden.[9]

Jan Assmann untergliedert das kollektive Gedächtnis in das kommunikative[10] und das kulturelle Gedächtnis. Das kulturelle Gedächtnis zeichnet sich dadurch aus, dass es hochgradig „gestiftet", kulturell geformt und organisiert ist.[11] In diesem Sinne wird es gesichert über institutionalisierte Kommunikation und eine spezialisierte Trägerschaft. Es ist rekonstruktiv und verfügt über eine eigene „Wertperspektive" sowie innerhalb der Normen-

---

[9] Diese empirische Untersuchung wurde im Rahmen der Staatsexamensarbeit von Anna R. Hoffmann im Jahre 2009 unter dem Titel ‚Kulturelle Gedächtnisorte. Die Konzeption literarischer Museen – Ein Vergleich.' an der Universität Siegen durchgeführt. Im Folgenden werden Untersuchungen zu drei literarischen Museen (Buddenbrookhaus, Lübeck; Goethe-Museum, Düsseldorf; Erich Kästner Museum, Dresden) beispielhaft vorgestellt. Zur Informationengenerierung wurden u.a. Interviews mit Verantwortlichen der Museen durchgeführt, welche transkribiert in der Material- und Quellensammlung der o.g. Arbeit zur Verfügung stehen.
[10] Das kommunikative Gedächtnis ist hier nicht von Bedeutung.
[11] Assmann, Jan: Das kulturelle Gedächtnis. Schrift, Erinnerung und politische Identität in frühen Hochkulturen. 4. Aufl. München 2002, S. 51 ff.

und Wertevermittlung über ein „Relevanzgefälle"[12] dieser. Es reflektiert die „Lebenswelt der Gruppe", ihr „Selbstbild" und „sich selbst".[13] Literarische Museen gehören als institutionalisierte Träger von Erinnerung dem kulturellen Gedächtnis an. Sie sind gestiftet, organisiert und werden von dazu spezialisierten Personen getragen, sie bewahren das ‚Wertvolle' und ‚Wissenswerte', das einer Gesellschaft dazu dient, zum einen ihre Geschichte als Entwicklung zu verstehen und darüber hinaus Zielvorstellungen für die Zukunft zu entwickeln.

Spezifischer wird die Einordnung der Museen mit Aleida Assmanns Ausdifferenzierung des kulturellen Gedächtnis in das Speicher- und das Funktionsgedächtnis.

> Das bewohnte Gedächtnis wollen wir das *Funktionsgedächtnis* nennen. Seine wichtigsten Merkmale sind Gruppenbezug, Selektivität, Wertbindung und Zukunftsorientierung. Die historischen Wissenschaften sind demgegenüber ein Gedächtnis zweiter Ordnung, ein Gedächtnis der Gedächtnisse, das in sich aufnimmt, was seinen vitalen Bezug zur Gegenwart verloren hat. Dieses Gedächtnis der Gedächtnisse schlage ich vor, *Speichergedächtnis* zu nennen.[14]

Aleida Assmann zufolge gehören Museen im Sinne ihrer Magazine und Archive dem Speichergedächtnis an. Sie bilden den der Gesellschaft zugänglichen Wissensvorrat ab und stellen ihn ihr zur Verfügung. Dabei handelt es sich um ein potenzielles Repertoire, das nicht ausgeschöpft werden muss (oder kann). Bezüglich ihrer Ausstellungen rechnet Assmann die Museen jedoch dem Funktionsgedächtnis zu, da die Museen in diesem Kontext als Bildungs- beziehungsweise erziehende Institution auftreten.[15] Die Museen vermitteln den Individuen der Gesellschaft Wissen, welches sie gespeichert, bewahrt, archiviert und mit Sinn versehen haben. Durch die Ausstellungen sorgen sie dafür, dass ihr Wissensvorrat kommuniziert wird und zirkulieren

---

[12] Assmann, Jan (1988; 14). Zitiert nach: Erll, Astrid: Gedächtnisromane. Literatur über den Ersten Weltkrieg als Medium englischer und deutscher Erinnerungskulturen in den 1920er Jahren. Bd. 10 (=Studien zur Englischen Literatur- und Kulturwissenschaft). Trier 2003, S. 31.
[13] Zierold, Martin: Gesellschaftliche Erinnerung. Eine medienkulturwissenschaftliche Perspektive. Hg. von Erll, Astrid und Ansgar Nünning. Bd. 5 (= Medien und kulturelle Erinnerung). Berlin / New York 2006, S. 71.
[14] Assmann, Aleida: Erinnerungsräume. Formen und Wandlungen des kulturellen Gedächtnisses. München 1999, S. 134.
[15] Assmann, A. (2004): Zur Mediengeschichte des kulturellen Gedächtnisses. S. 49.

kann. Vorhandene Wissensbestände und Werte werden rezipiert und im kulturellen Gedächtnis wiederum verankert.

Literarische Museen als kulturelle Gedächtnisorte

Über die Funktionalisierung hinaus, welcher literarische Museen als spezialisierte Institutionen unterworfen sind, sind sie jedoch auch ‚kulturelle Gedächtnisorte'. Damit kann eine Vielzahl von verschiedenen ‚Orten' gemeint sein. Traditionellerweise zählen zu den Gedächtnisorten Plätze, an denen bedeutende (historische) Ereignisse stattgefunden haben, beispielsweise heilige Orte, Denkmäler, Monumente, Friedhöfe, Ruinen oder Museen. „Gedenkorte sind solche, an denen Vorbildliches geleistet oder exemplarisch gelitten wurde."[16] Und

> [s]elbst wenn Orten kein immanentes Gedächtnis innewohnt, so sind sie doch für die Konstruktion kultureller Erinnerungsräume von hervorragender Bedeutung. Nicht nur, daß sie die Erinnerung festigen und beglaubigen, indem sie sie lokal im Boden verankern, sie verkörpern auch eine Kontinuität der Dauer, die die vergleichsweise kurzphasige Erinnerung von Individuen, Epochen und auch Kulturen, die in Artefakten konkretisiert ist, übersteigt.[17]

Gedenkorte sind des Weiteren gekennzeichnet durch Diskontinuität. Dies ist kein Widerspruch, denn indem sie versuchen eine Kontinuität zur Gegenwart herzustellen, müssen sie stets auf die Tatsache verweisen, dass sich der vergangene Zustand zum Heutigen gewandelt hat. In diesem Sinne ist das Museum

> eine Institution, die die Rahmung fremder und unvertrauter (auch unvertraut gewordener) Sachverhalte ermöglicht. Der Fortschritt macht uns die Welt fremd; [...] Fremdheits- und Alteritätserfahrung im Museum zielt (und zielte schon immer) auf Fremdes in einem *weiten* Sinn: das Alte (Fremdgewordene), das Neue (Nochfremde) und das Andere als das Exotische und als das innergesellschaftlich Kuriose [...].[18]

---

[16] Assmann, A. (1999): Erinnerungsräume. S. 328.
[17] Ebd., S. 299.
[18] Korff, Gottfried: Speicher und/oder Generator. Zum Verhältnis von Deponieren und Exponieren im Museum. In: Csáky, Moritz und Peter Stachel (Hg.): Speicher des Gedächtnisses. Biblio-

Die Gedächtnisorte sind also geprägt von Diskontinuität, möchten aber Kontinuität – wie Tradition, Legitimität oder Linearität der Entwicklungen – herstellen. Eines gilt für alle Formen: „Ein Ort [...] hält Erinnerungen nur dann fest, wenn Menschen auch Sorge dafür tragen."[19] „Auf die Orte – losgelöst von menschlichen Riten, Gedächtnissen, Interessen, Deutungen – ist kein Verlaß. Ebensowenig sind Orte, wie Goethe es wollte, aus sich selbst heraus bedeutsam, sondern weil es ein menschliches Gemüt so will."[20] Es bedarf folglich immer der physischen Gedächtnisse, die eine Erinnerung mit einem Ort verknüpfen, dem Ort somit Bedeutung, Sinn, Tradition beimessen und diese weiter tragen an andere Mitglieder der Gesellschaft. Wird keine Sorge mehr getragen, diese Sinn gebende Verbindung in der Kommunikation mit anderen weiterzugeben, so verliert auch der Ort seinen Status als Gedächtnisort; er alleine ist nicht dazu in der Lage, Erinnerung an sich zu binden.

Bei literarischen Museen handelt es sich um eine institutionalisierte Form von Erinnerung, von Gedächtnispflege. Viele der Museen befinden sich an authentischen Orten,[21] sie selbst sind aber kein authentisches Original. Sie sind konstruierte und somit künstlich erzeugte Gedächtnisorte, welche explizit mit der Intention der Erinnerung von Menschenhand errichtet wurden und zu diesem Zwecke Gegenstände angesammelt haben.

> Museen haben [also] eine bewahrende (= deponierende) und eine interpretierend-aktualisierende (= exponierende) Beziehung zur Vergangenheit. Museumsarbeit besteht solcherart in zwei unterschiedlichen, aber zusammenhängenden Modi: einmal im Modus der Potentialität (als umfassendes Depot der Sachkultur, als Lager angesammelter und bewahrter Realien, Bilder und Objekte), und zum anderen im Modus der Aktualität (als der von einer jeweiligen Gegenwart aus perspektivierte und

---

theken, Museen, Archive. (Teil I: Absage an und Wiederherstellung von Vergangenheit. Kompensation von Geschichtsverlust). Wien 2000, S. 43 f.
[19] Assmann, A. (1999): Erinnerungsräume. S. 327.
[20] Assmann, Aleida: Das Gedächtnis der Orte. In: Borsdorf, Ulrich und Heinrich Theodor Grütter (Hg.): Orte der Erinnerung. Denkmal, Gedenkstätte, Museum. Frankfurt / New York 1999, S. 76.
[21] Das bedeutet, dass zwar die Orte beispielsweise der ehemalige Schaffens- oder Sterbeort eines Autors ist, jedoch ist der Ort (in der Regel die Wohnung oder das Haus) nicht mehr im Originalzustand erhalten, sondern rekonstruiert oder schlicht mit zeitgenössischen, aber nicht originalen Gegenständen des Autors ausgestattet.

re-dimensionierte Bestand in Form von Arrangements, die aus einem aktuellen Interesse heraus konstruiert sind).[22]

Im Sinne des Modus der Potenzialität entsprächen literarische Museen den Funktionen des Speichergedächtnisses, im Sinne des Modus der Aktualität denjenigen des Funktionsgedächtnisses. Wenn Besucher nun auf das Ausstellungsangebot der Museen zugreifen, entspricht das einem Akt kollektiver Erinnerung[23], indem es zu einer Aktualisierung in den Individualgedächtnissen kommt.

Welche Typen literarischer Museen als kulturelle Gedächtnisorte lassen sich anhand der empirischen Ergebnisse ausmachen?

Das Buddenbrookhaus in Lübeck

Bei dem Museum ‚Buddenbrookhaus' in der Mengstraße 4 in Lübeck, im ehemaligen Wohnhaus der Familie Mann, welches im Mai 1993 gegründet wurde, handelt es sich um eine „Gedenk- und Forschungsstätte."[24] Es verfügt über zwei Dauerausstellungen, eine Bibliothek sowie ein Archiv. Des Weiteren ist das Heinrich-und-Thomas-Mann-Zentrum forschend tätig und es werden Sonderausstellungen sowie literarische Veranstaltungen organisiert. Die Tätigkeitsbereiche erstrecken sich somit über alle fünf benannten Aufgaben von Museen.[25]

Die zwei zentralen Themen des Museums sind die Familie Mann und der Roman *Die Buddenbrooks*. Die zwei Dauerausstellungen des Museums befinden sich im Erdgeschoss und in der zweiten Etage des Hauses. In der ersten Etage existieren Räumlichkeiten, die für Veranstaltungen oder Sonderausstellungen genutzt werden können.

---

[22] Korff, Gottfried: Bildwelt Ausstellung – Die Darstellung von Geschichte im Museum. In: Borsdorf, Ulrich und Heinrich Theodor Grütter: Orte der Erinnerung. Denkmal, Gedenkstätte, Museum. Frankfurt a. M. / New York 1999, S. 328.
[23] Nach Erlls Verständnis entspricht das Museum einem Medium des kollektiven Gedächtnisses, auf das wir zurückgreifen können. Wenn dies der Fall ist, begehen wir durch den Besuch solcher einen Akt kollektiver Erinnerung. Vgl. zu Ergänzungen und Modellierungen des Assmannschen Modells ebd., Erll, Astrid: Gedächtnisromane. Literatur über den Ersten Weltkrieg als Medium englischer und deutscher Erinnerungskulturen in den 1920er Jahren. Bd. 10 (=Studien zur Englischen Literatur- und Kulturwissenschaft). Trier 2003, S. 15-54. oder: Erll, Astrid: Kollektives Gedächtnis und Erinnerungskulturen. Eine Einführung. Stuttgart / Weimar 2005.
[24] Satzung der Kulturstiftung Hansestadt Lübeck. Lübeck 1995. § 2 „Zweck der Stiftung".
[25] Vgl. Definition nach ICOM: Sammeln, Bewahren, Forschen, Vermitteln und Präsentieren.

Das Gebäude, welches schon vor der Einrichtung des Museums als ‚Buddenbrookhaus' bekannt war, erhielt seinen Namen bereits vor dem Zweiten Weltkrieg; allerdings wurde dieser nie offiziell erteilt. Während der Zeit des Nationalsozialismus gab es sogar Bestrebungen, dem Haus absichtlich einen anderen Namen zu geben, dies konnte aber nicht durchgesetzt werden. Obwohl bis in das Jahr 1993 in dem ehemaligen Wohnhaus der Familie Mann keine offizielle Gedenkstätte eingerichtet worden war, pilgerten Menschen regelrecht zum ‚Buddenbrookhaus', um es sich anzusehen. Mit der Museumsgründung reagierte man auf eine Art Bedürfnis nach einer Gedenkstätte für Thomas sowie die Familie Mann.

Wird nun die Frage danach gestellt, inwiefern dieses Museum ein kultureller Gedächtnisort ist, so kann eine Beantwortung auf zwei verschiedenen Ebenen erfolgen. Die Erinnerung wird einerseits durch die Einrichtung des Museums explizit herbeigeführt, was bedeutet, dass das Museum als Medium zum Vollzug intentionaler Erinnerungsakte dient.[26] Andererseits kann dem Ort ‚Buddenbrookhaus' schon vor der musealen Nutzung eine Art ‚immanentes Gedächtnis' zugesprochen werden. Dies wurde durch die Schilderungen im Interview mit Britta Dittmann[27] deutlich, in dem sie berichtete, dass die Menschen vor der Gründung des Museums bereits zum Buddenbrookhaus pilgerten, es sich anschauten und fotografierten. Sie konstatiert sogar, dass es „[o]hne dieses Gebäude [...] diese Ausstellung vermutlich gar nicht geben"[28] würde.

Daher lassen sich zwei unterschiedliche Ebenen der Verbindung von Ort und Gedächtnis festhalten:
1. das dem Ort immanente[29] Gedächtnis und
2. die künstliche, explizite Einrichtung eines Gedächtnisortes in Form der Institution Museum.

---

[26] Vgl.: Astrid Erll, die die Assmannsche Theorie des kulturellen Gedächtnisses im Rahmen des Gießener SFB „Erinnerungskulturen" um einige Aspekte ergänzt hat, ordnet die Museen als Medien des Gedächtnisses ein. Zudem weist sie explizit auf die individuelle Teilhabe (als Ausblickspunkte) am kollektiven (=kulturellen) Gedächtnis und seine Bedeutung für das kollektive Gedächtnis (und sein Fortbestehen) hin. Siehe hierzu: Erll, Astrid: Kollektives Gedächtnis und Erinnerungskulturen. Eine Einführung. Stuttgart / Weimar 2005.
[27] Britta Dittmann ist eine Mitarbeiterin des Buddenbrookhauses und war an der Umgestaltung des Museums im Jahre 2000 beteiligt. Mit ihr wurde das Interview durchgeführt.
[28] Hoffmann, Anna R.: Material- und Quellensammlung zu „Kulturelle Gedächtnisorte. Die Konzeption literarischer Museen – Ein Vergleich". S. 19. 2009 (Staatsexamensarbeit).
[29] Mit dem Begriff ‚immanent' ist in keiner Weise gemeint, dass der Ort von sich aus über ein Gedächtnis verfügt, sondern dass er schon als Gedächtnisort diente, bevor er als solcher institutionell eingerichtet wurde.

Durch das absichtliche Aufsuchen des Gedächtnisortes, dem Buddenbrookhaus, wurde zwar ein intentionaler Erinnerungsakt begangen, dieser Ort war aber im Vergleich zu Museen nicht institutionalisiert und gesichert, wie es für das kulturelle Gedächtnis nach Assmann/ Assmann üblich ist. Dass das Buddenbrookhaus bereits vor der Einrichtung eines Museums als Erinnerungsort diente, lässt sich einzig anhand der von ihm ausgehenden Aura erklären, durch die ein Ort für den Erinnernden eine autarke Wirkung entfaltet.

Der seit 1993 intentional eingerichtete Gedächtnisort (das Museum) wird also durch die Aura des Buddenbrookhauses unterstützt, was die Wirkung der Gedenkstätte auf den Besucher vergrößert.[30]

Das Goethe-Museum in Düsseldorf

Den Grundstein für das Goethe-Museum in Düsseldorf bildet die Anton- und-Katharina-Kippenberg-Stiftung, welche von Anton Kippenberg (1874- 1950) zusammengetragen wurde. Zunächst wurde das Museum im Jahre 1956 im Hofgärtnerhaus bei der Jägerstraße eingerichtet, zog dann aber mit seiner über 1.000 Objekte umfassenden Dauerausstellung „Goethe in seiner Zeit"[31] 1987 in das Schloss Jägerhof um. Das Museum verfügt über mehr als 50.000 Handschriften, Gemälde, graphische Blätter, Büsten, Medaillen und Münzen sowie über eine Bibliothek mit ungefähr 20.000 Büchern und 3.000 Musikalien aus der Zeit Goethes. Über das Sammeln hinaus erfüllt das Goethe-Museum auch alle weiteren vom ICOM definierten musealen Aufgaben, indem Forschungen durchgeführt, Sonderausstellungen und Veranstaltungen sowie Führungen und spezielle museumspädagogische Angebote offeriert werden.

Im Sinne der Stiftungstradition werden hier deutliche Schwerpunkte beim Sammeln, Bewahren und Forschen gelegt; man beruft sich auf die Tradition und Kontinuität des Hauses, welche gemäß den Grundgedanken der Stifter gepflegt und aufrechterhalten werden. Im Goethe-Museum soll der Besucher „anschauen, er soll Anschauung gewinnen,"[32] wie Volkmar

---

[30] Denn „[d]ie Aura, die dem Gedächtnisort seine Weihe gibt, ist in keine noch so kunstfertigen Monumente übersetzbar." (Assmann, A. (1999): Erinnerungsräume. S. 326.)
[31] So lautet der Titel der Dauerausstellung des Goethe-Museums.
[32] Hoffmann (2009): Material- und Quellensammlung. S. 57.

Hansen[33] konstatierte, und dieses Ziel wird gefördert durch das „Original, [denn] auch unter Glas bleibt die Aura eines Objektes erhalten."[34] Aufgrund der Aura des Originals, „das [...] etwas aus[löst]"[35] im Besucher, kann die Ausstellung auch ohne ein spezielles didaktisches Konzept seine Wirkung erzielen. Es geht folglich primär darum, aus dem überaus großen Sammlungsrepertoire möglichst viele gute Stücke in der Ausstellung zeigen und so dem Besucher zugänglich machen zu können.

Die Bereiche ‚Sammeln und Bewahren' zählen nach Aleida Assmann zum Speichergedächtnis und stellen für die heutige Zeit eine radikale Trennung der „Vergangenheit von Gegenwart und Zukunft"[36] dar; die Inhalte des Funktionsgedächtnisses schlagen demgegenüber „eine Brücke über Vergangenheit, Gegenwart und Zukunft."[37] Erst durch den weiteren Schritt der Sinnzuweisung (Forschung, Deutung und schließlich kontextuale Präsentation) und einer darauf folgenden Aktualisierung in den Individualgedächtnissen[38] (Besichtigen der Ausstellung), treten die Inhalte des Speichergedächtnisses (hier die gesammelten, aufbewahrten Gegenstände) in das Funktionsgedächtnis über.[39] Das Perfektum wird für unsere Gegenwart bedeutungsvoll.

Das Leitbild des Museums entspricht also aufgrund seiner Schwerpunktlegung in erster Linie dem, was Assmann unter dem Speichergedächtnis versteht: es sammelt und bewahrt zu vermittelndes Wissen.[40] Im Goethe-Museum erfolgt dem gemäß „die Bereitstellung von Wissen".[41]

Das Museum wird aber zugleich im Sinne des Funktionsgedächtnisses tätig, indem es beispielsweise die Rezeptionsgeschichte bis in die Gegenwart hinein einschließt und dadurch die Wichtigkeit Goethes und seiner Werke für die Gegenwart zu demonstrieren versucht, beispielsweise das

---

[33] Mit Volkmar Hansen, dem derzeitigen Direktor des Goethe-Museums, wurde das Interview durchgeführt.
[34] Ebd., S. 57.
[35] Ebd., S. 58.
[36] Assmann, A. (1999): Erinnerungsräume. S. 133.
[37] Ebd.
[38] Vgl. erneut Erll, Astrid (2005): Kollektives Gedächtnis und Erinnerungskulturen.
[39] „Die strukturlosen, unzusammenhängenden Elemente treten ins Funktionsgedächtnis als komponiert, konstruiert, verbunden ein. Aus diesem konstruktiven Akt geht Sinn hervor, eine Qualität, die dem Speichergedächtnis grundsätzlich abgeht." (Assmann, A. (1999): Erinnerungsräume. S. 137).
[40] Das Speichergedächtnis „ermittelt Wahrheit und suspendiert dabei Werte und Normen". (Assmann, A. (1999): Erinnerungsräume. S. 133).
[41] Hoffmann (2009): Material- und Quellensammlung. S. 50.

Humanitätsideal Goethes.[42] Dementsprechend ist Hansen der Ansicht, dass das Goethe-Museum am kulturellen Gedächtnis gestaltend mitwirkt[43] und „Funktionen [übernimmt], die Werte setzen."[44] Als Beispiel nannte er Goethes Figur „Faust", durch die schon im Werk selbst „ein Teil der Wertsetzung"[45] vorhanden ist, indem „Goethe [...] hier selbst deutliche Kritik [...] in den Lebenslauf Fausts"[46] hineinschreibt. „[E]s liegt Identifikation darin. Es sind Texte in deutscher Sprache, die zu Recht diesen humanitären Weltruf begründet haben. Und es ist meiner Ansicht nach auch etwas, das in die Zukunft weist."[47] Daran wird eine Normen- und Wertevermittlung deutlich, wie sie Assmann dem kulturellen Gedächtnis als zentrale Aufgabe zuspricht. Zwischen dem Ort der Unterbringung des Museums und dem Schriftsteller Goethe besteht keine direkte Verbindung. Im Gegensatz zum Buddenbrookhaus wurde das Schloss Jägerhof auch nicht bereits vorher als kultureller Gedächtnisort frequentiert, der mit Goethe in Verbindung gebracht worden wäre. Damit verfügt der Ort über keine auratische Authentizität oder gar ein ihm immanentes Gedächtnis. Es lässt sich in diesem Zusammenhang die zu überprüfende Hypothese aufstellen, dass das Museum als Gedächtnisort aufgrund mangelnder Aura an Anziehungskraft ebenso wie an Wirkmacht auf den Besucher einbüßt.

Das Erich Kästner Museum in Dresden

Das Erich Kästner Museum wurde im Jahre 2000 in Dresden anlässlich Kästners 100. Geburtstags von einem kleinen Personenkreis, der sich für den Autor Kästner interessierte und sich mit persönlichem Engagement für die Gründung einsetzte, gegründet.[48] Das Museum übernimmt die vom ICOM festgelegten fünf Aufgaben, wobei der Bereich der Forschung aufgrund der geringen zur Verfügung stehenden Mittel noch recht marginal ausgeprägt ist,

---

[42] Vgl. ebd., S. 48.
[43] Vgl. ebd., S. 51.
[44] Ebd., S. 50.
[45] Ebd., S. 51.
[46] Ebd., S. 51.
[47] Ebd., S. 51.
[48] Zur Entstehungsgeschichte des Museums: O'Brien, Ruaidhri: Microglobal Times – Erich Kästner Museum Dresden. In: Neues Museum 6. Heft 2. 2006, S. 68-78.

aber ausgebaut werden soll.[49] Das Erich Kästner Museum verfügt über eine Sammlung von mittlerweile über 1800 Stücken. Es präsentiert eine Dauer- sowie Sonderausstellungen und führt weitere literarisch-kulturelle Veranstaltungen wie Lesungen durch.

Es handelt sich bei dem Museum um einen neuen Typus, um ein „micromuseum."[50] Dieses Museum ist in ungeöffnetem Zustand 5 m² groß und befindet sich in einem 60 m² großen Raum[51] in der Villa Augustin.[52]

Der maßgeschneiderte Museumskörper besteht aus einem Multimedia-Kern (u.a. mit PC, Audio- und Videotechnik), der authentische Exponate ausstellt und von mobilen[53] Säulen umgeben ist, die Schubladen, Regale und Fächer enthalten und mit unterschiedlichen Exponaten zum Anfassen und Untersuchen für die Besucher bestückt sind.[54]

Die zentralen Aufgaben, die das Museum wahrnehmen möchte, sind das „Präsentieren und Vermitteln".[55]

Ruairí O'Brien[56] bedauert, dass die meisten Ausstellungen sehr fixiert und somit nicht flexibel für neue Inhalte und Aspekte sind.[57] Darin begründet sich die äußere sowie inhaltliche Form seines neu entwickelten Museumstyps: „[Es] hat eine klare strukturelle Form, das wird sich nicht ändern, aber der Geist und die Inhalte können sich ändern, es bringt immer wieder neue Fundstücke; es kann ausgetauscht werden oder erweitert."[58] Mit diesem Konzept stellt das Kästner Museum eine Neuheit unter den Museen dar, die dazu in der Lage ist, auf neue Forschungsergebnisse oder neu erhaltene Ausstellungsgegenstände spontan zu reagieren, indem sie jederzeit aufgenommen werden können. Hierzu bedarf es keiner aufwendigen Integration und

---

[49] Vgl. hierzu die Aussagen von Ruairí O'Brien im Interview. In: Hoffmann (2009): Material- und Quellensammlung. S. 84 f.
[50] O'Brien, Ruairí: Form follows content – Communination Architecture. In: O'Brien, Ruairí (Hg.): Das Museum im 21. Jahrhundert. Dresden 2007, S. 134.
[51] Vgl. zu den Größenangaben: O'Brien (2007): Form follows content. S. 138.
[52] Die Villa Augustin ist das ehemalige Wohnhaus von Erich Kästners Onkel und befindet sich unweit Kästners ehemaligen Wohnortes.
[53] Die einzelnen Säulen haben Rollen, so dass sie mobil sind und im Raum bewegt werden können.
[54] O'Brien (2007): Form follows content. S. 139.
[55] Hoffmann (2009): Material- und Quellensammlung. S. 88.
[56] Der Interviewpartner Ruairí O'Brien gehört zu den Initiatoren und Gründungsmitgliedern des Museums. Er leitet das Museum.
[57] Vgl. ebd., S. 75.
[58] Ebd., S. 79.

Umgestaltung des Gesamtkonzepts, wie dies in Dauerausstellungen anderer Museen der Fall wäre.

Ein kennzeichnendes Merkmal des Museums ist, dass es „keinen festen Ort"[59] braucht. Trotzdem räumt O'Brien ein, dass das Haus, in dem Erich Kästners Onkel lebte, eine Wirkung auf das Gesamtkonzept des Museums hat: „Auf einer Ebene hat es mit dem Haus nichts zu tun, intellektuell. Auf der anderen Seite ist es natürlich eine gegenseitige Befruchtung: denn die Authentizität dieses Ortes, die ist vorhanden."[60] Auch wenn der Ort für das Mikromuseum und seine Konzeption nicht konstitutiv war, so formuliert O'Brien doch, dass er als Ausstellungsort „die Villa Augustin […] als Ziel"[61] angestrebt hat. Die Aura des Ortes erfüllt so eine unterstützende Wirkung für die Ausstellung und ihr Konzept insgesamt. Entsprechend beginnt der Name ‚Kästner Museum,'[62] sich im Gegensatz zu ‚Villa Augustin' durchzusetzen. Dies lässt annehmen, dass sich die Wahrnehmung für diesen Ort geändert hat und zunehmend Identifikationspotential[63] bietet. Angesichts der Gründung des Museums konnten schließlich die restlichen Büroräume in dem „Problemhaus"[64] vermietet werden, die Haltestelle der Straßenbahn am Albertplatz heißt nun „Albertplatz, Haltestelle Erich Kästner Museum"[65] und die Stadt beteiligt sich mittlerweile finanziell, da sie am Erfolg des „Vorzeigeprojekt[s]"[66] partizipieren möchte.

Das Mikromuseum als personales Literaturmuseum hat zunächst den größten Anteil am Funktionsgedächtnis, da die Vermittlung der ausgestellten Inhalte und Gegenstände das zentrale Ziel des Museums darstellt. Durch die Konzeption wird der Besucher dazu aufgefordert, sich die Inhalte der Ausstellung selbst entdeckend zu erarbeiten. Auf diese Weise kommt es zu einer intensiven Auseinandersetzung mit den Inhalten, da Verknüpfungen und

---

[59] Ebd., S. 74.
[60] Ebd., S. 90 f.
[61] Ebd., S. 82.
[62] Vgl. Hoffmann (2009): Material- und Quellensammlung. S. 91.
[63] Dass eine Anwaltskanzlei es für sich als positiv einschätzt, in einem solchen Gebäude wie dem Erich Kästner Museum untergebracht zu sein, zeigt deutlich, dass sie sich mit dem, was darüber vermittelt wird, identifizieren (möchten). Dabei ist nicht nur die Person Erich Kästner wichtig, sondern auch die Eigenschaft des Museums als Kulturinstitution.
[64] Hoffmann (2009): Material- und Quellensammlung. S. 82.
[65] O'Brien, Ruaidhri: Microglobal Times – Erich Kästner Museum Dresden. In: Neues Museum 6. Heft 2. 2006, S. 78.
[66] Hoffmann (2009): Material- und Quellensammlung. S. 84.

Verstehensprozesse selbst geleistet werden müssen. Ein Beispiel für einen solchen Prozess des Entdeckens schilderte O'Brien im Interview:

> [D]iese Frau stand vor dem Fernseher, Münchhausen lief, und sie hat gesagt: Was hat Münchhausen mit Kästner zu tun? Und als sie dann weiter geschaut und gesucht hat, hat sie dann so zehn Minuten später entdeckt, dass er das Drehbuch für diesen Film geschrieben hat und da war sie so erleichtert, dass sie dieses Puzzleteil gefunden hat, dass sie unbedingt alles dort sehen wollte.[67]

Der Anteil am Speichergedächtnis in Form von Archiven bzw. Magazinen ist jedoch verhältnismäßig gering, was auf die im Verhältnis zu anderen Museen relativ kleine Sammlung zurückzuführen ist.[68]

Anhand dieser Analyse sollte ein erster Blick auf literarische Museen als kulturelle Gedächtnisorte im Rahmen gegenwärtig populärer Erinnerungstheorien geworfen werden. Zusammenfassend lassen sich drei verschiedene Typen von literarischen Museen als Gedächtnisorte festhalten: 1. das literarische Museum, dem in Verbindung mit dem Ort bereits vor der Gründung ein Gedächtnis ‚immanent' war und das als Erinnerungsort frequentiert wurde, 2. das explizit und künstlich eingerichtete Museum, welches durch die Ungebundenheit an den Ort (vermutlich) einen Aura- und Authentizitätsverlust hinnehmen muss, und 3. das explizit eingerichtete Museum, welches zwar nicht über ein dem Einrichtungsort immanentes Gedächtnis verfügt – vergleiche Typ 1 –, aber durch die Authentizität nicht den Aura-Verlust des 2. Typs hinnehmen muss. Ob sich diese qualitativen Ergebnisse und die daraus ermittelten Typen ebenfalls quantitativ bestätigen lassen, müssen weitere Untersuchungen klären. Ebenso konnten im Zuge der verkürzten Darstellung tiefergehende, komplexe Strukturen und Widersprüche zwischen Theorie und Praxis nicht beachtet werden. Dies besagt nicht, dass es solche nicht gäbe. Darüber hinaus ergeben sich in diesem Kontext Fragen danach, was man sich konkret unter den Aktualisierungen in den Individualgedächtnissen als Erinnerungsakt vorzustellen habe, wie es zu Institutionalisierungen von literarischen Museen kommt und welche Voraus-

---

[67] Ebd., S. 92 f.
[68] Die Größe der Sammlung sowie das Ausstellungsprinzip sind jedoch angesichts der Voraussetzungen für die Gründung des Museums zu Ehren Kästners nicht verwunderlich. Man hat aus sehr geringen Mitteln und zunächst ohne Sammlung ein tragfähiges Konzept entwickelt, durch dessen Umsetzung dem Gedenken an Kästner ein Ort gegeben werden sollte.

setzungen grundsätzlich erfüllt werden müssen, damit es zur Einrichtung kommt (siehe bspw. Kanonisierung eines Autors als Kriterium). Derartigen Fragen werde ich zukünftig in meinem Dissertationsprojekt nachgehen, um ein empirisch und qualitativ exakteres Bild der Memorierungspraxis literarischer Museen nachzeichnen zu können.

TERUAKI TAKAHASHI

Kontrastive Kulturkomparatistik und interkulturelle Bildung

Auslandswissenschaft

Jede Germanistik ist nach meinem Verständnis eine „Auslandswissenschaft,"[1] wenn sie von einem Wissenschaftler nicht deutscher Muttersprache betrieben wird. Dabei ist die Bezeichnung „Auslandswissenschaft" in einem deutlich anderen Sinn zu verstehen als jene oft verwendeten Termini „Auslandsphilologie" bzw. „Auslandsgermanistik". Denn damit wird in den philologischen Fächern immer diejenige Philologie bzw. Germanistik bezeichnet, die über das Herkunftsgebiet, über die Heimat des Forschungsgegenstandes hinaus im nahen und fernen Ausland betrieben wird. Im Folgenden ist mit „Auslandswissenschaft" aber eine Wissenschaft gemeint, die, vom Heimatland des Forschenden aus betrachtet, ausländische und fremde Kulturphänomene zum Forschungsgegenstand erhebt und dadurch eine Kommunikation mit dem jeweils in den Blick kommenden Ausland in die Wege leitet.

Zu beachten ist dabei, dass der Begriff „Land", wie er auch hier in den Komposita „Heimatland" und „Ausland" verwendet wird, nicht im Sinne einer nationalen Einheit zu verstehen ist, sondern dass er die Funktion hat, Kulturphänomene, die im Rahmen einer Kulturgeographie Gemeinsamkeiten aufweisen, auf einen Nenner zu bringen. Diese Funktion eines gemeinsamen Nenners kommt auch dem Begriff der „Kultur" zu, wenn im Folgenden etwa von einer Kultur des eigenen oder eines fremden Landes die Rede ist.

Mit dem Fremdkulturellen konfrontiert sind aber nicht nur diejenigen verschiedenen „Auslandswissenschaften", die ausdrücklich ausländische

---

[1] Zu meiner Konzeption der „Auslandswissenschaften" vgl. Teruaki Takahashi: Auslandswissenschaft und kontrastive Kulturkomparatistik. In: Zeitschrift für Kulturphilosophie 2 (2008), S. 37-44.

Kulturphänomene erforschen, sondern im Grunde auch jene Wissenschaften, die sich mit Phänomenen der je eigenen Kultur des Forschenden befassen, und somit letztlich alle geisteswissenschaftlichen Fächer. Denn auch die Gegenstände dieser „Inlandswissenschaften", um diesen Neologismus als Antonym zu „Auslandswissenschaft" zu stellen, sind aufgrund der gegebenen historischen oder räumlichen Distanz dem Forschenden kulturell in der Regel mehr oder weniger fremd. Man denke beispielsweise an die kulturellen Unterschiede zwischen den deutschsprachigen Regionen. Die Auslandswissenschaft bringt wegen der oft größeren kulturellen Distanz zwischen dem Forschenden und seinen Gegenständen die Problematik der angesprochenen Fremdheit der Gegenstände für den Forschenden nur deutlicher zum Vorschein.

Zu beachten ist darüber hinaus, dass die Wissenschaft überhaupt je nach dem kulturellen Standort des Forschenden eine andersartige Prägung erfährt. Wissenschaft selbst ist ja ein Kulturphänomen. Wenn diese Prämisse mit dem Postulat der Multikulturalität verknüpft wird, bleibt der Auslandswissenschaft methodisch nur der Weg, jeweils über ihren eigenen kulturellen Standort zu reflektieren und diesen durch Vergleich mit der fremden Kultur, der ihre Forschungsgegenstände angehören, zu bestimmen.

So verlangt jede Auslandswissenschaft im Hinblick sowohl auf die Fremdheit der Forschungsgegenstände für den Forschenden als auch auf die Notwendigkeit zu dessen interkultureller Selbstreflexion notwendigerweise eine kulturkomparatistische Ausrichtung. Auf diese Weise rückt für die Auslandswissenschaft und mithin für fast jede nicht deutschsprachige und in Wahrheit auch für die deutschsprachige Germanistik die Operation des Vergleichs als grundlegende Methode in den Vordergrund.

Durch Vergleichen wird eine Unterscheidung der Dinge bzw. Phänomene möglich. Dies führt zu einer differenzierteren Wahrnehmung und Erkenntnis. Das „Vergleichen", so schreibt Leibniz, bestehe darin, zu „betrachten, worin zwei Dinge übereinstimmen und worin sie verschieden sind, so dass aus der Erkenntnis des einen das andere erkannt wird".[2]

---

[2] „Comparare est considerare, in quo duo conveniant et differant. Ita ut ex uno cognito alterum cognosci deinde possit". Gottfried Wilhelm Leibniz, Phil., VII, D, II, 2, f. 42 (table de définitions). In: Opuscules et fragments inédits de Leibniz. Extraits des manuscrits de la Bibliothèque royale de Hannovre, hrsg. von Louis Couturat, Paris 1903, Reprint Hildesheim 1961, 496. Zit. nach dem Artikel „Vergleich" von Günter Schenk und Andrej Krause. In: Historisches Wörterbuch der Philosophie, Bd. 11, Basel 2001, Sp. 677.

KONTRASTIVE KULTURKOMPARATISTIK UND INTERKULTURELLE BILDUNG

Kontrastive Kulturkomparatistik

Indem vom Vergleich unter interkulturellen Aspekten die Rede ist, wird im Fach der Komparatistik auf „zwei Vergleichstypen" verwiesen. Der genetische Vergleich macht Peter V. Zima zufolge „als Kontaktstudie [...] Ähnlichkeiten zum Gegenstand", „die durch Kontakt, d. h. durch direkte oder indirekte Beeinflussung entstehen".[3] Dagegen untersucht der typologische Vergleich „Ähnlichkeiten [...], die ohne Kontakt auf Grund von analogen Produktions- oder Rezeptionsbedingungen zustande kommen".[4] Das gleiche gilt, wenn man die Gegenstandsbereiche über die Literatur hinaus auf weitere Kulturphänomene ausdehnt und von einer „Kulturkomparatistik" spricht. Dabei können Elemente verschiedener Kulturen nicht nur angesichts direkter oder indirekter Beeinflussung, sondern auch dann, wenn sie historisch in keinem Wirkungszusammenhang stehen, miteinander in kontrastiver Weise verglichen werden. Dadurch werden nicht nur überraschende Parallelen von Kulturelementen entdeckt, sondern auch Eigenheiten der jeweiligen Kulturelemente sowie Unterschiede zwischen ihnen genauer und differenzierter wahrgenommen. In diesem Sinne haben sich beispielsweise die kontrastive Linguistik oder die typologische Märchenforschung als ergiebig erwiesen.

Beim kontrastiven Vergleich stützt sich die Entscheidung der Frage, welches Element der einen Kultur mit welchem Element der anderen verglichen werden kann, methodisch auf keine im positivistischen Sinne nachweisbaren realhistorischen Beziehungen der beiden Kulturen zueinander. Entscheidend ist vielmehr die Frage, ob durch die kontrastive Betrachtung Gemeinsamkeiten und Unterschiede beider Kulturen entdeckt, ob durch kontrastive Parallelisierung Eigenschaften und Phänomene der einen und der anderen Kultur bzw. Kulturen selbst deutlicher und differenzierter als bei deren isolierter Betrachtung erkannt oder ob sie sogar erst auf diese Weise in den Blick gerückt werden können.

Deshalb muss man bei der Anwendung der „kontrastiven de" auf die Operation des Vergleichens nicht unbedingt nach „*analogen Produktions- oder Rezeptionsbedingungen*"[5] fragen, die als analoge Ursachen der Entstehung der miteinander zu vergleichenden Phänomene und

---

[3] Zima, Peter V.: Komparatistik. Einführung in die vergleichende Literaturwissenschaft. Unter Mitarbeit von Johann Strutz, Tübingen 1992, S. 94 (Hervorhebung von Zima).
[4] Zima (Anm. 3), S. 94 (Hervorhebung von Zima).
[5] Zima (Anm. 3), S. 94 (Hervorhebung von Zima).

mithin als tertium comparationis gelten könnten. Jedoch entsteht ein tertium comparationis, d. h. als das gemeinsame Moment, in dem zwei verschiedene Gegenstände oder Sachverhalte übereinstimmen, nachträglich dadurch, dass der Betrachter der miteinander zu vergleichenden Phänomene heuristisch eine Perspektive konstruiert, in der ein Vergleich der Betrachtungsgegenstände möglich wird.

Für die von mir vorgeschlagene „kontrastive Kulturkomparatistik"[6] geht es somit in erster Linie nicht um eine Begründung durch historisch nachweisbare Tatsachen einschließlich jener „*analogen Produktions- oder Rezeptionsbedingungen,*"[7] sondern letztlich darum, zu einem interkulturellen Verständnis beizutragen und interkulturelle Kommunikation zu fördern.

Kontrastiver Vergleich und interkulturelle Kommunikation

Im Fall einer als Auslandswissenschaft konzipierten und betriebenen nicht deutschsprachigen Germanistik werden deutschsprachige Kulturphänomene zum Forschungsgegenstand gemacht. Wenn die nicht deutschsprachige Germanistik dabei über die einseitige Erforschung und Rezeption der Elemente der deutschsprachigen Kultur hinaus zu der in deutscher Sprache geführten interkulturellen Kommunikation beitragen will, gerät sie in die Situation einer weiteren interkulturellen Konfrontation. Denn die Forscher müssen sich und ihre eigene Kultur in einer Fremdsprache, d. h. in deutscher Sprache zum Ausdruck bringen und erklären. Sie werden immer dazu herausgefordert, das, was in ihrer Muttersprache zum Ausdruck kommt, mit dem, was in der deutschen und mithin fremden Sprache gesagt werden kann, zu vergleichen. In dieser Konfrontation zweier Sprachen liegt ein weiterer Hinweis darauf, dass die Auslandswissenschaft einen kontrastiven Vergleich in Anspruch zu nehmen hat.

Durch die Verwandlung der nicht deutschsprachigen Germanistik in eine von mir so gemeinte kontrastive Kulturkomparatistik eröffnet sich ein weites Feld der interkulturellen Kommunikation. Jede Kultur bzw. jedes Kulturelement wird je nach dem Standort des Verstehenden immer anders verstanden. So unterscheidet sich beispielsweise das im deutschen Sprach-

---

[6] Vgl. Teruaki Takahashi: Japanische Germanistik auf dem Weg zu einer kontrastiven Kulturkomparatistik. Geschichte, Theorie und Fallstudien. München 2006.
[7] Zima (Anm. 3), S. 94 (Hervorhebung von Zima).

und Kulturraum geprägte Japan-Bild immer und notwendigerweise vom japanischen Selbstverständnis. In diesem Sinne gilt nicht nur hinsichtlich des historischen, sondern auch des interkulturellen Verständnisses Gadamers hermeneutische These, dass „man *anders* versteht, wenn man überhaupt versteht".[8]

Um beim angeführten Beispiel des fremden Japan-Bildes zu bleiben, so liegt es nahe, dass ihm ein Bild, das dem japanischen Selbstverständnis entspricht, entgegengestellt werden sollte, damit das bereits geprägte Japan-Bild im deutschen Sprach- und Kulturraum schon zur Vermeidung von Klischee-Bildungen, in Frage gestellt und relativiert wird. Dabei geht es nicht darum, ein „falsches" Japan-Bild im Ausland durch ein „authentisches" zu korrigieren. Im Gegenteil kann auch das so genannte „authentische" Japan-Bild dadurch in Frage gestellt und verändert werden, dass ihm ein fremdes Japan-Bild entgegengehalten wird. Nicht in der einseitigen Vermittlung eines vermeintlich „authentischen" Japan-Verständnisses, sondern in den auf beiden Seiten der Kommunikationspartner zu erwartenden Veränderungen liegt der Sinn der interkulturellen Kommunikation. In dieser Weise versteht man sowohl sich selbst als auch die fremden Kulturphänomene besser, d. h. „anders" als bisher und verändert somit sich selbst mitsamt seiner interkulturellen Wert- und Weltorientierung.

Interkulturelle Bildung

Wenn die kontrastive Kulturkomparatistik auf die interkulturelle Kommunikation angewandt wird und die Gesprächspartner zur Veränderung und Neugestaltung von deren Identität anregt, so ließe sich ihre Leistung nicht zuletzt in einer interkulturellen Bildung menschlicher Individuen erwarten.

Die Ziele der Menschenbildung sind heute im Zeitalter der Globalisierung und der damit eng verbundenen Multikulturalität je nach den kulturellen und gesellschaftlichen Zugehörigkeiten sehr divergent. Bildung heißt auf Lateinisch cultura, nämlich „Kultur", und ist je nach den kulturellen Zugehörigkeiten immer verschieden. Man bedarf heute einer Bildung, die einen Menschen dazu befähigt, sich bei einer Begegnung mit Fremdkulturellem zurechtzufinden und sich selbst zu verändern.

---

[8] Gadamer, Hans-Georg: Wahrheit und Methode. Grundzüge einer philosophischen Hermeneutik, Tübingen 1960, S. 280 (Hervorhebung von Gadamer).

Denn heute wird es immer schwieriger oder es ist sogar, um es etwas kühner zu sagen, weder möglich noch erwünscht, die Einheit der Identität eines Individuums zu bilden und aufrecht zu erhalten. Man sollte allem Ansehen nach dazu fähig sein, sich mit einer Pluralität der eigenen Identität auszuhalten und je nach den Lebensarten und Lebenssituationen eine angemessene Identität in eigenen verschiedenen Identitäten herauszufinden. Man sollte, um nun die Rollentheorie der Moderne zu radikalisieren, fast unendlich viele Rollen je nach der Situation in angemessener Weise spielen können. Die angemessene Bewältigung so vieler Rollen ohne Identitätsverlust scheint unmöglich zu sein, wenn man auf das in Europa besonders seit der Neuzeit stark ausgeprägte Menschenbild angewiesen ist, das unter dem Begriff der „Individualität" eine widerspruchsfreie Einheit der Identität versteht und in einer unerschütterlichen Identität den letzten Existenzgrund eines Individuums sieht. Nach diesem Bild des Individuums richtet sich der herkömmliche Begriff der „Bildung" und versteht sich als Entwicklung zu einem selbstsicheren Individuum, das dann als „reif" gilt.

Im Zeitalter der Globalisierung und Multikulturalität würde dann meines Erachtens ein ganz anderes Bild des Individuums beansprucht, das sich nicht durch Einheit und Selbstsicherheit, sondern durch Hybridität und Variabilität auszeichnet und wohl mit einer Wolken-Metapher vorstellbar gemacht werden könnte. Wie die Wassertropfen einer Wolke, so wechseln und verändern sich, vermehren und verringern sich die Bestandteile eines jeden Individuums durch verschiedene und insbesondere interkulturelle Begegnungen und Interaktionen mit anderen Individuen sowie durch Erfahrungen der sich ständig verändernden Naturumwelt. So verändert das Individuum ständig seine Gestalt wie eine Wolke. Es enthält, wie eine Wolke aus vielen Wassertropfen besteht, viele Elemente, die sich in Glücksfällen ergänzen, aber nicht selten widerstreiten und die miteinander bald verträglich, bald aber unverträglich und widersprüchlich sind. Ebenso, wie jede Wolke, ist jedes Individuum im Vergleich nicht nur zu seiner früheren Gestalt, sondern auch zu jedem anderen Individuum immer anders gestaltet und anders strukturiert. Ein Individuum verändert sich ständig und hält in jedem Moment ein in diesem Moment eigenes Gleichgewicht und stellt so eine Gestalt in einem bewegten Gleichgewicht dar.

Und dies alles, was sich hier über das menschliche Individuum sagen lässt, gilt mutatis mutandis auch für den Begriff der Kultur und auch für denjenigen des Landes. Zur Bildung solcher Individuen und „Kulturen" bzw.

KONTRASTIVE KULTURKOMPARATISTIK UND INTERKULTURELLE BILDUNG

„Länder" würden die kontrastive Kulturkomparatistik und die darauf gestützte interkulturelle Kommunikation beitragen. Diese Bildungskonzeption würde nichts anderes zum Ziel haben als was die Bezeichnungen „multikulturelle Bildung" oder „Bildung zur Multikulturalität" ausdrücken.

ELISSO KORIDSE

Zur strukturell-typologischen Forschung der oralen Texte

Aufgrund der deutschen und georgischen Märchen

Der Kaukasus ist ein Land, mit dem älteste Sagen der europäischen Völker verknüpft sind. Man braucht bloß an Argonauten und an Prometheus zu denken, um sich zu überzeugen, seit welch langer Zeit das Gebirgsland zwischen Pontus und Kaspi, zwischen Europa und Asien mit der „Lust zu fabulieren" der Menschheit verknüpft ist.[1]

Die vergleichende Forschung der deutschen und georgischen Märchen ist ein ganz neuer Bereich, dem bisher noch keine große Aufmerksamkeit gewidmet wurde. Die kontrastive Erforschung der deutschen und georgischen Märchen ist m. E. zurzeit eine sehr interessante und aktuelle Frage der Linguistik im deutschen und georgischen Raum, obwohl es mehr Unterschiedliches, als Gemeinsames zwischen den beiden Sprachen und Kulturen gibt. „Texte verschiedener Sprachen sind vergleichbar, wenn sie bei ähnlicher Thematik in äquivalenten Sprechsituationen (Ort, Anlaß, Redezweck etc.) oder mit äquivalenter Redestrategie produziert wurden."[2]

Die Märchenforschung hat eine lange Tradition. Schon am Anfang des 20.Jahrhunderts gab es wissenschaftliche Literatur über das Märchen. Sie war meistens von philosophierend-dilettantischer Natur. Es fehlten ihr exakte Beobachtungen, Analysen und Schlussfolgerungen. Bereits 1928 verwies W. Propp in seinem bekannten Buch „Morphologie des Märchens" auf die Wichtigkeit des Vergleichs der Märchen, obwohl der damals relativ oberflächlichen Charakter trug: „In dem russischen Märchen ist der Bär der

---

[1] Dir. A. Die Märchen der Weltliteratur. Kaukasische Märchen. Verlegt bei Eugen Dieserichs. Jena 1920, S. 5.
[2] Spillner, B. In: Michael Schreiber: Textgrammatik. Gesprochene Sprache. Sprachvergleich. Frankfurt a. M. 1999, S. 38.

Geprellte, in den westeuropäischen Varianten dagegen der Teufel."[3] W.Propp betont auch, dass bei der Märchenforschung bestimmte Entstehungs- und Entwicklungsgesetze berücksichtigen werden müssen; am Anfang habe die morphologische Untersuchung zu stehen:

> Solange wir ein Märchen nicht in seine Bestandteile zerlegen können, wird es auch keine echte Vergleichsbasis geben. Wenn wir aber keine Vergleiche ziehen können, wie sollen dann die Wechselbeziehungen zwischen der indischen und ägyptischen Kultur bzw. zwischen den griechischen und indischen Fabeln geklärt werden? Solange wir nicht in der Lage sind, zwei Märchen miteinander zu vergleichen, wie sollen wir dann seine Beziehungen zur Religion und zum Mythos erforschen?[4]

Mit der Märchenforschung waren nicht nur die Literatur- und Sprachwissenschaftler, sondern auch Anthropologen und Psychoanalytiker beschäftigt; so interessierten sich Claude Lévi-Strauss für die Struktur und die Form des Märchens und Sigmund Freud für Märchenstoffe in Träumen etc.

Da das Märchen einen außerordentlichen Reichtum an Themen und Stoffen aufweist, muss man das Material untergliedern, d.h. klassifizieren. Eine richtige Klassifizierung ist einer der wichtigsten Schritte zur wissenschaftlichen Beschreibung. Von ihr hängt der richtige Weg weiterer Untersuchungen ab.

Am gebräuchlichsten ist die Einteilung der Märchen in folgende Gruppen: Märchen mit übernatürlichem Inhalt und Alltags- und Tiermärchen. Dagegen einzuwenden ist, dass Tiermärchen des Öfteren zahlreiche übernatürliche Elemente enthalten und umgekehrt, da die Tiere in den Zaubermärchen eine sehr große Rolle spielen.

Im georgischen Raum veröffentlichte man solche, die als Schwerpunkt die Klassifikation und Beschreibung der Märchen thematisierten. Erwähnenswert sind vor allem die Arbeiten *Die georgischen Märchen und Sagen* von A. Glonti; *Die georgische Folklore* von T. Begiaschwili u. a. Natürlich gab es auch Anregungen von Seite der deutschen Linguisten, die selbst georgische Märchen untersuchten und übersetzten. Im Jahre 1920 wurde in Jena das Buch *Die Märchen der Weltliteratur. Kaukasische Märchen* veröffentlicht, die von Adolf Dirr ausgewählt und übersetzt wurden.

---

[3] Propp, W.: Morphologie des Märchens. 1975. S. 14.
[4] Ebd., S. 28.

Von großer Bedeutung ist auch das Buch *Georgische Märchen*, übersetzt und herausgegeben von Heinz Fähnrich.

H. Fähnrich fasst die Bedeutung Georgiens als Land zwischen Europa und Asien und deren Einflüsse auf die georgischen Märchen wie folgt zusammen:

> Die geographische Lage Georgiens an der Nahtstelle zwischen Europa und Asien hat es wie kaum ein anderes Land zum Mittler wirtschaftlicher und kultureller Güter beider Erdteile werden lassen. Auch die georgische Literatur war europäischen und orientalischen Einflüssen unterworfen und behielt dabei doch ihr eigenes Gepräge. Dies trifft auch auf die Volksdichtung zu und in besonderem Maße auf die Märchen.[5]

Es ist festzustellen, dass Märchen Spuren uralter Vorstellungen, längst vergangener Sitten und Gebräuche, in sich bewahrt haben. Dabei ist natürlich die Tatsache zu berücksichtigen, dass die reale Wirklichkeit vieles dabei mitbestimmt. Von Einfluss sind solche Faktoren wie die historische Wirklichkeit in ihrer ständigen Entwicklung, die epische Dichtung der Nachbarvölker, Schrifttum und Religion, sowohl Christentum als auch volkstümliche, heidnische Glaubensvorstellungen.

In Heino Gehrts Buch *Das Märchen und das Opfer* werden Speerrituale der Betrachtung unterzogen und darunter vor allem der altrömische Brauch der *Devotio*, bei dem der zu Weihende auf einem Wurfspieß stand:

> Im inneren Zusammenhang einer solchen Todesweihe um des Sieges willen, wurden formale Ähnlichkeiten mit den Schicksalen der griechischen und römischen Dioskuren erkannt, und bald stellte sich heraus, dass der tiefere Sinnzusammenhang aller drei religiöser Erscheinungen im europäischen Brüdermärchen dargestellt sei, – wenn man sich entschließt, das Brüdermärchen als episches Abbild eines uraltes Rituals aufzufassen [...] Im Brüdermärchen war eine alte Kultfigur erkannt, aus der die verschiedensten Mythen und Ritten der Spätzeit sich ableiten. Als epischer Haupttyp, der sie bewahrt, erschien die germanische Schwurbrüdersage; und selbst ein solches Spätwerk

---

[5] Fähnrich, H. Georgische Märchen. Leipzig 1991, S. 201.

wie der „Wolfdietrich" wurde vor diesem Hintergrunde durchsichtig und erwies sich als das Modell eines altgermanischen Königsrituals.[6]

Die Dioskuren wie auch andere urmenschliche Phasen sind in der Geschichte Georgiens erwähnt. Seit dem 6. Jh. v. Chr. ist das Königreich Kolchis als Sklavenhalterstaat am Schwarzen Meer nachweisbar. Das Hauptgebiet dieses Königsreiches erstreckte sich zwischen der Hafenstadt Sochumi im Norden und der Mündung des Coruh im Süden. Das Zentrum des Staates lag am Fluss Rioni. Im 7. Jh. entstanden die ersten griechischen Kolonien, so Phasis, Dioskurias und Gyenos, die wohl alle von Mollet aus gegründet wurden. Im 6. Jh. wurde auf dem Gebiet des heutigen Sochumi die griechische Kolonie *Dioskurias* gegründet. Nach der Legende legten die Zwillinge Castor und Pollux den Grundstein. Im römischen und byzantinischen Imperium war die Stadt als Sebastopolis bekannt.

Nach Gehrts scheinen die „Dioskuren-Mythen [...] die Erfindung zu sein, in welcher jede kultische Erhöhung überhaupt gründet, eine jede ist nur um den Preis der kultischen Verstoßung der ‚Hinabwünschung'-*Devotio* des Zugehörigsten feil. Das Geheimnis kultischer Steigerung ist Zwillingsspaltung."[7]

Nach der Ansicht des Autors ist das Zweibrüdermärchen in ganz Europa bekannt und offenbar von dort auch ausgegangen, da es außerhalb Europas nur stark abgewandelt erscheint. Wenn wir den Blick auf die deutschen und georgische Märchen richten, erfassen wir eine allgemein verbreitete Gestalt der Brüderüberlieferung.

Die Anfänge des Märchens sind nicht zu trennen von den Anfängen der Religion, mit ihren Sitten und Traditionen. Das Märchen erhellt viele Seiten vom geistlichen, sittlichen und religiösen Werden der Menschheit. Die Märchen wandern vom Volk zu Volk, mit ihrer Hilfe lassen sich manche Verbindungen aufdecken, die uns sonst verborgen geblieben wären. Besonders auffallend ist die Umformung alter Märchen in christlicher Zeit, die Aufnahme von Personen mit christlicher Glaubenshaltung beziehungsweise die Umwandlung heidnischer in christliche Gestalten.

Als interessante Tatsache erscheint das Märchen über den Drachenkampf des Heiligen Georg, was sich m. E. als kulturhistorische Verschränkung zwischen deutschen und georgischen Märchen darstellt. Damit verbun-

---

[6] Gehrts, H.: Das Märchen und das Opfer. Bonn 1967, S. 57.
[7] Ebd., S. 58.

den ist die Idee von der Macht der Bösen in der Welt, die Bedeutung des Kampfes der Christen gegen Satan. Mit dem apokalyptischen Bericht, der auf alten Vorstellungen fußt, war ein Paradigma gegeben, wie der einzelne sein Leben als Christ, besonders in der Zeiten der Verfolgung, der Konfrontation und Kampf mit Drachen, dem Satan, zu verstehen hatte.

Der Heilige Georg wird neben der Heiligen Nino als wichtigster Heiliger in Georgien verehrt. Die größte Anzahl Kirchen ist ihm geweiht. Die Popularität des Heiligen Georgs war in Georgien so groß – besonders bei den Einwohnern in den Bergen –, dass er manchmal mehr als Jesus Christus verehrt wurde. Das hat das georgische Märchen, als uralte Überlieferung, bis heute ganz beibehalten. Das Märchen über den Drachentöter hat sich im Laufe der Zeit über ganz Europa und darüber hinaus verbreitet und wurde in unzähligen Varianten von Märchenforschern aufgezeichnet.

Das georgische Märchen „Elia, der Heilige Georg und Jesus Christus" erzählt uns, wie sie unterwegs Hunger bekamen und einen Hirten, der Reihe nach, um ein Schaf baten. Der Hirt aber, der nur den Heiligen Georg verehrte, gab nur diesem ein Schaf. Elia war der heidnische Gott der Wolken und des Regens und ist in vielen georgischen Märchen anzutreffen. Der Heilige Georg ist in Georgien mit der Weisen Georg verbunden, der heidnische Wurzeln in seinem Besitz hatte und den Mond verkörperte, aber Sinn und Bedeutung des Gottes war derselbe – er überwältigt die Bosheit. Nach dem Sujet des Märchens kann man feststellen, dass das eines der uralten Märchen der Welt ist. Es verweist auf jene Zeit, als in Georgien Heiden und Christen nebeneinander lebten und der christliche Glauben noch nicht so stark war, aber die neue christliche Weltanschauung sich langsam entfaltete. Sie wies einer neuen Epoche unserer Kultur – der christlichen Zivilisation – den Weg. E. R. Dodds hat diese Periode so eingeschätzt:

> Zu diesem Zeitpunkt beginnt der Dialog mit dem Heidentum. Die Apostel hatten nur für ihre Christenbrüder geschrieben. Nun brechen sie aus ihrem ideologischen Ghetto aus und legen der Welt gebildeter Heiden die Sache des Christentums dar – nicht so sehr in der Erwartung, dass die Zeitweiligen örtlichen Verfolgungen einzustellen seien, unter denen die Kirche zu dieser Zeit litt. Im späten zweiten Jahrhundert geschah es auch, dass ein heidnischer Intellektueller erstmals das Christentum ernst nahm.[8]

---

[8] Dodds, E. R.: Heiden und Christen in einem Zeitalter der Angst. Frankfurt a. M. 1985, S. 75.

Für die Georgier sind ursprünglich Heimat und Glauben identische Begriffe. So hat das R. Baramidse in „Das Martyrium der heiligen Schuschaniki", dem ältesten erhalten gebliebenen georgische Literaturdenkmal behandelt:

> In der komplizierten politischen Lage des 5. Jahrhunderts stellte sich die Frage nach dem Begreifen der internationalen Lage und der einzuschlagenden Richtung besonders drängend. Schon damals bedrückte den Georgier das Schicksal seiner Heimat, die Not seines Landes. Es ist symbolhaft, dass dieser historische Schmerz Georgiens schon im ersten Werk unserer Literatur seinen Ausdruck fand [...]. Infolge bestimmter historischer Umstände stand der Georgier wiederholt vor der Frage: Sein oder Nichtsein. Die nationale und staatliche Selbstständigkeit war wiederholt davon abhängig, welche politische Orientierung die Führer des Landes einschlugen, und ihre richtige Entscheidung schuf die Voraussetzungen für das weitere Eigenleben des Landes.[9]

Bei der Behandlung der deutschen Märchen muss betont werden, dass erst im hohen Mittelalter das Drachentötermotiv dem Heiligen Georg zugeschlagen wird, der unter Diokletian den Märtyrertod erlitten hatte. Einige Wissenschaftler betonen, dass die Sage von Perseus und Andromeda im Drachentötermärchen weiterlebt. Das Thema des Drachentöters taucht in einer Reihe von mittelalterlichen Epen und Romanen auf; seit dem 15. Jahrhundert gibt es unzählige Gemälde und Statuen, die den Kampf des Heiligen Georg mit dem Drachen darstellen.

Als Zusammenfassung ist festzustellen, dass ein Vergleich der deutschen und georgischen Märchen, auch aus der kulturhistorischen Sicht sehr interessant ist, weil Märchen, als uralte Form der oralen Texte in beiden Kulturen stark ritualisiert sind.

---

[9] Baramidze, R.: Das Martyrium „Der heiligen Schuschaniki" – Das älteste erhalten gebliebene georgische Literaturdenkmal. In: Wissenschaftliche Beiträge der Friedrich Schiller Universität Jena. Sprache in Geschichte und Gegenwart. 1980, S. 98.

Die Tagung wurde großzügig gefördert von der

Wir danken ferner:

Institut für deutsche Kultur und Geschichte Südosteuropas München

Österreichisches Kulturforum
Budapest

Goethe-Institut
Budapest

Universität Pécs

E.ON Hungária
Zrt.

Pécs 2010 Menedzsmentközpont Közhasznú
Nonprofit Kft.

Lorenz Kerner, Kerner GmbH.